Microeconomics

レヴィット ミクロ経済学

発展編

スティーヴン・レヴィット
オースタン・グールズビー
チャド・サイヴァーソン [著]
安田洋祐 [監訳] 高遠裕子 [訳]

東洋経済新報社

オースタンから

何年も前に出会った憧れの少女に．結婚してくれてありがとう．

スティーヴンから

愛しの妻，ジェニーに．愛と感謝をこめて．

チャドから

妻のジェナと3人の子どもたち——クレア，アダム，ヴィクトリアに．愛をこめて．

3人から

シカゴ大学に．そこは，ただ経済学を学ぶだけではなく，日々，実践する場である．シカゴ大学がなければ，経済学の世界もわれわれも，今とはまるで違っていただろう．

Original Title:
MICROECONOMICS
by Austan Goolsbee, Steven Levitt, and Chad Syverson

First published in the United States by Worth Publishers
Copyright © 2013 by Worth Publishers
All rights reserved.

Japanese translation published by arrangement with
Worth Publishers, a division of Bedford, Freeman and
Worth Publishers LLC through The English Agency
（Japan）LTD.

監訳者序文

　ミクロ経済学に待望の中級テキストが刊行された！　スティーヴン・レヴィット、オースタン・グールズビー、チャド・サイヴァーソンという、シカゴ大学が誇る三人のスター教授たちによる *Microeconomics*（Worth Publishers, 2013）である。本書『レヴィット　ミクロ経済学』はその邦訳で、原書が700ページ以上の大ボリュームのため、読者の使いやすさを配慮して基礎編と発展編の2冊に分けて刊行することにした。

　『レヴィット　ミクロ経済学』の最大の特徴は、初学者でもこれ一冊で「使えるミクロ経済学」がマスターできることにある。経済学の前提知識が無くても、独学で中級レベルのミクロ経済学の使い方をきちんと身につけることができるように、随所で工夫がされている。もちろん、初学者だけでなく、入門書では物足りない読者や中級テキストに挫折してしまった学生が、ミクロ経済学をきちんと学び直すのにもぴったりだ。ミクロ経済学の理論をビジネスに活かしたいと考えている社会人、ビジネススクールの学生にも強くお薦めしたい。

　実は、ミクロ経済学の分野では、定評ある初級の入門書はすでに何冊も出版されている。特に、洋書はどれも記述が丁寧で、マンキュー、スティグリッツ、クルーグマンなどに代表されるように、文字どおりゼロから学べるテキストが充実している。こうした良書の共通点は、ほとんど数式を使わず、身近なケースをたくさん用いて、鍵となる考え方を繰り返しわかりやすく説明していることにある。しかし、中級レベルのテキストになると、途端に理論重視で無味乾燥な内容になり、詳しい説明もなく、数式や小難しい（ように見える）概念が次から次へと出てくることが珍しくない。さらに、そこで登場する数理的なテクニックが、どのような形で経済学の実践に役に立つのかを示す、具体的な実例が紹介されることもほとんどない。これで

は，苦労してまで中級レベルの内容を勉強しようとするモチベーションが湧きにくいだろうし，せっかくコアとなる理論を身につけても宝の持ち腐れになってしまう．事例が豊富で数式がほとんどない初級テキストと，数式ばかりで事例のない中級テキストとのギャップを埋めるテキストが，長らく求められていたのである．

　本書は，まさにこの初級と中級のギャップを埋める，画期的な中級テキストとなっている．類書でほとんど触れられていない，現実の事例や理論の使い方については，「理論とデータ」「応用」のセクションで，様々な実証研究やデータなどを取り上げることでカバーしている．さらに「ヤバい経済学」のセクションがあるおかげで，常識はずれな経済学の活用法を知ることができると同時に読み物としても楽しめる，というのも他のテキストにはない大きな魅力だろう．では，中級テキスト最大の泣きどころとも言える，数学の多用についてはどうだろうか．残念ながら，入門から一歩進んだ本格的なミクロ経済学をマスターするためには，数式やグラフの理解は欠かすことができない．なぜかと言うと，入門書でおなじみの「言葉による説明」だけでは，内容が漠然としすぎていて，具体的な個々の問題に対して答えを導くことが難しいからだ．そのため，本文をパラパラと眺めれば明らかなように，本書でも数式やグラフはかなり頻繁に登場する．ただし，式の展開やグラフの意味などが懇切丁寧に説明されているので，数学が苦手な人でも心配することはない．途中のプロセスを一切省略することなく，ここまで細かく手を抜かずに，数学について解説した経済学の中級テキストはなかなかない．この非常に丁寧でわかりやすい数学の説明の仕方こそが，独学で「使えるミクロ経済学」の修得を可能にする，本書最大のカラクリと言えるだろう．

　余談ではあるが，数式を使いながらわかりやすさも損なわず，「かゆいところに手が届く」書き方になっている要因は，著者の一人であるスティーヴン・レヴィット教授が学生時代に数学を苦手としていたからではないだろうか．彼の代表作『ヤバい経済学（増補改訂版）』によると，大学時代に一つしか数学の授業を取らなかったレヴィットは，MIT（マサチューセッツ工科大学）博士課程の最初の授業で隣に座った学生に，学部レベルで知っておくべき初歩的な数式の記号の意味を聞いて周囲を驚かせたらしい．当時のクラス

メートで本書の共著者でもあるオースタン・グールズビー教授によると，周りは彼を見限り「あいつ，おしまいだな」などと囃していたという（そこからレヴィットは独自の道を切り開き，ノーベル賞の登竜門と言われるジョン・ベイツ・クラーク賞を受賞するほどのスター経済学者となるのだから，人生は面白い！）．自身の体験を通じて，数学の苦手な学生がどこでつまずくのかを熟知していたレヴィット教授だからこそ，先回りして，読者のかゆいところに手を差し伸べることができたのかもしれない．

さて，本書『レヴィット ミクロ経済学』は，昨年すでに原書の第2版が刊行されている．新版では新たに「第13章　要素市場」が追加されたほか，細かいアップデートが行われた．ただし，この第13章は，初版の第5章の一部の内容を移して1章分に拡張したものであり，見た目ほど大きな変更ではない．書籍全体を通じて，初版から大きく内容が変わっている点も特に見当たらない．なお，原文の意味や説明がわかりにくいところは，訳出の際に，こちらで読みやすいように少しだけ修正を加えてある．最新版の邦訳でないことを気にされる方がいるかもしれないが，ぜひ安心して本書を読み進めていただきたい．

最後に，本書の翻訳作業を引き受けてくださった翻訳家の高遠裕子氏と，編集作業でお世話になった東洋経済新報社の矢作知子氏に感謝したい．お二人のお陰で，中級レベルであるにもかかわらず，非常に読みやすいテキストとして本書を完成させることができた．高遠氏による，堅苦しさを感じない自然な日本語で訳出された『レヴィット ミクロ経済学』を手に，ぜひ一人でも多くの方に「使えるミクロ経済学」のマスターを目指してもらいたい．本書を読了すれば，きっと世界が今までとは違うように見えるはず！

2017年3月

大阪大学大学院経済学研究科准教授　安田　洋祐

序　文

　ミクロ経済学は経済学の根幹を成すもので，経済学のあらゆる学派・分野に共通する基本的な知識で構成されている．ミクロ経済学はすこぶる役に立つものでもあって，企業や政府，そして個人が効率的な意思決定をするのに欠かせないツールを提供してくれる．ミクロ経済学の厳密性と有用性は，必ずや学生を惹きつけ，わくわくさせるはずであり，教科書はそれを後押しするものでなければならない，とわれわれは考えている．

なぜ本書なのか

　本書の執筆にあたって目指したことが1つある．学生1人ひとりが，経済学の原理を学ぶだけにとどまらず，経済学者のように経済分析ツールを使いこなし，現実社会に応用できるようになってもらいたい．そのための手助けをしたいのだ．

　われわれは中級ミクロ経済学の主要な教科書に目を通したうえで，それらとは違うものをつくりたいと考えた．現在主流の教科書は，学生がミクロ経済学に対して抱いている2つの疑問に答えられていない．すなわち，個人や企業は理論どおりに行動しているのか，そもそもミクロ経済学の理論は現実に使えるのか，という疑問である．これらの疑問に対する答えを本書で探っていく．順番にみていこう．

個人や企業は理論どおりに行動しているか

　ミクロ経済学の既存の教科書は，どれも標準的なツールと経済学の理論を提示し，事例を紹介している．だが，学生の素朴な疑問に答えることはなく，理論は正しいと頭から信じることを学生に期待している．理論が具体的

にどう現実に応用できるのかが必ずしも効果的に示されていないのである.

さらに，現在主流の教科書は，応用ミクロ経済学の分野で急速に存在感を高めている実証研究に十分に追いついていない．理論を説明するだけでなく，その活用法を示し，それを支える現実のデータを提供するミクロ経済学の教科書があれば，学部やビジネススクールの学生も納得するのではないだろうか．われわれは，「理論とデータ」や「応用」のセクションを通じて，経済学者が現実のデータをどう活用して理論を検証しているかに注目しながら，理論の背後にある現実に迫っていく．本書では，こうした実証的側面を取り入れることによって，ミクロ経済理論で現実の行動を説明できることをしばしば意外な形で示し，理論のどの部分を修正する必要があるかをあきらかにする.

ミクロ経済学は現実に使えるのか

中級ミクロ経済学といえば抽象的で理論的なものである，といった見方が幅を利かせている．学生にはかなりの努力が求められるので，自分たちが学ぶことがなぜ役に立つのか，どう役に立つのかを知っておいてしかるべきだろう．それがわかっていないと，学ぶ意欲も湧いてこないというものだ.

ミクロ経済学の既存の教科書では，役に立つかどうかは二の次になっているが，われわれは「使える経済学」の教科書を書きたいと考えた．正しく使えば，経済学はすこぶる役に立つ学問である．ビジネスに役立つのはもちろん，政策に生かすこともできるし，日常生活でも使うことができる．本書は，ミクロ経済学の理論と研究で，日常の出来事や市場の性格，企業戦略，政府の政策がどう説明できるのかをあきらかにすることで，ツールを身につけ，使いこなす方法を教示していく.

もう1つ言っておくべきことがある．理論と現実を結びつけ，ミクロ経済学がいかに使えるかを示すという目標も，不完全で不正確な説明や，曖昧で退屈で味気ない書き方では叶えられない．われわれは，経済学的に考えることがいかに優美かつ強力で，役に立ち，現実に使えるかをわかりやすく伝えるため，現在進行形の目立つ実例，時に奇抜とも思える実例を取り上げ，明確な文体で記述するという方法をとるよう心がけた（奇抜な実例の一部

は，スティーヴン・レヴィットが担当した「ヤバい経済学」というコラムに
収めてある）．

われわれ共著者のこと

われわれ三人は長年の友人である．中級ミクロ経済学の教科書を共同で執
筆すると決めたとき，重要かつ実際的で多様な見方を持ち込みたいと考え
た．三人はそれぞれ経済学部とビジネススクールで教えるかたわら，ミクロ
経済学の実証研究に積極的に取り組んでいる．実証研究のさまざまな分野に
軸足を置いていることで，過去20年間に検証され，洗練されてきた基本的
な理論の根拠を示すことができる．教育と研究の成果を盛り込んだ本書の理
論と応用は，他の教科書とは一線を画すものになったと自負している．
学部やビジネススクールで教える利点は他にもある．われわれが相手にし
ているのは，高い授業料に見合わない講義には容赦のない学生である．前述
のように，学生は理論がどう使えるかを知りたがっている．われわれはこう
した学生を念頭に本書を執筆した．

ミクロ経済理論をどう現実に結びつけるか

入念に検討された本書の構成に沿って学習を進めていけば，経済学の基本
原理を理解し，それを応用して強力で明快な経済分析ツールを使いこなせる
ようになる．とくに事例の選択には時間をかけ，ごく一般的な事象に独自の
視点を提供する事例や，学生にとって有意義かつタイムリーで広く関心のあ
る事例を選ぶよう心がけた．
以下の3つのセクションでは，ミクロ経済学の理論を現実に結びつけ，
目の前の現象を理解するうえで理論がいかに有用であるかを示す．

1. **理論とデータ**では，経済研究を簡潔に紹介し，実例を用いて理論の背後
   にある現実をあきらかにする．データの収集・分析が容易になった結
   果，ミクロ経済学では急激な変化が起きている．現在，ミクロ経済学の

主要な研究では，ミクロ経済理論の根本は押さえつつ，データ，フィールドないし研究室での実験，そして実証に重きが置かれている．理論はつねに検証されるものだが，本書ではその成果を紹介する．

具体的には，以下のような事例を取り上げる．ゴルファーの後方屈折型労働供給曲線（第5章），新薬の潜在的市場を見極める（第9章），サウスウエスト航空の参入の脅威に対する既存の航空会社の反応（第12章），自動車盗難防止装置（ロジャック）の正の外部性（第16章）．

2. **応用**は各章に配され，消費者や生産者がミクロ経済理論を実際の意思決定に生かす方法を論じる．さまざまな出所のデータを活用しながら，理論をどう生かすかを示していく．

以下のような事例を取り上げる．ミクロ経済学を学んで賢くネットオークション（第1章），米国製造業の技術変化（第6章），映画会社は赤字確実の映画をなぜつくるのか（第7章），市場支配力がなければ価格差別できないことをプライスライン社はいかにして学んだか（第10章），サッカーにおけるランダムな混合戦略（第12章）．

3. **ヤバい経済学**　軽い読み物の「ヤバい経済学」は，一般的な事象だけでなく，経済学の範疇に入らないとされる事象も経済的に分析できることを意外な形で示す．経済的センスを身につけてもらうのが，その狙いだ．単行本の『ヤバい経済学』〔スティーヴン・レヴィット，スティーヴン・ダブナーの共著，望月衛訳，増補改訂版，東洋経済新報社，2007年〕で，経済学とは身のまわりのあらゆる事象を扱う学問であることを示したが，本書の「ヤバい経済学」のエッセイを読めば，常識はずれの出来事を理解するのにもミクロ経済理論が使えることがわかるだろう．

以下のような事例を取り上げる．トーマス・スウェイツのトースター（第1章），動物もセールがお好き（第5章），インドの漁師が携帯電話を手放せないわけ（第6章），ヴィクトリアズ・シークレット社の秘密ではない価格差別（第10章），（文字通り）世界の果てに，経済理論を検証しに行く（第17章）．

ミクロ経済学をわかりやすく学ぶための工夫

経済学の教科書のわかりやすさには2つの要素が求められるが，本書はどちらも取り入れるよう工夫した．

■第1に，議論の厳密性や深さを損なうことなく，**読みやすくわかりやすい文章**を書くよう心がけた．強力で高度な理論だからといって，抽象的で乾いた文体で書いたり，難解な言葉を使ったりする必要はない．

■平易な文章でわかりやすく説明するのと同じくらい重要なのが，**わかりやすいグラフ**で視覚に訴えることだ．カラーを使い，簡潔に表示し，詳しい解説をつけることで，文章による説明を補い，より深く理解できるように配慮した．

ミクロ経済学への理解を深めてもらうための工夫

中級ミクロ経済学は難易度が高く，理論をしっかり頭に入れ，さまざまな状況に応用するのは簡単ではないが，以下の練習問題やエッセイが参考になるはずだ．

1. 練習問題「**解いてみよう**」 閲読者やフォーカス・グループの参加者，試験的に講義を行った教師から繰り返し聞かされたのは，学生は学んだ知識をどう生かして問題を解けばいいかがわからない，という声だった．各章の本文中に，「解いてみよう」と題する練習問題を設けた．これらの細かい練習問題を粘り強く最後まで解いていけば，経済学のツールや分析を駆使して1つの問題を考え抜き，答えを導き出すプロセスをたどることができる．解答では，問題で何が求められているのかを正確に分析し，必要なツールを見極め，それらのツールを使って段階的に正解にたどり着く模範例を示した．「解いてみよう」の問題は，各章末の演習問題と関連づけられており，これを解いておけば，章末の演習問題はもちろん，小テストや試験にも十分対応できるようになる．

2. エッセイ「これで合格」は，学生が陥りやすい落とし穴を指摘し，ミクロ経済理論の微妙でむずかしい点をうまく切り抜ける助けになるものだ．宿題やテストでよく出されるトピックについての実用的なアドバイスになっている．具体例としては，所得効果と代替効果について，おぼえておくべきシンプルなルール (第5章)，それは正真正銘の価格差別なのか (第10章)，チェック法 (第12章) などがある．
3. 章末の「まとめ」と「問題」 各章のおわりには，その章で学んだことを振り返り，身につくように「まとめ」，「復習問題」，「演習問題」を配した．すべての復習問題と一部の演習問題の解答は巻末に掲載しており，解答のある問題には＊印をつけている〔本訳書では省略．http://store.toyokeizai.net/books/9784492315002 に掲載〕．

　本文中の「解いてみよう」と演習問題との関連性にも注意を払った．「解いてみよう」をしっかりやっておけば，演習問題は難なく解けるはずだ．それぞれの問題が，その章で扱った範囲の理解度を試すものになっているかどうか，大学の教師に徹底的に点検してもらったことを付け加えておきたい．

数学をどう扱うか

　数学は経済分析の強力なツールであり，学生にはこれを自在に使いこなせるようにスキルを身につけてもらいたい．多様な学生の要請に応えて，各自にあった数学のスキルを生かし経済分析ができるよう後押しする教科書をつくったつもりだ．本書は幅広い用途に応じたものであり，副教材と併用すれば，標準的な代数と幾何だけを使う学習と，微分を取り入れた学習のどちらも可能である．

　わかりやすい文章とグラフには，簡潔かつ網羅的で順を追った説明がつけてある．数式の各段階でなぜ，どうしてそうなるかが懇切丁寧に説明してあり，数学が苦手な学生にも，数式を使いこなせれば経済分析が容易になることがわかってもらえるはずだ．本文中では代数と幾何しか使っていないが，補論とネット上に公開している補論で微分を解説することで，理論や練習問

序文　xi

題，応用に微分を取り入れることが可能になっている.

微分を使う読者へ

　ミクロ経済学の一部のツールは微分を取り入れると使い勝手がよくなるため，「使える」教科書をつくるにあたって，ある程度，微分を採用することにした. どの程度取り入れるか，どう提示するかがむずかしい点だった. 講義で微分を使っている教師と話し合うなかで，既存の教科書での微分の扱われ方に不満が多いことがわかった. 理由はさまざまで，扱いが多すぎる，あるいは少なすぎるといったものから，微分が前面に出すぎて経済学そのものがわかりにくくなっているとか，微分を経済理論に取り込みすぎている，あるいは微分と経済理論がしっくり馴染んでいないといった不満もあった. 本書の方向性を決めるうえで，微分の扱いをどうするかはむずかしい課題の1つだった. 最終的にたどり着いた答えは，多くの人にとって「ちょうどいい」ものになったと自負している.

　微分は「補論」として扱うことにしたが，本文と同様に語りかけるような文体で直観に訴える書き方を心がけた. 補論でも事例を取り上げ，「解いてみよう」の問題を収録しているが，これらは，代数をもとにした本文中のものとほぼ同じである. そうすることで，微分を使った分析が代数を使った分析を補強するものであることを示す. 学んだことを実際に試して身につけてもらうために，補論には微分を使わなければ解けない問題を収録してある. 適度に微分を使う講義向けに，別に本書では5つの補論を用意した. より広範に微分を活用したい読者には，別にネット上で10の補論を公開している.

　本文の記述と補論の記述を関連づけるために，本文に「注」をつけている. この注は，適切な補論を参照するよう注意を促し，概念を理解するために微分をどう使えばいいのか具体的に説明したものである. この注を読んで微分に慣れ，使いこなせるようになってもらいたい.

　以下は，本書またはネット上で公開している補論のリストである. ネット上の補論はすべて以下のサイトで閲覧できる.

http://macmillanhighered.com/launchpad/gls2e

xii 序文

本書に収録されている微分に関する補論

第4章　効用最大化および支出最小化の微分

第5章　所得効果および代替効果の微分

第6章　費用最小化の微分

第7章　企業の費用構造の微分

第9章　利潤最大化の微分

ネット上で公開している微分に関する補論〔英語のみ〕

第2章　均衡と弾力性の微分

第3章　消費者余剰と生産者余剰の微分

第4章　効用関数の微分

第5章　需要の微分

第6章　生産関数と投入需要の微分

第7章　企業の費用構造拡大の微分

第8章　長期競争均衡の微分

第10章　価格戦略の微分

第11章　クールノー競争と差別化されたベルトラン競争の均衡の微分

第12章　ゲーム理論の混合戦略の数学

数学の復習の補論

　基礎的な代数であれ微分であれ，中級ミクロ経済学を学ぶほとんどの学生にとって，数学の復習は役に立つはずだ．巻末につけた補論〔以下のサイトに掲載．https://store.toyokeizai.net/books/9784492315002〕では，本書全体をとおして使われる数学をおさらいできるようになっている．

本書の構成（各章の概要）

　以下では，とくに注目されるテーマや他の教科書とは異なる点をあげながら，各章の概要を説明していこう．第1章から第11章までが本書の核心部分であり，ほとんどの教師が講義で使うことになるだろう．残りの第12章

序文 **xiii**

から第17章までは，それぞれ個別に活用することができる．

第1部 基礎概念

第1章 ミクロ経済学の冒険　冒頭には，導入部として短い章を配した．
ミクロ経済学に興味と関心を持ってもらうために，身近な飲料であるコー
ヒーを取り上げ，コーヒー豆を栽培する生産者とコーヒーを購入する消費者
の立場から市場について考える．「応用」，「理論とデータ」の各セクション
と，コラムの「ヤバい経済学」を通して，ミクロ経済学のツールが，経済学
やビジネスを学ぶうえだけでなく，日常生活においてもすこぶる役に立つも
のであることをあきらかにする．

第2章 需要と供給　第2章と第3章では，需要と供給を深く掘り下げ
ることで，しっかりとした土台をつくる．そのうえで消費者行動と生産者行
動をみていく．需要・供給モデルは単純ながら強力なモデルであり，既存の
教科書では基本的なモデルを提示し，応用は別に論じられるのが一般的であ
る．だが，最初にモデルのあらゆる側面を提示するほうが理に適っていると
考えられる．われわれは（そして，試験的に本書を使った人たちは），この
方法を講義に取り入れて成果をあげている．

　第2章ではまず，需要と供給の基本的なモデルを示す．特筆すべきは，
「需要・供給モデルを支える主な仮定」の小節であり，ミクロ経済理論を構
築し，説明するうえでの留意点を具体的に示している．

第3章 需要と供給のツールを使って市場を分析する　第3章では，需
要・供給モデルを活用して，消費者余剰および生産者余剰，価格規制および
数量規制，税金および補助金などを幅広く分析する．これらの概念を早いう
ちに紹介し，より完璧な説明をしておけば，コース全体をとおして無理なく
活用できると考えられる．第3章で取り上げるトピックは融通がきくよう
に挿入されているので，必ずしもすべてに目を通す必要はない．自分で選択
してもらいたい．

第2部　消費と生産

第4章　消費者行動　膨大な数の商品やサービスが手に入るとき，何をどれだけ消費するかを消費者はどうやって決めているのだろうか．決定的に重要な本章では，まず一節を設けて，消費者行動に関する想定を明確に打ち出す．現場の教師が試した結果，学生にとってこの方法がきわめて効果的であることが明らかになっている．本章では，効用理論や消費者の予算制約といった概念も，明快だが厳密な形で紹介する．

第5章　個人の需要と市場の需要　本章では，消費者の選好から市場の需要曲線を導出する方法を示す．5.3節の「価格変化に対する消費者の需要量の変化を，所得効果と代替効果に分解する」では，学生がむずかしいと感じることの多いこのテーマを，細心の注意を払いながら説明していく．豊富な応用事例を示し，避けるべき落とし穴を論じることで，このテーマが身近で興味深いものになる．

第6章　生産者行動　どの投入物をどう組み合わせて生産するのか，企業はどのように決めているのだろうか．また，この決定が生産費用にどう影響しているのだろうか．本章では，消費者の章と同じように，最初に「企業の生産行動に関する単純化した想定」を明確に打ち出す．章の後半では，一節をまるまる使って，企業の長期的な生産性に技術変化が果たす役割について論じる．学生にとっては，いくつもの応用事例が「生きた教材」になる．（「ヤバい経済学」のコラムでは，携帯電話によってインドの漁師の生産者行動がいかに変わったかを取り上げている）．

第7章　費用　費用曲線は，企業の生産水準に応じて費用が変化する様子を描いたものであり，市場の供給曲線を導出するうえで重要である．機会費用とサンクコスト（埋没費用）はわかりづらい概念なので，冒頭でこれらの概念の区別と意思決定に果たすそれぞれの役割について丁寧に説明する．スポーツジムの会員の種別と利用頻度の関係，映画会社が赤字覚悟で映画を制作する理由など，本章で取り上げる実例は学生にとって身近な話題であ

序文　**xv**

り，わかりづらいとされる概念への理解が深まるはずだ.

第3部　市場と価格

第8章　競争市場における供給　本章から市場構造に関する記述が始まる．競争市場がどのように機能しているかを説明するため，テキサス州の電力業界，マサチューセッツ州ボストンやノースダコタ州ファーゴの住宅市場など，現実の産業を取り上げる．事業から撤退すべきか否かの判断は，学生が混乱しやすいトピックであるが，これを注意深く明快に，粘り強く説明していく．

第9章　市場支配力と独占　本章ではまず，市場支配力の源泉と，こうした支配力が企業の生産と価格決定に与える影響について包括的に論じる．市場支配力を持つ企業が利潤を最大化する決定に至るプロセスを3段階に分けて考えることで，理解しやすくなる．マシュマロ製造のダーキーモーアー社やソーダ製造のドクター・ブラウン社など，独占に近い企業を例にして，独占的市場支配力の概念を現実に即して考える．また，サウスウエスト航空が運賃を引き下げて路線を拡大した例など，豊富な事例を取り上げることで，学生の興味をさらに引くものになっている．

第10章　市場支配力と価格戦略　本章はきわめて現実に近く，有用な章であり，とくに企業で働いている人たちに訴えるはずである．企業が価格支配力を活用できる多様な状況を包括的に取り上げ，それぞれの状況で有効な価格戦略を明快に論じる．学生にとってとりわけ有用なのが，図10.1の「価格戦略の概観」と，「活用できる場合」と題した教育的な項目であり，価格戦略を有効に活用するために，市場や顧客について企業が最初に把握すべきことを説明している．

第11章　不完全競争　本章では，寡占企業および独占的競争企業に注目する．これらの企業は，完全競争企業や独占企業とは異なり，利潤を最大化しようとする競争相手の行動や戦略を考慮しなければならない．さまざまな

不完全競争モデルを理解してもらうため，各節の冒頭で「モデルの想定」を
設け，モデルにあてはまる条件を列挙している．

第12章　ゲーム理論　　ゲーム理論のツールは，企業間の戦略的相互作用
を説明し，市場への影響を予測するために活用される．本書ではチェック法
を使ってゲームを単純化し，ナッシュ均衡と支配／被支配戦略が一目でわか
るようにしているので，ゲーム理論の分析は理解しやすいはずだ．サッカー
のペナルティーキックにはじまり，有名人のワインづくり，航空会社の新規
参入への対応，映画の「博士の異常な愛情」にいたるまで豊富な話題は，
ゲーム理論がビジネスだけでなく日常の意思決定に役立つことを示してい
る．

第4部　基礎から応用へ

第13章　投資，時間，保険　　長期のリスクや不確実性の役割を理解する
と，個人や企業は，投資や保険についてより良い経済判断ができるようにな
る．企業や消費者が日々直面する多くの意思決定において，現在費用，将来
価値，時間，不確実性が大きな役割を果たしていることを明確に論じる．こ
れらのテーマを1つの章にまとめて簡潔に論じている点が，本書の閲読者
に高く評価された．

第14章　一般均衡　　本章では，一国の経済が効率的に機能するための条
件について分析する．一般均衡の概念は，需要・供給の枠組みの延長線上で
直観的に説明できる．具体例として，教員の質の低下や，住宅市場と労働市
場の相互作用を取り上げる．交換，投入，産出の効率性の関係についても説
明をくわえ，それらを厚生経済学の定理につなげる．

第15章　情報の非対称性　　これまでの章で市場が効率的に機能するのに
必要な条件をみたのに続いて，本章では市場が効率的に機能しない状況に注
目する．本章では，取引の関係者間で情報が等しく共有されない場合に，市
場が歪むことをあきらかにする．ここでも自動車保険から不動産取引，海賊

序文　**xvii**

に至るまで幅広い事例を取り上げることで，ミクロ経済学で学ぶ概念が生活のさまざまな分野で役立つことを示していく．

第16章　外部性と公共財

本章でも，引き続き市場の失敗を考察する．取引が買い手でも売り手でもない人々に影響を与える場合，市場に何が起きるのか．逆に，ある財の便益が同時に多くの人々に共有される場合，何が起きるのかに注目する．本章を読めば，なぜ外部性が起きるのか，どうすれば解決できるのかがわかるはずだ（排出権取引やコースの定理について取り上げている）．公共財に関する記述では，消防署の建設が火災を誘発しかねない理由をあきらかにする．

第17章　行動経済学と実験経済学

近年の行動経済学の台頭は，従来のミクロ経済学に疑問を投げかけている．行動経済学は，人間が既存の理論どおりに行動しないのではないかと考えている．この疑問に関して，中級ミクロ経済学の教科書はむずかしい立場に置かれる．行動経済学を信奉すれば，教科書で学んだ手法を軽視することになりかねないからだ．

行動経済学について述べた本章では，不合理な世界で合理的に考える方法を示す．誰かが経済的に不合理な決定をすれば，他の市場参加者はその不合理に乗じて自分に有利になるよう行動する（どういう状況で間違いを犯しやすいかを示す）．

閲読者への謝辞

下記の本書の閲読者，フォーカス・グループの参加者，その他のコンサルタントの提言やアドバイスに感謝する〔氏名のアルファベット順〕．

Senyo Adjibolosoo, *Point Loma Nazarene University*
David Anderson, *Centre College*
Anthony Andrews, *Governors State University*
Georgeanne Artz, *Iowa State University*
Kevin Beckwith, *Salem State University*

Scott Benson, *Idaho State University*
Tibor Besedes, *Georgia Institute of Technology*
Volodymyr Bilotkach, *Newcastle University*
David Black, *University of Delaware*
Victor Brajer, *California State University–Fullerton*
John Brock, *University of Colorado–Colorado Springs*
Keith Brouhle, *Grinnell College*
Bruce Brown, *California State Polytechnic University–Pomona*
Byron Brown, *Michigan State University*
Donald Bumpass, *Sam Houston State University*
Paul Byrne, *Washburn University*
Benjamin Campbell, *The Ohio State University*
Bolong Cao, *Ohio University*
Shawn Carter, *Jacksonville State University*
Fwu-Ranq Chang, *Indiana University–Bloomington*
Joni Charles, *Texas State University–San Marcos*
Ron Cheung, *Oberlin College*
Marcelo Clerici-Arias, *Stanford University*
John Crooker, *University of Central Missouri*
Carl Davidson, *Michigan State University*
Harold Elder, *University of Alabama*
Tisha Emerson, *Baylor University*
Michael Enz, *Framingham State University*
Brent Evans, *Mississippi State University*
Haldun Evrenk, *Boston University*
Li Feng, *Texas State University*
Chris Ferguson, *University of Wisconsin–Stout*
Gary Fournier, *Florida State University*
Craig Gallet, *California State University–Sacramento*
Linda Ghent, *Eastern Illinois University*
Alex Gialanella, *Manhattanville College*
Lisa Giddings, *University of Wisconsin–La Crosse*
Kirk Gifford, *Brigham Young University*
Darrell Glaser, *United States Naval Academy*
Tuncer Gocmen, *Shepherd University*
Jacob Goldston, *University of South Carolina*

序文　**xix**

Julie Gonzalez, *University of California–Santa Cruz*
Darren Grant, *Sam Houston State University*
Chiara Gratton-Lavoie, *California State University–Fullerton*
Thomas Grennes, *North Carolina State University*
Philip Grossman, *Monash University*
Steffen Habermalz, *Northwestern University*
Jennifer Hafer, *University of Arkansas*
James Halteman, *Wheaton College*
David Hammes, *University of Hawaii at Hilo*
Mehdi Haririan, *Bloomsburg University*
Daniel J. Henderson, *University of Alabama*
Paul Hettler, *California University of Pennsylvania*
Tia Hilmer, *San Diego State University*
Gary Hoover, *University of Alabama*
Jack Hou, *California State University–Long Beach*
Greg Hunter, *California State University–Pomona*
Christos A. Ioannou, *University of Southampton*
Miren Ivankovic, *Anderson University*
Olena Ivus, *Queen's University*
Michael Jerison, *State University of New York–Albany*
Bruce K. Johnson, *Centre College*
Daniel Johnson, *Colorado College*
Leo Kahane, *Providence College*
Raja Kali, *University of Arkansas*
Pari Kasliwal, *California StateUniversity–Long Beach*
John W. Keating, *University of Kansas*
Russell Kellogg, *University of Colorado–Denver*
Chris Kennedy, *George Mason University*
Rashid Khan, *McMaster University*
Vasilios D. Kosteas, *Cleveland State University*
Carsten Lange, *California State Polytechnic University*, *Pomona*
Jeffrey Larrimore, *Georgetown University*
Sang Lee, *Southeastern Louisiana University*
Daniel Lin, *American University*
Qihong Liu, *University of Oklahoma*
Jeffrey Livingston, *Bentley University*

Kristina Lybecker, *Colorado College*
Guangyu Ma, *State University of New York–Buffalo*
Teny Maghakian, *University of California–Merced*
Arindam Mandal, *Siena College*
Justin Marion, *University of California–Santa Cruz*
Timothy Mathews, *Kennesaw State University*
Ata Mazaheri, *University of Toronto–Scarborough*
John McArthur, *Wofford College*
Naranchimeg Mijid, *Central Connecticut State University*
Lijia Mo, *Kansas State University*
Myra Moore, *University of Georgia*
Tamah Morant, *North Carolina State University*
Thayer Morrill, *North Carolina State University*
Felix Munoz-Garcia, *Washington State University*
Kathryn Nantz, *Fairfield University*
Pascal Ngoboka, *University of Wisconsin–River Falls*
Hong V. Nguyen, *University of Scranton*
Michael Nieswiadomy, *University of North Texas*
Matthew J. Notowidigdo, *The University of Chicago*
Constantin Ogloblin, *Georgia Southern University*
Alex Olbrecht, *Ramapo College of New Jersey*
Heather O'Neill, *Ursinus College*
June O'Neill, *Baruch College, City University of New York*
Patrick O'Neill, *University of North Dakota*
Alexei Orlov, *Radford University*
Lydia Ortega, *San Jose State University*
Emily Oster, *The University of Chicago*
Orgul Ozturk, *University of South Carolina*
Alexandre Padilla, *Metropolitan State University of Denver*
James Payne, *University of South Florida*
Anita Alves Pena, *Colorado State University*
Marie Petkus, *Centre College*
Jeremy Petranka, *University of North Carolina–Chapel Hill*
Barry Pfitzner, *Randolph-Macon College*
Brennan Platt, *Brigham Young University*
James Prieger, *Pepperdine University*

序文 **xxi**

Samuel Raisanen, *Central Michigan University*
Rati Ram, *Illinois State University*
Ryan Ratcliff, *University of San Diego*
Marie Rekkas, *Simon Fraser University*
Michael Reksulak, *Georgia Southern University*
Malcolm Robinson, *Thomas More College*
Juliette Roddy, *University of Michigan−Dearborn*
Brian Rosario, *American River College*
Nicholas Rupp, *East Carolina University*
Robert Rycroft, *University of Mary Washington*
Shane Sanders, *Western Illinois University*
Sudipta Sarangi, *Louisiana State University*
Tom Scheiding, *Cardinal Stritch University*
Helen Schneider, *University of Texas−Austin*
Barbara Schone, *Georgetown University*
Kathleen Segerson, *University of Connecticut*
Quazi Shahriar, *San Diego State University*
Carl Shapiro, *University of California−Berkeley*
Alexandre Skiba, *University of Wyoming*
Rachael Small, *University of Colorado at Boulder*
Christy Spivey, *University of Texas−Arlington*
Kevin Stange, *University of Michigan*
Lee Stone, *State University of New York−Geneseo*
David Switzer, *St. Cloud State University*
Ellen Szarleta, *Indiana University−Northwest*
Kerry Tan, *Loyola University Maryland*
Gwendolyn Tedeschi, *Manhattan College*
Jeremy Thornton, *Samford University*
Irene Trela, *Western University*
Regina Trevino, *Loyola University−Chicago*
Brian Trinque, *University of Texas−Austin*
Victoria Umanskaya, *University of California-Riverside*
Michael Vaney, *University of British Columbia*
Jennifer VanGilder, *Ursinus College*
Jose Vazquez, *University of Illinois at Urbana-Champaign*
Annie Voy, *Gonzaga University*

Bhavneet Walia, *Western Illinois University*

Joann M. Weiner, *The George Washington University*

Jeanne Wendel, *University of Nevada-Reno*

Benjamin Widner, *New Mexico State University*

Keith Willet, *Oklahoma State University*

Beth Wilson, *Humboldt State University*

Catherine Wolfram, *University of California-Berkeley*

Peter Wui, *University of Arkansas-Pine Bluff*

Erik Zemljic, *Kent State University*

学術面での助言者への謝辞

　Linda Ghent（Eastern Illinois University）には大変お世話になった．彼女は，学術面でのエディターであり，優秀なエコノミストであり，天性の教師でもある．文章から構成，図表にいたるまで，本書のかなりの部分に彼女の意見が反映されている．着想を得てから最終的に本として完成するまで，良い教科書にしようと献身的に協力してくれた．彼女の助言は何物にも代えがたく，共同作業をするのは本当に楽しかった．

　Alan Grant（Baker College）は章末の問題を作成してくれた．本文の内容を問うだけでなく，理解を深めてくれる問題になっている．Scott Houser（Colorado School of Mines）と Anita Pena（Colorado State University）は微分の項目を整え，Skip Crooker と Kristina Lybecker と共に，本書を幅広い教員や学生に役立つものにするために多くの手助けをしてくれた．

　先がなかなか見通せないとき，頼れる人たちがいて，積極的に関わり貴重なアドバイスをくれたのは幸運だった．Tibor Besedes（Georgia Institute of Technology），Lisa Giddings（University of Wisconsin-La Crosse），Alan Grant（Baker College），Scott Houser（Colorado School of Mines），Kristina Lybecker（Colorado College），Naranchimeg Mijid（Central Connecticut State University），Kathryn Nantz（Fairfield University），Anita Alves Pena（Colorad State University），Jeremy Petranka（University of North Carolina-Chapel Hill），Sudipta Sarangi（Louisiana State University），Jennifer

VanGilder（Ursinus College），Annie Voy（Gonzaga University）の各氏に感謝申し上げる．

草稿段階の本書をいち早く使ってくれた，Lisa GiddingsとAnnie Voyの受講者にはとくに感謝している．本書の核となる章には，彼らの経験が生かされている．

鷹の目のような鋭さで本書全体をチェックしてくれたMichael Reksulak（Georgia Southern University）にはとくに御礼申し上げたい．細部にまで行き届いた仕事のおかげで，文章が整い，読みやすくなり，理解しやすくなった．Michaelは800メートル先のタイプミスでも見つけられる．誰もがその恩恵を受けている．

出版関係者への謝辞

本書が形になるまで多大な尽力をしてくれた，クリエイティブな人々に大いに感謝したい．

何年も前に著者の1人であるAustanのドアをノックし，道筋をつけてくれたのは，当時ワース（Worth）社の経済学担当編集者だったCraig Bleyerだ．Craigは，経営陣のElizabeth Widdicombe，Catherine Woodsの支持を得て，本書のための専門チームを組んでくれた．Craigが別の部署に移ると，後を引き継いだCharles Linsmeierは，編集者として考え抜いたうえで方向性を示し，全体を見通すために必要な手助けをしてくれた．

チームのメンバーは，それぞれにユニークな才能と視点を提供してくれた．ワース社の有能で実績のある経済学担当エディターのSarah Dorgerは，高い専門性と並々ならぬ情熱をもって本書の進行を管理してくれた．3人の著者と編集者や閲読者，コンサルタントらと何度もやり取りを繰り返し，練り上げていくなかで，彼女の大車輪の活躍と常人にはない忍耐があったからこそ，脱線せずにまとめあげることができた．

制作エディターのJane Tuftsは，これまで経済学の代表的な教科書の編集をいくつか手掛けている．本書のすべての要素，すべてのページに，彼女のクリエイティビティが生かされている．学生の気持ちを本当の意味で理解

し，学生の立場に立って原稿を読めるという比類ない才能の持ち主の彼女が最初に草稿に目を通し，貴重な助言をくれたおかげで，読みやすく，魅力的な学生本位の教科書に仕上がった．

ワース社の制作エディターで，確かな知性と優れた判断力を持つBruce Kaplanは，広範な制作プロセスを穏やかにてきぱきと仕切ってくれた．彼の指示を受けたアシスタント・エディターのMary Melisによって，われわれの草稿は，疲れを知らないプロダクション・チームに引き渡された．Melissa Pelleranoは，プロセス全体を通してしっかりサポートしてくれた．

シカゴ大学では，とくにErin Robertsonのアシストがなければ，途方にくれるところだった．経験を生かして，リサーチ，編集，校正，出版社との連絡全般にわたって助けてくれた．彼女が自分の本を出す準備は万全だ！

本書を読者に届けるために知恵を絞り，支えてくれたワース社の多くの関係者に感謝申し上げる．Tracey Kuehn, Barbara Seixas, Lisa Kinneは，当初の企画段階から最後まで基本的な方向性を示してくれた．度重なる締切破りとハリケーン・サンデーの後，Rob Erreraは，きめ細かに目配りしながら，制作プロセス全般を見守ってくれた．注意深い目をもった，コピー・エディターのPatti Brechtにも感謝している．デザイナーのKevin Kallは，その独創的な装丁で，本書を一般的な中級の教科書とは一線を画すものにしてくれた．Ted SzczepanskiとElyse Riederは，各章ごとに，面白くて興味をそそる写真を探してくれた．明快で有用なグラフの原図を描いてくれたGreg Ghentにも特段の感謝をおくりたい．

中級ミクロ経済学は，教師と学生が自ら作りあげるコースであり，教室の内外での学習を充実させるため，質の高い指導要領や学習の手引きには高いニーズがある．ワース社のメディア・補助教材担当エディターのLukia KliossisとJaclyn Ferryは，教師にも学生にも役立つ画期的なツールを提供するために尽力してくれた．本当に役立つメディアや補助教材というプランを現実にものにしてくれたLukiaにはとりわけ感謝したい．彼女をはじめ同僚のStacey Alexander, Edgar Bonilla, Ashley Josephが形にしてくれた補助教材は，教師にとっても学生にとっても，中級ミクロ経済学のコースを充実したものにしてくれるはずだ．

初版のマーケティングには，特別なむずかしさとチャンスがあるが，ワース社のマーケティング・チームは，クリエイティビティを発揮しながら熱心に取り組んでくれた．Paul Shensaの知性と経験は何物にも代えがたく，彼がナビゲートしてくれたおかげで，教師や学生の幅広いニーズを知ることができた．Steve RigolosiとScott Guileが制作プロセス全般にわたってマーケティングに緻密な方向性とひらめきを与えてくれたことで，本書は一段と有用なものになった．おかげで熱い市場にうまく参入できた．その間，大いに励まし，専門家としての調整力を発揮しながら，テストとレビューをきめ細かに取りまとめてくれたKerri Russiniにも御礼申し上げたい．

最後に

われわれの仕事を絶えず応援し，感謝を伝えることができないほど忙しいときでも支えてくれる，それぞれの家族に心からありがとうと伝えたい．

結局のところ，教科書はあくまでツールにすぎないのであって，学生が授業やそれ以外の場で互いに学び合うことを補助するものだ．本書をきっかけに，学習を続け，いずれは経済学を使いこなせるようになってくれることを願っている．

オースタン・グールズビー
Austan Goolsbee

スティーヴン・レヴィット
Steven Levitt

チャド・サイヴァーソン
Chad Syverson

『レヴィット　ミクロ経済学』総目次

序文

第1部　基礎概念
第1章　ミクロ経済学の冒険
第2章　需要と供給
第3章　需要と供給のツールを使って市場を分析する

第2部　消費と生産
第4章　消費者行動
第5章　個人の需要と市場の需要
第6章　生産者行動
第7章　費用

第3部　市場と価格
第8章　競争市場における供給

以上，基礎編

第9章　市場支配力と独占
第10章　市場支配力と価格戦略
第11章　不完全競争
第12章　ゲーム理論

第4部　基礎から応用へ
第13章　投資，時間，保険
第14章　一般均衡
第15章　情報の非対称性
第16章　外部性と公共財
第17章　行動経済学と実験経済学

以上，発展編

目　次

監訳者序文
序文

第3部　市場と価格

第9章　市場支配力と独占　3

9.1　市場支配力の源泉　4

極端な規模の経済——自然独占　5
　応用　衛星ラジオ産業における自然独占　6
スイッチングコスト　7
製品差別化　9
主要投入物の支配による絶対的費用優位　9
　応用　主要投入物の支配——ブラジル，フォードランディアの苦難の歴史　10
政府の規制　11
意思（と生産者余剰）あるところに道は開ける　11

9.2　市場支配力と限界収入　12

　ヤバい経済学　薬物取引業者が戦争ではなく平和を求めるワケ　13
市場支配力と独占　14
限界収入　15
　9.1 解いてみよう　24

9.3　市場支配力を持つ企業の利潤最大化　24

利潤を最大化する方法　25

市場支配力を持つ企業の利潤最大化──グラフによるアプローチ　27

市場支配力を持つ企業の利潤最大化──数式によるアプローチ　28

9.2 解いてみよう　30

市場支配力を持つ企業のマークアップの公式──ラーナー指数　31

応用　市場支配力 対 市場シェア　35

市場支配力を持つ企業にとっての供給関係　36

9.4　市場支配力を持つ企業の市場変化への反応　37

限界費用の変化への反応　37

需要変化への反応　39

完全競争市場との大きな違い──顧客の価格感応度の変化に対する反応　40

9.3 解いてみよう　42

9.5　市場支配力の勝者と敗者　44

企業が市場支配力を持つ市場における消費者余剰と生産者余剰　45

完全競争市場における消費者余剰と生産者余剰　46

応用　サウスウエスト航空　47

市場支配力がもたらす死荷重　48

異なる市場支配力が生む生産者余剰の差　49

9.4 解いてみよう　51

9.6　政府と市場支配力──規制，反トラスト，技術革新　53

直接的な価格規制　53

反トラスト　56

独占を促す──特許権，許認可，著作権　57

応用　インターネットのファイル共有と音楽業界　59

特許権保護の実際　61

理論とデータ　新薬の潜在的市場を見極める　62

9.7　結論　64

目次　xxix

まとめ　65

復習問題　66

演習問題　67

第9章補論　利潤最大化の微分　75

利潤最大化の条件　76

限界収入　77

9A.1 解いてみよう　79

9A.2 解いてみよう　81

演習問題　82

第10章　市場支配力と価格戦略　85

10.1　価格戦略の基本　86

企業が価格戦略を追求できるとき　87

10.2　直接の価格差別　Ⅰ──完全価格差別（第1種価格差別）　90

10.1 解いてみよう　93

完全価格差別の例　96

応用　市場支配力がなければ価格差別できないことを，
プライスライン社はいかにして学んだか　97

10.3　直接の価格差別　Ⅱ──セグメント化による価格差別（第3種価格差別）　99

セグメント化がもたらす利益──グラフによるアプローチ　100

セグメント化がもたらす利益──数式によるアプローチ　104

各セグメントの価格をいくらにすべきか　107

これで合格　それは正真正銘の価格差別なのか　109

10.2 解いてみよう　110

顧客を直接セグメント化する方法　111

ヤバい経済学　ヴィクトリアズ・シークレット社の秘密でない価格差別　112

xxx 目次

理論とデータ 欧州の自動車市場における地域別セグメント 115

10.4 間接の価格差別（第2種価格差別） 116

数量割引による間接の価格差別 117

10.3 解いてみよう 123

バージョニングによる間接の価格差別 127

クーポンによる間接の価格差別 131

10.5 セット販売 132

混合セット販売 136

10.4 解いてみよう 138

10.6 高度な価格戦略 141

まとめ売り価格 142

2部料金制 144

10.5 解いてみよう 147

10.7 結論 149

まとめ 150

復習問題 152

演習問題 152

第11章 不完全競争 163

11.1 寡占市場における均衡 164

応用 ナッシュ均衡の例——映画のマーケティング 165

11.2 同一財の寡占市場——共謀とカルテル 169

共謀やカルテルの不安定性 170

応用 OPECと石油統制 174

11.1 解いてみよう 176

カルテルがうまくいく条件 177

応用 インディアナポリスのコンクリート・カルテル 178

ヤバい経済学 政府はいかにして巨大タバコ・メーカーとの戦いに敗れたのか 179

11.3 同一財の寡占市場——ベルトラン競争 181

ベルトラン・モデルを構築する 182

ベルトラン競争におけるナッシュ均衡 183

理論とデータ コンピュータ部品 その1 185

11.4 同一財の寡占市場——クールノー競争 186

クールノー・モデルを構築する 187

クールノー競争における均衡 189

11.2 解いてみよう 194

クールノー競争を共謀, ベルトラン競争と比較する 197

クールノー競争において企業数が3社以上の場合 199

クールノー競争 対 ベルトラン競争——議論の拡張 199

11.5 同一財の寡占市場——シュタッケルベルク競争 200

シュタッケルベルク競争と先行者利得 202

11.3 解いてみよう 205

11.6 差別化された財の寡占市場——ベルトラン競争 207

差別化された財のベルトラン競争における均衡 208

11.4 解いてみよう 213

理論とデータ コンピュータ部品 その2——必死の差別化 215

11.7 独占的競争 216

独占的競争市場における均衡 218

11.5 解いてみよう 221

xxxii 目次

11.8 結論 223

まとめ 223

復習問題 225

演習問題 225

第12章 ゲーム理論 237

12.1 ゲームとは何か 240

支配戦略と被支配戦略 241

12.2 1回限りのゲームでのナッシュ均衡 244

これで合格 チェック法 247

12.1 解いてみよう 249

複数均衡 251

混合戦略 255

応用 サッカーにおけるランダムな混合戦略 258

マキシミン戦略（敵が愚かなら，どうするか） 259

応用 太陽の下の道楽──非合理的な富豪たちのワインづくり 261

12.3 繰り返しゲーム 263

有限回繰り返しゲーム 264

無限回繰り返しゲーム 266

12.2 解いてみよう 270

12.4 交互手番ゲーム 273

これで合格 後ろ向き帰納法と枝刈り 276

もう1つの交互手番ゲーム 278

12.3 解いてみよう 280

12.5 戦略的行動，信憑性，コミットメント 282

利得の譲渡 283

コミットメント 286

12.4 解いてみよう 289

応用 ストレンジラブ博士と秘密の危機 290

参入阻止──信憑性の活用 292

理論とデータ サウスウエスト航空の新規参入の脅威に対する既存航空会社の反応 295

評判 298

ヤバい経済学 ゲーム理論が命を救う 300

12.6 結論 301

まとめ 302

復習問題 303

演習問題 304

第4部 基礎から応用へ

第13章 投資，時間，保険 315

13.1 割引現在価値分析 316

利子率 317

「72の法則」 320

割引現在価値（PDV） 320

応用 債券の割引現在価値 326

13.1 解いてみよう 329

13.2 投資選択を評価する 330

純現在価値 330

NPV評価での利子率の重要な役割 333

応用 航空会社の機体の更新　334

純現在価値法 対 回収期間法　338

13.2 解いてみよう　338

13.3 さまざまな利子率と資本市場 339

名目利子率 対 実質利子率　340

その他の利子率による評価　341

資本市場と市場利子率の決定要因　341

13.3 解いてみよう　344

13.4 リスクのある投資を評価する 345

不確実性を考慮した純現在価値——期待価値　345

リスクと先送りオプション価値　347

13.4 解いてみよう　351

13.5 不確実性，リスク，保険 352

期待収益，期待効用，リスクプレミアム　352

保険市場　356

理論とデータ メディケアの保険価値　360

リスク回避度　360

リスク回避と投資判断　362

ヤバい経済学 現代の黙示録——災害を予防するために，いくら支払うのか　363

13.5 解いてみよう　365

13.6 結論 366

まとめ　367

復習問題　368

演習問題　368

目次　xxxv

第14章　一般均衡 375

14.1　一般均衡効果の実際 377

一般均衡効果の概観　377

数量的一般均衡——需要サイドでつながっているトウモロコシ市場と小麦市場の例　381

14.1 解いてみよう　388

理論とデータ　カーマゲドンの一般均衡　389

数量的一般均衡——供給サイドでつながっているトウモロコシ市場と小麦市場の例　391

ヤバい経済学　良い教師はどこに消えたのか　394

応用　都市における住宅市場と労働市場の一般均衡効果　396

14.2　一般均衡——公平と効率性 399

市場のパフォーマンスの測定基準——社会的厚生関数　399

14.2 解いてみよう　402

市場パフォーマンスの尺度——パレート効率性　403

市場のパレート効率性を見つける　404

市場の効率性——3つの条件　405

14.3　市場の効率性——交換の効率性 406

エッジワース・ボックス　406

エッジワース・ボックスにおける取引の利得　408

14.3 解いてみよう　415

14.4　市場の効率性——投入の効率性 417

生産可能性フロンティア　421

14.4 解いてみよう　423

14.5　市場の効率性——産出の効率性 424

限界変形率　425

14.5 解いてみよう　429

14.6　市場，効率性，厚生経済学の定理　　430

> **応用**　インドの製造業の産出の効率性　432

14.7　結論　　435

まとめ　436

復習問題　437

演習問題　438

第15章　情報の非対称性　447

15.1　レモンの問題と逆淘汰（逆選択）　　448

品質がわかる場合　449

品質がわからない場合　450

逆淘汰　451

その他のレモンの問題の例　453

レモンの問題を軽減する制度　454

> **15.1 解いてみよう**　458

> **応用**　収集品販売の評判　459

買い手の情報が多いときの逆淘汰──保険市場　462

保険市場の逆淘汰を軽減する　463

> **応用**　逆淘汰と強制保険　466

15.2　モラルハザード　　467

極端なモラルハザードの例　468

> **15.2 解いてみよう**　472

保険市場におけるモラルハザードの例　473

保険市場以外のモラルハザード　474

モラルハザードを軽減する　475

> **応用**　利用実績に基づく自動車保険　476

目次　xxxvii

15.3　プリンシパル‒エージェント関係における情報の非対称性　478

プリンシパル‒エージェントとモラルハザードの具体例　479

ゲームとしてのプリンシパル‒エージェント関係　482

ヤバい経済学　俺ら海賊——全員公平な扱い？　484

一般的なプリンシパル‒エージェント関係　485

理論とデータ　住宅用不動産取引におけるプリンシパル‒エージェント問題　486

15.3 解いてみよう　488

15.4　情報の非対称性問題を解決するシグナリング　490

シグナリングの古典的な例——教育　490

他のシグナル　497

応用　品質のシグナルとしての広告　498

15.4 解いてみよう　499

15.5　結論　499

まとめ　500

復習問題　501

演習問題　501

第16章　外部性と公共財　511

16.1　外部性　512

なぜ，うまくいかないのか——外部性による経済の非効率性　513

負の外部性——悪い財が多すぎる　514

16.1 解いてみよう　517

正の外部性——良い財が十分に供給されない　519

理論とデータ　自動車盗難防止装置（ロジャック）の正の外部性　522

16.2　外部性を是正する　524

xxxviii **目次**

汚染の効率的水準 524

価格を使って外部性を是正する 527

応用 スパムメールを減らす 529

16.2 解いてみよう 532

応用 自動車税の引上げは，ドライバーを喜ばせたのか 533

外部性を是正するための数量メカニズム 535

価格ベース 対 数量ベースの介入と不確実性 537

市場志向型アプローチで外部性を是正する──排出許可証制度の市場（排出権取引市場） 542

16.3 解いてみよう 546

16.3 外部性に関するトピックとその対策 548

共有地の悲劇 549

コースの定理──外部性の是正を自由市場に委ねる 551

16.4 解いてみよう 555

応用 テキサスの油田で，共有地の悲劇がコースの定理と出会う 556

コースの定理と排出権取引市場 557

16.4 公共財 558

公共財の最適な水準 561

16.5 解いてみよう 564

フリーライダー問題を解決する 565

ヤバい経済学 消防活動は公共財か 567

16.5 結論 569

まとめ 570

復習問題 571

演習問題 571

目次　xxxix

第17章　行動経済学と実験経済学

583

17.1　経済モデルの予想どおりに行動できないとき

586

系統的なバイアス1──過信　586

系統的なバイアス2──自己管理の問題と双曲割引　588

系統的なバイアス3──フレーミングの餌食になる　591

系統的なバイアス4──サンクコストに注意する　595

応用　サンクコストのバイアスと住宅市場の崩壊　596

系統的なバイアス5──寛大さと利他心　599

17.2　行動経済学は，これまで学んできたことがすべて無駄だと言っているのか　601

17.3　経済理論をデータで検証する──実験経済学

602

ラボ実験　603

ヤバい経済学　（文字通り）世界の果てに，経済理論を検証しに行く　605

自然実験とフィールド実験　607

17.4　結論，そしてミクロ経済学の未来

609

まとめ　610

復習問題　611

演習問題　611

用語集　615

索　引　629

図表目次

〈図〉

図9.1 限界収入を理解する 20

図9.2 市場支配力を持つ企業は，いかに利潤を最大化するか 27

図9.3 市場支配力を持つ企業は，限界費用の上昇にどう反応するか 39

図9.4 需要曲線の回転に対する反応 41

図9.5 アップルのiPadの余剰 46

図9.6 需要曲線が異なる場合，市場支配力がもたらす生産者余剰の差 50

図9.7 自然独占の政府規制 55

図9.8 独占権とイノベーション 59

図9.9 年齢層別の所得の比率 64

図10.1 価格戦略の概観 89

図10.2 完全価格差別（第1種価格差別） 92

図10.3 市場支配力を持たない完全価格差別──自社で価格を設定すると何が悪いのか 98

図10.4 鉄人レース70.3コスメル・トライアスロンのセグメント別の参加費 101

図10.5 鉄人レース70.3コスメル・トライアスロンでの独占的な均一価格 103

図10.6 E*TRADE社の数量割引 119

図10.7 誘因両立性 121

図10.8 まとめ売り価格 143

図10.9 2部料金制 145

図10.10 顧客の需要曲線が異なる場合の2部料金制 147

図11.1 カルテルの不安定性 172

図11.2 OPECの実際の生産量と生産枠 175

図11.3 最適な生産量の選択 191

図11.4 反応曲線とクールノー均衡 193

図11.5 ベルトラン市場におけるナッシュ均衡 211

図11.6 独占企業の需要曲線と費用曲線 218

図11.7 新規参入が独占的競争企業の需要に及ぼす影響 219

図11.8 独占的競争市場の長期的均衡 221

図12.1 公開時期の選択に関わるゲームツリー 273

図12.2 「プレーかパスか」の交互手番ゲーム 279

図12.3 利得の譲渡でナッシュ均衡は変わりうる 284

図12.4 非協力に対するペナルティとして利得の譲渡を活用する 285

図12.5 市場参入ゲーム 293

図12.6 超過供給力で脅しに信憑性を持たせる 294

図13.1 複利 319

図13.2 コピー機購入の割引現在価値（PDV） 332

目次　**xli**

図13.3　資本市場の需要と供給　343

図13.4　リスク回避的な人は，リスクを回避するため対価を支払う　354

図13.5　効用関数とリスク回避度　361

図14.1　トウモロコシ市場と小麦市場における一般均衡効果　379

図14.2　産業間の供給サイドの投入連関　382

図14.3　再生エネルギー法の目標基準がトウモロコシ市場と小麦市場に与える影響　386

図14.4　労働市場と住宅市場の相互作用　397

図14.5　消費のエッジワース・ボックス　407

図14.6　2人の無差別曲線とエッジワース・ボックス　409

図14.7　エレインとジェリーのパレート効率性に近づく　411

図14.8　消費契約曲線　414

図14.9　生産のエッジワース・ボックス　418

図14.10　2社の等生産量曲線とエッジワース・ボックス　420

図14.11　生産契約曲線　421

図14.12　生産可能性フロンティア　423

図14.13　産出の効率性を達成する　428

図15.1　保険市場のモラルハザード　469

図15.2　交互手番ゲームとしてのプリンシパル-エージェント問題　483

図15.3　就職市場のシグナルとしての学歴　495

図16.1　競争的な電力市場の負の外部性　514

図16.2　大学の学位の市場における正の外部性　520

図16.3　ロジャック（自動車盗難防止装置）市場における正の外部便益　523

図16.4　汚染の効率的水準　525

図16.5　ピグー税は負の外部性を是正する　529

図16.6　ピグー補助金は正の外部性を是正する　532

図16.7　負の外部性を持つ市場に対する数量割当の効果　536

図16.8　数量メカニズムが価格メカニズムよりも選好される場合　538

図16.9　価格メカニズムが数量メカニズムよりも選好される場合　541

図16.10　公共財の市場の効率性　563

図17.1　住宅市場の超過供給　597

〈表〉

表9.1　マシュマロ・フラフの限界収入　17

表9.2　アルバムを発表したジャンル別の新人アーティスト数，1999年，2004年　61

表10.1　トヨタ・カムリとレクサスES350に対する消費者の評価　129

表10.2　月間契約に対する評価額の順相関　133

表10.3　月間契約に対する評価額の逆相関　135

表10.4　限界費用が一部の顧客の評価額を上回っているときの逆相関　137

xlii 目次

表11.1 宣伝による競争　167

表11.2 寡占の構造別に均衡を比較する　197

表12.1 宣伝のゲーム　242

表12.2 特集記事を選択する　246

表12.3 公開時期を選択する　253

表12.4 公開時期を選択する（単純化したゲーム）　254

表12.5 混合戦略ゲーム──サッカーのペナルティーキック　255

表12.6 マキシミン戦略を使って特集記事を選択する　261

表12.7 生産するワインを選択する　262

表12.8 無限回繰り返し宣伝ゲームの1期の利得　267

表12.9 公開時期を選択する　274

表12.10 公開時期を選択する　287

表12.11 5月公開という信憑性のあるコミットメント　288

表12.12 サウスウエスト航空の参入の脅威に対する既存航空会社の対応　297

表13.1 コピー機購入の収支構造　331

表13.2 ノースウエスト航空の投資決定に関する費用データ　335

表13.3 新型機購入の純現在価値（NPV）　337

表13.4 リスクのある投資を分析する　346

表16.1 特性別の財の分類と具体例　560

レヴィット
ミクロ経済学

［発展編］

第**3**部 市場と価格

市場支配力と独占　第**9**章

2010年春，タブレット端末市場では選択肢が1つしかなかった．とにもかくにも iPad だ．色の選択肢すらない．

　アップルは笑いが止まらない．夢のある商品を投入すると，たちまち人気になり，消費者はいち早く手に入れようと行列をつくって買ってくれる．アップルの独壇場だ．他のコンピュータ・メーカーも慌てて自社製品の開発に乗り出すが，実現までには時間がかかる．それに，iPad の購入を考えている人々を説得して，自社製品に乗り換えてもらうのは並大抵のことではない．

　こうした状況は，基礎編の第8章で論じた企業の供給行動の完全競争モデルには合致しない．完全競争市場では，市場全体に比べて1企業の生産量が少ないため，1企業の生産量やそもそも生産するかどうかの決定が市場全体の供給量に目立った影響を与えることがない．このため，完全競争下の企業は，利潤の最大化を目指して生産選択を行う際に，製品の市場価格を所与のものとして受容する．だが，これは2010年半ばのアップルと iPad には，およそあてはまらない．なんといってもアップルが市場全体の供給を担っているのだ．アップルは生産量を調整することで，市場の需要曲線に沿った動きを起こすことができた．たとえば，アップルが iPad を少量しか生産しなければ，少ない供給量は高い価格で需要曲線とぶつかることに

なり，需要量も少なくなる．生産量を増やせば，需要曲線を下がった低い価格で供給量が需要量と一致する．つまり，iPadの生産量をどうするかというアップルの選択が，事実上，iPadの販売価格をコントロールしていたのだ．

この章ではまず，自社製品の販売価格をある程度コントロールできる企業の生産選択についてみていく．自社製品の販売価格に影響力を与えられる企業は，**市場支配力**（market power）を持っているといわれる．市場支配力の究極の形が**独占**（monopoly）であり，市場には1社しか存在しない．2010年春，アップルは事実上，タブレット端末市場を独占していた．独占権を持つ企業（**独占企業 monopolist**）は，最大の市場支配力を持っており，任意の需要曲線に対して，その企業がどれだけ供給するかによって市場価格が決まる（価格決定者）．この対極にあるのが，完全競争下の企業であり，価格受容者（price taker）である．これらの企業は市場価格に影響を与えることができないため市場支配力がない．

この章でこれからみていくが，市場支配力のある企業の行動は，完全競争企業のそれとは異なる．自社の生産選択が価格に影響を与えることを認識しており，その点を考慮に入れて生産量や販売量を決めている．完全競争下の企業は，この点を考慮することはなく，生産選択の方法も異なる．興味深いのは，市場支配力は測れるものであり，企業の市場支配力が落ちてくると，その生産行動が完全競争のそれに近くなっていくという事実だ．この点を学んでいこう．じつは，完全競争は，より一般的な生産行動モデルの特殊なケースにすぎないのである．市場支配力を持っていた企業も，市場支配力がゼロにまで落ちると，完全競争企業とまったく同じ行動をとるのである．

9.1 市場支配力の源泉

コンピュータの基本ソフト，航空会社，自動車製造などの一部の産業では，少数の企業がかなりの市場支配力を持つに至っている．これらの産業と，完全競争産業とはどう違うのか．こうした企業は，いかにして自社製品

第9章　市場支配力と独占　**5**

の販売価格に影響を及ぼす能力を獲得したのか．市場支配力はどこから来ているのか．

　持続可能な市場支配力のカギは，価格が完全競争市場の水準並みに低くなるまで競争相手が参入してくるのを阻む何かが市場に存在する，ということだ．市場支配力を持つ企業は，競争相手にはできない方法で多額の生産者余剰と利潤を生み出すことができる（生産者余剰とは，企業の利潤に固定費用を加えたものだった．長期的には固定費用はゼロになり，利潤と生産者余剰は等しくなる）．だが，第8章でみたように，生産者余剰が存在すると，その一部を奪おうと市場に参入する企業が必ず出てくる．市場支配力を背景とした莫大な生産者余剰が存在するにもかかわらず，市場参入を阻む要因が**参入障壁**（barriers to entry）である．次節以降で，とくに重要な参入障壁についてみていこう．

極端な規模の経済──自然独占

　自然独占（natural monopoly）の存在は，参入障壁の1つである．自然独占とは，ある産業において企業の費用曲線が，どの生産水準でも規模の経済を示している状態を指す．言い換えれば，企業の長期平均総費用曲線が常に右下がりになり，生産規模が大きくなればなるほど平均総費用が下がるということだ．たとえ1企業が市場の量のすべてを販売するとしても，だ．

　こうした状況では，社会にとって1企業が全生産を担うのが効率的であり，複数の企業に分散させると，生産の平均総費用を押し上げることになる．いま限界費用が1単位あたり10ドル，固定費用が100ドルで，望むだけの数量を生産できる企業があるとしよう．この場合，平均総費用（総費用を生産量で割ったもの）は，どんな生産量でも低下する．等式では以下のようになる．

$$TC = FC + VC = 100 + 10Q$$

$$ATC = \frac{TC}{Q} = \frac{100 + 10Q}{Q} = \frac{100}{Q} + 10$$

生産量Qが大きくなるほど，平均総費用ATCは低下する．産業内のすべて

の企業の費用構造が同じであれば，市場全体の需要を満たす方法として最も費用が安くすむのは，1社が生産を独占する場合だ．2社以上が生産すると，生産量のいかんに関わらず，各社が固定費用の100ドルを支出しなければならないので，産業の平均総費用は高くなる．産業内に1社しかなければ，こうした固定費用の重複が避けられる．それゆえ，社会的観点からみると，1社が独占したほうがコスト効率が良い．もっといえば，こうしたタイプの市場は，たいてい先行企業の規模が大きく，コスト面で有利なため，新たに参入しても互角に戦うのは容易ではない．固定費用が高く，限界費用が一定ないし逓増する費用構造の市場では，1社が巨大化し，低コストで産業を支配する傾向が強いといえる．

　送電事業は自然独占だと考える経済学者は多い．企業や家庭に電力を送るための送電線や中継所，メーターなどのネットワークを構築する固定費用は莫大である．だが，いったんネットワークが完成してしまえば，送電量1kWhを増やすための限界費用はほぼ一定だ．だとすれば，1社が送電を独占的に担うことが予想され，たいていそのとおりになっている．ある地域で，競合する企業が2社しかなかったとしても，全域で送電線が2本並行して走ることになり，2社の固定費用は莫大な額になる．この2本目の送電線の追加費用は，高い電力料金として消費者に跳ね返る．

　送電会社はたいてい自然独占であるため，政府の規制を受けている．市場支配力が自然独占の結果か否かを問わず，市場支配力を持つ企業は政府の規制の対象となる場合が多いが，その理由については，この章の後半で取り上げよう．とはいえ，長期的に需要が十分に変化すれば，自然独占すら消滅しうる点は認識しておくべきだ．需要が大幅に増加して平均総費用が上昇し，新たな企業が参入できるようになる場合もある．実際，かつては自然独占だとみられていた電話やケーブルテレビなどの市場は，そうなったといわれている．

応用　衛星ラジオ産業における自然独占

　自然独占だとみられるが，2社が存在する産業——衛星ラジオ業界をみて

みよう．XMラジオ社とシリウス社は，莫大な固定費用をかけて衛星を打ち上げ，全米で自前のラジオ番組を放送している．一般のFMラジオと比較した場合，衛星ラジオの強みは，音質が良いこと，旅先で聴けること，専門チャンネルが充実していることだ（ブルーグラス専門のチャンネルやモータースポーツ専門のチャンネルなどがある）．月間の契約料は20ドル前後である．

2社は技術的にほとんど差がないため，番組制作で独自色を打ち出そうとした．XM社がアメリカンフットボール（NFL）の全試合を中継する独占契約を結ぶと，シリウス社はメジャーリーグ（MLB）の全試合を中継する独占契約を結び，過激なパーソナリティで知られるハワード・スターンを起用した（これでスターンは，一般のラジオ番組のときより過激になれた）．

だが，うまくはいかなかった．衛星ラジオ局の費用構造は，衛星の製造，打上げに莫大な固定費用がかかる一方，限界費用はきわめて低いため，市場を二分すると，2社とも高い平均総費用を負担しなければならない．結果として，両社はそれぞれ多額の損失を出した．市場の経済学は，そもそも2社が存在すべきでないと教えていたが，市場もようやくそのことに気づいた．2008年，XM社とシリウス社は合併し，1つの会社になった．■

スイッチングコスト

一般的な参入障壁の2つめは，消費者のスイッチングコスト（switching cost）の存在である．消費者が競合企業の製品に切り替えようとすると費用がかかる場合，先行企業に市場支配力が生まれ，新規企業の参入がむずかしくなる．ある航空会社を頻繁に利用し，その会社のフリークエント・フライヤー〔マイレージ・サービスに登録された乗客〕・プログラムでマイレージを貯めた場合を考えてみよう．ライバルの航空会社が安い運賃を武器に市場に参入したとしても，この顧客に切り替えを促すのは容易ではない．列に並ばずに済んだり，座席をアップグレードしたり，荷物を預ける料金が無料になるといったマイレージ・サービスを失いたくはないからだ．消費者にとって，こうした地位を失うことが，ライバルの航空会社へ乗り換えることを阻むスイッチングコストであり，先行する航空会社の市場支配力を高める要因

になっている.

スイッチングコストが技術に由来する製品もある. たとえば, 衛星放送の
ディレクTVのパラボラアンテナを買って屋根に取り付けたら, 他社に切り
替えるのは容易ではない. DISHネットワークに切り替えるには, 新たに専
用のパラボラアンテナを購入し, コンバーターを取り付けなければならな
い. 同様に, アマゾンで送付先情報を入力・保存したり, イーベイで高評価
を獲得したりすると, 消費者はそうした情報を簡単に競合会社に移し替える
わけにいかない. それらは, オンライン・ストアやネットオークション業者
にとって参入障壁になっている.

代替品を見つけるコストがスイッチングコストになる商品もある. いった
ん自動車保険に加入すると, もっと保険料が安くならないかどうかを他社に
いちいち確認し, 書類に必要事項を書き込んで切り替えるのは手間がかか
る.

とはいえ, スイッチングコストは乗り越えられない参入障壁ではない. 簡
単に代替品の比較ができるサイトの構築に投資し, スイッチングコストは吸
収でき, たいていもっと安い商品に乗り換えられると消費者を説得している
企業もある. たとえば, 自動車保険のプログレッシブ保険は, サイト上で自
社の商品だけでなく, 複数のライバル会社の商品の保険料と比較している.
ただ, スイッチングコストは法外に高くなくても効果を発揮する. 他社が参
入に二の足を踏む程度に高ければ, 競争の脅威は減り, 先行企業は市場支配
力を得ることになる.

おそらくスイッチングコストが最も極端な形で表れるのは, **ネットワーク
財** (network good) だろう. ネットワーク財とは, その財を使う利用者数が
多ければ多いほど, 利用者にとっての価値が高まる財である. 新たな利用者
が1人増えるたび, 他の利用者にメリットをもたらしているのだ. フェイ
スブックが好例だ. 世界中でフェイスブックの利用者が自分だけなら, 面白
くもないし, たいした役にも立たない. 大勢の利用者がいるからこそ会話が
成立する.

自然独占状態か, それに近い水準の規模の経済とネットワーク財特有の性
質が相俟って, 強力な参入障壁となる. マイクロソフト社のWindowsのよ

うなコンピュータのオペレーティング・システム（OS）は，独占になりやすい．ソフトウエアの生産は固定費用が高く，限界費用が低いので規模の経済がはたらくこと，ネットワーク財であり，消費者の側にソフトやファイルを共有するために共通のOSを使いたいというニーズがあることがその理由だ．

製品差別化

同じ市場で複数の企業が競合する製品を販売していたとしても，各社の製品が完全代替とみなされるわけではない．たとえば，自転車メーカーは，同じ市場で事業を行っているようにみえても，買い手にとっては，500ドルのトレックは，500ドルのキャノンデール（あるいは，500ドルのジャイアント）とまったく同じではない．とすれば，ライバルよりも若干高い価格をつけたとしても，売上げを完全にライバルに持っていかれるわけではない．消費者は，このメーカーのこの製品といった具合に，それぞれの好みによってセグメントされ，その製品に喜んでプレミアムを支払ってもいいと考える（限られたプレミアムだが，プレミアムには違いない）．このように製品に多様性があり，完全に代替できないことを，**製品差別化**（product differentiation）という．これも市場支配力の源泉である．製品差別化は，ほとんどの産業でなんらかの形で存在しており，新規企業が参入して，先行企業よりほんの少し価格を下げただけで市場需要のほとんどを奪う事態を阻んでいる．製品差別化については第11章で詳しく論じよう．

主要投入物の支配による絶対的費用優位

一般的な参入障壁としてはそのほかに，主要投入物を獲得するうえでの絶対的費用優位があげられる．主要投入物を支配しているということは，他企業にない特別な資産を持っている，ということだ．秘密のレシピや稀少な資源などの主要投入物を支配すれば，どの企業よりも費用を抑えることができる．極端な例として，たった1つしかない油田を保有し，他社に掘削を許

10　第3部　市場と価格

さない企業を思い浮かべるといい．他社が原油を生産するコストは無限大なのだから，圧倒的に優位になる．ただ，そこまで支配する必要はない．自社の原油の生産費用が，他社のそれを大幅に下回っている場合もコスト面で有利になる．生産費用が低い企業から市場を奪うのはむずかしいと他社が躊躇するため，市場支配力が維持される．

> **応用**　**主要投入物の支配——ブラジル，フォードランディアの苦難の歴史**

　1800年代，合成ゴムは存在しなかった．ゴムはすべて木からつくられ，ブラジルのゴムの木が世界的に有力な資源だった．ゴムはブラジルの主要輸出品の１つになっていた．

　自然の状態のゴムの木は，奥地に生育しており，伐採が容易ではなかった．さらに，南米では葉枯れ病が広がりやすく，木と木を密集して植えることができなかった．1876年，イギリス人のヘンリー・ウィッカムが7万個のゴムの木の種をブラジルから持ち出し，現在のマレーシアに植えた．密集して植えても病気が蔓延しなかったことで，ゴムの木を育てるコストは劇的に下がった．イギリスは費用面で絶対的に優位になり，市場支配力を手に入れるに至った．1900年代初めの時点で，アジアにおけるイギリスのプランテーションは，世界のゴム需要の95％を満たしていた．「人類史上初の戦略的資源の世界的な独占」[1] であった．

　1927年，自動車のタイヤ用のゴムが必要になったヘンリー・フォードは，イギリスをマネして，アマゾンにフォードランディアという名のプランテーション都市をつくった．だが，ゴムの木の専門家に一切相談しなかったため，フォードランディアのゴムの木はあっという間に葉枯れ病に冒され，文化的衝突や社会不安を引き起こした．プランテーションは，つくる端から失敗に終わった．イギリスの成功に倣うことはできず，フォードランディアのゴムがフォード車に使われることはなかった．

---

1)　Joe Jackson, *The Thief at the End of the World: Rubber, Power and the Seeds of Empire.* New York: Viking, 2008.

主要投入物の絶対的費用優位を背景にしたイギリスの市場支配力は，第二次大戦後，安価な合成ゴムが開発されるまで続いた．ちなみに，ブラジルからマレーシアに入国する際には，南米の葉枯れ病の病原菌を持ちこませないために，いまだに手荷物に紫外線が照射されている．■

政府の規制

参入障壁の重要な形態として最後に取り上げるのが，政府の規制である．ニューヨークでタクシーを運転するには，メダルが必要である（タクシーのボンネットにつけるメダルで，ニューヨークのタクシー・アンド・リムジン組合が発行する営業免許証である）．メダルの総数は決まっていて，現時点では，1万3,000個強である．タクシー業界に入りたいなら，現在の持ち主からメダルを買い取らなければならないが，すぐに貯金を始めたほうがいい．70万ドル以上もしているのだから．これは，タクシー運転手への道を阻む大きな参入障壁だ．タクシー以外でも，免許の取得など参入を阻むルールが存在する職業や産業は少なくない．

ただし，規制による参入障壁には好ましいものもある．詳しくは，この章の後半で，独占に対する政府の対応を考えるなかで取り上げる．好ましい参入障壁の例としては特許や著作権があげられ，直接の競争を禁じることで企業を保護している．

意思（と生産者余剰）あるところに道は開ける

参入障壁に関しては，おぼえておくべき重要な点が1つある．永続することは滅多にない，という点である．参入障壁に守られた生産者余剰が大きければ，どれほど堅固な障壁でも，最終的には突破する方法を見つけることができる．デュポン社は合成素材のナイロンを発明し，特許を取得した．理論的には，これで他社の参入を防げるはずだった．だが，現実には，ナイロンとまったく同じではないものの，それと遜色のない合成素材が開発され，ナイロンの独占は崩された．人間の発明能力に限界はないので，長い目でみ

れば，起業家精神に富む個人や企業があっと驚く方法を見つけ出し，保護された他社の地位を切り崩すのだ.

9.2 市場支配力と限界収入

　独占とまではいかなくても，たいていの企業はなんらかの市場支配力を持っている. こうした事実を踏まえ，第8章では，ほんとうの意味での完全競争企業はほとんど存在しないと指摘した. コモディティとして作物を栽培する農家や，価格を完全に所与のものとして受容する企業もないわけではないが，それらは例外である. 競争市場モデルは，ほとんどの製品市場を説明するというより，市場構造を学ぶ出発点として捉えるのが有用だ.

　そもそも現実に企業が市場支配力を持つということは，どういうことを意味しているのだろうか. いまBMWが全車種の生産量を5倍に拡大したとしよう. BMWの供給量が増えると，需要曲線上を下がる動きが生み出され，価格が低下すると予想される. 逆に，BMWが生産量を5分の1に減らせば，価格は上昇すると予想される. これらの結果から，BMWは自社の生産決定が価格に影響を与えていないかのように行動すべきではない，ということになる. つまり，BMW車の価格は，BMW自体が生産量をどうするかで決まるのだから，BMWは価格受容者ではない. 需要曲線は右下がりであり，BMWが生産量を増やせば市場価格を引き下げ，逆に生産量を減らせば価格を押し上げることになる.

　じつは，同じことをBMWの視点から説明することもできる. BMWは価格を所与として受容しておらず，価格を選択し，生産量（販売量）の決定を市場に委ねているといえる. つまり，市場支配力を持つということは，自社製品の価格を下げると販売量が増える一方，価格を上げると販売量が減るということだ. 仮に価格を受容している企業が市場価格を上回る価格をつければ，需要をすべて失うだけだ. だが，BMWは違う. これはまさに，アップルとiPadの議論で紹介した考え方だ. 企業の意思決定は，利潤を最大化する価格の選択か，利潤を最大化する生産量の選択か，どちらの観点からでも

説明することができ，どちらを選んでも結果は同じになるのである．

薬物取引業者が戦争ではなく平和を求めるワケ

　市場支配力を得ることにかけて，独占企業はきわめて巧みな戦略をとってきた．ざっとあげただけでも，猛烈なロビイ活動によって特権的に市場に参入する，一時的に限界費用を下回る価格をつけてライバル企業の参入を阻止する，人為的に参入障壁をつくり出す，といったものがある．

　だが，殺人は？

　アンハイザー・ブッシュ・インベブ社が，ミラー・クアーズ社の取締役を排除するため，殺し屋を雇うなど想像できるだろうか．ありえない．だが，それほど遠くない昔，アルコールの醸造・消費が禁止されていた「禁酒法」の時代には，アルコールを製造する「企業」のあいだで，そうした行為は常態化していた．アル・カポネのようなギャングにとって，市場支配力を確立，維持するには暴力が欠かせなかったのだ．

　現代で同じような現象がみられるのがクラック・コカインの取引だ．クラックは違法なので，法的な財産権や契約の枠外で市場が機能している．そのため暴力が，契約を履行し，市場支配力を確立する手段になっている．ギャングはもともと非合法ではたらいているので，殺人のコストは合法的な事業並みに高くつかない．米国における年間の全殺人件数の3分の1，5,000件近くが，所有権をめぐる薬物取引業者の争いによるものと推計されている．だが，スティーヴン・レヴィットとスディール・ヴェンカテシュは，シカゴのギャングの金融取引を3年にわたって調べ，ギャングのリーダーは，過度の暴力を避けようとしていると結論づけた．なぜか．ビジネスとして割に合わないからだ！　ギャングの抗争で銃撃が起これば，顧客は遠ざかり，収入が30％近く落ち込む．抗争の期間中，薬物取引ディーラーは平均して損を出していた．

　暴力は，違法薬物取引の最大のコストの1つである．薬物の合法化を

主張する人々が，その利点の1つとしてあげるのが，この暴力の削減だが，単純な経済学は，違法薬物取引を減らす別の方法を推奨し，効果があると示唆している．薬物取引業者が暴力という極端な手段に訴えてまで市場支配力を確立しようとするのは，薬物に対する需要が強いからだ．違法薬物の需要が減れば，それに関連した暴力行為も減る．その論理で，いくつかの対策がとられている．使用者に対する厳罰，薬物が及ぼす健康被害についての教育，「断固，ノーと言う」キャンペーンなどだ．これらの対策の効果はまちまちである．とはいえ，持続的な需要の削減がもたらす莫大なメリットを考えれば，違法薬物の需要を減らす，より良い方法を検討する価値はある．

市場支配力と独占

アップルについて，2010年春のタブレット端末市場では事実上，独占状態だったと論じたが，BMWについては独占状態にあるとはいえない．同社は，事業を展開するすべての市場で複数の自動車メーカーと競争している．では，なぜ，タブレット市場のアップルと同じように，BMWの価格設定能力について論じるのだろうか．この章の基本的論点が，独占でないとしても，なんらかの市場支配力を持つ企業にあてはまるからだ．市場支配力を持つ企業の需要曲線は右下がりである点が本章の分析のカギになる．つまり，企業の生産量水準と価格には相関性がある．完全競争下の企業と違って，所与の市場価格で生産した分だけが売れるわけではない．

正真正銘の独占企業の場合は，自社の需要曲線がそのまま市場の需要曲線になる．だが，まったくの独占企業でなくても，自社の需要曲線は右下がりになりうる．第11章で詳しくみるが，独占に似た市場構造に，寡占市場と独占的競争市場がある．**寡占** (oligopoly) 市場は少数の企業が競争している市場であるのに対し，**独占的競争** (monopolistic competition) 市場は，数多くの企業が存在するが，各社の製品には十分な差異があり，製品の需要曲線が右下がりの市場である．独占市場とこれら2つの市場との違いは，後者

の市場では，任意の企業の需要曲線は右下がりではあるものの，その形状が他社の生産決定に依存する点にある．独占市場では，こうした企業間の相互作用はない．独占企業の需要曲線は，市場の需要曲線そのものである．

寡占市場および独占的競争市場における企業間の相互作用については第11章で詳しく取り上げるが，この章では，こうした市場において企業が生産量（または価格）をどのように決定しているかを分析する．その際，この決定に反応して他社が行動を変えることはないものと想定する．こうした想定をすることで，寡占市場や独占的競争市場のように競争相手の行動によって需要曲線が動くにせよ，独占市場のように動かないにせよ，企業の需要曲線が右下がりであるかぎり，同一の分析をすることができる．そのため，分析対象の企業が文字どおりの独占企業でなかったとしても，「市場支配力」と「独占力」を同義語として使える．要するに，いったん企業の需要曲線が決まれば，独占企業であれ，寡占企業であれ，独占的競争企業であれ，その意思決定プロセスは変わらない，ということである．[2]

限界収入

市場支配力を持つ企業の行動を理解するうえで，押さえておくべきポイントがある．需要曲線が右下がりなのだから，売上げを伸ばすには価格を下げるしかない，という点である．この1つの事実が，企業のあらゆる意思決

---

[2] 右下がりの需要曲線に直面した独占企業と非独占企業の供給行動が似ているというのは，かなり重宝する．ある企業が独占企業かそうでないかを特定するのは，簡単ではないからだ．独占か否かの決め手は，関連する市場をどう決めるかにかかっている．通りの角のお気に入りのハンバーガー・ショップは，その界隈では唯一の店だとする．だが，「ハンバーガー・レストラン」と市場を狭い範囲で限定したとしても，この店を独占と呼ぶには無理がある．ましてや「外食する場所」だと定義したら，とても独占にはならない．というのは，この角の店が価格を上げれば，ハンバーガーであれ何であれ，多くの顧客が他の飲食店に乗り換えることがわかっているからだ．iPadが好調だった2010年のアップルですら，市場を「コンピュータ端末」と捉えれば独占ではなくなる．どこで市場の境界を引くかは，予想される代替のパターンに大いに左右され，複雑になりうるが，この章の分析には，独占と非独占のあいだの曖昧な部分は，さほど重要でないのは幸いだ．繰り返しになるが，重要なのは，どんな理由であれ，企業の需要曲線が右下がりであることだ．

定に関わってくる．後でみていくが，市場支配力を持つ企業は生産量と価格の関係を理解しているので，完全競争下の企業ならとらない方法で，生産量を制限する．それによって価格を引き上げ，より多くの利潤を獲得する．

　価格を高水準で維持するために，生産量を制限するのはなぜだろうか．その理由を知るには，企業の限界収入——販売量が1単位増えたときにもたらされる追加的な収入——という概念を思い出さなければならない．一見，限界収入は製品の価格と同じではないかと思えるかもしれない．第8章でみたとおり，市場支配力を持たない企業にとっては，そのとおりで，限界収入は価格と等しい．フットボールの試合で，スタジアム内で売り歩くホットドッグ屋にとっては（この「企業」は，価格受容者と考えて差し支えない），ホットドッグが1個売れるたびに，ホットドッグの価格の分だけ総収入が増える．価格は，販売量に依存しない．ホットドッグ屋は価格の受容者である．数百個売れたとしても，それで市場価格が変わるわけではない．限界収入は，あくまで市場価格Pと同じである．

　だが，市場支配力を持つ売り手にとって，限界収入の概念はもっと微妙なものだ．追加的な1単位を売って得られる限界収入は，価格と同じにはならない．たしかに，もう1単位を販売することで収入は得られるが，需要曲線が右下がりなので，売れば売るほど，追加的な1単位だけでなく，すべての販売量の価格が下がるのだ（重要な注意点として，ここでは，顧客ごとに価格を変えることは許されていない．変えられる場合については，第10章で検討する）．これが，企業が受け取る他の販売分すべての収入を減らす．最後の1単位を売ることでもたらされる限界収入を計算するには，それ以外のすべての販売分で被る損失を差し引かねばならない．

　具体例で考えるとわかりやすいだろう．「マシュマロ・フラフ」を製造するマサチューセッツ州のダーキーモーアー社について考えてみよう．フラフは1920年に発売されて以来，米国北東部のマシュマロ・クリーム市場で圧倒的な地位を占めている（フラッファーナッター・サンドウィッチやライス・クリスピー・バーに入っているので，食べたことがある人もいるだろう）．市場でのこの圧倒的な地位は，ダーキーモーアー社にとって，フラフの需要曲線は右下がりであることを意味する．フラフをつくればつくるほ

第9章 市場支配力と独占 **17**

表9.1 **マシュマロ・フラフの限界収入**

数量 （100万ポンド） (Q)	価格 （ドル/ポンド） (P)	総収入 （100万ドル） ($TR = P \times Q$)	限界収入 （100万ドル） ($MR = \dfrac{\Delta TR}{\Delta Q}$)
0	6	0	—
1	5	5	5
2	4	8	3
3	3	9	1
4	2	8	−1
5	1	5	−3

ど，その価格は下がることになる．というのは，消費者にフラフの購入量を増やしてもらうには，価格を下げるしかないからだ．

今年のフラフの生産量が，価格によってどう変化するかを示したのが表9.1である．需要曲線は右下がりなので，生産量が増えると価格が低下している．表の3列目は，生産量に応じた年間の総収入である．生産量を1単位増やしたときの（この例では，1単位は100万ポンド）限界収入は，最後の列に示してある．限界収入は，ある生産量での総収入から生産量を1単位減らしたときの総収入を差し引いたものに等しい．

フラフの価格が1ポンド＝5ドルで，ダーキーモーアー社が100万ポンドしか生産しなければ，総収入は500万ドルになる．何も生産していなければ総収入は0なので，最初の1単位にあたる100万ポンドの限界収入は500万ドルだ．生産量を200万ポンドにすると，1ポンドあたりの市場価格は4ドルに下がる．価格が下がると，消費者はもう100万ポンド買おうという気になる．この場合，ダーキーモーアー社の総収入は800万ドルである．このため，生産量を100万ポンドから200万ポンドに増やすことにより得られる限界収入は300万ドルで，1ポンドあたり3ドルである．生産量が100万ポンドだったときの5ドルより小さい点に留意したい．すでに論じたように，限界収入が低下するのは，市場支配力のある企業が生産量を増やすには価格

18 第3部 市場と価格

を下げなければならないという事実を反映しているためだ．したがって，限界収入は，単純に価格に生産量の増分をかけたものにはならない（この場合は，500万ドル．あるいは1ポンドあたり5ドル）．すべての量を低い価格で売ることにより失われた収入も含まれている．生産量を1単位（100万ポンド）増やすと，価格は1ポンドにつき1ドル下がるので，限界収入の喪失分は，販売量200万ポンドに価格の低下分1ポンドにつき1ドルを掛けたものに等しく，200万ドルになる．つまり，300万ドルの限界収入は，追加的な1単位を元の価格で販売した場合の収入500万ドルから，増産により価格が低下したことで失われた損失200万ドルを差し引いた金額である．

　ダーキーモーアー社がフラフの生産量を300万ポンドにすると，市場価格は1ポンド＝3ドルに低下する．したがって，この生産量での総収入は900万ドルになり，限界収入は100万ドルに減る．繰り返しになるが，生産量を増やすと，すべての生産量についての価格を引き下げることになるので，この限界収入は，市場価格に追加的な生産量を掛けた金額を下回る．

　フラフの生産量をさらに引き上げ，たとえば400万ポンドにすると，市場価格はさらに低下し，1ポンド＝2ドルになる．そうなると総収入は800万ドルである．このケースでは，フラフの生産量を増やすことで，総収入を900万ドルから800万ドルに減らしていることになる．つまり，いまや限界収入が100万ドルのマイナスになった．増産に伴う価格低下による収入の喪失分が，販売数量の増加による収入の増加分を上回っているのである．ダーキーモーアー社がさらに増産を続け，500万ポンドにすると，価格は1ポンド＝1ドルに低下し，総収入は500万ドルに減少する．繰り返しになるが，価格低下による減収分が販売数量の増加による増収分を上回り，追加された100万ポンドの限界収入は300万ドルのマイナスになる．

販売数量すべてについて価格低下を適用しなければならないのはなぜか

限界収入についてよくわからないのは，生産量を1単位増やすと，販売数量すべてについて価格低下を適用しなければならない理由がわからないからではないだろうか．たとえば，ダーキーモーアー社は，マシュマロ・フラフを最初の100万ポンドは1ポンド＝5ドル，次の100万ポンドは1ポンド＝

4ドル，次の100万ポンドは1ポンド＝3ドルで販売できないのか．そうすれば，限界収入はつねに価格と等しくなる．

すべての販売数量について価格低下を適用させなければならない理由は2つある．第1に，企業が順次，意思決定をするとは想定していないためである．ダーキーモーアー社は，1ポンド＝5ドルで最初の100万ポンドを売り切ってから，次の100万ポンドを販売するかどうか決めているわけではない．一定期間に100万ポンド生産するか200万ポンドを生産するかを決めているだけである．100万ポンド生産するなら，1ポンド＝5ドルになり，総収入は500万ドルになる．生産量を200万ポンドにすると，全量が1ポンド＝4ドルで販売されることになり，総収入は800万ドルになる．需要曲線についても，これまでと同様，同じ想定をしている．すなわち需要曲線は，一定期間の需要を反映していると考える．その他のタイミングについては無視する．したがって需要曲線には，この期間中（フラフの例では1年間）のあらゆる価格帯の需要量が反映されている．ダーキーモーアー社の生産量に関係なく，全量が同じ価格で販売される．

全販売量に価格低下が適用される第2の理由は，一定の期間中，企業が販売する全量について市場価格が同じでなければならないと想定しているからだ．最初の1単位を高い価格を払う意欲のある顧客に販売し，次の1単位を少し購買意欲の劣る顧客に販売するといったことはできない．これは，おそらく多くの市場において現実的な想定であり，マシュマロ・クリームの市場も例外ではない．食料品店では，同じ商品にばらばらな値札がついていることはない．「マシュマロ・フラフが大好きな人には5ドル，そこまでではないが好きな人には4ドル，好きではないが安ければ買おうという人には1ドルで売ります」というシナリオは考えられないのだ．

限界収入——グラフによるアプローチ　限界収入 *MR* が価格とは違うのは，図9.1のグラフをみればよくわかる．右下がりの需要曲線上の2つの異なる点 x と点 y で総収入 *TR*（価格×数量）を測ってみよう．点 x での販売数量は Q_1 で，1単位の価格は P_1 である．総収入は価格×数量なので $P_1 \times Q_1$ で，図のとおり長方形 $A + B$ の面積になる．

図9.1 : 限界収入を理解する

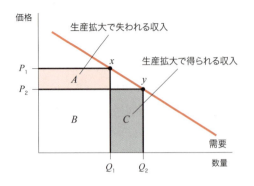

市場支配力を持つ企業にとって,追加的な1単位の財の生産で得られる限界収入は,財の価格と同じではない.生産量を需要曲線上の点x(数量Q_1)から点y(数量Q_2)に増やすと,財の価格はP_1からP_2に低下する.企業の当初の総収入($P_1 \times Q_1$)は,面積$A+B$に等しい.新たな生産水準での総収入($P_2 \times Q_2$)は面積$B+C$に等しい.限界収入は,当初の総収入と新たな総収入の差$C-A$に等しい.

生産量をQ_1からQ_2に増やすと,需要曲線上の点yに移動する.販売量は増えるが,そのことで価格はP_2に下がる.新たな総収入は$P_2 \times Q_2$で,長方形$B+C$の面積である.生産量の増加に伴う限界収入は,新たな総収入から元の総収入を差し引いたものになる.すなわち,

$$TR_2 = P_2 \times Q_2 = B + C$$
$$TR_1 = P_1 \times Q_1 = A + B$$
$$MR = TR_2 - TR_1$$
$$= (B+C) - (A+B) = C - A$$

面積Cは,P_2で販売量が増えることによる追加的な収入を含んでいるが,これだけが追加的な生産の限界収入ではない.限界的な販売量だけでなく全量がP_1を下回る価格P_2で販売されることになり,収入が失われるため,その分の面積Aを面積Cから差し引く必要がある.じつは,生産量の拡大に伴う価格引下げ効果が十分に大きいなら,限界収入がマイナスになることもありうる.言い換えれば,販売量を増やすことで,かえって収入が減ることもありうるのだ.

企業としては,価格低下が全販売量におよぶことによる限界収入の喪失を避けたいので,購買意欲の高い顧客には高い価格,それほどでもない顧客には低い価格といったように,単位ごとに異なる価格をつけたいものだ.**価格**

差別（price discrimination）と呼ばれるこの慣行は，状況によっては可能である．この点については，第10章で取り上げよう．

限界収入——数式によるアプローチ　企業の限界収入は，先ほどの論理を使って数式で計算することもできる．追加的な販売がもたらす効果は2通りあった．それぞれが，限界収入の公式の構成要素になる．

第1の効果は，追加の単位数量が市場価格Pで販売されることによる．図9.1で，$Q_2 - Q_1$を1つの単位とすれば，この効果はCの面積になる．

第2の効果は，追加的な数量が，全販売量の市場価格を引き下げることから生じる．限界収入を構成するこの要素を算出するため，価格の変化をΔPと表そう（追加数量が販売されなかったら，価格は$P + \Delta P$になったはずである）．図9.1では，価格低下の効果をみた．つまり$\Delta P < 0$である．元の生産量をQ，追加の生産量をΔQで表すとしよう．限界収入の第2の構成要素は，$\left(\dfrac{\Delta P}{\Delta Q}\right) \times Q$で，生産量の追加で引き起こされた価格低下に元の生産量を掛けたものである．図9.1では，面積Aにあたる．生産量の増加とともに価格は低下するので——需要曲線が右下がりだった——$\dfrac{\Delta P}{\Delta Q}$はマイナスである．先に，限界収入の第2の要素はマイナスになると論じたとおりだ．これは，元の数量を低い価格で販売しなければならないことに起因する収入の喪失である．

これらの要素を組み合わせると，生産量を追加的に増やすことによる（ΔQ），限界収入（MR）の公式ができあがる（$\Delta P / \Delta Q$はすでにマイナスなので，第2項は収入の喪失を表しているが，2つの項を足し合わせている点に留意したい）．したがって，

$$MR = P + \left(\frac{\Delta P}{\Delta Q}\right) \times Q$$

第2項がマイナスであるということは，限界収入がつねに市場価格を下回るということだ．この等式を図9.1と照らし合わせると，第1項は追加の生産分を価格Pで販売することによる追加的な収入（面積C）であり，第2項は面積A（のマイナス値）である．

この等式をさらに詳しくみると，需要曲線の形状が限界収入に影響を与え

ていることがわかる．数量変化に応じた価格変化（$\Delta P / \Delta Q$）は，需要曲線の傾き具合を表している．需要曲線の傾きがかなりきつければ，生産量の増加に伴い価格は大幅に低下する．このケースでは，$\Delta P / \Delta Q$のマイナス値が大きくなる．これは限界収入MRを引き下げ，場合によってはマイナスにする．一方，需要曲線の傾きが緩やかなら，価格は生産量の増加にさほど敏感に反応しない．このケースでは，$\Delta P / \Delta Q$のマイナス幅はわずかであり，第1項のPのプラス効果が大きいため，生産量の増加に伴い限界収入が大きく落ち込むことはない．需要曲線が完全に水平な特殊なケースでは，$\Delta P / \Delta Q$は0であり，したがって限界収入は財の市場価格と等しくなる．第8章で学んだが，ある企業の限界収入が市場価格と等しいとき，この企業は価格受容者である．どんな数量でも市場価格Pで売られることになる．これは重要な発見なので，繰り返しておきたい．完全競争は，企業の需要曲線が完全弾力的な特殊なケースであり，限界収入が市場価格に等しくなる．すなわち，$MR = P$である．

　需要曲線の傾きと限界収入の水準のこうした関係は，市場支配力を持つ企業が生産量をどのように決定し，利潤を最大化しようとするかを理解するうえできわめて重要である．この利潤最大化問題について詳しくは次節で取り上げるが，限界収入の公式から読み取れることについて検討しておくのは有用である．需要曲線の傾きがきつい場合，生産量を増やしても得られる収入は小さい（限界収入がマイナスなら，損失が出ることもある）．高水準の生産量はかえって収益性を低下させる．これに対し，需要曲線の傾きが緩やかな場合，生産量の拡大に伴う限界収入は相対的に大きくなる．この対比から，他のすべてを一定として，需要曲線の傾きがきつければ，利潤を最大化する生産量水準が低くなる傾向があるといえる．次の節では，まさにそのとおりになっていることをみていこう．

　限界収入の等式は，どのような需要曲線にもあてはめることができる．非線形の需要曲線では，$\Delta P / \Delta Q$の傾きは，生産量Qで需要曲線に接する接線の傾きである．だが，線形の需要曲線の場合，$\Delta P / \Delta Q$が一定なので，限界収入の等式が扱いやすくなる．線形の逆需要曲線は，$P = a - bQ$の形をとる．aは需要曲線の垂直の切片で，bは一定，$\Delta P / \Delta Q = -b$である．逆需要

曲線自体は，（限界収入のもうひとつの要素である）PをQに関連づけるので，$P = a - bQ$と$\Delta P/\Delta Q = -b$を前述の限界収入MRの等式に代入すると，任意の線形需要曲線の限界収入にたどりつく．すなわち，

$$MR = P + \left(\frac{\Delta P}{\Delta Q}\right)Q$$
$$= (a - bQ) + (-b)\,Q = a - 2bQ$$

この等式は，ある企業の限界収入がその生産量によって変化することを示している．これは，ここで取り上げた線形需要曲線ばかりでなく，広く一般の需要曲線にあてはまる点を念押ししておきたい（唯一の例外は完全競争企業の場合である．限界収入は一定で，生産量のいかんにかかわらず市場価格と等しくなる）．注目すべきは，限界収入曲線が逆需要曲線によく似ていることだ．縦軸の切片が逆需要曲線と同じで，aである（これを確かめるには，$Q = 0$を需要曲線と限界収入曲線に代入すればいい）．また2つの曲線とも右下がりである．Qが大きくなるにつれて限界収入の低下につながる．限界収入曲線と需要曲線の唯一の違いは，前者の傾きが2倍きついことだ．逆需要曲線のbQは限界収入曲線の$2bQ$に置き換えられる．[3]

限界収入MRの等式は逆需要曲線とまったく同じというわけではないが，概念上はよく似ている．逆需要曲線は生産量の水準に応じて価格が変化することを示しているが，同じように限界収入の等式は，生産量の水準に応じて限界収入が変化することを示している．さらに，これら2つの曲線が共通するのは，市場価格，限界収入がともに，たとえば財1単位あたりの価格というように同じ単位で測られる，という点である．

---

3) 微分を知っているなら，2倍という数が総収入関数の微分に由来することがわかるはずだ．線形の逆需要曲線$P = a - bQ$では，これに対応する総収入曲線（自社の生産量の関数として表される収入）は，$P \times Q$，または$aQ - bQ^2$になる．生産量の拡大に伴う追加的な収入である限界収入を割り出すには，この総収入関数をQについて微分すればいい．$MR = a - 2bQ$になる．

24 第3部 市場と価格

9.1 解いてみよう

需要曲線が $Q = 12.5 - 0.25P$ で与えられている.

a. この需要曲線に対応する限界収入曲線はどうなるか.

b. $Q = 6$ のとき,$Q = 7$ のときの限界収入をそれぞれ計算せよ.

解答:

a. まず,需要関数を変形して逆需要曲線を解けば,左辺の価格が求められる.すなわち,

$$Q = 12.5 - 0.25P$$
$$0.25P = 12.5 - Q$$
$$P = 50 - 4Q$$

これで逆需要曲線が $P = 50 - 4Q$ であるとわかる.ここで $a = 50$,$b = 4$,$MR = a - 2bQ$ なので,$MR = 50 - 8Q$ である.

b. 数値を MR の等式に代入して解けばいい.

$Q = 6$ のとき,$MR = 50 - 8 \times 6 = 50 - 48 = 2$

$Q = 7$ のとき,$MR = 50 - 8 \times 7 = 50 - 56 = -6$

前に述べたとおり,生産量 Q が増加するにつれて,限界収入 MR は低下し,マイナスになりうる点に留意したい.

9.3 市場支配力を持つ企業の利潤最大化

限界収入の計算方法がわかれば,市場支配力を持つ企業にとって利潤を最大化する生産量を割り出すことができる.

多くの学生は勘でこう考える.市場支配力を持つ企業が利潤を最大化するには,限界収入が0になるまで販売を続け,限界収入が0になったところで生産を停止すればいい.限界収入が0になっても生産を続けていては収入が減るばかりで儲からない,と.こうした生産のルールは,生産コストが

0であるなら正しい。だが，生産コストを考慮すると，正解とはいえない。市場支配力を持つ企業は限界収入に注目しなければいけない，というのはそのとおりだ。しかし，利潤を最大化する生産水準を割り出すには，もう1つ必要な要素がある。

利潤を最大化する方法

　第8章では，企業利潤を決定する収入と費用という基本的な概念を取り上げ，それぞれが企業の選択する生産量によってどう決まるかを学んだ。そこで，利潤を最大化する生産量は，限界収入と限界費用が等しくなる水準であることをみた。さらに，完全競争企業にとっての限界収入は市場価格と等しく，利潤を最大化するということは，価格が限界費用と等しくなる数量を生産することだった。これを裏返せば，価格が限界費用を上回っていれば，追加的な費用を上回る追加的収入を得られることになるので，生産量を増やすべきであり，逆に価格が限界費用を下回っているなら，生産量を増やした分だけ損失が出るので，生産量を減らすべきだということになる。

　同様の論理は，市場支配力のある企業についてもあてはまる。ただし，限界収入は価格と等しくはない。利潤を最大化するには，限界収入 MR が限界費用 MC と等しくなる生産量を選択すべきである。すなわち，

　　　$MR = MC$

限界収入が限界費用を上回っていれば，生産量を増やし，追加費用を上回る収入を得て利潤を増やすことができる。限界収入が限界費用を下回っていれば，生産量を減らすことで，収入減を費用減以下に抑えて利潤をあげることができる。限界収入と限界費用が等しい場合のみ，生産量を変えても利潤を増やすことができない。

　とすれば，独占企業や完全競争企業は，まさに同じことをしている。いずれも限界収入が限界費用と等しくなる水準（$MR = MC$）で生産している。ただし市場支配力を持つ企業にとって，限界収入は価格とは等しくない。だからこそ，完全競争企業とは生産行動が異なるわけだ。

　$MR = MC$ という条件から，利潤を最大化する生産量がわかるが，利潤を

26　第3部　市場と価格

最大化する価格を求めることもできる．利潤を最大化する数量 Q^* における需要曲線の高さから，この量を生産したときの市場価格がわかる．

　市場支配力を持つ企業についていえば，利潤を最大化する生産量を選択している企業は，利潤を最大化する価格を選択していると考えることができる．需要曲線は価格と数量を関連づけるので，一方を取り上げると，他方についてもわかる．独占企業にとっては，利潤を最大化する数量を生産して価格決定を市場に委ねるか（利潤を最大化する価格になる），利潤を最大化する価格を決定し，生産量の決定を市場に委ねるか（利潤を最大化する生産量になる）のどちらも可能だ．

　ここで重要な点を指摘しておきたい．市場支配力を持つ企業が，自社の生産分についてどんな価格をつけられるにしても，それで確実に利潤が出せるわけではない，ということだ．市場支配力を持つ企業は，価格を引き上げていこうとすることはできるが（同じことだが，生産量を減らしていくことはできるが），価格を上げすぎれば，たとえ競争相手がいなくても，顧客は買うのをやめてしまうだろう．

　具体例で考えてみよう．2010年，iPadは市場を席巻し，アップルはあきらかに市場支配力を持っていた．だからといって，アップルはiPadにどんな価格でもつけられただろうか．いくら世界で唯一のタブレット端末といっても，仮に1台2万ドルといった価格をつけていれば，誰も買わなくなっただろう．大多数の人は，iPadにそこまでの価値を見出すことはできない．独占企業ですら，自社製品の価格を上げすぎると事業に失敗することがありうる．競争相手に負けるのではなく，市場から顧客を追い出してしまうのだ．企業は自社製品に対する需要の制約を受ける．需要曲線は右下がりなので，価格の引上げは需要量の減少を伴う．需要が価格に敏感であるため，独占企業といえども飛び抜けて高い価格をつけることはできない（より正確にいえば，利潤を気にするなら，そんな価格はつけない）．競争相手よりは高い価格をつけるだろうが，際限なく高い価格になるわけではないのである．

図9.2: 市場支配力を持つ企業は，いかに利潤を最大化するか

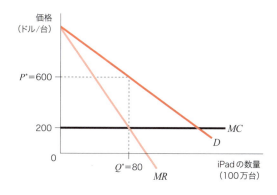

アップルは，限界収入 MR が限界費用 MC と等しくなる数量の iPad を生産するとき利潤が最大となる．このため同社は，限界費用の 200 ドルを大幅に上回る価格 600 ドルで 8,000 万台販売する．

市場支配力を持つ企業の利潤最大化——グラフによるアプローチ

前節で行った分析の論理をそのままあてはめ，市場支配力を持つ企業の需要曲線と限界費用曲線を所与として，この企業の利潤を最大化する生産量と価格をグラフで導き出すこともできる．ふたたび iPad 市場に注目し，限界費用が 200 ドルで一定だとしよう．具体的には，以下のステップにしたがう．

ステップ 1：**需要曲線から限界収入曲線を導く**．線形需要曲線の場合，限界収入曲線も，縦軸の切片が同じで傾きが 2 倍の直線になる．図 9.2 では，限界収入曲線を MR で表している．

ステップ 2：**限界収入が限界費用と等しくなる生産量を見つける**．これは企業の利潤最大化の生産量である．図 9.2 では，アップルの利潤を最大化する iPad の生産量は Q^* で，8,000 万台である．

ステップ 3：**需要曲線上に最適な生産量水準をプロットすることで，利潤を最大化する価格を割り出す**．利潤を最大化する価格を求めるには，需要曲線とぶつかるまで Q^* を垂直に伸ばし，ぶつかったら水平に進み縦軸の価格の目盛りを読む．アップルが 8,000 万台という利潤最大の生産量を生産

すれば，価格は600ドルである（同じことだが，アップルが iPad 1 台＝600ドルの価格をつければ，販売量は8,000万台になる）．

これだけだ．企業の限界収入曲線がわかれば，限界収入と限界費用が等しいとき（$MR = MC$）に利潤は最大になるという原則を使って，この企業の最適な生産量水準と価格を求めることができる．

市場支配力を持つ企業の利潤最大化──数式によるアプローチ

ある企業の利潤を最大化する生産量と価格は，その企業の需要曲線と限界収入曲線を表す等式を使って，数学的に求めることもできる．もう一度，アップルの iPad を例に取ろう．

iPad を生産する限界費用は200ドルで一定であり，需要曲線は$Q = 200 - 0.2P$で与えられているとする（Qの単位は100万台，Pの単位はドル）．アップルは iPad の価格をいくらにすべきだろうか．そして，その価格で何台売ることができるだろうか（繰り返しになるが，市場支配力を持つ企業にとって，価格を選択することと生産量を選択することは同義なので，アップルは iPad を何台生産すべきであり，いくらで売れるか，と問うこともできる．答えは同じになる）．

先ほどと同じ3つのステップで確かめられる．まず，限界収入曲線を導き出し，限界収入と限界費用が等しくなる生産量を求める．次に，需要曲線上でこの生産量になる価格を割り出し，利潤を最大化する価格を決定する．

ステップ1：需要曲線から限界収入曲線を導く．生産量を価格の関数とするのではなく，価格が生産量の関数となるように需要曲線を書き直し，逆需要曲線を求める．

$$Q = 200 - 0.2P$$
$$0.2P = 200 - Q$$
$$P = 1{,}000 - 5Q$$

これは，$P = a - bQ$の形をとる線形の逆需要曲線である．ここで$a =$

1,000，$b = 5$ である．このタイプの需要曲線の限界収入曲線は，$MR = a - 2bQ$ となることはすでに学んだ．[4] つまり，この需要曲線で，アップルの限界収入曲線は以下になる．

$$MR = 1{,}000 - 2 \times 5Q = 1{,}000 - 10Q$$

ステップ2：**限界収入が限界費用と等しくなる生産量を求める**．アップルの限界費用は200ドルで一定なので，限界収入が200に等しいとおき，生産量Qを解けばいい．

$$MR = MC$$
$$1{,}000 - 10Q = 200$$
$$800 = 10Q$$
$$Q^* = 80$$

つまり，アップルの利潤を最大化する iPad の生産量は8,000万台である．

ステップ3：**需要曲線上に最適な生産量をプロットすることで，利潤が最大となる価格を割り出す**．最適な生産量を需要関数に代入して，利潤を最大化する価格を求める．これで，最適な生産量8,000万台の販売価格がわかる．

$$P^* = 1{,}000 - 5Q^*$$
$$= 1{,}000 - 5 \times 80$$
$$= 1{,}000 - 400 = 600$$

需要曲線と限界費用が200ドルで一定であることを所与とすると，アップルは1台あたり600ドルの価格で利潤を最大化できる．8,000万台の iPad は，この価格で売られることになる．これは，完全競争市場であればアップルがつけたはずの価格，すなわち限界費用に等しい200ドルを大幅に上回っている点に注目すべきだ．企業が市場支配力を持ちたい理由はここにある．考え方は単純だ．生産量を減らし，価格を引き上げれば儲かるのだ．

---

4) もっと複雑な需要曲線なら，微分を使って限界収入曲線を求めることができる．まず，逆需要曲線に生産量Qをかけて総収入を計算する．次に，生産量Qを微分し，限界収入を求める．

30　第3部　市場と価格

9.2 解いてみよう

　ベイブ・バット社（BB社）は，世界中の子どもたちに野球のバットを販売している．同社の需要曲線は$Q = 10 - 0.4P$で表される．Qの単位は1,000本，Pは1本あたりの価格で，単位はドルである．またBB社の限界費用曲線は$MC = 5Q$である．

a. BB社の利潤が最大となる生産量を求めよ．それをグラフにせよ．

b. BB社は利潤を最大化するために価格をいくらに設定するか．

解答：

a. この問題を解くには，本文で示された3つのステップどおりに進める．まず，BB社のバットの限界費用曲線を求める．同社の需要曲線は線形曲線なので，限界収入曲線を求めるには，逆需要曲線を解くのが手っ取り早い．

$$Q = 10 - 0.4P$$
$$0.4P = 10 - Q$$
$$P = 25 - 2.5Q$$

　この逆需要曲線で，$a = 25$，$b = 2.5$である．$MR = a - 2bQ$なので，BB社の限界収入曲線は以下になる．

$$MR = 25 - 2 \times 2.5Q = 25 - 5Q$$

　利潤を最大化する生産量を求めるには，限界収入MR＝限界費用MCを解けばいいことがわかっている．

$$MR = MC$$
$$25 - 5Q = 5Q$$
$$10Q = 25$$
$$Q^* = 2.5$$

　したがって，BB社が利潤を最大化するには，2,500本のバットを生産しなければならない．これをグラフにしたのが次ページの図である．限界収入曲線MRと限界費用MCの交点の生産量で，利潤が最大化される．

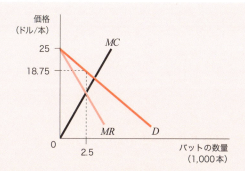

b. BB社の最適な価格を求めるには，利潤が最大となる生産量（$Q^* = 2.5$）を逆需要曲線に代入すればいい．

$P^* = 25 - 2.5Q^*$
$= 25 - 2.5 \times 2.5$
$= 25 - 6.25 = 18.75$

したがって，BB社は価格をバット1本につき18.75ドルに設定すべきである．グラフでは，$Q^* = 2.5$ を需要曲線にぶつかるまで垂直に延ばし，需要曲線との交点を左にたどって縦軸にぶつかる点である．

市場支配力を持つ企業のマークアップの公式——ラーナー指数

ここまで学んできた論理をさらに拡大して，利潤を最大化する価格と生産量を決定するのに役立つ価格決定の鉄則を導き出すこともできる．

先の限界収入の定義から始めよう．

$$MR = P + \left(\frac{\Delta P}{\Delta Q}\right) \times Q$$

限界収入が限界費用と等しくなるとき（$MR = MC$）に利潤が最大になることがわかっているので，これを等式にあてはめる．

$$MR = P + \left(\frac{\Delta P}{\Delta Q}\right) \times Q = MC$$

ここで，等式の左辺の第2項にP/Pを掛けるという数学のテクニックを使

う．P/Pを掛けるのは1を掛けるのと同じなので，等式の値を変えるわけではない．これで等式は次のように書き換えられる．

$$P + \left(\frac{\Delta P}{\Delta Q}\right) \times \left(\frac{P}{P}\right) \times Q = MC$$

$$P + \left(\frac{\Delta P}{\Delta Q} \times \frac{Q}{P}\right) \times P = MC$$

カッコ内の項に見覚えがないだろうか．これは需要弾力性の逆数である．思い出してもらいたいが，基礎編の第2章で需要E^dの価格弾力性を$\dfrac{\Delta Q/Q}{\Delta P/P}$または$\dfrac{\Delta Q}{\Delta P} \times \dfrac{P}{Q}$と定義した．この逆数は，$\dfrac{1}{E^d} = \dfrac{\Delta P}{\Delta Q} \times \dfrac{Q}{P}$である．弾力性の逆数を利潤最大化の条件式に代入すると以下のようになる．

$$P + \left(\frac{\Delta P}{\Delta Q} \times \frac{Q}{P}\right) \times P = MC$$

$$P + \frac{1}{E^d} \times P = MC$$

最後に式を多少変形すると，次のようになる．

$$P - MC = -\frac{1}{E^d} \times P$$

$$\frac{P - MC}{P} = -\frac{1}{E^d}$$

この等式の左辺は，利潤を最大化する**マークアップ**（markup）に等しい．マークアップとは，価格が限界費用をどの程度上回っているかを示す比率である．この等式から，マークアップは企業の需要の価格弾力性に依存していることがわかる．具体的には，需要がより弾力的になれば——つまり，E^dのマイナスが大きくなれば（同じことだが，絶対値が大きくなれば），価格の割合である最適なマークアップは低下する（等式でよくわからなければ，需要が弾力的であるとは，E^dのマイナスが大きく，等式の右辺が小さくなることに気づいてほしい）．一方，需要の価格弾力性が下がれば，すなわちE^dの絶対値が小さくなれば，マークアップが大きくなるはずである．

少し立ち止まって，その意味について考えてみると，完全に理に適っていることがわかる．需要が非弾力的であれば，消費者の購買量は価格変化に敏感に反応しない．だとすれば，企業は価格を引き上げて，利潤を増やしやすい．販売数量が落ちるとしても，さほど大きな落ち込みにはならず，1単位あたりの利幅を拡大することができる．これは，まさしく等式が意味していることだ．企業は限界費用にかなりの額を上乗せして価格をつけるべきである．一方，需要の弾力性が大きい場合，価格を引き上げて販売数量が減れば損失が大きくなる．限界費用に大幅に上乗せして価格をつけることは利潤につながらない．

先ほどの等式でみたマークアップは，1934年にこれに着目した経済学者のアバ・ラーナーにちなんで**ラーナー指数**（Lerner index）とも呼ばれている．前述のとおり，企業が利潤の最大化を目指しているとすると，ラーナー指数から企業が直面している需要曲線の性質がわかる．ラーナー指数が大きいとき（価格に占めるマークアップの割合が大きいとき），需要は相対的に非弾力的であり，ラーナー指数が小さいとき，需要は相対的に弾力的である．限界費用を上回る価格をつけられることが市場支配力の意味なので，ラーナー指数は市場支配力の尺度になる．企業にとってラーナー指数が大きいほど，限界費用を上回る価格をつけられる余地が大きい．

需要が完全弾力的な極端なケースは，ラーナー指数の意味を知るうえで興味深い．需要が完全弾力的なとき，需要曲線は水平となり，需要曲線を上回る価格をつけようとすると，売上げすべてを失うことになる．このケースでは，$E^d = -\infty$であり，ラーナー指数は0になる．マークアップも0になり，限界費用と同じ価格で販売することになる．

もう一方の極端なケースが，需要が完全非弾力的な場合——需要曲線が垂直で，消費者が価格にまったく反応しない場合である．このケースでは，$E^d = 0$であり，ラーナー指数は1になる．この場合，製品の価格はマークアップそのものであり，利潤を最大化する価格は基本的に無限大に高くなる．[5]

もう1つ興味深いケースが，E^dが0から−1のあいだの場合である．つまり，需要曲線が非弾力的か単位弾力的な場合である．このケースでは，

ラーナー指数は 1 より大きくなる．これは，$P - MC > P$ または $MC < 0$ を意味するが，限界費用はマイナスにはなりえない．最適なマークアップの等式が，なぜ意味をなさない結果になるのだろうか．微分を使って数学的に答えることもできるが，経済学的にも説明できる．企業は，需要曲線上の需要が非弾力的あるいは単位弾力的な点で事業をすべきではない（線形需要関数のケースでは，価格が下がるにつれて需要の弾力性が低下する）．その理由を理解するために，企業が価格（あるいは生産量）を需要が非弾力的あるいは単位弾力的になる部分に設定し，そのうえで，価格を引き上げる（あるいは同じことだが，販売量を減らす）場合について検討しよう．需要が非弾力的なので，価格を何パーセント引き上げても，数量の減少率はそれを下回る（需要が単位弾力的な場合は，価格と同じ比率で数量は減少する）．これだと，価格を引き上げれば，この企業の収入が増えることになる（需要が単位弾力的な場合は，収入は変わらない）．同時に，企業は生産量を減らしているので，総費用は減るはずである．費用曲線は生産量が増えれば上昇するからだ．そのため，価格の引上げは，企業の収入を増やす（あるいは維持する）一方，費用を引き下げることになる．言い換えれば，需要が非弾力的であるかぎり，価格を引き上げれば，利潤が増えることが約束されていることになる．したがって企業は，需要曲線の需要が非弾力的な部分で利潤を最大化するための価格を設定することができない．

　ラーナー指数は，需要が完全弾力的で，完全競争の 0 から需要が完全非弾力的な 1 のあいだをとる．ラーナー指数は企業の市場支配力を表す尺度である．企業間で市場支配力を比較する場合，ラーナー指数が最も大きい企業の市場支配力が最も強く，2 番目に大きい企業の市場支配力がそれに続く．

ラーナー指数を測る　　市場支配力を持つ企業は，自社の利潤を最大化するマークアップが価格弾力性と連動していることを熟知している．だが，現実

---

5)　もちろん，現実に企業が無限大の価格をつけることはない．需要が完全非弾力的な企業はないからだ．その水準までは購買意欲が価格に左右されないにしても，価格が上がりすぎて，消費者が購買を止めてしまう水準がある．このケースでは，利潤を最大化する価格は，消費者が購入する最も高い価格と等しくなる．

には，単純にラーナー指数を測ってマークアップをどのくらいにすればいいかがわかる物差しはない．そのため，顧客の価格弾力性を教えてくれる需要曲線と限界収入曲線の形状を把握することに，多くの労力を費やしている．

　価格を頻繁に変更できる技術，さらには顧客によって異なる価格を同時に提示できる技術によって，需要曲線の把握は容易になっている．だが，これはマイナス材料にもなりかねない．たとえば，アマゾンは，顧客に対する「価格実験」で痛い目に遭ったことがある．アマゾンは実験的に，同じ商品でも顧客によって異なる価格を提示した．価格の違いに顧客がどう反応するかを見ることで，需要弾力性を測ろうとしたのだ．だが，履歴を収集するソフトのクッキーを削除すると，自分が買おうとした商品の価格が大幅に下がることに気づいた顧客がアマゾンを訴えた．アマゾンは差別的価格を採用しているとの見方が広がり，大騒ぎになった（差別的価格については，次の章で扱う）．アマゾンのCEOのジェフ・ベゾスは，この件について謝罪すると同時に，差別的価格は組織的なものではなく，市場の需要を把握する精度を高めるため，ランダムに価格をつけていたにすぎないと主張した．この章は，まさにアマゾンが，わざわざそうする理由を解き明かしたものだ．自社の需要曲線の形状をより正確に把握できる企業は，マークアップの公式や完全独占市場の価格システムを使って，利潤が最大となる価格を見極めることができるのだ．

応用　市場支配力 対 市場シェア

　ある企業の市場支配力とは，その企業の規模だけにとどまらない．たとえば，米国でセロリ風味のソーダ，セル・レイを販売するドクター・ブラウン社について考えてみよう．売上高では，コカ・コーラのほうがセル・レイの何千倍も大きいが，経済学では，ドクター・ブラウンのほうがコカ・コーラよりも市場支配力が大きいとされる．

　なぜ，そういえるのか．考慮すべきは，2つの商品の需要の価格弾力性だ．コカ・コーラを飲む人たちは，平均して短期的な価格感応度がきわめて高い．食料品店での6缶入りコークの価格弾力性は，−4.1前後だ．[6] 一方，

セル・レイのファンは，セロリ風味にこだわりがある．コカ・コーラの代替品は多いが，セル・レイに代わるものはそうそうない．そのため，セル・レイのファンは，コカ・コーラを飲む人に比べて，価格感応度が低い．6缶入りセル・レイの需要の価格弾力性は，－2前後と考えられる．

これら2つの弾力性の値を使って，それぞれのラーナー指数を測れば，セル・レイがコカ・コーラよりも市場支配力があることがわかる．

$$コークのラーナー指数 = -\frac{1}{E^d} = -\frac{1}{-4.1} = 0.244$$

$$セル・レイのラーナー指数 = -\frac{1}{E^d} = -\frac{1}{-2} = 0.5$$

したがって，セル・レイの利潤を最大化する価格は，コークのそれよりも限界費用に上乗せされるマークアップが大きい．言い方を換えれば，コカ・コーラの価格決定行動は，セル・レイよりも競合他社に近い．市場支配力を決定する尺度となるのは，市場規模でも市場シェアでもない．自社の限界費用にどれだけ上乗せした価格を設定できるかなのである．■

市場支配力を持つ企業にとっての供給関係

市場支配力を持つ企業にとって，利潤を最大化する生産量と価格の導き方がわかったところで，任意の限界費用と需要曲線について実際にやってみよう．考えられる限界費用と需要曲線の組み合わせから，利潤を最大化する生産量と価格の組み合わせをすべてプロットすることができる．

これは供給曲線に近いように思えるかもしれない．つまるところ，価格と生産量の組み合わせなのだから．だが，供給曲線ではない．厳密にいえば，市場支配力を持つ企業には供給曲線は存在しない．利潤を最大化する価格と生産量の組み合わせは供給曲線ではない．というのは，これらの組み合わせは需要曲線に依存するからだ．第8章でみたとおり，供給曲線は需要とは

---

6) Jean-Pierre Dubé, "Product Differentiation and Mergers in the Carbonated Soft Drink Industry," *Journal of Economics and Management Strategy* 14, no. 4 (2005): 879-904.

第9章 市場支配力と独占　37

まったく関係なく独立して存在している．供給曲線は，もっぱら企業の限界費用だけに依存している．完全競争下の企業は，（所与として受容している）市場価格が限界費用と等しくなる数量を生産するからだ．完全競争企業の供給曲線が自社の限界費用曲線の一部であり，完全競争産業の供給曲線が産業の限界費用曲線であるのは，そのためだ．1企業であれ，産業全体であれ，その供給曲線は需要とは何の関係もなく決まる．関係するのは費用だけなのである．

　費用と価格のこの厳密な関係は，市場支配力を持つ企業にはあてはまらない．利潤を最大化する最適な生産水準は，限界費用曲線だけではなく，需要曲線と相関性のある限界収入曲線にも依存している．言い方を換えれば，供給曲線は，価格と生産量の一対一の対応関係を描いたものである．だが，市場支配力を持つ企業の場合，任意の生産量で限界費用曲線が一定だとしても，需要曲線の傾きがきついなら高い価格を課し，需要曲線の傾きが緩やかなら低い価格を課すことができる．そのため，価格と生産量との単純な一対一の関係を描くことはできず，供給曲線は存在しないのである．

9.4 市場支配力を持つ企業の市場変化への反応

　ここまでで，市場支配力を持つ企業が利潤を最大化するための生産行動——生産量と価格の決定方法がわかった．以上を前提に，競争的環境で需要と供給が変化した場合でそうしたように，さまざまな市場変化が生産行動に及ぼす影響について検討していこう．市場支配力を持つ企業には供給曲線が存在しないが，競争的企業と似たような反応をする場合がある．だが，競争的企業とは反応がかなり異なる場合もある．

限界費用の変化への反応

　まず，限界費用の上昇の影響について考えてみよう．iPadの例では，限界費用は200ドルで一定，逆需要曲線は$P = 1,000 - 5Q$（Qの単位は100万

38　　第3部　市場と価格

台）だった．iPadの液晶画面の製造工場で火災が発生し，液晶画面の限界費用が上昇した結果，iPadの限界費用が200ドルから250ドルに上昇したとする．iPadの市場に何が起きるだろうか．

　限界費用の上昇が市場に与える影響を見極めるため，新たな限界費用曲線を前提に，以下の3つのステップで進める．

ステップ1：限界収入曲線を導出する． 需要曲線は変わっていないので，限界収入曲線は変わらない．すなわち，$MR = 1,000 - 10Q$．

ステップ2：限界収入が限界費用と等しくなる（$MR = MC$）生産量を求める． MCは250ドルに上昇したので，以下のようになる．

$$1,000 - 10Q = 250$$
$$750 = 10Q$$
$$Q^* = 75$$

利潤を最大化する新たな生産量は7,500万台となり，当初の8,000万台から減少した．

ステップ3：最適な生産量と需要曲線を使って，利潤を最大化する価格を決定する． 逆需要曲線は$P = 1,000 - 5Q$である．新たな最適生産量を代入すると，$P^* = 1,000 - 5 \times 75 = 625$ドルとなる．新たな価格は625ドルで，火災発生前の600ドルから上昇する．

　当初の均衡状態から新たな均衡状態への変化を描いたのが図9.3である．当初の生産量は，$MR = MC_1$（200ドル）により点aで8,000万台と決定される．この生産量は，点bで示したとおり，価格600ドルに対応している．火災発生後，限界費用曲線が上方にシフトし，250ドルになる（MC_2）．火災の影響が及ぶのは供給サイドだけで，消費者の購買意欲は変わらないため，需要曲線と限界収入曲線はシフトしない．限界収入と限界費用は点cの生産量7,500万台で等しくなる．この数量を垂直にたどって需要曲線との交点dに延ばすと，価格は625ドルに上昇していることがわかる（P_2）．

　市場支配力を持つ企業のコスト変化への反応は，完全競争企業のそれに似た点がある．限界費用が上がり，価格が上がると，生産量が低下する．限界

図9.3 市場支配力を持つ企業は，限界費用の上昇にどう反応するか

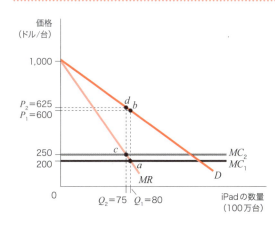

iPad生産の限界費用が200ドルから250ドルに上昇すると，アップルは生産量を8,000万台から7,500万台に減らし，価格を600ドルから625ドルに引き上げる．

費用が低下し，価格が低下すると，生産量が増加する．

だが，競争下では，価格が限界費用に等しいので，限界費用の変化はそっくりそのまま市場価格に反映されるが，売り手に市場支配力がある場合にはこれがあてはまらない．iPadの例では，限界費用が50ドル上昇したのに対し，市場価格の上昇は25ドルにとどまっている．アップルは利潤を最大化するために，コスト上昇分をすべて顧客に転嫁しようとはしない．コストの増加に伴う生産量の減少幅も，完全競争市場よりは小さい．ただし，コストが上昇した後ですら，完全競争市場のほうが均衡生産量が多い点には留意が必要である．小さいのはQの変化幅だ．

需要変化への反応

費用曲線がシフトするのではなく，需要曲線が並行にシフトしたとしよう．iPadの魅力が増し，需要が増加して，需要曲線が外側にシフトした．新たな逆需要曲線が$P=1,400-5Q$となったとしよう．この需要の変化に，市場（企業）はどう反応するだろうか．

ここでも，3つのステップで進める．このケースでは，需要曲線がシフト

しているので，限界収入曲線もシフトすることになる．新たな需要曲線は線形なので，限界収入曲線の導出方法はわかっている．逆需要曲線の生産量のQの係数を倍にすればいい．

$$MR = 1,400 - 10Q$$

これを限界費用（当初の水準の200ドルに戻ると想定）と等しいとおくと，以下のようになる．

$$1,400 - 10Q = 200$$
$$10Q = 1,200$$
$$Q = 120$$

需要曲線がシフトした後の生産量は，1億2,000万台で，当初の8,000万台から増加している．

新たな生産量1億2,000万台を逆需要曲線の等式に代入すると，新たな市場価格が得られる．

$$P = 1,400 - 5Q$$
$$= 1,400 - 5 \times 120$$
$$= 800$$

新たな価格は800ドルで，需要曲線がシフトする前の600ドルから上昇している．

売り手が市場支配力を持つ市場では，需要曲線が外側にシフトする場合，生産量が増加し，価格が上昇する．その方向は，完全競争市場の場合と同じだが，変化の幅が異なっている．

完全競争市場との大きな違い
——顧客の価格感応度の変化に対する反応

市場支配力を持つ企業の反応が，完全競争下の企業のそれと大きく異なるのは，需要の価格感応度が変化する場合，つまり需要曲線の傾きがきつくなるか，緩やかになる場合である．たとえば，iPadと競合するタブレット端末が登場し，iPadの顧客は価格に敏感に反応するようになるが，現在の価格の需要量は変化しないものとする．完全競争市場では，図9.4のパネルa

図9.4 需要曲線の回転に対する反応

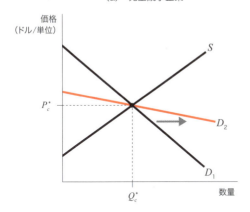

(a) 完全競争企業

(a) 完全競争市場では,需要曲線が D_1 から D_2 に回転しても,均衡数量 Q_c^* と均衡価格 P_c^* は変わらない.

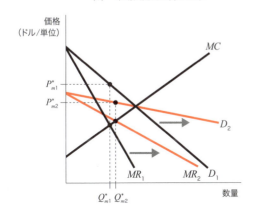

(b) 市場支配力を持つ企業

(b) 企業が市場支配力を持つ場合,需要曲線が D_1 から D_2 に回転すると,限界収入曲線が MR_1 から MR_2 に回転する.回転前,利潤が最大となる限界収入 MR_1 =限界費用 MC の点では,数量は Q_{m1}^*,価格は P_{m1}^* だった.回転後,利潤が最大となる MR_2 = MC の点では,均衡数量は Q_{m2}^* に増加し,均衡価格は P_{m2}^* に低下する.

に示したとおり,需要曲線が平らになっても,(供給曲線上に表される)市場価格が限界費用と等しくなる点($P=MC$)は変わらないので,価格も生産量も変わらない.市場価格が限界費用と等しいかぎり,消費者の価格感応度は売り手の生産決定に影響を与えない.

だが,売り手が市場支配力を持つ市場で,同じように価格感応度が上昇

し，需要曲線が回転した場合，状況は異なる．企業に市場支配力がある場合，需要曲線が回転すると限界収入曲線も動く．これを示したのが図9.4のパネルbである．新たな需要曲線D_2は，当初の需要曲線と同じ生産量で限界費用曲線と交差するが，限界収入曲線MR_2は，MR_1よりも多い生産量（Q^*_{m1}ではなくQ^*_{m2}）で，限界費用曲線と交差する．つまり，需要曲線が回転し，価格が低下した結果，生産量は増加する．

企業に市場支配力があり，消費者の価格感応度が低下した場合は，逆のパターンがあてはまる．生産量が減少し，価格が上昇する．繰り返しになるが，完全競争市場では，こうした変化は起こらない．生産者の選択が消費者の価格感応度に依存しないためである．

9.3 解いてみよう

パワー・タイヤ社は市場支配力を持ち，需要曲線は以下のグラフで表されている．また限界費用曲線は$MC = 30 + 3Q$である．

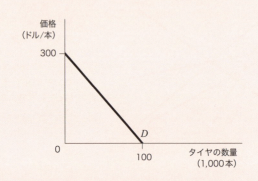

a. パワー・タイヤ社の利潤を最大化する生産量と価格を求めよ．
b. 需要曲線が$P = 240 - 2Q$にシフトする一方，限界費用曲線が変わらない場合，利潤を最大化する生産量と価格はどうなるか．aの答と比べよ．
c. 2つの答をグラフに描き込め．限界費用曲線が不変だとすると，需要曲線の形状は価格設定にどのような影響を与えるか．

第9章　市場支配力と独占　　**43**

解答：

a. パワー・タイヤ社の利潤を最大化する生産量を求めるには，同社の限界収入曲線が必要である．だが，手元にあるのは需要曲線を表したグラフだけである．そこで，まず逆需要関数を解くことにする．逆需要関数は一般に，$P = a - bQ$ の形で表される．ここで，a は縦軸の切片，b は傾きの絶対値（$\left|\dfrac{\Delta P}{\Delta Q}\right|$）である．需要曲線のグラフから，$a$ ＝300であることがわかる．また，需要曲線の傾きの絶対値を計算すると，$\left|\dfrac{\Delta P}{\Delta Q}\right| = \left|\dfrac{-300}{100}\right| = 3$ となり，$b = 3$ である．ここから，パワー・タイヤ社の逆需要関数は $P = 300 - 3Q$ となる．

　需要が線形曲線の場合，限界収入曲線の等式は，$P = a - 2bQ$ であることがわかっている．したがって，$MR = 300 - 6Q$ となる．

　そこで，限界収入が限界費用と等しいとおく．

$\qquad MR = MC$

$\qquad 300 - 6Q = 30 + 3Q$

$\qquad 270 = 9Q$

$\qquad Q = 30$

価格を求めるには，$Q = 30$ を需要関数に代入すればいい．

$\qquad P = 300 - 3Q$

$\qquad\ \ = 300 - 3 \times 30 = 210$

　したがって，パワー・タイヤ社は，3万本のタイヤを210ドルで販売するべきである．

b. 需要関数が $P = 240 - 2Q$ にシフトすれば，$a = 240$，$b = 2$ なので，限界収入は $MR = 240 - 4Q$ になる．$MR = MC$ とおくと生産量が求められる．

$\qquad 240 - 4Q = 30 + 3Q$

$\qquad 210 = 7Q$

$\qquad Q = 30$

　パワー・タイヤ社が利潤を最大化したいのであれば，需要が減って

も生産量3万本を維持しなければならない．これを新たな需要曲線に代入すれば，価格が求められる．

$$P = 240 - 2Q$$
$$= 240 - 2 \times 30 = 180$$

つまり，利潤を最大化する生産量は同じだが，価格は低下する．

c. 新たなグラフを以下に示した．D_2はD_1に比べて傾きが緩やかなので，パワー・タイヤ社は価格を下げなければならない．消費者は価格に敏感に反応する．

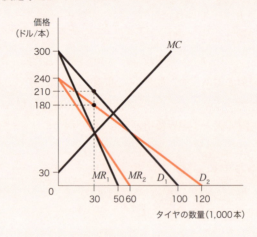

9.5 市場支配力の勝者と敗者

　市場支配力を持つ企業が限界費用を上回る価格をつけられるなら，企業にとって有利ではないかと思うかもしれない．実際そのとおりだ．どのくらい有利にはたらくかを，この節でみていこう．市場支配力が消費者にどんな影響（とりわけ悪影響）を与えるかもみていく．そのために，基礎編の第3章で競争的市場を分析する際に使ったのと同じツール——消費者余剰と生産者余剰——を使う．それによって，市場支配力を持つ企業が存在する市場と，競争的市場を直接比較することができる．

第9章　市場支配力と独占　**45**

企業が市場支配力を持つ市場における消費者余剰と生産者余剰

アップルのiPadの例に戻ろう．限界費用は200ドル，逆需要曲線は$P = 1,000 - 5Q$（Qの単位は100万台）だった．この需要曲線から，限界収入曲線は$MR = 1,000 - 10Q$になる．限界収入が限界費用と等しいとおき，利潤を最大化する生産量Qを求めると，1台600ドルで，8,000万台生産すべきであることがわかる．

企業が市場支配力を持つ市場における消費者余剰と生産者余剰は，完全競争市場の場合と同じ方法で計算することができる．消費者余剰は，需要曲線より下で，市場価格より上の部分である．生産者余剰は，市場価格より下で，限界費用曲線より上の部分である．完全競争市場における生産者余剰は，市場価格より下で，供給曲線より上の部分だったので，一見違うのではないかと思うかもしれない．だが，完全競争市場の供給曲線は，限界費用曲線の一部である点を思い出してもらいたい．そのため，企業が支配力を持つ市場の場合と違いはない．

これらの余剰を図9.5に示した．アップルの利潤を最大化する価格と生産量は，点mで実現する．消費者余剰は，600ドルより上で需要曲線より下の三角形Aの面積である．生産者余剰は，600ドルより下で限界費用曲線より上の長方形Bの面積である．

これらの余剰の値は，簡単に計算できる．消費者余剰は，底辺が販売量，高さが需要消滅価格と市場価格の差に等しい三角形の面積である．需要消滅価格は，逆需要曲線を使って簡単に解ける．$Q = 0$を代入して，価格を求めればいい．$P_{需要消滅} = 1,000 - 5 \times 0 = 1,000$，したがって，消費者余剰$CS$は以下のようになる．

$$CS = 三角形A = \frac{1}{2} \times 8,000万台 \times (1,000 - 600)ドル = 160億ドル$$

一方，生産者余剰PSは，底辺が販売量，高さが市場価格と限界費用の差に等しい長方形の面積である．したがって，以下のようになる．

$$PS = 長方形B = (8,000万台) \times (600 - 200)ドル = 320億ドル$$

ここまでは，上出来だ．消費者はiPadを買うことで，160億ドルという

図9.5 アップルのiPadの余剰

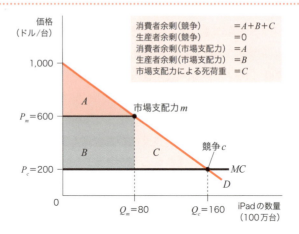

限界費用曲線,需要曲線,利潤が最大となる生産量と価格の水準を使って,アップルの生産者余剰,消費者余剰,および死荷重を計算することができる.消費者余剰は三角形Aの面積で,$\frac{1}{2}\times$8,000万$\times(1,000-600)$ドル$=160$億ドル.生産者余剰は長方形Bの面積で,8,000万$\times(600-200)$ドル$=320$億ドル.死荷重は三角形Cの面積で,$\frac{1}{2}\times$(1億6,000万$-$8,000万)$\times(600-200)$ドル$=160$億ドル.

かなりの額の消費者余剰を獲得する.かたやアップルも320億ドルもの生産者余剰が得られる.

完全競争市場における消費者余剰と生産者余剰

ここで,アップルが完全競争企業のようにふるまい,限界費用に等しい価格を設定するとしよう.限界費用は200ドルで一定なので,価格は200ドルになる.この200ドルを需要曲線の等式に代入すると,生産量は1億6,000万台になる.したがって,競争均衡市場でアップルは,1台$=200$ドルで1億6,000万台のiPadを販売することになる(図9.5の点c).市場価格Pと限界費用MCが等しいので,競争市場におけるアップルの生産者余剰は0になる点に留意したい.

競争があると価格は下がるので，販売量は増えるが，アップルの儲けは大幅に減る．生産者余剰は320億ドル減少する．この競争市場の結果をもとにすると，企業が市場支配力を持つ場合の標準的な市場がどういうものかがわかる．市場支配力を持つ企業は，完全競争均衡に比べて生産量を減らし，価格を押し上げ，その結果，生産者余剰（および利潤）を拡大する．

企業に市場支配力がある市場と完全競争市場とでは，消費者余剰はどう違うのだろうか．図9.5で，完全競争下の消費者余剰は，需要曲線より下で，競争価格の200ドルより上の$A+B+C$の三角形である．三角形の底辺は競争均衡での数量の1億6,000万台，高さは需要消滅価格の1,000ドルと競争価格との差に等しい．したがって完全競争下の消費者余剰は，以下のとおりになる．

$$CS = \frac{1}{2} \times 底辺 \times 高さ = \frac{1}{2} \times 1億6,000万台 \times (1,000-200)ドル$$

$$= 640億ドル$$

アップルに市場支配力があるときの消費者余剰は160億ドルにすぎないことを思い出そう．つまり，消費者にとっては，競争があるときのほうがはるかにプラスになる．この例で，完全競争市場の消費者余剰は，アップルが市場支配力を持っている市場の4倍にのぼる．一方，アップルの生産者余剰は，完全競争市場では0だが，市場支配力を発揮すれば320億ドルにもなる．だからこそ，莫大な消費者余剰を犠牲にすることになっても，企業はできるかぎり市場支配力を行使しようとするのだ．

応用　サウスウエスト航空

格安航空の風雲児，サウスウエスト航空は，つねに既存の航空会社が強い空港に乗り入れ，運賃を引き下げてきた．サウスウエスト航空の参入によって，航空業界は既存の航空会社が市場支配力を持つ状況から，完全競争市場に近い状況に転換したのである．

その影響は劇的なものになる．サウスウエスト航空が参入する路線では，運賃が25％から50％下落する一方，旅客数は大幅に伸びる．米国内の旅客

数上位20空港のうち，2001年から2011年にかけて，平均運賃の下落率が大きかったのは，すべてサウスウエスト航空が参入した空港だったのは偶然ではないだろう．とくに恩恵が大きかったのは，デンバー（平均30％の下落），サンフランシスコ（平均17％の下落），フィラデルフィア（平均16％の下落），ボストン（平均15％の下落）の発着便を利用する乗客だった．ちなみに，下落率が5番目に大きかったニューヨークのJFK空港では，同じく格安航空のジェットブルーがサウスウエスト航空のモデルを部分的に取り入れ，2000年に運航を開始している．[7]

　全米を飛び回る乗客にとって，こうした変化はお馴染みのものになり，「サウスウエスト効果」と呼ばれるようになった．この結果，多くの地方都市や空港当局が，路線を拡大してもらおうと，サウスウエスト航空の誘致に積極的に動くようになった．サウスウエスト航空が乗り入れた地方の学生からは力強い声援が聞こえてきそうだ．サウスウエスト航空が参入し競争が起きた結果，彼らの消費者余剰は拡大し，運賃が安くなったおかげで，春休みにフロリダに遊びに行きやすくなったのだから．■

市場支配力がもたらす死荷重

　これまで市場支配力の行使が企業にとっていかにプラスになり，消費者にはマイナスとなるかをみてきた．企業は，生産量を抑えて価格を引き上げることによって，より多くの生産者余剰を獲得できるが，その裏返しで，消費者にとってはかなりの消費者余剰が犠牲になる．とはいえ，市場支配力がもたらす結果は，これだけではない．先の例で，市場支配力を持つ市場の総余剰は480億ドル（消費者余剰160億ドル＋生産者余剰320億ドル）で，完全競争下の総余剰の640億ドルより少ない．この失われた160億ドルの余剰は，企業が市場支配力を行使することで消滅したものだ．重要な点として留意すべきなのは，この喪失分は，企業が生産量を抑え，価格を引き上げたときに消費者から生産者に移転された余剰ではない点である．余剰を獲得した

7）　データの出所は米国運輸省運輸統計局．

者は誰もいない．ただ，失われただけなのだ．言い換えれば，これは企業の市場支配力がもたらした死荷重（DWL）である．

　市場支配力による死荷重は，図9.5で確認できる．三角形Cがそれで，市場支配力を持つ企業と完全競争企業との生産量の差を底辺に，市場支配力がある場合の価格（P_m）と完全競争下の市場価格（P_c）の差を高さとする．前述の総余剰の比較から，この面積は160億ドルであることがわかっている．これは三角形Cの面積を計算することによって，確かめることができる．

$$\text{DWL} = \frac{1}{2} \times (1億6,000万 - 8,000万) \times (600 - 200) ドル$$

$$= 160億ドル$$

　死荷重（DWL）は，市場支配力がもたらす非効率性である．このコストは，第3章で論じた税金や規制による死荷重と同じで，需要曲線より下で限界費用曲線（第3章では供給曲線）より上の三角形の面積である．価格決定力を持つ企業は，市場支配力という「税金」を消費者に課し，自らの収入を確保している．死荷重が発生するのは，生産コストを上回る価格で商品（この例ではiPad）を購入したい消費者が市場に存在するのに，企業が利潤を増やすために価格を吊り上げるため，安い価格で購入できないからだ．税金や規制による死荷重と同様に，市場支配力による死荷重の大きさは，独占下と競争下での生産量の差と関係している．企業が利潤を最大化するために生産量を抑えるほど，非効率による損失は大きくなるのである．

異なる市場支配力が生む生産者余剰の差

　企業に市場支配力がある場合の余剰に関して，押さえておくべき重要なポイントがもう1つある．需要曲線の傾きによって，消費者余剰と生産者余剰の相対的な大きさが変わってくるのだ．

　需要曲線の傾きが比較的きつい（非弾力的な）市場と，緩やかな（弾力的な）市場を比較してみよう．どちらの市場も独占企業が支配している．わかりやすくするために，2つの企業は同じ一定の限界費用曲線を持ち，偶然に

も利潤を最大化する生産量が同じ水準であるとする．これを図9.6に表した．

図9.6のパネルaの市場では，買い手はさほど価格に敏感でないため，需要曲線の傾きはきつい．パネルbの市場では，消費者が価格に敏感なため，需要曲線の傾きは緩やかである．それぞれの市場の限界収入曲線も，図に書

図9.6 需要曲線が異なる場合，市場支配力がもたらす生産者余剰の差

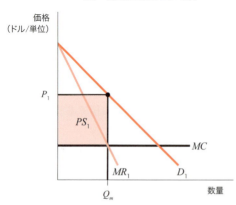

(a) 需要弾力性が低い場合

(a) 買い手が価格にさほど敏感でない場合，需要曲線の傾きはきつくなる．$MR_1 = MC$のとき，比較的高い価格P_1でQ_m量を生産し，生産者余剰PS_1は比較的大きくなる．

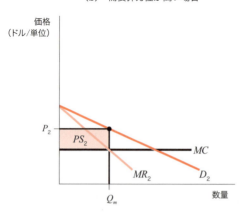

(b) 需要弾力性が高い場合

(b) 買い手が価格に敏感な場合，需要曲線の傾きは緩やかになる．$MR_2 = MC$のとき，比較的低い価格P_2でQ_m量を生産し，生産者余剰PS_2は比較的小さくなる．

き込んである．どちらの企業も利潤を最大化するために生産量を選択し，限界収入MRが限界費用MCと等しくなるように価格を設定している．図からあきらかなように，総生産量の規模が等しい市場では，需要曲線の傾きがきついほうが，生産者余剰が多くなる．なぜ，そうなるのか．前に指摘したとおり，需要曲線の傾きがきついと，利潤を最大化するマークアップが大きくなり，その分が限界費用に上乗せされるからだ．

消費者が価格にさほど敏感でない市場は，市場支配力を持つ企業にとっては，うま味の大きい市場だ．反面，消費者の立場なら油断できない．価格が上がるはずだからだ．

9.4 解いてみよう

9.2 で取り上げたベイブ・バット社（BB社）の問題に戻ろう．BB社の逆需要曲線は$P = 25 - 2.5Q$，限界費用曲線は$MC = 5Q$であった．BB社の利潤が最大となる生産量の水準で市場支配力から生じる死荷重を計算せよ．

解答：

死荷重を計算するには，グラフを使うのが手っ取り早い．まず，需要曲線，限界収入曲線，限界費用曲線を描くことにする．

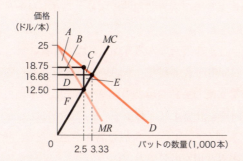

前の問題から，BB社の利潤が最大となるのは，2,500本のバットを1本＝18.75ドルで販売するときであることがわかっている．

52 第3部 市場と価格

　企業に市場支配力がある場合の死荷重を計算するには，消費者余剰と生産者余剰を求め，それらを完全競争下の場合と比較する必要がある．完全競争市場では，価格が限界費用と等しくなる水準で生産量が決まる．したがって，

$$P = MC$$
$$25 - 2.5Q = 5Q$$
$$25 = 7.5Q$$
$$Q = 3.33$$

　したがって，BB社は3,333本のバットを販売することになる．当然ながら，この生産量水準では価格は次のように下がる．

$$P = 25 - 2.5Q$$
$$= 25 - 2.5 \times 3.33$$
$$= 16.68$$

　完全競争市場なら，バットは1本＝16.68ドルで売れる．消費者余剰は需要曲線より下で競争価格より上の面積，$A + B + C$，生産者余剰は限界費用曲線より上で競争価格より下の面積，$D + E + F$，総余剰は$A + B + C + D + E + F$の面積である．

　BB社が市場支配力を発揮するとき，バットの生産量を2,500本に減らし，価格を18.75ドルに引き上げる．この状況では，消費者余剰は需要曲線より下で，独占価格より上の部分，面積Aだけになる．生産者余剰は，独占価格より下で限界費用曲線より上の$B + D + F$である．総余剰は$A + B + D + F$である．

　面積CとEはどうなったのだろうか．Cは消費者余剰だったが，もう存在しない．Eは生産者余剰だったが，こちらも消失している．これらが，企業が市場支配力を持つ場合の死荷重である．その大きさは，$C + E$の三角形の面積を計算すればわかる．そのためには，もう1つ大事な計算をしなければならない．三角形の高さが必要だが，それには2,500本を生産する限界費用を計算すればいい．

$$MC = 5Q$$
$$= 5 \times 2.5$$

第9章　市場支配力と独占　　**53**

$$= 12.5$$

これで，死荷重の三角形の面積が計算できる.

$$\mathrm{DWL} = C + E = \frac{1}{2} \times 底辺 \times 高さ$$

$$= \frac{1}{2} \times (3.33 - 2.5) \times (18.75 - 12.50) ドル$$

$$= \frac{1}{2} \times 0.83 \times 6.25 ドル$$

$$= 2.59375 ドル$$

生産量の単位は1,000本だったので，死荷重は2,593.75ドルになる.

9.6 政府と市場支配力
——規制，反トラスト，技術革新

　これまで企業の市場支配力が産業全体に及ぼす影響についてみてきた. 価格は上昇し，生産量が抑えられ，消費者余剰は減り，死荷重が発生する. 市場支配力によって生じる死荷重は，政府の介入を正当化する. ただし，介入によって市場がより競争的になり，死荷重が減らなければならない. 実際，政府はさまざまな方法でそうしようとしている. だが，意外かもしれないが，政府が市場支配力を促進し，保護しようとする場合があり，そうした政策も，社会全体に便益をもたらすものとして正当化されうる. この節では，市場支配力の抑制または促進を目的とした政府介入のさまざまな形を検討していこう.

直接的な価格規制

　ある産業において，企業の市場支配力が強すぎると懸念されるときに，政府が直接，価格を規制する場合がある. こうした規制がしばしば行われるの

が，自然独占とみなされる市場である．産業の費用構造の性格上，自然独占を防ぐ手立てがない場合，政府は1企業の独占を容認する一方で，価格決定に制限を設けて市場支配力を全面的に発揮させないようにする場合が多い．政府はこの論拠を活用して，電力，天然ガス，ガソリン，ケーブルテレビ，地域電話，長距離電話，航空運賃，トラック料金など，あらゆる財の価格の規制を正当化してきた．

その背後の論理を理解するために，典型的な自然独占のケースについて検討しよう．図9.7に示したのは送電市場であり，前に述べたように，自然独占と考えられる．需要曲線がDのとき，規制を受けていない電力会社は，限界収入MRが限界費用MCと等しくなる水準で電力を生産する．このときの価格P_mは，同社の限界費用よりも大幅に高くなる．この場合の消費者余剰は，Aの面積だけである．価格が限界費用と等しい場合（つまり，完全競争の場合）の消費者余剰は，$A+B+C$である．

仮に政府が価格の上限規制を設け，発電量が完全競争市場と同じ水準になるP_cを上回る価格をつけられないとすれば，消費者余剰は$A+B+C$と等しくなる．だが，問題がある．P_cは，この企業の平均総費用を下回っているのだ．規制された価格では固定費用が賄えないために，販売すればするほど赤字が増える．つまり，自然独占を規制する方法として，競争価格を義務づける単純な価格規制は持続できない．しかしながら，自然独占企業が固定費用を賄えるように，限界費用を上回る価格決定を容認すれば，死荷重が発生し，消費者余剰は競争的な市場に比べて少なくなる（もっとも独占を規制しない場合に比べて，死荷重は小さく，消費者余剰の喪失も小さいとみられるが）．[8]

この点は別にしても，直接的な価格規制には，他にも深刻な問題点があ

---

8) 少なくとも理論的には，完全競争の成果を手にすると同時に，企業が固定費用を賄うことを両立させる方法が存在する．それには，消費者あるいは政府のいずれかから，1単位あたりの価格P_cだけでなく，まとまった金額を独占事業者に支払うことである．規制された多くの公益事業では，一部にこの方式が取り入れられており，消費者が使用量に応じて支払う料金とは別に，月々，使用量に関係ない固定料金として付加される．だが，こうした料金体系は，独占企業の費用構造に近似しているにすぎず，政治的配慮から制約を受ける場合もあり，完全競争市場と同じ成果を得るのはむずかしい．

図9.7 自然独占の政府規制

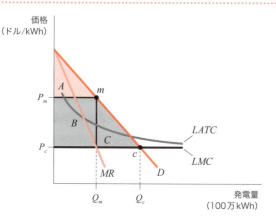

政府の規制前,電力会社は点 m で Q_m を生産し,限界費用曲線を大幅に上回る価格 P_m をつけていた.政府がこの会社の限界費用と等しい上限価格規制を導入すると,価格は完全競争の場合と同じ P_c,生産量は Q_c となる.規制下での消費者余剰は,三角形 A から三角形 $A+B+C$ に拡大する.しかしながら,規制された価格 P_c は,電力会社の平均総費用曲線 $LATC$ を下回っているので,この規制は持続不可能である.

る.その筆頭にあげられるのが,そもそも本当の費用構造を知っているのは当の独占企業だけである,という点だ.政府の規制担当者は,企業の実際の限界費用を把握しているわけではないし,実際の需要曲線についても知らない.これらの情報なしで,完全競争市場の場合と同じ水準の価格を設定するのは容易ではない.規制当局は推定するしかない.さらに,独占企業には,より高い上限価格を正当化するため,実際よりコストが高いと見せかけるインセンティブが存在する.くわえて,自社のコストをもとに規制が課されている企業は,往々にしてコストを削減するインセンティブがはたらかない.コストを削減すれば,上限価格も抑えられ,効率化によって拡大した利潤が吹き飛ぶからだ.

反トラスト

　企業が市場支配力を持つことの弊害に対するもう1つのアプローチが，**反トラスト法**（antitrust law）である（米国以外では，競争法（competition law）あるいは独占禁止法と呼ばれる場合がある）。反トラスト法は，とくに既存企業が強大な力を持っている場合に，当該企業の競争を阻害する行為を禁止することにより，市場の競争を促進することを目的としている。過度な独占を防ぐために，反トラスト法にもとづいて合併や買収を阻止する場合もある。市場支配力が強すぎるとみられる既存企業に対しては，反トラスト法を使って分割命令が出される場合すらある。反トラスト法は先進国ほど強力で，しっかり運用されているが，その他の国ではかなり緩めの運用になる傾向がある。

　反トラスト法で最も厳しく禁止されている一般的な行為の1つが，競合企業が共謀して価格を決定したり，市場を分割したりする行為である。たとえば米国では，競争相手と価格決定や市場参入の戦略について話し合うことすら犯罪行為とされている。

　反トラスト当局には，企業が不正な行為によって産業を独占していないかを捜査し，仮にそのような行為が見つかれば是正するよう訴える権限が認められており，近年，こうした捜査が数多く行われている。たとえば，インテルは，コンピュータ・メーカー向けのCPUの価格決定について，アメリカン・エキスプレス，VISA，マスターカードは，利用者がクレジットカードを利用する際に加盟店に義務づけているルールをめぐり，さらに全米不動産協会加盟の不動産会社は，住宅販売者資格をめぐって捜査を受けている。

　市場支配力を抑制する手段としての反トラスト法の執行には，コストが莫大になる恐れがあり，その効果は不明確であるという難点がある。政府は，効率化を促し，消費者にプラスになるような独占とは戦うべきではないが，それを直接計測するのは容易ではない。

独占を促す——特許権，許認可，著作権

政府は規制や反トラスト政策をとおして市場支配力を制限しようとしながらも，時に独占を促し，特許権や許認可，著作権，商標権などの市場支配力を行使する権限を付与する場合がある．

消費者に配慮し，競争市場を重視しているなら，政府はなぜ，こうした行動をとるのだろうか．特許権の形で，発明者に20年の独占権が与えられるのはなぜなのか．たとえば製薬会社は，あらゆる種類の薬について特許権にもとづく独占権を与えられ，そのせいで消費者の支払う価格は高くなっている．ラジオ局や携帯電話会社に免許制で電波を割り当て，他社の参入を阻んでいるのはなぜだろうか．本や映画の著作権者には125年の保護期間が設けられ，許可を得て著作権料を支払わなければ著作物を利用することができない．プロボクシングとレスリングの実況アナウンサーのマイケル・バッファーは，「さぁ，大暴れしよう」という決まり文句を商標登録している．ロボット玩具シリーズのトランスフォーマーも同様に保護されている．セールで混雑するイベントで「さぁ，大暴れしよう」と言いたくても，自分の映画でトランスフォーマーを使うアイデアを思いついても，それらを商業的にどう使うかは，バッファーやゲームメーカーのハスブロに委ねられている．

総合的にみれば，政府がつくりだした独占を合算すれば，膨大な市場支配力になり，競争市場に比べて必然的に価格が高くなり，生産量は少なくならざるをえない．それでもなお，政府がそうするのが理に適っているのは，技術革新（イノベーション）を促進するという目的があるからだ．少なくとも一時的にイノベーションから得られる利潤に対する独占権を付与することが，新しい財やサービスを創出する強力なインセンティブになりうる．政府は，こうした新たな財やサービスの創出による消費者余剰が，生産者が一時的に市場支配力を持つことで生じる死荷重を上回るように設計してきた．市場支配力の抑制よりもイノベーションが優先される場合もあるのだ．

その理由を理解するために，毎年，多くの人が感染する一般的な風邪の治療薬市場について考えよう．この薬には，間違いなく需要が存在する．図9.8では，この需要曲線をDとした．

58　第3部　市場と価格

　風邪薬が開発された後，1錠を生産する限界費用は5ドルで一定だとしよう（薬の場合，生産が開始された後の限界生産費用はきわめて低い．開発された処方にもとづいて，既存のラインを使って製造するのに，それほどコストはかからない）．薬を開発した製薬会社には，完全競争市場下の企業と同じように，限界費用と同じ1錠＝5ドルで販売することが求められる（点c）．この価格で販売されれば，消費者余剰は最大の面積$A＋B＋C$になる．

　問題は，1錠＝5ドルで販売してしまうと，製薬会社に生産者余剰がまったく残らないということだ．製薬会社は，この薬の開発に伴う多額の固定費用を賄う必要があるので，開発後ただちに限界費用で販売しなければならないとすれば，わざわざ開発しようとは思わないだろう．言い換えれば，新薬を開発した途端に，完全競争企業のようなふるまいを求められるとすれば，そもそも新薬を開発しようという気にはならない．

　理論的には，政府が開発コストに補助金を出すことができ，実際，さまざまなタイプの研究開発に補助金が支給されているが，成否の見極めや癒着の防止といった問題がつきまとう．[9]　そのため，政府は妥協する．薬を開発すれば，独占権を与えようと企業に約束するのだ．企業側は，限界収入が限界費用と等しくなる（$MR＝MC$）生産量Q_mを生産でき，価格をP_mに設定することで，面積Bの生産者余剰を得られると認識する．そのため，新薬開発の固定費用が，生産者余剰Bを下回ると予想されるかぎり，新薬の開発に乗り出す．最終的に，面積Aと等しい消費者余剰をもたらすことで，消費者にとってもプラスになる．これは，完全競争市場における消費者余剰（$A＋B＋C$）よりも小さいが，そもそも競争価格を強いられれば，製薬会社は新薬の開発に乗り出さないのだから，消費者余剰がAでも0よりは恵まれているといえる．

　全体として，経済学が示唆しているのは，消費者のニーズがとくに強い財の場合，知的財産権保護がイノベーションにつながる傾向がある，ということだ．イノベーションの市場が大きく，消費者が大勢存在するなら，その市

---

9)　製薬会社にとって新薬開発のコストは固定費用なので，こうしたアプローチは，自然独占の議論で取り上げた固定費用の移転スキームと関連している．繰り返しになるが，理論上は市場が効率化するはずだが，現実にはさまざまな障害が存在する．

図9.8 独占権とイノベーション

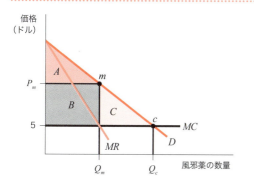

政府は企業に独占権を与えてイノベーションを促す。直線 D は、一般的な風邪薬の需要曲線を表している。完全競争市場では、風邪薬は製薬会社の限界費用と等しい5ドルで販売され、消費者余剰は $A+B+C$ になる。だが、この価格では、製薬会社は開発費を賄うことができないので、風邪薬への投資を控える。政府は製薬会社に特許権を与えることにより、開発費用が回収できるようにする。企業は独占的価格 P_m で Q_m を生産する。消費者余剰は三角形 A になる。

場における独占の利潤もまた大きくなる。さらに、第3章を思い出してほしいが、需要曲線の傾きがきつい財は、消費者余剰が大きくなる傾向があった。また、この章の前半でみたが、需要曲線の傾きがきつい市場は、独占利潤が最大となった。つまり、発明者、開発者に独占権を与える特許権や許認可権、著作権は、消費者が高い価値をおく財のイノベーションを促進する傾向があるといえる。もちろん、その反面、価格を押し上げるというマイナスもあるが。

応用　インターネットのファイル共有と音楽業界

　アーティストやレコード会社は、楽曲を販売して収入を得ている。これはリスクの高いビジネスだ。CD制作に伴うコストの大半は、売れ行きが誰も予想できない段階で前もって支払わなければならない開発費用だ（追加的にCDを1枚焼く限界費用は、ほぼ0だ）。じつのところ、ほとんどのCDは儲からない。発売されたCDの90％以上が赤字だというレポートもある。数少ないヒット作で、売れないCDの固定費用を穴埋めしなければならない。

　音楽業界の著作権法は、アーティストやレコード会社に楽曲販売の独占権

60 第3部 市場と価格

を付与することで，リスクは高いがクリエイティブな活動が行えるように設計されている．市場支配力を容認するのは，開発費用を賄えるようにするためだ．だが，この仕組みが脅かされている．1992年に誕生した，楽曲を無料でダウンロードできるファイル共有サイトが急成長している（この過程で，楽曲の著作権を侵害している）．2004年時点で，ファイル共有システムの同時利用者は約1,000万人にのぼった．この間，CDの売上高は約20％減少した．レコード会社の言い分はこうだ．消費者が音楽にカネを支払わなくなれば，価格を限界費用の0まで引き下げることになり，プロデューサーは，新しいバンドを発掘したり，新しいCDを制作したりするコストを賄うことができなくなる．それは結局，消費者にとってもマイナスになる．消費者がCDに対価を支払う市場なら，新たな楽曲が制作され消費者余剰をもたらすはずだが，それが失われることになるのだ．

　経済学者のジュリー・モティマーとアラン・ソレンセンは，インターネットのファイル共有サイトが普及した時期の音楽業界を調査し，レコード会社の主張どおりになっているかどうかを調べた．[10] とくにインターネット利用者が多いロック，アーバン・ミュージック，ラップの分野では，1999年から2004年にかけて新人歌手の数が減っていた．一方，ファイル共有サイトの利用者の割合が少ないジャズやカントリー・ミュージックでは，同じ期間に新人の数が増えていた．これらの調査結果をまとめたのが，表9.2である．

　こうした変化は，単なる偶然にすぎない可能性もある．だが，ファイル共有サービスは，著作権を侵害し，アーティストやレコード会社の市場支配力が低下するので，新人発掘への投資が減る，という主張に合致している．対価が支払われるCDの需要が減ったことで，アーティストがCD販売以外で所得を稼ぐ方法を見つけるインセンティブが上がった，とモティマーとソレンセンは主張する．具体的には，ファイル共有サイトが台頭する前に比べて，ツアーの回数が増えているのだ． ■

---

10)　Julie Holland Mortimer and Alan Sorensen, "Supply Responses to Digital Distribution: Recorded Music and Live Performances," Preliminary, December 29, 2005. 著者の許可を得て引用．http://www.aeaweb.org/assa/2006/0107_0800_0702.pdf

第 9 章　市場支配力と独占　**61**

表9.2 アルバムを発表したジャンル別の新人アーティスト数，1999年，2004年

	1999年	2004年
アーバン/ラップ	1,493	1,297
ロック	1,984	1,919
ジャズ	1,453	1,627
カントリー	644	904

特許権保護の実際

　一般的な風邪薬は，独占の容認が結局は消費者にプラスになることの具体例として取り上げた．だが，知的財産権法は，もっと深い問題を数多く提起している．1つは，最適な保護期間はどのくらいかという点だ．独占の期間が長ければ長いほど，競争市場に比べて消費者余剰が少ない期間が長くなる．一方で，イノベーターにより多くの生産者余剰をもたらすことで，さらなる発明を促進する．だが，重要なのは，イノベーションを促すため，あらゆる特許制度に求められるのは，イノベーションのコストを賄えるだけの十分な生産者余剰を保護するという点だ．それ以上の市場支配力を与えると，消費者からイノベーションを行わない企業への余剰の移転を促し，死荷重を発生させることになる．前述の一般的な風邪薬の例では，新薬開発のコストがBと等しいなら，新薬開発を促すために特許権で保護すべき生産者余剰はBだということになる．保護期間を延長し，保護される生産者余剰が大きければ新薬は引き続き開発されるだろうが，延長された期間にわたって消費者はより高い価格を支払い，より少ない量を消費することになる．

　イノベーションについてもう1つのむずかしい問題は，既存の財の価値をどれだけ上回れば画期的な財として特許権が付与されるか，という点だ．すでに発明されている財に特許権を与えれば，死荷重を発生させ，市場支配力によって余剰を消費者から生産者に移転させるだけになる．安易に知的財産権を与えすぎていると政府を批判する声は少なくない．槍玉にあげられて

62   第3部　市場と価格

いるものに，アマゾンの「ワン・クリック・ショッピング」を伴う取引全般に対する特許権の付与（1999年に特許権が認められ，その決定は2010年に再度確認された），「プライスレス」という表現をマスターカードの登録商標とする決定，著者の存命期間を大幅に上回る125年への著作権保護期間の延長，セレラ・ジェノミクス社がマッピングした人間の遺伝子の特許権を同社の経営者でもある生物学者のクレイグ・ヴェンターに認めた決定などがある．パン屑の出ないピーナツバター・サンドウィッチに特許権が認められた例すらある．

　特許権や許認可権，その他，政府が認める独占がもたらすさらなる弊害は，独占権取得をめぐって企業同士が争い，結果として独占権により守られるはずだった生産者余剰が浪費されることだ．企業は時に広報や弁護士，広告などにお金をかけて，独占的地位を手に入れようとする．気心が知れている関係者のあいだでは，あからさまな賄賂が使われることもある．こうした支出の大半は無駄でしかない．こうした無意味な支出は，**レント・シーキング**（rent-seeking）と呼ばれる．これらの支出は，生産量の増加や生産物の質の向上につながらないとすれば（いずれにせよ，誰かが特許権や許認可権を得ることになる），死荷重そのものである．

理論とデータ

新薬の潜在的市場を見極める

　米国の製薬会社ファイザーの研究開発費は，2010年時点で90億ドル以上にのぼる．連邦政府の医療関連の研究開発予算の3分の1に迫るほどの莫大な金額だ．とはいえ，同社の莫大な投資は，それに見合った成果をあげている．同年に680億ドル近い売上げを稼ぎだしているのだ．では，ファイザーのような企業は，90億ドルもの予算の配分をどのように決めているのだろうか．過去のチームが，チャップスティックやザナックスといった多様な大衆薬を開発し，成功したのは単なる幸運だったのだろうか．そうではない．カネのなる木のありかを見極めるために，ごく基本的な市場分析を行っているのだ．

製薬会社が進んで多額の研究開発費を支出するのは，新薬に独占的な利潤を保証する特許権の存在が大きい．だが，特許権はファイザーの研究開発チームを発奮させることにはなるが，同社に独占権を与えるだけでは十分でない．新薬が開発された暁には，その収入で研究開発費用が回収できると確信させる必要がある．

どの製品が売れるかを見極めるために，製薬会社はどんな点に注目するのだろうか．経済学者のダロン・アセモグルとジョシュア・リンは，新薬の潜在的な市場規模，言い換えれば，将来の需要に注目するよう提案している．[11] 人口の年齢別構成は，薬の潜在的市場規模を測るのに役立つ．というのは，中年に処方される薬の多くは高齢者に処方されず，高齢者に処方される薬は，中年に処方されることは少ないからだ．だが，ファイザーやライバルの製薬会社が注目するのは，人口数だけではない．こうした人々が，薬に費やす支出額も知りたい．そこでアセモグルとリンは，年代別の所得の割合に注目した．図9.9を見るとわかるとおり，30歳から60歳の人口が所得に占める割合は，1970年以降，着実に上昇しており，2000年時点で約50％近くを占めている．理論的には，たとえば緑内障やめまいの薬といった主に高齢者が消費するものよりも，30歳から60歳向けの新薬の開発に大手製薬会社は予算を割くべきだった，ということになる．

製薬会社は，まさにこのとおりのことをした．ある薬の潜在的市場規模が1％大きくなるごとに，その分野のジェネリック以外の新薬の開発が4％増えていることを，アセモグルとリンは突き止めた．言い換えれば，大手製薬会社は，潜在的な独占利潤が最も大きい市場向けの新薬開発に照準を合わせているのだ．

製薬会社の行動は経済学的に理に適ったものだが，不幸にも，予算がつかない薬が数多くある．トゥーレット症候群や筋ジストロフィーで苦しむ患者の数は少なく，潜在的な市場規模は小さい．このため米国議会では，こうした「希少な」病気の治療薬を開発する製薬会社に優遇税制などの経済的イン

---

11) Daron Acemoglu and Joshua Linn, "Market Size in Innovation: Theory and Evidence from the Pharmaceutical Industry," *The Quarterly Journal of Economics* 119, no. 3 (2004): 1049–1090.

図9.9 : 年齢層別の所得の比率

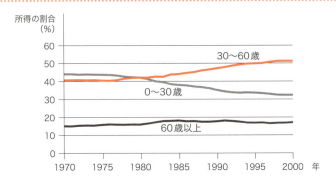

30歳から60歳の所得が全所得に占める割合は1970年以降,着実に増加しており,2000年時点で約50%を占めている.製薬会社は,開発資金をこの年齢層の需要する薬品により多く振り向けた.

センティブを与える「希少医薬品法」を可決・成立させた.大手製薬会社の研究開発に影響を与えるには,より多くの利潤を約束する必要があり,特許権だけでは不十分な場合があると議会は考えたのだ.

9.7 結論

　第8章の完全競争企業の場合と違って,市場支配力を持つ企業は,市場で決定された固定価格で財の生産量を選択するだけにとどまらない.独占企業など市場支配力を持つ企業は,財の価格に影響を及ぼすことができる.そのため,限界収入が限界費用と等しく($MR=MC$),利潤が最大となる量を生産する.この生産量は,完全競争市場下の生産量よりも小さい.そのため市場価格はより高く,生産者余剰は大きく,消費者余剰は少なくなり,死荷重を発生させる.消費者余剰を増やし,死荷重を減らす目的で,政府は直接的な価格規制や反トラスト法など企業の市場支配力を低下させる介入を実施する場合がある.一方で,製品のイノベーションを促す目的で,特許権や商

第9章 市場支配力と独占 **65**

標，著作権の付与などで企業の市場支配力を強化する場合もある．

　この章で取り上げた企業は，自社製品の価格を決定する能力があるが，それは価格決定の重要な一面に限定されている．企業が生産量を増やすなら，販売量が 1 単位増える・ご・と・に価格が低下すると想定している．だが，消費者のタイプに応じて，製品の価格を変えられるとすれば，どうなるだろうか．このような形で市場支配力を行使する戦略は，広い意味で価格差別と呼ばれるが，この点については第 10 章で取り上げる．

まとめ

1. たいていの企業は，なんらかの**市場支配力**を持っている．つまり，その企業の生産決定が，販売する財の市場価格に影響を与える．企業は，さまざまな**参入障壁**によって市場支配力を維持する．参入障壁としては，**自然独占**，スイッチングコスト，**製品差別化**，主要投入物の絶対的費用優位などがあげられる．[9.1 節]

2. **独占**とは，ある財の市場に供給者が 1 社しか存在しない状態であり，企業が完全な市場支配力を持つ極端なケースである．独占企業など市場支配力を持つ企業は，販売量が 1 単位増えた場合の収入である**限界収入**をもとに生産決定を行う．完全競争企業と違って，こうした企業の限界収入は，生産量が増加するにつれて低下する．限界収入が低下するのは，生産量を増やすと，追加分だけでなく全量を低い価格で販売しなくてはならないからだ．[9.2 節]

3. 独占企業にとって利潤を最大化する生産量は，限界収入 MR が限界費用 MC と等しくなる水準である．独占企業が限界費用を上回る価格をつけるということは，完全競争企業の場合よりも独占企業の市場価格のほうが高いということだ．**ラーナー指数**は，企業が価格に上乗せすべき額を計算したものである．ある製品の需要が非弾力的であるほど，ラーナー指数（マークアップ）は大きくなる．[9.3 節]

4. コスト変化や需要変化に対し，市場支配力を持つ企業の生産量や価格が示す反応は，完全競争企業とその方向は同じだが，変化の幅は異なって

いる．消費者の価格感応度の変化，すなわち需要曲線の回転に対しては，完全競争企業とは異なる反応を示す．[9.4節]

5. 企業が市場支配力を発揮すると，生産者余剰を増やし，消費者余剰を減らし，死荷重を発生させる．消費者の価格感応度が低く，需要曲線の傾きがきついとき，生産者余剰は大きくなる．[9.5節]

6. 市場支配力を持つ企業が生み出す死荷重を減らすため，政府が介入する場合がある．直接的な価格規制や**反トラスト法**は，企業の市場支配力の低下を目的にしている．逆に，イノベーションを促進するために，特許権や著作権などの形で，政府が企業の市場支配力を容認する場合もある．[9.6節]

復習問題
（解答は以下のサイトで入手できる．https://store.toyokeizai.net/books/9784492315002）

1. 企業が市場支配力を持つのは，どんなときか．
2. 市場の参入障壁を3つあげ，説明せよ．
3. 自然独占の特徴を述べよ．自然独占の場合，1社が生産を一手に握ったほうが社会全体にとって効率的なのはなぜか．
4. 財の需要曲線の傾きと企業の限界収入の関係について説明せよ．
5. 市場支配力を持つ企業にとって，利潤を最大化する生産量はどのような水準か．
6. 完全競争企業と市場支配力を持つ企業では，消費者余剰と生産者余剰はどう違うか，比較せよ．
7. 市場支配力を持つ企業が利潤を最大化する戦略では，死荷重が生まれるのはなぜか．
8. 市場支配力を持つ企業には，需要曲線はあるが，供給曲線はないのはなぜか．
9. 市場支配力を持つ企業は，消費者の価格感応度の変化に対して，完全競争企業とは異なる反応をする．その理由を説明せよ．
10. 市場支配力を持つ企業に政府が課す規制の具体例をあげよ．

演習問題

（＊をつけた問題の解答は，以下のサイトで入手できる．https://store.toyokeizai.net/books/9784492315002）

1. フェイスブックに対するユーザーの不満は絶えない．ニュース・フィードの仕組みが変わった，プライバシー設定が面倒だ，ゲームの告知が多すぎる等々．こうしたフェイスブックに対する不満を目のあたりにしたグーグルは，ソーシャル・ネットワーキング（SNS）市場への参入を3度試みた．最初はBuzz，次にWave，そして3度目にGoogle Plusで．プラットフォームとしてはGoogle Plusのほうがフェイスブックよりよほど優れているとの評判だが，Google Plusはうまくいっているようには見えない．こうした市場で，消費者が優れた製品を受け入れようとしないのはなぜか．理由を説明せよ．

2. サリーは海岸で貝殻を売っている．貝殻1個を7ドルにしたときは5個売れ，1個6ドルにしたときは6個売れる．
   a. 1個7ドルで5個販売したときのサリーの総収入はいくらか．
   b. 1個6ドルで6個販売したときのサリーの総収入はいくらか．
   c. 6個目の貝殻を売るときのサリーの限界収入はいくらか．
   d. 6個目の貝殻の売値は6ドルである．6個目の販売で得られる限界収入が，6ドルを大幅に下回っているのはなぜか．

3. 以下の文章が正しいか間違っているかを判断し，理由を説明せよ．
   a. 卵1単位を追加的に販売するときの限界収入が，卵の価格を上回ることはない．
   b. 販売価格は常に0より大きいので，追加的に1単位販売する際の限界収入も0より大きくなければならない．

*4. 下のグラフに示されたカワウソの餌の需要曲線について考えてみよう．

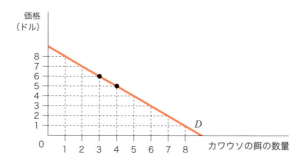

68 第3部　市場と価格

    a. カワウソの餌の販売業者オスカーが, 1単位6ドルで販売したときの総収入を示した部分を図示せよ.

    b. 同じグラフで, オスカーが1単位5ドルで販売したときの総収入を示した部分を図示せよ.

    c. グラフには2つの長方形を描いたはずだが, 重複部分があるため, 長方形が3つあるように見える. 3つのうち1つの長方形はa, bに共通であり, あとの (小さい) 2つはa, bどちらかのシナリオに対応する. それぞれの長方形がどのシナリオに対応するか書き入れよ.(「A」「B」「共通」と書き入れること.)

    d. オスカーが販売価格を6ドルから5ドルに下げたとき, 長方形Aはどうなるか (増えるか減るか). 理由も述べよ.

    e. オスカーが販売価格を6ドルから5ドルに下げたとき, 長方形Bはどうなるか (増えるか減るか). 理由も述べよ.

    f. 長方形Aと長方形Bの面積を計算せよ. 次にBの面積からAの面積を差し引くといくらになるか.

    g. オスカーが4単位目を販売したときの限界収入を求めよ. 答えはfで出した数字と合っているだろうか. 説明せよ.

5.   クリーブランドでは, クライブがクローブ〔香辛料の丁字〕を1個5ドルで15個販売している. クライブが価格を10%引き下げ4.5ドルにすると, 販売個数は6.66%増の16個になる. ダラスでは, デラがクローブを1個5ドルで15個販売している. デラが価格を2%下げ4.9ドルにすると, 販売個数は6.66%増の16個になる.

    a. クライブとデラの需要曲線は, 弾力的か非弾力的か.

    b. クライブの16個目の限界収入を求めよ. 次に, デラの16個目の限界収入を求めよ.

    c. 売り手の限界収入は, 需要の価格弾力性によってどう変わるか. 説明せよ.

*6. サフランの需要はきわめて弾力的である. 葉巻の需要はきわめて非弾力的である. ピーナツバターの需要は単位弾力的である.

    a. サフランの生産者が販売価格を引き下げた場合, 総収入はどうなるか. 限界収入はプラスか, マイナスか, それとも0か.

    b. 葉巻の生産者が販売価格を引き下げた場合, 総収入はどうなるか. 限界収入はプラスか, マイナスか, それとも0か.

    c. ピーナツバターの生産者が販売価格を引き下げた場合, 総収入はどうなるか. 限界収入はプラスか, マイナスか, それとも0か.

7. 第9章の本文では，売り手の限界収入が以下の等式で表せることを示した．
$$MR = P + (\Delta P/\Delta Q) \times Q$$
   a. この公式を出発点に，限界収入を需要の価格弾力性E^dを使って次のように表せることを示せ．$MR = P(1 + 1/E^d)$
   b. 需要の価格弾力性に関する知識を使って，市場支配力を持つ企業の限界収入が常に価格を下回る理由を説明せよ．
   c. 需要の価格弾力性に関する知識を使って，完全競争企業の限界収入が常に価格と等しくなければならない理由を説明せよ．

*8. フラフ〔卵などをふくらませた軽い食べ物〕の需要を示した下のグラフについて考えよう．フラフは1ケースあたり4ドルで，生産の限界費用および平均総費用は一定である．

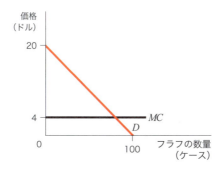

   a. 限界費用MCを注意深く書き入れよ．
   b. 限界収入MR＝限界費用MCの法則を適用して，利潤を最大化する生産量を求めよ．独占企業が利潤を最大化するには，価格をいくらにすべきか．
   c. 独占企業の利潤を求めよ．
   d. 需要曲線の傾きから，追加的に1単位販売するには，価格を20セント下げなければならないと考えられる．価格を引き下げ，販売量を若干増やさなければ，この企業の利潤が増えないことを確かめよ．
   e. 需要曲線の傾きから，価格が20セント上がれば，消費者は購入量を1単位減らすと考えられる．価格を引き上げ，販売量が若干減ると，この企業の利潤が増えないことを確かめよ．

*9. アーウィン社は特殊ベアリングの独占企業である．次ページのグラフは，同社の30ウエイトのボールベアリングの需要曲線，限界収入曲線，限界費用曲線および平均総費用曲線を示している．

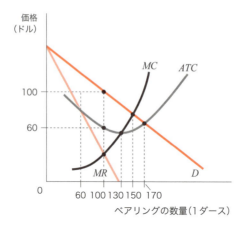

a. アーウィン社の利潤を最大化する生産量を求めよ．
b. アーウィン社は利潤を最大化するために，価格をいくらにすべきか．
c. アーウィン社が利潤を最大化する生産量を，利潤を最大化する価格で販売した場合に獲得する総収入にあたる長方形をグラフに書き入れよ．
d. ボールベアリングの生産総費用にあたる長方形をグラフに書き入れよ．
e. cとdの面積の差が利潤である．アーウィン社が30ウエイトのボールベアリングを販売して得られる利潤を計算せよ．

*10. ベントナイト（粘土）の需要が $Q = 40 - 0.5P$ で，Q は1日あたりのベントナイトの需要量，単位はトンである．P は1トンあたりの価格である．ベントナイトを生産しているのは独占企業で，限界費用および平均総費用は1トンあたり10ドルで一定である．
  a. この企業の逆需要曲線と限界収入曲線を導出せよ．
  b. 限界費用が限界収入と等しいとおいて，利潤を最大化する生産量を求めよ．
  c. bで求めた理想的な生産量を需要曲線に代入して，利潤を最大化する価格を求めよ．
  d. 限界費用が $MC = 20 + Q$ の場合，答えはどう変わるか．

11. カード製造・販売のホールマーク社では，グリーティングカードの需要の価格弾力性を−2と推定している．
  a. ホールマーク社のカード製造の限界費用が1ドルで一定の場合，同社が利潤を最大化するにはカードの価格をいくらにすればいいか．ラーナー指数

を用いて求めよ.

b. ホールマーク社は,最大のライバル,アメリカン・グリーティング社の需要の価格弾力性を知りたがっている.あなたはその推計を任された.資料によれば,アメリカン・グリーティング社の限界費用は1.22ドルで一定と推計される.店頭での販売価格を調べたところ平均3.25ドルだった.これらの数字を使ってアメリカン・グリーティング社が利潤を最大化していることを前提に,同社の需要の価格弾力性を求めよ.

12. 葉巻業界は,圧倒的な市場支配力を持つ一握りの企業に支配されている.業界全体の需要の弾力性を調べた調査では,価格弾力性は−0.5前後だ.だが,市場支配力に関するわれわれの研究によれば,少しでも市場支配力がある企業は,需要曲線上の需要が非弾力的な点で生産を行うことはない.一見,矛盾するこれら2つの事象を,どのように折り合いをつければいいのだろうか.

13. 妖精の粉を独占的に生産・販売する企業がある.その逆需要曲線は$P = 100 - Q$で,Qは1週間の生産量である.生産の限界費用は1単位20ドルで一定である.

a. この需要曲線をグラフに描け.次に,この企業の利潤を最大化する価格と生産量を求めよ.最後に,この企業の利潤を計算せよ.

b. ドルイド(ケルト)の真夏の祭りでは,妖精の粉の需要がおおいに盛り上がる.このため消費者が支払ってもいいと考える価格が2倍に跳ね上がる.これを反映して,逆需要曲線は$P = 200 - 2Q$になる.需要が増加したことをグラフで確認し,利潤を最大化する新たな価格と生産量を求めよ.

c. ドルイドの祭に向かう満員のツアーバスがアルバカーキ〔ニューメキシコ州の一都市〕で曲がり角を間違え,ある町に迷い込んだ.町中ではどの価格帯でも2倍の買い手がいるため,逆需要曲線は$P = 100 - 0.5Q$となる.需要が増加したことをグラフで確認し,利潤を最大化する新たな価格と生産量を求めよ.

d. 需要の変化で逆需要曲線が$P = 150 - Q$に平行にシフトしたとする.需要が増加したことをグラフで確認し,利潤を最大化する新たな価格と生産量を求めよ.

e. 需要の増加への独占企業の対応について,b,c,dの答えからどんなことが言えるか.

14. 有名デザイナーのハンドバッグを独占製造・販売する企業があり,その逆需要曲線は$P = 50 - 0.4Q$である.生産の限界費用および平均総費用は10ドル

で一定である．
  a. この企業の利潤を最大化する価格と生産量を求めよ．
  b. ハンドバッグの販売業者に 1 単位あたり 4 ドルの税金が課されるとする．この課税が独占企業の販売価格に与える影響を計算せよ．
  c. この税金を負担するのは誰か．
15. 下のグラフに示されたポップ・ロック市場について考えてみよう．

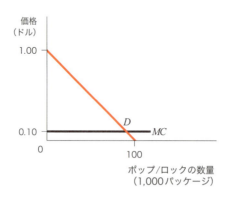

  a. ポップ・ロックが競争市場の場合，競争的な価格と生産量を求めよ．
  b. ポップ・ロックが競争市場の場合，消費者余剰と生産者余剰はそれぞれいくらになるか．
  c. ならず者のトミー・ヴェルセッティがポップ・ロック市場を独占している．利潤を最大化するために，トミーは価格と生産量をいくらにするか．
  d. この独占市場で，消費者余剰と生産者余剰はそれぞれいくらになるか．
  e. b と d の答えを比較せよ．独占による死荷重はいくらか．
*16. 流動コンデンサーの独占企業があり，その逆需要曲線は $P = 40 - 0.5Q$，生産の限界費用は 1 単位 5 ドルで一定である．
  a. 規制のない自由な市場で，独占企業は流動コンデンサーを何単位販売するだろうか．
  b. 政府が流動コンデンサーの上限価格を 6 ドルに規制した．この上限価格規制は，独占企業の限界収入曲線にどう作用するか．具体的に，10 単位目の限界収入はいくらになるか．68 単位目，69 単位目の限界収入はいくらになるか．
  c. 上限価格規制のもとで，独占企業が利潤の最大化を目指す場合，販売量はいくらになるか．価格はいくらになるか．

d. 自由市場における独占企業の死荷重と，上限価格規制による死荷重を比較せよ．上限価格規制によって，社会的厚生は向上しただろうか．

17. 孤立した小さな町に，ビール醸造所が1軒ある．逆需要曲線は $P = 15 - 0.33Q$ で，生産の限界費用および平均総費用は1本あたり1ドルで一定である．

    a. このビール醸造所の利潤を最大化する価格と生産量を求めよ．生産者余剰，消費者余剰と，醸造所の独占に伴う死荷重を計算せよ．
    b. 醸造所がビールを限界費用に等しい価格で販売するとき，町民の意思を統一できるとすれば，いくらまで支払う意欲があるか．
    c. 醸造所がビールを限界費用と等しい価格で販売するとき，最低いくらなら販売するか．
    d. 醸造所と町民が妥協して取引する可能性はあるか．そうした妥協が成立した場合，死荷重はいくらになるか．

18. 下のグラフに描かれた企業について考えよう．

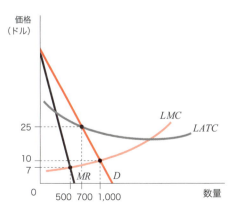

    a. この企業は自然独占だろうか．その理由も述べよ．
    b. この企業は，規制がなければ利潤を確保できるだろうか．その理由も述べよ．
    c. 政府の規制で販売価格の上限を限界費用に抑えられた場合，販売量はいくらになるか．価格はいくらか．限界費用を上限価格とする規制の問題点は何か．
    d. 政府の規制で販売価格の上限が平均総費用に定められた場合，販売量はいくらになるか．価格はいくらか．平均総費用を上限価格とする規制の問題

74 第3部 市場と価格

点は何か.

e. 上記の3つの価格制度のもとでの死荷重を計算せよ. それぞれの死荷重に
あたる面積をグラフで指し示せ.

19. ダイスゲームのヤッツィー世界大会の放映権獲得をめぐって, 5つの放送局
が争っている. 各社の推計によれば, 手に汗握るこの大会の逆需要曲線は P
$= 100 - 0.01Q$ である. 限界費用はどの放送局も, 1視聴者あたり1ドルで
一定である.

a. ヤッツィー世界大会の放映が独占市場であった場合の死荷重を計算せよ.

b. ヤッツィー世界大会の運営本部は, その裁量で1社を選んで放映権を与え
るつもりだ. 各放送局はロビイ活動に, いくら支払うつもりがあるか.

c. bの状況に伴う社会全体の損失は, 独占による死荷重をはるかに上回る.
その理由を述べよ.

20. 昔の船乗りたちは現在地を把握するのに苦労した. 緯度は六分儀を使って比
較的簡単に測ることができたが, 地球は常に自転しているので, 経度を天体
を使って正確に把握するのは不可能だった. この難問を解決しようと, 英国
政府は経度を正確に測る計測器を開発した者に, 賞金2万ポンド (現在の価
値で500万ドル) を与える大会を主催した. 開発された暁には, 誰でも使える
ように技術を公開する. 社会的厚生の最大化という点で, このシステムは,
従来の特許権を与える方法よりも優れている. その理由を述べよ.

第9章補論：利潤最大化の微分　　**75**

第**9**章　補論

利潤最大化の微分

　　第8章と第9章では，市場支配力の程度に関係なく，すべての企業が利潤最大化を目指すことをみた．具体的に企業が直面するのは最適化問題である．すなわち，

$$\max_{Q} \pi(Q) = TR(Q) - TC(Q)$$

前にみた費用最小化問題や効用最大化問題にくらべて，この問題は比較的単純である．なぜか．上の等式を注意深く眺めると，この式には一切制約条件がないことに気づくはずだ．じつは，利潤最大化は制約条件なしの最適化問題であり，そのため，これまで取り上げてきた制約条件付き最適化問題にくらべるとはるかに簡単に解けるのだ．

　　さらに利潤最大化問題には，選択すべき変数が1つしかない．生産量Qである．投入の数量および価格，財の市場価格といった企業の意思決定に関わる生産量以外の変数はすべて，総収入や総費用の等式で説明されている．どう説明されているのだろうか．第1に，総費用は企業が費用を最小化した後に決まるのであり，企業の生産投入に関する情報が取り込まれている．次に，総収入を考えてみると，これは価格と数量の積である．完全競争企業にとって，価格は一定であり，市場価格を所与とすると，総収入は数量によってのみ変化する．市場支配力を持つ企業にとって，価格は変動するが，こうした価格は販売数量の関数であった．したがって，総費用，総収入，そして，その延長線上にある利潤は，いずれも他のすべての条件を一定とした数量の関数なのである．[1]

76 第3部 市場と価格

利潤最大化の条件

利潤最大化の条件を解くことから始めよう．1階条件を解いて，利潤最大化問題の生産量 Q について，上記の利潤最大化問題の1次導関数を得る．すなわち，

$$\frac{d\pi}{dQ} = \frac{dTR}{dQ} - \frac{dTC}{dQ} = 0$$

$$\frac{dTR}{dQ} = \frac{dTC}{dQ}$$

$$MR = MC$$

1階条件から何がわかるだろうか．第9章の本文でみたように，すべての企業は——市場支配力をある程度持つ企業も，独占企業も，完全競争企業もみな一様に——限界収入 MR が限界費用 MC と等しいときに，利潤を最大化する数量を生産している．

この結果を結論とする前に，もう1つの条件を確認する必要がある．$MR = MC$ となる数量を生産することが，利潤最大化を保証するわけではない．利潤関数がどちらかの極にあることを保証しているにすぎない——利潤を最大化するのではなく，最小化する場合もありうるのだ！　この落とし穴を避けるため，利潤関数の2次導関数がマイナスであることを確認する必要がある．すなわち，

$$\frac{d^2\pi}{dQ^2} = \frac{d^2(TR - TC)}{dQ^2} = \frac{d^2TR}{dQ^2} - \frac{d^2TC}{dQ^2}$$

$$= \frac{dMR}{dQ} - \frac{dMC}{dQ} < 0$$

$\frac{dMR}{dQ} - \frac{dMC}{dQ} < 0$ となるのはいつか．この条件があてはまるのは以下のと

---

1) こうした関数については，きわめて明示的に，利潤を $\pi(Q)$，総収入を $TR(Q)$，総費用を $TC(Q)$ と記述することができる．だが，これはやや煩雑であるため，この補論では，π, TR, TC とだけ記し，随所でこれらが Q の関数であることを想起させることにする．

きである.

$$\frac{dMR}{dQ} < \frac{dMC}{dQ}$$

すなわち,限界費用の変化が限界収入の変化を上回るときである.一般に限界費用は生産量とともに増加する一方,限界収入は一定ないし生産量の増加とともに減少する(第8章でみた価格受容者の企業の場合に一定となり,第9章でみた市場支配力を持つ業の場合に減少する).したがって,この2階条件は一般に以下の場合に充足される.

$$\frac{dMR}{dQ} \leq 0 < \frac{dMC}{dQ}$$

だが,この想定に関しては注意が必要だ.限界費用が低下傾向にあるとすれば(規模に関する収益逓増の企業は,生産するかぎり,そのようになっているはずだ),限界収入が限界費用を上回るペースで減っていることを確認しなくてはいけない.つまり,

$$\left|\frac{dMR}{dQ}\right| > \left|\frac{dMC}{dQ}\right|$$

この条件が,規模に関する収益逓増の企業にあてはまらないなら,この企業は利潤を最大化しているとはいえない.そうした状況なら,生産量を引き上げることによって利潤を増やすことができる.なぜなら,追加的な生産による総費用の減少幅が総収入の減少幅を上回るからである.

限界収入

すべての企業は,限界収入と限界費用が等しくなるときに利潤を最大化することがわかっている.だが,ある企業について限界収入が正確にわかるのだろうか.第7章,第8章と同様,限界収入と価格の関係を導出したい.まず,企業一般を検討し,つぎに完全競争企業を取り上げることにしよう.

総収入の等式から始める.すなわち,

$$TR = PQ$$

一般に,価格Pは固定されているわけではなく,企業の生産量の関数である

78　第3部　市場と価格

点に留意したい.[2] 限界収入を求めるには，生産量Qについての総収入関数の導関数を求めればいい.

$$\frac{dTR}{dQ} = \frac{dPQ}{dQ} = P\frac{dQ}{dQ} + Q\frac{dP}{dQ}$$

書き換えれば，

$$MR = P + Q\frac{dP}{dQ}$$

この式は，限界収入と価格の関係について何を物語っているのだろうか. 市場支配力を持つ企業にとって，需要曲線は右下がりなので，生産量が増加するにつれて財の価格は低下する. 数学的には，$\frac{dP}{dQ} < 0$である.

したがって，市場支配力を持つ企業にとって

$$MR < P$$

この結果は論理的に確認することもできる. Pは，財を新たな価格で追加的に1単位販売することで得られる収入であり，$Q\frac{dP}{dQ}$は増やした数量を販売するために，それまでのすべての数量の価格を引き下げることによる損失である. したがって，追加的に1単位販売して得られる収入は，財の市場価格を下回る. なぜなら，収入がP増えるごとに，損失$\left(Q\frac{dP}{dQ}\right)$を伴うからだ.

一般的な例で，これを確認しよう. ある企業の逆需要曲線が$P = a - bQ$だとする.（この逆需要曲線については，第9章の脚注3で取り上げたが，ここではより詳しくみていく.）限界収入を求めるにはまず，PにQを掛けて総収入を決定する. すなわち，

$$TR = P \times Q = (a - bQ)Q = aQ - bQ^2$$

ここで総収入の導関数を求めれば，限界収入が求められる.

---

2)　ここまでみてきた価格が生産量の関数であるという一般法則の例外は，完全競争市場における企業，つまり企業が価格受容者である場合である. この特殊なケースについては，すぐ後で取り上げる.

$$MR = \frac{dTR}{dQ} = \frac{d(aQ - bQ^2)}{dQ} = a - 2bQ$$

見てわかるとおり，線形需要曲線から導出される限界収入曲線自体も線形である．また，価格の切片は需要曲線と同じで（このケースではa），傾きは需要曲線の2倍である．その結果は以下のとおりである．

$a - 2bQ < a - bQ$，または

$MR < P$

しかし，完全競争企業のように特殊なケースではどうだろうか．市場支配力を持つ企業と違って，価格受容者である完全競争企業の場合，需要曲線は水平である．前述のとおり，どんな企業でも限界収入は以下の式で表される．

$$MR = P + Q\frac{dP}{dQ}$$

完全競争企業にとっては，数量は変化しても価格は変わらないので，$\frac{dP}{dQ} = 0$である．そのため，すべての生産量について$MR = P$となる．

したがって，完全競争企業にとって，利潤を最大化する条件は，

$MR = P = MC$

このユニークな関係は，まさに第8章で示したものである．[3]

9A.1 解いてみよう

本章の「9.2 解いてみよう」をもう一度取り上げて，学んだばかりの微分法を使ってみよう．ベイブ・バット（BB）社の需要曲線は$Q = 10 - 0.4P$，総費用曲線は$TC = 2.5Q^2$である．生産量Qの単位は1,000本で，Pはバット1本あたりの価格（ドル）である．

a. 微分法を使って，BB社の利潤を最大化する生産量を求めよ．

---

3) 完全競争企業にとっての価格，限界収入，限界費用の関係を，利潤最大化を出発点に示すこともできる．完全競争企業にとって，$\pi = PQ - TC$である．Qについて1階条件を取ると，価格は生産量に無関係なので，$P - MC = 0$または$P = MC$となる．

b. BB社が利潤を最大化するには，価格をいくらにするか．

解答：

a. まずBB社の利潤最大化問題を等式にする必要がある．すなわち，

$$\max_{Q} \pi = TR - TC = PQ - TC$$

BB社は市場支配力をある程度持っているので，生産量Qの選択が価格Pに影響を与える．そのためBB社の需要曲線または逆需要曲線を使って，生産量の関数としての価格を求めなくてはならない．

$$Q = 10 - 0.4P$$
$$0.4P = 10 - Q$$
$$P = 25 - 2.5Q$$

このPの式と総費用曲線を利潤の関数に代入すると，以下のようになる．

$$\pi = TR - TC = PQ - TC$$
$$= (25 - 2.5Q)\,Q - 2.5Q^2$$
$$= 25Q - 2.5Q^2 - 2.5Q^2 = 25Q - 5Q^2$$

つまり，BB社の利潤最大化問題は次のようになる．

$$\max_{Q} \pi = 25Q - 5Q^2$$

この問題の1階条件は以下のようになる．

$$\frac{d\pi}{dQ} = \frac{d(25Q - 5Q^2)}{dQ} = 0$$
$$25 - 10Q = 0$$
$$10Q = 25$$
$$Q^* = 2.5 \ (2{,}500本)$$

b. aのQ^*を逆需要曲線に代入すれば，BB社の利潤を最大化する価格を求めることができる．

$$P^* = 25 - 2.5Q = 25 - 2.5 \times 2.5 = 18.75 ドル/本$$

つまりBB社は，1本あたり18.75ドルで2,500本のバットを販売するとき，利潤を最大化できる．この問題を解く近道は，本章でそうしたように，利潤最大化の条件を$MR = MC$とおくことである．一般

第9章補論：利潤最大化の微分　　**81**

に，需要曲線が線形で，費用関数が単純な企業の場合，利潤最大化条件から始めるのが最も簡単だ．だが，需要曲線や総費用関数がもっと複雑な企業もある．こうした企業については，微分法を使って利潤最大化問題を直接解いたほうが手っ取り早いかもしれない．

　市場支配力を持つ企業の利潤最大化問題を微分法で解いたところで，今度は完全競争企業の例をみていこう．

9A.2 解いてみよう

　「8.1　解いてみよう」に戻ろう．ボブの理髪店は完全競争企業であり，1日あたりの総費用は$TC = 0.5Q^2$で表される．散髪1回の市場価格は15ドルとする．

a.　ボブが利潤を最大化するには，1日あたり何人を散髪すべきか．

b.　ボブが利潤を最大化しているとすれば，1日あたりの利潤はいくらになるか．

解答：

a.　ボブの問題は，利潤を最大化する散髪の回数（人数）を選択することである．すなわち，

$$\max_{Q} \pi = TR - TC = PQ - TC = 15Q - 0.5Q^2$$

1階条件を解くと以下のようになる．

$$\frac{d\pi}{dQ} = \frac{d(15Q - 0.5Q^2)}{dQ} = 0$$

$$15 - Q = 0$$

$$Q^* = 15 \,（人）$$

これが$P = MC$となる点で選択した数量と同じであることを確認しよう．本文では限界費用が与えられていたが，数量に関して総費用曲線の1次導関数を取ることで求められる．すなわち，

82　第3部　市場と価格

$$MC = \frac{dTC}{dQ} = \frac{d0.5Q^2}{dQ}$$

$$= 2 \times 0.5Q = Q$$

ここまで来れば，ボブの1日の最適な散髪の回数を求めるのは簡単だ．

$$P = MC$$

$$P = Q$$

$$Q^* = 15$$

b. ボブが15人に散髪して得られる利潤は以下のようになる．

$$\pi = TR - TC = PQ - 0.5Q^2$$

$$= 15 \times 15 - 0.5 \times 15^2 = 225 - 112.50 = 112.50 \, ドル/日$$

演習問題

1. 需要曲線が以下の企業について限界収入を求めよ．

   a. $Q = 1,000 - 5P$

   b. $Q = 100P^{-2}$

2. ある企業の需要曲線は$Q = 300 - 2P$，総費用曲線は$TC = 75Q + Q^2$である．

   a. この企業の限界収入はいくらか．

   b. この企業の限界費用はいくらか．

   c. 限界収入MRが限界費用MCと等しく，この企業の利潤が最大となる生産量を求めよ．

   d. この企業の利潤を最大化する価格と利潤を求めよ．

3. ホウ素メーカーのアメリカン・ボラックス社は独占企業であり，世界のホウ砂の需要は，$Q = 100 - P$である．ここでQの単位はトン，Pは1トンあたりの価格である．また，アメリカン・ボラックス社の総費用関数は，$TC = 10Q + 0.5Q^2$である．

   a. アメリカン・ボラックス社の総収入を生産量Qの関数として記述せよ．

   b. アメリカン・ボラックス社の利潤関数はどうなるか．

   c. 微分法を利潤関数に適用することで，アメリカン・ボラックス社の利潤を最大化する生産量を求めよ．

第9章補論：利潤最大化の微分　　**83**

d. アメリカン・ボラックス社の利潤を最大化する価格と利潤を求めよ.

4. ある企業の逆需要曲線は, $P = 600Q^{-0.5}$, 総費用曲線は, $TC = 1,000 + 0.5Q^{1.5}$である. この企業の利潤を最大化する生産量, 価格, 利潤を求めよ.

5. 総費用曲線が以下のような完全競争企業について考えよう.

$$TC = Q^3 - 15Q^2 + 100Q + 30$$

a. この企業の限界費用関数を求めよ. 限界費用が逓減する生産量の範囲を求めよ. 限界費用が逓増する生産量の範囲を求めよ.

b. 市場価格は52ドルだとする. この企業の利潤を最大化する生産量はいくらか. 利潤を最大化する生産量はどのように求められるか. この企業が利潤を最大化する数量を生産するとき, 利潤はいくらになるか.

第**3**部 市場と価格

市場支配力と価格戦略 第**10**章

学生の読者は，学生証を提示すれば安くなるものが多いことに気づいているはずだ．映画館の入場券，大学内の書店，ジムの会費，電車の運賃のほか，パソコンの周辺機器まで割引になる．

勉学に励んでいるあいだ割引が受けられるのはありがたいことだ．授業料は安くはないので，少しずつでもいろいろなものが安くなれば助かる．売り手がこれほど気前が良いのは，良い教育を受けている人間にはそれだけの価値があると思っているからなのだろうか．

じつは，そうとは言えない．学生割引は，利他の精神にもとづくものではない．学生割引をすることで，売り手がより多くの生産者余剰を確保しようとしているのはほぼ確実だ．だからといって，学生が損をしているわけではない．高すぎて学生には手が出ないものが，割引があるからこそ買える面も多い．だが，売り手にもなんらかの理由がある．学生割引によって生産者余剰が増え，損益が改善するのだ．

では，正確にどのくらい生産者余剰が拡大するのだろうか．第9章で学んだ市場支配力から，自社の財の価格に影響を与えられる企業は，価格受容者である完全競争企業よりも高い利潤を確保できることがわかっている．だが，そこでは，市場支配力を持つ企業が，すべての顧客に同じ価格で販売するものと想定していた．この章で

86 第3部 市場と価格

は，学生か否かなど，顧客のグループごとに異なる価格をつけられる場合のほうが，すべての顧客に均一価格で販売する場合よりも多くの生産者余剰と利潤を獲得できることを学ぶ．市場支配力を持つ企業が，同じ財に異なる価格をつける方法は数多く存在する．この章では，とくに一般的な価格戦略を取り上げ，それが生産者および消費者に及ぼす影響をみていく．

10.1 価格戦略の基本

価格戦略（pricing strategy）とは，与えられた市場環境のなかで利潤の最大化を目指すことを前提に，自社の財の価格を設定する計画である．完全競争企業の価格戦略とは，自社の財に均衡市場価格をつけることであり，経済的利潤は0になる．市場支配力を持つ企業の価格戦略はもっと複雑だ．すべての顧客に均一価格で財を提供する場合は，利潤を最大化できるよう選択した生産量に応じて価格を設定する（すでに学んだように，参入障壁のある市場では，長期的にも経済的利潤を獲得することができる）．だが，財は同じでも，顧客ごとに価格を変える企業がある．こうした価格戦略は，**価格差別**（price discrimination）と呼ばれる．市場支配力を持つ企業が差別的な価格をつけることができる場合，均一価格で財を提供する独占企業よりも大きな経済的利潤を獲得することができる．

念を押しておくが，価格差別とは，異なる財に異なる価格をつけるのではない．限界費用が異なる財なら，競争市場においてですら類似の財でも価格差は起こりうる．たとえば，SUVはミニ・クーパーより大きく，洗車の限界費用が高いから，洗車料金も高くなるということがあるだろう．価格差別はこれとは違う．市場支配力を利用して，購買意欲が高い消費者に，より高い価格で同一の財を販売することである．価格差別による価格のばらつきは，限界費用の差を反映したものではない．価格差別とは，あくまで企業に市場支配力があるが故に，同一財に異なる価格をつけられることから生じるものである．

状況によって企業がとりうる価格戦略はいくつかある．直接の価格差別，

第10章 市場支配力と価格戦略 **87**

間接の価格差別，セット販売，2部料金制などである．こうした戦略の動機
は単純だ．市場支配力を持つ企業は，より大きな消費者余剰をもたらしてい
る生産物について，より高い価格をつけるのである．価格に差をつけること
で，1つの取引からより多くの生産者余剰を引き出すのである．

企業が価格戦略を追求できるとき

この章で論じる価格戦略はすべて，2つの前提を出発点にしている．

前提1：**企業は市場支配力を持っていなければならない**．市場支配力がなけ
れば，価格差別はできない．これは単純だ．市場支配力のない企業につい
ては，完全競争について論じた第8章を復習してもらいたい．市場支配
力のない企業は，そもそも価格を選択することはできない．まして，顧客
ごとに異なる価格をつける価格差別や，さらに踏み込んだ価格戦略をとる
ことなどできない．

前提2：**企業は転売や裁定取引を防止しなければならない**．高度な価格戦略
を活用しようとする企業は，顧客による転売を防がなければならない．そ
うでなければ，大量に安値で仕入れた顧客が，製品を他の顧客に企業より
安い価格で転売できてしまう．価格差別を利用して，安く仕入れた製品を
高い価格で転売する行為は**裁定取引**（arbitrage）と呼ばれる．

どの顧客にとっても，裁定取引はプラスになる．最初に安い価格で仕入れ
た顧客は，それを転売することで利潤が得られるし，転売先の顧客も，最初
の顧客よりは高いものの，企業から直接購入するよりは安い価格で購入でき
る．だが，企業にとってはマイナスでしかなく，最低価格で購入する意欲の
ある顧客以外の顧客を獲得するのがむずかしくなる．その場合，1つの価格
で販売していることになり，第9章で論じた市場支配力を持つ企業の一般
的状況に戻ることを意味する．だとすれば，限界収入が限界費用と等しくな
る数量を生産し，買い手がその量を購入する価格をつければいい（したがっ
て，転売を心配する必要はない）．

企業がこれら2つの前提を満たしているとすれば，収益性の高い価格戦略を実行できる．こうした戦略を概観したのが図10.1だ．

需要曲線の異なる顧客に対する戦略　最初に注目するのは価格差別を含んだ価格戦略である．価格差別が選択肢になるためには，需要の価格感応度が異なる顧客層がなければならない．どんな種類の価格差別を採用すべきかは，企業が持っている情報の種類に左右される．

1.　**企業は顧客が財を購入する前に，その需要を把握できるか**．財を購入していない段階で，各顧客の需要曲線について完全かつ詳細な情報を持っているなら，完全価格差別を実施し，顧客1人ひとりに異なる価格で販売することができる（第1種価格差別）．顧客に関する情報がそこまで細かくなければ，顧客を3つのグループに分けて異なる価格をつける（第3種価格差別）．こうした類いの価格差別のカギは，企業が顧客1人ひとりあるいはグループごとの違いを直接把握できなければならず（たとえば，購入時に学生証の提示を義務づける等），そのうえで各人またはグループごとに異なる価格をつける，という点だ．

2.　**顧客が財を購入した段階ではじめて，企業は顧客間の需要の違いを把握できるのか**．顧客が財を購入する前の段階で，顧客ごとの違いを把握できないとすれば，より間接的な価格差別を試すことができる．異なる価格パッケージを用意し，顧客が選択した価格パッケージをもとにタイプ別に分けるのだ．こうした価格パッケージとしては，購入する数量が多ければ割引する（数量割引），同じ製品でもバージョンによって価格を変える（バージョニング），適切な条件のもとに異なる製品をセット販売する，といったものがあげられる．

同じ需要曲線を持つ顧客に対する戦略　顧客の需要曲線が同じだとしても，活用できる価格戦略はある．たとえば，同じ顧客に対し購入量に応じて異なる価格を提示する方法，単位あたりの価格に手数料を上乗せする方法などだ．

第10章 市場支配力と価格戦略　89

図10.1 価格戦略の概観

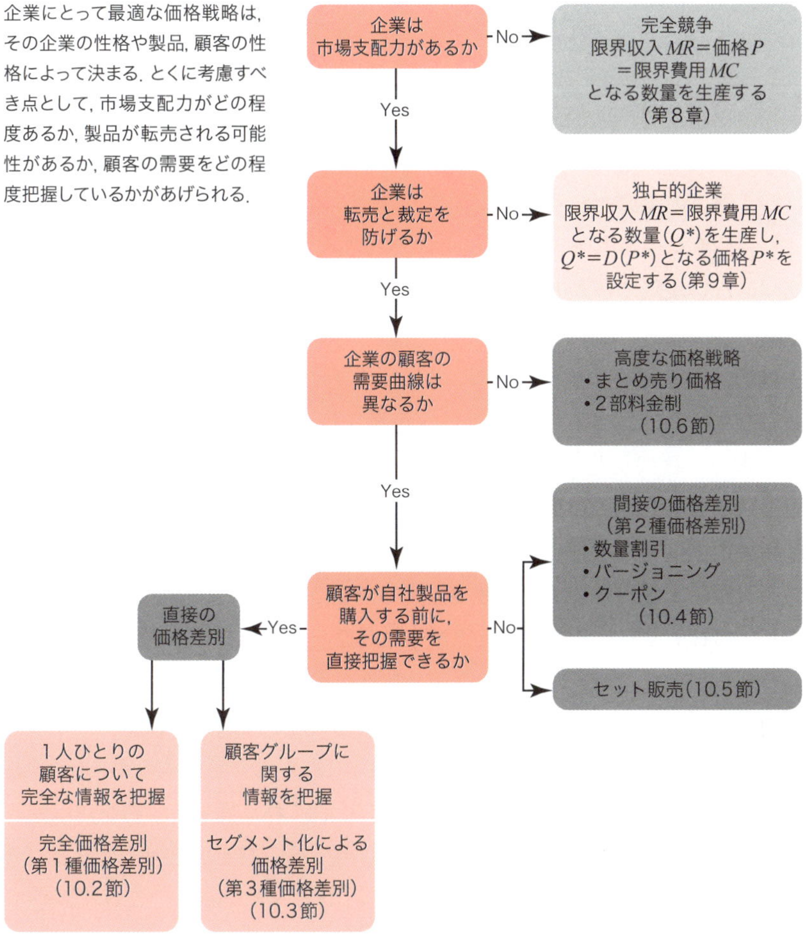

企業にとって最適な価格戦略は，その企業の性格や製品，顧客の性格によって決まる．とくに考慮すべき点として，市場支配力がどの程度あるか，製品が転売される可能性があるか，顧客の需要をどの程度把握しているかがあげられる．

```
企業は市場支配力があるか ──No──▶ 完全競争
                                    限界収入 MR＝価格 P
     │                              ＝限界費用 MC
    Yes                             となる数量を生産する
     │                              （第8章）
     ▼
企業は転売と裁定を防げるか ──No──▶ 独占的企業
                                    限界収入 MR＝限界費用 MC
     │                              となる数量（Q*）を生産し，
    Yes                             Q*＝D（P*）となる価格 P* を
     │                              設定する（第9章）
     ▼
企業の顧客の需要曲線は ──No──▶ 高度な価格戦略
異なるか                            ・まとめ売り価格
     │                              ・2部料金制
     │                              （10.6節）
    Yes
     │
     ▼
顧客が自社製品を購入する前に，その需要を直接把握できるか ──No──▶ 間接の価格差別
                                                              （第2種価格差別）
     │                                                        ・数量割引
    Yes                                                       ・バージョニング
     │                                                        ・クーポン
     ▼                                                        （10.4節）
直接の価格差別
     │                                                        セット販売（10.5節）
     ├──────────┐
     ▼          ▼
1人ひとりの    顧客グループに
顧客について    関する
完全な情報を把握  情報を把握

完全価格差別    セグメント化による
（第1種価格差別） 価格差別
（10.2節）      （第3種価格差別）
              （10.3節）
```

　次節以降で，これらの戦略をみていこう．企業の意思決定の明確化を助けるため，それぞれの価格戦略の節に，「活用できる場合」という見出し項目を設け，その価格戦略を最も効率的に活用するために，市場と顧客について知っておくべきことをあげている．企業は最善の戦略を活用することによって，最大の生産者余剰を引き出すことができる．

10.2 直接の価格差別 I
──完全価格差別（第1種価格差別）

> ### 完全価格差別（第1種価格差別）を活用できる場合
> 1. 企業が市場支配力を持ち，転売を防止できる.
> 2. 顧客の需要曲線が異なっている.
> 3. 企業は顧客1人ひとりについて完全な情報を持ち，財を購入していない段階で各人の需要を把握できている.

　最初に取り上げる価格戦略は，（1）企業が市場支配力を持ち，転売を防止できる，（2）顧客ごとに購買意欲が異なり，したがって需要曲線が異なる，（3）さらに，そうした情報を企業が完全に把握している場合である. 企業がこれら3つの特徴を最大限に活かした価格差別戦略を選択するには，顧客の需要のタイプを，財が購入される前の段階で直接把握できているのか，財が購入された後ではじめて把握できるのかを自問する必要がある. つまり，自社製品に対する価格感応度や購買意欲を把握できるようななんらかの特性を顧客は示しているだろうか. 特性を示しているとすれば，企業は顧客の需要を前もって直接把握でき，**直接の価格差別**（direct price discrimination）を活用することで生産者余剰を増やすことができる. すなわちそれは，企業が直接把握した顧客特性に基づいて，それぞれに異なる価格を提示するということだ. 顧客が製品を購入してはじめてその需要が把握できるということであれば，企業は間接の価格差別を活用すべきである. これについては，後で取り上げる.

　まずは，事前に顧客に関する詳細な情報を持っていて，顧客1人ひとりの需要曲線を把握し，顧客ごとに購買意欲に応じた価格を提示できる可能性について検討しよう. こうした直接の価格差別は，**完全価格差別**（perfect price discrimination）または**第1種価格差別**（first-degree price discrimination）と呼ばれる.

　図10.2の市場需要曲線が*D*の企業を考えよう. パネルaは，完全競争企

業と独占企業についての結果を示している．第8章から，完全競争市場では，均衡価格（この場合，限界収入MRに等しい）は限界費用MCと等しく，生産量はQ_cであることがわかっている．消費者余剰は，需要曲線より下で価格より上の$A+B+C$の面積である．限界費用は一定と想定しているので，生産者余剰は存在しない．

第9章では，需要曲線がDで，市場支配力を持つ企業を取り上げたが，転売を防止できない場合，この企業は限界費用MCが限界収入MRと等しくなる生産量Q_mを生産し，この量が需要曲線Dと交わる価格P_mをつけることを学んだ．この企業は，市場のすべての顧客に均一の価格P_mを提示する．市場支配力を背景にしたこの価格戦略は，以下の点で完全競争下とは異なる．（1）生産者余剰は長方形Bの面積になる（完全競争下の生産者余剰0に比べると大幅な改善である）．（2）生産量は完全競争市場の水準を下回っていて，三角形Cが死荷重になる．（3）消費者余剰はAに減少する．

しかし，パネルbのように，市場支配力を持つ企業が，転売を防止でき，各顧客とその需要曲線を直接把握できるとすれば，結果はかなり違ったものになる．この場合，企業は顧客ごとに，その購買意欲に応じた単位あたり価格（あるいは，確実に購入してもらうため，若干それを下回る価格）をつけることができる．これは完全な価格差別であり，企業に莫大な利潤をもたらす．顧客が企業の限界費用を上回る価格を支払う意欲のある生産量については，企業は余剰をすべて獲得できる．たとえば，需要曲線のP_d上の顧客は，比較的高い価格を支払うが，P_fの顧客は低い価格を支払う．これらをはじめ他のあらゆるケースで，価格は異なるが，顧客は支払うつもりの最大の価格を支払い，企業は余剰のすべてを手にする（需要曲線より下で，限界費用より上の部分）．

こうした取引を重ねていくと，最終的に企業はさまざまな顧客に，各人の支払い意欲に応じた価格で数量Q_cを販売することになる（企業は転売を防止できるので，顧客は他の顧客から企業の提示価格より安く購入することはできない）．この結果，企業が手に入れる生産者余剰は，$A+B+C$の面積になる．これは市場で生じる余剰の最大値である．すべての顧客は支払うつもりの最大の価格を支払っているので，需要曲線を上回る部分が除かれる一

図10.2 完全価格差別（第1種価格差別）

(a) 完全競争と独占

消費者余剰（競争）	$=A+B+C$
生産者余剰（競争）	$=0$
消費者余剰（市場支配力）	$=A$
生産者余剰（市場支配力）	$=B$
市場支配力に起因する死荷重	$=C$

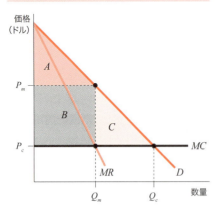

(a) 完全競争市場では，限界費用と価格が等しくなる数量Q_cを生産し，価格P_cで販売する．消費者は$A+B+C$の消費者余剰を獲得し，生産者余剰は0になる．独占的企業が均一価格で販売する場合，価格P_mで数量Q_mを販売し，生産者余剰はBとなる．消費者余剰はA，市場支配力に起因する死荷重は面積Cになる．

(b) 完全価格差別

消費者余剰	$=0$
生産者余剰	$=A+B+C$
市場支配力に起因する死荷重	$=0$

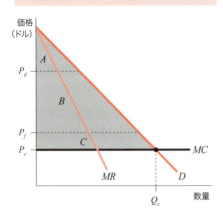

(b) 市場支配力を持つ企業が，個々の顧客の需要曲線を把握できる場合，個々の顧客が支払う意欲のある価格を設定し，$A+B+C$の余剰をすべて自社のものにすることができる．たとえば，顧客がP_dを支払う意欲があれば価格をP_dに設定し，P_fを支払う意欲があれば価格をP_fに設定する．$P_c=MC$となる完全競争下の数量Q_cまで販売量を伸ばす．企業が完全な価格差別を実施する際には死荷重は発生しない．

第10章 市場支配力と価格戦略　**93**

方，企業は費用を負担しなければならないので，限界費用曲線より下の部分も除かれるからだ．企業にとって，完全な価格差別ができるなら万々歳だ．

完全価格差別の特徴として，もう1つ興味深いのは，市場支配力を持つ企業が均一価格で販売する場合と違って，死荷重が発生しない点だ！　これは効率的である．均衡数量が減ることで余剰が失われることはない．販売数量 (Q_c) は，完全競争市場における販売量と同じになる．だが，2つのケースでは，市場の余剰を獲得する主体がまったく異なる．完全競争下では，余剰はすべて消費者のものであるのに対し，完全価格差別下では，余剰はすべて生産者のものになる．効率性と公正は別物なのだ（市場の効率性と分配については，第14章で詳しく論じる）．

10.1 解いてみよう

市場支配力を持つ企業の逆需要曲線が $P = 100 - 10Q$，限界費用曲線が $MC = 10 + 10Q$ で表されるとする.

a. 価格差別ができないとすれば，この企業の利潤を最大化する生産量と価格はいくらか.

b. 価格差別ができないとすれば，この企業が利潤を最大化するとき，消費者余剰と生産者余剰はいくらか．市場支配力による死荷重はいくらか.

c. 完全価格差別が実施できるとすれば，生産量はいくらか.

d. 完全価格差別が実施できるとすれば，消費者余剰と生産者余剰はいくらか．市場支配力による死荷重はいくらか.

解答:

a. 価格差別ができない場合，利潤を最大化する生産量は $MR = MC$ である．逆需要曲線が $P = 100 - 10Q$ なら，限界収入曲線は $MR = 100 - 20Q$ である（逆需要曲線が線形の $P = a - bQ$ のとき，限界収入曲線は $MR = a - 2bQ$）.

　$MR = MC$ とすると，

$$100 - 20Q = 10 + 10Q$$
$$90 = 30Q$$
$$Q = 3$$

最適な価格を求めるには，$Q = 3$ を逆需要関数に代入すればいい．すなわち，

$$P = 100 - 10Q$$
$$= 100 - 10 \times 3$$
$$= 100 - 30$$
$$= 70$$

したがって，この企業の利潤が最大となるのは，単価70ドルで，3単位販売するときである．

b. 消費者余剰，生産者余剰を求めるには，需要曲線D，限界収入曲線MR，限界費用曲線MCを示した下のグラフを手がかりとすればよい．

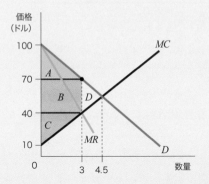

消費者余剰は，価格より上で，需要曲線より下の面積Aである．生産者余剰は，限界費用曲線より上で，価格より下の面積$(B + C)$である．（この2つを1つの大きな台形として表すこともできるが，三角形と四角形の面積に分けたほうが計算しやすい．）

$$\text{面積}A = \frac{1}{2} \times \text{底辺} \times \text{高さ}$$
$$= \frac{1}{2} \times 3 \times (100 - 70) \text{ドル}$$

$$= 0.5 \times 3 \times 30\,\text{ドル}$$

$$= 45\,\text{ドル}$$

したがって消費者余剰は45ドルである.

　　面積B＝底辺×高さ

BとCの高さを求めるには，3単位生産するときの限界費用MCが必要である.

　　$MC = 10 + 10Q = 10 + 10 \times 3 = 40\,\text{ドル}$

したがって,

　　面積$B = 3 \times (70 - 40)\,\text{ドル}$

$$= 3 \times 30\,\text{ドル}$$

$$= 90\,\text{ドル}$$

　　面積$C = \dfrac{1}{2} \times \text{底辺} \times \text{高さ}$

$$= \dfrac{1}{2} \times 3 \times (40 - 10)\,\text{ドル}$$

$$= 0.5 \times 3 \times 30\,\text{ドル}$$

$$= 45\,\text{ドル}$$

　　生産者余剰＝面積B＋面積Cなので

$$= 90 + 45 = 135\,\text{ドル}$$

市場支配力に起因する死荷重とは，完全競争下の数量が生産されないことによる余剰の損失である．完全競争下の生産量を求めるには，$P = MC$とおく.

　　$100 - 10Q = 10 + 10Q$

　　$90 = 20Q$

　　$Q = 4.5$

死荷重はグラフの面積Dとしてみることができる.

　　面積$D = \dfrac{1}{2} \times \text{底辺} \times \text{高さ}$

$$= \dfrac{1}{2} \times (4.5 - 3) \times (70 - 40)\,\text{ドル}$$

$$= 0.5 \times 1.5 \times 30 \,\mathrm{ドル}$$

$$= 22.50 \,\mathrm{ドル}$$

したがって，市場支配力に起因する死荷重は22.50ドルである．

c. 完全価格差別を実施している場合，生産量は$P = MC$となる水準である．bでみたように，生産量は4.5単位である．

d. 完全価格差別を実施している場合，各消費者には支払い意欲に等しい価格が課されるので，消費者余剰は0になる．生産者余剰は，需要曲線と限界費用曲線で囲まれた部分すべての面積（$A + B + C + D$）になる．

$$\mathrm{生産者余剰} = A + B + C + D$$

$$= (45 + 90 + 45 + 22.50) \,\mathrm{ドル}$$

$$= 202.50 \,\mathrm{ドル}$$

完全価格差別が実施されるとき，死荷重は発生しない．完全競争下の生産量は$Q = 4.5$で達成される．生産者は入手可能な余剰をすべて獲得する．

完全価格差別の例

　現実の世界で正真正銘の完全価格差別といえる例はほとんどない．企業は1人ひとりの顧客の支払い意欲を完全に知りようがないからだ．だが，同じ製品にばらばらな価格をつけている例は数多く存在する．古典的な例が自動車と大学の学費だ．

　自動車ディーラーでは，販売担当者が訪れた客を値踏みして価格をめぐる交渉が始まる．ディーラーは各顧客の支払い意欲について完全な情報を持っているわけではないが，1人ひとりと異なる価格交渉をするのは，完全価格差別に近い．担当者は，顧客の想定価格を探り，可能なかぎりそれに近い価格にもっていこうとする．だからこそ，車を買いに行って，担当者に「いくらくらいの車をお探しですか」と聞かれたらよく考えたほうがいい．それが，消費者余剰を放棄させようとする誘い水なのだから．

大学の授業料も同様だ．奨学金の支給を申し込むと，本人の資産と所得のほか，家族の資産や所得を包み隠さず申告するよう求められる．この情報から大学当局は，学生1人ひとりの支払い意欲をほぼ完全に把握する．それによって大学側は，各人に合わせた奨学金のプランを立案できる．だが，これは大学側が，推定した支払い能力に応じて学生ごとに異なる授業料を課しているともいえる．

応用 市場支配力がなければ価格差別できないことを，プライスライン社はいかにして学んだか

インターネットの旅行サービス会社，プライスライン社は，「自分で価格を決める」ネット販売モデルを編み出したことで知られている．当初のアイデアは次のようなものだった．4月10日のロサンゼルス―ボストン間の往復航空券を購入したいとき，プライスラインのサイトで自分が支払ってもいいと考える価格，たとえば300ドルを入力する．プライスラインはこれを受けて，300ドルを下回る価格で航空券を販売してくれる航空会社があるかどうかを調べる．提供する航空会社があれば，プライスラインが顧客のクレジットカードで300ドルを決済して発券し，差額を利潤として計上する．

プライスラインとしては，顧客1人ひとりにいくら払うつもりがあるかを直接尋ねることで，ほぼ完全な価格差別を実施し，多額の利潤を手にできるという目算だった．図10.3で当初のビジネスモデルを考えてみよう．チケットの限界費用がMC，顧客の支払い意欲（需要曲線）がDのとき，面積$A+B$に相当する生産者余剰を獲得できるとプライスラインは考えた．このモデルは，株式市場にも気に入られた．サイトを立ち上げてから3年も経たないうちに，プライスラインの時価総額は130億ドルにまで膨らんだ．大手航空会社数社の時価総額を合わせた額を上回った．

だが，プライスラインのビジネスモデルには重大な欠陥があった．同社は価格を差別化したかったのだが，旅行代理店業界では市場支配力がなかったのだ．店舗を持つ旅行代理店はひしめき，ネット専業でもオービッツ，トラヴェロシティ，エクスペディアなど大手企業が存在する．さらに航空会社は

図10.3　市場支配力を持たない完全価格差別——自社で価格を設定すると何が悪いのか

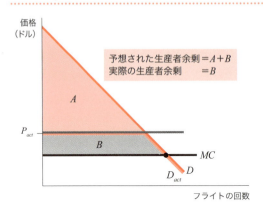

プライスラインに市場支配力があれば完全価格差別を行い，MCより上でDより下の$A+B$の面積の余剰をすべて獲得できた．だが，市場支配力がないので，プライスラインの実際の需要曲線D_{act}は，想定の需要曲線Dを下回っている．この状況で完全価格差別を活用しようとすると，獲得できるのはMCより上でD_{act}より下のBの面積だけになる．

多くのチケットを自社サイトで直接販売している．市場支配力がない企業は価格差別ができないことは前節で学んだばかりだが，プライスラインはこの教訓を痛い思いをして学んだ．

プライスラインの問題はどこにあったのか．顧客は他の旅行サイトでチケットを直接安く購入できるので，ほんとうに支払うつもりの価格を入力しようとはしない．他のサイトで入手できるチケットを下回る価格を入力するだけになる．

つまり，プライスラインにとって市場の需要曲線は，顧客の需要曲線Dではなく，他社のサイト上の市場価格を確実に下回る曲線だったのだ．図10.3でその際の最高価格はP_{act}になる．つまり，プライスラインにとって実際の需要曲線はDではなくD_{act}だった．こうした類いの価格差別は，大きな利潤を生み出さない．プライスラインが確保できる余剰は，実際の需要曲線より下で，限界費用曲線より上のBの部分にすぎない．じつは，この需要曲線でプライスラインが手にする生産者余剰は，P_{act}かそれ以上の価格を課す他の旅行サイトよりも少ない．

この事実に気づいたプライスラインは結局，ビジネスモデルの謳い文句「自分で価格をつける」を撤回し，従来型のネットの旅行事業を拡大するこ

第10章　市場支配力と価格戦略　**99**

とになった．これまでのところ順調で，2000年に2億2,500万ドルまで低下していた同社の株式時価総額は，2015年には600億ドルを上回るまでに回復した．厳しい道のりだった．この逸話から導かれる教訓は，いつもと変わらない．経済学を思い出せ，ということだ．■

10.3 直接の価格差別　Ⅱ
──セグメント化による価格差別（第3種価格差別）

> **セグメント化による価格差別（第3種価格差別）を活用できる場合**
>
> 1. 企業が市場支配力を持ち，転売を防止できる．
> 2. 顧客の需要曲線が異なっている．
> 3. 企業は，自社製品が購入される前に，価格感応度が異なる顧客グループを直接特定できる（個々の顧客の需要は把握できない）．

　完全価格差別を実施するのに必要な包括的な情報を企業が持っていることはほとんどないため，価格差別を活用して市場の余剰のすべてを独り占めすることはできない．だが，**セグメント化**（segmenting）（あるいは**第3種価格差別**（third-degree price discrimination））と呼ばれる価格戦略を活用して，一般的な独占状態より多くの利潤を獲得することはできる．これは，特性に基づいて顧客をグループ分けして（セグメント化），それぞれのグループに異なる価格を課す戦略である．[1]

　この種の価格戦略が機能するには，他の買い手とはそもそも需要が異なる特定の顧客グループ（たとえば学生）を企業が直接把握できなければならない．一般に，こうしたグループの需要を把握するのは，個々の顧客の購買意欲を把握するよりもはるかに簡単だ．

　地元の大学のロゴをプリントした洋服を販売する企業について考えてみよ

---

1) 第3種価格差別は，第1種価格差別の変形のように聞こえるが，これらの名称は，1930年代に経済学者のE. H. チェンバレンによって恣意的につけられたものだ．

う．学生はあまりお金がなく，バーゲンを狙う傾向があるが，親や教員はそれほど価格に敏感でないとわかっていれば，学生には価格を安くし，親や教員には高い価格で販売したいと考える．そのためには，グループを直接特定できる必要がある．販売する前に顧客が学生なのか，親または教員なのかを見極めたうえ，親または教員が学生のふりをして安く買うのを防ぐことができなくてはならない．割引の条件として学生証を提示してもらうのが1つの方法だ．

だが，どんな形の価格差別もそうだが，企業は転売を防がなくてはならない．安い価格で学生に販売した大学のロゴ入りシャツを，親や教員に本来より安い価格で転売されてはかなわない．現実的にこうした転売が問題になると，企業は学生が購入できる数量を制限する割当制を導入できる．転売の防止は価格差別の生命線なのだ．

セグメント化がもたらす利益──グラフによるアプローチ

企業が顧客をグループ分けできるとすれば，グループによって価格にどれだけ差をつけるべきだろうか．また，独占的企業がすべての顧客に均一価格で販売する標準的な戦略に比べて，利潤はどれだけ多くなるだろうか．

これらの問いに答えるために，顧客（参加者）が2つのグループに分けられる，権威ある鉄人レース，70.3コスメル・トライアスロン〔コスメルはメキシコ・ユカタン半島沖の島〕について考えよう．このレースでは，水泳1.2マイル，自転車56マイル，マラソン13.1マイルで順位を競う．自分を虐める趣味でもあるのかと思うが，参加者はかなりの参加費を支払う．

レースの参加者は，コスメル近隣の住民と，それ以外の地域からの参加者の2種類に大別される．2つのグループの需要曲線を示したのが図10.4だ．パネルaは，他地域からの参加者の需要曲線 (D_T) である．ほとんどは米国からの参加者で，所得が高く，高額なウエアや自転車をそろえているのが特徴だ．飛行機代やホテル代，食費，レンタカー代を払ってまでこの大会に参加する．全費用に占める参加費は小さいので，参加費が多少値上がりしても気にしない．言い換えれば，他地域からの参加者の需要曲線は，価格弾力性

図10.4 鉄人レース70.3コスメル・トライアスロンのセグメント別の参加費

(a) 他地域からの参加者

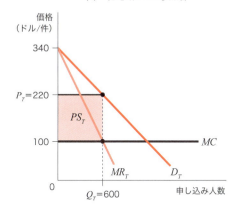

(a) 鉄人レース70.3コスメル・トライアスロンでは,参加者を他地域からの参加者と地元住民の2つのセグメントに分ける.他地域からの参加者は,相対的に価格感応度が低く,需要曲線D_Tは非弾力的である.他地域からの参加者数はQ_T=600人で,各人が参加料P_T=220ドルを支払う.生産者余剰PS_Tは相対的に大きい.

(b) 地元の参加者

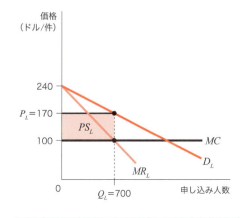

(b) 地元からの参加者の需要曲線D_Lは比較的弾力的である.参加費は相対的に安く,1人170ドル(P_L=170ドル)で,参加者数は700人と比較的多くなる(Q_L=700).生産者余剰PS_Lは相対的に小さい.

がかなり低い.

パネルbは,地元住民の需要曲線D_Lである.地元住民にとって,レースの参加費が高すぎれば他のイベントを楽しめばいいので,価格には敏感だ.つまり需要曲線の傾きは緩やかで,価格弾力性が高い.

レースの運営会社にとって,地元住民と他地域からの参加者を区別できる

102   第3部　市場と価格

かぎり，転売防止は問題にならない．区別は簡単にできる．他地域から参加を申し込むには，住所が記載された証明書を提示して参加費を支払う必要があり，レース当日は本人確認を受けたうえでゼッケンをもらうからだ．

　経済学的にみたグループ分けの基本的な考え方はシンプルだ．需要曲線の異なるグループを直接把握でき，グループごとに異なる価格をつけられるのであれば，各グループを異なる市場として扱うことができる．そして，それぞれの「市場」で，利潤を最大化する数量，すなわち限界収入MRが限界費用MCと等しくなる数量を生産し，各市場の需要曲線に応じて利潤を最大化する均一価格を決定すればいい．

　コスメルの鉄人レースの主催者が，どのようにこの戦略を追求したのかをみてみよう．主催者は，異なる2つの需要曲線を特定し，それらを別個の市場として扱った．他地域からの参加者の需要曲線D_Tから限界収入を計算し，図10.4のパネルaでMR_Tとした．つぎに，MR_Tが限界費用MCと等しくなる点から，他地域の参加者に販売する最適量を決定した（$Q_T = 600$）．この量で，参加費$P_T = 220$ドルになる．

　主催者は，地元住民についても同じプロセスを繰り返した．パネルbの需要曲線D_Lから，限界収入曲線MR_Lがわかる．地元住民に販売する最適量Q_Lは，限界収入MR_Lが限界費用MCと等しくなる点700である．（限界費用は，どちらの参加者にとっても同じである．基本的にはゼッケン，スポーツ飲料，水，完走者のメダル，Tシャツの費用である）．地元住民の需要曲線から導かれる参加費P_Lは170ドルで，他地域の住民の参加費220ドルよりかなり安い．

　これが戦略の要諦だ．価格が高いグループの顧客が安いグループに紛れ込んだり，価格の安いグループから高いグループへ転売したりするのを防げるのであれば，各グループを別個の市場とみなし，各市場に独占的価格を課すことができる．

　この価格戦略に従う企業は，完全価格差別を実施し，市場の余剰を独り占めする企業ほど多くの生産者余剰を獲得することはできない．だが，需要の価格弾力性が低い顧客には高い価格を課し，価格弾力性が高い顧客には低い価格を課すことができるので，すべての顧客に均一価格を課す一般的な独占

図10.5 鉄人レース70.3コスメル・トライアスロンでの独占的な均一価格

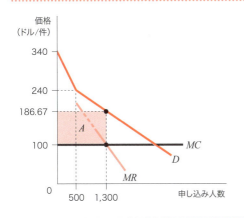

独占的な均一価格を課す場合, 需要曲線 D は, 他地域からの参加者の需要と地元の参加者の需要を水平に足し合わせたものに等しく, 屈折する. 大会主催者は, 市場をセグメント化した場合の2つの参加費(225ドルと170ドル)の中間の186.67ドルで1,300人の参加者を集める. 生産者余剰は四角形 A で, グループ分けした場合よりも小さくなる.

企業よりは多くの生産者余剰を獲得する.

図10.5は, コスメルの鉄人レースについて, 独占企業が均一価格を課す場合の全体の需要と限界収入を示したものである. 基礎編の第5章でみたように, 市場全体の需要は, 参加者の需要曲線——このケースでは, 他地域からの参加者と地元の参加者の需要を水平に足し合わせたもの——になる. 市場の需要曲線は240ドルで屈折し, これが地元住民にとって需要消滅価格になる. 240ドルを上回る価格では, 地元住民は参加しないため, 市場全体の需要曲線は他地域からの参加者の需要曲線だけになる.

すべての顧客に均一価格を課す独占的主催者は, 限界費用と限界収入が等しくなる数量を設定し, 市場全体の需要曲線に対応した価格を課す. 図10.5で示されたように, この数量は1,300人であり, これに対応する参加費は1人あたり186.67ドルになる. この価格は, 参加者を2つのグループに分け, 差別価格を適用したときの価格(170ドルと220ドル)のあいだである点に留意したい. この図でははっきりわからないかもしれないが, 均一価格を課す場合の生産者余剰は, 市場をセグメント化する場合に比べてかなり小さい.(次の小節で, セグメント化がもたらす利益を計算すると, 実際にそうであることがわかる).

104 第3部 市場と価格

セグメント化がもたらす利益──数式によるアプローチ

　セグメント化がもたらす利益は数式を使っても分析できる．コスメルの鉄人レースの2つの需要曲線は，他地域からの参加者の需要曲線が$Q_T = 1,700 - 5P_T$，地元住民の需要曲線が$Q_L = 2,400 - 10P_L$で表される．前に述べたとおり，地元住民の需要は，他地域からの参加者の需要に比べて価格感応度が高い．参加費が1ドル高くなれば，地元住民の参加者は10人減るが，他地域の参加者は5人しか減らない．主催者にとって，参加者を1人増やす限界費用は，参加者がどれほど多くても100ドルで一定だと想定する．

　数式を使ったセグメント化の分析は，前述のグラフによる分析と同じ手順を踏んで行われる．主催者が参加者をグループに分け，転売を防止できるなら，各グループの限界収入曲線を求め，それぞれに独占的な価格を課すことができる．

　第9章で論じた方法にしたがって，線形需要曲線から限界収入曲線を求めることができる．まず，需要関数を変形して，価格を需要量の関数とする逆需要曲線を導出すると，以下のような等式になる．

他地域からの参加者	地元住民
$Q_T = 1,700 - 5P_T$	$Q_L = 2,400 - 10P_L$
$5P_T = 1,700 - Q_T$	$10P_L = 2,400 - Q_L$
$P_T = 340 - 0.2Q_T$	$P_L = 240 - 0.1Q_L$

　次に，限界収入曲線は逆需要曲線に相似していることがわかっていて，数量の係数を2倍すればいい．2つのグループの限界収入曲線は以下のようになる．

他地域からの参加者	地元住民
$MR_T = 340 - 0.4Q_T$	$MR_L = 240 - 0.2Q_L$

　主催者は，限界費用（どちらのグループも100ドルで同じ）が限界収入と

等しくなる数量を販売したい．前記の限界収入の等式がそれぞれ限界費用と等しいとおくと，各グループの最適な参加者数が求められる．

他地域からの参加者

$MR_T = MC$

$340 - 0.4Q_T = 100$

$240 = 0.4Q_T$

$Q_T = 600$

地元住民

$MR_L = MC$

$240 - 0.2Q_L = 100$

$140 = 0.2Q_L$

$Q_L = 700$

最後のステップは，これらの参加者数に応じた参加費を決定することだが，それには参加者数を逆需要曲線に代入すればいい．

他地域からの参加者

$P_T = 340 - 0.2Q_T$

$= 340 - 0.2 \times 600$

$= 340 - 120$

$= 220$ ドル

地元住民

$P_L = 240 - 0.1Q_L$

$= 240 - 0.1 \times 700$

$= 240 - 70$

$= 170$ ドル

したがって，大会主催者はセグメント化戦略で，他地域からの参加者には220ドルの参加費で600人，地元住民は170ドルの参加費で700人を募集する．

主催者が手にする生産者余剰の合計は，各グループの価格と限界費用の差に，そのグループの参加者数をかけたものになる．図10.4で，地域外の参加者の余剰は長方形PS_T，地元住民の余剰がPS_Lになる．先ほどの計算結果を使うと，以下のように計算できる．

他地域からの参加者

$PS_T = (220 - 100) \times 600$

$= 120 \times 600$

$= 72,000$ ドル

地元住民

$PS_L = (170 - 100) \times 700$

$= 70 \times 700$

$= 49,000$ ドル

主催者が手にする生産者余剰は，これらを合計した12万1,000ドルになる．

グラフによる分析で，独占的企業は，すべての顧客に均一価格で販売するよりも，グループ分けして価格差別を採用したほうが，生産者余剰が大きいと述べた．これは直観的にわかる．というのは，市場をグループ分けできる企業は，価格弾力性の低い顧客には高い価格を課して，より多くの消費者余剰を獲得できるからだ．だが，数式ではこれをどのように表せばいいだろうか．

まず，限界費用曲線は，屈折点の下の部分で需要曲線と交差することがわかる．この部分は，地元住民と他地域からの参加者の需要の合計にあたる．すなわち，

$$Q = 1,700 - 5P + 2,400 - 10P = 4,100 - 15P$$

この交点での逆需要曲線は，$P = \dfrac{4,100}{15} - \dfrac{Q}{15}$であり，限界収入曲線は傾きが2倍なので，$MR = \dfrac{4,100}{15} - \dfrac{2Q}{15}$である．限界収入 MR が限界費用 MC と等しいとおいて，これを解けば，均一価格戦略をとった場合の最適な参加者数が求められる．すなわち，

$$\frac{4,100}{15} - \frac{2Q}{15} = 100$$

$$4,100 - 2Q = 1,500$$

$$Q = 1,300$$

1,300は，当初の価格戦略で地元住民と他地域からの参加者の合計である点に留意したい．均一価格戦略をとる場合とグループ分けによる価格差別を実施する場合では，価格には差が出るが，参加者数が必ずしも異なるわけではない．だが，同じ個人のグループに販売するというわけでもない．他地域からの参加者にとっては，セグメント化された価格よりも均一価格のほうが安く（均一価格のほうが，より多く地域外からの参加を促す），地元住民にとっては，セグメント化された価格よりも均一価格のほうが高い（一部の地元住民の購入を排除することになる）．この例で，価格はいくらになるだろ

うか. 数量を逆需要曲線に代入すればいい. したがって,

$$P = \frac{4,100}{15} - \frac{1,300}{15} = 186.67 \text{ ドル}$$

地元住民の参加費は若干高くなるが, 他地域からの参加者はグループ分けされるよりも安い費用で参加できる.

生産者余剰PSを計算するには, 図10.5の長方形Aの面積を求めればいい.

$$PS = (186.67 - 100) \times 1,300$$
$$= 86.67 \times 1,300 = 112,671 \text{ ドル}$$

大会の主催者が市場をセグメント化する場合, 生産者余剰は12万1,000ドル, 均一価格とする場合の生産者余剰は11万2,671ドルになる. つまり, 独占的な大会主催者は, 市場をセグメント化するだけで, 生産者余剰を8,329ドル, 約7％増やすことができるのである.

各セグメントの価格をいくらにすべきか

各セグメントには市場支配力に基づく標準的な価格決定ルールが適用されるため, 第9章で取り上げた基本的なマークアップの公式, ラーナー指数もそれぞれの市場に適用される. この公式は, 需要の価格弾力性を, 限界費用に上乗せするマークアップと関連づけるものだった. すなわち,

$$\frac{(P - MC)}{P} = -\frac{1}{E^d}$$

どのセグメントにも同じ財を販売するのであれば, 限界費用はどのセグメントも同じになる. このケースでは, セグメントごとに価格に差をつける唯一の理由は, 各セグメントの需要弾力性が違っているからだ. 2つのセグメントにおけるラーナー指数の価格比（それぞれの価格をP_1, P_2とする）を把握するには, まず, 各セグメントにおけるラーナー指数を計算しなければならない.

$$\frac{(P_1 - MC)}{P_1} = -\frac{1}{E_1^d}$$

$$P_1 - MC = -\frac{1}{E_1^d} \times P_1$$

$$P_1 + \left(\frac{1}{E_1^d} \times P_1 \right) = MC$$

$$P_1 \left(1 + \frac{1}{E_1^d} \right) = MC$$

$$P_1 \left(\frac{E_1^d}{E_1^d} + \frac{1}{E_1^d} \right) = MC$$

$$P_1 = \left(\frac{E_1^d}{1 + E_1^d} \right) \times MC$$

同様にして,

$$P_2 = \left(\frac{E_2^d}{1 + E_2^d} \right) \times MC$$

これらの価格比を計算すればいい. したがって,

$$\frac{P_1}{P_2} = \frac{\dfrac{E_1^d}{1 + E_1^d} \times MC}{\dfrac{E_2^d}{1 + E_2^d} \times MC} = \frac{\dfrac{E_1^d}{1 + E_1^d}}{\dfrac{E_2^d}{1 + E_2^d}}$$

セグメント1はセグメント2に比べて, 需要の弾力性が低くなるにつれ (E_1^dは絶対値でE_2^dより小さくなるので), P_1/P_2の値は大きくなる. つまり, セグメント間の価格感応度の違いが大きいほど, 価格比が大きくなるはずである.

コスメルの鉄人レースの例に戻ると, 他地域からの参加者の需要弾力性は -1.83, 地元住民の需要弾力性は-2.43であることがわかっている.[2] これらの数値を公式に代入すれば, 価格比はすぐにわかる. すなわち,

$$\frac{P_1}{P_2} = \frac{\dfrac{-1.83}{-1.83 + 1}}{\dfrac{-2.43}{-2.43 + 1}} = \frac{\dfrac{-1.83}{-0.83}}{\dfrac{-2.43}{-1.43}} = \frac{2.2}{1.7} = 1.29$$

言い換えれば, 大会の主催者は, 他地域からの参加者の参加費を地元住民

---

2) 第2章の弾力性の計算方法を覚えていれば, これらを確認することができる.

のほぼ1.3倍に（30％高く）するべきだ．じつは，この価格比は，前に計算したそれぞれの参加費220ドルと170ドルの比率にあたる．

これで合格

それは正真正銘の価格差別なのか

前にも述べたが，もう一度，念を押しておこう．企業が同じ商品に異なる価格をつけている場合，価格差別なのか価格差なのかをつねに注意する必要がある．両者を区別するのは，意外なほどむずかしいものだ．市場支配力を持つ企業が価格差別を行う場合，顧客グループによって価格はばらつくが，供給の限界費用が顧客グループごとに異なれば，完全競争市場ですら，グループ間で価格は違ってくる．

たとえばコカ・コーラは，基本的には炭酸水にシロップを加えた飲み物だが，1本の価格がただの炭酸水1本よりも安く売られている場合が少なくない．この価格差はおそらく価格差別の現れであり，その背景には，ペットボトルの水を購入する人々の価格感応度が，炭酸飲料を購入する人々のそれより低いという事実がある．だが，良質な炭酸水をボトリングする費用は，ソフトドリンクをボトリングする費用よりも高いと考えられる（ソフトドリンクを購入する人のほうが，炭酸水を購入する人よりもかなり多く，ある程度，規模の経済がはたらいている）．価格だけでは，どちらとも言えない．

価格差別なのか，競争市場における費用差を反映した価格差なのかを（企業の限界費用を調べることなく）見分ける唯一の方法は，費用を変えずに需要の価格弾力性を変える何かを見つけることである．価格差別とは，市場支配力を持つ企業が，需要の弾力性と生産の限界費用に基づいて価格を決定することである．競争市場における価格は，限界費用のみに基づいて決まる（これは，第9章で論じた，需要曲線の回転に対する市場支配力を持つ企業と完全競争企業の反応の違いに関係している）．

110   第3部 市場と価格

10.2 解いてみよう

2カ所で美容院を経営しているとしよう．1つの店は，オハイオ州の大都市にあり，競合店が何軒かある．もう1つの店はペンシルヴァニア州の小さな町にあり，それほど競争はない．顧客の需要の価格弾力性は，オハイオが−3に対して，ペンシルヴァニアが−2である．カットの限界費用は，場所に関係なく30ドルである．

a. それぞれの店舗の最適なマークアップと価格を求めよ．

b. それらが異なっているのはなぜかを説明せよ．

解答：

a. ラーナー指数から，価格と需要の価格弾力性との関係がわかる公式が得られる．

$$\frac{(P - MC)}{P} = -\frac{1}{E^d}$$

限界費用（＝30ドル）とオハイオの顧客の需要の価格弾力性（＝−3）を代入すると，以下のとおりになる．

$$\frac{(P - 30)}{P} = \frac{1}{-(-3)}$$

$$P = 3 \times (P - 30)$$

$$2P = 90 \text{ ドル}$$

$$P = 45 \text{ ドル}$$

ペンシルヴァニアについても同様の手順を繰り返すと以下のとおりになる．

$$\frac{(P - 30)}{P} = \frac{1}{-(-2)}$$

$$P = 2 \times (P - 30)$$

$$P = 60 \text{ ドル}$$

カットの価格は，オハイオ店が45ドル，ペンシルヴァニア店が60

第10章　市場支配力と価格戦略　111

ドルである.

b. オハイオはペンシルヴァニアに比べて需要の価格弾力性が高い（需要の価格弾力性の絶対値が大きい）ので，オハイオの顧客のほうが価格により敏感である．したがって，経営者はオハイオ店の価格を低くすることになる.

顧客を直接セグメント化する方法

　価格差別を実施するにあたって，顧客を直接セグメント化する方法は数多く存在する．代表的な方法をいくつか紹介しよう.

顧客の属性によって　　年齢や性別，学生か否か，地元住民か否かなど，顧客の属性によって価格差別を実施する場合がある．基本的な考え方は，価格感応度の高い顧客を特定して，それらの顧客向けの価格を下げることである．国によっては，年齢や性別，人種，身体的障害の有無などに基づいた価格差別は違法として禁止している場合があるので注意が必要だ.

　消費者を「種」によって分けることも可能だ．人間と動物に同じ薬が処方されることがある．関節炎の抗炎薬ロジンもその1つだが，高齢者が自分のために購入するほうが，ペット犬のために購入する意欲よりも高いことを製薬会社はわかっている．議会の調査で，人間用のロジンの価格は犬用のそれの3倍近いことが判明したが，おそらくその理由は，この購買意欲の差で説明できる．実際，製薬会社は，人間用の薬の価格を，成分がほぼ同じ動物用より大幅に高く設定している.[3]

　顧客の属性によるセグメント化は，企業間取引にも活用できる．たとえば，学術専門誌の場合，図書館に比べて個人は購読料に敏感に反応するため，出版社は，法人向けの購読料を個人よりもかなり高く設定している．た

---

3)　http://lobby.la.psu.edu/010_Insuring_the_Uninsured/Congressional_Statements/House/H_Thurman_031600.htm

とえば，学術出版大手のエルゼヴィア（Elsevier）社が発行する雑誌 *International Journal of Industrial Organization* の年間購読料は，個人が 112 ドルに対し，図書館は 1,720 ドルだ．

ヴィクトリアズ・シークレット社の秘密でない価格差別

　価格差別は，消費者だけでなく生産者にとっても高くつく場合がある．1996 年，ニューヨーク市のデニーズ・カッツマンは，ヴィクトリアズ・シークレット社を性差別で訴え，数百万ドルの損害賠償を求めた．カッツマンが気に入らなかったのは際どい下着姿の女性ではない．カタログの後ろについているクーポンが問題だった．

　何が問題だったのか．カッツマンに送られたカタログでは，75 ドルの商品に 10 ドルの割引クーポンがついていたのに対し，男友達が持っていたほぼ同じカタログでは，75 ドルの商品が 25 ドル安くなるクーポンがついていたのだ．カッツマンのカタログは，有効期限が切れていたのだろうか．そうではない．ヴィクトリアズ・シークレットは，「あからさまな」価格差別をしていただけだ．

　ヴィクトリアズ・シークレットでは，割引率に差をつけた理由を公にしていないが，こうした価格差別を採用した理由は，経済学の論理を使って類推できる．価格差別が起きるのは，企業が市場支配力を利用して，支払い意欲の高い顧客に高い価格を課すときであることがわかっている．このケースでは，ヴィクトリアズ・シークレットは，カタログを送付することが，顧客をグループ分けし，グループごとに異なる価格で販売促進する機会になると認識していた．女性は 75 ドルのおしゃれな下着が 65 ドルになれば喜んで買うかもしれないが，男性は妻や恋人のためにそこまでは出さないと考えられる．せいぜい 50 ドルといったところだろう．友人に送られたカタログを隅々まで目を通す人はほとんどいないので，こうした形の価格差別は見落とされやすい．

　だが，カッツマンは数百万ドルの金を受け取れなかった．カッツマン

の同志ともいえるニューヨーカーのロイ・デン・ホランダーも同様だ．ホランダーは2007年，「レディース・ナイト」を開催したバーを「不公平」だとして提訴した．ホランダーは敗訴し，あちこちのバーでは今でも毎週，「レディース・ナイト」と称し，性別にもとづく価格差別の販促が続けられている．

過去の購買行動によって　消費者の過去の購買行動からわかることは多く，さまざまな企業がこうした情報を活用してセグメント化を行っている．自動車保険や衛星放送など，いったん加入すると切り替えが面倒なサービスでは，既存の顧客は新規の顧客ほど価格に敏感でない．そのため，これらの産業では，新規顧客を獲得するために，契約初年度の保険料を安くするとか，当初3カ月は契約料を無料にするといった割引が一般的になっている．これらは，顧客の購買履歴に応じて価格に差をつける方法の一種である．
　新規顧客の価格感応度が，既存顧客のそれより低い商品もある．たとえば，よく知られていることだが，あるソフトウエアを購入した顧客にアップグレードを促すのは容易ではない．マイクロソフト社がWindowsの新バージョンを発売する際，古いバージョンをアップグレードする費用は，新バージョンを購入するよりかなり安い．マイクロソフトは価格を安くすることで，価格に敏感な顧客が新バージョンを購入するよう誘導しているのだ．

地域によって　同じ商品が他の地域で安く売られていたとしても，そこに行くのがむずかしかったり，そもそも他所で安く売られていることを知らなかったりする場合がある．売り手はこうした状況を利用して，地域ごとの需要の価格感応度の違いに応じて価格に差をつけることができる．

購入時期によって　購入時期によって価格に差をつけるのも，価格を差別化する方法の1つである．たとえばコンピュータのCPUの場合，発売当初はかなりのプレミアムが上乗せされていて，前の世代のCPUに比べて数百ドル高いときもある．だが，2，3カ月も経てば，当初の数分の1の価格で

手に入るようになる．限界費用がそれだけ下がったのだろうか．おそらくそうだろう．だが，公開当初，入場料が10ドルした映画が，数週間後に別の格安の劇場で4ドルで見られるのはなぜなのか．あるいは，実際の生産費用は1ドルしか違わないのに，ハードカバーが26.95ドルなのに対し，ペーパーバックは10.95ドルしかしないのはなぜなのか．これらはすべて，最新の商品やサービスをいち早く手に入れたい消費者は，後追いの消費者にくらべて価格にさほど敏感でないことを示す例だ．パソコンのゲームの愛好家，大の映画ファン，読書家は，一般消費者ほど価格を気にしないのだ．

時間の経過とともに需要の価格感応度が低くなり（非弾力的になり），後になるほど値上げできる場合もある．当初は質がよくわからない財やサービスには，こうした特徴がある．たとえば，新作の舞台やミュージカルは，評価が定まっていない段階では料金が比較的安いことが多い．だが，いったん評判になると，需要の価格弾力性が低くなり，価格に関係なく需要が盛り上がり，それに応じて料金が引き上げられる．

いずれの場合も，時期によって同じ財の価格を変える企業は，基本的なセグメント化のルールを適用し，各時期の需要に応じて独占企業の標準的なルールを活用しているといえる．

だが，時期によって価格を変えることのむずかしさは覚えておいたほうがいい．技術的側面から言えば，時期による価格設定は，売り手が直接，顧客をどこかの時期にあてはめるのであれば，セグメント化だけの問題になる．つまり，「この時期に買うなら，この価格．その時期に買うなら，この価格」と言っているのと同じだ．買い手は，割り当てられた価格を支払うしかない（この章をとおしてそうだが，買い手は転売が禁止されている）．だが，顧客に先見性があれば，売り手の将来の行動を見越して今日買うかどうかを決めるので，実際に顧客を直接セグメント化していることにはならない．消費者が買う時期をずらして，当初のセグメントから移動することを売り手は防げない．たとえば，需要の価格弾力性が比較的低く，高値でも買ってくれるはずと見込んだ消費者も，今日の高い価格はいずれ値下げされるはずだと思えば，買うのを先延ばしするかもしれない．このような場合，売り手は，時間を通じてつけようとする様々な価格がどのように消費者の購入時期に影響を

及ぼすかを考える必要がある.

　具体例をあげよう. インテル社は, 価格弾力性が著しく低いゲーム愛好家には最新の高速CPUをかなり高値で販売し, その後に大幅な値引きを考える. だが, ゲーム愛好家はインテルがそうすると見越せば, 最新のCPUをいち早く手にするのを我慢して, 安く手に入れようとする可能性がある. こうした反応が予想されると, インテルは市場をセグメント化しづらくなる. そうなると, 当初の価格を引き下げ, さらにその後の値引きも抑えざるをえない可能性が出てくる.

　消費者が将来を見通せるようになると, 購入時期によるセグメント化は, いわゆる間接の価格差別と呼ばれるものになる. これについては次節で取り上げよう.

■ 理論とデータ

欧州の自動車市場における地域別セグメント

　欧州を拠点に事業を展開するフォルクス・ワーゲンやBMWといった自動車メーカーは, 同じ車種をさまざまな国で販売している. これらの国では, 顧客の所得や車の好みに大きなばらつきがある. 自動車メーカーはある程度市場支配力を持っているので, 国をまたいだ転売さえ防げれば, セグメント化の格好の機会になる. 自動車メーカーは, 国別に顧客をセグメント化し, 先に論じた価格差別の方法を使い, 同じ車を国によって違う価格で販売することができる. これにより, 欧州全域で同じ価格で販売する場合に比べて, 利潤を増やし, より多くの生産者余剰を確保できる.

　じつは, 国をまたいだ転売を防ぐために, 自動車メーカーにはさまざまな自衛策が許されている. 第1に, すべてのマニュアルや文書は, 販売国の言語でだけ印刷すればいい. スウェーデンの顧客にはギリシャ語のマニュアルは必要ないし, ギリシャの顧客にはスウェーデン語のマニュアルは必要ない. 第2に, 車が購入された国以外でサービスをしなくてもかまわない. スペインで問題が起きたときに, ルーマニアに車を持ち込もうとする人はいないだろう. 第3に, 外国人客に販売したディーラーを罰することができる.

116　第3部　市場と価格

　経済学者のピネロピ・ゴールドバーグとフランク・フェルボーフェンが，欧州各国で自動車の価格を調べたところ，同じ車種でも国によって大きなばらつきがあった．* たとえば2003年時点のフォルクス・ワーゲンの「ゴルフ」の価格は，ドイツがポルトガルより10％，ギリシャよりも25％近く高かった．

　国による価格差は自動車税制も一因だと考えられるが，大半はセグメント化による直接価格差別によるとゴールドバーグとフェルボーフェンは結論づけている．自動車メーカーは，現地の需要状況に応じてマークアップに変化をつけていた．フォルクス・ワーゲンによるゴルフの価格決定のパターンは，ドイツの需要がポルトガルやギリシャのそれより価格弾力性が低いので，ドイツでの価格を高くするという理論と一致している．

　だが，ゴールドバーグとフェルボーフェンの研究結果には，とくに需要が旺盛な国の顧客にとっての朗報もある．欧州で経済的な統合が進むにつれて，国境をまたいだ転売や裁定取引を禁じるのがかなりむずかしくなり，価格差が縮まっているとする明確な証拠が明らかにされているのだ．

10.4　間接の価格差別（第2種価格差別）

> **間接の価格差別（第2種価格差別）を活用できる場合**
> 1.　企業が市場支配力を持ち，転売を防止できる．
> 2.　顧客の需要曲線が異なっている．
> 3.　どの顧客がどんな需要曲線を持っているかを，事前に企業が直接把握することができない．

　市場支配力を持つ企業が直接的な価格差別を活用できれば，すべての顧客に均一価格で販売する場合よりも生産者余剰を増やせることはすでにみた．ポイントは，需要の価格弾力性が相対的に低い顧客には高い価格を課し，需

---

　*　Pinelopi K. Goldberg and Frank Verboven, "Cross-Country Price Dispersion in the Euro Era: A Case Study of the European Car Market," *Economic Policy* 19, no. 40 (October 2004): 483–521.

要の価格弾力性が高い顧客には低い価格を課すことだった．だが，こうした直接的な価格差別を実施するには，事前に顧客の需要のタイプを把握しておくことが必要なので，むずかしい場合が多い．顧客の価格感応度にばらつきがあることは知っていても，特定の顧客がどのセグメントに属するかを見極められないのだ．

　こうした情報がなくても，**間接の価格差別**（indirect price discrimination），あるいは**第2種価格差別**（second-degree price discrimination）と呼ばれる価格戦略を活用して，均一価格の場合よりも生産者余剰を増やすことは可能である．この価格戦略では，企業は顧客にさまざまな価格の選択肢を提示し，そのなかから選んでもらう．

　間接的な価格差別の手法は多様だが，すべてに共通するのは，顧客が納得して「適切な」価格を選ぶように，つまり，セグメントと価格がマッチするような選択肢を用意する必要がある，ということだ．たとえば航空会社では，需要の価格弾力性が低いビジネス客向けには，価格弾力性が高い旅行客よりも運賃を高くする方針をとっている．だが同時に，運賃が高すぎると考えたビジネス客が，一般旅客向けの安いチケットを買い占めないようにしたい．

数量割引による間接の価格差別

　間接の価格差別の最も基本的なタイプは**数量割引**（quantity discount）であり，ある財を大量に購入する顧客に対して1単位あたりの価格を引き下げる価格戦略である．数量割引がうまくいくためには，購入量の多い顧客の需要が，少ない顧客よりも弾力的でなければならない．そうでなければ，企業は購入量の多い顧客の価格を引き上げるという，数量割引とは正反対の方法を模索するだろう．

　具体的にイメージしてもらうために，オンライン証券 E*TRADE 社の顧客が2つのタイプに分けられるとしよう．第1のタイプは，取引にさほど熱心でない．このため，手数料（取引を実行するために証券会社に支払う料金）を安くするため，複数の証券会社を比較しようというインセンティブは

強くない. このため手数料に関して, 需要は相対的に非弾力的である. 図10.6のパネルaでは, 取引にあまり熱心でない顧客の需要曲線をD_uで表している. もう1つのタイプは, 取引に熱心な顧客である. こうした顧客は1日に何回も取引を行うため, 手数料には敏感であり, 需要は相対的に弾力的だ. 取引に熱心な顧客の需要曲線は, パネルbでD_oと表した. それぞれのタイプの限界収入曲線は, MR_uとMR_oである. 限界費用曲線MCは, どちらも同じである.

E*TRADE社では, 取引に熱心でなく, 需要が非弾力的な顧客に対する手数料を, 取引に熱心な顧客よりも高くしたいと考える. こうしたセグメント化による価格差別 (第3種価格差別) は多くの生産者余剰をもたらすが, E*TRADE社がこの戦略を追求することはできない. というのは, 顧客が口座を開設する際に, どちらのタイプかを見極めることができないからだ. だが, 個人がどちらのセグメントに属しているかはわからないとしても, 2つのセグメントの需要曲線がどういう形状をしているかはわかる. たとえばE*TRADE社は, 取引に熱心でない顧客に対する数量と価格 (取引1回あたりの手数料) を, 限界収入MR_uが限界費用MCと等しくなる水準に設定し, 利潤を最大化したい. そこで1カ月の取引回数Q_uで, 1回あたりの手数料を30ドルとする. 取引に熱心な顧客についても同様に, 限界収入MR_o=限界費用MCとおいて, 利潤を最大化する数量と価格を求めると, 1カ月あたりの取引回数はQ_o, 手数料は9ドルになる.

E*TRADE社が市場をセグメント化できれば, 各セグメントの1回あたりの手数料をP_u, P_oとし, 1カ月あたりの取引回数はQ_u, Q_oになるはずである. だが, E*TRADE社は, 直接, 顧客をセグメント化して, 異なる手数料を課すことはできない. また, 取引回数の多寡にかかわらず, どの顧客も安い手数料を選ぶはずなので, 新規顧客に手数料を30ドルか9ドルのなかから選択させることもできない. E*TRADE社が各顧客から余剰を最大限引き出すには, どうすればいいだろうか. すべての顧客に1回あたり9ドルを課すのではなく, 1カ月の取引回数が最低でもQ_oである顧客には9ドルにすればいい. Q_oまで取引するつもりのない顧客には, 1回あたり30ドルの手数料プランを提示し, 好きなだけ取引ができるようにするのだ.

図10.6 E*TRADE社の数量割引

(a) 取引に熱心でない顧客

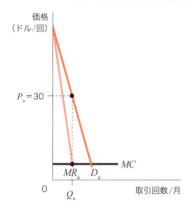

(a) オンライン証券のE*TRADE社の顧客は、証券取引に熱心でない顧客と熱心な顧客の2つに分けられる。熱心でない顧客の需要曲線D_uは相対的に非弾力的である。E*TRADE社は、熱心でない顧客の手数料については利潤を最大化するP_u=30ドルに設定し、月あたりQ_uの取引回数を確保したい。

(b) 取引に熱心な顧客

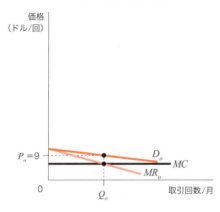

(b) 取引に熱心な顧客の需要曲線D_oは比較的弾力的である。E*TRADE社は熱心な顧客の手数料を取引1回あたり9ドルの低価格にしたい(P_o=9ドル)。E*TRADE社は誰がどちらのグループに属しているか直接見分けることはできないが、最低でも取引回数がQ_oあれば手数料を安くする数量割引を活用することで、2つのグループに異なる価格を設定できる。

この戦略の裏には、つぎのような考えがある。取引回数が多く、需要弾力性が高い顧客は、1ヵ月に最低でもQ_o回の取引が必要な手数料9ドルのプランを選択する一方、取引に熱心でない顧客は1回あたり30ドルのプランを選択すると考えられる。つまり、顧客がどちらのタイプかをE*TRADE社が直接把握できなくても、手数料と取引回数の組み合わせから、顧客自身が

120 第3部 市場と価格

どちらのタイプかを選ぶのだ．これこそ，間接の価格差別戦略が成功する秘訣である．企業としては，顧客が自身の需要タイプを偽って別のタイプのプランを選ばないように，価格を設定しなければならない．数量割引をはじめ，あらゆる間接の価格差別をうまく機能させる要件については，次節で論じることにしよう．

誘因両立性 取引に熱心な顧客よりも，そうでない顧客に高い手数料を課すのは理に適っているが，こうしたプランがうまく機能し，E*TRADE社が最大限の生産者余剰を確保するには，熱心でない顧客が1回あたり30ドル（Q_u）の手数料プランから，熱心な顧客向けの1回9ドルの（Q_o）プランに切り替えないようにする必要がある．つまり，熱心でない顧客が，ただ手数料を引き下げるためだけに，取引回数を増やすことがあってはならない．E*TRADE社は，取引に熱心でない顧客にとって，30ドルの料金プランのほうが，最低Q_o回の取引が必要な9ドルのプランよりも消費者余剰が必ず大きくなるようにしなければならない．それぞれのタイプの顧客が，E*TRADE社が意図した選択肢を選ぶように，選択肢に内部整合性が必要なのだ．

　経済学では，こうしたインセンティブ（誘因）の内部整合性を**誘因両立性**（incentive compatibility）と呼ぶ．この例で，2つのプランが誘因両立的であるには，以下の要件が必要である．

1. 取引に熱心でない顧客は，9ドルのプランよりも30ドルのプランを好む（30ドルのプランが9ドルのプランよりも消費者余剰が大きければ，この選択をする）．

2. 取引に熱心な顧客は，9ドルのプランを好む．30ドルのプランよりも消費者余剰が大きいからだ．

　これらのプランが誘因両立的かを確かめよう．まず，取引に熱心でない顧客が30ドルのプランで得られる消費者余剰が，9ドルでQ_o回の取引を行う場合の消費者余剰よりも大きいことを示さなければならない．図10.7のパネルaのとおり，1回あたりの料金が30ドルのとき，熱心でない顧客はQ_u回取引を行い，消費者余剰は需要曲線より下で30ドルより上の三角形Aに

図10.7 誘因両立性

(a) 取引に熱心でない顧客

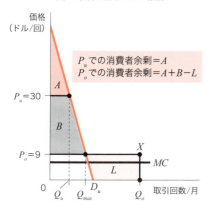

(a) 取引に熱心な顧客に数量割引を適用する前に、E*TRADE社はこの価格戦略が誘因両立的であることを確認する必要がある。まず、取引に熱心でない顧客にとってどうかをみる。1回あたりの手数料が30ドルのとき(P_u=30ドル)、熱心でない顧客はQ_u回の取引を実行し、消費者余剰Aを獲得する。この顧客が熱心な顧客向けに設定された手数料と取引回数(Q_o, P_o)を選ぶと、消費者余剰はBの面積分増えるが、Lの面積分減る。BがLより小さければ、熱心でない顧客は1回あたり30ドルの手数料プランを選択するとみられる。

(b) 取引に熱心な顧客

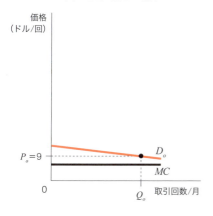

(b) 取引に熱心な顧客にとって、熱心でない顧客向けの料金は高く(P_u=30ドル>P_o=9ドル)、月間の取引回数は少なくなる(Q_o>Q_u)。したがって、熱心な顧客にとって数量割引は誘因両立的である。

なる。

　取引に熱心でない顧客が9ドルのプランで得る消費者余剰の計算は少し複雑だ。まず、熱心でない顧客の取引需要を示した図に、9ドルのプランの価格と取引数量の組み合わせを書き込む必要がある。パネルaで示したように、この点をXとしよう。点Xは、熱心でない顧客の需要曲線より上に位置

することに留意したい．これは，9ドルでQ_o回の取引を行うと，消費者余剰を失うことになることを意味する．9ドルでは，取引に熱心でない顧客は，需要量Q_{max}だけ取引できればいいと考えている．

Q_{max}がQ_oより少なければ，取引に熱心でない顧客がQ_{max}からQ_oまでの取引回数に支払う意欲は，実際に支払うべき9ドルより低い，ということになる．じつは，この顧客の支払い意欲を示す需要曲線の9ドルより下の取引はすべて，消費者余剰の喪失をもたらす．パネルaで，余剰を喪失させる取引は，取引回数がQ_{max}からQ_oまでであり，失われる消費者余剰の合計は面積Lである（取引回数が多い場合の支払い意欲は0なので，需要曲線は横軸にぶつかった後，水平になる）．面積Lは，熱心でない顧客が低い料金プランを選んだ場合のマイナス面だ．だが，プラス面もある．Q_{max}の最初の取引では，図のA＋Bの消費者余剰を生む．この消費者余剰は，30ドルの料金プランのときの消費者余剰（面積A）よりもかなり大きい．料金が大幅に低いからだ．したがって，熱心でない顧客が9ドルの料金プランで得るネットの消費者余剰は，面積A＋面積B－面積Lになる．

2つの料金プランで得られる消費者余剰を比べると，取引に熱心でない顧客が30ドルのプランを選択するのは，以下の条件にあてはまるときであることがわかる．

面積A＞面積A＋面積B－面積L

0＞面積B－面積L

面積B＜面積L

つまり，取引に熱心でない顧客が，そうした顧客向けに設定された高い料金プラン（1回につき30ドル）を受け入れるのは，低い料金で得られる追加的な消費者余剰（面積B）が，低い料金プランなら増やさなければならない取引回数によって失う消費者余剰（面積L）より小さい場合である．

ここまで，熱心でない顧客にとって，料金プランが誘因両立的になる条件をみてきた．では，取引に熱心な顧客がそうした顧客向けの9ドルの料金プランを選ぶだろうか．

9ドルのプランでは，熱心な顧客がQ_o回までは取引を実行するたびに消費者余剰を獲得することがわかっている．この料金でそれだけの取引ができ

るならハッピーだ．他方，取引に熱心な顧客が30ドルの高い料金プランを選択するには，取引回数をQ_oより減らさなければならない．9ドルで料金を固定したまま，取引回数を減らすのさえ消費者余剰が減る．消費者余剰をもたらすはずの取引を失うことになるからだ．いわんや，実行する取引すべてについて1回あたり9ドルではなく，30ドルを支払わなければならないとすれば最悪だ．取引回数の制限と料金の上昇の両方で，熱心な顧客の消費者余剰は減ることになる．そのため，熱心な顧客にとって，9ドルの料金プランがより良い選択になるのはあきらかだ．

取引に熱心でない顧客が9ドルではなく30ドルのプランを選んだ場合，料金は高く，取引回数は少なくなることは先にみたとおりだ．では，取引に熱心な顧客と違って熱心でない顧客は，30ドルの料金プランにすることで損をすることにならないのは，なぜだろうか．それは，手数料が1回につき9ドルで，取引回数を自分で選ばなければならない場合，熱心でない顧客はQ_o回まで取引しないからだ．選択するのは9ドルでの需要量，Q_{max}回だけだ．熱心でない顧客にとって，Q_{max}とQ_oのあいだの取引では，支払い意欲は0なので，その分消費者余剰が失われる．9ドルのプランが，潜在的に消費者余剰を失わせる取引と結びついていることが，熱心でない顧客に30ドルの料金プランを選ばせる理由だ．

10.3 解いてみよう

あなたはソフトウエアの開発会社，メガダット・コーポレーションの価格アナリストだとしよう．同社は最近，新しくデータ分析用ソフトを開発した．同社のユーザーは2つのタイプに分けられる．タイプAの逆需要曲線は$P = 120 - 10Q$で表される．Qはユーザー数，Pはユーザー1人あたりの価格である．タイプBの逆需要曲線は$P = 60 - 2Q$である．1人のユーザーが製品をインストールし，セットアップするための開発会社の限界費用は20ドルで一定だとする．

a. 製品購入前にユーザーのタイプがわかるとすれば，各タイプ向けの価格をいくらにするか．

124　第3部　市場と価格

b. 製品購入後にしかユーザーのタイプがわからないとする．数量割引を使ってユーザーに自分のタイプを選ばせ，価格を決定する方法があるだろうか．例をあげよ．

c. bの価格決定の方法は誘因両立的だろうか．

解答：

a. 利潤を最大化するには，各タイプのユーザーについて限界収入 MR ＝限界費用 MC になればいい．そのためにはまず，各タイプのユーザーの限界収入曲線を求めなければならない．線形の逆需要曲線の場合，限界収入曲線は，縦軸の切片が同じで，傾きが2倍になることがわかっている．つまり，タイプAの限界収入は $MR = 120 - 20Q$ ，タイプBの限界収入は $MR = 60 - 4Q$ になる．ここで $MR = MC$ とおいて，各タイプについて利潤を最大化する数量を求める．

タイプA	タイプB
$120 - 20Q_A = 20$	$60 - 4Q_B = 20$
$20Q_A = 100$	$4Q_B = 40$
$Q_A = 5$	$Q_B = 10$

この数量で，各タイプの価格は以下のようになる．

タイプA	タイプB
$P_A = 120 - 10Q_A$	$P_B = 60 - 2Q_B$
$= 120 - 10 \times 5$	$= 60 - 2 \times 10$
$= 70$ ドル	$= 40$ ドル

b. ユーザーが好きなだけの量を購入できる場合，ソフトウエア会社は1ユーザーあたり70ドルを課し，10単位以上を購入するユーザーには40ドルを課すことができる．

c. このプランは，タイプBのユーザーにとっては誘因両立的である．

40ドルで$Q=10$まで買い続けたいと考える．

タイプAのユーザーについては，各スキームで受け取る消費者余剰を検討する必要がある．タイプAの需要曲線と70ドル，40ドルという2つの価格を示したグラフを使って計算できる．

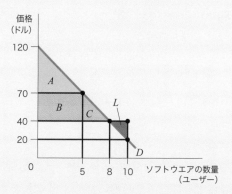

まず70ドルでは，タイプAのユーザーは5単位を購入することを選択する．消費者余剰は需要曲線より下で価格より上の面積Aに等しい．

タイプAのユーザーが別のパッケージ（各40ドルで10単位）を選択すると，消費者余剰は価格より上で需要曲線より下の面積$A+B+C$になるが，40ドルを下回る価値しか見出せない単位を購入することになるため，失われる消費者余剰もある．これが三角形Lにあたる．

このように，数量割引の選択によって，タイプAのユーザーの消費者余剰は，$B+C-L$の面積だけ変化する．40ドルで10単位が買えるパッケージが誘因両立的であるのは，$L>B+C$のときだけである．それぞれの値を計算しよう．

面積B＝底辺×高さ
$\qquad = 5 \times (70-40)$
$\qquad = 5 \times 30$
$\qquad = 150$ドル

面積Cを計算するには，三角形の底辺がわからなければならないが，

これはタイプ A のユーザーがちょうど40ドルで買いたい数量である. すなわち,

$$P = 120 - 10Q$$
$$40 = 120 - 10Q$$
$$10Q = 80$$
$$Q = 8$$

$$\text{面積}C = \frac{1}{2} \times 底辺 \times 高さ$$
$$= 0.5 \times (8 - 5) \times (70 - 40)$$
$$= 0.5 \times 3 \times 30$$
$$= 45 ドル$$

つまり, 面積 B + 面積 C = 150 + 45 = 195 ドルである.

面積 L を計算するには, 三角形の高さを確定しなくてはならないが, そのためにはタイプ A のユーザーが10単位を喜んで購入する価格が必要である. すなわち,

$$P = 120 - 10Q$$
$$= 120 - 10 \times 10$$
$$= 120 - 100$$
$$= 20 ドル$$

$$\text{面積}L = \frac{1}{2} \times 底辺 \times 高さ$$
$$= 0.5 \times (10 - 8) \times (40 - 20)$$
$$= 0.5 \times 2 \times 20$$
$$= 20 ドル$$

つまり面積 B + 面積 C = 150 + 45 = 195 ドルに対し, 面積 L = 20 ドルである.

面積 A + 面積 B > 面積 L なので, 40ドルで10単位が買えるパッケージは, タイプ A のユーザーにとって誘因両立的ではない. これらユーザーは, 数量割引を求めて各40ドルで10単位購入するだろう. このため, タイプ別に設定された価格スキームを購入者自らに選

ばせるという方法が成功しているとはいえない.

バージョニングによる間接の価格差別

　核は同じで, そこにさまざまな変化をつけた商品を提供する**バージョニング** (versioning) の古典的な例が航空券である. 航空会社の顧客は, 価格にさほど敏感でないビジネス客と, 価格にきわめて敏感な旅行客に大別される. 航空会社としては価格に差をつけたいが, 航空券を購入する時点で, 顧客がどちらのセグメントに属するかはわからない. そこで, 1つの便で異なるバージョンの商品を異なる価格で提供する方法をとっている. 多くの制限がある安いバージョンは, たいてい搭乗日よりもかなり前にチケットを購入し, 土曜日の夜をまたいだ往復航空券を予約する旅行客向けだ. 利用制限の少ない高いバージョンは, 週末を出張先で過ごすのは好まず, 出発間際になってチケットを購入するビジネス客向けだ. またビジネス客は, 融通が効くように片道ずつの購入を選ぶ可能性がある. 航空会社は1つの便に2つのバージョンのチケットを用意することで, 顧客自身がどちらのタイプかを選ぶようにし, それによって, より多くの生産者余剰を得ている.

　この仕組みがうまくいくには, 各バージョンの価格を誘因両立的に設定しなければならない. 航空会社がマークアップの公式に基づいて各セグメントの価格を設定するとすれば, 直接の価格差別を行うことになり, 制限の多いチケットが, 制限の少ないチケットに比べて安くなりすぎる恐れがある. その場合, ビジネス客があえて出張を早めに計画したり, 出張先で週末を過ごす予定を組んだりすることが考えられる. ビジネス客が完全にルールの裏をかく場合もあるだろう. たとえば, いわゆる"back-to-back"チケットを購入すれば, 土曜日滞在の条件を回避することができる. たとえば, フィラデルフィアからオーランドに出張し, 水曜の会議に間に合うように帰りたいビジネス客は, 水曜の朝出発し日曜に戻るフィラデルフィア―オーランド間の往復チケットを買い, 水曜の夕方出発し, 日曜日に戻るオーランド―フィラデルフィア間の往復チケットを買う. そのうえで, それぞれの往復チケット

の最初の便だけを利用する．航空会社はこの種の行動を最も嫌がり，あらゆる方法で禁止しようとしているが，間接の価格差別に対する正常な反応にすぎない．

バージョニングと価格・費用マージン　バージョニングでは，バージョンの異なる商品の限界費用が同じである必要はない．バージョニングが機能するために必要なのは，需要弾力性が低い顧客が購入するバージョンについて，限界費用を上回る価格のマークアップ（上乗せ額）がより大きいことだけだ．

　自動車メーカーのトヨタの例で考えてみよう．トヨタには中型のセダンがいくつもある．このセグメントには，さほど価格に敏感でない顧客もいるだろう．ステータスが欲しいとか，特徴ある車へのこだわりから購入するタイプだ．一方で，価格に敏感な顧客も存在する．販売店を訪れた顧客がどちらのタイプなのかを見分けることができれば，直接の価格差別により，10.3節で論じた戦略に沿って異なる価格をつけることができる．だが現実には，どの時点でも，店を訪れた顧客を見分けるのは簡単ではない．そこでトヨタは間接の価格差別を活用して，マークアップに差をつけて販売できる異なるバージョンの車をデザインしている．顧客自身が価格感応度や好みに応じて，自らをセグメントするよう仕向けているのだ．

　たとえば，トヨタの「カムリ」は世界的に人気があり．米国では標準装備で2万5,000ドル前後で売られている．だが，カムリと同じプラットフォームで，同じ工場で製造されている「レクサスES350」がある．カムリと似ている点は多いが，レクサスのほうが高級感がある．レクサスES350は，サンルーフ，デュアルエアコン，GPSナビ，ゼノンのヘッドライト，それに高級ステレオがついたカムリと思えばいい．価格は3万8,000ドルだ．

　サンルーフやゼノンのヘッドライトなどのオプションが，生産の限界費用を押し上げるのはたしかだが，1台につき1万3,000ドルも押し上げるとは考えにくい．トヨタが費用の差を上回る価格差をつけているのは，バージョン違いの車を投入することで，価格感応度に応じて顧客を分けられるからだ．レクサスを購入する顧客セグメントは需要弾力性が低いので，トヨタは

	トヨタ・カムリ	レクサスES350
価格重視	2万7,000ドル	3万ドル
高級感重視	2万8,000ドル	4万2,000ドル

表10.1 トヨタ・カムリとレクサスES350に対する消費者の評価

限界費用に上乗せするマークアップを大きくできる．これは，航空会社の顧客が，土曜の夜も滞在するかどうかで，旅行客かビジネス客に分けられるのと同じだ．

　誘因両立的であるためにトヨタは，低価格バージョンのカムリが良すぎて，高級感を求める顧客までカムリを買うことがないようにしなければならない．定量的には表10.1のように考えることができる．顧客は2つに大別され，それぞれの車種への支払い意欲は表のとおりだとする．

　2つのセグメントがいずれもカムリよりレクサスの価値が高いと思っている点に留意したい．トヨタが，一方には好まれるが，他方に嫌われるバージョンをつくったからではない．価格重視の顧客もカムリよりレクサスの価値が高いと思っているが，あくまで2万7,000ドルと3万ドルの差で，それ以上に価値の開きがあるとは考えていない．だが，高級感重視の顧客は，レクサスにはるかに多くの価値を見出していて，カムリの2万8,000ドルに対して，レクサスに4万2,000ドル支払ってもいいと考えている．

　トヨタがカムリの価格を2万5,000ドル，レクサスを3万8,000ドルに設定した場合，価格重視の顧客はカムリを購入すると2,000ドルの消費者余剰を得る一方，レクサスを購入すると8,000ドルの消費者余剰を失う（自分が見出した価値よりも価格が高い）ので，カムリを買うだろう．一方，高級感を重視する顧客は，カムリを買えば3,000ドルの消費者余剰を得るが，レクサスを買うとそれ以上の4,000ドルの消費者余剰が手に入るので，レクサスを購入する．各セグメントは，自分のセグメントの需要曲線の性格を踏まえて設定されたバージョンを選択する．つまり，誘因両立的な価格設定がなされているといえる．

トヨタがレクサスの価格を 3 万 8,000 ドルではなく 4 万ドルにしたら，どうなるだろうか．価格重視の顧客がカムリを買うのは変わらない．だが，高級感重視の顧客は先ほどとは異なる行動をとる．レクサスを買うよりもカムリを買ったほうが得られる消費者余剰が大きくなるので（前者は 2,000 ドル，後者は 3,000 ドル），カムリを買うことにする．トヨタはレクサスの価格を 2,000 ドル引き上げることで，高級感重視の顧客 1 人につき 1 万 3,000 ドルを失うことになる（3 万 8,000 ドルのレクサスではなく，2 万 5,000 ドルのカムリが買われるため）．あるいは，悪くすれば，他社の高級車に乗り換えられる可能性もある．需要弾力性の低い顧客グループに対して高すぎる価格を課すことによって，トヨタの価格設定は誘因両立的ではなくなり，間接的な価格差別の試みは失敗に終わることになる．

細かいが，留意すべき重要な点がある．トヨタが（他のどの企業でもいいが）バージョニングによる間接の価格差別を活用できるのは，単に需要が非弾力的な顧客が存在するからではない．くわえて顧客グループ間の需要弾力性が異なることが必要だ．顧客グループ間で需要の価格弾力性が変わらない場合，相対的に非弾力的だとしても，各グループに合わせたバージョンは価格差別に役立たない．たとえば，車体の色を複数用意しているが，色の違いによる価格差別は行わない．ブルーを好む人とシルバーを好む人で価格感応度が異なるわけではないからだ．

価格感応度をもとに顧客自身に所属するセグメントを選択してもらうために，企業が実施できるバージョニングの方法は数限りなく存在する．この種の価格差別を理解したところで，身の回りを観察してみよう．特徴を「付加」するタイプのバージョニングがある．一例がインテュイット社の税計算ソフト TurboTax だ．基本のバージョンはオンラインで無料公開されており，Q&A のついたバージョン，さらに共同経営のようなより複雑な組織を扱うことができる小企業向けのパッケージなどがある．バージョン間での限界費用の差はごくわずかだが，インテュイット社は「オプション機能」を付加することで，価格感応度が低い企業により多くを支払ってもらうことができる．

クーポンによる間接の価格差別

　クーポンも間接の価格差別の手法の一種だ．店側は，需要の価格弾力性が低い（価格に敏感でない）顧客には高い価格を，価格に敏感な顧客には安い価格を課したいと考える．だが，繰り返しになるが，顧客が財を購入する時点で，店側が顧客を直接セグメント化する手段はないので，顧客自身にどちらのセグメントに属するかを決めてもらいたい．クーポンはそのための手段だ．

　クーポンの成否のカギは，クーポンの利用に関わる手間——つまり目的のサイトを探し，オンラインでダウンロードし，迷惑メールを寄り分け，新聞の折り込みから探すといった手間をかけるのは，需要弾力性がより高い顧客である，という点を頭に入れることだ．クーポンをクリッピングする意欲も，少しでも安い商品を求めて店を回る意欲も，消費者が時間の価値をどう考えるかで決まってくるので，クーポンのクリッピングと需要の価格弾力性はおそらく相関性が高い．このように，クーポンから割引価格を求めようとする人たちはより弾力的な需要を持つ消費者——小売業者がより低い価格を提供しようとするグループである．価格にさほど敏感でない消費者は，結局，割引されていない高い価格を支払ってくれる．

　クーポンをむやみにつけるのがよくないのはそのためだ．最初からつけるのは特によくない．そんなことをすれば，価格に敏感でない消費者までクーポンを利用し，全員が割引を受けることになる．クーポンを利用するには，少し手間をかけなければならないようにしているのは偶然ではない．それこそが重要な点だ．メールを返信すれば払い戻しが受けられるサービスも，基本的には同じ原理だ．空欄を埋めて送り返すという手間をかけた消費者——つまり価格に最も敏感だと推定される消費者だけが割引を受けられるのだ．[4]

---

4)　とはいえ，クーポンがすぐ利用できるようになっている場合がある．商品にクーポンがついている場合すらある．このケースでは，クーポンの狙いは価格差別ではなく宣伝効果にある．「いつもよりちょっと安くなっているので，買ってください」という，ささやかなしるしのようなものだ．

10.5 セット販売

> **セット販売を活用できる場合**
> 1. 企業が市場支配力を持ち，転売を防止できる．
> 2. 企業が第2の商品を販売し，この商品の需要が第1の商品の需要と逆相関関係にある．

　市場支配力を持つ企業が，一般的な均一価格の販売よりも多くの生産者余剰を獲得するために活用できる間接的な価格差別のもう1つの方法が**セット販売**（bundling）である．これは，企業が2つないしそれ以上の製品をひとまとめにしてセット価格で販売する戦略である．

　たとえばケーブルテレビや衛星放送の契約を申し込むと，セット商品を購入することになる．毎月の契約料に応じて，複数のチャンネルを視聴できるセットが用意されている．チャンネルをいちいち自分で選ぶ必要はない．たとえば，スポーツ専門チャンネルのESPNに6ドル，音楽チャンネルのMTVに4ドルといった具合に個別に視聴料を支払わなくても，月額45ドルで90チャンネルが視聴できる．

　財によっては，一緒に購入することを消費者が強く望んでいるために，セットにされる場合がある．バスケットボール用の靴1足を思い浮かべるといい．メーカーは片方ずつ売ることはできなくはないが，左足はナイキ製，右足はアンダーアーマー社製を履こうという需要は滅多にない．ふつうは両足そろって買いたい．財の相互補完性が強いために行われる，こうした類いのセット販売は価格差別戦略ではない．たとえ市場が完全競争下にあったとしても，ナイキもアンダーアーマーも左右の靴をセットにして販売するだろう．

　この章で注目するのは，価格差別の手段として活用されるセット販売である．セット販売がいかにして戦略的な価格決定になりうるかを説明するためにはまず，ありがちな誤解を解消しておかなければならない．一般にセット販売によって，ある商品で市場支配力を持つ企業が，その支配力を2番目

第10章　市場支配力と価格戦略　**133**

表10.2　月間契約に対する評価額の順相関

	ESPN	SOAPネット	セット販売
ジャック	9.00ドル	1.00ドル	10.00ドル
ダコタ	10.00ドル	1.50ドル	11.50ドル

の商品に利用できるわけではない．具体例をみてみよう．

　ケーブルテレビ会社を取り上げる．話を簡単にするために，チャンネルはスポーツ専門のESPNとメロドラマ専門のSOAPネットの2つしかないものとする（ESPNは視聴者数がとくに多いが，SOAPはそうでもない）．ケーブルテレビ会社はなぜ，2つのチャンネルを別々に販売するのではなく，抱き合わせで販売するのだろうか．

　一見すると，ケーブルテレビ会社が需要の強いESPNの市場支配力を利用して，需要がさほど多くないSOAPネットをセット販売することで，より多くの料金を取っているようにみえる．だが，この「無理強い」の論法は意味をなさない．なぜか．いま，市場にはジャックとダコタという2人の消費者がいるとする．2人ともESPNは大好きだが，SOAPネットはそうでもない．表10.2に示したように，ジャックとダコタが月々支払ってもよいと思える料金は，ESPNが9ドルと10ドル，SOAPネットが1ドルと1.5ドルだ．単純化するため，番組を提供する限界費用は0とする．

　ESPNとSOAPネットをセット販売することで，ケーブルテレビ会社の生産者余剰は増えるだろうか．別々に販売するとすれば，2人がそれぞれのチャンネルにつけたうちの低い方の価格で販売しなければならない（ESPNは9ドル，SOAPネットは1ドル）．そうしなければ，各チャンネルは1人にしか販売できず，もう1人がもたらすはずの収入を失うだけになる．[5] こ

---

5)　現実にはESPNとSOAPネットを傘下に持つディズニーのようなネットワーク企業の大半は，ケーブル会社を保有していないため，ケーブル会社にチャンネルをセット販売し，それがさらに消費者にセット販売されることになる．だが，ポイントは変わらない．

のため，チャンネルを別々に販売すると，ESPNは9ドル，SOAPネットは1ドルで，月あたりの生産者余剰の合計は，2×9ドル＋2×1ドルで20ドルになる．

ここで，ケーブルテレビ会社が2つのチャンネルをセット販売するとしよう．ジャックとダコタが，このセットにつけた価値は，ジャックが10ドル，ダコタが11.5ドルだが，ケーブルテレビ会社はこの場合も低い方の価格をつけなければ（ジャックにしか売れず），市場の半分を失うことになる．そこで，セットの価格を10ドルにし，2人に販売する．生産者余剰は2×10ドルで，1カ月あたり20ドルになる．これは，2つのチャンネルをそれぞれ販売した場合と変わらず，セット販売することでケーブルテレビ会社の生産者余剰が増えるわけではない．

さらに，ケーブルテレビ会社がESPNと組み合わせて販売するチャンネルにまったく人気がなければ（たとえば，SOAPネットの価値が0，悪くすればマイナスだとすれば），消費者がそれらにおく価値は，かなり低くなる．一般に，企業は不人気な商品と超人気の商品をセット販売しても，生産者余剰を増やすことはできない．

より多くの生産者余剰を獲得するには，どのようなセット商品にすべきだろうか．SOAPネットに対する2人の評価が，表10.2とは違い，逆だったとする．つまり，2人ともESPNを高く評価している点は変わらないが，ジャックのほうがダコタよりもSOAPネットを評価している（ジャックが1.5ドル，ダコタが1ドル）とする．すぐに明らかになるが，最大の違いは，ESPNとSOAPネットに対する支払い意欲が，2人の間で逆相関になっている点だ．これは，2人のうち1人が，一方のチャンネルに支払う意欲は高いが，他方のチャンネルに対する支払い意欲が相対的に低い，ということだ．表10.3に示したように，ジャックはダコタに比べてESPNに対する購買意欲は低いが，SOAPネットに対する購買意欲は高い．

状況がこのように変化すると，ケーブルテレビ会社はセット販売戦略を活用して生産者余剰を増やすことができる．チャンネルを個別に販売した場合の生産者余剰は以前と変わらず，ESPNが9ドル，SOAPネットが1ドルで，月あたりの生産者余剰の合計は20ドルである．だが，チャンネルを

第10章 市場支配力と価格戦略 **135**

表10.3 月間契約に対する評価額の逆相関

	ESPN	SOAPネット	セット販売
ジャック	9.00ドル	1.50ドル	10.50ドル
ダコタ	10.00ドル	1.00ドル	11.00ドル

セットにした場合，2人から月10.5ドルずつの料金を徴収することができる．ケーブルテレビ会社の生産者余剰は，2×10.50ドル＝21ドルになり，個別に販売する場合の20ドルを上回る．

第2のシナリオでセット販売がうまくいくのは，ダコタがジャックよりもESPNを高く評価する一方，ジャックがダコタよりもSOAPネットを高く評価しているため，2人の購買意欲が逆相関関係にあるからだ．個別に販売するにせよ，セット販売にするにせよ，ジャックとダコタの両方に販売にしたければ，購買意欲が低いほうに等しくなるよう価格を設定しなければならない．ESPN，SOAPネットのどちらの購買意欲もダコタのほうが高く，2人の需要が順相関である最初の例では，セットに対する購買意欲は，ジャックが10ドル，ダコタが11.5ドルで，両者の差が1.5ドルになる．ジャックの購買意欲がいずれも低いことを反映している．そのため，ケーブルテレビ会社がセット商品として販売したいなら，ジャックの購買意欲がいずれも低い事実を受け入れて，ダコタに割引料金を提示しなければならない．それでは，別個に販売するより生産者余剰が増えることにならない．

これに対して，2人の消費者の需要が逆相関関係にある第2の状況では，セット商品に対する購買意欲はジャックが10.5ドル，ダコタが11ドルで，両者の差は0.5ドルしかない．この差が小さいということは，ダコタにそれほど割引をしなくても，2人にセットが販売できるということだ．セットにすることで，2人の支払い意欲の差が縮まったのだ．重要なのは，2人のチャンネル需要が逆相関関係にある場合，セット商品の支払い意欲の低いほうの値が順相関のときにくらべ大きくなるということだ．ジャックは10ドルではなく10.5ドルを支払う意欲がある．このため，ケーブルテレビ会社

136 第3部　市場と価格

は価格を引き上げることができる．売り手はこのようにして，顧客の需要の差を「平準化し」，バンドル化した商品の価格を引き上げ，受け取る生産者余剰を増やすことができる．

混合セット販売

先の例では，企業が2つの商品を別々ではなくセットにして販売する理由を説明した．だが，企業は，個別の商品とセット商品を同時に提示し，消費者に選んでもらう場合がある．こうした間接的な価格差別戦略は**混合セット販売**（mixed bundling）と呼ばれる．マクドナルドの「エクストラ・バリュー」は，ハンバーガーにフライドポテト，ドリンクを1セットとして価格がついているが，これらは単品でも販売されている．マクドナルドの側が選択肢を用意し，生産者余剰が増えるような形で消費者に選ばせているという意味で，混合セット販売が間接的な価格差別の一種として機能している．

混合セット販売は，先に取り上げたセット販売（セット販売だけを提供するのは，**純粋セット販売**（pure bundling）と呼ばれる）にかなり似ている．混合セット販売と純粋セット販売は似たような状況で効果を発揮するが，セットを構成する一部の財の限界費用が十分に高く，一部の顧客にはセット全体を購入しない選択をさせるのが理に適っている場合は，混合セット販売のほうが有利になる．

ここでケーブルテレビ会社の例に戻ろう．今度は顧客がペニー，レオナード，ラジ，シェルドンの4人で，それぞれの支払い意欲を表10.4に示した．チャンネル間の支払い意欲は逆相関関係にあるので，セット販売が価格差別戦略として有効である．

1カ月あたりの限界費用は0ではなく，ESPNが6ドル，SOAPネットが1ドルだとしよう．したがってセットの限界費用は7ドルになる．ケーブルテレビ会社がセットの価格を，4人の消費者の支払い意欲の最小値である12.15ドルにすれば，4人全員に販売できる．費用を差し引いたネットの生産者余剰は顧客1人あたり5.15ドル，合計で4×5.15ドルで20.60ドルになる．

第 10 章　市場支配力と価格戦略　137

表10.4 限界費用が一部の顧客の評価額を上回っているときの逆相関

	ESPN ($MC=6$ドル)	SOAPネット ($MC=1$ドル)	セット販売 ($MC=7$ドル)
ペニー	12.00ドル	0.50ドル	12.50ドル
レオナード	11.00ドル	1.15ドル	12.15ドル
ラジ	9.00ドル	3.15ドル	12.15ドル
シェルドン	5.00ドル	7.75ドル	12.75ドル

　だが，ペニーとシェルドンについて詳しくみてみよう．2人が2つのチャンネルに見つけた相対的価値は両極端だ．ペニーはESPNに高い価値を見出し，SOAPネットには価値を置いていないが，シェルドンはその逆だ．しかも重要なのは，ペニーはSOAPネット，シェルドンはESPNにおいた価値が，それらの限界費用を下回っている点である．後でみるように，こうしたケースでは，2人をセット販売の対象から切り離すのが理に適っている．ケーブルテレビ会社としては，限界費用を下回る価値しかつけない顧客にはチャンネルを供給したくないものだ．

　誘因両立性が絡むため，最適な混合セット販売戦略を見極めるには多少骨が折れる．順を追ってみていこう．先ほどの議論を踏まえると，ケーブルテレビ会社はセットでレオナードとラジに販売し，ペニーにはESPN，シェルドンにはSOAPネットの単品を販売したいと考えるはずだ．レオナードとラジはともに，セットの価値を12.15ドルとしており，セットの価格を考えるうえで合理的な出発点となる．だが，セットの価格を12.15ドルにすると，シェルドンがSOAPネットに見出した7.75ドルという価値を丸々，価格としてつけることができない．12.15ドルにすると，シェルドンはSOAPネット単品ではなく，セットを選択するだろう．というのは，そのほうが消費者余剰を60セント多く手にできるからだ．単体なら価格が7.75ドルで，消費者余剰は0だが，セットを購入すれば12.75－12.15＝0.6ドルで60セントになる．つまり，SOAPネットの価格を7.75ドルにすることは，誘因両立的ではない．価格を誘因両立的なものにするには，シェルドンに少なく

とも60セントの消費者余剰がもたらされるようにする必要がある．したがって，SOAPネット単品の誘因両立的な価格は，$7.75 - 0.60 = 7.15$ドルである．そして，レオナードとラジがSOAPネット単品に支払ってもいいと考える価格は7.15ドルを下回っているので，2人とも，SOAPネット単品ではなく，セット商品を買うことになるため，この面からも誘因両立的である．

ESPNとペニーについても，同様の計算ができる．ケーブルテレビ会社はESPN単品に12.00ドルをつけることはできない．というのは，ペニーがESPN単品を12ドルで購入すれば，消費者余剰は0だが，セットで購入すれば，$12.50 - 12.15 = 0.35$ドルで，35セントの消費者余剰が得られるからだ．そのため，ESPNを単品で販売するなら，ペニーに少なくとも35セントの消費者余剰をもたらす価格設定にしなければならない．これを満たす最も高い価格は$12.00 - 0.35 = 11.65$ドルである．繰り返しになるが，この価格設定でレオナードとラジがセット商品の購入をやめることはない．2人がESPNに見つけた価値は，いずれも11.65ドルを下回っているからだ．

以上をまとめると，ESPN単品を11.65ドル，SOAPネット単品を7.15ドル，セット商品を12.15ドルに設定すると，レオナードとラジにはセット商品を販売し，限界費用を差し引いた5.15ドルの生産者余剰を1顧客につき手にすることができる．さらに，ESPN単品をペニーに販売して$11.65 - 6.00 = 5.65$ドルを，SOAPネット単品をシェルドンに販売して$7.15 - 1.00 = 6.15$ドルの生産者余剰を得ることができる．したがって，混合セット販売を活用することによる月間の生産者余剰の合計は，$(2 \times 5.15) + 5.65 + 6.15 = 22.10$ドルである．これは，純粋なセット販売を活用した場合の生産者余剰20.60ドルを上回る．

ケーブルテレビ会社の生産者余剰が増えるのは，生産費用（限界費用）を下回る価値しかつけない顧客に商品を販売しないようにしたからだ．

10.4 解いてみよう

「フィット・クラブ」は，トレーニング・マシンとプールという2種

第10章 市場支配力と価格戦略　139

類の設備を備えたスポーツクラブだ. 現在の顧客はエイブ, ベティ, クリスの3人で, 各自が2つの設備に対して毎月支払ってもいいと考える料金を下の表にまとめた.

支払ってもよい金額（月あたり）

	ウェイトトレーニング	室内プール
エイブ	60ドル	50ドル
ベティ	50ドル	125ドル
クリス	25ドル	140ドル

　トレーニング室とプールの1カ月あたりの限界費用は, それぞれ20ドルで一定である. プールの限界費用は水と消毒剤の価格であり, トレーニング室の限界費用は清掃とメンテナンスの費用である. 3人は各設備の1カ月の利用頻度を考えており, クラブ側は3人にどんな会費制度を提供するかを決めなければならない.

a. 3人全員にトレーニング室とプールの利用権を別々に販売するとすれば, 各設備の利用料金をいくらにするか. その場合, クラブの生産者余剰はいくらになるか.

b. 3人全員にトレーニング室とプールをセットにして販売するとすれば, このセットの料金はいくらに設定するか. その場合, クラブの生産者余剰はいくらになるか.

c. クラブでは, トレーニング室60ドル, プール140ドルで別個に購入するか, 両方利用できる権利を175ドルで購入するか, 顧客自身に選択させることを検討している. 3人はそれぞれ, どれを選ぶだろうか. この場合, クラブの生産者余剰はいくらになるか.

解答:

a. 3人全員にトレーニング室の利用権を販売する場合, クラブは顧客のうち支払い意欲が最も低いクリスの25ドルを超える価格をつけることができない. 同じ理由から, プールの利用権の販売価格は50ドルになる.

140　第3部　市場と価格

　　これらの価格で，トレーニング室の利用権の販売による生産者余剰は以下のようになる．

$$トレーニング室の生産者余剰＝（価格−限界費用）×数量$$
$$＝（25−20）ドル×3$$
$$＝5ドル×3＝15ドル$$

　　プールの利用権の販売による生産者余剰は以下のようになる．

$$プールの生産者余剰＝（50−20）ドル×3$$
$$＝30ドル×3＝90ドル$$

　　したがって，生産者余剰の合計は，15＋90＝105ドルである．

b.　セット販売の価格を決定するには，各人がセットに支払ってもよいと考える料金を計算する必要がある．下の表に示したように，それぞれの設備に対して支払ってもいいと考える金額を足し合わせればいい．

支払ってもよい金額（月あたり）

	ウェイトトレーニング	室内プール	セット販売
エイブ	60ドル	50ドル	110ドル
ベティ	50ドル	125ドル	175ドル
クリス	25ドル	140ドル	165ドル

　　したがって，スポーツクラブがセットとして課すことができ，かつ3人全員に販売できる最大価格は110ドルである．この価格で3名分売れるので，生産者余剰は以下のようになる．

$$セット販売の生産者余剰＝（価格−限界費用）×数量$$
$$＝（110−40）ドル×3$$
$$＝70ドル×3＝210ドル$$

c.　3人それぞれについて，個別に購入する場合とセットで購入する場合の支払い意欲を比較する必要がある．

　　エイブはトレーニング室の利用権だけを購入する．彼がプールに支払ってもいいと考える価格は140ドルを下回っている．セット販売についても同様で，110ドルの価値しか認めていない．そのためエイブには，トレーニング室の利用権しか販売することができない．

第10章　市場支配力と価格戦略　　141

　　ベティはどちらの設備の利用権も単独で購入するつもりはない．い
ずれについても，支払うつもりの金額がクラブの設定料金を下回って
いるからだ．だが，セット販売については設定料金と同じ175ドルを
支払うつもりがあるので，セットを購入する．

　　クリスはプールだけの利用権を購入する．彼がトレーニング室に支
払ってもよいと考える金額は25ドルにすぎず，60ドルを大きく下
回っている．同様にセットに支払ってもいいと考える額は，最高でも
165ドルである．このため，クリスにはプールの利用権しか販売する
ことができない．

　　したがって，生産者余剰の合計は以下のとおりになる．

$$トレーニング室の生産者余剰 = (価格 - 限界費用) \times 数量$$

$$= (60 - 20) ドル \times 1$$

$$= 40 ドル$$

$$プールの生産者余剰 = (140 - 20) ドル \times 1$$

$$= 120 ドル$$

$$セット販売の生産者余剰 = (175 - 40) ドル \times 1$$

$$= 135 ドル$$

したがって，セットの購入か個別の購入か利用者の選択に任せる場合
の生産者余剰の合計は以下のようになる．

$$40 + 120 + 135 = 295 ドル$$

10.6　高度な価格戦略

> **まとめ売り価格，2部料金制を活用できる場合**
> 1. 企業が市場支配力を持ち，転売を防止できる．
> 2. 顧客の需要曲線が必ずしも異なっている必要はない．

前節までは，価格差別に基づく価格戦略を分析し，支払い意欲が高い顧客

142　第3部　市場と価格

に高い価格を課すことができれば，結果として，第9章で論じた独占的企業がすべての顧客に均一価格で販売する場合よりも生産者余剰を増やせることを学んだ．この節では，市場支配力を持つ企業が，単位あたり一定の価格を課すのではなく，同一顧客に対して購入量に応じて単位あたりの価格を変える方法，あるいは単位あたりの価格にまとまった手数料を上乗せする方法によって，どのように生産者余剰を増やせるかを確かめよう．まずは数量割引の議論に戻ろう．

まとめ売り価格

　購入量の多い顧客に対し単価を下げる価格戦略は，**まとめ売り価格**（block pricing）と呼ばれる．こうした類いのことはしょっちゅうお目にかかっている．ペプシの12オンスを1本だけ買えば1ドルだが，6本入りパックは2.99ドルしかかからない．しかし，数量割引などの間接の価格差別と違って，まとめ売り価格は，買い手の需要曲線や価格感応度が異なっている必要はない．ペプシのすべての顧客の需要曲線が同じでも，購入量の多い顧客に安い価格で買える選択肢を提供することで，ペプシは生産者余剰を増やすことができるのだ．

　ウォルマートのフォトカードの需要曲線を示した図10.8をみてみよう．ここでは，顧客1人の需要曲線を念頭においている（あるいは，すべての顧客の需要曲線が同じだと想定している）ので，ウォルマートは需要の異なる顧客に価格差別を行おうとしているわけではない．ウォルマートが数量割引を行おうとすれば，そういうことになる．ウォルマートが，第9章で論じた市場支配力を持つ企業の価格設定の原則に従うとすれば，限界収入と限界費用が等しくなる数量を割り出し，その数量で需要曲線上の高さと等しい価格を課せばいい．図から，独占的な数量は100枚で，価格は1枚あたり25セントであることがわかる．

　だが，ウォルマートが転売を防げるのであれば，均一価格を課す必要はない．最初の100枚は1枚25セントで販売するが，それ以降の最大25枚（101枚目〜125枚目）は1枚あたりの価格を20セントに引き下げることに

図10.8 まとめ売り価格

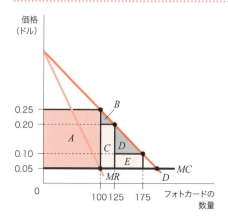

直線Dは1人の消費者に関するウォルマートのフォトカードの需要曲線である。独占的な価格戦略では、ウォルマートは需要曲線上の限界収入が限界費用と等しい水準でカードを販売する(1枚あたり0.25ドルで、100枚)。転売が防止できるなら、ウォルマートはまとめ売りの価格戦略を活用できる。最初の100枚は1枚あたり0.25ドルで販売するが、次の25枚は1枚あたり0.20ドル(合計で125枚)、次の50枚は1枚あたり0.10ドルに引き下げる(合計で175枚)。生産者余剰はAから$A+C$、さらには$A+C+E$に増加する。また、消費者余剰はそれぞれB、$B+D$に増加する。

する。買い手にとっては、追加分を安い価格で購入できることで、消費者余剰が三角形Bの分だけ増えるので得になる。ウォルマートにとっても生産者余剰が四角形Cの面積だけ増えるため、プラスになる。

ウォルマートは、購入数量が増えるほど単価を引き下げ続けることもできる。たとえば、126枚目から175枚目までの50枚は、1枚＝10セントにしてもよい。この場合も、図の三角形Dの消費者余剰がプラスなので、買い手はこの取引を受け入れる。ウォルマートも生産者余剰Eを手に入れるので前向きだ。こうした価格戦略は、次のようにも説明できる。販売額の累計は100枚で25ドル、125枚で30ドル、175枚で35ドルとなる。すべての顧客が同じ需要曲線だったとしても、全員で35ドル、175枚を購入することを選択し、ウォルマートはそれでも生産者余剰を増やすことができる(ここに、まとめ売り価格と、間接的な価格差別でみた数量割引が違う理由がある。ウォルマートは顧客をセグメント化しなくても生産者余剰を増やすことができるのだ)。

こうしたまとめ売りの価格戦略は、従来の均一価格戦略よりも生産者余剰を増やすことができるが、それは異なる販売量と、それぞれの販売量に対する顧客の評価額をよりよくマッチングできるからだ。顧客の支払い意欲が高

い最初の販売分については，比較的高い価格をつける．まとめ売り価格戦略を使えば，企業は最初に高い価格をつけることで，大量の販売を断念せざるをえないということはない．まとめ売り価格とは，顧客の支払い意欲が低い追加的な販売分について，相対的に低い価格で販売できるようにするものだ．

この例は，まとめ売り価格戦略という販売戦略が，需要曲線が同一の顧客タイプにも有効であることを示している．ただし需要曲線が同じ顧客が数多くいるとすれば，顧客が共食いにならないように転売を防止しなくてはならない．

2部料金制

市場支配力を持ち，顧客の需要曲線が等しい企業でも使える価格戦略としては，他に**2部料金制** (two-part tariff) がある．商品の支払いを2つの部分に分解する価格戦略である．1つは，標準的な単位あたり価格であり，2つめが商品の購入量に関係なく支払わなければならない固定料金である．

多くの携帯電話の「かけ放題」通話サービスは，2部料金制になっている．たとえば，1カ月に50ドルのサービス料を支払えば，追加料金を支払わなくても好きなだけ通話ができる．ここでは，2部料金制の固定部分が50ドルで，単位あたり価格が0である（ただし，他の市場や商品では，単位あたり価格がプラスになる場合が多い）．マイクロソフトのXboxのようなビデオゲームの料金も2部料金制のようなものである．ここでは，ゲーム機本体のコストが固定部分で，個々のゲームのコストが単位あたりの価格にあたる．

市場支配力を持つ企業にとって2部料金制が有利になる理由を理解するために，図10.9の市場を検討しよう．図は，ある携帯電話会社サービスに対する需要曲線，この需要に対応する限界収入曲線，一定の限界費用曲線を示してある．

独占的な企業が従来型の均一価格戦略で利潤を最大化する生産量は，限界収入が限界費用と等しい水準である．これにあてはまるのは，月あたり300

図10.9 2部料金制

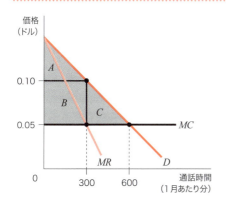

携帯電話会社は,独占的な均一料金制をとった場合,1分あたり0.10ドルで月あたり300分の通話時間を販売する.だが,2部料金制をとると,生産者余剰を長方形Bから三角形$A+B+C$に拡大することができる.そのためには,需要曲線が限界費用と等しくなる水準で1分あたりの料金を0.05ドルとし,この量で消費者余剰$A+B+C$と等しくなるように固定料金を設定する.この2部料金制の導入で,月あたりの通話時間の販売量を600分に伸ばす.

分であり,消費者がこの数量を購入したいと考える価格は,1分あたり0.1ドル=10セントである.この料金での消費者余剰は三角形Aであり,携帯電話会社の生産者余剰は四角形Bである.

ここで,携帯電話会社が均一料金ではなく,以下の2部料金制を導入するとしよう.まず,1分あたりの料金を限界費用の5セントまで引き下げる.この変更で通話時間は300分から600分に増加するが,1分あたりの利潤は0になる.だが,携帯電話会社は,各顧客がこの料金で毎月600分まで通話時間を増やし,その結果,消費者余剰が$A+B+C$になることを知っている.消費者余剰が,市場価格を上回る消費者の支払い意欲を示しているとわかっているので,この消費者余剰を自分のものにするべく固定料金を設定する.つまり携帯電話会社は,2部料金制の固定料金部分が$A+B+C$になるようにする.この料金は1分あたりの価格ではない.通話時間の多寡にかかわらず,1分あたり5セントの価格で購入する意欲のあるすべての消費者に対して,1カ月1度だけ課金される料金である.

この2部料金制のもとでは,何が起きるだろうか.1分あたりの通話料が5セントなら,消費者は600分の通話時間を購入する.限界費用も1分あたり5セントなので,料金体系のこの部分では携帯電話会社の儲けはない.だが,携帯電話会社は$A+B+C$の固定料金も課している.しかも重要なの

146 第3部　市場と価格

は，消費者がこれを喜んで支払う点だ．600分通話すれば，$A+B+C$の面積に等しい消費者余剰が得られるからだ．携帯電話会社は，消費者の購入量が0の場合よりも不利にならないように固定料金を設定する（$A+B+C$を若干下回る料金を設定すれば，厳密には消費者に有利にすることもできる）．携帯電話会社は，標準的な価格戦略ではBの余剰しか手に入らないが，2部料金制を活用すれば余剰全体（$A+B+C$）を確保できるのだ．

　繰り返しになるが，この戦略を需要曲線が同じ顧客が多数存在する市場に適用するには，転売を防げるかどうかがカギを握る．転売を防げなければ，1人の顧客が固定料金を支払い，限界費用で大量の通話時間を買い，固定料金を支払わない他の顧客にわずかな金額を上乗せした価格で余った時間を転売し，多額の儲けを得ることができる．たとえば，電話に細工をして，自分が使っていないときに，他の人に1分あたり6セントで使わせることにすれば，携帯電話会社の裏をかくことになる．

　企業経営者としては，市場の余剰全体を確保できればハッピーだが，そのような極端な結果になるのは，すべての顧客の需要曲線が同じである場合だけということに留意したい．顧客の需要曲線が異なる場合，問題ははるかに複雑になる．

　より高度な2部料金制について，図10.10に示したように，顧客の需要曲線が2通りに分かれる企業を考えてみよう．パネルaは購買意欲が比較的低い顧客，パネルbは購買意欲が比較的高い顧客の需要曲線を示した．単位あたりの価格を限界費用と等しくし，固定料金を$A+B+C$に設定すれば，顧客の購買意欲が比較的低いパネルaでは企業が余剰をすべて獲得できるが，顧客の購買意欲が比較的高いパネルbでは，多くの余剰を取りこぼすことになる．$A+B+C$は$D+E+F$より，はるかに小さいからだ．購買意欲が比較的高い顧客の余剰を取り込むために，固定料金を$D+E+F$に設定すれば，購買意欲の低い顧客はまったく買ってくれなくなる．これは，最初の戦略より必ずしもよいとはいえない．購買意欲が低い顧客の割合が高ければ，その顧客1人あたりで失う利潤が少ないとしても，全体としての損失はより大きくなることもある．要するに，どちらの戦略も完璧ではない．顧客が異なる需要曲線を持つとき，利潤を最大化する2部料金制の計算は複雑で，

図10.10 顧客の需要曲線が異なる場合の2部料金制

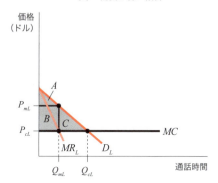

(a) 需要が弱い顧客には、Q_{cL} の通話時間を販売するため、1分あたりの料金を P_{cL} に、消費者余剰 $A+B+C$ と等しくなるように固定料金を設定したい。この消費者余剰は、需要が旺盛な消費者の消費者余剰（パネルbの $D+E+F$）よりかなり小さいので、この価格戦略をとると、需要の旺盛な顧客に多くの余剰を残すことになる。

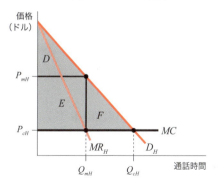

(b) 需要が旺盛な顧客には、Q_{cH} の通話時間を販売し、1分あたりの料金を P_{cH} にし、消費者余剰が $D+E+F$ と等しくなるように固定料金を設定したい。この固定料金は、需要の弱い顧客の消費者余剰を上回っているので、需要の弱い顧客は購入しない。

本書では取り上げていないが，通常，単位あたりの価格は限界費用を上回る水準に設定される．

10.5 解いてみよう

　ゴルフ場のゴールデンイーグル・カントリークラブで研修生として働いているとしよう．ゴルフ場の料金体系の設定をまかされた．ゴルフ場の料金は，年会費に1回ごとのプレー代を加えるのが一般的だ．顧客

それぞれの年間の需要曲線は，$Q = 300 - 5P$ で表される．プレー1回あたりのゴルフ場の限界費用は50ドルで一定である．この金額に料金を設定すると，会員が支払ってもいいと考える年会費はいくらになるか．

解答：

年会費に1回ごとのプレー代というこの料金体系は，2部料金制の一種である．1回のプレー代が50ドルであれば，各会員が年間に回りたいプレー回数は以下のようになる．

$$Q = 300 - 5P$$
$$ = 300 - 5 \times 50$$
$$ = 300 - 250$$
$$ = 50$$

つまり，年間50回である．

これを念頭に，各人が支払ってもよいと考える年会費の最大値を求めることができる．これは，1回50ドルで年間50回プレーする場合の消費者余剰に等しい．

消費者余剰を計算するには，グラフを描き，需要曲線をプロットして，消費者余剰の面積を見つけるのが手っ取り早い．単純化のために，需要関数を変形して逆需要関数にしよう．

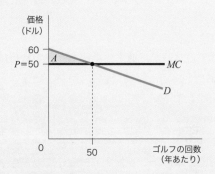

$$Q = 300 - 5P$$
$$5P = 300 - Q$$

$$P = 60 - 0.2Q$$

縦軸の切片は60で，消費者余剰は需要曲線Dより下で，価格の50ドルより上の面積Aになる．三角形Aの面積を計算すればいい．

$$A の面積 = \frac{1}{2} \times 底辺 \times 高さ$$

$$= \frac{1}{2} \times 50 \times (60 - 50) ドル = 0.5 \times 50 \times 10 ドル$$

$$= 250 ドル$$

ゴルフ場が1回のプレー代を50ドルに設定すれば，会員は年間50回プレーする．これで会員は250ドルの消費者余剰を手に入れる．このため，年会費250ドルを喜んで支払うと考えられる．

10.7 結論

第9章では市場支配力を持つ企業がすべての顧客に均一価格で販売する標準的な価格戦略について取り上げたが，この章では，適切な条件のもとで追求するさまざまな価格戦略によって，標準的な戦略よりも生産者余剰を拡大できることを学んだ．こうした価格戦略は身近なものだ．この章を読み終えたいま，読者は実際の戦略に気づくようになるだろう．こうした戦略を一切実践していない企業の存在にも気づいて不思議に思うかもしれないが，価格差別が機能するには必要な条件があることを思い出してもらいたい．

価格戦略の効果はさまざまだが，共通の前提条件がいくつかある．第1に，企業が市場支配力を持っていなければならない．完全競争市場下の企業は価格受容者なので，価格戦略は使えない．第2に，転売が防止できなくてはならない．転売が防止できないなら，第9章で取り上げた均一の独占的価格以外の戦略は機能しない．第3に，さまざまな価格差別戦略はそのメカニズムや適用できる市場のタイプが異なるが，その根底にある基本原則は同じである．消費者により多くの消費者余剰をもたらす数量について，よ

150　第3部　市場と価格

り高い価格を支払うように価格を設定することで，企業はより多くの生産者余剰を獲得できる，ということだ．また，需要弾力性の低い消費者には高い価格，需要弾力性の高い消費者には低い価格を設定することでも，価格差別は機能する．

　まとめ売り価格や2部料金制などの価格戦略は，すべての消費者の需要曲線が同じ市場でも活用できる．これらの戦略は，追加的な部分では低価格・低収益で消費者に大量の購入を促す一方，高い料金を前受けして生産者余剰を取り戻すことで機能している．

　次の章では，完全競争と独占のあいだの市場支配力を持つ企業を検討する．これらの企業は，自社の費用と自社の顧客の需要だけを考えるのではなく，同じ市場の他の企業の決定をもとに意思決定を行っている．多くの企業は，この章で取り上げた価格戦略を追求する可能性があるが，それで生産者余剰が増えるかどうかは，他社がそうした動きにどう反応するかにかかっている．

まとめ

1.　**価格戦略**を活用することによって，市場支配力を持つ企業は，第9章で論じた独占企業の価格決定のルール（企業は限界収入が限界費用と等しくなる量を生産し，消費者がその量を購入してくれる価格を課す）に従うよりも多くの生産者余剰を市場から引き出すことができる．しかし，そうできるには，一定の条件を満たす必要がある．企業が市場支配力を持っていることにくわえ，顧客間の転売を防止できることが重要な要件になる．転売を防止できるのであれば，顧客に関して保有している情報に応じて，どの価格戦略を追求するかが決まる．[10.1節]

2.　企業が各顧客の異なる需要に関して十分な情報を持っていて，それぞれの顧客に異なる価格を課すことができるとき，**完全価格差別（第1種価格差別）**が可能になる．この**直接の価格差別**によって，企業は市場の余剰全体を独占できる．しかしながら，企業がこの種の情報を持っていることは稀である．[10.2節]

第10章 市場支配力と価格戦略 **151**

3. 異なるタイプの顧客が存在し，企業が需要の価格弾力性が異なるグループを少なくとも2つ直接特定することができれば，2つのグループに異なる価格を課すことで，より多くの生産者余剰を獲得できる．このケースでは，利潤を最大化する直接の価格差別戦略は，各グループに独占企業の均一価格ルールを適用することである．顧客を直接グループ分けする方法は数多く存在する．顧客の特性，地域，過去の購買行動，購買時期などによって分ける方法があげられる．こうしたグループ分けは，**セグメント化**あるいは**第3種価格差別**と呼ばれる．［10.3節］

4. 企業は異なるタイプの顧客が存在することを知っているが，自社の財が購入される前に顧客がどのグループに属するか直接特定できない場合，**間接の価格差別**（**第2種価格差別**）を活用する．間接の価格差別では，どのグループに属するかを顧客自身に選ばせるような選択肢を設計する．多くの量を欲しがっていて需要弾力性が高い顧客には，**数量割引**が活用できる．製品の**バージョニング**も有効である．間接の価格差別に必要な追加的要件は，価格構造が**誘因両立的**である，という点だ．つまり，各顧客グループが，そのグループ向けに用意された選択肢を矛盾なく選ぶようにしなくてはならない．［10.4節］

5. 企業が複数の製品を販売し，それらの製品に対する顧客の需要が逆相関の関係にある場合，企業はそれらをセットとして販売することで，個別に販売するよりも多くの生産者余剰を獲得できる．とくに1つの製品の限界費用が，顧客がその製品に支払ってもいいと考える価格を上回っている場合，企業は個別に高い価格で買うか，セットで安く買うかの選択を顧客に委ねるという**混合セット販売**を活用することで，生産者余剰を増やせる可能性がある．［10.5節］

6. 顧客の需要曲線が同じだとしても，企業は**まとめ売り価格**（一定量以上の購入で割引）や**2部料金制**（単位あたりの料金にくわえ，固定料金を前受け）を活用することで，独占企業の標準的な価格決定に従う場合よりも多くの生産者余剰を獲得できる．だが，需要曲線が異なる顧客が数多く存在する場合，これらの価格戦略を実行するのははるかに複雑になる．［10.6節］

復習問題

(解答は以下のサイトで入手できる．https://store.toyokeizai.net/books/9784492315002)

1. 価格差別に必要な要件を2つあげよ．
2. 完全価格差別のもとで生産者余剰が最大になるのはなぜか．
3. 直接の価格差別の2つのタイプとは何か．
4. 企業が顧客をセグメント化する方法をいくつかあげよ．
5. 直接の価格差別と間接の価格差別の違いを述べよ．
6. 誘因両立性とは何か．間接の価格差別が誘因両立的であるための条件をあげよ．
7. 製品のバージョニングの例をあげよ．
8. まとめ売り，セグメント化，数量割引の違いを述べよ．
9. 混合セット販売と純粋セット販売の違いを述べよ．
10. 2部料金制を構成する2つの料金について説明せよ．

演習問題

(＊印をつけた問題の解答は，以下のサイトで入手できる．https://store.toyokeizai.net/books/9784492315002)

＊1. 以下のグラフのシュニッツェル〔子牛肉のカツレツ〕の需要について考えてみよう．独占企業が均一価格でシュニッツェルを販売しているものとする．

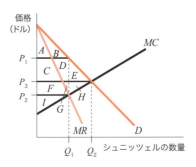

a. 利潤を最大化する価格と数量を求め，グラフで指し示せ．
b. 消費者余剰，生産者余剰を表す面積を指し示せ．
c. 売り手が完全な価格差別を始めたとする．シュニッツェルの販売量はいくらになるか．

第10章 市場支配力と価格戦略 **153**

    d. 売り手が完全価格差別を始めると，面積A，面積Bはどうなるか．

    e. 売り手が完全価格差別を始めると，面積E，面積Hはどうなるか．

2. 以下の説明は正しいか，間違っているか．その理由も述べよ．完全価格差別で得られる利潤は，第3種価格差別（セグメント化）による利潤を常に上回るので，第3種価格差別を実施している企業は，利潤を最大化していない．

3. 7人の消費者それぞれが，同じ菓子，バターフィンガー1袋を欲しがっている．各自がバターフィンガー1袋に最大でいくら支払うつもりがあるかを以下の表にまとめた．

消費者（年齢，性別）	支払ってもよい最大金額（ドル）
マージ（34，女）	2
ホーマー（38，男）	4
リサ（6，女）	5
マギー（2，女）	6
ネッド（46，男）	1
クルツィ（55，男）	3
バート（9，男）	7

    a. 各消費者がバターフィンガーを1袋だけ欲しがっていることを念頭に，バターフィンガーの需要曲線を描け．

    b. バターフィンガーの価格が7ドルの場合，1人だけが買い手になる．誰が買うのか．需要曲線上の7ドルの点に名前を書き入れよ．

    c. バターフィンガーが6ドルなら，2番目の価格をつけた消費者が市場に入ってくる．それは誰か．需要曲線上の6ドルの点に名前を書き入れよ．

    d. 需要曲線上の各点に，その点で買い手となる消費者の名前を書き入れよ．

    e. あなたはバターフィンガーの独占企業であり，限界費用および平均総費用は2ドルで一定である．消費者によって価格は変えない．利潤を最大化するには，価格をいくらにすべきか．どのくらいの数量を販売するか．利潤はいくらか．買い手の消費者余剰はいくらか．死荷重はいくらか．

    f. あなたの店にバターフィンガーを買いに来る消費者はそれぞれ，支払ってもいいと考える最大金額がひたいに書いてある．この情報をもとに，第1種価格差別を使って利潤を増やすことを考える．販売量はいくらになるか．利潤はいくらか．消費者余剰はいくらか．死荷重はいくらか．

    g. 価格差別を始めた場合，消費者余剰はどこに行くのか．

154   第3部 市場と価格

    h. 死荷重はどうなるか.

4. 問3のバターフィンガーの売り手が直面している問題について考えよう.

    a. 消費者間の転売は禁止できるものとする. 現実の世界では, それでも売り手が完全な価格差別を実施できないのはなぜか.

    b. まさにaで答えた理由から, バターフィンガーの売り手は, 顧客を2つのグループに分けて価格に差をつけることにした. 利潤を最大化するには, 性別で分けるのがいいか, 年齢別で分けるのがいいか.

    c. bの答えをもとに, 各グループに顧客を振り分けたうえで以下の問いに答えよ. (1) グループごとの価格, (2) 売り手が獲得する利潤の合計, (3) 消費者余剰の合計, (4) 死荷重.

    d. この価格戦略 (セグメント化) は, 完全価格差別よりも収益性が高いだろうか. この価格戦略は, すべての顧客に均一価格で販売する場合よりも収益性が高いだろうか.

    e. 均一価格で販売していた独占企業が, このようにセグメント化を始めた場合, 消費者余剰と死荷重はどうなるだろうか.

*5. 大学バスケットボール大会の運営委員会は, 大人のチケット需要を $Q_{ad}=5,000-10P$, 学生のチケット需要を $Q_{st}=10,000-100P$ と推計しており, 市場を大人と学生に分け, 料金に差をつけたいと考えている. 客席を追加で1席増やす限界費用および平均総費用は10ドルで一定だと見込まれる.

    a. 大人と学生のグループごとに, 逆需要曲線と限界収入曲線を求めよ.

    b. 限界収入が限界費用と等しいとおいて, グループごとに利潤を最大化するチケット数量を求めよ.

    c. bで求めた数量を各グループの逆需要曲線に代入して, それぞれ利潤を最大化する価格を求めよ. 誰がより多く払うのか, 大人か学生か.

    d. 各グループから獲得する利潤を足し合わせ, 運営委員会の利潤の合計を求めよ.

    e. 試合会場が5,000席しかないとき, 上記の問いの答えはどう変わるだろうか.

6. 問5では, 大会の観客を大人と学生にグループ分けした場合の利潤がわかった. だが, 大会の運営委員長は, 価格差別は大会のイメージを損なうと考え, 均一料金でチケットを販売することにした. 委員長からの依頼で, 料金をいくらにすべきか検討することになった.

    a. 大人と学生の需要曲線を足し合わせて, チケットの総需要を求めよ.

    b. チケットの逆需要曲線と, この需要に対応する限界収入曲線を求めよ.

第 10 章　市場支配力と価格戦略　**155**

    c. 利潤を最大化するチケットの数量と価格を求めよ.

    d. 運営委員会の利潤はいくらになるか.

    e. 同一料金を課す場合の利潤と, 前の問いの大人料金だけを課す場合の利潤
      を比較せよ. 運営委員会としては, 同一料金にして会場を満員にするのが
      いいか, 空席が目立っても大人料金だけを課すほうがいいだろうか.

7. あなたはネイルサロンの経営者である. 顧客の需要の価格弾力性は, 女性が
    −2.5, 男性が−1.2である. 追加的な1人にマニキュアを施す限界費用は12
    ドルである.

    a. 市場を性別でグループ分けする場合, 女性の料金はいくらにすべきか. 男
      性の料金はいくらにすべきか.

    b. グループで料金に差をつけるべき理由を直観で述べよ.

8. 映画館では通常, 夜間に比べて昼間の料金を大幅に安く設定している. 昼間
    と夜間では, 需要の価格弾力性がどう違うのか. 説明せよ.

*9. ある映画館の経営者は, チケットの需要弾力性を学生−2.0, 大人−1.5と推
    計した.

    a. 市場をグループ分けする場合, 高い料金を課すべきなのは学生か, 大人
      か. ミクロ経済学の理論を援用して, その理由を述べよ.

    b. 本章で取り上げたラーナー指数を使って, 価格の比率を求めよ. 高い料金
      を課すべきグループに対して, 何パーセントの料金を上乗せすべきか.

10. フロリダのあるレストラン経営者は, 顧客の需要弾力性を高齢者は−1.5, そ
    れ以外の顧客は−1.33と推計している.

    a. この情報をもとに, 高齢者には何パーセント, 割引を実施すべきか.

    b. 高齢者はウェイターに対する要求が高く, 料理が気に入らないと作り直し
      を求めることが多いので, 高齢者に対するサービスの限界費用は他の顧客
      の2倍になることがわかった. こうした費用を考慮すると, 高齢者の割引
      率は何パーセントにすべきか. (ヒント：本文の例を参照. ただし, 限界
      費用を除外してはいけない！)

    c. bの答えは意外だろうか. その理由を直観で説明せよ.

11. あるゴルフ場から依頼を受けた計量経済学者は, ゴルフ客を利用回数の多い
    グループと少ないグループに分けることにした. 年間のラウンドの需要は,
    回数の多いグループが$Q_f = 24 - 0.3P$, 少ないグループは$Q_i = 10 - 0.1P$で
    ある. Pは1回の利用料金である. 1ラウンドを提供する限界費用および平
    均総費用は20ドルである.

    a. ゴルフ場が利用回数の多い客とそうでない客を見分けることができる場

合，各グループの料金をいくらに設定するか．各グループの年間のラウンド回数はいくらか．ゴルフ場の利潤はいくらになるか．

回数の多い客と少ない客の区別をつけるのがむずかしいので，ゴルフ場の支配人は第2種価格差別（数量割引）を使って，料金体系を本人に選ばせ，利潤を大きくしようと考えた．1回ごとの料金を設定するが，利用回数の多い客には前もって割引料金を提供する．ゴルフ場としては，利用回数の多い客には割引料金プランを，回数の少ない客には1回ごとの料金プランを選択してもらいたい．

b. ゴルフ場は1回の料金をいくらに設定すべきか．理由も述べよ．

c. ゴルフ場が利潤を最大化するには，割引プランの料金をいくらに設定し，最低ラウンド回数をいくらにすべきか．

d. 利用回数の多いゴルフ客にとって消費者余剰が大きいのは，1回ごとのプランか，割引プランか．利用回数の多い客の逆需要曲線上で余剰の面積を示し，計算せよ．

e. 利用回数の少ないゴルフ客にとって消費者余剰が大きいのは，1回ごとのプランか，割引プランか．利用回数の少ない客の逆需要曲線上で余剰の面積を示し，計算せよ．

f. dとeの答えをもとにすると，ゴルフ場にとって最も収益性の高い料金プランを，ゴルフ客自身に選んでもらえるだろうか．

g. 各ゴルフ客の<ruby>ひたい<rt>・・・</rt></ruby>に「利用回数が多い」，「利用回数が少ない」と入れ墨が彫られているとする．この情報は，ゴルフ場経営者にとって価値があるだろうか．（言い換えれば，数量割引より，グループ別の料金体系のほうが，利潤が多くなるだろうか．）

12. 最近の教科書の多くには，高額の「国内版」と廉価な「海外版」と2種類ある．本文は同じだが，練習問題が少し違う．

a. 出版社がわざわざ2つの版を発売するのはなぜか．

b. 出版社としては，違う版の存在を隠しておくのがいいか，あえて明かしたほうがいいか．どちらが効果的だろうか．

c. 海外版の発行は，インターネットの爆発的に普及した時期と重なっている．これがただの偶然とは言えないのはなぜか．

*13. ロックウェイ＆ドーターズ・ピアノ社は，1人に1台ピアノを売ることを目指している．価格重視の消費者もいれば，品質重視の消費者もいるが，両者を見分けることは残念ながらできない．そこで同社は，ロックウェイのブランドで高級ピアノを，ダンディーのブランドで手頃なピアノを発売すること

にした．生産費用はほとんど変わらないが，品質はあきらかにロックウェイが優れていて，ダンディーよりも高くて当然と思われている．予算にシビアな一般の消費者は，ダンディー6,000ドル，ロックウェイ8,000ドル，音色を重視する消費者は，ダンディー7,000ドル，ロックウェイ1万2,000ドルが妥当な価格だと考えている．

a. ロックウェイ＆ドーターズ社は，ダンディーを5,000ドル，ロックウェイを1万500ドルにしたとする．この価格設定は，誘因両立的だろうか．すなわち，価格に敏感な消費者がダンディーを購入し，人前での演奏を重視する消費者はロックウェイを選択するだろうか．説明せよ．

b. 誘因両立性を達成するには，ロックウェイの価格をどれだけ引き下げる必要があるだろうか．

c. ロックウェイの価格を引き下げるのではなく，ダンディーの価格を引き上げて誘因両立性を達成することはできるだろうか．できるとすれば，どれだけ引き上げればいいか．

14. ロンドン・マーケット・バーの料金システムはユニークで，需要に基づいてコンピュータが料金を決定する．需要が増えれば，コンピュータは料金を徐々に下げ始める．需要と供給を学んだ者にとって，この戦略は不可解だ．副店長のセレーヌ・バーマンは，「都会派の若者」タイプの客から，どうして「料金が逆の方向に動くのか」としょっちゅう聞かれる，という．まとめ売り価格の知識を使って，売上げが増えると料金を引き下げる戦略が，バーの利潤を増やすことになるのか，その理由を説明せよ．

*15. マイクロソフト社は2種類のオフィス向けソフト，文書作成のWordと表計算のExcelを販売している．いずれも生産の限界費用はほぼ0である．これらのソフトの顧客は2つのタイプに分かれ，人口比はほぼ半々である．1つは作家タイプで，Wordに120ドル，Excelには40ドル支払ってもいいと考えている．もう1つはエコノミスト・タイプで，Wordに50ドル，Excelに150ドル支払ってもいいと考えている．

a. マイクロソフトとしては，作家タイプにはWordを，エコノミスト・タイプにはExcelの価格を高くして売るのが理想的だが，そうするのはむずかしい．理由を述べよ．

b. マイクロソフトでは，WordとExcelを別々に販売することにした．Wordの価格はいくらにすべきか．（ヒント：作家タイプだけに売るのがいいか，それとも作家タイプ，エコノミスト・タイプの両方に売るのがいいのか．）Excelの価格はいくらにすべきか．作家タイプ1人，エコノミスト・タイ

158 第3部 市場と価格

プ1人から成る顧客グループから得られる，マイクロソフトの利潤はいくらになるだろうか．

c. マイクロソフトは，WordとExcelをまとめてパッケージソフトOfficeとして販売し，個別販売はしないことにした．パッケージの価格をいくらにすべきか．その理由も述べよ．作家タイプ1人，エコノミスト・タイプ1人から成る顧客グループから得られる，マイクロソフトの利潤はいくらになるか．

d. セット販売のほうが，個別販売よりも利潤が多くなるだろうか．

16. デーツ〔なつめやしの実〕と卵の2財の市場に，3人の消費者，ジョン，ケイト，レスターがいる．3人の購買意欲をまとめたのが下の表だ．

	デーツ（1袋）	卵（1ダース）
ジョン	0.60ドル	2.00ドル
ケイト	1.30ドル	1.30ドル
レスター	2.00ドル	0.60ドル

a. あなたが地元の農家で，経費をかけずにデーツと卵を生産でき，個別に価格をつけられるとすれば，最適な価格はいくらか．利潤はいくらになるか．

b. デーツ1袋と卵1ダースをセット販売する場合，価格をいくらにすべきか．利潤はいくらになるか．

c. このケースでセット販売は有利になるだろうか．理由も述べよ．

d. デーツ1袋，卵1ダースの生産費用がそれぞれ1ドルに上昇したとする．このケースでセット販売は有利になるだろうか．理由も述べよ．数字を示しながら答えよ．

e. 費用が変化したとき，最適戦略はどう変わるか．

*17. エレーヌはケーキづくりが得意で，全国に通信販売している．カップケーキの味がとてもいいので，かなりの価格決定力がある．顧客のカップケーキの需要曲線は同一である．代表的な消費者の需要を次ページのグラフに示した．カップケーキ1個をつくる限界費用および平均総費用は0.5ドルで一定である．

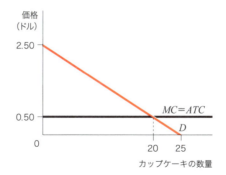

a. エレーヌが通常の独占的事業者なら，カップケーキの価格をいくらにすべきか．顧客1人あたりの注文個数はいくらか．エレーヌの利潤はいくらか．消費者余剰はいくらになるか．

b. エレーヌは，以下の条件で数量割引を実施することにした．最初の10個は1個1.5ドルとし，11個目から割引価格で販売する．この価格体系で割引価格をいくらにすれば，エレーヌの利潤は最大になるか．（ヒント：顧客の新たな需要曲線を描いて考えるといい．ただし，顧客はすでに10個買っているので，需要曲線は11個目から始まる．または，縦軸を右に10単位シフトする．）

c. 顧客は定価で何個，割引価格で何個注文するだろうか．

d. この価格体系でのエレーヌの利潤はいくらになるか．通常の独占事業者としての利潤と比べて多いか，少ないか．

e. エレーヌに欲が出てきて，3段階の価格体系を導入することにした．利潤を最大化するには，どんな3段階にすべきか．何個で価格を変えるか．利潤はいくらになるか．

f. 最初の1個を2.4ドル，2個目を2.3ドルと徐々に価格を下げることにした．何個売れるか．エレーヌの利潤はいくらになるか．

g. エレーヌが価格を変えるポイントを増やした場合，消費者余剰はどうなるか．またどこに行くのか．

18. 問17のカップケーキの需要について考えてみよう．エレーヌは1箱20個入りのカップケーキのみを販売することにした．

a. 20個のカップケーキを手に入れるのに，顧客はいくら支払うつもりがあるか．（ヒント：カップケーキ1個に支払うつもりのある金額は，需要曲線上の対応する点に示されていることを思い出してもらいたい．これらの値

を，1個から20個まで足し合わせるといい．）
  b. それぞれの顧客は，エレーヌにいくら利潤をもたらすか．
  c. bの利潤と，問17のfで答えた利潤は，どちらが多いだろうか．
19. スポーツジムは，混合型の２部料金制をとっているところが多い．会員になって格安料金（多くの場合，無料）で利用するか，ビジターのまま１回ごとに割高の料金（10ドルから15ドル）を支払うかのどちらかだ．こうした２部料金制の根拠を説明せよ．ジムの顧客の需要についてどんなことが言えるだろうか．
20. スマックフォン社はプリペイド式携帯電話の大手で，料金は１分ごとに課金されるシステムだ．一般消費者の人気も高いが，その匿名性から薬物ディーラーの利用も多い．スマックフォンの各タイプの顧客の需要曲線は下の図のように表される．スマックフォンの通話サービスの限界費用および平均総費用は，１分あたり５セントだ．

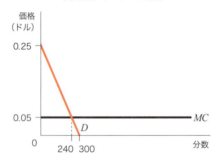

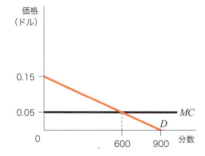

a. スマックフォンの利潤を最大化する，顧客タイプ別の，料金と通話時間を求め，グラフに書き入れよ．スマックフォンが各グループから得られる利潤はいくらになるか．

スマックフォンは新規顧客が一般消費者か薬物ディーラーかを見分けることはできないので，第2種価格差別を使って顧客を分類する．プランAでは，1分あたりの通話料金を15セントにする．プランBでは，300分を超える通話料金を1分10セントに引き下げる．

b. 一般消費者がプランA，プランBで獲得する消費者余剰はそれぞれいくらか．一般消費者が消費者余剰の最大化を目指す場合，どちらのプランを選択すべきか．

c. 薬物ディーラーがプランA，プランBで獲得する消費者余剰はそれぞれいくらか．薬物ディーラーが消費者余剰の最大化を目指す場合，どちらのプランを選択すべきか．

d. スマックフォンの提示する料金プランは，誘因両立的か（言い換えれば，薬物ディーラーをプランAに，一般消費者をプランBに誘導することができるだろうか）．この料金プランの組み合わせで，スマックフォンの利潤はいくらになるか．

e. スマックフォンは，料金プランの修正を検討している．1つの案は，プランBを1分あたり11セント，最低通話時間240分に変える，というものだ．新たな料金プランの選択は，誘因両立的だろうか．スマックフォンはなぜ，1分あたりの料金を11セントに値上げするだけにして，最低通話時間を300分で据え置かないのか．新たな料金プランの組み合わせで，スマックフォンの利潤はいくらになるか．

f. もう1つの修正案は，一般消費者向け料金を1分あたり14セントに引き下げるというものだ．この案は誘因両立的だろうか．新たな料金プランの組み合わせで，スマックフォンの利潤はいくらになるか．

g. 誘因両立的なプランをつくるうえで，一般消費者向け料金を引き下げるほうが，通話時間の長さで料金を割り引くよりも優れているのはなぜか．

第**3**部 市場と価格

不完全競争　第**11**章

これまでの章では，市場支配力のスペクトラムの両端——完全競争市場と独占市場について学んだ．完全競争市場では，1企業は多数の生産者の1つにすぎないので市場支配力はなく，価格は限界費用にまで引き下げられ，生産量は比較的多くなる．これに対して独占市場では，市場の生産者は1つの企業しかないので，この企業が完全な市場支配力を持ち，限界費用を上回る価格がつけられ，生産量は相対的に少なくなる．市場支配力を持つ企業が経済的利潤を増やすために活用できるさまざまな価格戦略についても学んだ．

　このスペクトラムの両端のあいだに，完全競争市場でも独占市場でもない多くの市場が存在する．コカ・コーラとペプシは，コーラ市場を支配している．任天堂，ソニー，マイクロソフトは，ビデオゲーム市場を支配している．これらの企業は，競争はしているが完全競争とはほど遠い．かといって比類ない独占企業でもない．完全競争と独占のあいだに位置する市場構造は，**不完全競争**（imperfect competition）と呼ばれる．

　この章では，重要だが複雑なこの市場構造を紹介する．まず，少数の企業間競争が特徴である寡占市場のいくつかのモデルを取り上げる．**寡占企業**（oligopoly）の競争パターンは何通りもあるため，あらゆる状況に適用できるたった1つの寡占企業モデルといったも

164　第3部　市場と価格

のは存在しない．この章の主眼は，多くの企業でもたった1つの企業でも
なく，少数の企業が競争する市場では，価格や生産水準がさまざまな値をと
ることを示す点にある．寡占市場では，市場環境によって価格や生産量が変
わりうる．これは，完全競争市場や独占市場にはないことだ．完全競争市場
では，価格は限界費用に等しくなり，市場の生産量は，この価格/費用水準
で市場の需要曲線とぶつかる水準になる．独占市場では（価格差別を無視す
れば），企業は限界収入が限界費用と等しくなるように生産量を決定し，こ
の量が需要曲線とぶつかる点で価格が決まる．

　寡占市場では，企業はある程度の市場支配力を持っているが，必ずしも独
占的な力ではなく，ある程度の競争はあるが完全な競争ではない．というこ
とは，市場の状況がもう少し具体的にわからないと，各企業の価格や生産
量，利潤を求めることはできない．寡占市場における企業行動を分析するに
は，市場の企業数だけでは情報が足りない．価格と生産量の決定に影響を与
える要因としては他に，生産する財が（石油の寡占のように）同一か，（コー
クとペプシのように）わずかな違いしかないか，競争の激しさはどうか，価
格で勝負しているのか生産量で勝負しているのか，といった点があげられ
る．

　この章では，寡占企業の一般的な行動モデルとして5つのモデルを取り
上げる．さらに，**独占的競争**（monopolistic competition）と呼ばれる不完全
競争の一種のモデルについても論じる．独占的競争市場とは，多数の企業が
ある程度の市場支配力を有するが，長期的には各企業の経済的利潤がゼロに
なる市場を指す．これだけモデルがあると，具体的なケースがどのモデルに
あてはまるかを見極めることがきわめて重要になるが，現実には一刀両断に
決められるわけではない．そのため，現実のさまざまな状況に，どのモデル
がふさわしいかをあてはめるうえでの考え方を示していく．

11.1　寡占市場における均衡

　さまざまな寡占モデルを紹介する前に，いくらか下準備をしておかなけれ

ばならない．とくに均衡の概念について詳しく説明しておく必要がある．完全競争市場や独占市場における均衡の概念はわかりやすい．消費者の需要量と生産者の供給量が一致する価格が均衡点であり，そこで，市場の「過不足がなくなる」．こうした均衡点で市場は安定する．不足も余剰もなく，消費者も生産者も自分が下した決定を変えたいとは思わない．

　こうした均衡の考え方を寡占市場にあてはめるのは問題がある．というのは，寡占市場では，各企業の行動が他企業の行動に影響を与えるからだ．どの企業も決定を変えたいと思わない水準に達するには，市場全体の価格と生産量を決める以上のことが必要である．

　寡占市場における均衡の概念も，出発点は完全競争市場や独占市場における均衡と変わらない．需要と供給が一致して市場が均衡する．だが，そのうえに必要な条件がある．どの企業も，他企業の価格や生産量がわかったとしても価格や生産量を変えようと思わない．言い換えれば，各企業は他企業の行動を前提にした行動をとらなければならない．つまり，寡占市場における均衡は，市場の総供給量と総需要量が一致するだけでなく，市場における個々の企業が行動を変えないという意味で安定的でなければならないのである．

　こうした均衡の概念——各企業が他企業の行動を前提に行動することによる均衡は，**ナッシュ均衡**（Nash equilibrium）と呼ばれる．ノーベル賞受賞者のジョン・ナッシュにちなんだもので，ナッシュの伝記を原作にした映画「ビューティフル・マインド」はアカデミー賞を受賞している．ナッシュ均衡の概念は，企業間の戦略的相互作用をさらに掘り下げたゲーム理論を取り上げる次章の中心テーマになる．だが，この章では，寡占市場におけるナッシュ均衡を理解するうえで，次の例が役立つだろう．

応用　ナッシュ均衡の例——映画のマーケティング

　ディズニーの「カーズ2」やドリームワークスの「カンフー・パンダ2」など，本格的なCGアニメ映画は莫大な制作費がかかる．コンピュータ処理やアニメーター，声優の報酬はかさみ，2作品とも制作費は約1億7,500万ド

ルだ. だが, これとは別に, それぞれ宣伝費に7,500万ドルかけている. つくった映画を見てもらうために, 制作費の半分近い額を宣伝費につぎこんでいるわけだ.

いま, アニメ映画業界にはディズニーとドリームワークスの2社しか存在せず, その宣伝が観客の選択に影響を与えているとしよう. ただし, 宣伝によって観客が見る映画全体の本数が増えるわけではなく, どちらの映画を見るかに影響しているにすぎない. ということは, ディズニーやドリームワークスからすれば, 宣伝は他社ではなく自社の映画に足を運んでもらうためのものであって, そもそも映画を見る気のない人々を映画館に行く気にさせるものではない.

いま両社はシリーズ3作目の「カーズ3」と「カンフー・パンダ3」を制作していて, 夏休みの同じ週末の公開を予定している. さらに制作費はいずれも1億7,500万ドル, 宣伝費は7,500万ドルと想定する. 両社がそれぞれ映画を宣伝し, 競い合えば, マーケティングの努力は相殺されてしまう. その結果, 両社は市場を二分し, それぞれ, たとえば4億ドルずつの興行収入を手にするとする. ここから制作費の1億7,500万ドル, 宣伝費の7,500万ドルを差し引くと, 1社あたり1億5,000万ドルの利潤が残る.

一方, 宣伝を一切しないことで両社が合意すれば, やはり市場を二分することになるが, 7,500万ドルの宣伝費が浮く. この場合の利潤は, 1社あたり2億2,500万ドルになる.

ディズニーもドリームワークスも利潤が多い後者のケースを好むだろう. 問題は, 宣伝が観客に与える影響から, 万一どちらか一方だけが宣伝して, 他方が宣伝しない場合, 宣伝したほうがほとんどの観客を奪い, 宣伝しなかったほうは観客がかなり少なくなるということだ. 宣伝したほうの売上げが7億ドル, 宣伝しなかったほうの売上げが1億ドルだったとする. 前者は4億5,000万ドルの黒字になるのに対し (売上げ7億ドルマイナス制作費1億7,500万ドルマイナス宣伝費7,500万ドル), 後者は7,500万ドルの赤字になる (売上げ1億ドルマイナス制作費1億7,500万ドル).

これらのシナリオをまとめたのが表11.1である. 表の4つのセルには, それぞれが各行上と各列左に記された戦略をとった場合に予想される各社の

第11章　不完全競争　**167**

表11.1 **宣伝による競争***

		ディズニー	
		宣伝する	宣伝しない
ドリームワークス	宣伝する	150, 150	450, −75
	宣伝しない	−75, 450	225, 225

＊　利潤の単位は100万ドル.

利潤を記してある. 左上は両社とも宣伝をする場合, 右下は両社とも宣伝をしない場合, 右上はドリームワークスが宣伝してディズニーはしない場合, 左下はディズニーが宣伝してドリームワークスは宣伝しない場合である. 利潤の単位は100万ドル, カンマの前 (黒字) がドリームワークスの利潤, カンマの後 (赤字) がディズニーの利潤である.

　表11.1 を見て, この市場の均衡点を考えていこう. 一見すると, どちらも宣伝しない場合に利潤の合計が最大になっているので, 宣伝しないことを申し合わせて2億2,500万ドルずつ利潤を獲得するのがよいと思うかもしれない. だが, これはナッシュ均衡ではない. その理由は次のとおりだ. 一方がこの論理で多くの利潤を確保できるはずだと考え, 宣伝をやめるとする. だが, 一方が宣伝をやめると, もう一方には宣伝をしようという強い動機が生まれる. 宣伝すれば, しない場合よりはるかに多くの利潤を確保できるのだ. すでに述べたように, ナッシュ均衡とは, 競争相手の行動を前提に両社が最善の行動をとることだった. こちらが宣伝しないと決めたら, 競争相手は宣伝することで利潤が増えるのだから, 宣伝しないことに同意するのはナッシュ均衡ではない.

　具体的に, ディズニーが宣伝をしないと仮定して考えてみよう. 表11.1 から, ドリームワークスも同調すれば, 同社の利潤は2億2,500万ドルになることがわかる. だが, ドリームワークスが合意を破棄して宣伝すると, 同社の利益は4億5,000万ドルになる. ドリームワークスが後者を選ぶのはいうまでもない. 表からは, 逆のケースも成り立つことがわかる. つまり, ド

168 第3部 市場と価格

リームワークスが宣伝しないことにした場合，ディズニーは宣伝することによって利潤が増える（2億2,500万ドルではなく4億5,000万ドル）．

つまり，宣伝をしないという合意は，両社に相手を出し抜く誘因が存在するので，安定しているとはいえない．一方が合意を順守しても，他方が裏をかいて利潤を増やすのだ．競争相手が宣伝しないときに自社は宣伝することによってより多くの利潤が手に入るのだから，どちらも宣伝しない場合はナッシュ均衡とはなりえない．両社とも宣伝しないという合意は，ナッシュ均衡ではない．

これまでの分析から，一方が宣伝し<ruby>な<rt>・</rt></ruby>け<ruby>れ<rt>・</rt></ruby>ば，他方は宣伝したくなることがわかった．では，競争相手が宣伝す<ruby>る<rt>・</rt></ruby>場合，どうするのが最適だろうか．答えはおそらく表11.1にある．ディズニーが宣伝する場合，ドリームワークスは宣伝すると1億5,000万ドルの黒字，宣伝しないと7,500万ドルの赤字になる．ドリームワークスが宣伝した場合のディズニーの最適な行動についても同じことがいえる．つまり，相手が宣伝する場合は，自分も宣伝するのが最適な選択になる．

相手が宣伝してもしなくても，宣伝するのが最適の選択であることを示した．これはディズニーに<ruby>も<rt>・</rt></ruby>ドリームワークスに<ruby>も<rt>・</rt></ruby>あてはまるので，このケースでの唯一のナッシュ均衡は，両社とも宣伝をすることである．いずれも競争相手の行動を前提に最善の選択をしているので，状況は安定的だといえる．

ここで注目すべき点がある．ナッシュ均衡における利潤は1億5,000万ドルずつで，両社とも宣伝しない場合の2億2,500万ドルを下回っている．それにもかかわらず，状況は安定しているのだ．このように，ナッシュ均衡で得られる成果が，それ以外の不安定なケースで得られる成果よりも悪い状況は，ゲーム理論で**囚人のジレンマ**（prisoner's dilemma）と呼ばれる．詳しくは，次節以降と第12章でみていく．■

第11章　不完全競争　　**169**

11.2 同一財の寡占市場──共謀とカルテル

> **共謀とカルテルにおけるモデルの想定**
> ・各企業は同一財を生産する.
> ・業界内の企業は, 生産量と価格を調整し, 合意する. 合意を破ること
> が自社の得になるとしても, 合意を破る企業は存在しない.

　この節以降, 不完全競争のいくつかのモデルを検証していく. これらのモ
デルは, 企業の意思決定の方法についてまったく違った答えを導き出すた
め, どのモデルを活用するのが適切かを見極めることが重要だ. 各節には,
モデルを適用するのに満たさなければならない条件を列挙して, 四角の枠で
囲っている. 本節で取り上げる最初のモデルでは, 寡占市場のすべての企業
が生産量と価格の調整に同意し, 全体として独占企業のように動く. その
後, 独占的利潤を山分けする.

　この種の寡占的行動は**共謀** (collusion) と呼ばれ, 企業が組織的に行う場
合には**カルテル** (cartel) と呼ばれる (時に「カルテル」は, 関係する企業が
公開協定を結んで合同で行う独占的行為を指し, 「共謀」は, 秘密裏に行う
独占的行為を指す場合がある. だが, 両者は同じ経済行為を指している).

　寡占企業が共謀に成功すれば, 寡占的均衡を計算するのは簡単である. 企
業は総体として単独の独占企業のように動くので, 業界全体の均衡点は独占
的均衡点と同じになる (第9章でみたように, 生産量は限界収入 MR =限界
費用 MC となる水準であり, 価格は需要曲線によって決まる).[1] だが, これ
を試さないでもらいたい. カルテルや共謀は, 世界のほとんどの国で法律違
反とされ, 米国では多くの企業幹部を刑務所送りにした犯罪行為である. 第
9章で, 独占は消費者に害を与える恐れがあるとして, 政府が反トラスト法

---

1) 　カルテルにおける市場均衡価格, 総生産量, 総利潤を求めるのは簡単だが, 生産量
や利潤を, カルテルを構成する企業のあいだでどのように分けるかを決めるのは (カ
ルテルを研究する経済学者にとっても, カルテルを行っている企業自体にとっても)
簡単ではない.

170   第3部　市場と価格

を積極的に可決・成立，運用してきた事実を取り上げた．それで共謀がまっ
たく起きなくなるわけではないが，秘密裏に行われる理由はそこにある．こ
の秘密性は，次に論じる不安定性の問題をより深刻にさせている（不安定性
の問題は，共謀が合法であったとしても存在する）．

共謀やカルテルの不安定性

　寡占企業は共謀を好む．より多くの利潤を稼げるからだ．18世紀の哲学
の教授で，経済学の父でもあるアダム・スミスはこの点を認識していた．
『国富論』にはこうある．「同業者が集まると，楽しみと気晴らしのための集
まりであっても，最後にはまず確実に社会に対する陰謀，つまり価格を引き
上げる策略の話になるものだ.」

　だが，共謀は簡単ではない．カルテルの参加企業それぞれに，協定を破ろ
うとする強力なインセンティブが存在する．交渉のテーブルで当初はある程
度合意に達したとしても，その合意はきわめて不安定なものだ．

　いま業界のA社，B社が共謀を企てているとしよう．単純化のために，両
社とも限界費用は一定でcとする．2社が一体として独占企業のように動け
るとすれば，第9章で学んだ方法で独占企業の市場均衡点を求めることが
できる．各企業は限界収入が限界費用と等しくなる水準で生産することがわ
かっている．問題は，各企業が他企業を犠牲にして生産量を増やそうとする
ことだ．

　各企業の逆需要曲線が$P = a - bQ$，Pは1単位あたりの価格，Qは生産量
だとする．9.2節から，この線形逆需要曲線に対応する限界収入曲線は$MR = a - 2bQ$であることがわかる．両企業は，これが限界費用cと等しくなる
水準で生産する．

$$MR = MC$$
$$a - 2bQ = c$$

この等式をQについて解くと，$Q = (a - c)/2b$になる．これが，両企業が
共謀して独占体のように行動したときの市場全体の生産量である．これを需
要曲線の等式にあてはめると，市場価格が得られる．すなわち，$P = (a +$

$c)/2$.

　以上が独占企業体として共謀した場合の市場全体の生産量と価格だが，こ
れに個々の企業の生産量の組み合わせが上乗せされて，独占的な価格と利潤
が決まる．もちろん，利潤をどう分けるかを決める必要がある．両社とも費
用が同じなのだから，それぞれ市場全体の半分の量を生産し（$Q/2 = (a-c)/4b$），独占的利潤を折半すると想定するのが理に適っている．ここでは，
そのように想定する（この節の後半で，各社の費用が異なる場合に共謀は一
段と不安定になる理由をみていく）．

カルテルの不安定性——数式によるアプローチ　　共謀が不安定である理由
を理解するために，具体的な数値例をみていこう．逆需要曲線が$P = 20-Q$，$MC = 4$ドルだとする．前と同様に，$MR = MC$とおくと，共謀による
均衡における業界全体の生産量は$Q = 8$単位，独占価格は$P = 12$ドルとな
る．A社，B社が生産量を二分すると想定すると，共謀にもとづく各社の生
産量は4単位ずつになる．これをまとめたのが図11.1である．

　前に取り上げた例では，ディズニーとドリームワークスは宣伝をやめると
いう合意を守れなかったが，共謀やカルテルも同じ理由から破綻する．どち
らにとっても，競争相手が生産量を抑えると知れば，生産量を増やすのが自
社の利益に適う．どちらにも合意を反故にするインセンティブが存在する．
言い換えれば，共謀はナッシュ均衡ではないのだ．

　その理由を理解するため，先の例でいずれか一方の企業の生産量の選択に
ついて考えよう．B社が4単位生産することに同意しているとき，A社は4
単位の生産を守り続けたいと思うだろうか．A社が生産量を4単位ではなく
5単位に増やせば，市場全体の生産量は9単位に増加する．生産量が増える
ことで，価格は12ドルから11ドルに低下する（需要曲線のほとんどがそう
だが，図11.1の需要曲線は，生産量が増えると価格が下がることを示して
いる）．

　A社が合意を破って生産量を増やすと，業界全体の独占的生産量と価格は
元の水準にはいられなくなり，過剰生産から業界全体の利潤は減少する．独
占/カルテル下の業界の利潤は，$Q \times (P-c) = 8 \times (12-4) = 64$ドルだっ

図11.1 カルテルの不安定性

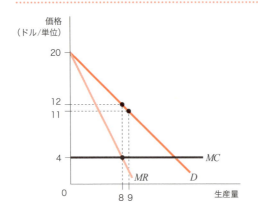

カルテルは独占企業のようにふるまおうとする。生産量を($MR=MC$となる水準の)8単位で抑え、1単位を12ドルで販売することで、産業全体の利潤は$(12-4)\times 8=64$ドルになる。生産量と利潤を2社で等しく分け合うとすれば、1社の利潤は$(12-4)\times 4=32$ドルになる。だが、A社が合意を破って生産量を1単位増やし、利潤を増やそうとするかもしれない。その場合、市場全体の生産量が増える一方、1単位あたりの価格は11ドルに低下する。この価格と生産量で、A社の利潤は$(11-4)\times 5=35$ドルになる。つまり、どちらの企業も合意を破って利潤を増やすことができるので、カルテルは安定しない。

たが、A社が生産量を増やすと、$9\times(11-4)=63$ドルに減少する。

業界全体の利潤は減っても、合意を破ったA社は増益に成功する。共謀下では、業界全体の独占利潤64ドルの半分の32ドルだったが、増産後は$5\times(11-4)=35$ドルになる。増産に伴う売上げの押し上げ効果が、増産に伴う価格低下のマイナスを補って余りある、といえる。

思い出してもらいたいが、ナッシュ均衡では、各社が競争相手の行動を前提に最善の行動をとる必要がある。この例では、競争相手が合意を守り続ける場合、合意を破ることが一方に有利になりうることが明らかであり、共謀はナッシュ均衡とはいえない。じつは、合意を破り、生産量を5単位以上に増やすことで、さらに有利になる。一方が合意を守り、4単位を生産する場合、他方の利潤を最大化する生産量は6単位である。この生産量での価格は$20-(4+6)=10$ドル、合意を破ったほうの企業の利潤は$6\times(10-4)=36$ドルになる。(自分自身で確かめてもらいたい。合意を破る企業の利潤が減少しはじめるのは、7単位以上生産する場合である。)

相手が合意を守り続けるなら，自分は合意を破ることで得することになり，どちらにも合意を破ろうという同じインセンティブがはたらくので，共謀を続けるのはきわめてむずかしくなるのだ.

カルテルの企業数が増えた場合　これまでみてきたのは，2社しかない市場で両社がカルテルを結んだ場合だった. 企業数が増えれば，カルテルを守るのはさらにむずかしくなる. 企業数が多いとき，各企業は合意を破ることによって得をする. 業界の企業数が2社ではなく4社として，前述の例を考えてみよう. 業界全体の生産量は8単位，各社はその4分の1の2単位ずつ生産する. 業界全体の独占的利潤64ドルを4等分し，16ドルずつ得るとの条件で協定を結んでいる. 4社中3社は協定を守るが，最後の1社が協定を破り，生産量を3単位に増やすとする. この場合も価格は11ドルに下がる. 協定を破った企業の利潤は，$3 \times (11 - 4) = 21$ドルになる. 協定を破ることによる利潤の増分は$21 - 16 = 5$ドルで，2社の場合の3ドルを上回る. 協定破りの企業は，生産量を4単位以上に増やしたいだろうか. イエスだ. じつは，他の企業が2単位の合意を守った場合，生産量を4単位，5単位と増やしても，利潤は増える. だが，6単位に増やすと利潤は減る（業界全体の総生産量が8単位，9単位，10単位のときの価格を割り出し，それぞれの価格でのこの企業の利潤を計算すればわかる）. 協定破りの企業が6単位を生産すると利潤は減るので，この企業の利潤を最大化する生産量は5単位ということになる.

企業数が多い場合もまた，協定破りの企業の利潤を最大化する生産量（5単位）もまた，協定で決めた生産量（1企業あたり2単位）よりも多い. 業界に2企業しか存在しない場合，協定破りの企業の利潤を最大化する生産量（6単位）は，協定で決めた生産量（1企業あたり4単位）を2単位上回るだけだが，企業数が4社になれば，利潤を最大化する生産量（5単位）は，協定で決めた生産量（2単位）を3単位上回る. カルテルの企業数が増えるほど，協定違反は広がり，その行為はより報われるものになるのだ.

カルテルの企業数が増えると，協定違反の企業の利潤を増やすだけでなく，協定を守り続ける企業の損失も軽減する. 協定違反によって引き起こさ

れる損失が，広く企業に分散されるからだ．これは，企業数が増えた場合，共謀を守り続けるのをむずかしくさせる一因でもある．

こうした協定違反は，あらゆるカルテルにつきものだ．カルテルにくわわったどの企業も，他のすべての企業が協定を守り，市場価格をつり上げるのを望む一方，みずからは決められた生産量以上に増産することで，他の企業から市場を奪いたいと考える．その結果，市場価格を下げることになる．どの企業も抜け駆けしようという同じ動機を持っているので，そもそも共謀しようと説得するのは容易ではない．

応用 OPECと石油統制

OPEC（石油輸出国機構）はカルテルの一種だが，加盟12カ国〔2013年現在〕すべての行動を調整して原油価格を高値で維持することのむずかしさを露呈している．そもそもOPECは，加盟国の行動を調整できたとしても，世界の原油供給のすべてを管理しているわけではなく，独占的立場にはない．現時点で世界の原油生産量の約半分と確認埋蔵量のかなりの割合は，OPEC非加盟諸国によるものである．[2] こうしたOPEC非加盟国は，OPEC加盟国による価格カルテルには大賛成だ．というのは，カルテルが成功すれば，原油価格がつり上がり，高値で原油を販売できるうえ，OPECの生産量枠を守る必要がないため，好きなだけ増産して販売量を増やせるからだ．とすれば，OPECは，カルテルの恩恵をすべて享受することはできないことになる．

くわえて，カルテルはそもそも不安定なため，OPECは足並みをそろえるのに苦労している．OPECでは毎月の会合で加盟国の生産枠を決定している．だが，生産枠を守らずに増産することが頻繁にある．このケースでの「頻繁に」は「常に」とほぼ同じ意味だ．図11.2は，2001年から2012年にかけてOPECで決められた生産枠と実際の生産量を示したものだ．[3] これを見

---

2) http://www.nationmaster.com/graph/ene_oil_resenergy-oil-reserves および詳しくは，http://www.nationmaster.com/graph/ene_oil_pro-energy-oil-productionを参照．

図11.2　OPECの実際の生産量と生産枠

OPEC加盟国は常に合意された生産枠を上回る量を生産している．これは，まさにカルテルの不安定性を象徴している．

ると，実際の生産量が合意された生産枠と一致したことはない．加盟各国は常に枠以上に生産している．まさに経済学の教科書どおりだ．カルテルの仕組みを前提にすると，加盟各国には生産枠以上に生産する強い動機が存在する．例外はサウジアラビアで，（かなりの利潤を犠牲にして）カルテルの規律らしきものを守るために，生産枠を下回る生産しかしないことが多い．さもなければ，OPECは完全に瓦解して，各国が増産に走りかねない．

今度ガソリンを満タンにするとき，60ドルも支払わなければならないとすれば怒っていい．だが，OPECだけを責めてはいけない．ガソリン価格を引き上げられるほどには，足並みをそろえられないのだから．■

---

3) OPECの実際の生産量は米国エネルギー情報局の*International Petroleum Monthly*，生産枠はOPECの統計から引用．2つのデータとも，イラクを除き（期間中，OPECから割当を免除），2008年のエクアドル，アンゴラの加盟，2009年のインドネシアの離脱を調整している．

176　第3部　市場と価格

11.1 解いてみよう

　プールの消毒用塩素を製造するメーカーは，スクィーキー・クリーン社とバイオベース社の2社だけだとする．塩素の逆需要曲線は$P = 32 - 2Q$で，Qの単位はトン，Pはトンあたりの価格である．塩素はそれぞれの企業が製造し，1トンを生産する限界費用は16ドルで一定で，固定費用は0とする．

a. 2社が共謀して独占企業のようにふるまい，市場を2等分することで合意するとすれば，各社の生産量はいくらで，1トンあたりの価格はいくらにするか．各社の利潤はいくらになるか．

b. スクィーキー・クリーン社には，合意を破って生産量を増やすインセンティブが存在するか．説明せよ．

c. スクィーキー・クリーン社の裏切り行為は，バイオベース社の利潤に影響を与えるか．説明せよ．

d. 各社がaの生産量より1トンずつ増産することで合意したとする．各社の利潤はどうなるか．スクィーキー・クリーン社は，合意を破って生産量をさらに1トン増やすインセンティブが存在するか．説明せよ．

解答：

a. 2社が独占企業のようにふるまうとすれば，生産量を限界収入が限界費用と等しくなる水準（$MR = MC$）にして，利潤を最大化するはずである．したがって，全体の生産量（Q）は次のように求められる．

$$MR = MC$$
$$32 - 4Q = 16$$
$$4Q = 16$$
$$Q = 4$$

　つまり，各社の生産量は2トンずつになる．価格を求めるには，$Q = 4$を逆需要曲線に代入すればよい．

$$P = 32 - 2Q = 32 - 2 \times 4 = 24 \text{ドル}$$

各社の利潤は以下のようになる．$(24-16) \times 2 = 16$ドル．

b. スクィーキー・クリーン社がバイオベース社を裏切って3トンを生産すれば，総生産量Qは5トンに増え，価格は22ドルに低下する．スクィーキー・クリーン社の利潤は以下になる．$(22-16)$ドル$\times 3 = 18$ドル．

つまり，利潤は増えるので，スクィーキー・クリーン社には合意を破るインセンティブが存在する．

c. スクィーキー・クリーン社がバイオベース社を裏切った場合，市場の価格Pは22ドルに下落する．それによって，バイオベース社の利潤は以下のようになる．$(22-16)$ドル$\times 2 = 12$ドル．

d. 両社が生産量を3トンずつにすることで合意すれば，$Q=6$，$P=20$ドルで，各社の利潤は以下となる．$(20-16)$ドル$\times 3 = 12$ドル．スクィーキー・クリーン社が4トンを生産すれば，$Q=7$に増加する一方，$P=18$ドルに低下する．したがって，スクィーキー・クリーン社の利潤は以下になる．$(18-16)$ドル$\times 4 = 8$ドル．つまり，利潤が減るので，スクィーキー・クリーン社には合意を破って増産するインセンティブは存在しない．

カルテルがうまくいく条件

カルテルは寡占市場で安定的な形態ではないが，一定の条件があればうまくいく可能性がある．

野心的なカルテルにとって第1に必要なのは，違反企業を見つけ罰する手段だ．カルテルに加盟した企業は，協定を上回る量を生産する（あるいは協定を下回る価格をつける）インセンティブが存在することをみてきた．協定に違反した企業がいても，他の企業がそれを知りえず，違反を発見しても罰則規定がないなら，協定が守られる可能性はゼロに近い．そのため，他の企業の取引量や価格を監視できれば，カルテルはうまくいきやすい．透明性を確保することで，協定を破って安値で販売したりする行為を未然に防止で

きる．協定に違反した企業には，なんらかの罰則を与える規定が必要である．一般に共謀は非合法なので，裁判に持ち込むことはできないが，将来のカルテルの利潤は分配しないなど，違反企業の利潤を減らすために何らかの措置を取ることは不可能ではない．

第2に，加盟企業の限界費用のばらつきが少ないほど，カルテルはうまくいく可能性が高い．独占企業（あるいは独占企業のようにふるまおうとするカルテル）は，利潤を最大化するために，最もコストが低い生産方法を活用しようとする．そのことが，カルテルに加盟する企業間で独占的利潤を分配する仕組みを複雑にし，違反を生みやすくしている．たとえばOPECの場合，1バレルの原油掘削費用は，サウジアラビアの4ドルに対して，ナイジェリアは20ドルである．最も効率的な生産戦略は，サウジアラビア産の原油だけを販売して，ナイジェリア産を販売しないことだが，OPECはそれをナイジェリアに納得させることはできない．

第3に，各企業が長期的な視点に立ち，将来に目を向けることができればカルテルの安定性は増す．長期的な利益のために短期の機会費用を負担することでカルテルにとどまる（協定違反を犯さないことを選択している）と考えるといい．短期の機会費用とは，協定に違反すれば得られるはずのより大きな利益を断念することである．長期の利益とは，カルテルの分裂を避けられれば得られる独占的利潤である．協定に違反することで手に入る目の前の追加的利潤よりも，将来にわたる独占的利潤を重視するようになれば，加盟企業は協定を守るようになる．他方，経営危機にあり，すぐにも利潤がほしい企業は，協定を破ることになるだろう．

応用 インディアナポリスのコンクリート・カルテル

2006年から2007年にかけて，米国司法省はインディアナポリスのメトロ地区とサウスウエスト地区で長年続いていたコンクリート・カルテルを摘発した．米国内の価格カルテルの摘発としては，史上最大規模の事件であり，数百万ドルにのぼる罰金が科され，10人の経営幹部が刑務所送りになった．[4]

インディアナポリスの価格カルテルは，不安定性の問題で苦しんできた．

第11章　不完全競争　　**179**

内輪の話し合いでの価格維持の慣行は「記憶にないほど昔」からあったが，参加企業はつねに違反する企業に悩まされ，罰する方法を模索していた．資金繰りが厳しく，価格を下げてでも売上げを確保しようと必死の企業への対応も悩ましい問題だった．

　参加企業は地元のレストランやホテルで定期的に会合を開き（証拠書類を残さないように，支払いは現金にした），市況に合わせて価格を調整した．幹部は身分を偽って参加企業に電話をかけて建て値を集め，協定に違反していないかどうか監視した．違反が見つかれば脅しをかけたが，はっきりそれとわからないようにしたため，実際どれだけ脅しが行われたかは定かではない．違反が広がれば，カルテルの元締めの招集により地元のレストラン，クラッカーバレルで緊急会議が開かれた．

　こうしたカルテル維持の努力の結果は，半ば成功であり，半ば失敗だったといえる．違反企業が圧倒的に強く，安値で獲得した顧客を手放さなかった時もあるが，概ねなんとか足並みをそろえて価格をつり上げることができた．価格は，カルテルがなかった場合を17％も上回っていたと推定される．

　カルテルに加盟していないある企業の幹部を抱き込もうとしたのが，崩壊の始まりだった．何度も説得を試みるが，なびかないとみると，当人がいかに無能かをその上司に吹き込んだ．追い詰められたこの幹部は連邦捜査局（FBI）に駆け込み，カルテルの内情を暴露した．カルテル参加企業では，多くの人間がキャリアを棒に振り，数社は解体され，数年後に捜査は終結した．■

コラム ヤバい経済学

政府はいかにして巨大タバコ・メーカーとの戦いに敗れたのか

　1997年，タバコ会社を取り巻く状況は厳しかった．寡占市場を構成するフィリップ・モリス，レイノルズ，ブラウン＆ウィリアムソン，ロ

4）　このコラムの情報の大半は以下から引用．Kevin Corcoran, "The Big Fix," *The Indianapolis Star*（May 6, 2007）: A1, A22–A23.

リラードの大手4社は，深刻な経営難に陥っていた．喫煙率は何十年も前から低下を続けていたが，それ以上に懸念されたのは，健康被害の訴訟が相次いでいることだった．マルボロ・マンを発売するフィリップ・モリスだけでも500件以上の訴訟を抱えていた．4社はまさに薄氷を踏むような財務状態だった．

こうした状況を踏まえると，政府がタバコ販売に対する新たな法制化をちらつかせたとき，タバコ会社は震えあがったのではないかと思うかもしれない．ところが，タバコ会社の幹部は，密かに舌舐めずりした．政府高官を欺いて，この法整備をマイナスではなくプラスにできるという確信があったのだ．ある面で，幹部の考えは正しかった．

長い交渉の末，州政府とタバコ会社は和解した．最終的には，タバコ会社が州政府に対して25年にわたって3,685億ドルを支払うことになった．タバコ会社にとっては大きな打撃であるように思える．

だが，実際にこの和解金を負担したのはタバコ会社ではない．喫煙者だ．和解金は，タバコ1箱ごとの税金の形で支払われることになったのだ．だが，第3章の租税帰着の議論でみたとおり，消費者の需要がきわめて非弾力的な場合（タバコのように中毒性がある財は，これに該当する），税のほとんどを負担するのは消費者である．さらに，この和解で，タバコ会社は将来の訴訟から守られることになった．

こうしたプラス材料にくわえ，和解案には，タバコ会社に対して現状の寡占状態をさらに堅固なものにし，共謀して価格をつり上げることを容易にする内容が含まれていた．たとえば，この和解は，巨大な障壁をつくって新規参入を妨げ，事実上，タバコの価格が高くなるのを容認し，既存の大手4社の最小限の市場シェアを保証するものだった．和解案によって，市場全体の競争を阻害するとともに，大手4社が市場シェアを失う心配をせずに値上げできるようになったのだ．

では，政府に何ができたのだろうか．2人の経済学者，ジェレミー・バロウとポール・クレンペラーは，和解の条文を精査し，政府に斬新な提言を行っていた．タバコ会社を買収し，国営にせよ，というのだ．[5] 政府にとって和解よりも安く済むし，タバコ事業を自由に運営できる，

というのがその理由だ．だが，タバコ会社を買収すれば，政府の反タバコ・キャンペーンの効果が弱まり，また吸いはじめる人が増えるのではないだろうか．バロウとクレンペラーに言わせれば，そうはならない．「伝統的にみて，政府による独占にプラス面があるとすれば，……製品の質を落とし，できるだけ消費者にやさしくない製品にすることだ」からだ．

11.3 同一財の寡占市場──ベルトラン競争

同一財のベルトラン競争におけるモデルの想定
- 各企業は同一財を販売する．
- 各企業は販売価格を決定することで競争する．
- 各企業は価格を同時に決定する．

前節では寡占市場における共謀/カルテルのモデルを学んだが，現実には独立企業のようにふるまえる可能性は低いことがわかった．複数の企業が独占企業のように一体となって行動しない（できない）のなら，互いに直接競争しあうモデルが必要である．第1の競争モデルは限りなくシンプルだ．各企業は同じ財を販売している．顧客は各企業の価格を比較し，最も安いものを購入する．経済学ではこの市場構造を**ベルトラン競争**（Bertrand competition）と呼ぶ．この市場について最初に記述した19世紀のフランスの数学者であり経済学者のジョセフ・ベルトランにちなんでいる．ここで想定しているように，各企業が同一財を販売しているとき，ベルトラン寡占の均衡点は完全競争と同じになる．各企業が販売する財が同一でない場合に状況がどう変わるかは，この章の後半で取り上げよう．

---

5) Jeremy Bulow and Paul Klemperer, "The Tobacco Deal," *Brookings Papers on Economic Activity* (1998): 323-394.

182 第3部 市場と価格

ベルトラン・モデルを構築する

　モデルの構築にあたり，市場には2社しか存在しないと想定する．2社は同じ製品を販売し，限界費用も等しい．具体例で考えよう．ある都市にウォルマートとターゲットの2店しかなく，この2店は隣り合わせに建っている．2店ともソニーのプレイステーションを販売している．プレイステーション1台あたりの限界費用は，いずれも150ドルである．これにはソニーに支払わなければならない仕入れ価格にくわえ，在庫やレジなどさまざまな販売費用を含んでいる．

　さらに，顧客からみた両店舗のサービスや雰囲気に違いはないものと想定する．この想定はおよそ現実的ではないが，各企業が同一財を販売するという想定にはふさわしい．サービスや雰囲気が加味されると，同一財とはいえなくなり，差別化された財を扱う企業行動のモデルが必要になるからである．それについては，この章の後半で取り上げるつもりだ．

　市場に2社しか存在しないと，それぞれがかなりの市場支配力を持ち，費用に上乗せするマークアップが大きいと思えるかもしれない．だが，この市場の需要のルールは単純で，顧客は安い店でプレイステーションを購入するだけだ．2店の価格が同じなら，コインを投げてどちらで買うかを決める．このルールでは，価格の安いほうが，市場のプレイステーションの需要を総取りすることになる．価格が同じなら，2店が需要を半分ずつ分け合う．

　市場の総需要をQ台，ウォルマートの価格をP_W，ターゲットの価格をP_Tとすると，2店の需要曲線は以下のように表される．

ウォルマートにおけるプレイステーションの需要

　　$P_W < P_T$ならQ

　　$P_W = P_T$なら$\dfrac{Q}{2}$

　　$P_W > P_T$なら0

第11章 不完全競争 **183**

ターゲットにおけるプレイステーションの需要

$P_T < P_W$ なら Q

$P_T = P_W$ なら $\dfrac{Q}{2}$

$P_T > P_W$ なら 0

ウォルマートとターゲットは，この需要曲線をもとに販売台数を想定し，利潤を最大化するよう価格を選択する．ここで総販売台数 Q は価格に依存しないものと想定している．価格に影響されるのは，どちらの店で購入するかの選択だけだ（総販売台数 Q は安いほうの価格で決まると想定することも可能だ．以下で論じる主要な結果はすべて同じになる）．

ベルトラン競争におけるナッシュ均衡

すでにみたように，ナッシュ均衡では，各企業が他の企業の行動を前提に最善の行動をとっている．そこでベルトラン・モデルの均衡点を見つけるために，まずウォルマートの行動を前提に，ターゲットの最善の対応について考えていこう（逆の順序で考えてもかまわない）．ウォルマートがプレイステーションの価格を P_W にすると予想される場合，ターゲットが P_W を上回る価格をつけるとまったく売れなくなってしまう．このため，利潤最大化戦略としては，この可能性を除外して差し支えない．ターゲットに残された選択肢は2つである．ウォルマートと同じ価格をつけて $Q/2$ 台を販売するか，ウォルマートを下回る価格で Q 台販売するかだ．重要なのは，ほんのわずかでもウォルマートの価格を下回ることであり，価格を P_W より若干引き下げればいいだけなので，単位あたりの利幅はごくわずかしか減らない．それでもターゲットは市場を総取りし，売上げを2倍にすることができる．

具体的に，ターゲットは，$Q = 1{,}000$，ウォルマートの価格 P_W を175ドルと予想しているとする．ターゲットも価格 P_T を175ドルにすれば，1台あたりの利潤25ドルで，500台販売できる（販売価格175ドル－限界費用150ドル＝25ドル）．ターゲットの総利潤は1万2,500ドルになる．だが，ターゲットが価格を174.99ドルにすれば，1台あたりの利潤は24.99ドルで，

1,000台売れる．総利潤は2万4,990ドルで，価格を175ドルとしたときのほぼ2倍になる．ターゲットには，予想されるウォルマートの価格を下回る価格をつける強い誘因が存在するわけだ．

いうまでもないが，ウォルマートからみても状況は同じである．ウォルマートにも，予想されるターゲットの価格を下回る価格をつける強い誘因が存在する．ターゲットがプレイステーション1台あたりの価格を174.99ドルにすると予想すれば，ウォルマートは174.98ドルに引き下げ，市場全体の販売量を総取りすることができる．そうであれば，ターゲットには，予想されるウォルマートのこの価格よりさらに引き下げる誘因が生まれる．

こうした価格引下げの誘因がなくなるのは，競争相手の価格が自身の限界費用（150ドル）を下回ると予想される場合だけである．この時点で，価格をさらに引き下げると，市場全体を奪い返すことはできるが，1台売るごとに赤字を垂れ流すことになる（赤字を取り戻そうとしてさらに販売量を増やすのだ！）．

ベルトラン競争における均衡は，どの企業も限界費用に等しい価格をつけるときに生じる．前述の例では150ドルである．どちらも市場の半分を獲得し，経済的利潤は0になる．もっと稼ぎたいと思うだろうが，どちらか一方がわずかでも限界費用を上回る価格をつければ，競争相手にはそれを下回る価格をつける強い誘因が生まれる．そして限界費用を下回る水準に価格を引き下げれば，赤字を出すだけになる．そのため，最も望ましい成果は得られない．つまり，どちらも一方的に価格を変えてより良い成果をあげることはできない．これがナッシュ均衡の定義である．

同一財のベルトラン競争において，競争相手が限界費用に等しい価格を変えないのであれば，価格を引き上げて利潤を増やすことはできない．両社の足並みをそろえるなんらかの方法をみつけ，そろって価格を引き上げれば利潤を増やすことはできる．だが，すでにみたように，こうした共謀は不安定なのが問題だ．両社がそろって限界費用を上回る価格をつけても，1社が一方的に合意を破棄し，価格をほんの少し引き下げて利潤を増やすことができるのだ．

寡占市場におけるベルトラン・モデルは，企業の数が少ない場合でも競争

が熾烈になりうることを示している．じつは，同一財のベルトラン競争による市場の結果は，完全競争市場のそれと同じで，価格は限界費用に等しくなる．競争相手よりもほんの少し価格を下げるだけで，市場を総取りできるために競争が熾烈になるのだ．両社に価格引下げの強力な誘因が存在するため，価格は限界費用まで下がるのである．

この例では市場の企業数を2社と想定していたが，企業数が増えても結果は変わらない．核心は同じだ．どの企業も価格引下げ意欲が強いため，すべての企業が限界費用に等しい価格をつけることで唯一の均衡が達成され，市場を等しく分け合うことになる．[6]

▐▐ 理論とデータ

コンピュータ部品　その1

同一財のベルトラン市場では，単純な均衡解が導出されるが，このモデルで提示される状況は現実の世界では稀である．現実にモデルの状況にかなり近いのは，半導体のネット販売市場であり，グレン・エリソンとサラ・エリソンによる研究を基礎編の第2章で簡単に取り上げた．[*] この市場では，コンピュータに詳しく，自分で組み立てたい消費者が，インターネットの検索エンジンでさまざまな部品メーカーの価格を比較して，CPUやメモリ半導体を購入する．

---

[6]　この場合も，すべての企業の限界費用が等しいと想定している．同一財のベルトラン競争において，企業の限界費用が異なる場合，均衡点は，最も費用が低い企業（複数の場合も含む）が2番目に低い企業をわずかに下回る価格をつけるときである．それより少しでも高い価格では，他の企業が価格を引き下げることができるため，費用が最も低い企業は価格の優位性を持つことなく，需要を他の企業と分け合わなければならなくなる．だが，それ以下に価格を引き下げる理由もない．売上げを増やすことなく，利潤を減らすだけになるからだ．つまり均衡水準では，最も費用が低い企業が，2番目に費用が低い企業をわずかに下回る価格で販売し（費用が低い企業が2社以上の場合は需要を分け合い），販売するたびに利幅を確保することで利潤をあげることができる．

[*]　Glenn Ellison and Sara Ellison, "Search, Obfuscation, and Price Elasticities on the Internet," *Econometrica* 77, no. 2 (2009): 427–452.

検索エンジンには，価格の安い順に選択肢が示されている．このサイトでは，このCPUの候補が20ページにも及ぶ．だが，どれも似かよっている．もし，自分が買うとすれば，1ページずつ，いちいち見比べるようなことはしないだろう．これらは，基本的には同一財なのだ．

くわえて，この市場では，ほとんどの顧客は，単純に選択肢のうち最も安いものを購入するようだ．ちょうどベルトラン・モデルがそうであるように．第2章で取り上げたとおり，グレン・エリソンとサラ・エリソンは，こうした半導体の需要の価格弾力性を−25前後と推定した．つまり，価格が競合他社よりわずか1％高いだけで，売上げが25％減るのだ．

価格変化に対するこうした需要の反応は，この章で論じた同一財のベルトラン・モデルのそれにかなり近い．競争相手よりもわずかに価格を下げるだけで，売上げは大幅に増加する．だが，その裏返しで，競争相手よりもわずかでも価格が高いと，売上げを大幅に失うことになる．

同一財のベルトラン・モデルは，需要がこのように価格弾力的であるとき，企業が限界費用と等しい価格をつける場合に市場が均衡することを示唆している．これはグレン・エリソンとサラ・エリソンが，コンピュータ部品市場で発見した結果に近い．第1に，価格は小売業者間でさほど変わらなかった．第2に，膨大な情報を収集し，CPUの小売業者の限界費用を推計した結果，最も安い半導体は，小売業者の限界費用にほぼ近い価格で販売されていた．

11.4 同一財の寡占市場──クールノー競争

同一財のクールノー競争におけるモデルの想定

・各企業は同一財を販売する．

・各企業は生産量を決定することで競争する．

・すべての財は均一の価格（市場価格）で販売される．価格は，市場のすべての企業の生産量の合計で決まる．

・各企業は生産量を同時に決定する．

第11章 不完全競争 **187**

　各企業が同一財を販売するとき，ベルトラン・モデルの均衡点は完全競争市場のそれと同じで，価格は限界費用と等しい水準にあった．企業間で製品に差がなく，消費者が気にするのは価格だけなので，各企業の需要曲線は完全弾力的になる．価格が少しでも高い企業は，市場シェアのすべてを失う．需要は，最も安い価格を提示した企業に向かう．

　だが，企業が供給制約に直面し，短期的に充足できる需要に限りがある場合はどうなるだろうか．制約がある場合，他の企業を下回る価格を提示できれば，供給能力の範囲内で顧客を奪うことができるが，おそらく市場全体の規模に達するまでの供給能力はない．

　このモデルでは，各企業が競争相手よりも高い価格を維持したとしても顧客をすべて失うわけではないため，価格引下げに対抗しようというプレッシャーはさほどはたらかない．じつは，安値で販売する企業の供給能力が十分小さければ，競争相手は価格を引き下げる必要性をまったく感じない可能性もある．これにより，ベルトラン・モデルでみられた価格引下げのスパイラルは回避される．

　この状況で企業にとって最も重要な問題は，どのくらいの供給能力を持ち，生産量をどうするかだ．

クールノー・モデルを構築する

　供給制約がある場合には，もう1つの主要な寡占モデル，すなわち**クールノー競争**（Cournot competition）を促すことになる（クールノー・モデルは，最初にモデルを構築したオーギュスタン・クールノーの名にちなんでいる．クールノーもベルトランと同じく19世紀フランスの数学者であり経済学者である）．

　クールノー競争では，企業は同一財を生産し，販売価格ではなく生産量を決定する．ベルトラン・モデルと違って，各企業は財の価格はコントロールしない．まず，業界内のすべての企業が生産量を決定する．つぎに，すべての企業の生産量に基づいて，市場の需要曲線がすべての企業の生産分を販売する価格を決める．第9章で学んだように，独占市場においては，企業が

価格を決めても生産量を決めても，価格と生産量の関係は変わらなかった．だが，寡占市場では，企業が価格を決めるか生産量を決めるかによって，市場における価格と生産量の関係は変わってくる．

具体例でみていこう．クールノー型寡占市場に企業1と企業2の2社が存在しているとしよう（企業数は多くても構わないが，分析を単純にするために2社にする）．両企業とも限界費用はcで一定で，個別かつ同時に生産量q_1, q_2を選択する．財の逆需要曲線は$P = a - bQ$で，Qは市場の総生産量である．したがって$Q = q_1 + q_2$となる．

企業1の利潤π_1は，同社の生産量q_1に市場価格Pと生産費用cの差をかけたものである．

$$\pi_1 = q_1 \times (P - c)$$

Pに逆需要曲線の等式を代入すると，

$$\pi_1 = q_1 \times \{a - b(q_1 + q_2) - c\}$$

同様にして，企業2の利潤π_2は以下になる．

$$\pi_2 = q_2 \times \{a - b(q_1 + q_2) - c\}$$

これら2つの利潤の等式から，寡占市場における企業の戦略に相互作用が存在するのはあきらかである．企業1の利潤は，自社が選択した生産量q_1だけでなく，競争相手の生産量q_2の関数でもある．同様に，企業2の利潤は，企業1の生産量の選択の影響を受ける．論理的には，各企業の生産選択は，市場価格Pへの影響を通じて競争相手の利潤に影響を与える，といえる．

クールノー・モデルに近い産業の例に原油業界がある．原油はコモディティであり，消費者は生産者が誰かを気にしない．原油の価格は世界的な市場で決まり，任意の時点の総供給量に依存する．したがって，サウジアラビアやイランなど埋蔵量の多い産油国ですら，自国の生産量について価格を決められるわけではない，と想定するのが現実的だ．産油国が決定するのは，生産量だけである（すでに述べたとおり，OPECは価格ではなく生産量を照準に定めている）．原油のトレーダーは，すべての産油国の生産量の動向を追い，総生産量（市場の供給）とその時点の需要を比較して指し値を入れ，原油価格を決めている．この価格決定プロセスは，需要曲線の上で，総生産

第11章 不完全競争　**189**

量によって市場価格が決まることから来ている.

クールノー競争における均衡

　クールノー競争における均衡点をみつけるには, 具体例を活用するのが手っ取り早い. 単純化して, 産油国がサウジアラビアとイランの2カ国しかないと想定しよう. いずれも限界費用は1バレル＝20ドルである. また原油の逆需要曲線は$P = 200 - 3Q$で, Pは1バレルあたりのドル建て価格, Qは日量で, 単位は100万バレルとする.

　クールノー競争の均衡点を見つけるのは, 独占市場のそれを見つけるのに似ているが, 前述のように違いが1つある. 市場の生産量Qは, 独占企業の生産量ではなく, サウジアラビアq_Sとイランq_Iの合計になる. この違いを念頭に, 独占企業の利潤を最大化する生産量を求めたのと同じ手順に従えばいい. 最初に, それぞれの国の限界収入曲線を求め, 次に限界収入が限界費用と等しくなる生産量を求めるのだ.

　まず, サウジアラビアの利潤を最大化する生産量を求めよう. 9.2節で学んだように, 逆需要曲線から出発したほうが限界収入曲線を簡単に求められる. そのため, 各国の生産量の選択という観点から逆需要曲線の等式を書くことにする. すなわち,

$$P = 200 - 3Q = 200 - 3\,(q_S + q_I) = 200 - 3q_S - 3q_I$$

限界収入曲線の傾きは逆需要曲線の傾きの2倍なので, サウジアラビアの限界収入曲線は以下のとおりになる.[7]

$$MR = 200 - 6q_S - 3q_I$$

サウジアラビアは, 限界収入MRが限界費用MCと等しくなる生産量で利潤を最大化する. すなわち,

$$200 - 6q_S - 3q_I = 20$$

---

7)　サウジアラビアの逆需要曲線は, 縦軸を価格P, 横軸を生産量q_Sとするグラフにプロットされている. 傾きは$\Delta P/\Delta q_S = 3$である. これは, 限界収入曲線の傾きを決定するのに, q_Sの係数だけが使われることを意味する. 限界収入曲線の傾きは$\Delta MR/\Delta q_S = 6$である.

190　第3部　市場と価格

この等式を解けば，サウジアラビアの利潤を最大化する生産量が求められる．すなわち，

$$q_S = 30 - 0.5q_I$$

この結果は，独占の場合とは異なる．サウジアラビアが生産量を独占するのであれば，限界収入と限界費用が等しいとおくと，サウジアラビアの生産量q_Sは市場全体の供給量と等しいQになる．だが，この例では，サウジアラビアの利潤を最大化する生産量は，競争相手のイランの生産量q_Iに依存する．同様に，イランの利潤を最大化する生産量q_Iは，需要曲線も限界費用も同じサウジアラビアの生産量q_Sに依存する．

$$q_I = 30 - 0.5q_S$$

この結果は，一方の生産量の決定が事実上，他方の生産量に対する需要を減らすことを示している．つまり，一方の生産量に対する需要曲線は，他方の生産量の分だけ内側にシフトする．たとえばイランの1日あたりの生産量が1,000万バレルだとサウジアラビアが予想すれば，サウジアラビアの需要曲線は以下のようになる．

$$P = 200 - 3q_S - 3q_I = 200 - 3q_S - 3 \times 10 = 170 - 3q_S$$

イランの生産量が日量2,000万バレルだと予想すれば，サウジアラビアの需要曲線は以下のようになる．

$$P = 200 - 3q_S - 3 \times 20 = 140 - 3q_S$$

競争相手の生産量決定を前提として，1国（一般的には企業）に残された需要は，**残余需要曲線**（residual demand curve）と呼ばれる．イランの2通りの生産量決定（日産1,000万バレルと2,000万バレル）を前提に，サウジアラビアの残余需要曲線をみてきたわけだ．

実際，クールノー競争では，企業は独占企業と同じようにふるまうが，その需要は市場全体の需要曲線ではなく残余需要曲線になる．残余需要曲線には，一般的な需要曲線と同様，対応する限界収入曲線が存在する（これを**残余限界収入曲線**（residual marginal revenue curve）と呼ぶ）．企業は残余限界収入が限界費用と等しくなるように生産量を決定する．そのため，サウジアラビアの最適な生産量は，$200 - 6q_S - 3q_I = 20$で決まる．等式の左辺はサウジアラビアの残余限界収入であり（予想されるイランの生産量水準q_Iの

図11.3 最適な生産量の選択

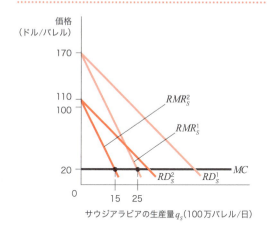

サウジアラビアの最適な生産量は、イランの生産量に依存する。イランの生産量が1,000万バレル/日であれば、サウジアラビアの最適生産量は2,500万バレル/日で、この水準で残余限界収入曲線RMR_S^1が限界費用曲線MCと交差する。イランの生産量が3,000万バレル/日に増加すると、サウジアラビアの残余需要曲線はRD_S^2に、残余限界収入曲線はRMR_S^2にシフトする。その結果、同国の最適な生産量は1,500万バレルに減少する。

関数で表される)，右辺は同国の限界費用である．

1国の利潤を最大化する生産量が，なぜ競争相手の予想生産量にあわせて変化するのだろうか．言い換えれば，クールノー競争において戦略的相互作用はどのような役割を果たしているのだろうか．これがわかるのが図11.3であり，サウジアラビアの残余需要曲線，残余限界収入曲線，限界費用曲線を示している（イランの場合も同じで，国名を入れ替えればいい）．残余需要曲線RD_S^1と残余限界収入曲線RMR_S^1は，イランの日産1,000万バレルに対応している．つまり，イランの生産量を日産1,000万バレルとサウジアラビアが予想すれば，サウジアラビアの最適な生産量は日産2,500万バレルになる．イランの生産量を日産3,000万バレルと予想すれば，サウジアラビアの残余需要曲線はRD_S^2へ，残余限界収入曲線はRMR_S^2へと内側にシフトし，$P = 110 - 3q_S$，$MR = 110 - 6q_S$になる．サウジアラビアの最適な生産量は日産1,500万バレルに低下する．イランの生産量が日産3,000万バレルを上回れば，サウジアラビアの残余需要曲線と残余収入曲線はさらに内側にシフトし，最適な生産量は低下する．

それぞれの利潤を最大化する生産量は，競争相手のそれに依存し，逆方向

192 第3部 市場と価格

に動く関係にあることはあきらかだ. 競争相手が増産すると予想すれば, 生産量を減らす. こうした類いの相互作用は, 鶏と卵の問題のように延々と続くかに思われるが, それぞれが相手の行動を前提に最善の行動を取るというナッシュ均衡の考え方に戻れば, それぞれに固有の生産水準を求めることができる.

クールノー競争におけるナッシュ均衡の意味を理解するうえで留意すべきなのは, 各国の利潤を最大化する生産量の等式が, 競争相手が決定した特定の生産量を前提に表現されている点である. q_Sの等式は, イランが決定する任意の生産水準q_Iに対するサウジアラビアの最善の選択をあきらかにしている. 同様にq_Iの等式は, サウジアラビアの任意の生産決定に対するイランの最善の選択をあきらかにしている. 言い換えれば, 2つの等式が同時に満たされれば, それぞれが相手の行動を前提に最善の選択を行っていることになる. つまりナッシュ均衡とは, 2つの等式を成り立たせる生産量の組み合わせなのである.

クールノー競争における均衡──グラフによるアプローチ これを図11.4のグラフで示すことができる. サウジアラビアの生産量を縦軸に, イランの生産量を横軸にとっている. 描かれているのは反応曲線である. **反応曲線** (reaction curve) は, ある国 (一般的には企業) が, 競争相手の国または企業の行動を前提にとりうる最善の生産選択を示したものである. 反応曲線はいずれも右下がりなので, 競争相手の生産量が増えるにつれ, ある国/企業の最適な生産量は減ることになる.

反応曲線SAは, イランが選択した任意の生産量に対するサウジアラビアの最善の選択を示したものであり, $q_S = 30 - 0.5q_I$で表される. たとえば, サウジアラビアがイランの生産量を0と予想すれば ($q_I = 0$), サウジアラビアの利潤を最大化する生産量q_Sは日産3,000万バレルになる. この生産量の組み合わせが点Aである. イランの予想生産量が増加するにつれて, サウジアラビアの最適な生産量q_Sは減少する. イランの予想生産量$q_I = 10$なら, サウジアラビアの利潤を最大化する生産量q_Sは$30 - 0.5 \times 10 = 2,500$万バレル (点B), $q_I = 30$なら1,500万バレル (点C) になる. イランの予想生産

図11.4 反応曲線とクールノー均衡

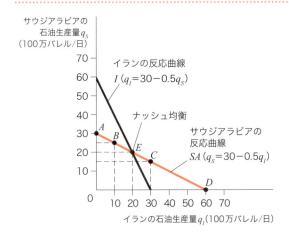

反応曲線は，競争相手の生産量を前提にしたときの最適な生産量を示したものである．SA はサウジアラビアの，I はイランの反応曲線である．イランとサウジアラビアの生産量が2,000万バレルで等しくなる点 E（$q_I=q_S=20$）で，市場はナッシュ均衡に達する．この点で，両国は相手国の生産量を前提に，同時に最適な生産量を実現する．

量が増加するにつれ，サウジアラビアの最適な生産量は減少しつづけ，$q_I=$ 6,000万バレルのときに0になる（点D）．イランの生産量 q_I が6,000万バレルを上回る水準では，市場価格は1バレルあたり20ドルを下回る（需要曲線を参照）．これはサウジアラビアの限界費用を下回っているので，原油を採掘しても利潤は得られないのだ．

直線 I はイランの利潤を最大化する生産量 $q_I=30-0.5q_S$ を表す反応曲線である．縦軸と横軸が入れ替わっている以外は，基本的に SA と同じである．予想されるイランの生産量が増加するにつれ，サウジアラビアの利潤を最大化する生産量が減ったのと同じで，サウジアラビアの予想生産量 q_S が増加するにつれ，イランの最適な生産量は減っていく．$q_S=0$ なら $q_I=3,000$万バレルだが，q_S が増加するにつれ減少し，$q_S=6,000$万バレルのとき $q_I=0$ になる．

どちらも，自国の行動が競争相手の望ましい行動に影響を与え，それがまた自国の最適な行動に影響する，といった具合に相互に影響しあっていることを認識している．こうした戦略的相互作用は反応曲線にしっかり反映されている．だからこそ，反応曲線が交差する点が均衡点になるのだ．つまり，

194 第3部 市場と価格

点Eがクールノー競争におけるナッシュ均衡であり、互いに最善の反応を示した点である。一方の生産量が点Eのとき、もう一方がそれを無視して別の点で生産すれば、利潤を減らすだけだ。均衡点での生産量は、いずれも2,000万バレルで、市場全体では4,000万バレルになる。

クールノー競争における均衡――数式によるアプローチ　前小節のように、クールノー競争における均衡点はグラフで見つけることができるが、数式を解いて、2つの反応曲線が等しくなる生産量を求めることもできる。その方法の1つは、一方の等式をもう一方の等式に代入し、最初の等式の変数を消去して、残りの等式を解くことだ。たとえば、イランの反応曲線q_Iをサウジアラビアの反応曲線に代入すると以下のようになる。

$$q_S = 30 - 0.5q_I = 30 - 0.5 \times (30 - 0.5q_S)$$
$$= 30 - 15 + 0.25q_S$$
$$0.75q_S = 15$$
$$q_S = 20$$

　したがって、サウジアラビアの均衡生産量は日産2,000万バレルになる。この値をイランの反応曲線に代入すると、$q_I = 30 - 0.5q_S = 30 - 0.5 \times 20 = 20$となり、イランの最適な生産量もやはり2,000万バレルになる。図11.4の均衡点Eは$(20, 20)$の組み合わせであり、市場全体の生産量は4,000万バレルになる。

　この点での原油の均衡価格は、これらの値を逆需要曲線に代入して求めることができる。$P = 200 - 3(q_S + q_I) = 200 - 3 \times (20 + 20) = 80$ドル。各国の利潤は2,000万バレル$\times (80 - 20) = 12$億ドルであり、1日あたりの産業全体の利潤は24億ドルになる。

11.2 解いてみよう

　ある地域でオイル交換サービスを行っているのは、オイルプロ社とグリーステック社の2社だけであり、クールノー寡占市場を形成している。この2社のオイル交換に差はなく、消費者もどちらで買うかに関

心はない。オイル交換市場の逆需要曲線は、$P = 100 - 2Q$である。ここで、Qは2社が提供する年間のオイル交換の回数（単位は1,000回）の合計であり、$q_O + q_G$に等しい。限界費用は、オイルプロ社が12ドルに対し、グリーステック社は20ドルである。どちらも固定費用はないものとする。

a. 両社の反応曲線を求めて、グラフにせよ。

b. クールノー均衡で、各社が提供するオイル交換の回数を求めよ。

c. オイル交換1回の価格はいくらになるか。

d. 各社の利潤はいくらになるか。

解答:

a. まず、$Q = q_O + q_G$を市場の逆需要曲線に代入する。

$$P = 100 - 2Q = 100 - 2(q_O + q_G) = 100 - 2q_O - 2q_G$$

この逆需要曲線から、それぞれの限界収入曲線がわかる。

$$MR_O = 100 - 4q_O - 2q_G$$

$$MR_G = 100 - 2q_O - 4q_G$$

各社の利潤が最大化するのは、限界収入が限界費用と等しいときである。これから、各社の反応曲線が得られる。

$$MR_O = 100 - 4q_O - 2q_G = 12$$

$$4q_O = 88 - 2q_G$$

$$q_O = 22 - 0.5q_G$$

$$MR_G = 100 - 2q_O - 4q_G = 20$$

$$4q_G = 80 - 2q_O$$

$$q_G = 20 - 0.5q_O$$

これらの反応曲線は、次ページのようなグラフになる。

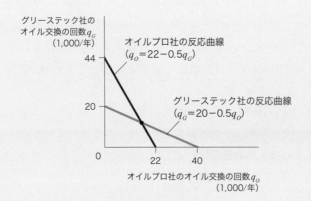

b. 均衡を求めるには，一方の企業の反応曲線をもう一方の企業の反応曲線に代入する必要がある．

$q_O = 22 - 0.5q_G$

$q_O = 22 - 0.5(20 - 0.5q_O) = 22 - 10 + 0.25q_O = 12 + 0.25q_O$

$0.75q_O = 12$

$q_O = 16$

$q_G = 20 - 0.5q_O = 20 - 0.5 \times 16 = 20 - 8 = 12$

つまり，年間のオイル交換の回数は，オイルプロ社が1万6,000回，グリーステック社は1万2,000回である．

c. 市場価格は，市場の逆需要曲線を使って求めることができる．

$P = 100 - 2Q = 100 - 2(q_O + q_G) = 100 - 2(16 + 12)$
$= 100 - 56 = 44$

オイル交換1回の価格は44ドルである．

d. オイルプロ社は1回＝44ドルで，年間1万6,000回販売しているので，総収入 $TR = 16,000 \times 44$ ドル＝70万4,000ドル，総費用 TC＝1万6,000×12ドル＝19万2,000ドル，である．

したがって

利潤 π＝70万4,000ドル－19万2,000ドル＝51万2,000ドル

グリーステック社は1回＝44ドルで，年間1万2,000回販売しているので，総収入 TR＝1万2,000×44ドル＝52万8,000ドル，総費

用$TC = 1$万2,000 × 20ドル = 24万ドル，したがって利潤$\pi = 52$万8,000ドル − 24万ドル = 28万8,000ドルである．

　限界費用が低い企業が，生産量が多く，利潤も多い点に留意したい．

クールノー競争を共謀，ベルトラン競争と比較する

　サウジアラビアとイランのクールノー競争における均衡（$Q = 4,000$万バレル，$P = 80$ドル）と利潤（1日24億ドル）を，すでに分析した他の寡占市場モデルの結果と比較してみよう．これをまとめたのが表11.2である．

共謀　まずサウジアラビアとイランが足並みをそろえ，共謀して独占企業のようにふるまうとしよう．このケースでは，個別に選択した生産量q_Sとq_Iを，総生産量$Q = q_S + q_I$として一体で扱う．限界収入＝限界費用という一般的な手順にしたがうと，$Q = 3,000$万バレルが得られる．両国は限界費用が同じなので，この生産量を等分し，1,500万バレルずつ生産することになる．総生産量は，先ほど求めたクールノー競争の総生産量4,000万バレルよりも少ない．さらに，独占的市場では，生産量が少ないので，価格も高くなる．独占的な生産量を需要曲線に代入すると，1バレルあたりの価格$P = 200 − 3 × 30 = 110$ドルになる．共謀による独占的競争下では，産業全体

表11.2 寡占の構造別に均衡を比較する

寡占の構造	総生産量 （100万バレル/日）	価格 （ドル/バレル）	産業全体の利潤 （10億ドル/日）
共謀	30	110	2.7
ベルトラン （同一財）競争	60	20	0
クールノー競争	40	80	2.4

の利潤がクールノー競争を上回ることもわかっている。このケースでは、3,000万×(110－20)ドル＝27億ドル (それぞれ13.5億ドルずつ) になる。これは、クールノー競争モデルを3億ドル上回っている。つまり、共謀による独占的均衡では、クールノー競争の均衡に比べて生産量は少なくなる一方、価格は高く、利潤は多くなる。

同一財のベルトラン競争　つぎに、同一財のベルトラン競争におけるナッシュ均衡を検討しよう。これは簡単だ。価格は限界費用と等しくなることがわかっているので、$P＝20$ドルとなる。この価格での総需要は、需要曲線に代入すればわかる。$P＝20＝200－3Q$ から、$Q＝6,000$万である。両国はこの需要量を等分に分け、3,000万バレルずつ販売する。両国とも限界費用に等しい価格で販売するので、経済的利潤は0である。ベルトラン競争の均衡では、クールノー競争の均衡に比べて生産量は多く、価格は低く、利潤は0になる。

まとめ　以上をまとめると、業界の総生産量では、共謀的な独占が最も少なく、クールノー、ベルトランの順になる。すなわち、

$$Q_m < Q_c < Q_b$$

価格については、順番が逆になり、ベルトランが最も低く、共謀が最も高くなる。すなわち、

$$P_b < P_c < P_m$$

同様に利潤も、ベルトランが最も少なく0であり、共謀が最も多く、クールノーがその中間になる。

$$\pi_B = 0 < \pi_c < \pi_m$$

つまり、クールノー競争の結果は、独占と (完全競争に近い) ベルトラン競争のあいだに収まる。そして、クールノー競争における価格と生産量は、独占やベルトラン競争の場合と違って、業界内の企業数に依存する。

クールノー競争において企業数が3社以上の場合

　以上の中間的な結果は，業界の企業数が2社の場合である．クールノー競争において，企業数が3社以上の場合も，総生産量，利潤，価格はいずれも共謀と完全競争の両極のあいだに収まる．しかしながら，企業数が増えるほど，その結果は，価格と限界費用が等しく，経済的利潤が0の完全競争に近づく．競合企業が増えるということは，任意の1社の生産決定が市場全体におよぼす影響が小さくなることを意味する．したがって，その生産量の決定が市場価格におよぼす影響も小さくなる．市場の企業数がきわめて多ければ，それぞれの企業は事実上，価格受容者になる．したがって，完全競争市場における企業のようにふるまい，市場価格が自社の限界費用と等しくなる水準で生産する．ほとんどのクールノー市場はこの水準にはないため，価格は通常，限界費用を上回る．だが，中間的なケースでは，クールノー競争で企業数が増えると，価格は下がり，総生産量は増え，企業の平均利潤は下がることになる．

クールノー競争 対 ベルトラン競争——議論の拡張

　市場における企業数の多寡で競争の熾烈さが変わる点が，クールノー・モデルの長所である．ベルトラン・モデルでは，2社以上の企業が存在する場合，結果は完全競争に近くなるとされたが，寡占市場に対して多くの人々が抱くイメージに近いのはクールノー・モデルである．クールノー・モデルの短所は，企業が決定するのは生産量だけで，価格は決定できないとする想定がやや現実離れしている点だ．このように説明できる寡占市場がどれだけあるだろうか．石油業界はごくごく特殊なケースのようにみえるが，本当だろうか．

　経済学者のデヴィッド・クレプスとホセ・A・シャインクマンは，この想定を詳細に検証した．その結果，クールノー・モデルの適用範囲の拡大に役立つ重要な点が証明された（高度な数学が使われているため，ここでは詳細は述べないことにする）．[8] クレプスとシャインクマンは，ある条件のもと

200 第3部　市場と価格

では，企業が生産量ではなく価格を決定したとしても，市場の均衡点がクールノー・モデルと同じようになることを示した．クレプスとシャインクマンが加えた重要な条件とは，価格を決定するより前に，企業はまず生産能力を決定しなければならない，というものだ．そうすれば，価格を決定した後も，生産量は生産能力の範囲内に抑えられることになる．

　具体例をあげよう．ある学園都市で不動産開発会社数社が，質や規模が均一な学生用アパートを建設するとしよう．アパートを建設した後は，市場にあわせて家賃を自由に設定できるが，家賃の決定は建てた軒数の制約を受ける．なんらかの理由で，月額50ドルという破格の家賃を設定したいと考えても，アパート数には限りがあるので，需要をすべて満たすことはできなくなる．不動産開発会社が最初に建設するアパートの数を決定し，その後，決定した任意の価格でその決められた数量を賃貸に回すのであれば，均衡価格と数量（このケースでは，不動産開発会社の軒数の決定と等しい）は，クールノー競争のようになることをクレプスとシャインクマンは示した．

　この結果が意味しているのは，生産能力を増強するためのコストが莫大で，能力を頻繁に変更できない産業では，短期的に企業が先に価格を決めるとしても，究極の市場の均衡点を求めるには，先に生産量を決定するクールノー・モデルが適している，ということだ．（長期的には，建設するアパートを増やし，かつ家賃を変更することもできる．）

11.5 同一財の寡占市場 ——シュタッケルベルク競争

同一財のシュタッケルベルク競争におけるモデルの想定

・各企業は同一財を販売する．

---

8)　David M. Kreps and José A. Scheinkman, "Quantity Precommitment and Bertrand Competition Yield Cournot Outcomes," *The Bell Journal of Economics* 14, no. 2 (1983): 326–337.

第11章 不完全競争 **201**

> ・各企業は生産量を決定することで競争する.
> ・すべての財は均一の価格で販売される（価格は，すべての企業の生産量の合計で決まる）.
> ・各企業は生産量を同時には決定しない. ある企業が生産量を先に決定する. それを受けて，次の企業が生産量を決定する.

　クールノー・モデルは，共謀/独占とベルトラン競争/完全競争のあいだに位置する寡占市場を分析する方法を教えてくれた. ほとんどの寡占市場モデルがそうだが，クールノー・モデルでは，他社の生産量決定に反応して自社の生産量を合理的に決定することで均衡点が求められる.

　じつは，クールノー・モデルには重要な想定がもう1つある. その意味については詳しく検討しなかったが，各企業は生産量を同時に決定する，という想定である. つまり，各企業は，競争相手の予想される行動を前提に，自社の最適な生産量を決定するのだ. 競争相手の予想生産量が変われば，自社の最適な生産量も変わる——これが反応曲線の論理だった.

　だが，よく考えてみると，各企業には，まず先に自社の生産量を決定し，競争相手をそれに反応させるインセンティブ（誘因）が存在する. 最初に決定する企業は生産量を引き上げて，「うちはクールノー・モデルで示唆される量より多く生産してしまいました. 御社はどうするおつもりですか」と聞くことができる. このケースでは，競争相手の反応曲線は右下がりなので，先に生産量を増やされるのをみた相手は，生産量を減らそうと考えるだろう. つまり，この市場には**先行者利得**（first-mover advantage）が存在するのだ.

　このように企業が順次，生産決定を行う寡占市場モデルは，**シュタッケルベルク競争**（Stackelberg competition）と呼ばれる（このタイプの寡占市場を最初に分析した20世紀初頭のドイツの経済学者ハインリッヒ・フライヘル・フォン・シュタッケルベルクにちなむ）. 最初に動く企業は，シュタッケルベルク・リーダーと呼ばれる場合もある. 各企業が順次決定を行う競争で，状況はどう変わるだろうか. もう一度，サウジアラビアとイランしかいない原油市場を例に考えてみよう.

原油市場の逆需要曲線は$P = 200 - 3Q$で表され，両国の1バレルあたりの限界費用は20ドルで一定とする．いずれも限界収入が限界費用と等しくなる水準で生産を行っていた．すなわち，

$$MR_S = 200 - 6q_S - 3q_I = 20$$
$$MR_I = 200 - 6q_I - 3q_S = 20$$

クールノー競争では，この等式を変形して，それぞれの反応曲線を求めた．すなわち，

$$q_S = 30 - 0.5q_I$$
$$q_I = 30 - 0.5q_S$$

この等式では，他国の生産量を前提として，自国が決定する最適な生産量がわかった．一方の反応曲線をもう一方に代入すると，ナッシュ均衡が得られた．ナッシュ均衡では，1バレルの価格が80ドル，生産量はそれぞれ2,000万バレルだった．

シュタッケルベルク競争と先行者利得

ここでサウジアラビアがシュタッケルベルク・リーダーで，先に生産量を決定すると想定しよう．サウジアラビアは先行者利得をどう活用するだろうか．

イランのインセンティブは変わらない．反応曲線は同じで，サウジアラビアが決定した任意の生産量に対するイランの最善の反応を示している．だが，シュタッケルベルク競争の場合，イランは自国の生産量を決める前に，サウジアラビアの生産量が確実にわかっている．サウジアラビアの生産量がいくらであっても，イランはその値q_Sを反応関数に代入することで最適な生産量を決定する．ここで重要なのは，イランがそうすることをサウジアラ・・・・・・・・・・・・・・ビアは最初に動く前から知っている，ということだ．

サウジアラビアは，イランの生産量が，みずからが先に決定する生産量の反応関数になると知っているので，その影響を考慮に入れたうえで最初の生・・・産量を決定しようと考える．そのようにして，サウジアラビアは先行者利得を活用するわけだ．そのためにサウジアラビアは，過去の経験から知り得た

イランの最善の反応を，自国の需要曲線と限界収入曲線の等式に組み入れればよい．サウジアラビアの限界収入曲線が変化するということは，同国の反応曲線がクールノー・モデルにおけるそれとは異なっていることを意味する．クールノー・モデルにおけるサウジアラビアの需要曲線は，

$$P = 200 - 3\,(q_S + q_I)$$

だった．シュタッケルベルク競争では，サウジアラビアは先行者なので，その需要は以下のようになる．

$$P = 200 - 3q_S - 3q_I = 200 - 3q_S - 3\,(30 - 0.5q_S)$$
$$= 200 - 3q_S - 90 + 1.5q_S$$

何が起きたかわかるだろうか．イランの反応関数（$q_I = 30 - 0.5q_S$）をサウジアラビアの需要曲線に直接代入したのだ．なぜなら，サウジアラビアは最初に動くことによって，みずからの生産量決定が影響を与え，自国の需要曲線（さらには限界収入曲線）に直接，そしてイランの生産量決定に影響を与えることをとおして間接的にも影響を与えることを認識しているからだ．この等式で，直接的な影響は$-3q_S$で捉えられ，クールノー・モデルの場合と同じである．間接的な影響は，サウジアラビアの生産量決定がイランの生産量決定に与える影響として捉えられる．等式では，2番目のq_Sの項（$1.5q_S$）がそれにあたる．

この需要曲線はさらにシンプルにすることができる．すなわち，

$$P = 110 - 1.5q_S$$

第9章から，サウジアラビアの限界収入曲線は$MR_S = 110 - 3q_S$であることがわかっている．これを限界費用（1バレル20ドル）と等しいとおき，q_Sについて解くと，シュタッケルベルク競争においてサウジアラビアの利潤を最大化する生産量がわかる．

$$MR_S = 110 - 3q_S = 20$$
$$3q_S = 90$$
$$q_S = 30$$

つまり，シュタッケルベルク競争において，先行者であるサウジアラビアの最適な1日の生産量は3,000万バレルであり，クールノー競争における最適な1日の生産量2,000万バレルを1,000万バレル上回っている．

つぎに，サウジアラビアの生産量決定が，イランの最適な生産量にどう影響するかをみなければならない．そのためには，サウジアラビアの生産量をイランの反応曲線に代入すればよい．

$q_I = 30 - 0.5q_S = 30 - 0.5 \times 30 = 15$

クールノー競争ではイランの生産量は2,000万バレルだったが，シュタッケルベルク競争では1,500万バレルになる．サウジアラビアは最初に動くことでイランを制し，イランは生産量を2,000万バレルから1,500万バレルに減らさざるをえない状況に追い込まれるのだ．

以上から，シュタッケルベルク競争における市場全体の生産量は4,500万バレルになる．これは，クールノー競争における4,000万バレルを上回っている．そして，生産量を同時に決定するクールノー競争よりも，生産量を順番に決めるシュタッケルベルク競争のほうが生産量が多いのだから，価格は低くなるはずだ．すなわち均衡価格は，1バレルあたり，$200 - 3(30 + 15) = 65$ドルになる（クールノー競争の均衡価格は80ドル）．

利潤はどうなるだろうか．サウジアラビアの1日あたりの利潤は，$30 \times (65 - 20) = 13$億5,000万ドルになる．これは同時に生産量を決定するクールノー競争の利潤12億ドルを1億5,000万ドル上回っている．この結果から，先に動いて生産量を決めるほうが得であることがわかる．一方，イランの1日あたりの利潤は，$15 \times (65 - 20) = 6$億7,500万ドルにとどまり，クールノー競争における利潤12億ドルを大幅に下回る．戦略的決定における先行者利得の役割については，ゲーム理論を取り上げる次の章でさらに詳しく論じよう．さしあたってここまでで，企業が市場にいち早く参入し，他の企業に先んじて生産量を決定したい理由はわかったはずだ．

シュタッケルベルク競争は，数式を使っていて，やや抽象的だが，ある企業がいち早く動いて優位性を手に入れ，後発企業は戦略を変更し，生産量を減らさなければならないという想定が現実に即している．iPhoneのようなタッチ・スクリーンのスマートフォン市場は，こうした類いの競争の好例だ．アップルがいち早く製品を発売して大勢の顧客を囲いこむので，競合企業はアップルの生産量が十分に多いことを認識したうえで，自社の生産計画を決定しなければならない．

第11章 不完全競争　**205**

11.3 解いてみよう

「11.2 解いてみよう」のオイル交換のオイルプロ社とグリーステック社をふたたび取り上げよう. 市場の逆需要曲線は $P=100-2Q$ だった. Q は年間のオイル交換の回数（単位は1,000回）であり, q_O+q_G の合計である. 限界費用はオイルプロ社が12ドル, グリーステック社が20ドルである.

a. この市場がシュタッケルベルク寡占市場であり, オイルプロ社が先行企業だとする. 各社の交換回数はいくらか. オイル交換サービス1回の市場価格はいくらか. 各社の利潤はいくらになるか.

b. 今度は, グリーステック社が先行企業だとする. 各社の交換回数はいくらになるか. オイル交換サービス1回の市場価格はいくらか. 各社の利潤はいくらになるか.

解答：

a. まずオイルプロ社の需要を検討する必要がある. 同社は先行企業であり, 過去の経験から, グリーステック社の交換回数がオイルプロ社の交換回数の関数になることを知っていると想定している. このため,「11.2 解いてみよう」の図から, グリーステック社の反応曲線を市場の逆需要曲線に代入して, オイルプロ社の逆需要曲線を求めなくてはならない.

　グリーステック社の反応曲線は, $q_G=20-0.5q_O$ である. これを逆需要曲線に代入すると以下になる.

$$P=100-2Q=100-2\,(q_O+q_G)=100-2q_O-2q_G$$
$$=100-2q_O-2\,(20-0.5q_O)=100-2q_O-40+q_O$$
$$=60-q_O$$

　つまり, オイルプロ社の逆需要曲線は $P=60-q_O$ である. ここから, オイルプロ社の限界収入曲線は

$$MR_O=60-2q_O$$

である. 限界収入 MR が限界費用 MC と等しいとおくと, オイルプロ

社の利潤を最大化する交換回数が求められる．すなわち，

$$MR_O = 60 - 2q_O = 12$$

$$2q_O = 48$$

$$q_O = 24$$

q_O がわかったので，これをグリーステック社の反応曲線に代入すれば，同社の交換回数 q_G がわかる．すなわち，

$$q_G = 20 - 0.5q_O = 20 - 0.5 \times 24 = 20 - 12 = 8$$

オイルプロ社の交換回数が 2 万 4,000 回であるのに対し，グリーステック社は 8,000 回にすぎない．次に，市場の逆需要曲線を使って，市場価格を求めることができる．

$$P = 100 - 2(q_O + q_G) = 100 - 2 \times 32 = 100 - 64 = 36 \text{ドル}$$

オイルプロ社の利潤 $\pi_O = (36 - 12) \times 24,000 = 57 万 6,000 ドル$

グリーステック社の利潤 $\pi_G = (36 - 20) \times 8,000 = 12 万 8,000 ドル$

b. グリーステック社が先行企業であるなら，11.2 節の図のオイルプロ社の反応曲線を使って，グリーステック社の市場需要の逆需要曲線を求めることができる．

オイルプロ社の反応曲線は $q_O = 22 - 0.5q_G$ である．これを市場の逆需要曲線に代入すると以下になる．

$$P = 100 - 2q_O - 2q_G = 100 - 2(22 - 0.5q_G) - 2q_G$$

$$= 100 - 44 + q_G - 2q_G = 56 - q_G$$

これがグリーステック社のオイル交換の逆需要曲線である．したがって，同社の限界収入曲線は以下になる．

$$MR_G = 56 - 2q_G$$

限界収入 MR が限界費用 MC と等しいとおくと，利潤を最大化する交換回数が求められる．すなわち，

$$MR_G = 56 - 2q_G = 20$$

$$2q_G = 36$$

$$q_G = 18$$

オイルプロ社の交換回数を求めるには，q_G をオイルプロ社の反応曲線に代入すればいい．

$$q_O = 22 - 0.5q_G = 22 - 0.5 \times 18 = 22 - 9 = 13$$

つまり，グリーステック社が先行企業の場合，オイルプロ社の交換回数がわずか1万3,000回なのに対し，グリーステック社は1万8,000回になる．そこで，市場の逆需要曲線を使って，市場価格を求めることができる．

$$P = 100 - 2(Q_O + Q_G) = 100 - 2 \times 31 = 38 \text{ ドル}$$

グリーステック社の利潤 $\pi_G = (38 - 20)$ ドル $\times 18{,}000$
$$= 32\,万4{,}000\,\text{ドル}$$

オイルプロ社の利潤 $\pi_O = (38 - 12)$ ドル $\times 13{,}000 = 33\,万8{,}000\,\text{ドル}$

11.6 差別化された財の寡占市場——ベルトラン競争

> **差別化された財のベルトラン競争におけるモデルの想定**
> ・各企業は同一財ではなく差別化された財——つまり消費者からみると，完全代替財ではない財を販売する．
> ・各企業は（差別化の程度を勘案しながら）販売価格を決定することで競争する．
> ・各企業は価格を同時に決定する．

ここまでみてきた不完全競争モデル——共謀，ベルトラン競争，クールノー競争，シュタッケルベルク競争のモデルはいずれも，業界のすべての企業が同一財を販売していると想定していた．だが，ある産業について述べるとき，各企業が生産する財は，似てはいるが同一ではないと想定するほうが現実的である．自動車にせよ，朝食のシリアルにせよ，消毒サービスにせよ，消費者が購入するにあたっては，少数の企業が生産した特徴ある競合製品から選択しなければならない．一般的な製品でさまざまな種類から選択できる市場は，**差別化製品市場**（differentiated product market）と呼ぶ．

同一財でない「市場」をどうやって分析すればいいだろうか．各製品には，

208　第3部　市場と価格

それぞれ個別の市場があると考えるべきだろうか．必ずしもそうとは言えない．単一市場において相互に作用しあう製品として扱うことが可能な場合が少なくない．そこでカギとなるのは，消費者がどういう形で製品の代替が可能だと考えるのか，あらかじめはっきりさせておくことだ．

　差別化された財のベルトラン競争を理解するために，11.3節で学んだ同一財のベルトラン・モデルを振り返ってみよう．ウォルマートとターゲットの2社が，ソニーのプレイステーションという同一財について価格を決定することで競争していた．だが，ここでは，消費者は同一財ではなく，なんらかの差異があるとみているとする．どこで買ってもプレイステーションという端末に違いはないが，2社の店舗の立地が異なる．消費者にとっては，店舗までの移動費用が気になる場合もあるだろう．あるいは，店の雰囲気や返品のルール，クレジットカードの取扱いといった違いもあるかもしれない．この際，製品を差別化する要因は重要ではない．要因はどうであれ，差別化できれば，市場支配力を持ち，利潤を拡大することができる．完全に同一の製品の場合には，企業が競争するなかで価格引下げのインセンティブが強くはたらくため，市場価格は限界費用まで下がり，企業の利潤は0になる．だが，差別化された財のベルトラン競争では，そうした結果にはならない．具体的な例でみていこう．

差別化された財のベルトラン競争における均衡

　いま，スノーボード市場で，バートン社とK2社という2大メーカーが競い合っているとしよう．多くのスノーボーダーの目から見れば，2社の製品は同じではないが似ているため，どちらか一方が価格を下げれば，競争相手から市場シェアを奪うことになる．だが，完全に代替できるわけではないので，価格を多少下げたからといって，競争相手の市場をすべて奪えるわけではない．価格が高くても，競争相手の製品を好む愛好者もいるだろう．

　このように製品間に差があるということは，各企業の需要曲線が異なり，各製品の価格はその需要曲線に応じて異なる値になるということだ．ここで，バートンの需要曲線は以下のように表されるとしよう．

$$q_B = 900 - 2p_B + p_K$$

この等式からわかるとおり，バートンが価格p_Bを引き上げれば，同社の販売数量は減る．一方，競争相手のK2が製品価格p_Kを引き上げれば，バートンの需要量は増える．この例では，バートンの需要は，競争相手K2の価格変化よりも自社製品の価格変化に敏感であると想定している（p_Bが1ドル上がれば，需要量は2単位減る．p_Kが1ドル上がれば，需要量は1単位増える）．これは，多くの市場に適用できる現実的な想定である．

K2の需要曲線もバートンのそれに似ているが，2社の価格の役割が入れ替わる．すなわち，

$$q_K = 900 - 2p_K + p_B$$

価格変化に対する各企業の需要量の変化は，異なる製品を代替しようとする消費者の意欲にかかっている．だが，その代替余地は限られている．同一財のベルトラン競争と違って，価格を1セント下げたからといって市場全体を奪えるわけではない．

差別化された財のベルトラン競争における均衡点を求めるには，他のモデルで使った手順に従えばいい．各企業は競争相手の価格を所与として，自社の利潤を最大化するよう価格を設定すると想定している．つまり，求めるのはナッシュ均衡である．単純化のために，どちらの企業も限界費用を0とする．[9]

バートンの総収入は以下で表される．

---

9) この例で限界費用を0と想定しているのは，企業が生産量ではなく価格を決定する場合，限界費用の概念が若干異なるからだ．思い出してもらいたいが，限界費用とは，生産量を1単位変化させたときの総費用の変化であり，$MC = \Delta TC/\Delta q$で表された．他のあらゆる市場構造でもそうだが，差別化された財のベルトラン市場においても，企業は限界収入が限界費用と等しくなるように設定することで利潤を最大化する．だが，ベルトラン競争における限界収入は，生産量をわずかに変化させたときの収入の変化$MR = \Delta TR/\Delta q$ではなく，価格をわずかに変化させたときの収入の変化$MR = \Delta TR/\Delta p$で表される．そのため，差別化された財のベルトラン競争において利潤を最大化する価格は，価格をわずかに変化させた限界収入が，価格をわずかに変化させた限界費用と等しいとおく．すなわち，$\Delta TR/\Delta p = \Delta TC/\Delta p$．この例では，両者を結びつける高度な数式を解いて限界費用が0でない均衡点を求めることもできるが，ここでは簡便に限界費用を0としている．

$$TR_B = p_B \times q_B = p_B \times (900 - 2p_B + p_K)$$

総収入の等式を，バートンの生産量ではなく価格の関数として表している点に留意されたい．ベルトラン競争では，企業は生産量ではなく価格を決定することで競争するからだ．総収入を価格の関数で表すと，限界収入曲線もまた価格の関数として表すことができる．

$$MR_B = 900 - 4p_B + p_K$$

ここで，限界収入が限界費用と等しく，このケースでは 0 になるとおくと，いつもの手順でバートンの利潤を最大化する価格を求めることができる．すなわち，

$$MR_B = 900 - 4p_B + p_K = 0$$
$$4p_B = 900 + p_K$$
$$p_B = 225 + 0.25p_K$$

バートンの最適な生産行動が，競争相手（K2）の生産行動の関数として表されていることがおわかりだろうか．言い換えれば，この等式はバートンの反応曲線を表している．ただし，ここでの行動は価格の決定であって，クールノー・モデルの生産量の決定とは異なる．

K2 にも反応曲線がある．バートンのそれと似ているが，多少の違いがある．両社の需要曲線にわずかな違いがあるからだ．先ほどと同じ手順に従うと，以下のようになる．

$$MR_K = 900 - 4p_K + p_B = 0$$
$$4p_K = 900 + p_B$$
$$p_K = 225 + 0.25p_B$$

差別化された財のベルトラン競争における反応曲線には，興味深い点がある．競争相手が価格を引き上げると，自社の最適な価格も上昇するのだ．たとえば，K2 が価格を引き上げると見込まれれば，バートンも価格を引き上げようと考える．つまり，反応曲線は右上がりになる．これは，クールノー・モデルにおける生産量の反応曲線の逆である（11.4 節を読み返してもらいたい）．クールノー・モデルでは，競争相手が生産量を変更した場合，自社は逆の方向に動いた．競争相手が増産すると思えば，生産量を減らしたのである．

図11.5 ベルトラン市場におけるナッシュ均衡

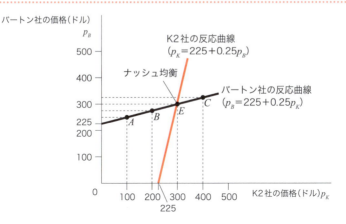

グラフはバートン社とK2社の反応曲線を示している．各社が1台=300ドルで600台のスノーボードを販売する点Eで，市場はナッシュ均衡となり，両社とも，最適量を生産していることになる．

差別化された財のベルトラン競争における均衡——グラフによるアプローチ

図11.5は，バートンとK2の反応曲線をプロットしたものである．縦軸はバートンの利潤を最大化する価格，横軸にはK2の利潤を最大化する価格を示している．バートンの反応曲線が右上がりなのは，K2が価格を引き上げれば，バートンの利潤を最大化する価格も上がることを示している．K2の反応曲線が右上がりなのは，バートンが価格を引き上げれば，K2の利潤を最大化する価格も上がることを示している．バートンがK2の価格を100ドルと予想すれば，自社製品の価格を250ドルにすべきである（点A）．K2の価格を200ドルと予想すれば，275ドル（点B），400ドルと予想すれば325ドル（点C）にすべきである．K2の反応曲線も同様になる．

2つの反応曲線の交点Eが，ナッシュ均衡である．この点で，両社は相手の行動を前提に最善の決定をしている．どちらかが一方的に価格を変えれば，その企業の利潤は減ることになる．

212 第3部 市場と価格

差別化された財のベルトラン競争における均衡——数式によるアプローチ

ナッシュ均衡は数式を解いて求めることもできる．クールノー・モデルでそうしたように，2社の反応曲線が等しくなる点を求めればいい．数学的には，一方の反応曲線の等式を他方の反応曲線に代入して，最適な価格を求め，それを使ってもう一方の最適な価格を求める．

まずK2の反応曲線をバートンの反応曲線に代入して，バートンの均衡価格を求めよう．すなわち，

$$p_B = 225 + 0.25p_K$$
$$p_B = 225 + 0.25 \times (225 + 0.25p_B)$$
$$p_B = 225 + 56.25 + 0.0625p_B$$
$$0.9375p_B = 281.25$$
$$p_B = 300$$

この値をK2の反応曲線に代入して，同社の均衡価格を求める．すなわち，

$$p_K = 225 + 0.25p_B = 225 + (0.25 \times 300) = 225 + 75 = 300$$

均衡点では，両社とも同じ価格300ドルをつける．これはとくに意外ではない．両社の需要曲線は似通っており，限界費用は0で等しいからだ．興味深いのは，11.3節でみた同一財のベルトラン競争で起きた˙こ˙と (均衡点で両社の価格は同じになる) が，差別化された財のベルトラン競争にもあてはまる点だ．違いは，価格が限界費用と等しくならないことである．均衡価格は限界費用を上回る (300ドルは確かに0を上回っている！)．

バートンとK2の販売量を求めるには，各々の価格を需要曲線の等式に代入すればいい．バートンの需要量は，$q_B = 900 - 2 \times 300 + 300 = 600$で600台，K2の需要量は$q_K = 900 - 2 \times 300 + 300 = 600$で，やはり600台になる．ここでも，両社の販売量が同じになるのは意外ではない．需要曲線は似かよっていて，価格も同じだからだ．市場全体の生産量は1,200台になるが，これは両社が限界費用と同じ価格をつけた場合の生産量 (900台ずつで合計で1,800台) の3分の2になる．差別化された財のベルトラン競争での利潤は，$600 \times (300 - 0) = 180,000$ドルで，それぞれ18万ドルとなる．

第11章 不完全競争 **213**

11.4 解いてみよう

　スノーボード・メーカーのバートン社とK2社の例を検討しよう. ナッシュ均衡では, ボード1台あたりの価格は300ドルで, 各社が600台を生産することがわかっている. 性能の良さをアピールするバートン社の宣伝が奏功し, 同社の需要は $q_B = 1,000 - 1.5p_B + 1.5p_K$ に増加する一方, K2社の需要は $q_K = 800 - 2p_K + 0.5p_B$ に減少したとする(単純化のために, 限界費用はいずれも0のままとする).

a. 各社の反応曲線を求めよ.

b. 各社の最適価格はどうなるか.

c. 各社の最適生産量はどうなるか.

d. 反応曲線を描き, 均衡点を示せ.

解答:

a. 各社の反応曲線を決定するには, まず各社の限界収入曲線を求めなければならない. すなわち,

$$MR_B = 1,000 - 3p_B + 1.5p_K$$
$$MR_K = 800 - 4p_K + 0.5P_B$$

　各社の限界費用が限界収入と等しいとおくと, 反応曲線を求めることができる.

$$MR_B = 1,000 - 3p_B + 1.5p_K = 0$$
$$3p_B = 1,000 + 1.5p_K$$
$$p_B = 333.33 + 0.5p_K$$
$$MR_K = 800 - 4p_K + 0.5p_B = 0$$
$$4p_K = 800 + 0.5p_B$$
$$p_K = 200 + 0.125p_B$$

b. 一方の企業の反応曲線を他方の企業のそれに代入して, 均衡を求めることができる.

$$p_B = 333.33 + 0.5p_K$$
$$= 333.33 + 0.5(200 + 0.125p_B) = 333.33 + 100 + 0.0625p_B$$

$p_B = 433.33 + 0.0625 p_B$

$0.9375 p_B = 433.33$

$p_B = 462.22$ ドル

次に，p_B をＫ２の反応曲線に代入すれば，Ｋ２の価格を求めることができる．すなわち，

$p_K = 200 + 0.125 p_B$

$\quad = 200 + 0.125 \times 462.22 = 200 + 57.78 = 257.78$ ドル

つまり，バートン社は宣伝広告が奏功した結果，価格を当初の均衡価格の300ドルから462.22ドルに引き上げられたのに対し，Ｋ２社は300ドルから257.78ドルに引き下げなければならなかった．

c. 各社の最適な生産量を求めるには，各社の価格を逆需要曲線に代入すればいい．

バートン社については，

$q_B = 1{,}000 - 1.5 p_B + 1.5 p_K = 1{,}000 - 1.5 \times 462.22 + 1.5 \times 257.78$

$\quad = 1{,}000 - 693.33 + 386.67 = 693.34$

Ｋ２社については，

$q_K = 800 - 2 p_K + 0.5 p_B = 800 - 2 \times 257.78 + 0.5 \times 462.22$

$\quad = 800 - 515.56 + 231.11 = 515.55$

のように求まる．バートン社の生産量は600から693.34に増加する一方，Ｋ２社の生産量は600から515.55に減少する．

d. 反応曲線は以下のグラフのようになる．

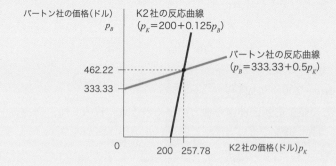

第11章　不完全競争　215

理論とデータ

コンピュータ部品　その2──必死の差別化

　11.3節の「理論とデータ」で取り上げたエリソンらの研究における半導体のネット販売業者は，基本的に同一財のベルトラン市場で操業していた．そのため，限界費用に等しい価格を設定することになる．だが，これほど価格が低いと，ほとんど利潤を上げることができず，固定費を賄うにも苦労する．

　こうした企業は，熾烈な競争から必死に抜け出そうとする．エリソンらは，一部の半導体販売業者が，経済学の若干のノウハウを活かして，限界費用を上回る価格をつけているケースを取り上げている．販売業者が生産者余剰を増やすには製品の差別化が必要だと気づいたことで，競争の構造は同一財のベルトラン競争から，差別化された財のベルトラン競争へと変化した．

　では，同一の半導体をどのように差別化したのか．K2社やバートン社は，スノーボードのデザインや素材を変えて差別化したが，半導体ではこの方法が使えないため，少しだけ手の込んだ手法を編み出した．エリソンらは，こうした手法を「目くらまし戦法」（obfuscation）に分類している．

　エリソンらによれば，半導体の販売業者が活用する目くらまし戦法には主に2通りある．第1の方法では，まず価格検索エンジンで検索すると，価格は安いが性能の劣る製品から表示されるようにする．顧客がこの製品をクリックして自社のサイトに飛ぶと，価格が高いアップグレードした製品を勧めるようにするのだ．ある企業が，この「目くらまし戦法」で競争相手を蹴落とすと，どの企業もこぞって同じような安い製品をリストに載せる．そうしなければ，価格比較リストの後ろに埋もれてしまうことになるからだ．その結果，顧客は「アップグレード」された製品の比較に時間を取られることになり，企業は価格が高いという理由でリストから外れるリスクを冒さずに，限界費用を上回る価格で販売できる．

　差別化戦略として一般的な第2の方法は，付属品の活用である．第1の方法と同じように，安い製品がリストの最初に来るようにして，自社のサイトに顧客を呼び込む．次に，アップグレードではなく，速度を速めるために基

216　第3部　市場と価格

板に取り付けるネジや，おしゃれなマウスパッドなどの付属品を売り込む．これらの付属品は何もしなければついて来る仕組みになっていることが多い．つまり，主たる製品だけを購入するには，顧客はいくつかの付属品を外さなくてはいけないのだ．主たる製品は限界費用かそれを下回る価格でも，付属品はかなり高い価格で売られている．エリソンらの調査では，マウスパッドの価格は12ドル近くしていた．このように付属品と抱き合わせることで，セットとしては限界費用を上回る価格で販売できているのだ．

　こうした「目くらまし戦法」は，最初に学んだ同一財のベルトラン競争が現実の世界できわめて稀な一因でもある．明確には差別化できない製品でも，企業の巧妙な戦略によって目立たせることは可能なのだ．ただ手を拱いていては利益が出ない製品を販売していることを踏まえれば，企業にはなんとか差別化する戦略を見つけ，競争を減らそうという大きなインセンティブがはたらくことになる．

11.7　独占的競争

> **独占的競争で想定されるモデル**
> ・各企業は差別化された財を生産しており，それらは完全代替財とはみなされない．
> ・競合企業の決定によって自社の残余需要曲線は影響を受けるが，生産量または価格決定における競合企業との戦略的相互作用は無視する．
> ・市場参入は自由である．

　これまで学んできたモデルでは，既存企業の経済的利潤がプラスの場合に，新たな企業が市場に参入する可能性を考慮してこなかったが，参入を望む企業はいるはずだ．スノーボードのように自由に参入できる市場なら，新たな企業の参入でバートン社とK2社の利潤は減ることになる．クールノー・モデルで市場の企業数が増えた場合，均衡点は完全競争に近づくことはすでにみた．この節では，不完全競争モデルとして最後に独占的競争を取

り上げ，差別化された財を生産する市場に企業が新規参入した場合，何が起きるかをみてみよう．**独占的競争** (monopolistic competition) の市場構造は，多くの企業が差別化された製品を生産し，参入障壁がないのが特徴である．独占的競争という用語は矛盾しているのではないかと思えるかもしれない．ある面ではそのとおりだが，この用語は，こうしたタイプの市場に存在する，市場支配力と競争原理とのそもそもの緊張関係を反映している．

独占的競争市場では，どの企業の需要曲線も右下がりであり，各企業はなんらかの市場支配力を持ち，独占的な価格決定ルールに従っている．「独占的」と称される所以はそこにある．こうした市場が競争的なのは，参入が制限されている独占市場と違って，いつでも，何社でも市場に参入できるからだ．ということは，独占的競争市場における企業は，ある程度の市場支配力を持っているにもかかわらず，その経済的利潤は0になる．（経済的利潤がプラスであれば，その利潤の一部を奪おうと新たに企業が参入する．すべての企業の利潤が0に引き下げられてようやく参入が止まる．）

多くの市場が，独占的競争の構造を持っている．たとえば，シカゴには何百ものファストフード店があり，その他の全米主要都市にも，おそらく同じくらいの数の店がある．店ごとに多少の違いはあるが，消費者からみれば大差はなく代替が可能だ．とはいえ，移動には費用がかかるので，各店は限られた地域である程度の市場支配力を持っている．そのため，店が独自に価格をつける余地が多少ある．一方で，新たな参入を止める要因はほとんどない．地域住民のあいだで外食が流行れば，既存店は価格を引き上げ，しばらくは経済的利潤を獲得できるが，需要の増加が長期にわたって続くと見込まれれば，その利潤の一部を狙って，新規の参入が相次ぐだろう．

独占的競争市場は，寡占市場と同様に「不完全競争市場」に分類されるが，2つの市場構造の違いを改めて指摘しておきたい．第1に，寡占市場には参入障壁が存在するが，独占的競争市場には存在しない．だが，より大きな違いは，戦略的相互作用に関する想定にある．寡占市場では，自社の生産決定が競争相手の最適な生産決定に影響を与えることを企業は認識しており，すべての寡占企業は生産を決定する際，このフィードバック効果を考慮に入れている．一方，独占的競争市場では，競争相手の生産決定を考慮しない．な

ぜなら，それの自社に及ぼす影響は小さいと想定しているからだ．

独占的競争市場における均衡

独占的競争市場を分析するために，市場支配力を持つ1社に注目しよう．さしあたって，ある都市にファストフードのレストランが1店しかないものとする．この都市のファストフードのハンバーガーの需要は，この店が独占していることになる．1日あたりの需要量を表した需要曲線は，図11.6のように右下がりになる．1店の需要という意味で，これをD_{ONE}とする．図には，この需要に対応する限界収入曲線MR_{ONE}，平均総費用曲線ATC，限界費用曲線MCもあわせて示してある．

図11.6のレストランは市場を独占しているので，限界収入曲線が限界費用曲線と等しくなる数量Q^*_{ONE}を生産し，価格をP^*_{ONE}とする．だが，この店は，限界費用にくわえ，Fに相当する固定費用を支払わなければならない（この店の平均総費用曲線ATCがU字型なのは，固定費用があるからだ）．この店の利潤は，影をつけた長方形の面積であり，生産量水準での価格と平均総費用の差に，生産量をかけて求められる．平均総費用は可変費用と固定

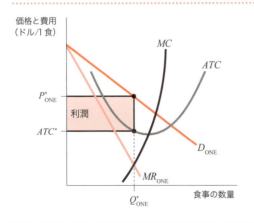

図11.6　独占企業の需要曲線と費用曲線

ある市場を独占するレストランの需要はD_{ONE}，限界収入曲線はMR_{ONE}，平均総費用はATC，限界費用はMCである．このレストランは，限界収入が限界費用と等しくなる数量Q^*_{ONE}を生産する．レストランの利潤は，影をつけた長方形の面積に相当し，価格P^*_{ONE}と平均総費用ATC^*の差に数量Q^*_{ONE}をかけたものになる．

費用を両方含むので，Q^*_{ONE} での平均総費用 ATC^* には，この店の生産費用がすべて反映されている．

ここまでは，一般的な独占市場と変わらない．だが，この店が経済的利潤をあげていることを知った企業が，同じ市内に先行店とは若干違うファストフード店を開くことにしたとする．先行店との違いには，立地や提供品目といったものがある．

独占的競争市場に何が起きるかを理解するには，新たな企業の参入で既存企業の需要曲線がどうなるかを知ることだ．ある財の代替財が増えるとき，既存の財の需要はより弾力的に（需要曲線の傾きは緩やかに）なることがわかっている．新たな店の開業で，消費者には代替の可能性が増えたことになる．1店で市場を独占していたときは，図11.6に示したように需要曲線も1つだったが，新たな店の参入で，それぞれの店が独占の場合に比べて傾きの緩やかな需要曲線を持つことになる．需要を2店で分け合うため，独占していた先行店の需要曲線は傾きが緩やかになるだけでなく，曲線そのものが内側にシフトする．この変化を示したのが図11.7であり，先行の（独占）企業の需要曲線は残余需要曲線になり，D_{ONE} から D_{TWO} にシフトする．D_{TWO} は D_{ONE} に比べて傾きが緩やかになり，左方にシフトしていることがわかる．

図11.7 新規参入が独占的競争企業の需要に及ぼす影響

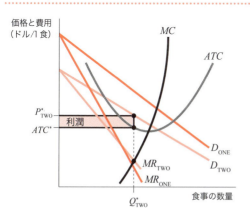

新たなレストランが市場に参入すると，独占していたレストランの需要は D_{ONE} から，より弾力性の高い残余需要曲線 D_{TWO} にシフトし，限界収入曲線は MR_{ONE} から MR_{TWO} にシフトする．生産量は Q^*_{TWO}，価格 P^*_{TWO} となり，利潤は影のついた長方形に減少する．

220   第3部　市場と価格

これに伴って限界収入曲線もシフトする（図では2店のうち1店に起きる変化だけを示しているが，残りの1店もまったく同じ図になる）．

　だが，参入後は，両社とも自社の残余需要曲線に関して事実上，独占企業のようにふるまう．各々の需要曲線は，（1）他店と市場を分け合っており，（2）代替財の存在によって，需要がより弾力的になっている事実が反映されている．競争相手の存在は考慮されているが，それは自社の残余需要曲線に織り込まれている．独占的競争市場では，企業はこの残余需要曲線を所与のものとして扱う．これは，すでに取り上げた寡占市場と異なる点である．寡占市場モデルでは，自社の決定が競争相手の最適な行動に影響を与え，さらに，その結果が自社の最適な行動に影響を与えるといった相互作用がはたらくことを企業は認識していた．こうした戦略的相互作用は，企業の反応曲線に表れる．これに対して独占的競争市場では，競争相手の行動が自社の残余需要曲線には影響を与えるものの，企業は自社だけの独占市場であるかのようにふるまう．こうした戦略的相互作用を無視するという独占的競争市場に関する想定は，多くの企業が関連性のある差別化商品を販売する産業でよくみられる．

　2社の残余需要曲線はまったく同じで，限界収入と限界費用が等しくなる点Q_{TWO}^*を生産し，価格はこの生産量で利潤が最大となるP_{TWO}^*になる．各企業は，図の影をつけた長方形の経済的利潤を獲得する．

　2社の経済的利潤がプラスなので，この市場には新たな企業が参入するはずだと想定すべきである．新たに企業が参入するたびに，既存企業の需要曲線は左方にシフトし，傾きは緩やかになる（需要弾力性は高くなる）．

　業界内の企業の経済的利潤が0になった時点で，ようやく新規参入が止まる．この点に達した市場は，図11.8のようになる．市場の企業数がNであるとき，各企業の残余需要曲線は最終的にD_Nにシフトする．この需要曲線に直面した企業は，限界収入が限界費用と等しくなるようにQ_N^*を生産し，価格をP_N^*とし，経済的利潤は0になる．

　この点でなぜ経済的利潤は0になるのだろうか．企業の平均総費用曲線と需要曲線の相対的な関係に注目しよう．2つの曲線は，$(Q_N^*,\ P_N^*)$の点で接している．価格が平均総費用と等しければ利潤は0である．この点で企

図11.8 独占的競争市場の長期的均衡

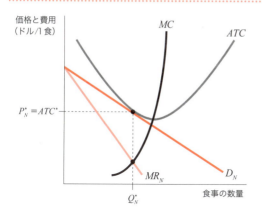

N個の企業が存在する独占的競争市場では、長期の需要はD_N、限界収入曲線はMR_N、限界費用はMC、平均総費用はATCで表される。長期の均衡点では、生産量はQ_N^*、価格はP_N^*で、平均総費用のATC^*に等しく、各社の経済的利潤は0になる。

業は営業費用（可変費用と固定費用）を賄っているにすぎない。

ここに独占的競争市場に関する重要なポイントがある。経済的利潤が0になるまで新規参入が続くとはいえ、完全競争市場の帰結である価格が限界費用と等しくなる水準まで行き着くわけではない、ということだ。独占的競争市場では、企業の需要曲線は右下がりなので、限界収入はつねに価格を下回る。利潤を最大化する生産量では限界費用は限界収入と等しくなるが、これは限界費用もまた常に価格を下回るということだ。市場への新規参入が自由なことによって、限界費用に上乗せされるこのマークアップは、ちょうど企業の固定費用を賄う分だけであり、それ以上にはなりえない。

11.5 解いてみよう

スティッキー・スタッフ社は、独占的競争市場で箱入りのタフィー〔キャンディーの一種〕を製造している。逆需要曲線は$P = 50 - Q$である。Qは年間の生産個数で、単位は1,000。Pは1個あたりの価格で、単位はドルである。

スティッキー・スタッフ社の限界費用は10ドルで一定、固定費用は

0である．したがって，同社の総費用曲線は，$TC = 10Q$である．

a. スティッキー・スタッフ社は，利潤を最大化するために月に何箱のタフィーを生産するか．

b. スティッキー・スタッフ社は，タフィー1箱の価格をいくらにするか．

c. スティッキー・スタッフ社の毎年の利潤はいくらになるか．

d. 現実には，独占的競争市場では，企業が短期的に固定費用を負担するのが一般的である．前述の情報を踏まえて，市場全体が長期的な均衡に達するには，スティッキー・スタッフ社の固定費用はいくらでなければならないか．説明せよ．

解答：

a. スティッキー・スタッフ社の利潤が最大になるのは，限界収入MRが限界費用MCと等しくなる数量を生産するときである．需要曲線は線形なので，第9章から，限界収入曲線は傾きが2倍の線形になることがわかっている．したがって，$MR = 50 - 2Q$である．$MR = MC$とおいてQを解けばよい．すなわち，

$$50 - 2Q = 10$$

$$Q = 20$$

したがって，スティッキー・スタッフ社は，年間2万箱を製造すれば，利潤が最大になる．

b. 生産量を需要曲線に代入することで価格がわかる．

$$P = 50 - Q = 50 - 20 = 30$$

したがって，タフィー1箱の価格は30ドルである．

c. スティッキー・スタッフ社の総収入は$TR = P \times Q = 30$ドル$\times 20{,}000 = 60$万ドル．一方，総費用は$TC = 10 \times Q = 10 \times 20{,}000 = 20$万ドルである．したがって，年間の利潤$\pi = TR - TC = 600{,}000 - 200{,}000 = 40$万ドルである．

d. 長期的に均衡が成立するのは，企業に参入ないし退出のインセンティブが存在しないときである．したがって企業の経済的利潤は0

でなければならない．cから，スティッキー・スタッフ社の利潤が40万ドルであることがわかっている．経済的利潤が0になるには，年間の固定費用が40万ドルでなければならない．

11.8 結論

この章では，完全競争市場（第8章）と独占市場（第9章）のあいだに位置する不完全競争市場の複数のモデルをみてきた．まず，ある市場における企業数は，市場価格，生産量，利潤を決定する数多くの要因の1つにすぎないことを再確認した．そのため，不完全競争市場には異なるモデルがあり，各モデルから予想される結果が異なっていても意外ではない．任意の市場にどのモデルが最もふさわしいかは，ある程度，経済学者が判断する必要がある．製品は同一か，多少違うのか，まったく違うのか．企業は価格を決定しているのか，生産量を決定しているのか．企業は決定を同時に行っているのか，順次行っているのか．市場に参入障壁はあるのか，自由に参入できるのか．ある産業を分析するのに，最も適切な不完全競争モデルを選択するには，こうした点を検討しなくてはならない．次章では，個人および企業が，効用を高めたり，利潤を拡大したりするなど，より良い結果を得るための戦略的行動を検証していこう．

まとめ

1. 寡占市場では，各企業は競争相手の行動を前提に生産決定を行う．結果としてもたらされる市場均衡はナッシュ均衡と呼ばれ，経済学のゲーム理論の目玉の1つである．ナッシュ均衡が起こるのは，各企業が競争相手の行動を前提に最善の行動をとるときである．[11.1節]

2. 寡占企業はカルテルを結ぶことができる．カルテルの参加企業は生産量を調整し，一体として独占企業のようにふるまう．結果として，市場の

生産量と価格は独占市場の場合と同じになり，産業全体の利潤が最大化される．共謀的な行動によって企業は独占的利潤を確保できるが，**共謀やカルテル**が安定することは滅多にない．各企業は生産量を増やすことで（価格を下げることで）自社の利潤を増やそうとするインセンティブがはたらくからだ．[11.2節]

3. 同一財を生産する**ベルトラン競争**では，企業は価格で競争する．各企業は，自社製品の価格を同時に決定し，その後，消費者は1ペニーでも安く提供する企業から需要量を満たす分だけ購入する．ベルトラン・モデルは，市場に2社が存在すれば，価格が限界費用と等しくなる完全競争市場の結果になることを示している．こうした状況では，競争相手の価格を少しでも下回ろうとするインセンティブが強くはたらくからだ．市場の生産量は，完全競争市場と同じ水準になり，企業の利潤は0になる．[11.3節]

4. ベルトラン競争と違って**クールノー競争**では，企業は，自社製品の価格ではなく生産量を同時に決定する．一般にクールノー競争における均衡価格は，ベルトラン競争の価格を上回るが，独占的価格は下回る．クールノー競争における生産量は，ベルトラン競争における生産量を下回るが，カルテルの生産量を上回る．クールノー競争における企業の利潤は，ベルトラン競争における利潤を上回るが，独占的企業の利潤を下回る．[11.4節]

5. **シュタッケルベルク競争**では，企業は生産決定を順次行う．最初の企業が他の企業に関係なく生産量を決定でき，より大きな利潤を獲得できる．こうした企業には，**先行者利得**が存在する．[11.5節]

6. 差別化された財のベルトラン競争では，消費者は製品間で代替するつもりがあるが，同一財であるとか完全代替できるとみなしているわけではない．そのため，同一財のベルトラン競争の場合と違って，わずかな価格差で，最も価格の安い企業が需要を総取りすることにはならない．[11.6節]

7. **独占的競争**とは，企業が差別化された製品を販売し，独占的企業と完全競争企業の両方の性格を併せもつ市場構造である．独占的競争市場には

参入障壁が存在しないため，企業の新規参入によって経済的利潤は0にまで押し下げられる．［11.7節］

復習問題

（解答は以下のサイトで入手できる．https://store.toyokeizai.net/books/9784492315002）

1. 不完全競争の異なる形態をいくつかあげよ．
2. ナッシュ均衡を定義せよ．寡占市場において企業がナッシュ均衡に到達するのはなぜか．
3. 共謀やカルテルが往々にして不安定なのはなぜか．
4. 同一財のベルトラン競争における市場均衡とはどのようなものか．
5. ベルトラン競争とクールノー競争を比較せよ．両者の市場均衡が異なるのはなぜか．
6. クールノー競争における企業の生産量について，残余需要曲線からどのようなことがわかるか．
7. クールノー競争における企業の均衡を見つけるのに，反応曲線はどのように使われるか．
8. シュタッケルベルク競争において，なぜ先行者利得が発生するのか．
9. 同一財のベルトラン競争における市場均衡と，差別化された財のベルトラン競争における市場均衡を比較せよ．
10. 独占的競争企業の特徴を述べよ．
11. 企業は独占的競争市場にいつ参入するか．また，どの時点で独占的競争市場への参入を止めるか．
12. 独占的競争市場における企業の価格が，完全競争市場の均衡価格に達しないのはなぜか．

演習問題

（＊印をつけた問題の解答は，以下のサイトで入手できる．https://store.toyokeizai.net/books/9784492315002）

*1. スフレをうまく焼くのはむずかしいので，フランスのある町では，スフレの供給ができるのは，ガストンとピエールの2人しかいない．スフレの需要は $P=30-2Q$ で表され，スフレづくりの限界費用および平均総費用は6ドルである．スフレをつくるのは手間と準備がかかるので，2人は毎朝，スフレ

226 第3部 市場と価格

を何単位焼くか決めている.

a. ガストンとピエールは共謀し,生産量を2等分して独占価格で販売することで合意した.

　　i. 独占企業としての限界収入曲線の等式を導出せよ.

　　ii. カルテルとしての利潤を最大化する総生産量を求めよ.

　　iii. ガストンとピエールが課すことのできる価格を求めよ.

　　iv. ガストンとピエールそれぞれの利潤と,カルテルとしての利潤を求めよ.

b. ピエールが合意を裏切り,毎朝,スフレを1単位余計に焼くことにした.

　　i. 追加で生産されたスフレは,市場のスフレの価格にどんな影響を与えるか.

　　ii. ピエールの利潤はいくらになるか.合意を破ったことで,どれだけ利潤が増えたか.

　　iii. ガストンの利潤はいくらになるか.ピエールが合意を破った影響はどれだけあるか.

　　iv. ピエールが裏切ったことで,カルテルとしての利潤はどれだけ減るか.

c. ピエールの行為に憤ったガストンは,自分も毎朝,スフレを1単位追加で焼くことにした.

　　i. 追加で生産されたスフレは,市場のスフレの価格にどんな影響を与えるか.

　　ii. ガストンの利潤はいくらになるか.合意を破ったことで,どれだけ利潤が増えたか.

　　iii. ピエールの利潤はいくらになるか.ガストンが裏切ったことで,どれだけ利潤が減るか.

　　iv. ピエールとガストンが2人とも合意を破ることで,カルテルとしての利潤はどれだけ減るか.

　　v. 合意を破ることは,ピエールの利益にもガストンの利益にもならないことを示せ.

2. 問1で,ガストンの限界費用は5ドルで一定だが,ピエールの限界費用は7ドルだとする.両者は共謀して,それぞれ3単位ずつスフレを焼くことにした.

a. それぞれの利潤はいくらか.カルテルとしての利潤はいくらか.

b. ピエールよりも生産性が高いとみたガストンは,2人合わせて6単位スフレをつくる場合,ガストンが全部つくったほうが,カルテルとしての利潤

は多くなるとほのめかした.

 ⅰ. ガストンが生産を一手に引き受け,ピエールは何もしない場合,カルテルとしての利潤はどうなるか.

 ⅱ. スフレを1個も焼かないことにピエールは同意するだろうか.

 ⅲ. ピエールがスフレをつくらないことに同意すれば,ガストンが補償金を支払おうと申し出た.ガストンはいくら支払うつもりがあるだろうか.ピエールは最低いくらあれば受け入れるだろうか.

 ⅳ. ⅲの最低金額で合意が成立した.だが,ピエールが合意を裏切り,スフレを1単位焼くことにした.ピエールの利潤はどうなるか.ガストンの利潤はどうなるか.

 ⅴ. ピエールがこの合意を裏切る誘因と,生産量を等分するという合意を裏切る誘因を比較せよ.また,2つの合意をピエールが裏切ることに対するガストンの無防備さを比較せよ.ガストンが生産を一手に引き受けたほうが,両者が3単位ずつ生産するよりも利潤は多くなるが,収益性の低い後者の方法をとると考えられるのはなぜか.

3. カボチャの市場全体の逆需要曲線は$P = 10 - 0.05Q$である.カボチャ生産の限界費用は誰でも1ドルで一定である.

 a. 町にはカボチャの栽培農家が大勢いて,競争が激しい.カボチャは何個売れるか.価格はいくらか.

 b. 異常気象のせいで,ライナスとルーシーの2人以外の生産者のカボチャは駄目になってしまった.ライナスとルーシーのほうは豊作で,価格が0でも需要を満たせるだけのカボチャを生産している.ライナスとルーシーが共謀して独占的利潤を得ようとする場合,カボチャを何個生産し,価格はいくらにするか.

 c. カボチャ市場の競争は,もっぱら価格競争である.つまり,ライナスとルーシーはベルトラン競争を行っている.この市場の価格は最終的にいくらに落ち着くか.言い換えれば,ベルトラン競争の均衡価格はいくらか.

 d. ベルトラン競争の均衡価格で,ライナスとルーシーはそれぞれ何個のカボチャを販売することになるか.産業全体ではいくらか.ライナスとルーシーの利潤はいくらか.

 e. ライナスのカボチャのほうが皮の発色がよく,ルーシーのカボチャのほうが美味しいと知れわたったとき,cとdの答えは変わらないだろうか.理由も述べよ.

4. ババ・ブランドの高級レトルト食品を3つの食料品店が扱っている.1パッ

クあたりの仕入れ，在庫，販売費用は，ブルズアイマーケットが2ドル，OK
マートが1.98ドル，サムズマートが1.96ドルである．

a. この3店は至近距離にあり，他店へ移動するコストは無視できるものとす
る．この高級レトルト食品市場がベルトラン競争の場合，市場実勢価格は
いくらになるか．

b. 消費者はパパの高級レトルト食品をどこで買うか．ブルズアイマーケット
か，OKマートか，サムズマートか．この答えから，コスト削減で小幅な
改善をすれば，利潤が増える可能性があるだろうか．

c. 1日の始まりの3店の来店客数は同数である．他店に行くコストが2セン
トの場合，ベルトラン競争の結果は変わらないだろうか．顧客はどの店で
買うか．どの店では買わないか．

5. 2社がクールノー競争を行っている．市場全体の需要は$P = 200 - q_1 - q_2$で，
q_1は企業1の生産量，q_2は企業2の生産量である．両社とも，限界費用およ
び平均総費用は20ドルで一定である．

a. このクールノー競争の均衡価格，均衡数量，企業の利潤を求めよ．

b. 企業1はコストを1単位15ドルに引き下げる高額なハイテク機器への投
資を検討している．企業2にこの機器が渡らないことが保証される場合，
企業1はいくら支払うべきか．

c. 企業2にも技術が手に入ることがわかっている場合，bの答えは変わるか．

*6. 3つの州にまたがったある地域で，カワウソの毛皮の販売業者はジャックと
アニーしかいない．カワウソの毛皮の逆需要曲線は$P = 100 - 0.5Q$で表さ
れ，Qは市場全体の販売量である．$Q = q_J + q_A$で，q_Jはジャックの販売量，
q_Aはアニーの販売量である．毛皮生産の限界費用および平均総費用は，
ジャック，アニーとも20ドルで一定である．

a. 市場全体の需要曲線をグラフで示せ．この市場を独占企業が支配している
とすれば，実勢価格と数量はどうなるか．

b. ジャックは（エコノミストほど優秀ではないが）計算が得意で，aの問いを
解いた．あくまで平等を重んじるジャックは，毎日，市場の均衡量のぴっ
たり半分の量を販売するつもりだと発表する．

　　i. 市場の逆需要曲線は，$P = 100 - 0.5(q_J + q_A)$で表される．ジャックが
販売するつもりの量を代入してq_Aを解き，アニーの残余需要曲線を導
出せよ．

　　ii. アニーの残余限界収入曲線を求め，グラフに書き入れよ．

　　iii. アニーの生産費用が20ドルの場合，アニーが利潤を最大化するには，

第11章　不完全競争　229

　　　何単位を販売すべきか.

　　c. bの答えを踏まえると, 市場全体の均衡数量, 均衡価格はどうなるか. アニーの利潤はいくらになるか. ジャックの利潤はいくらになるか.

　　d. bで導いたアニーの生産量を知って, ジャックは自身の生産量を変えることにした.

　　　i. ジャックの残余需要曲線を求め, グラフに書き入れよ.

　　　ii. ジャックの残余限界収入曲線を求め, グラフに書き入れよ.

　　　iii. ジャックの生産費用が20ドルだとすると, ジャックが利潤を最大化するには, 何単位を販売すべきか.

　　　iv. 市場全体の数量と, 最終的な価格はどうなるか. アニーの利潤はいくらになるか. ジャックの利潤はいくらになるか.

　　e. dの結果は, 均衡数量と均衡価格だろうか. なぜ, そう言えるか.

*7. カモノハシは恥ずかしがり屋で警戒心が強い動物なので, うまく飼育するのはむずかしい. だが, 2人のブリーダー, シドニーとアデレードは, 繁殖のコツを見つけて効果的に市場を独占するようになった. 世界中の動物園関係者が2人のもとを訪れ, カモノハシを買っていく. 世界全体のカモノハシの幼獣の逆需要曲線が$P = 1,000 - 2Q$で表され, Qはシドニーの生産量 (q_S) とアデレードの生産量 (q_A) の合計である.

　　a. シドニーは自身の利潤を最大化する量を生産したいと思っている. アデレードの選択した生産量 (q_A) を前提に, シドニーの残余需要曲線を導出せよ.

　　b. シドニーの残余限界収入曲線を導出せよ.

　　c. カモノハシの幼獣を販売できるまでに育てる限界費用および平均総費用は200ドルだとする. シドニーの反応関数を求めよ.

　　d. a, b, cのステップを繰り返し, シドニーの選択した生産量に対するアデレードの反応関数を求めよ.

　　e. シドニーとアデレードの利潤を最大化する生産量を求めよ.

　　f. 市場全体の生産量, カモノハシの価格, およびシドニーとアデレードの利潤を決定せよ.

　　g. アデレードが仕事からの帰り道で事故に遭い, シドニーが独占事業者になった. 市場全体の生産量, カモノハシの価格, シドニーの利潤はどうなるか.

8. 遠い惑星の生命体を無力化できる希少鉱物, プロクリプトンBの生産者は2社しかない. 世界各国の政府がこの希少鉱物の備蓄を検討している. プロク

リプトンBの市場全体の需要は$P = 200 - 0.2Q$で表され，Qは産業全体の生産量，単位はトンである．q_AはA社の生産量，q_BはB社の生産量である．限界費用は両社とも1トンあたり10ドルである．
a. A社，B社それぞれの反応関数を導出せよ．
b. A社，B社それぞれの均衡生産量および産業全体の生産量を求めよ．
c. プロクリプトンBの市場価格を求めよ．
d. A社，B社それぞれが獲得する利潤を求めよ．
e. 労働紛争によりB社の生産費用が1トンあたり12ドルに上昇したとする．
  i. A社，B社それぞれの生産量はどうなるか．
  ii. プロクリプトンBの市場価格はどうなるか．
  iii. A社，B社それぞれの利潤はどうなるか．

9. コンクリートの市場需要は$P = 300 - \frac{1}{3}Q$で表される．Qは既存3社の供給量，単位は立方ヤードである．3社の生産関数は同一で，1立方ヤードを生産する限界費用および平均費用はちょうど30ドルである．
a. 企業1，企業2，企業3の反応関数を導出せよ．
b. 代入を繰り返して，各社の生産量を求めよ．
c. 市場価格，企業の利潤，産業全体の利潤を求めよ．
d. 1社が市場から退出した場合，価格，数量，産業全体の利潤はどう変化するか．

10. 下図に示されたボッチ・ボール〔カクテルの1種〕の需要について考えてみよう．需要は$P = 80 - Q$で，生産の限界費用および平均総費用は20ドルで一定である．

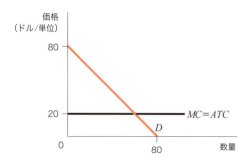

a. ボッチ・ボールが完全競争市場の場合，数量，価格はいくらになるか．
b. ボッチ・ボールが独占市場であるとする．限界収入曲線を書き入れ，利潤を最大化する数量を求めよ．

ⅰ. 独占市場の数量を競争市場の均衡数量で割って，割合を求めよ．約分で示すこと．

ⅱ. 価格を求め，需要曲線上の独占企業の価格と生産量を表す点を書き入れよ．

c. ボッチ・ボール市場は，2社による寡占市場で，クールノー競争を行っている．本文で学んだ手順を使って産業全体の生産量を求めよ．

ⅰ. 複占市場の数量を競争市場の数量で割って，割合を求めよ．約分で示すこと．

ⅱ. 価格を求め，複占市場の価格と数量を表す点を書き入れよ．

d. ボッチ・ボール市場が，同一の生産関数を持つ3社によるクールノー競争にある場合の生産量は，競争市場下の生産量の何%にあたるか，仮説を立て，答えを確認せよ．

e. 一般に，産業内に同一の生産関数を持つ企業がN個存在する場合，供給量は，競争市場の均衡数量の何%にあたるか．

f. 参入企業が増えた場合，供給量はどうなるか．価格はどうなるか．消費者余剰，死荷重はどうなるか．この結果は，政府が独占や小規模な寡占ではなく，競争産業の育成を図る根拠となるだろうか．

11. 有機飼料でエミューを飼育している農場が2つあり，小さな市場で販売している．経営者のビルとテッドはクールノー競争を行っている．毎年，飼育するエミューの数を慎重に決めている．価格は，2人が育てるエミューの合計に依存し，市場全体の需要は$Q = 150 - P$で表される．エミューの飼育にかかる限界費用および平均総費用は一定で，ビルは10ドル，テッドは20ドルである．

a. クールノー競争における均衡価格，均衡数量，利潤，消費者余剰を求めよ．

b. ビルとテッドの農場が合併し，エミューを独占的に供給することになった．さらにテッドはビルの飼育方法を取り入れた．この独占市場における価格，数量，利潤，消費者余剰を求めよ．

c. 合併ではなく，ビルはテッドの農場を現金で買収することを検討している．ビルは買収金額として，いくら提示すべきか．（買収後の農場は1期操業することになると想定する．）

d. 前述の2つの農場の組み合わせは，社会にとってプラスか，マイナスか．独占的支配と効率性の向上の作用が，いかに社会的厚生を逆方向に導きやすいか検討せよ．

12. ある市場におけるハーゼンフェファー〔ドイツ風のシチュー〕の逆需要曲線は、$P = 100 - Q$で与えられている。市場はヘンゼルとグレーテルの2人による寡占で、クールノー競争が行われている。ヘンゼルの供給量はq_H、グレーテルの供給量はq_Gで表される。生産の限界費用および平均総費用は、2人とも一定で10ドルである。

a. クールノー競争における均衡生産量、均衡価格を求めよ。

b. どの価格帯でも需要が2倍になり、以前の2倍の供給量が求められるようになった。逆需要曲線が$P = 100 - 0.5Q$に変化したわけだ。需要が変化した結果、クールノー競争の均衡生産量、均衡価格はどうなるか。

c. 需要は当初の2倍になったが、bとは違って消費者がハーゼンフェファーを手に入れるのに以前の2倍の金額を支払うようになった。逆需要曲線が$P = 200 - 2Q$になったわけだ。需要が増えたことで、クールノー競争の均衡生産量、均衡価格はどうなるか。

d. ヘンゼルとグレーテルが、クールノー競争ではなくベルトラン競争を行っている場合、bとcの答えは変わらないか。

*13. ナツメグ市場は、ペナン島とグレナダ島という2つの小さな島国に支配されている。瓶入りのナツメグの市場全体の需要は$P = 100 - q_P - q_G$で表され、q_Pはペナンの供給量、q_Gはグレナダの供給量である。ナツメグ生産の限界費用および平均総費用は、ペナン、グレナダともに1本あたり20ドルで一定である。

a. グレナダの反応関数が$q_G = 40 - 0.5q_P$であることを確認せよ。次に、ペナンの反応関数が$q_P = 40 - 0.5q_G$であることを確認せよ。

b. ペナン、グレナダそれぞれについて、クールノー競争の均衡生産量を求めよ。さらに市場価格、各島の利潤を求めよ。

c. グレナダが先行者利得の確保を目指し、目標生産量を公表したことで、競争の性格がシュタッケルベルク競争に変わった。

　　i. グレナダが最初に生産量を決めなければならないが、それには自社の需要を把握する必要がある。ペナンの反応関数を市場全体の需要曲線に代入し、グレナダの需要を求めよ。

　　ii. iの答えをもとに、グレナダの限界収入曲線を求めよ。

　　iii. 限界収入が限界費用と等しいとおいて、グレナダの生産量を求めよ。

　　iv. グレナダの生産量をペナンの反応関数に代入して、ペナンの生産量を求めよ。

　　v. グレナダとペナンを合わせた生産量を市場全体の需要曲線に代入し、

価格を求めよ. 産業全体の生産量と価格は, クールノー競争の場合に比べてどう変化したか.

vi. グレナダとペナンの利潤を求めよ. それぞれの利潤は, クールノー競争の場合に比べてどう変化したか. 先行者利得はあるだろうか.

14. 問13で取り上げたペナンとグレナダのクールノー競争, シュタッケルベルク競争を改めて検討してみよう. 以下の場合, ペナンとグレナダの生産量はどうなるか.

a. グレナダの生産費用が16ドルに低下する一方, ペナンの生産費用は20ドルのままである. 理由も述べよ.

b. ペナンの生産費用が16ドルに低下する一方, グレナダの生産費用は20ドルのままである. 理由も述べよ.

*15. 携帯電話サービス市場は, AT&Tとベライゾンの2社が寡占状態で, 両社はベルトラン競争を行っている. だが, サービス内容の違いから, 利用者には好みがあり, 他社への乗り換えには多少の抵抗がある. AT&Tの需要は, $q_A = 1,000 - 3p_A + 2p_V$ で表される. ここでq_Aは特定地域における利用者数, p_AはAT&Tのサービスの料金, p_Vはベライゾンのサービスの料金である. ベライゾンのサービスの需要は$q_V = 1,000 - 3p_V + 2p_A$である. 両社ともサービスの限界費用は0である.

a. AT&Tの反応曲線を導出せよ. p_Vの関数としてp_Aを表すこと. ベライゾンが料金を9ドル引き上げた場合, AT&Tはどう反応すべきか.

b. ベライゾンの反応曲線を導出せよ. p_Aの関数としてp_Vを表すこと.

c. AT&Tが利潤を最大化する料金を求めよ.

d. ベライゾンが利潤を最大化する料金を求めよ.

e. 各社の販売量を求めよ. 限界費用と平均総費用を0として, 利潤を計算せよ.

16. コロラド州の小さな町の住民は, ケーブル・テレビか, 電話会社のデジタル加入者線 (DSL) のどちらかを使ってインターネットに接続している. ケーブルテレビ会社と電話会社はベルトラン競争を行っているが, プロバイダーの変更には多少コストがかかるため (少なくともケーブルを開通してもらうには時間がかかる!), 利用者は簡単には乗り換えようとしない. ケーブル・テレビのインターネット・サービスの需要は, $q_C = 100 - 3p_C + 2p_T$で与えられる. ここでq_Cはこの町におけるケーブル・テレビのインターネット接続の利用者数, p_Cは月間の利用料金, p_Tは電話会社のDSL回線の料金である. 同様にDSLインターネット・サービスの需要は, $q_T = 100 - 3p_T + 2p_C$で与えら

れている．両社とも，ブロードバンド・サービスの限界費用は 0 である．
   a. 2 社それぞれについて，競争相手の料金に対して自社がつけるべき料金を示す反応関数を導出せよ．
   b. 平均総費用が 0 として，それぞれの料金，数量，利潤を求めよ．
   c. ケーブル・テレビ会社が，電話会社よりも通信速度が若干速い接続サービスを提供し始めたため，2 社のサービスに対する需要が変化した．ケーブル・テレビの需要が $q_C = 100 - 2p_C + 3p_T$，電話回線の需要は $q_T = 100 - 4p_T + p_C$ である．このサービス向上が，両社の料金と利潤にどのような影響を与えるか述べよ．

17. チーズのブリーの市場では，フランソワとバベットがベルトラン競争を行っている．フランソワとバベットのチーズには違いがあり，フランソワのチーズの需要は，$q_F = 30 - p_F + p_B$ で表される．ここで，q_F はフランソワの販売量，p_F はフランソワのチーズの価格，p_B はバベットのチーズの価格である．バベットのチーズの需要は同様に，$q_B = 30 - p_B + p_F$ で表される．
   a. 2 人のベルトラン競争市場について，均衡価格，均衡数量を求めよ．
   b. 今度はフランソワが先に価格を設定し，バベットがこれに反応するものとする．シュタッケルベルク競争の数量競争で使ったのと同様の手順にしたがって，フランソワの利潤を最大化する価格，数量，利潤を求めよ．
   c. バベットの利潤を最大化する価格，数量，利潤を求めよ．
   d. 先行者利得を得ようとするフランソワの試みは，割に合うのだろうか．

18. 独占的競争産業について考えよう．典型的な企業の需要と費用の状態を下のグラフにまとめた．

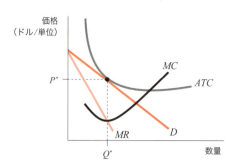

   a. この企業は生産者余剰を生み出しているか．この企業は利潤を生み出しているか．2 つの答えはどのように折り合いがつくのか．
   b. この産業への参入または退出は予想されるだろうか．理由も述べよ．

c. 政府が年間の認可料を引き下げたことから，この企業の固定費用が下がった．影響を受ける曲線があれば，すべてシフトさせよ．生産者余剰はどうなるか．利潤はどうなるか．固定費用の低下で，この産業への参入または退出が予想されるだろうか．理由も述べよ．

d. cの答えの参入または退出を反映して，需要曲線と限界収入曲線をシフトさせ，新たな均衡を求めよ．

e. 固定費用が下がり続けるとする．需要曲線はどうなるか．生産者余剰と利潤はどうなるか．

f. 固定費用が0に低下したときの均衡点を求めよ．

19. 数量競争（クールノー競争）の場合，反応関数から，A社が生産量を増やせば，B社は減らすべきだと言える．しかしながら，価格競争（ベルトラン競争）の場合，反応関数から，A社が価格を引き下げたとき（A社の販売量を増やすことになる），B社も価格を引き下げるべきだ（自社の販売量を増やす）ということになる．両者の反応の違いは，どう説明すればいいだろうか．

*20. ローズヒップ〔バラの実〕の市場全体の需要は，$P = 100 - Q$である．A社，B社の2社がローズヒップを生産しており，限界費用および平均総費用はいずれも5ドルで一定である．下の各市場構造について，空欄を埋めよ．

	共謀独占	クールノー寡占	ベルトラン寡占	シュタッケルベルク寡占 （A社が先行者）
A社の数量				
B社の数量				
産業全体の数量				
価格				
A社の利潤				
B社の利潤				
産業全体の利潤				

第3部 市場と価格

ゲーム理論 第12章

アマゾンが電子書籍端末キンドルを初めて市場に投入したとき,書籍に設定した価格は9.99ドルで,同社が出版社に支払わなければならない権利料を下回っていた.アマゾンは書籍で赤字を出してでも利益率の高い端末を売るつもりだ,とのもっぱらの評判だった.だが,ほどなくアップルが独自の書籍リーダー機能やその他多くの機能をつけたタブレット端末のiPadを発売する.競合する端末の登場を受けて,アマゾンはキンドル本体の価格を大幅に引き下げた.またiPadユーザーがキンドルの電子書籍を購入してiPadで読めるように,すぐさま専用アプリを開発した.さらにアップルのiPadに直接対抗するべく,独自のタブレット端末キンドルファイアを開発し,iPadを下回る価格で発売した.こうした動きの1つひとつは,アップルとアマゾンの戦略的思考に裏打ちされ,競争相手がとるであろう行動や反応が考え抜かれたものだ.

　前の章では,それなりの市場支配力を持っているものの,ある程度競争にさらされている産業において,企業が価格や生産量をどのように決定するのか,さまざまな方法を学んだ.そうした状況で市場均衡が実現するには,供給量が需要量と等しくなること以外に必要な要件があった.個々の企業が競争相手の価格や生産量決定を知った後も,自社の価格や生産量を変えようと思わないことも必要

238 第3部 市場と価格

であった．言い換えれば，需要量が供給量と等しくなる点はナッシュ均衡で
なければならない．

前章で取り上げた企業の相互作用は，アマゾンとアップルの相互作用と同
じように，完全競争市場や独占市場の場合よりも複雑である．こうした市場
構造で市場がさまざまな形をとるのは，不完全競争企業同士の戦略が相互に
作用するからだ．各企業の行動は自社の利得(ペイオフ)だけでなく，他社の利得にも影
響を与える．各企業は戦略を立案する際，こうした相互作用を考慮するた
め，意思決定はかなり複雑なものになりうる．

寡占市場の場合のように，経済主体が戦略的に相互に影響し合うとき，何
が起きるかを理解できるようになること――それが，本章の**ゲーム理論**
(game theory) が目指すものだ．ゲーム理論は，複数のプレーヤーが**戦略的
意思決定** (strategic decision) を行うときのふるまい，つまり，自分の行動
が他者の行動に影響を与える一方，他者の行動が自分の行動に影響を与え，
他者の行動を予想しようとしているときのふるまいを学ぶものである．

ゲーム理論は実際のゲームにも使える．チェスでは，対戦相手の反応を読
んで駒をどう動かすかを決める．ポーカーで賭け金を上乗せする場合，他の
プレーヤーは，あなたが良いカードを持っていると信じて降りるか，あるい
はあなたがカマをかけているに違いないとして同額を賭けてくるか，どちら
の行動に出るかを考える．この章では，さまざまな経済的意思決定への理解
を深めるためにゲーム理論が活用できることを学ぶ．具体例として，映画を
いつ公開するべきか，どんな製品を生産するべきか，競争相手の参入を阻む
にはどうすればいいかといったことを取り上げる．じつは，前章ですでに
ゲーム理論をかなり活用していた．共謀，ベルトラン競争，クールノー競
争，シュタッケルベルク競争，差別化された製品のベルトラン競争といった
寡占市場モデルはいずれも，ゲーム理論を具体的に応用したものだ．

この章では，3通りの基本的なゲームを学んでいく．第1の**同時手番ゲー
ム** (simultaneous game) では，競争相手がどんな戦略をとるのかわからない
なか，参加者は同時に戦略を決定しなければならない．同時手番ゲームの一
例が，第11章で取り上げたクールノー競争とベルトラン競争モデルであり，
各企業は生産量または価格を同時に決定していた．第2は**繰り返しゲーム**

(repeated game) であり，参加者は同時手番ゲームを繰り返し行う．第11章では，企業が共謀するとき，どの企業にも合意を裏切るインセンティブが存在するにもかかわらず，状況が安定する場合があることを論じたが，共謀のモデルを繰り返しゲームと捉えることで説明できる．3番目に**交互手番ゲーム**（sequential game）を取り上げる．これは，ある企業が先に動き，その動きをみて次の企業が戦略を考えるゲームである．交互手番ゲームは，第11章で分析した寡占モデルのシュタッケルベルク競争に似ている．

　以上の3つの基本的なゲームの構造がしっかり頭に入れば，さまざまな経済のシナリオを理解する有益なツールを手に入れることになる．とはいえ，ゲーム理論には，この章で取り上げるもの以外にも高度な領域が少なくない．たとえば，きわめて重要な領域として，一部のプレーヤーが他のプレーヤーにない情報を持っている状況の研究がある．これは非対称情報ゲームとして知られるが，経済的意思決定における情報の非対称性の役割については第15章で論じるつもりだ．この章で取り上げないゲームには他に協力ゲームがある．これはプレーヤーが互いに拘束力のある約束をすることができ，提携して一体となってプレーできるゲームである．本章で注目するのは，誰もが自らの利潤のために動く非協力ゲームである．企業間のゲームのほとんど，さらには消費者間のゲームの性格をより正確に反映しているのが，このゲームである．

　ゲーム理論を使って生産者や消費者の日々の戦略的相互作用を理解しようとすると，いくつかのテーマが浮上する．第1に，ゲーム理論を理解することは，他者の目をとおして世界を見ることである．プレーヤーは競争相手の行動を予想し，それにどう対抗するかを考えなければならない．第2に，ゲーム理論のほとんど（少なくとも，この章で学ぶゲーム理論）は，競争相手が合理的であること，つまり自分の得になることを知っているとの前提の上に成り立っている．この前提が正しくない場合には（誰しも，不合理な愚か者に対処せざるをえなかった経験があるはずだ），プレーヤーがやるべきことは，標準的なゲーム理論のアプローチとはかなり違うものになりうる．

　第3のテーマは，第11章で寡占市場を分析した際に論じたことを想起させる．ゲームのルールをどう設定するのか——誰が先に動くのか，誰が何か

ら始めるのかによって，ゲーム理論で予想される結果はかなり違ってくる，ということだ．

12.1 ゲームとは何か

　ゲームが単純か複雑かに関係なく，どんなゲームにも共通する3つの要素がある．プレーヤー，戦略，利得である．ゲーム理論との関連で，これらの概念の1つひとつがどんな意味を持ち，この章で行う分析の基礎となっているかを説明していこう．

　ゲームにおける**プレーヤー** (player) は，意思決定者である．プレーヤーは，自身が目指す結果が，自分自身および他者双方の選択に影響を受ける状況におかれている．経済のゲームにおいては，企業（およびその経営者），消費者，労働者など，多くの主体がプレーヤーになりうる．定義上，その役割に関係なく，すべてのプレーヤーは選択を行う主体である．

　戦略 (strategy) とは，ゲームでどのような行動をとるか，プレーヤーが立てる計画である．一般に，プレーヤーがどんな戦略を選択するかは，他のプレーヤーの予想される行動に依存する．つまり，あるプレーヤーが選択する戦略は，競争相手がとるであろう戦略によって変わってくるのである．

　戦略は，「競争相手がどんな行動をとろうと，今年は自社製品の設計を見直そう」といった単純なものから，もっと複雑で，「他社が直近の3期，高値を維持したとすれば，当社も今期は高値に設定しよう．そうでなければ，次の2期は価格を低めに設定して，ある程度のシェアを競争相手から奪おう」といったものになりうる．じつは，競争相手の行動に依存するのではなく，「コインを投げて，表が出たら価格を安くし，裏が出たら高くしよう」といった場当たり的な戦略もありうる．

　利得（ペイオフ，payoff）とは，プレーヤーがゲームで獲得する成果である．消費者にとって利得は，効用や消費者余剰といった点から測ることができる．企業にとっての利得は一般に，生産者余剰や利潤を指す．たいていの場合，あるプレーヤーの利得は，そのプレーヤーの戦略と，競争相手が選択する戦

略の両方に依存する．各プレーヤーの行動が互いの利得に影響を与え，それぞれがその影響を事前に認識しているという事実が，ゲーム理論のゲーム理論たる所以である．プレーヤー自身の選択だけが利得に影響を与える場合は，シングル・エージェント問題と呼ばれる．自社の需要曲線と限界費用曲線を前提とした独占企業の生産量決定，あるいは消費者の効用最大化問題は，シングル・エージェント問題の一例である．だが，あるプレーヤーの行動が他者の選択に影響されるのであれば，それはゲームである．プレーヤーには，競争相手の行動をつかさどる動機を理解するインセンティブが存在する．相手の動機をより良く理解できれば，それに応じてより良い選択ができる．

　以上がどんなゲームにも共通する3つの要素であり，これらを理解すれば，戦略的相互作用の起こりうる結果を予想できるようになる．だが，こうした予想を立てるうえで，つまりゲームの均衡を見極めるうえでは，各プレーヤーの戦略がどう絡み合っているかを理解することがカギになる．次の小節で戦略についてもう少し掘り下げたうえで，さまざまなタイプのゲームを分析することにしよう．

支配戦略と被支配戦略

　ゲームにおいて行動を予想するとは，プレーヤーの**最適戦略**（optimal strategy）――予想される利得が最大となる行動――を見極めることである．競争相手がある行動を選択すれば自分にとって最適となる戦略が，別の行動を選択すれば最適でなくなる，という点で，最適戦略を見極めるのは容易ではない（別の言い方をすれば，あるプレーヤーにとって最適な戦略は，競争相手が選択する戦略に対する反応として最適のものでなければならない）．だが，ここまで複雑でないゲームもある．まずは，そうした比較的単純な状況からみていこう．あるプレーヤーにとって，他のプレーヤーがどんな行動をとろうとも常に最適な戦略は**支配戦略**（dominant strategy），逆にどんな行動をとっても最適にならない戦略は**被支配戦略**（dominated strategy）と呼ばれる．

　ここで前の章で取り上げた，アニメ映画の宣伝に関するドリームワークス

242 第3部 市場と価格

表12.1 宣伝のゲーム*

		ディズニー	
		宣伝する	宣伝しない
ドリームワークス	宣伝する	150, 150	450, −75
	宣伝しない	−75, 450	225, 225

* 利得は利潤で，単位は100万ドル．

とディズニーの意思決定を振り返ってみよう．それぞれの戦略とそれに伴う
利得（単位：100万ドル）をまとめたものが表12.1であり，これは**利得表**
（payoff matrix）と呼ばれる（表11.1の再掲）．1番目（左）の利得は常に行
のプレーヤーに属し，2番目（右）の利得は常に列のプレーヤーに属する．
つまり，ドリームワークスの選択は，利得表の行の左に，その利得はカンマ
の前に黒字で示され，ディズニーの選択は，利得表の列の右に，その利得は
カンマの後に赤字で示されている．

　第11章で，このゲームは囚人のジレンマであることをみた．両社が宣伝
しないことで合意すれば，どちらも高い利得を得られるにもかかわらず，宣
伝する強いインセンティブが個々に存在するため，両社とも多額の宣伝費を
かけることになった．

　「囚人のジレンマ」という表現は，この種のゲームの概念を紹介するのに
よく使われる古典的な例に由来する．この例では，共犯とみられる2人が
警察に連行され，別々の部屋で取り調べを受ける．地区検事は微罪で起訴す
るだけの証拠しか持っていないので，どちらも自白しなければ，すぐに無罪
放免になる．2人とも自白すると，重罪で起訴され，厳罰が科せられる．1
人が自白し，もう1人は自白しない場合，自白したほうは警察に協力した
ことで罪が軽減されるが，自白しなかったほうにはより重い刑が科せられ
る．2人が示し合わせて黙っていることで最適な結果が得られるのはあきら
かだが，ゲームの利得構造は，各人が一方的に自白するインセンティブを持
つよう設計されている．これにより，このゲームのナッシュ均衡は，2人と

も自白することで厳罰が科せられるという，（少なくとも被疑者にとって）きわめて魅力のないものになる．先の映画の例でいえば，ドリームワークスとディズニーは囚人であり，宣伝は自白に近い．

こうした結果になるのは，このゲームで「宣伝する」戦略が，どちらにとっても支配戦略だからだ．つまり，ディズニーが宣伝してもしなくても，ドリームワークスの利得は宣伝することで増える．ディズニーが宣伝しない場合，ドリームワークスは宣伝しなければ2億2,500万ドルの黒字だが，宣伝すれば黒字は4億5,000万ドルに増加する．ディズニーが宣伝する場合，ドリームワークスは宣伝しなければ7,500万ドルの赤字だが，宣伝すれば1億5,000万ドルの黒字になる．ドリームワークスの宣伝戦略に対するディズニーの反応についても同様の分析ができ，同じ結果にたどり着く．

この裏返しだが，「宣伝しない」戦略は最適解にはなりえない．（ある戦略が支配戦略のとき，他のすべての戦略は被支配戦略になる．）ディズニーであれドリームワークスであれ，「宣伝しない」戦略が，「宣伝する」戦略より利得が大きくなる状況はありえない．

被支配戦略の概念は，ゲームの均衡を見つけるのに役立つ．被支配戦略は，どんな状況でもプレーヤーの最適な選択になることはありえないので，プレーヤーがこうした戦略を選択するのは理に適っていない．そこで，どんなゲームの分析でもまずなすべきことは，利得表を調べて，すべてのプレーヤーに均衡をもたらす可能性がある選択肢として，すべての被支配戦略を除外することである．表12.1のゲームでは，このプロセスは以下のようになる．ドリームワークスは宣伝することによって常により多くの利得を手に入れることができるので，ドリームワークスの「宣伝しない」の行を除外する．同様に，同じ理由から，ディズニーの戦略から「宣伝しない」列を除外する．すべてのゲームに被支配戦略が存在するわけではない，という点には留意が必要だ．だが，ドリームワークスとディズニーのゲームのように被支配戦略が存在するゲームの場合，可能性として被支配戦略を除外すれば，均衡点を見つけるのがかなり容易になる．

行と列を除外した後，残りの表を眺めると，合理的なプレーヤーが追求する選択肢は1つしかないことがわかる．ドリームワークスもディズニーも

244　第3部　市場と価格

宣伝して，それぞれ1億5,000万ドルずつ稼ぐ戦略だ．両社は同時に戦略を決定しなければならないにもかかわらず，つまり，相手がどう動くか知らないまま戦略を決定するにもかかわらず，必ずそうなる点に留意したい．

12.2　1回限りのゲームでのナッシュ均衡

　第11章では，寡占産業の市場の状況に適用するため，均衡の概念を拡大しなければならなかった．寡占市場では各企業の価格および生産量決定が競争相手のそれに影響するため，均衡点を見つけるには，産業全体の均衡価格や均衡数量以上のものが必要である．すなわち，市場が安定する均衡点では，競争相手の決定がどうであれ，どの企業も決定を変えようとは思わないこともまた必要とされる．

　ナッシュ均衡とは，ゲームがおのずから落ち着くべきところに落ち着くという概念である．ナッシュ均衡では，競争相手がどのような戦略を選択しようとも，みずからの戦略を一方的に変えようとするプレーヤーは存在しない．つまり，どのプレーヤーも，競争相手の行動を前提に最適な選択をしているのだ．

　前述のドリームワークスとディズニーの例のように，被支配戦略がいくつもあるとき，ナッシュ均衡はかなり簡単に見つかる．だが，ほとんどのゲームでは，被支配戦略を除外しただけではナッシュ均衡を突き止めることはできない．ナッシュ均衡で満たすべき条件が，支配戦略と被支配戦略を定義する条件ほど厳格ではないからだ．競争相手がどんな行動をとろうと，あるプレーヤーにとって常に最適なのが支配戦略である．だが，ナッシュ均衡では，競争相手がたまたまとった行動に対して最適であればいい．したがって，支配戦略や被支配戦略がない場合でもナッシュ均衡が存在するゲームはありうる．プレーヤーやとりうる行動がさほど多くなければ，こうした一般的なケースで均衡を見つけるのもむずかしくはない．

　任意のゲームでナッシュ均衡を見つけるには，まずゲームのプレーヤー，戦略，そして，可能性のあるあらゆる戦略の組み合わせに伴う利得を書き出

第12章 ゲーム理論　　**245**

すことだ．ドリームワークスとディズニーのゲームで，これを実践したのが
前掲の表12.1である．ゲームに関連する経済的要素をまとめるこの方法，
つまり，プレーヤーが選択する戦略をもとに各プレーヤーの利得を表に書き
入れていく方法は，**標準型** (normal form) と呼ばれる．ゲームを標準型に
あてはめることで，（そもそも均衡があるとすれば），均衡点を見極めるのが
容易になる．

　新たな例でやってみよう．*I'm Famous Weekly* と *Look at Me!* という競合
する雑誌が，次号の特集を何にするか検討している．両誌ともリアリティ番
組 (RS) か有名人のインタビュー (CI) のどちらかにするつもりだ．どちら
も相手の選択は発売されるまでわからないものと想定する．つまり，2誌は
同時に決定しなければならない．さらに，読者はリアリティ番組だけが好き
なタイプと，有名人のインタビューだけが好きなタイプの2通りに分かれ，
有名人のインタビューを好む読者の数が多いと想定する．仮にリアリティ番
組または有名人のインタビューを掲載しているのが1誌だけなら，それら
を好む読者をすべて獲得できる．また2誌の特集が重なった場合，読者を
分け合うことになるが，*Famous* のほうが *Me!* よりもシェアが大きい．他の
条件が同じであれば，大半の読者が *Famous* を好んでいるからだ．

　各誌の利得（単位：1,000ドル）は，自誌の選択と他誌の選択の両方に依
存する．こうした選択とそれに伴う利得をまとめたのが次ページの表12.2
である．前の例と同様，各セルのカンマの前の黒の数値が *Famous* の利得，
カンマの後の赤の数値が *Look at Me!* の利得である．

　このゲームのナッシュ均衡を求めるため，まず *Me!* がとりうる行動に対
する *Famous* の最適な行動は何かを考えよう．*Me!* が特集にリアリティ番組
を選ぶとすれば（左列），*Famous* にとって有名人のインタビューを選択する
ことが最適な行動になる．リアリティ番組を選ぶと利得は30万ドルにしか
ならないが，有名人のインタビューを選べば50万ドルになるからだ．この
値が *Famous* の最適な選択の利得であり，左下のセルの500の横にチェック
（✓）を入れる．つぎに *Me!* が有名人のインタビューを特集する場合も，
Famous の最適な選択は，有名人インタビューになる．利得は40万ドルで
はなく45万ドルになるからだ．これが，この状況における *Famous* の最適

246 第3部 市場と価格

表12.2 特集記事を選択する*

	Look at Me !	
	リアリティ番組	有名人のインタビュー
リアリティ番組	300, 0	400, 400 ✓
I'm Famous 有名人のインタビュー	✓500, 300 ✓	✓450, 200

* 利得は利潤で，単位は1,000ドル．

な選択なので，450の隣にチェックを入れる．*Me!* が何を選択するかに関係なく，*Famous* は有名人のインタビューを選択したほうが利得が多いのだから，*Famous* 誌にとって有名人インタビューが支配戦略であることがわかる．

今度は，*Me!* について同じことをしてみよう．*Famous* がリアリティ番組を選択した場合，*Me!* もリアリティ番組を選択すると利得は0になるが，有名人インタビューを選択すれば40万ドルなので，有名人インタビューを選択するべきである．*Me!* にとっての最適な選択という意味で，右上のセルの400の横にチェックを入れよう．だが，*Famous* が有名人インタビューを選択する場合，*Me!* はリアリティ番組を選択したほうが，利得が多くなる．有名人インタビューを選択した場合の利得は20万ドルだが，リアリティ番組を選択すると30万ドルになる．前者では有名人のインタビューのファンを *Famous* と分け合うが，リアリティ番組ならすべてのファンを取り込めるからだ．左下のセルの300の横にチェックを入れる．

チェックのパターン，つまり最適戦略のパターンを眺めると，すぐに気がつくことがある．第1に，*Famous* は支配戦略である有名人インタビューを選択するとみられる．なぜか．支配戦略とは，競争相手がどんな行動を取ろうとも追求すべき最適戦略であった．（表12.2の *Famous* の利得につけられたチェックを見ると）*Me!* の行動に関係なく有名人インタビューを選択したほうが，*Famous* の利得（利潤）は多いので，*Famous* にとって有名人インタビューが支配戦略である．また，リアリティ番組が *Famous* にとって最適戦略になることはないので，リアリティ番組の選択は *Famous* の被支配戦略に

第12章 ゲーム理論　247

なる.

　一方，*Me!* には，支配戦略が存在しない．というのは，*Famous* が有名人インタビューを選択する場合は，リアリティ番組を選択したほうが利得は多くなるが，*Famous* がリアリティ番組を選択する場合は，有名人インタビューを選択したほうが利得が多くなり，*Me!* の最適戦略は *Famous* の選択次第で変わる．あらゆる状況で最適な戦略は存在しない，という意味で，*Me!* に支配戦略は存在しないのだ．また，*Famous* の選択次第で，どちらの戦略も最適解になりうるという意味で，*Me!* には被支配戦略も存在しないといえる.

　第2に，被支配戦略を除外することで，ありうる1つの結果以外のすべてを除外することはできないが，それでもこのゲームにはナッシュ均衡が存在する．じつは，左下のセルで両誌の利得にチェックがついていることからわかるとおり，*Famous* が有名人インタビューを選択し，*Me!* がリアリティ番組を選択することが，互いに最適な戦略である．したがって，これがナッシュ均衡である．一般のナッシュ均衡がそうであるように，競争相手の戦略を知ったときに戦略を変えられるとしても，それは利得を減らすだけなので，選択を変えようとは思わない．こうした安定性こそ，ゲームの結果を予想するのにナッシュ均衡が役立つ最大の理由である.

これで合格

チェック法

　複雑で難解なゲームも，単純化して素早くナッシュ均衡を見抜く方法はあるものだ.

　まず，各プレーヤーの意思決定のプロセスを別々に見るのが肝要だ．2人のプレーヤー，「行」と「列」が対戦するゲームを考えよう．どちらも，「A」か「B」のどちらかの行動を1つ選ぶことができる.

　はじめに，「行」が取るべき戦略を考えよう.

■まず，「列がAを選択する場合，行の最適な選択は何か」を考える．次に，その行動の行にとっての利得にチェックを入れる．行の利得は，

利得表のセルで常にカンマの左である.

■次に,「列がBを選択する場合,行の最適な選択は何か」を考える.その行動の利得にチェックを入れる.

今度は,「列」の視点で,同じ作業を繰り返す.

■まず,「行がAを選択する場合,列の最適な選択は何か」を考える.その行動の利得にチェックを入れる.列の利得は,利得表のセルで常にカンマの右である.

■つぎに,「行がBを選択する場合,列の最適な選択は何か」を考える.その行動の利得にチェックを入れる.

両方の立場からゲームを見たところで,利得表のすべてのセルを眺める.チェックが2つついたセルがあるだろうか.あるなら,それがナッシュ均衡だ.チェックが2つついたセルがないなら,ナッシュ均衡は存在しないことになる(少なくとも,この節の後半で取り上げる純粋戦略ではそうだ).

このチェック法を具体例で試したのが,下の図である(課題や試験で利得表が出されたときに戸惑わないように,利得表の数値はすべて黒字で表した).

		列 A	列 B
行	A	✓100, 50	✓125, 100✓
	B	50, 100✓	75, 75

まず,行の選択を見る.列がAを選択する場合,Aを選択したほうが,行の利得は多い(100 > 50).列がBを選択する場合,やはりAを選択したほうが,行の利得は多い(125 > 75).そこで,行がAを選択した場合の利得に2つとも,チェックを入れる.

次に,列の選択を見る.行がAを選択する場合,Bを選択したほうが,列の利得は多い(100 > 50).だが,行がBを選択する場合は,Aを選択したほうが,列の利得は多くなる(100 > 75).これらの利得にチェック

第12章 ゲーム理論　　249

を入れる.

　利得表で, チェックが2つ入っているセルは1つしかない. 行がAを選択し, 列がBを選択する場合だ. これが, このゲームのナッシュ均衡である.

　この方法を使って, 各プレーヤーの支配戦略と被支配戦略を見ることもできる. 支配戦略とは, 相手の行動に関係なく最適な戦略である. 前述の行の戦略について検討しよう. 2つの質問に対する答えが同じなら（列の行動に関係なく常にAを選択する, あるいは常にBを選択するなら）, それが支配戦略である. 次に代替（被支配）戦略を見つけると, 選択肢を減らすことができる. この作業を列についても同様に行うと, 2つのチェックが入るのは, 支配戦略だけである. 行または列に1つもチェックが入らないのが, 被支配戦略である.

　支配戦略はナッシュ均衡に導くが, すべてのナッシュ均衡に支配戦略が含まれるわけではない点は留意すべきである. 前述の例を使って, 違いを見分ける簡単な方法を紹介しよう.

　行：「列, 君がどうしようと構わない. **君がどんな行動を取っても, A を選択したほうが僕の得になる**」（行は, 支配戦略を持っている, と言える）.

　列：「行, 君の選択で, 僕の最適な行動は変わってくる. **君がAを選択するなら, Bを選択するのが, 僕の得になる**」（つまり, 列に支配戦略はないが, 行がAを選択する場合, Bを選択するのが最適な選択になる）.

　こうしたステップを積み重ねれば, ゲーム理論がよくわかるようになるはずだ.

12.1 解いてみよう

　小さな町に2つの食料品店, フード4Uとグローサリー・マートがあ

250　第3部　市場と価格

り，それぞれ店舗の刷新を考えている．選択肢は，新たな店舗をつく
る，既存の店舗を改装する，現状を維持する，の3つだ．このゲーム
をまとめたのが下の表である．カンマの左の黒字がフード4U，右の赤
字がグローサリー・マートの利得である．利得は年間の利潤で，単位は
1,000ドルである．

		グローサリー・マート		
		新店舗	店舗改装	現状維持
	新店舗	200, 200	300, 400	400, 150
フード4U	店舗改装	400, 300	450, 450	300, 175
	現状維持	150, 300	175, 350	350, 300

a.　フード4Uとグローサリー・マートのどちらかに支配戦略はあるだ
　　ろうか．説明せよ．

b.　フード4Uとグローサリー・マートのどちらかに被支配戦略はある
　　だろうか．説明せよ．

c.　ナッシュ均衡を求めよ．

解答：

a.　支配戦略とは，相手の戦略に関係なく最適な戦略である．フード4U
　　の決定から見てみよう．グローサリー・マートが新店舗をつくる場
　　合，既存店舗の改装が最適な選択になる（40万ドル＞他の選択肢の利
　　得）．グローサリー・マートが既存店舗を改装する場合，やはり既存
　　店舗の改装が最適な選択肢になる（45万ドル＞他の選択肢の利得）．
　　だが，グローサリー・マートが現状維持の場合，店舗の新設が最適に
　　なる（40万ドル＞他の選択肢の利得）．フード4Uにとって，グロー
　　サリー・マートの選択に関係なく最適な選択は存在しないので，フー
　　ド4Uには支配戦略がないといえる．

　　　今度はグローサリー・マートの選択を見てみよう．フード4Uが店
　　舗を新設する場合，既存店舗の改装が最適な選択肢になる（40万ドル

＞他の選択肢の利得). フード4Uが既存店舗を改装する場合, やはり既存店舗の改装が最適な選択肢になる (45万ドル＞他の利得). フード4Uが現状を維持する場合, やはり既存店舗の改装が最適な選択肢になる (35万ドル＞他の利得). つまりグローサリー・マートにとって, フード4Uの戦略に関係なく既存店舗の改装が最適な選択肢なので, これが支配戦略だといえる.

b. グローサリー・マートが店舗を新設するか既存店舗を改装する場合, フード4Uにとって既存店舗の改装が最適な戦略である. グローサリー・マートが現状を維持する場合, フード4Uにとって店舗の新設が最適な選択である. これは, フード4Uにとって, どんな状況でも現状維持は最適な選択とならない, ということだ. つまり, フード4Uにとって現状維持は被支配戦略である. グローサリー・マートにとっては, 既存店舗の改装が支配戦略なので, 他の2つの戦略は被支配戦略である.

c. 下の表のチェック法を使えば, フード4Uとグローサリー・マートがともに既存店舗を改装するときにナッシュ均衡が起きることがわかる. 既存店舗の改装がグローサリー・マートの支配戦略であり, 同社が既存店舗を改装する場合, フード4Uも既存店舗を改装するのが最適な選択になるので, これは理に適っている.

グローサリー・マート

		新店舗	店舗改装	現状維持
	新店舗	200, 200	300, 400 ✓	✓400, 150
フード4U	店舗改装	✓400, 300	✓450, 450 ✓	300, 175
	現状維持	150, 300	175, 350 ✓	350, 300

複数均衡

囚人のジレンマや, 前述の雑誌の特集をめぐるゲームのように, ナッシュ

均衡が1つしかない場合，ゲームのありうる結果を予想するのは比較的簡単である．ナッシュ均衡とは，相互に最適な選択というロジックだったので，プレーヤーは結局，ナッシュ均衡の選択を行うことになるからだ．だが，ナッシュ均衡が複数存在する場合，結果を予想するのはかなり面倒だ．そして，複数のナッシュ均衡が存在するゲームは珍しいわけではない．

　ここでもう一度，ドリームワークスとディズニーの例を取り上げよう．ただし今回は，次回作の公開時期をいつにするかに注目する．両社とも映画は完成していて，あとは全米の映画館での公開時期を決めるだけだとする．

　1年のうちで映画館に足を運ぶ人が増える時期があり，この時期をうまく活用したいと両社は考えている．状況を単純化して，両社が映画の公開時期として選択できるのは以下の3通りだとする．第1は，5月のメモリアルデー〔戦没将兵記念日〕の週末（5月と略す）．例年この時期は，映画館に足を運ぶ人が多く，公開時期としては魅力的な選択肢である．第2は，クリスマスから新年にかけて（12月）である．この時期も5月ほどではないが，観客数が多い時期である．第3は，3月中旬で，例年，需要が落ち込む時期にあたる．

　こうした需要のパターンは，両社とも認識している．どちらかが独占企業であるなら，選択肢に優先順位をつけるのは簡単で，5月，12月，3月の順になる．だが，どちらも独占企業ではなく，特定の公開時期を選択することで得られる利得は，競争相手の公開時期によって変わってくる．だとすれば，これはゲーム理論の問題になる．公開時期が重なれば悲惨な結果になることは，両社ともわかっている．そうすると，（時期は違っても）アニメ映画市場を独り占めせずに市場を折半するのが得策なのではないか．

　では，ドリームワークスとディズニーは，こうした相反する考えをどのようにバランスさせるのだろうか．両社のゲームの結果を具体的に示したのが表12.3で，考えられる公開時期の組み合わせとそれに伴う利得をまとめてある．

　どちらか1社のみが5月を選択した場合，利得は3億ドルである．同じく1社のみが12月を選択した場合，利得は2億ドル，1社のみが3月を選択した場合，利得は1億ドルだ．

第12章　ゲーム理論　　253

表12.3 公開時期を選択する*

		ディズニー		
		5月	12月	3月
ドリームワークス	5月	50, 50	✓300, 200✓	✓300, 100
	12月	✓200, 300✓	0, 0	200, 100
	3月	100, 300✓	100, 200	−50, −50

* 利得は利潤で，単位は100万ドル．

　だが，両社の公開時期が重なった場合は，どちらにとっても良いことはない．閑散期に公開すれば失われる利得はより大きくなるが，公開時期に関係なく両社の利得は少なくなる．両社とも5月に公開すれば，利得は5,000万ドルずつにとどまる．12月なら両社の利得は0，3月に公開すると5,000万ドルずつの損失だ．

　このゲームのナッシュ均衡はどうなるだろうか．それを見つけるために，各社の最適戦略にチェックを入れる方法を使おう．まず，ドリームワークスにとっての最適な戦略を見てみよう．ディズニーが5月の公開を選択した場合は，12月の公開が最適解になる（2億ドル＞1億ドル＞5,000万ドル）．ディズニーが12月を選択した場合は，5月が最適解になる．ディズニーが3月を選択した場合も，5月が最適解になる．ドリームワークスが最適な選択をしたときの利得の横にチェックを入れる（ドリームワークスの利得は，カンマの前の黒字である）．

　では，ディズニーにとって最適な選択はどうか．ちょうど鏡像のイメージであり，同じ方法で確認できる．ドリームワークスが5月を選択した場合，ディズニーは12月を選択すべきである（利得は2億ドル）．ドリームワークスが12月か3月を選択した場合は，5月を選択すると，より多くの利得を獲得できる（利得は3億ドル）．

　これで競争相手の任意の戦略に対する，各社の最適な選択がわかった．1つ留意しておくべきことは，3月の公開はどちらにとっても被支配戦略であ

254 第3部 市場と価格

表12.4 公開時期を選択する（単純化したゲーム）*

		ディズニー	
		5月	12月
ドリームワークス	5月	50, 50	✓300, 200✓
	12月	✓200, 300✓	0, 0

* 利得は利潤で，単位は100万ドル．

る，という点だ．つまり，相手の選択がどうであれ，3月が最適な選択になることは決してない．そこで，どちらかが3月に公開する選択肢は除外することができる．するとゲームの利得表は，左上の4つのセルに絞られる．それを抜き出したのが表12.4である．

相互に最適な選択を表しているセル，つまり同じセル内に2つのチェックがついているセルに注目すると，2つあることに気づく．ドリームワークスが12月を選び，ディズニーが5月を選ぶ場合，逆にドリームワークスが5月を選び，ディズニーが12月を選ぶ場合だ．いずれも，このゲームのナッシュ均衡である．このゲームは，複数の均衡が存在するゲームの結果を予想するむずかしさを示している．たとえば，合理的な企業なら3月を選ぶことはない，あるいは，両社とも公開時期が重ならないよう避ける，といった具合に可能性を絞り込んでいくことはできるが，1つの結果を正確に言いあてることはできない．どちらかが5月を選ぶ可能性があり，その場合，もう一方は12月を選ぶことはわかるが，表の情報だけでは，どちらが何月を選ぶべきかを見極めることはできない．

この章の後半では，意思決定の順序や利得の小幅な変化など，ゲームの構造が変わると，ここで示した複数のナッシュ均衡とは異なる結果になることをみていく．だが，しばらくは，この構造のゲームでゲーム理論とは何かをできるだけ掘り下げていこう．

混合戦略

　これまで注目してきたゲームは，プレーヤーがさまざまな行動のなかから自身の利得が最大となる戦略を選択するものだった．こうしたタイプの戦略は**純粋戦略**（pure strategy）と呼ばれる．だが，純粋戦略を追求することが，常にプレーヤーの最善の利益になるわけではない．複数の純粋戦略の組み合わせのなかからランダムに選ぶことが最適となる場合がある．こうしたタイプの戦略は，**混合戦略**（mixed strategy）と呼ばれる．

　混合戦略を活用するゲームの例として，サッカーの試合でのペナルティーキックの場面を思い浮かべてもらいたい．ペナルティーキックなら，テレビで見たり，当事者として経験したりしたことがあるのではないだろうか．キッカーはゴールキーパーと向かい合い，かなり近い場所からボールを蹴る．距離が相当近いので，キーパーは自分の勘が当たることを願いながら，右隅か左隅のどちらかに飛ぶことが多い．ペナルティーキックは，ゲーム理論を使って分析できる．キッカーとゴールキーパーの2人のプレーヤーがいて，それぞれに戦略の選択肢があり（キッカーは「左に蹴る」か「右に蹴るか」，ゴールキーパーは「左に飛ぶ」か「右に飛ぶか」），両者の選んだ戦略に応じて利得が変わってくる．このゲームをまとめたのが表12.5だ．

　試合の分かれ目となるペナルティーキックを考えてみよう．キーパーが蹴られたボールと同じ方向に飛んでゴールを阻止すれば，キーパーのチームが勝ち，キーパーが逆サイドに飛んでゴールが決まれば，キッカーのチームが勝つ．勝者の利得を1，敗者の利得を0とする．それをまとめたのが表

表12.5　**混合戦略ゲーム──サッカーのペナルティーキック**

		キーパー	
		左	右
キッカー	左	0, 1 ✓	✓1, 0
	右	✓1, 0	0, 1 ✓

12.5だ．ここで注意点が1つある．キッカーとキーパーは向かい合っているので，キッカーは右に蹴るとき，キーパーが左（キーパーからすれば右）に飛ぶことを期待している．混乱を避けるために，キッカーがボールを蹴る方向にキーパーが飛ぶのを（それが右であれ，左であれ），両者が同方向を選択するものと仮定して表を作ってある．

　ここでも，チェックを入れる方法を使おう．キッカーは常にキーパーの動きとは逆の方向に蹴りたい．キーパーが左に飛ぶなら，右に蹴るのが最適解になる．キーパーが右に飛ぶなら，左に蹴りたい．だが，キーパーは常にキッカーの動きと同じ方向に飛びたい．キッカーが左を狙えば，左に飛ぶのが最適解であり，右に蹴れば，右に飛ぶのが最適解になる．表には，これらの最適解にチェックを入れてある．

　何が起きただろうか．2つのチェックがついたセルはない．これは，2人のプレーヤーが，相手の選択に対して同時に最適な反応を示すような戦略がないことを意味している．チェックをつける方法では，少なくとも，ここまで定義してきた意味での純粋戦略のナッシュ均衡は，このゲームには見当たらない．純粋戦略のナッシュ均衡では，常に1つのセルに2つのチェックが入っていなければならない．

　じつは，このゲームにもナッシュ均衡は存在するのだが，各プレーヤーが1つの行動を選択する純粋戦略のナッシュ均衡ではない．これまで分析してきたゲームでは，2つの映画会社が共に宣伝することを選択するとか，2つの雑誌が別々の特集記事を組む，あるいは2つの映画会社が公開時期をずらすといった具合に，少なくとも1つ（時には複数の）純粋戦略の均衡があった．

　ペナルティーキックのゲームの場合，異なる戦略をランダムに選択することでナッシュ均衡が起こる．すなわち，ある時は右に蹴り，またある時は左に蹴る選択をするということだ．キッカーは，常に右に蹴る，あるいは常に左に蹴るという単純な戦略ではなく，「80％は右に蹴るが，20％は左に蹴る」という戦略を取るとしよう．キーパーも同様に，左右に飛ぶ確率を決める戦略をとるとする．こうしたランダムな行動は混合戦略と呼ばれる．混合戦略では，確率が80対20か，50対50かといったランダムなパターン自体

が戦略であり，確実に左に蹴ることが戦略であるのと同じだ.

　前述の右に蹴る確率は80％，左に蹴る確率が20％という戦略は混合戦略だが，ナッシュ均衡の戦略ではない．考えてみよう．キッカーが80％の確率で右に蹴るなら，キーパーとしては常に右に飛ぶのが最適な選択になる．だが，キーパーが常に右に飛ぶとき，キッカーとしては常に左に蹴るのが最適な選択になる．ところが，キッカーが常に左に蹴るなら，キーパーは常に左に飛ぼうとする！

　このゲームにおいて唯一，混合戦略のナッシュ均衡といえるのは，キッカーとキーパーが共に左右に動く確率を半々にすることである．キッカーが左右に蹴る確率が半々なら，キーパーは左右どちらに飛んでも利得は同じなのでランダムに選択する．逆にキーパーが左右に飛ぶ確率が半々なら，キッカーはどちらに蹴っても利得は同じなのでランダムに選択してかまわない．そのため，これが互いの最適な反応になる.

　混合戦略のナッシュ均衡に関して意外なのは，プレーヤーが最適な確率に従って各行動を選び合っていることを前提とすると，それらの中から実際にどの行動を選ぶかについて，どちらのプレーヤーも無差別になるということである．無差別でないとすれば，常に一方向に蹴る（あるいは飛ぶ）純粋戦略を取ろうとするだろう．混合戦略の均衡に達するには，各プレーヤーは，相手がどちらの行動を選んでも無差別になるように，自身が左右それぞれに動く確率を決める必要がある．キッカーは左右に蹴る確率を50％ずつにすることによって，キーパーが左右どちらに飛んでも利得が等しくなるようにする．その結果，キーパーは左右に飛ぶ確率が50％ずつのときの利得が最も大きくなる．これは，あらゆる経済学のなかで最も混乱しやすく直観に反する結果なので，腑に落ちないとしても無理はない.

　ところで，表12.3，表12.4で分析した映画の公開時期をめぐるドリームワークスとディズニーのゲームでは，ナッシュ均衡がもう1つあった．このゲームのナッシュ均衡は，（12月と5月）と（5月と12月）の2つである．2社がそれぞれ決まった戦略を追い求めているので，これらの均衡は純粋戦略の均衡であった．だが，このゲームには混合戦略の均衡も存在する．キッカーとキーパーのゲームと同様，2社がコインを投げて，12月にするか5

258   第3部　市場と価格

月にするかを確率50％で適当に選ぶとすれば，それはナッシュ均衡になる．相手がランダムに決めていることをそれぞれが認識していれば，自分もランダムに決めることが最適な行動になる．

応用　サッカーにおけるランダムな混合戦略

　本書の共著者のひとり，スティーヴン・レヴィットは，サッカー選手がペナルティーキックの場面で混合戦略を活用しているかどうかを調べた．共同論文の著者のピエール–アンドレ・シャポーリ，ティム・グロセクロスと共に，フランスとイタリアのサッカー・リーグの3年間の試合について，すべてのペナルティーキックのデータを集めた．[1]

　キッカーとゴールキーパーの選択を，左，右，真ん中の3通りのうちの1つに分類した．前述の左右二択の例と比べるとやや複雑だが，分析の論理は変わらない．ナッシュ均衡理論によれば，キッカーとゴールキーパーは，どの方向でも結果的に成功率が等しくなるような選択をすべきである．

　レヴィットらが実際のデータで発見した結果は，まさに理論どおりになっていた．キッカーとゴールキーパーは，自身の選択をほぼ完璧にランダム化しているようにみえる．どの方向でも，基本的に成功率は変わらない．ゲーム理論の勝利と言えよう！　なんといっても，人生がかかっていて，自らの行動を最適化するインセンティブの大きいプロサッカー選手の行動を十分に予想していたのだから．

　この研究には面白い余談がある．ランダム戦略をよく理解していない，哀れな選手が1人いた．ある確率で戦略をランダムに組み合わせる混合戦略では，文字どおりのランダム化が必要である．キッカーについていえば，各方向へのキックの確率を3分の1ずつにするだけでは十分ではない．直前の選択に依存しないようにすることも必要だ（コイン投げで，つねに表，裏，表，裏，表，裏の順番で出続けるとすれば，それぞれの確率が50％で

---

1)　Pierre-Andre Chiappori, Tim Groseclose, and Steven Levitt, "Testing Mixed-Strategy Equilibria When Players Are Heterogeneous: The Case of Penalty Kicks on Soccer," *American Economic Review* 92, no. 4 (September 2002): 1138–1151.

あっても，次に何が出るかがわかるのでランダムと言えないのと同じである）．

　件の選手には，ほんとうのランダム化はむずかしすぎた．そのため，自分でキックのパターンを決めて，それに従った．最初に左，次に真ん中，さらに右に蹴り，左に戻る．このパターンを繰り返す．3つの選択を均等に組み合わせれば，キーパーの反応を十分ランダム化できると考えたのだ．キーパーはすぐにこの作戦を見抜いた．ほとんどのキックを止められるようになった．この選手はミクロ経済学をおそらく知らなかったので痛い目にあったが，サッカーでは純粋戦略のナッシュ均衡が存在しないことを学んだのだった．■

マキシミン戦略（敵が愚かなら，どうするか）

　ゲーム理論におけるナッシュ均衡は，プレーヤーがありうる利得をすべて合理的に比較考量し，対戦相手の選択に対する最適で最善の反応を冷徹に計算することを前提としている．だとすれば，ナッシュ均衡に注目してゲームの結果を予想しようとする際に，システマティックなエラーを犯す（ランダムでないエラーを，同じ方向で何度も繰り返す）プレーヤーの存在は大きな問題になる．対戦相手が少なくとも本人の利益になる行動をとると信頼できないとすれば，どう動けばいいだろうか．

　第17章では，行動経済学に基づいた最新の経済研究をいくつか取り上げる．行動経済学は，経済学の一分野で，人間の行動が必ずしも合理的ではなく，機械と違って，その判断にはさまざまなシステマティックなエラーを伴いがちであることをあきらかにしている．

　非合理性については第17章で大いに論じる予定だが，この章ではゲーム理論における**マキシミン戦略**（maximin strategy，「ミニマムを最大化する"maximize the minimum"を短縮」）を取り上げよう．マキシミン戦略は，プレーヤーが最大の利得を求めず，損失を最小化する戦略を選択するという点で，保守的な戦略だといえる．したがって，非合理的なプレーヤーが1人以上存在するゲームにおいて有効になりうる．マキシミン戦略の考え方（お

260　第3部　市場と価格

よびその名の由来)とは，プレーヤーは最悪のシナリオのもとで自らの損失を最小化する——最小の利得を最大化する行動をとる，というものだ．言い換えれば，対戦相手が(たとえ本人も痛手を負うとしても)，こちらを最大限に痛めつける戦略をとる場合，こちらの痛手を最小限に食い止めるにはどうすればいいかを考える．マキシミン戦略は，損失に歯止めをかける．プレーヤーは相手の行動を前提に最適な結果を求めるのではなく，あくまで自分の損失を最小化しようとする．

　前に取り上げた，次号の特集の選択を迫られている2つの雑誌の例に戻って考えよう．*I'm Famous Weekly* 誌にとって，有名人のインタビューを選択することが支配戦略であり，ナッシュ均衡では，*Look at Me!* 誌がリアリティ番組を選択するのが最適な反応であった．その利得を表12.6に示してある(表12.2と同じ)．

　だが，ここで *Me!* 誌の首脳陣は，ライバル誌の *Famous* 誌が愚かで，有名人のインタビューが支配戦略であることがわかっていない，と考えているとしよう．*Famous* 誌の編集幹部が(混乱しているか，急いでいたりして非合理的にも)リアリティ番組を特集記事に選択するとすれば，*Me!* 誌がリアリティ番組を選択すると悲惨なことになる．利得が0になるのだ(両誌が同時にリアリティ番組を選択した場合を思い出してもらいたい)．*Me!* 誌が有名人のインタビューを選択する場合，*Famous* 誌は(合理的に)有名人のインタビューを選択すれば最悪でも20万ドルの利得が得られるし，*Famous* 誌が非合理的に行動して，リアリティ番組を選択すれば，最高で40万ドルの利得を得られる．

　Me! 誌が十分にリスク回避的であれば，リアリティ番組を選択することがナッシュ均衡だったとしても，有名人のインタビューを選択することになる．有名人のインタビューを特集記事にするというこの選択が，*Me!* 誌にとってマキシミン戦略である．獲得しうる利得の最小値を最大化する戦略を選択し，リアリティ番組の利得0から，有名人インタビューによる20万ドルに引き上げるのだ．しかしながら，この例でのゲームの結果は，ナッシュ均衡でもなければ，利得最大化均衡でもない．*Famous* 誌が有名人インタビューを選択すると確実にわかっていれば，*Me!* 誌は一方的に特集をリア

表12.6 ： マキシミン戦略を使って特集記事を選択する*

		Look at Me !	
		リアリティ番組	有名人のインタビュー
I'm Famous	リアリティ番組	300, 0	400, 400 ✓
	有名人のインタビュー	✓ 500, 300 ✓	✓ 450, 200

* 利得は利潤で，単位は1,000ドル．

リティ番組に変えることで，もっと得をすることも可能だ（利得は30万ドルになる）．だが，*Famous* 誌が愚かすぎて合理的な選択をできない場合に起こりうる最悪の結果を回避するために，*Me!* 誌は最適な選択を放棄しているのである．

こうした類いの状況で興味深いことがある．愚かだと見せかければ，相手の行動に影響を与えうることを認識している企業があるのだ．非合理な行動をとると脅すだけで——相手にそれを信用させられれば——こちらに都合のいい行動を相手にとらせることができるかもしれないのだ．

応用 太陽の下の道楽——非合理的な富豪たちのワインづくり

ああ，このブドウ畑は私のものだ．見渡すかぎりの丘陵は太陽に照らされ美しく輝いている．ここはトスカーナかナパヴァレー．世界中のセレブにとって，大きなグラスに入ったワインの香りをかぎ，ヴィンテージについて語り，「チョコレートやスグリの実を思い起こさせる」と説明するのはなんとも誇らしいひとときだ．実際，引退を決めたセレブはそろいもそろってワインをつくろうと思うらしい．映画監督のフランシス・コッポラしかり，タイヤメーカーのレオナールとブルックス・ファイアストーンしかり，ゴルファーのグレッグ・ノーマンしかり．あげればきりがない．

ワインビジネスを単純化すれば，高級ワインか安価なワインか，2つのタイプに分かれる．タイヤメーカーとして成功した有名人は，資金力はあって

262　第3部　市場と価格

表12.7 ｜ 生産するワインを選択する*

		セレブ	
		高級ワイン	安価なワイン
大手ワインメーカー ガロ社	高級ワイン	5, −10	✓60, 15✓
	安価なワイン	✓50, 5	30, 10✓

＊　利得はワイン畑1エーカーあたりの利潤で，単位は1,000ドル．

も，経験豊富な大手ワインメーカー，ガロ社のような高級ワインづくりのノウハウはない．純粋な利得の点から見ると，セレブとガロ社がワインをつくって得られる利得は，表12.7のようになる．

　セレブとガロ社が同じタイプのワインをつくる場合，ノウハウが豊富なガロ社の利潤が大きくなると予想される．どちらも高級ワインをつくる場合，市場がかなり小さい割にコストが高いため，セレブは大損することになるだろう．両者が違うタイプのワインをつくる場合，どちらも利潤を確保できるが，市場が大きく，コストの低い，安いワインをつくるほうが，利潤が大きくなる．

　チェック法を使って，それぞれの最適な戦略を見てみよう．1つのセルに2つのチェックが入っていることから，ガロ社が高級ワインをつくり，セレブが安いワインをつくるのがナッシュ均衡だとわかる．じつは，セレブにとって高級ワインをつくるのは被支配戦略である．ガロ社がどちらのタイプのワインを選択するかに関係なく，セレブは安いワインをつくったほうが，大きな利潤を得られる．

　セレブがゲーム理論の専門家のように考えれば，このことに気づくはずだ．だとすると，ガロ社はセレブが安いワインをつくることを前提に，自らは高級ワインをつくるべきだ，ということになる．ところが，事はそう単純ではない．問題は，セレブが自分の利潤を最大化するべく合理的に行動するとは限らない，ということだ．もっと優しい言い方をすれば，ワインづくりを夢見るセレブは，利潤以外の動機を持っている．セレブは決まってコンテ

ストで賞を取るような高級ワイン（当然ながら，自分自身が飲みなれている
ワイン）をつくろうとするものだ．そして，この自慢のためなら，大損をし
ても構わない．

　非合理的なのか，はたまた利潤以外の動機のせいで，セレブが高級ワイン
づくりに賭けてくると予想されれば，ガロ社はマキシミン戦略をとることが
理に適う．この場合，安いワインをつくることがマキシミン戦略になる．最
悪でも1エーカーあたり3万ドルの利潤を確保できる．だが，ガロ社が高
級ワインをつくり，セレブも「品質のよい」ワインを選択すれば，ガロ社の
利潤は1エーカーあたり5,000ドルにまで減る．

　この例は，フィオナ・スコット・モートンとジョエル・ポドルニーがミク
ロ経済学の手法でワイン業界を分析した研究から，そっくり引用させても
らった．[2] この研究によれば，高級ワインのセグメントは利潤がきわめて低
いにもかかわらず，参入が後を絶たないという．おそらく，お金持ちの素人
愛好家が虚栄心を満たすためにワインづくりに精を出すのだろう．だとすれ
ば，大手ワインメーカーとしては，マスマーケットを狙うのが妥当な戦略に
なる．そうすれば採算度外視のワイナリーとの競合を避けられる．敵として
最も手強いのは，損を気にしない相手なのだから．■

12.3 　繰り返しゲーム

　ここまでで，プレーヤーが同時に行動を選択するゲームにおけるナッシュ
均衡の見つけ方はわかったはずだ．一例として，ドリームワークスとディズ
ニーが宣伝するかどうかで直面する囚人のジレンマを取り上げた（表12.1）．
どちらも宣伝しないことで合意すれば両社とも得になるが，それぞれに宣伝
するインセンティブがあるため，合意した場合より低い利得に甘んじること
になる．

---

[2]　Fiona M. Scott Morton and Joel M. Podolny, "Love or Money? The Effects of Own-
er Motivation in the California Wine Industry," *Journal of Industrial Economics* 50
(December 2002): 431-456.

264　第3部　市場と価格

　ここで，ごく当然の疑問について考えてみよう．両社がこの囚人のジレンマのゲームを2回続けて戦うとしたらどうなるだろうか．囚人のジレンマにおける基本的な問題は，両社がそろって協力に同意すれば，両社の得になるにもかかわらず，個々の企業は相手と協力するインセンティブを持ちえない点だ．だが，プレーヤーが同じ状況にふたたび陥る（おそらく繰り返し陥る）とわかっていれば，相互の利益になる形で行動を調整する可能性が大きくなるのではないか．この節では，まさにこうした問題を取り上げ，囚人のジレンマよりも一般的な繰り返しゲームを分析する方法を学んでいく．

有限回繰り返しゲーム

　同時ゲームを繰り返し戦う場合，プレーヤーの戦略は，1回ごとの行動の組み合わせになる．2回戦うとすれば，1回目と2回目でとる行動が，プレーヤーの戦略になる．1回目の結果次第で2回目の行動を変える戦略を取ってもいい．

　では，ドリームワークスとディズニーが2回戦う場合，囚人のジレンマをどう分析すればいいのだろうか．1回目は「カンフー・パンダ3」対「カーズ3」で，2回目は「カンフー・パンダ4」対「カーズ4」で戦うことになったとき，どちらも宣伝しないという結果になるだろうか．

　この問いに答えるにはまず，2回以上対戦するゲームについての考え方をはっきりさせておかなければならない．この例のように囚人のジレンマが繰り返されるゲームだけではなく，複数回対戦するさまざまなゲームについて言えることだが，**後ろ向き帰納法**（backward induction）を使ってゲームを終わりから解いていけばいい．最終回に何が起きるかがわかれば，最終回に他のすべてのプレーヤーがどう行動するかを知っている（彼らもあなた同様，最後の回を分析できるので，そのことを知っている）ことを前提に，最終回の1つ前の回でどう行動するかを考える．このプロセスをゲームの対戦回数だけ繰り返し，一度に1回ずつ戻っていけば，最初の回にどうだったかがわかる．この段階まで来ると，ゲームのすべての回での最適な戦略がわかる．

　ここで取り上げる例は，2回しか対戦しないので，後ろ向き帰納法といっ

ても至極単純だ．そもそも，初戦がどうなろうとも2回目で対戦が終わることはわかっている．そのため，最終戦である2回戦に臨むプレーヤーは，1回限りの囚人のジレンマに直面することになる．

プレーヤーにとって不幸なことだが，最終戦が1回限りの囚人のジレンマだということは，両対戦（あるいは，どちらか一方の対戦）で互いに協力するのは不可能ではないとしてもナッシュ均衡ではないことを意味する．その理由を説明しよう．ドリームワークスは，ディズニーが2回とも宣伝しないことに同意すると確信を持っているとする．ドリームワークスにとって2回目は1回限りの囚人のジレンマなので，合意を破って宣伝することが最適な選択になる（結局，ディズニーは裏切られても報復する機会がなく，対戦は終わるのだから）．逆の論理も成り立ち，ディズニーも2回目は宣伝することになる．

ここまで来ると，事態がどう進むかがわかるはずだ．両社とも2回目は裏切ることになるのを，どちらも1回目で気づいている．どちらの企業も自分がかわいい．先行きがわかっているのに，1回目に（宣伝しないことに同意して）協力するメリットはどこにあるのだろうか．どちらかが1回目の合意を破り，宣伝したとしても，2回目に報復することはできない．すでにどうなるかわかっている．となれば，結局，1回目も事実上，1回限りの囚人のジレンマになる．これまでの議論から，結果はあきらかだ．両社とも裏切り，宣伝するのだ．

以上から，こう言える．ゲームがいつ終わるかを全員が知っているかぎり，繰り返しゲームで囚人のジレンマにおける協力の問題が解決されることはない．どの回でも，1回限りのゲームと同様のナッシュ均衡になるのだ．

対戦回数を増やすことも関係ない．ゲームをさらに50回繰り返すとしても（「カンフー・パンダ53」対「カーズ53」が最後の対戦になったとしても），最後の対戦となる50回目は1回限りのゲームになり，双方が支配戦略を選択して宣伝することになる．さらに49回目には，50回目が裏切り合戦になると気づいているので，49回目も1回限りのゲームになり，両社とも宣伝する．この論理が延々と続き（宣伝しないという合意が裏切られ続け），1回目に戻ってくる．

266　第3部　市場と価格

　複数回の対戦ゲームがすべて，この例のように囚人のジレンマの繰り返しになるわけではない．だが，別のタイプの繰り返しゲームにおける均衡を見極めるうえでも，後ろ向き帰納法を使うことが標準的な方法になる．別のタイプの繰り返しゲームについては，この後ですぐ取り上げよう．

無限回繰り返しゲーム

　囚人のジレンマからの脱出は，およそ不可能というわけではない．出口（より具体的には，協力する方法）はある．前小節の繰り返しゲームでは，全員が最後の対戦がいつかを知っていて，全員が最後に裏切ることを知っている，という点が問題だった．これがわかっていると，最後の回よりも前のことがすべて決まってしまう．だが，最後の対戦がいつなのか，確実にはわかっていないとすれば，どうだろうか．あるいは，プレーヤー自身がゲームを永遠に戦うと思い込んでいたら，どうなるだろうか．

　ゲームとしては奇妙に思えるが，まずやるべきことは，すべての回の戦略をはっきりさせることだ．プレーヤーがどういう順で行動するかをすべて考慮に入れていくと，恐ろしく複雑になる．そこで，次のような単純な戦略を考えよう．ドリームワークスは，1回目に宣伝しない．その後も，ディズニーが合意を破って宣伝しないかぎり宣伝することはない．だが，ひとたびディズニーが宣伝すれば，ドリームワークスも合意を破って宣伝し，これ以降，宣伝し続ける．ディズニーの戦略はこの裏返しだ．初回は宣伝せず，2回目以降もドリームワークスが宣伝しないかぎり，合意を守る．だが，ひとたびドリームワークスが合意を破って宣伝すれば，それ以降，ディズニーも宣伝を続ける．

　ゲームが永遠に繰り返されるとき，あるいはもっと現実的な仮定として，どこかの時点でゲームは終わるが，正確にいつ終わるか当事者にはわからないとき，この戦略の組み合わせは，ナッシュ均衡といえるだろうか．

　このゲームでは，プレーヤーが最終回を正確に予想できないので，後ろ向き帰納法を使うことはできない．このケースでのナッシュ均衡を考えるには，任意の対戦回について，現行とは違う戦略をとることで得る利得を測る

第12章 ゲーム理論　　267

表12.8　無限回繰り返し宣伝ゲームの１期の利得

		ディズニー	
		宣伝する	宣伝しない
ドリームワークス	宣伝する	150, 150	450, −75
	宣伝しない	−75, 450	225, 225

＊　利得は利潤で，単位は100万ドル．

とよい．このアプローチの論理は，ナッシュ均衡の定義から直接導かれている．ナッシュ均衡では，プレーヤーは対戦相手の行動を前提に最適な行動をとっている．戦略を少しでも変えることでプレーヤーが損をすることがわかれば，現在の戦略が最適な行動になる．すべてのプレーヤーについて同じことを示すことができれば，その戦略がナッシュ均衡だといえる．

　試してみよう．ディズニーは宣伝していないが，ドリームワークスが合意を破って宣伝を始めるとする．この回については，ドリームワークスが短期的な利得を享受する．ドリームワークスが宣伝しても，ディズニーは宣伝しないという合意を守るからだ．この戦略は，表12.8の利得表の右上のセルになる（表12.1の再掲）．ドリームワークスのこの回の利得は４億5,000万ドルにのぼり，ディズニーは7,500万ドルの損失を被る．

　だが，ドリームワークスは裏切った代償を払わなければならない．合意を破れば，ディズニーが協力してくれる見込みはなくなる．どこかの時点で宣伝することを選ぶと，それ以降はディズニーと戦うしかない．両社共，これ以降の映画をすべて宣伝することになり，ゲーム１回ごとの利得は，１億5,000万ドルずつになる．

　ドリームワークスが裏切りで獲得する利得はいくらだろうか．最初の回の利得は４億5,000万ドルで，次回以降は１回につき１億5,000万ドルになる．企業にとって，将来の利得の価値は，現在の利得の価値より何がしか小さくなるとしよう．こうした将来の割引率を，変数 d で表そう．（割引率の由来とその影響，将来の支払い額の「現在価値」の計算方法については第13

268　第3部　市場と価格

章で学ぶ）．この変数 d は，0から1のあいだで，次期の利得を今期の価値に直すといくらになるかを示している．つまり，次期の1ドルが今期の d ドルに等しいと考えている．$d=0$ なら，将来のことはまったく考えておらず，次期（あるいは次期以降）の利得は，現時点で価値がないとみなしている．$d=1$ なら，将来の利得と現在の利得に区別はなく，価値が等しいとみなしている．d の値が大きいほど，将来を重視しており，将来の支払いの価値は大きくなる．[3]

　そこで，ドリームワークスが今期，合意を破って宣伝した場合の利得を書き出してみよう．

合意を破った場合の利得

$$450 + d \times 150 + d^2 \times 150 + d^3 \times 150 + \cdots\cdots$$

d は1期あたりの割引率なので，将来の利得ほど割り引かれる点に留意したい．この利得と比較すべきは，ドリームワークスが宣伝しないという合意を守り，今期以降，毎期獲得する2億2,500万ドルである．

合意を守って宣伝しない戦略を取り続けた場合の利得

$$225 + d \times 225 + d^2 \times 225 + d^3 \times 225 + \cdots\cdots$$

　ディズニーが宣伝しないという戦略を取り続ける場合と，どこかで裏切り宣伝する場合も分析は変わらない．宣伝しない戦略の利得が，裏切った場合の利得より大きいことを示すことができれば，協力して宣伝しない戦略を取り続けることがナッシュ均衡だといえる．

　仮に以下なら，これは正しい．

$$225 + d \times 225 + d^2 \times 225 + d^3 \times 225 + \cdots\cdots > 450 + d \times 150 + d^2 \times 150 + d^3 \times 150 + \cdots\cdots$$

---

3)　ゲームが任意の回で p の確率で終わり，そのせいでプレーヤーが将来のことをあまり気にしないのであれば，$d=1-p$ と考えることができる．今日，ゲームが終わる確率が高くなればなるほど，プレーヤーは将来の利得をより気にしなくなる．

$$75 \times (d + d^2 + d^3 + \cdots\cdots) > 225$$
$$(d + d^2 + d^3 + \cdots\cdots) > 3$$

dを解くのに，単純な数学のテクニックを使うことができる．$(0<d<1)$の任意のdについては，$d + d^2 + d^3 + \cdots\cdots = d/(1-d)$で，これを上式に代入する．

$$\frac{d}{(1-d)} > 3, \quad \text{すなわち,} \quad d > 0.75$$

これは何を意味しているのだろうか．ドリームワークスとディズニーが将来を十分考えているなら——次期の1ドルが少なくとも今期の0.75ドルに相当すると考えているかぎり——両社は協力して宣伝しないほうが，一方的に合意を破って今期に宣伝し，それ以降，果てしない戦いになるよりも多くの利得を獲得できる．言い換えれば，このゲームにおいては，協力して宣伝しないことがナッシュ均衡だと言える．

この「将来を重視する」という条件は，理に適っている．協力するという選択は，将来より大きな利得（利潤）を継続的に獲得するために，現時点で合意を破って得られる大きな利得（利潤）を見送ることである．将来を重視すればするほど——dが大きいほど——将来の協力によって得られる利得を確保する意欲が強いことになる．よく理解できないなら，$d=0$とおいて，ドリームワークスもディズニーも将来の利得をまったく重視していないと考えてみるといい．だとすれば，両社にとって重要な利得は，1回限りの囚人のジレンマの利得になるが，その場合，宣伝することが両社にとって支配戦略であることがわかっている．協力すれば将来利益が得られるが，将来を気にしないなら協力する理由はない．

ちなみに，ここで分析した戦略——相手が協力するかぎり協力するが，プレーヤーの1人が合意を破れば，その後，一切協力しなくなる戦略は，**トリガー戦略**（grim trigger strategy，ないし**死神戦略** grim reaper strategy）と呼ばれる．死神が訪れたときのように，協力を裏切ったことのペナルティとして両社は金輪際，協力しない．これとは別に，**しっぺ返し**（tit-for-tat，**オウム返し**）と呼ばれる戦略がある．これは当初，相手に協力し，次の回には相手がしたとおりの行動をとる戦略である．直前に相手が協力したのであれ

270　第3部　市場と価格

ば協力するが，相手が裏切ったのであれば，相手が協力するまで裏切る（1回は相手が裏切ったことに対するペナルティを課す）．しっぺ返し戦略は，トリガー戦略よりも若干複雑な結果になるが，プレーヤーが将来を十分に気にしているなら，無限回繰り返しゲームのナッシュ均衡として協力し合うことは可能だ．しっぺ返し戦略が魅力的なのは，現実の世界でよく見かける行動のタイプにかなり近いからでもある．たとえば，2軒のガソリンスタンドが通りを挟んで向かい合っている場合，往々にして安売り合戦になり，一方が価格を引き下げれば，もう一方もすぐさま価格を下げる．この状況は，繰り返しゲームでの囚人のジレンマが非協力的で消耗する状況に似ている．いずれも協力して高値を維持するのが望ましいが，それぞれに価格を引き下げて販売量を増やすインセンティブが存在する．ただし，一方が実際に価格を引き上げて協力姿勢を取ろうとすれば，もう一方は価格を永久に引き下げる懲罰戦略を取り続けるよりも，相手の価格に追随しようとするだろう．

　これで，囚人のジレンマのナッシュ均衡において協力を可能にする条件がわかった．ゲームがいつ終わるのかプレーヤーは知らない．そして，プレーヤーが将来の利得を十分に気にしていることが重要なのだ．

12.2 解いてみよう

　バイクメーカーのホンダとスズキは，それぞれ新車に10年保証をつけることを検討している．保証の負担は重いが，ライバルが保証をつけるのに自社がつけなければ売上げが激減する恐れがある．下の表に，両社の利得をまとめた（利得は利潤で単位は100万ドルである．カンマの前の黒字がホンダ，カンマの後の赤字がスズキである）．

		スズキ	
		保証あり	保証なし
ホンダ	保証あり	20, 20	120, 10
	保証なし	10, 120	50, 50

第12章 ゲーム理論　271

a. 1回限りのゲームなら，結果はどうなるか.

b. ゲームを3回繰り返すとする．結果はaから変わるか．説明せよ.

c. ゲームが無限に繰り返され，両社は保証をつけないことで合意したとする．それぞれトリガー戦略を使って，合意を促進するつもりだ．ホンダにとって，合意を守ることと裏切ることの選択肢の差がなくなるのは，d がいくらのときか.

解答:

a. チェック法を使って，1回限りのゲームのナッシュ均衡を求めることができる.

スズキ

		保証あり	保証なし
ホンダ	保証あり	✓20, 20✓	✓120, 10
	保証なし	10, 120✓	50, 50

　　ナッシュ均衡が起こるのは，両社が保証をつけるときである．これは最適解ではないが，唯一，安定的な均衡である.

b. ゲームを3回繰り返すとしても，両社の行動に変化はない．3回目に，両社とも保証をつける．それがナッシュ均衡だからだ．プレーヤーは，これを踏まえ，後ろ向き帰納法を使うことで2回目も初回も保証をつけると考えられる.

c. 初回にホンダが合意を破って保証をつけることによる利得は，1億2,000万ドルになると見込まれる．その後は，(スズキも合意を破って保証をつけ始めるので)，1回ごとの利得は2,000万ドルになる.

　　合意を破ることで見込まれる利得 $= 120 + d \times 20 + d^2 \times 20 + d^3 \times 20 + \cdots$

　　ホンダが合意を守ることで得られる利得は，1回につき5,000万ドルである.

　　合意を守ることで得られる利得 $= 50 + d \times 50 + d^2 \times 50 + d^3 \times$

$$50 + \cdots$$

これらの利得の合計が等しくなるとき，ホンダにとって2つの選択肢の差はなくなる．すなわち，

$$120 + d \times 20 + d^2 \times 20 + d^3 \times 20 + \cdots = 50 + d \times 50 + d^2 \times 50$$
$$+ d^3 \times 50 + \cdots$$

$$d \times 30 + d^2 \times 30 + d^3 \times 30 + \cdots = 70$$

$$d + d^2 + d^3 + \cdots = \frac{7}{3}$$

$$d + d^2 + d^3 + \cdots = \frac{d}{(1-d)} \quad (0 \leq d < 1)$$

$$\frac{d}{(1-d)} = \frac{7}{3}$$

$$d = 0.7$$

したがって，$d = 0.7$なら，合意を守ることと裏切ることの差はなくなる．

無限回繰り返しゲームにおける複数均衡　　無限回繰り返しゲームにおいて不思議なのは，あらゆる種類のナッシュ均衡が存在するということだ．ドリームワークスとディズニーが，前述のゲームでしっぺ返し戦略を取っているとしよう．この戦略に従えば，均衡状態で毎回協力し続けられると述べた．だが，何らかの理由でどちらかがときたま宣伝するとしよう．懲罰サイクルに入ることにはなるが，しっぺ返し戦略なら，後で協力関係に戻ることができる．このように，常にではなく，一時的に協力する均衡も存在する．じつはこの無限繰り返しゲームにおいて，1回限りの裏切りの利得と少なくとも同等であるような結果が均衡状態で得られる可能性がある．繰り返しゲームにおいて複数の均衡が存在するという考え方，原則として最小の閾値を満たすものは何でもナッシュ均衡になりうるという考え方は，フォーク定理（Folk Theorem）として知られる．フォーク定理は，本書でこれから取り上げるものよりはるかに複雑なゲームにもあてはまる．

12.4 交互手番ゲーム

これまでプレーヤーが同時に意思決定をしなければならない状況を考えてきたが，そうでない状況も少なくない．プレーヤーは交互に行動を決定する．一方が先に動き，もう一方はこの動きを見て自分がどう動くかを決める．こうしたゲームは**交互手番ゲーム**（sequential game）と呼ばれる．

同時手番ゲームで活用してきた通常の表（マトリックス）は，交互ゲームには使えない．というのは，マトリックスでは，行動のタイミングと選択を分けることができないからだ．交互手番ゲームでは，**展開型**（extensive form），あるいは**ゲームツリー**（game tree）を活用する（図12.1）．ゲームは，左から右に展開される．ゲームツリーの分岐点（ノードnode）は選択を表し，ノード上のプレーヤーが選択する行動を記す．戦略に対応する利得は，右端に記されている．

図12.1は，ドリームワークスとディズニーが同時に公開時期を決定する

図12.1 公開時期の選択に関わるゲームツリー

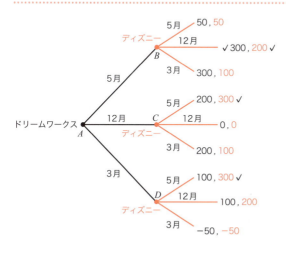

交互手番ゲームでは，ドリームワークスが先にノード A で公開時期を選択する．ドリームワークスが5月を選択した場合，ディズニーはノード B で12月を選択する．ドリームワークスが12月か3月を選択した場合，ディズニーはノード C，ノード D でそれぞれ5月を選択することになる．表12.4の同時手番ゲームの結果と違って，ノード B でただ1つのナッシュ均衡に達する．ドリームワークスが5月に「カンフー・パンダ3」を公開し，ディズニーが12月に「カーズ3」を公開することがナッシュ均衡である．

274   第3部　市場と価格

表12.9	公開時期を選択する*

		ディズニー		
		5月	12月	3月
	5月	50, 50	✓300, 200 ✓	✓300, 100
ドリームワークス	12月	✓200, 300 ✓	0, 0	200, 100
	3月	100, 300 ✓	100, 200	−50, −50

*　利得は利潤で，単位は100万ドル.

ゲームとして利得をまとめた表12.3を展開したものだ（見やすいように，表12.9として再掲）．今度は，ドリームワークスが「カンフー・パンダ3」をいち早く完成させ，ディズニーが「カーズ3」の公開時期を決める前に，公開時期を選択するとしよう．

　ゲームツリーの左端のノードAは，ドリームワークスの公開時期の選択を示している．これが決まれば，今度はディズニーが選択できる．ドリームワークスが5月を選択する場合，ディズニーはノードBから選択する．ドリームワークスが12月を選択する場合，ディズニーはノードCから選択する．ドリームワークスが3月を選択する場合，ディズニーはDから選択する．

　2社の選択に応じて，それぞれが獲得する利得が右端に記してある．標準型ゲームと同様，各組の最初の数字（黒）がドリームワークスの，2番目の数字（赤）がディズニーの利潤である．これらの利得を眺めると，表12.9の通常ゲームの利得を，交互手番ゲームの展開型に変換しただけであることに気づくのではないだろうか．だが，ここでドリームワークスがそうするように，1社が先に動けば，ゲームの結果はまったく違ってくる．同時手番ゲームであれば，以下の2つの純粋戦略のナッシュ均衡が存在することはすでにみた．すなわち，(1) ドリームワークスが5月に公開して利潤を3億ドル獲得する一方，ディズニーは12月に公開して利潤2億ドルを獲得する，(2) ドリームワークスが12月に公開して利潤2億ドル獲得する一方，ディ

ズニーが5月に公開して利潤3億ドルを獲得する．では，交互手番ゲームではどうなるだろうか．

12.3節の繰り返しゲームのときと同じように，交互手番ゲームでも後ろ向き帰納法を使ってナッシュ均衡を見つけることができる．ドリームワークスが5月を選択すると仮定しよう．ゲームツリーではノードBになり，この決定を受けてディズニーは公開時期を選択しなくてはならない．ディズニーも5月を選択した場合，その利潤は5,000万ドルになる．12月を選択した場合，利潤は2億ドル，3月を選択した場合，利潤は1億ドルになる．したがって，ディズニーにとって12月が最適な選択となる．ディズニーの12月の利得の横にチェックを入れておこう．

今度はドリームワークスが12月を選択すると仮定しよう．ゲームツリーではノードCになる．先ほどと同じプロセスを繰り返す．ディズニーが5月を選択した場合，利潤は3億ドルで，12月を選択した場合は利潤0，3月を選択した場合は利潤1億ドルになる．つまりドリームワークスが12月を選択する場合，ディズニーにとっては5月が最適な選択になる．ここにチェックを入れる．

最後に，ドリームワークスが3月を選択する場合（ノードD）を考えよう．ディズニーが5月を選択する場合，利潤は3億ドル，12月を選択する場合は2億ドル，3月を選択すると5,000万ドルの損失になる．最適な選択は5月なので，チェックを入れる．

これで，最初にドリームワークスが動いた場合のあらゆる可能性のうち最終段階でディズニーが取る行動がわかったので，ここから後ろ向き帰納法を使って最初のノードAでドリームワークスがどんな選択をするかを見極めることができる．ドリームワークスは，可能性のある選択肢の1つひとつにディズニーがどう反応するかがわかっていて，そうした予想される反応に基づいて意思決定ができる．たとえば，ドリームワークスが5月を選択する場合，ディズニーは12月を選択すればその利潤を最大化できることを，ドリームワークスは知っている．

ドリームワークスが最初の段階で自社の選択をどう考えているのかを以下に示そう．5月を選択した場合，ディズニーは12月を選択し，ドリーム

ワークスの利潤は3億ドルになる．12月を選択した場合，ディズニーは5月を選択し，ドリームワークスの利潤は2億ドルになる．最後に3月を選択した場合，ディズニーは5月を選択し，ドリームワークスの利潤は1億ドルになる．ドリームワークスの利潤が最大になるのは，5月を選択したときの3億ドルである．この数字の横にチェックを入れる．

　これで交互手番ゲームの均衡がわかった．ドリームワークスは5月，ディズニーは12月を選択し，利潤はそれぞれ3億ドルと2億ドルになる．同時手番ゲームでは均衡点は複数存在し，どちらかが5月に公開し，もう一方が12月に公開することが均衡点だった．だが，交互手番ゲームでは，最初に選択する企業が，利潤の多い5月を取る．順番に意思決定するという交互手番ゲームの構造によって，同時手番ゲームで起こりうる複数均衡の問題は取り除かれる．ただし，ナッシュ均衡であることは変わらない．各プレーヤーは自分の番になったとき，対戦相手の行動を前提として最適な行動をとっているのだ．

　このゲームで最初に動くプレーヤーをドリームワークスにしたことにはとくに意味はない．ゲームの利潤の構造を考えれば，ディズニーが最初に動いてもかまわないことはわかるはずだ．均衡点は逆になる．つまり，ディズニーが5月に公開して，3億ドルの利潤を獲得する一方，ドリームワークスは12月に公開し，利潤2億ドルを獲得する．この結果から，いくつかの疑問が湧いてくる．現実の世界で，どちらの企業が先に動くのかを決める要因は何だろうか．交互手番ゲームで誰が最初に動くかはっきりしていなければ，5月に公開すると脅して，先行者利得を得られるのだろうか．これらの問いについては，次の小節で考えていこう．

これで合格

後ろ向き帰納法と枝刈り

　展開型ゲームは，ゲーム理論で後ろ向き帰納法と呼ばれる手法を使って後ろから解く必要がある．2番手のプレーヤーは1番手の動きを受けて動くはずなのに，2番手から見ていくのは奇妙に思えるかもしれない．

なんといっても，展開型ゲームでは，プレーの順番がすべてであり，1番手に先行者利得がある．では，なぜ，ゲームの解を見つけるのに，最後から後ろ向きに戻らなくてはならないのか．

　念頭においてもらいたいのは，プレーヤーはみな，それぞれが使える戦略と，起こりうる結果に伴う利得を知っている，という点だ．1番手のプレーヤーは，自分が動く前に2番手がどう動くか知っているはずである．結局のところ，1番手のプレーヤーの利得は，本人の選択と，2番手がどう反応するかで決まる．ゲームの最適解を求めるには，プレーヤーの立場に立って考えるのがいい．そこで，1番手の最適戦略を決定するには，1番手が取りうる戦略について，2番手がどんな戦略で反応するかを検証する．2番手が先に行動を起こすかのように見えるが，あくまで1番手の立場になって最適な戦略を考えていて，それが2番手の動きを予測することから始まるのだ．

　もう1つ有効なのが，いわゆる「枝刈り」(trimming the branches)で，交互手番ゲームを単純化する方法である．（この用語は，展開型ゲームが「ゲームツリー」と呼ばれることに由来する．）「枝刈り」は，通常ゲームで被支配戦略を除外するのによく似ている．基本的に枝刈りでは，2番手が絶対にとることのない戦略を除外することによって，解の選択肢を狭めることができる．

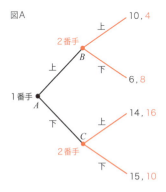

　後ろ向き帰納法を使って，図Aのゲームの解を求めることができる．先に動く1番手の立場から2番手がどう動くか考える．1番手が「上」を

選んだ場合，2番手はどう動くか（ノードB）．利得が大きい「下」を選ぶ．この利得にチェックをつけるだけでなく，ノードBの選択肢として（2番手が選ぶはずのない）「上」を除外できる．そのため，図Bでこの枝を刈る（×をつける）ことができる．今度は，1番手が「下」を選んだ場合，2番手がどう動くか考えよう（ノードC）．2番手は「上」を選ぶと考えられるので，この利得の横にチェックをつけ，ノードCで「下」に向かう枝を刈る．

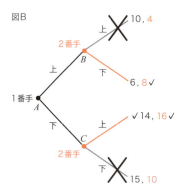

最後に，1番手の最適戦略を選ばなければならない．予想される2番手の反応を踏まえると，2つの選択肢しか残されていない（木から刈り込まれていない）ことがわかる．「上」を選んで利得6点を得るか，「下」を選んで利得14点を得るかのどちらかだ．利得の多い「下」を選び，利得の横にチェェを入れる．

後ろ向き帰納法と枝刈りを活用すれば，複雑きわまりない交互手番ゲームも単純化できる．コツは，1番手の立場に立って，2番手（あるいは3番手，4番手）のプレーヤーが選択するであろう行動を検討することだ．後ろ向きが良いこともあるのだ！

もう1つの交互手番ゲーム

もう1つの交互手番ゲームを検討して，この節を終えよう．ゲームの概

図12.2 「プレーかパスか」の交互手番ゲーム

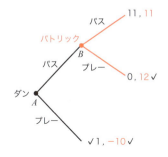

「プレーかパスか」のゲームでは，ダンが先に「プレー」か「パス」かのどちらにするかを決めなければならない（ノードA）．ダンがプレーを選択する場合，ダンは1点を獲得し，パトリックは10点を失う．ダンがパスを選択する場合，パトリックがノードBでプレーを選択し，ダンは0点，パトリックは12点を獲得する．したがってナッシュ均衡では，ダンはプレーを選択し，1点を獲得する．

略はこうだ．

ダンとパトリックは，「プレーかパスか」と題するゲームで対戦する．コインを投げてダンが先攻に決まった．ルールは単純．ダンはプレーするかパスするかを決める．ダンが「プレー」を選べばゲームは終わり，ダンは1点，パトリックは−10点となる．だが，ダンが「パス」を選べば，パトリックの番になる．パトリックが「プレー」を選べば12点，ダンは0点になる．だが，パトリックが「パス」を選べば，2人とも，11点になる．この交互ゲームの展開をまとめたのが図12.2だ．ダンはノードA，パトリックはノードBで選択する．

このゲームの均衡を解く前に，考えられる利得をすべて見ておこう．ダンとパトリックが2人とも「パス」を選択した場合，どちらも11点という高い利得が得られる．あとの2つは一方的な結果になる．ダンが「プレー」を選択する場合，ゲームは即終了し，ダンは1点，パトリックは−10点になる．そうではなくダンが「パス」を選択し，パトリックが「プレー」を選択する場合，ゲームは終わり，パトリックが12点，ダンは0点になる．こうした構造のゲームでは，2人ともプラスの利得が得られるように，プレーヤーには「パス」/「パス」を選択する強力なインセンティブが存在すると思うかもしれない．後ろ向き帰納法を使って，この予想が正しいか見ていこう．

ノードBでパトリックは，「プレー」を選択して12点得るか，「パス」を選

280 第3部 市場と価格

択して11点を得ることができる.「プレー」を選択したほうが高得点なので,パトリックは「プレー」を選択する.パトリックが次に「プレー」を選ぶことはわかっているので,ダンはノード*A*で「プレー」を選択し,1点を獲得する(何らかの理由でダンが「パス」を選ぶ場合,0点になることはわかっている).すなわち,ノード*A*で,ダンは「プレー」を選択し,すぐにゲームを終わらせたほうが,得点が高いのはあきらかだ.したがって,均衡でのダンの利得は1点,パトリックの利得は−10点になる.

最初に見たこのゲームの構造と利得から考えれば,これほど一方的な結果が均衡だとはすぐに納得できないのではないだろうか.この例を見れば,交互手番ゲームの結果を見極めるうえで,直観だけに頼るのではなく,後ろ向き帰納法の活用が役立つことがよくわかる.また,プレーヤーが自分に有利になるようにゲームの構造を変える行動をとることが,いかに重要かも示している.こうした行動について,次の節で見ていこう.

12.3 解いてみよう

GRU社とPTI社は,クリスマスプレゼントを告知するテレビCMを検討している.テレビCMの出稿料は高いので,どちらも宣伝しないほうが,利潤が多くなる(5,000万ドル).両社が共に宣伝する場合,新たに獲得できる顧客は少なく,利潤はそれぞれ3,000万ドルにしかならない.だが,1社が宣伝し,もう1社が宣伝しない場合,宣伝したほうの利潤は7,000万ドル,しないほうが2,000万ドルになる.

a. このゲームの標準型の利得表を作成せよ.

b. ナッシュ均衡をすべてあげよ.

c. このゲームが交互手番型で,最初にGRU社が決定し,それを受けてPTI社が決定する場合,結果はどうなるか.

d. cのケースで先行者利得は存在するか.説明せよ.

解答:

a. 標準型の利得表は,以下のとおりである(利得は利潤で,単位は

100万ドル．カンマの前がGRU社，後がPTI社）．

PTI社

		宣伝する	宣伝しない
GRU社	宣伝する	30, 30	70, 20
	宣伝しない	20, 70	50, 50

b. チェック法を使ってナッシュ均衡を見つけることができる．PTI社が宣伝すると思えば，GRU社も宣伝することが最適解になる（3,000万ドル＞2,000万ドル）．PTI社が宣伝しないと思えば，宣伝することがGRU社の最適解になる（7,000万ドル＞5,000万ドル）．つまり，PTI社がどう動こうとも，宣伝することがGRU社の最適解になるので，これがGRU社の支配戦略である．この場合，PTI社の利得がGRU社と同額なので，PTI社にとっても宣伝することが支配戦略である点に留意したい．結果は以下のようになる．

PTI社

		宣伝する	宣伝しない
GRU社	宣伝する	✓30, 30✓	✓70, 20
	宣伝しない	20, 70✓	50, 50

　宣伝することが両社にとって支配戦略なので，このゲームの解は，利得表の左上のセルで，利潤はそれぞれ3,000万ドルになる．相手の戦略を前提にして自社の戦略を変更するインセンティブはどちらにも存在しないので，これはナッシュ均衡だといえる．

c. GRU社が先に動く展開型ゲームは，次ページの図のようになる．

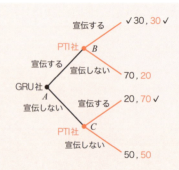

後ろ向き帰納法を使うと，GRU社が宣伝する場合，PTI社も宣伝することを選択するとわかる（3,000万ドル＞2,000万ドル）．GRU社が宣伝しない場合も，PTI社はやはり宣伝する（7,000万ドル＞5,000万ドル）．つまり，PTI社がGRU社の戦略にどう反応するかがわかっていれば，GRU社も宣伝することを選ぶ（3,000万ドル＞2,000万ドル）．

d. 両社が支配戦略を持っているため，このケースに先行者利得は存在しない．支配戦略とは，相手がどう動くかに関係なく追求すべき最適な戦略である．したがって，一方が他方より先に決定するかどうかは関係ない．どちらも常に支配戦略である「宣伝する」を選択する．

12.5 戦略的行動，信憑性，コミットメント

プレーかパスかを選ぶ駆け引きゲームの均衡に関して，あまり満足できない点がある．後になって2人とも11点という高い利得を得られる機会があるにもかかわらず，それぞれが自己の利益を追求するため，1人の得点が少なく（ダンが1点），もう1人はなんとマイナス（パトリックは−10点）で均衡するのだ．すぐにゲームが終わってしまう均衡で，こうした結果になることを踏まえると，2人にはこれを避けるインセンティブがあるのではないだろうか．

第12章 ゲーム理論　**283**

　この節では，ある種の交互手番ゲームで，こうしたお粗末な結果を避ける方法について検討する．大事なのは**戦略的行動**（strategic move）を駆使することだ．ノーベル経済学賞を受賞したトーマス・シェリングは名著『紛争の戦略』で，戦略的行動を，ゲームの早い段階で最終結果が自分に有利になるように影響を及ぼしていく行動だと定義した．[4] 具体的には，利得の譲渡，コミットメント（約束），脅しなどがあり，その狙いは，ゲームの利得を変えてプレーヤーに有利な結果を導くことだ．

利得の譲渡

　最も単純な戦略的行動の1つが，**利得の譲渡**（side payment）である．相手がある行動を選択することを条件に利得を譲る，支払いの約束である．要するに，利得の譲渡は，自分の利益に適う戦略を選択するよう相手を誘導する賄賂の一種だ．

　「プレーかパスか」の二択ゲームの状況で，利得の譲渡について考えてみよう．問題の本質は何だろうか．ゲーム開始直後，ダンは「プレー」を選択する．そうしなければ，パトリックが「プレー」を選択することが「最適」な選択になり，ダンは何も得られないことを知っているからだ．だが，パトリックの「最適」な選択は，ダンにとってどの程度の痛手なのだろうか．ノードBでのパトリックの最適な選択は「プレー」なので，ダンはノードAで「プレー」を選ぶほかなく，ゲームは終わり，パトリックは10点を失う．だが，ダンがノードAで「プレー」を選んで，ただちにゲームを終わらせないで，パトリックに番が回ってきたときに，「パス」を選ぶとダンを信じ込ませることができれば，このパトリックにとっての悲惨な結果を避けられる可能性がある．さらに，ダンにしてみれば，ノードBでパトリックが「パス」を選択すると信じたがっている．そうなれば，ナッシュ均衡でのわずか

---

4)　戦略的行動はミクロ経済学においてきわめて研究が盛んな領域であり，本書ですべてを網羅することはできない．ここでは一般的な概念をいくつか取り上げるので，後は興味をもったテーマについて，多くの文献のなかから1冊選び，深く掘り下げていってほしい．

図12.3: 利得の譲渡でナッシュ均衡は変わりうる

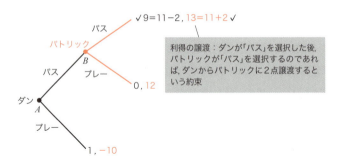

「プレーかパスか」の交互手番ゲームでは当初(図12.2)、ダンは「プレー」を選択して、1点を獲得する。パトリックが「パス」を選択するなら2点を譲ろうとダンが持ちかける場合、均衡は変化する。ダンはパスを選択し、パトリックもまたパスを選択する。新たなナッシュ均衡では、ダンは9点、パトリックは13点を獲得する。これらはいずれも、利得の譲渡がない場合を上回っている。

1点ではなく、11点を獲得できるのだから。

パトリックにノード B で「パス」を選択すると約束させるには、ダンはどうすればいいのか。次のようにすればいい。ダンが「プレー」を選んでゲームをただちに終わらせ1点を獲得するのではなく、パトリックにこう持ちかける。「僕がパスを選んだ場合、君も『パス』を選ぶと約束すれば、2点あげよう。ノード B で『パス』を選ぶことによる得点と、僕が譲る2点で君は13点になる。だが、この提案を拒否して、ノード B であくまで君が『プレー』を選ぶなら、僕は『プレー』を選択せざるをえない。そうなれば、君はマイナス10点だ」。

この2点の利得の譲渡は、ゲームの結果にどう影響を与えるだろうか。図12.3に示したように、パトリックがノード B で「パス」を選ぶことによる利得は、11点ではなく13点になる。これは「プレー」を選んだ場合よりも多いので、パトリックは「パス」を選択したくなる。ダンはこれで満足する。ダンの利得は(当初の11点から譲渡分の2点を差し引いた)9点になるが、これはダンが「プレー」を選択した場合の1点を大幅に上回っているのだから。

図12.4 非協力に対するペナルティとして利得の譲渡を活用する

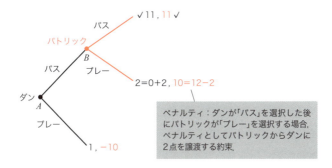

今度は，パトリックが「プレー」を選択する場合，ペナルティとしてダンに2点を譲渡するとパトリックが申し出る．ここでパトリックが「プレー」を選択すると，パトリックの利得は10点となり，「パス」を選択した場合の11点を下回る．それゆえ，新たなナッシュ均衡では，2人とも「パス」を選択し，それぞれ11点ずつ獲得する．

利得の譲渡を有効に活用すれば，両者が得をするようにゲームを変えることができる．このゲームのプレーヤーは，協力の結果受け取る追加的な利得の取り分を，両者に協力を促すインセンティブが生まれるように分配する方法をプレーヤーは理解していた．

やや意外だが，利得を譲渡できる能力があるというだけで，実際に受け渡しが行われなくても効果を発揮する場合がある．たとえば今度は，パトリックが利得の譲渡を提案する場合を考えてみよう．ゲームが始まる前に，自分（パトリック）がノードBで「プレー」を選択する場合，ダンに損をさせる自分へのペナルティとしてダンに2点譲渡すると持ちかける．この約束により，パトリックがノードBで「プレー」を選択する利得は12点から10点に減り（図12.4），ノードBでのパトリックの最適な選択は「プレー」から「パス」に変わる．利得の譲渡というペナルティで，パトリックの最適な選択が「パス」になることを認識したダンは，ノードAで「プレー」を選択して1点を獲得するか，「パス」を選択して11点を獲得するかの選択を迫られる．そこでダンは「パス」を選択する．これを受けて，パトリックがノードBで「パス」を選択することで，2人とも11点を獲得することになる．

実際に利得の譲渡が実行される必要はない点に留意したい．パトリックが「プレー」を選択しないのは，「プレー」でのペナルティにより，自分にとって「パス」がより良い選択肢になるからだ．パトリックがペナルティを約束することで，ダンはノードBでのパトリックの選択を心配する必要がなくなるため，ノードAで「パス」を選択する．ペナルティがあるため，パトリックも「パス」を選択したほうが得になる．

じつは，パトリックが本気で強力なメッセージを送りたいなら，自分が「プレー」を選択する場合は12点を丸々かそれ以上をダンに譲渡すると約束することもできる．パトリックが「プレー」を選択すると，「パス」よりも得点が低くなるように，利得の譲渡を十分大きくすることが肝要だ．

コミットメント

利得の譲渡は，常にうまくいくわけではない．「プレーかパスか」のゲームの例では，ダンとパトリックは問題なく，あくまで利得の譲渡で約束された行動は守り通されると想定した．だが，常にそうとはかぎらない．現実には，利得の譲渡による合意を裏切るインセンティブが存在しうる．利得の譲渡は，その性格上，往々にして秘密裡に行われる．こうした類いの契約の履行を裁判所に掛け合うのはむずかしく，およそ望ましくない．このため企業は，別の戦略的行動で，より良い結果を得ようとする場合が多い．

この点について，ドリームワークスとディズニーが映画の公開時期をめぐって駆け引きを演じた同時手番ゲームに戻って考えてみよう．ここでは，被支配戦略である3月を選択肢から除外する．表12.10は表12.4のゲームの再掲である．

どちらも5月に公開すると相手に信じさせるシグナルを送り，相手を12月公開に追い込みたい．同時に，どちらも5月を選んで公開日が重ならないよう気をつけなければならない．12.4節では，一方が先に動けるのであれば，先行者の地位を利用して5月を選択し，相手を12月公開に追い込めることを見た．だが，同時手番ゲームだったらどうだろうか．こうした先行者利得の類いを得られる方法はあるだろうか．

第12章 ゲーム理論　**287**

表12.10 公開時期を選択する*

		ディズニー	
		5月	12月
ドリームワークス	5月	50, 50	✓300, 200 ✓
	12月	✓200, 300 ✓	0, 0

* 利得は利潤で，単位は100万ドル．

　先行者利得を得る1つの方法として，「そちらの公開時期には関係なく，うちは5月に公開するつもりだ」と強烈な警告を発することが考えられる．警告を発することで，公開時期が重なれば利益がたいして得られないことを恐れた相手が，12月を選択してくれることを願っている．だが，単に5月に公開すると脅すだけでは，相手が実際5月を選択する場合，できればこちらは12月にずらしたい，という思惑は実現されない．言い換えれば，「何が何でも5月に公開する」というのは，**信憑性のない脅し**（noncredible threat）である．（たとえば，相手も5月を選択する）状況が生じたとき，脅しを実行するのは合理的でない．何があっても5月に公開するという選択は合理的ではないのだから，そうした脅しをしても信用されない．相手が5月を選択するとき，こちらも5月に公開するのは最適な選択ではないのだ．

　戦略的行動を成功させて，自社だけが5月に公開するには，**信憑性のあるコミットメント**（credible commitment）が重要になる．信憑性のあるコミットメントとは，将来，ゲームを変えるような一定の状況が生じた場合に，特定の行動を選択するという保証（あるいは選択の制限）のことである．5月に公開すると脅すだけでなく，そうしないとコストがかかるようにする行動を前もってとり，その脅しを必ず実行することを相手に信用させるシグナルを送っておく必要がある．

　たとえば，ドリームワークスが「『カンフー・パンダ3』5月公開」という全面広告を全米で展開し，「夏の目玉」として期待していることを制作中からマスコミに喧伝しておく．映画が5月に公開されない場合，莫大な違約

表12.11 5月公開という信憑性のあるコミットメント

		ディズニー	
		5月	12月
ドリームワークス	5月	✓50, 50	✓300, 200 ✓
	12月	200 − 151 = 49, 300 ✓	0 − 151 = −151, 0

金を支払うことを盛り込んだ契約を劇場と交わしておいてもいい．あるいは，映画のコピーを夏が終わると見られなくなる設定にして，「カンフー・パンダ3」を見られるのはこの時期限りとしてもいい（もちろん，これは極端な想定だが，重要なのは信憑性のあるコミットメントだと見られることだ）．

これらの動きはどれも，5月に公開するというドリームワークスのコミットメントに信憑性を持たせ，利得を変える手段である．このコミットメントによる利得の変化が十分大きければ，ドリームワークスはゲームの基本構造を変えることができる．表12.11で示したように，ドリームワークスが12月を選択したときの利得が5,000万ドル未満であるかぎり，ドリームワークスにとって5月公開が支配戦略になる．ドリームワークスが12月を選択する場合，1億5,100万ドルのコストを負担するというコミットメントをするとしよう．ドリームワークスの利得は，ディズニーが5月公開の場合，1億5,100万ドルを差し引いて4,900万ドル（左下），12月公開の場合は−1億5,100万ドル（右下）になる．つまり，ディズニーがどう動いても，ドリームワークスは5月を選択するほうが得になる．

5月に公開するというドリームワークスの脅しが信憑性を持つと，ディズニーの最適な選択は12月公開になる．こうしてドリームワークスは，あらかじめ自社の選択肢を狭めることによって，ディズニーを12月公開に追い込むという願いを達成した．自社にとって12月公開をあり得ないほど魅力のない選択肢にすることで，ドリームワークスは事実上，5月公開という脅しを実行すると約束したのだ．

この戦略的行動で感心させられるのは，一見すると不合理に思えることだ．夏が終われば見られなくなる映画をつくるべきだ，と上司に説明できるだろうか．「そんなことをミクロ経済学で習ったのか」と怒鳴られ，警備員に付き添われて，机の荷物をまとめて出ていくよう指示されるのがおちだろう．だが，一見，不利益に見える行動をとることで，会社の利潤を1億ドル増やしたのだ（2億ドルではなく3億ドル）．そうしなければライバルが5月を選び，12月公開に追い込まれる可能性があった．「よくやった」と上司に褒められ，昇進してもいいくらいだ．

12.4 解いてみよう

マジックピル社は画期的な肥満治療薬を開発し，米国食品医薬品局(FDA)の承認を得た．新薬が発売されると，ジェンドラッグ社が成分を真似たジェネリック薬を割安な価格で売り出し，マジックピル社の顧客を奪おうとすると予想される（この時点で特許法はないものと想定する）．下図に，このゲームの展開型をまとめた（利得は利潤で，単位は100万ドル）．

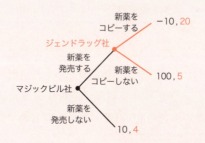

a. マジックピル社は，この画期的な新薬を発売するべきだろうか．説明せよ．
b. ジェンドラッグ社が新薬をコピーしないと約束する場合，aの答えは変わるだろうか．説明せよ．
c. ジェンドラッグ社が新薬をコピーした場合，マジックピル社に1,000万ドル支払うとの契約を結ぶとすれば，aの答えは変わるだろ

うか. 説明せよ.

d. 特許法によって，マジックピル社の新薬の独占的権利が守られる場合，aの答えは変わるだろうか. 説明せよ.

解答：

a. マジックピル社は，新薬を発売するべきではない. 後ろ向き帰納法を使うと，新薬を発売した場合，ジェンドラッグ社がコピーすることがわかる（利潤は500万ドルではなく，2,000万ドルになる）. これを踏まえると，マジックピル社は新薬を発売しないほうが得である.（発売すれば1,000万ドルの損失になるが，発売しなければ1,000万ドルの利潤を確保できる.）

b. 答えは変わらない. ジェンドラッグ社のコミットメントには信憑性がない. 追加利潤1,500万ドルというインセンティブは十分大きいため，マジックピル社はジェンドラッグ社の約束を信用できない.

c. 答えは変わらない. 1,000万ドル支払っても，ジェンドラッグ社が新薬をコピーするインセンティブは変わらない（2,000万ドル−1,000万ドル＞500万ドル）. さらに，マジックピル社が新薬を発売するには，1,000万ドルの譲渡金では不十分だ（−1,000万ドル＋1,000万ドル＜1,000万ドル）.

d. 答えは変わる. 特許法でジェンドラッグ社の新薬のコピーが禁じられているとすれば，ゲームで「新薬コピー」の選択肢を無視することができる. マジックピル社の利潤は，新薬を発売した場合が1億ドルで，発売しない場合の1,000万ドルを上回るので，発売することを選択する.

応用 ストレンジラブ博士と秘密の危機

1964年制作のスタンリー・キューブリック監督の古典的ブラックコメディ映画「博士の異常な愛情――または私は如何にして心配するのを止めて

水爆を愛するようになったか」は，米ソ間の核開発競争がエスカレートした冷戦期が舞台だ．

現実の世界では，核抑止力の研究で広くゲーム理論が援用されている．たとえば，この章で取り上げたノーベル経済学賞受賞者でゲーム理論の専門家のジョン・ナッシュとトーマス・シェリングは，一時，ランド研究所で冷戦のさまざまな対立を分析していた．

映画は，核の抑止効果論の基礎となるゲーム理論を揶揄している．劇中，米空軍の司令官が精神に異常をきたし，水道水にフッ素が混入しているのは「体内の貴重な水分を抜き出し，不純化する」共産主義者の陰謀だとして，部下にソ連への核攻撃を命じる．大統領は司令官に爆撃を止めるよう指示するが，不可能だという．ソ連が攻撃すればただちに反撃するという信憑性のあるコミットメントを確立するため，帰還不能点を越えた爆撃機は呼び戻せない仕組みになっている，というのだ．大統領はソ連の首相に大規模な反撃を控えるよう要請するが，不運にもソ連が最近，いかなる攻撃に対しても自動的に爆発して放射性投下物で全生物を絶滅させる終末起動装置を導入したばかりであることを知る．おまけに，この終末起動装置は，シャットダウンしようとしても妨害工作と認識するようプログラムされているため，自動的に発射されるという．反撃するとの信憑性のあるコミットメントを確立するには，こうするしかないとソ連は信じていた．

奇妙なのは，ソ連がこの装置の存在を半年間隠していたことだ．大統領にゲーム理論を指南する科学顧問のストレンジラブ博士（ゲーム理論の開発者の1人，ジョン・フォン・ノイマンのパロディだともいわれる）は，信じられない面持ちでソ連大使にたずねた．「秘密にしていたら，終末起動装置の意味がないではないですか．どうして世界に喧伝しなかったのですか」．大使はこう答えた．「月曜日の党大会で発表するつもりでした．ご存知のように，首相はサプライズ好きですから」．

これが，スタンリー・キューブリックがこの映画で伝えたかったメッセージかどうかはわからない．だが，いまでもこれだけは言える．終末起動装置を持っているなら，それを信憑性のあるものにし，周知しなければ意味がないのだ！■

参入阻止──信憑性の活用

ミクロ経済学でよく取り上げられる戦略的行動の応用例の1つが，企業の参入阻止である．

これまでの章で何度も見てきたが，他企業の市場参入を阻止できれば，大幅に高い利潤を獲得できる．ただ，参入を阻止するのは容易ではない．何が何でも5月に公開するというドリームワークスの脅しの例で見たように，理由の1つは信憑性の問題だ．

iPadが市場で唯一のタブレット端末で，アップルは独占企業だとしよう（当初は，独占といっても過言ではなかった）．ここに別の企業──アマゾンとしてもいい──が独自のタブレット端末で市場に参入すると脅しをかけてきたとする．

これは交互手番ゲームだと考えることができる．このゲームの展開型を図12.5に示した．利得は利潤で単位は10億ドルである．

第1に，アマゾンは市場に参入するかどうかを決める．参入しないのであれば，ゲームは終わる．アマゾンの利潤は0で，アップルは20億ドルという独占的利潤を得る（アマゾンの利得は，カンマの左の黒字）．だが，アマゾンが参入する場合，アップルは対抗策を考えなければならない．価格戦争を仕掛けてアマゾンに対抗するなら，アマゾンは5億ドルの損失を出し，アップルの利潤はわずか8億ドルになる．アップルが競争を仕掛けないのであれば，アマゾンは5億ドル，アップルは10億ドルの利潤を獲得することができる．独占時よりは少ないが，価格戦争を仕掛ける場合よりは多い．

アップルは，必ず価格戦争を仕掛けると脅すだけで，アマゾンのキンドルファイア（Kindle Fire）のような新規参入をいつでも潰せるように思える．だとすれば，アマゾンは参入しても損失を出すだけだ．とすれば，アマゾンは先を見越してアップルがどうしたいのかを見極め，参入しないほうがまし，という結論になるのではないだろうか．

そう結論を急いではいけない．価格戦争を仕掛けるという脅しの信憑性をアマゾンは検討するだろう．アップルがそう言っているからといって鵜呑みにする必要はない．価格戦争になった場合のアップルへの影響を見てみる．

図12.5 市場参入ゲーム*

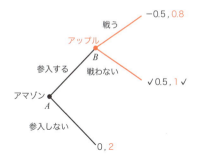

アマゾンは後ろ向き帰納法を使って，アップルが独占しているタブレット市場に参入すべきかどうかを決定する．アマゾンが市場への参入を選択する場合，安売り競争にしないことがアップルの最適戦略になる．アマゾンの利潤は5億ドルで，参入しない場合の0を上回る．安売り競争になるというアップルの脅しが信用できないことをアマゾンは知っているので，アマゾンはタブレット市場に参入する．

* 利得は利潤で，単位は10億ドル．

アマゾンが参入した場合，価格戦争をするとアップルの利潤は8億ドルになるが，何もしなければ利潤は10億ドルだ．アマゾンはこのことがわかっているので，アップルの脅しは信用できない．アマゾンは後ろ向き帰納法を使うことによって，(アップルの対抗策を前提に) 参入して5億ドルの利潤を獲得するか，参入せずに利潤も得られないか，どちらかの選択になることに気づく．アップルの脅しはハッタリだとして，アマゾンは市場に参入する．そうなった暁にはアップルが競争を仕掛けることはない．

すでに論じたとおり，アップルがアマゾンの参入を阻止するには，戦うという脅しを信憑性のあるものにする戦略的行動をとるしかない．企業戦略の古典的な手法の1つにあげられるのが，超過供給力を持つという方法だ．この戦略では，アマゾンの参入で価格戦争になる場合に必要になる全供給能力を，既存企業であるアップルが構築してしまう．価格が下がれば販売量は増えるはずなので，その分の供給力を実際に参入される前に確保しておこうというのだ．

この戦略は，実際に価格戦争が起きた場合，アップルの利潤にさほど影響を与えない．というのは，すでに確保した供給能力をフル活用するだけだからだ．だが，アップルが独占企業であり続けるにせよ，アマゾンの参入を受けて立つにせよ，これほどの供給能力を持つということは，生産量が増えるのだから，アップル製品の価格が下がり，(利潤が減る) 可能性もある．こ

図12.6 : 超過供給力で脅しに信憑性を持たせる

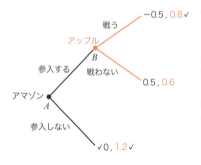

価格競争になるという脅しに信憑性を持たせるために、アマゾンがタブレット市場への参入を決める前に、アップルは投資して生産能力を増強する。独占企業としてのアップルの利潤は12億ドルに減少するが、図12.5で見た均衡状態でのアップルの利潤を上回っている。だが、信憑性のあるこの脅しでアマゾンが市場に参入した場合、アップルは価格競争を選択し、8億ドルを獲得する。価格競争になるとアマゾンは5億ドルを失うので、市場に参入しないことを選択する。

うした超過供給力による生産拡大効果が起きるのは、アップルの限界費用を大幅に引き下げ、最適価格を下げるからだ。この効果は、2社がクールノー寡占市場で競争していて、アップルの超過供給力が生産量を押し上げ、市場価格を引き下げる状況とよく似ている。

アップルは早い時期に能力増強投資を行ったとしよう。アマゾンが参入せず、アップルの独占が続く場合、追加設備が遊んでしまうので利潤は12億ドルに減る。一方、アマゾンが参入し、競争を仕掛けない場合には、アップルの利潤は6億ドルに減る。投資によって競争を仕掛けるという脅しに信憑性が出たので、ゲームツリーは図12.5から図12.6に変わる。

過剰設備の戦略的活用は、アップルに有利になる形でゲームの利得を変える。アマゾンが参入する場合、アップルは競争したほうが利潤8億ドルとなり、競争しない場合の6億ドルよりも多くなる。アップルが必ず競争を仕掛けてくることに気づいたアマゾンは、参入しないことを選ぶ。利潤0のほうが、5億ドルの損失を出すよりましだからだ。アップルの独占は変わらず、利潤は12億ドルとなり、2大寡占市場の当初の均衡の10億ドルから増加する（図12.5）。こうしてアップルは、早期に能力増強投資という戦略的行動をとることで、価格戦争を仕掛けるという脅しに信憑性を持たせたのだ。

ここでも、戦略的に考えることで、不合理に思える行動が有利にはたらくことがわかった。上司にはこう説明できるだろうか。

「使うことはありませんが，iPadの生産能力を大幅に増強する工場を何棟か建てる必要があります」．上司はこう聞くだろう．

「ちょっと待ってくれ．どうして必要のない工場に投資するんだ」．それには，こう答える．

「アマゾンが市場への参入をうかがっており，それを阻止しなければ当社の利潤が減るという事実に信憑性を持たせるためです．」

この計画を知った財務担当者は，「経済学者が，使いもしない工場に投資しろと言っている！」と憤慨するだろう．だが，経済学者が正しい．この使われない工場が追加的な利潤2億ドルをもたらしてくれるのだ．

■■ 理論とデータ

サウスウエスト航空の新規参入の脅威に対する既存航空会社の反応

新規参入の脅威に対する戦略的行動について，経済学者は細心の注意を払って理論を構築しているが，実際に理論を検証する機会はそうあるものではない．市場データのほとんどは，当然ながらすでに市場で活動している企業のものだが，参入の脅しをかけてくるのは，まだ市場に存在していない企業だ．実際に参入が行われる前に，参入の可能性を計測するデータを把握できることは滅多にない．

本書の著者のオースタン・グールズビーとチャド・サイヴァーソン[*]は，既存の旅客航空会社の戦略的行動を検証した調査で，その方法を見出した．サウスウエスト航空が既存の路線へ参入すると表明した際に，既存の航空会社がどのような戦略的対応をとったかを調べたのだ．具体的には，サウスウエスト航空の参入が現実味を帯びるにつれて，既存航空会社の運賃，旅客数，輸送能力がどう変化したか，その推移を調べた．

民間航空業界での参入の脅威を，実際に参入が起こる前にどうやって測ろ

---

[*] Austan Goolsbee and Chad Syverson, "How Do Incumbents Respond to the Threat of Entry ? Evidence from the Major Airlines," *Quarterly Journal of Economics* 123, no. 4（2008）: 1611-1633.

うというのだろう．カギとなるのは，サウスウエスト航空が路線網を拡大する過程を理解することである．同社は過去20年で多くの新空港に就航したが，その際，新空港と自社のネットワークがある他空港をただちに結んだわけではない．しばらくは新空港のオペレーションを強化する．その後，新空港とごく一部の空港とのあいだで運航を開始する．その後，徐々に行き先を増やし，路線網の点と点を結んでいく．このようにサウスウエスト航空は徐々に路線を増やしていることから，実際に参入する前に，参入の脅威の影響を観察することができる．サウスウエスト航空がいったん新空港で業務を開始すれば，その時点で路線が開通していなくても，ほどなくそうする可能性が高いといえる．

　2009年3月，この原則の具体例が見られた．サウスウエスト航空はミネアポリス・セントポール空港で業務を開始した．このときの直行便はシカゴのミッドウェイ空港行きだけだ．同路線では大手のデルタ航空と競合することになった．これはサウスウエスト航空が実際に市場に参入した例だが，1つの路線に参入するということは，他の路線網にも参入してくる可能性が大きいということだ．デルタ航空の幹部にしてみれば，サウスウエスト航空がミネアポリスで業務を開始したからには，自社のもう1つのドル箱路線であるミネアポリス―セントルイス間にも，早晩進出してくると見るのが妥当だ．同様にUSエアの経営者なら，自社のドル箱路線のミネアポリス―フェニックス路線に参入してくる公算が高いと考える．こうして2009年3月に，サウスウエスト航空がミネアポリス・セントポール空港で業務を開始したという事実は，デルタ航空にとってはミネアポリス―セントルイス路線の，USエアにとってはミネアポリス―フェニックス路線への参入の脅威と重なった．同様に，他の航空会社もミネアポリスと他の空港を結ぶ自社の路線への脅威を感じるようになった．したがって，こうした参入の脅威に対して既存の航空会社が戦略的行動をとるとすれば，この段階でそうすべきであった．

　グールズビーとサイヴァーソンは，過去12年にわたって，サウスウエスト航空が20あまりの空港に就航し路線を拡大する過程で，デルタ航空やUSエアなどの既存航空がサウスウエスト航空参入の脅威に対してどのような戦

表12.12 サウスウエスト航空の参入の脅威に対する既存航空会社の対応

時期	運賃の変化
サウスウエスト航空が新空港で業務を開始する2年以上前	0
サウスウエスト航空が新空港で業務を開始する1〜2年前	−6%
サウスウエスト航空が新空港で業務を開始する前の1年弱	−12%
サウスウエスト航空が新空港で業務を開始後3カ月まで	−17%
サウスウエスト航空が新空港で業務を開始した後で，路線を開設する前	−21%
サウスウエスト航空が新空港で業務を開始し，路線を開設した後	−28%

略的行動をとったかを調べた．

サウスウエスト航空が潜在的なライバルとして登場すると，既存の航空会社が実際に戦略的行動で対応していることがデータで裏付けられた．表12.12は，サウスウエスト航空が新空港で業務を開始した時点で，参入の恐れのある路線の平均運賃がどう変化したかをまとめたものだ．同一路線でサウスウエスト航空の業務開始時と，参入する2年前の運賃を比べている．

既存の航空会社は，サウスウエスト航空が新空港で業務を開始後3カ月までのあいだに，参入の恐れがある路線の運賃を17％引き下げている．業務開始後，実際に路線を開設するまでのあいだに平均運賃は2年前の水準の21％まで引き下げられた．これは大幅な運賃引下げだ．さらにサウスウエスト航空が実際に路線を開設した時点では，既存の航空会社の運賃は（2年前にくらべて）28％引き下げられていた．言い換えれば，サウスウエスト航空の参入の脅威に対して，既存の航空会社は，実際にサウスウエスト航空が飛行機を飛ばす前に，運賃をそれまでの3分の2近くまで引き下げているのだ．

グールズビーとサイヴァーソンは，参入の脅威に対するこうした戦略的行動は，競合する可能性がある路線で，とくに利用頻度の高い顧客，ビジネス客のロイヤルティを高めるためであるとの仮説を立てた．ロイヤルティを高

めておけば，サウスウエスト航空がたとえその路線に参入したとしても，顧客を奪うのはむずかしくなるはずだ．こうした動機であれば，新規参入の可能性がある路線のうち，観光客よりもビジネス客の比率が高い路線で，運賃の値下げ率が大きいというデータとも合致する．実際，顧客はこうした予防的な値下げに反応した．参入の恐れがある路線で運賃を引き下げたところ，既存航空の旅客数が増加した．

興味深い点が1つある．既存の航空会社は，サウスウエスト航空が新空港での業務を開始する前に運賃を引き下げ始め，たとえば1年を切る段階で12%引き下げていた．既存の航空会社が参入の脅威を感じていると考えれば納得がいく．サウスウエスト航空はある日突然，新たな空港に現れ，「うちの旅客機をそこに停めています．……どなたかチケットは要りませんか」と聞くわけではない．ゲートを借り，スタッフを雇い，（当然ながら）運航サービスを開始する前にチケットを販売しなくてはならない．このプロセスは，優に1年かかる．そのため既存の航空会社は，サウスウエスト航空が参入することを知っていて，実際に運航を開始する前に戦略的な対応ができる．

しかしながら，サウスウエスト航空のケースは1つの時流であって，既存の航空会社が参入の脅威にいかに積極的に対応しようとも止めることはできなかった．まさに，それがミネアポリス・セントポール空港でデルタとUSエアに起きたことだった．サウスウエスト航空は現在，ミネアポリスからセントルイス，フェニックスにも飛んでいる（他にも多くの路線があるが）．だが，だからといって，既存航空会社の努力が無駄だったわけではない．運賃を早めに引き下げたことで，そうでなければサウスウエスト航空に奪われていた可能性のあるビジネス客をつなぎとめることができた．既存の航空会社にとっては，サウスウエスト航空が現れないに越したことはなかったが，厳しい競争のなかで最善を尽くしたといえるだろう．

評判

ライバルの市場参入を阻むための戦略的行動として，最後に評判

（reputation）を取り上げよう．既存の市場で確固たる評判を築くのだ．評判自体が，ゲームの戦略に対するコミットメントの源泉になる．

アマゾンだけでなく，多くの企業がタブレット端末市場への参入の機会をうかがっているとしよう．アップルは，いかなる企業の参入にも断固戦うという評判を築くことで有利になりうる．アップルがアマゾンの参入に手をこまねいていると，HPやASUSといった他の企業もタブレット市場に参入しないともかぎらない．そこで，将来にわたって参入者には容赦しないという評判を確立するために，現在の利潤を減らすことになってもアマゾンと戦うコストを負担するのだ．このケースでは，タフであるという評判を確立し，それを維持したいというアップルの意欲自体が，コミットメントになる．

元の顧客（場合によっては現在の顧客）による集団訴訟に対して，この戦略を取ったのがタバコ・メーカーである．こうした提訴の和解金は比較的少額だ．原告の喫煙者の多くは，タバコ・メーカーが正式な裁判になった場合の高額の訴訟費用を回避するため，和解に応じて和解金を支払ってくれると踏んでいたようだ．

だが，和解に応じれば，次々と提訴されることにタバコ・メーカーは気づいていた．ニュースを見た他の喫煙者が，自分も和解金をもらおうと訴訟を起こすだろう．タバコ・メーカーにしてみれば，1件でも裁判に持ち込まれると費用がかかるが，和解に応じれば，将来にわたって，多額の和解金の支払いに追われる恐れがあるのだ．

そこでタバコ・メーカーは，いかなる訴訟にも全力で戦うという評判を確立することにした．わずか1,000ドルの和解金をめぐって，タバコ・メーカーが負担した訴訟費用は数百万ドルにのぼるとみられる．これは一見すると不合理に思えるかもしれないが，こうした評判は，将来いかなる訴訟が起きても争う姿勢をコミットするものだ．それによって，まだ申請してもいない新たな原告の「参入」を防いだのだ．

ただし，最終的にタバコ・メーカーの戦略は破綻した．訴訟が相次ぎ，規模が大型化したことから，タバコ・メーカーは将来の訴訟を防ぐために，米連邦政府や多くの州政府と和解交渉を重ね，「包括的合意」に至り，数千億ドルの和解金を支払うことで合意した．

正気の沙汰とは思えない，という評判すら武器になりうる．アマゾンの参入に直面したアップルのケースに戻って考えよう．利潤にどれだけ影響が出ようとも，アマゾンがどう動こうと，タブレット端末市場で価格戦争を仕掛けて自滅への道を突き進むこともいとわないほどアップルは好戦的だとアマゾンに思わせることに成功したとしよう．これは，アップルに有利になりうる．アップルが好戦的で，実際に競争自体を楽しんでいるとすれば——利潤がどれだけ減るとしても——アマゾンのような合理的な企業に，市場に参入しないほうが得策だと思わせることができる．アマゾンは，好戦的なライバルとの価格戦争で悪循環に陥ることは避けたほうが，参入した後で相手に合理的な反応を期待するよりもリスクが低いと考えるだろう．

コラム ヤバい経済学

ゲーム理論が命を救う

最悪だ．2007年，エリック・ダムフレビルとセリーヌ・コーデリアは目隠しされ，手足を縛られていた．全身に傷を負い，血まみれだ．エリックとセリーヌはフランスの人道支援団体の職員で，前日までアフガニスタンで救助活動にあたっていた．それがいまやタリバンの人質だ．過去の歴史を見れば，楽観的でいられる理由はなかった．タリバンの人質は，数カ月，場合によっては何年も拘束されるのが一般的だ．巨額の身代金が支払われなければ，殺される可能性が高い．

フランス政府が迅速に身代金を支払って，市民の奪還に尽力してくれると期待できるのだろうか．要求される身代金は数百万ユーロで，誘拐犯にとっては大金だが，フランス政府にとっては大した負担ではない．だが，ほとんどの国がそうだが，フランス政府もテロリストには身代金を支払わないという方針を堅持している．誘拐犯1人に身代金を支払えば，誘拐市場に多くの参入を促すことになる．身代金を支払わないという政府の方針は，誘拐件数を減らすことに寄与しても，現に人質になった人々にとっては悪夢だった．

だが，エリックとセリーヌを誘拐した犯人は，フランス政府に身代金

第12章 ゲーム理論　301

を要求しなかった．代わりに要求したのは政治的なものだ．アフガニスタンから軍を撤退すれば，人質を解放する，というのだ．

当時のサルコジ大統領は，ただちに要求を受け入れ，エリックとセリーヌは解放された．

メディアはすぐさま否定的な反応を示した．サルコジ大統領がテロリストと交渉し，その過程で軍の戦略を変更したことを責めたてた．

だが，サルコジ大統領は，タリバンの誘拐犯よりもよほどゲーム理論を理解していた．人質を解放した途端，テロリストは交渉力を完全に失った．米国政府や自国民に対する約束を破るのであれば政治的代償は大きいが，タリバン相手に二枚舌を使っても，誰も気にしない．人質がフランスに帰国してまもなく，サルコジ大統領はアフガニスタンの駐留軍を50％増強すると発表した．

確かなことが1つある．エリックとセリーヌは，タリバンが経済学をよくわかっていないことにとても感謝している，ということだ．

12.6 結論

自らの行動を決める前に，競争相手の取りうる反応について考え抜くことが戦略的思考の本質であり，ゲーム理論の基礎である．ゲーム理論は，企業や人々がこうした環境でどう行動すべきかを体系的に考える手段になる．企業が戦略的に相互作用する寡占市場において均衡を見極めるには，ゲームの正確なルールを理解しなければならない．プレーヤーは誰か．プレーヤーの利得は何か．プレーヤーは同時に意思決定しているのか，交互に決定しているのか．ゲームの性格と展開がわかれば，均衡を見極めることができる．少数のプレーヤーが戦略的に影響し合う市場の結果を予想するのはむずかしいが重要であり，iPadとキンドルファイアの例でもわかるとおり，現実の世界では一般的である．

人々が自分の行動を戦略的に選択する状況ですら，複数の均衡が存在し，

302 第3部 市場と価格

ゲームがそれに向かって展開されることが少なくない．相互作用が繰り返されるのか，意思決定が交互に行われ，1人が動いた後に続くか，などによって，ゲームはさまざまな形を取りうる．自分が何かを決定するとき，競争相手の反応を考えているなら，ゲーム理論を使っているといえる．企業でも政府でも同じだ．ゲーム理論を学べば，チェスがうまくなるだけでなく，経済学のセンスが磨かれること請け合いだ．

まとめ

1. **ゲーム理論**とは，経済主体——これまで学んできた企業や消費者——が戦略的に行動すると何が起こるかを研究する学問である．どんなゲームも，**プレーヤー**，**戦略**，**利得**という3要素を備えている．**支配戦略**とは，競争相手がどんな行動を取るかにかかわらず，プレーヤーにとって常に最適な行動である．一方，**被支配戦略**とは，最適な行動になりえない戦略である．ゲームにおける支配戦略，被支配戦略を見極めると，ナッシュ均衡が解きやすくなる．[12.1節]

2. **同時手番ゲーム**では，対戦相手の選択を知らないまま最初の行動を選択しなければならない．ナッシュ均衡の相互最適反応という概念は，こうしたゲームの結果を予想する自然な方法である．ゲームは，戦略や利得の構造次第で，1つまたは複数のナッシュ均衡を持ちうる．**混合戦略**のナッシュ均衡すら存在する．不合理な，あるいは気まぐれな相手を前に，プレーヤーは戦略を変更することができる．さらに，自身の損失を最小化する**マキシミン戦略**の活用も視野に入れるといい．[12.2節]

3. 1回限りの同時手番ゲームの結果は，**繰り返し同時手番ゲーム**の結果とは異なる．**後ろ向き帰納法**は，多段階ゲームの均衡を見つけるのに活用される．囚人のジレンマにあてはめると，繰り返しゲームで最後の回がわかっているとき（ゲームの回数に関係なく），後ろ向き帰納法を使うと，協力することが均衡でないことがあきらかになる．だが，無限回繰り返しゲームや，ゲームがいつ終わるのか確実にわからない場合，協力することが均衡になりうる．[12.3節]

第12章 ゲーム理論 **303**

4. **交互手番ゲーム**では，プレーヤーは交互に動く．つまり相手の出方を見たうえで自身の戦略を選択する．他の多段階ゲームと同じように，交互手番ゲームでも均衡を見つけるため，後ろ向き帰納法を使うことができる．[12.4節]

5. プレーヤーは後々有利になるように，戦略的に行動することが少なくない．経済主体は，**利得の譲渡**，**信憑性のあるコミットメント**，**評判**を戦略的に活用する．**参入阻止**は，ミクロ経済学における分析対象として，最も一般的な戦略的行動の1つである．[12.5節]

復習問題

（解答は以下のサイトで入手できる．https://store.toyokeizai.net/books/9784492315002）

1. 経済ゲームに共通する3つの要素とは何か．
2. ゲーム理論とシングル・エージェント問題との違いは何か．
3. 複数のナッシュ均衡が存在することで，経済ゲームの解はどのように複雑になるか．
4. 利得表を使ってプレーヤーの最適戦略を見つける方法を説明せよ．
5. プレーヤーはなぜ混合戦略を追求するのか．
6. マキシミン戦略が保守的な戦略とみなされるのはなぜか．
7. 後ろ向き帰納法の定義を述べよ．後ろ向き帰納法を使ってゲームの最適戦略を見つける方法を具体的に説明せよ．
8. トリガー戦略としっぺ返し（オウム返し）戦略を比較せよ．
9. 交互手番ゲームの解を見つけるのに，通常のマトリックスではなく，ゲームツリーを使うのはなぜか．
10. プレーヤー2人が対戦するゲームで，利得の譲渡はどのように両者にメリットをもたらすことができるか．
11. 信憑性と市場の参入阻止の関係について説明せよ．
12. 企業がその評判を自社に有利に使える方法を具体的に述べよ．

304 第3部　市場と価格

・・

演習問題

（＊をつけた問題の解答は以下のサイトで入手できる．https://store.toyokeizai.net/books/9784492315002）

*1. 下図のゲームについて考えてみよう．

		デュバル		
		止める	落とす	巻く
アール	金槌	4, 14	9, 6	5, 3
	金敷	8, 2	6, 12	1, 7
	あぶみ	11, 5	16, 3	9, 8

a. このゲームのプレーヤーは誰か．

b. デュバルが使える戦略は何か．

c. アールが「金槌」を選び，デュバルが「巻く」を選んだ場合，アールの利得はいくらか．

d. アールが「あぶみ」を選び，デュバルが「落とす」を選んだ場合，デュバルの利得はいくらか．

2. 次のゲームで各プレーヤーに支配戦略があるとすれば，どの戦略か．

a.

		コヨーテ	
		金敷	ダイナマイト
ロードランナー	鳴らす	6, 2	4, 5
	走る	7, 3	6, 8

b.

		バート	
		ふくれっ面をする	すすり泣く
マギー	お菓子に指を置く	6, 8	11, 3
	お菓子を無視する	2, 6	9, 5

c.

		マーサ	
		赤	白
ジュリア	ステーキ	5, 2	8, 4
	チキン	6, 1	7, 3

第12章 ゲーム理論 **305**

*3. 以下の各ゲームについて，支配戦略を使ってナッシュ均衡を求めよ．各ゲームにナッシュ均衡は1つしかない.

a.

		マクベス	
		掃除をする	妻の話を聴く
マクダフ	王を殺す	10, 2	8, 4
	首を回す	6, 4	4, 5

b.

		フェリス	
		ツイスト	シャウト
エルヴィス	バンプ（腰を突き出す）	4, 8	6, 6
	グラインド（腰を回す）	2, 4	4, 3

c.

		イーグル	
		気楽に	限界まで
マシュー	不正をする	5, 3	3, 2
	立ち上がる	3, 5	14, 4

*4. 以下の各ゲームについて，最適反応にチェックを入れる法を使って，ナッシュ均衡を見つけよ.

a.

		フレッド	
		オペラ	ボウリング
ウィルマ	オペラ	5, 2	0, 0
	ボウリング	0, 0	2, 5

b.

		チャック	
		ストレート	カーブ
レン	ストレート	0, 0	3, 1
	カーブ	1, 3	2, 2

306　第3部　市場と価格

5.　次のゲームについて，考えてみよう．

		イーセル	
		左	右
フレッド	上	100, 50	130, 8
	下	150, 6	−10,000, 4

a.　このゲームのナッシュ均衡はどれか．

b.　このゲームは不均衡な結果で終わると十分に考えられる理由は何か．その
　　責任はどちらにあるか．

6.　あなたと級友のデイブは，「愛」や「公正」「良識」といった概念について，経
　　済学の教授の本音を聞いてしまった．学界での評判を落としたくない教授は，
　　次のようなゲームを提案して口止めを画策してきた．「君たち2人は黙って
　　テーブルの前に座っている．私は100ドル紙幣を置く．君は100ドル紙幣を
　　取ってもいいし，パスして判断をデイブに委ねてもいい．デイブが決断する
　　前に，わたしはもう1枚100ドル札を置く．デイブがパスしたら，もう1枚
　　紙幣を置く．君にもう一度，番が回る．誰かが紙幣を取るか，わたしの財布
　　から500ドルがなくなった時点でゲームは終了だ．どちらが先でも関係な
　　い」．ゲームをしようという教授の違法な誘いに，2人とも黙っていることに
　　同意する．教授に言われたとおり，最初はあなたの番だ．

a.　2人がそれぞれ2回ずつパスし，教授が最後の100ドル紙幣をテーブルに
　　置いたとしよう．あなたの番だとすれば，どうすべきだろうか．

b.　あなたが2回パスし，デイブは1回パスしたとする．教授は4枚目の100
　　ドル紙幣をテーブル上に置く．デイブはどうすべきだろうか．紙幣を取る
　　のか，パスするのか．その理由も述べよ．

c.　2人がそれぞれ1回ずつパスしたとする．教授は3枚目の100ドル紙幣を
　　テーブルに置いた．あなたはどうすべきだろうか．紙幣を取るのか，パス
　　するのか．その理由も述べよ．

d.　あなたが1回パスしたとする．教授は2枚目の100ドル紙幣を置いた．デ
　　イブはどうすべきだろうか．紙幣を取るのか，パスするのか．その理由も
　　述べよ．

e.　教授は最初の100ドル紙幣をテーブルに置いた．あなたの番だ．紙幣を取
　　るべきか，パスするべきか．理由も述べよ．

f.　このゲームの結果はどうなるだろうか．教授は口止め料として500ドルを

第12章 ゲーム理論 **307**

丸々支払うことになるのだろうか.

7. 問題6で経済学の教授が直面している状況について考えよう. ただし今回は, デイブが次のように持ちかけてくる. 「教授を丸裸にしてやろう. 500ドルの半分をくれるなら, 2回目と4回目をパスしよう」. この提案によって, ゲームの結果がまったく変わってしまうだろうか. (ヒント:後ろ向き帰納法を使って考えてみよう.)

8. アルミメーカー2社が寡占市場で熾烈な競争をしている. 大手のBAG社が生産能力を増強するか, 現状を維持するかを検討中である. 規模の小さいLAG社も能力増強を検討中だ. さまざまなシナリオでの両社の利得を下表にまとめてある.

		BAG社	
		現状維持	能力増強
LAG社	現状維持	3, 4	2, 3
	能力増強	4, 2	1, 1

a. この能力増強ゲームのナッシュ均衡はどれか. 理由も述べよ. 答えを導くのに, 支配戦略はどのような役割を果たしたか.

b. このゲームはBAG社が先に動く交互ゲームだと考えよう. BAG社の最適戦略とは何か. aの同時ゲームと同じ均衡になるだろうか.

9. あなたと友人は毎日, 最後のドーナツをどちらが取るかを決めるゲームをしている. 合図と同時に, それぞれが指を1本か2本出す. 合計が奇数ならドーナツはあなたのもの, 偶数なら友人のものだ.

a. 勝ちは1点, 負けは0点として, 下の利得表を完成せよ.

		あなた	
		指1本	指2本
友人	指1本		
	指2本		

b. このゲームに純粋戦略のナッシュ均衡があるとすれば, どれか.

c. 指1本ばかりを出し続けた場合, 友人はどんな反応をするだろうか. 予想される平均の利得はいくらか.

d. 指2本を出し続けた場合, 友人はどんな反応をするだろうか. 予想される

平均の利得はいくらか.

e. あなたも友人も50対50の確率で指を出した場合,あなたが勝つ確率はどのくらいだろうか.予想される平均の利得はいくらか.純粋戦略よりも混合戦略のほうが,平均の利得は高くなるだろうか.

f. 日替わりで1,2,1,2,1,2,1,2と指を出す本数を変えて,確率が50対50になる混合戦略を取ることにする.純粋戦略よりも混合戦略のほうが,利得は高くなるだろうか.なぜそうなるのか.理由も述べよ.

g. 経済学者のアヴィナシュ・ディキシットは,敵を驚かせるには自分自身を驚かせるのが最善の方法だと主張する.指を出す確率が全体で50対50になるようランダム化する,簡単だが意外な方法を考えよ.

*10. 幼い双子の妹には(愛情をこめて1号,2号と呼んでいる)振り回されてばかりだ.誕生日にかわいいケーキをつくったのに,どちらが大きいほうを取るかで延々と喧嘩している.そこで昔ながらの仲裁方法に従い,1号がケーキを切り,2号が選ぶよう命じて落ち着かせることにした.

a. このゲームの展開型を描け.1号の戦略は,「均等に切る」,「不均等に切る」.2号の戦略は「大きいほうを取る」,「小さいほうを取る」,「同じ大きさのものを取る」になる.1号と2号には,手にしたケーキの大きさに応じて利得を割り当てる.

b. 後ろ向き帰納法を使って,このゲームの均衡を求めよ.この均衡は,あなたの実体験と比べて違和感はないだろうか.

c. 「1号が切り,2号が選ぶ」というルールを告げたとき,2号は「そんなのずるい!私だってケーキを切りたい.切ったのを選ぶなんて嫌よ」と訴えた.2号の不満はもっともなのだろうか.言い換えると,このゲームに先行者利得はあるのだろうか.

11. クレイジー・エディとルーピー・ラリーは家電量販店であり,プラズマテレビを高値か安値のいずれかで販売する.両社が高値で販売すれば,それぞれ高い利潤を得る.一方が高値,他方が安値をつければ,安値をつけたほうが市場全体を押さえ,巨額の利潤を得る.両社が共に安値をつければ,消費者が得をして両社の利潤はそこそこ,という結果になる.

a. このゲームの展開型を描け.クレイジー・エディが先に動き,高値か安値を選択し,それを受けてルーピー・ラリーが高値か安値をつけるものとする.

b. このゲームの均衡を求めよ.

c. テレビCMでクレイジー・エディが「クレイジー・エディは安さでは負け

第12章 ゲーム理論 **309**

ません．当社より安い商品がありましたら，同じ値段にします」と言えば，ルーピー・ラリーも「ルーピー・ラリーは安さでは負けません．当社より安い商品がありましたら，同じ値段にします！」と応じる．この熾烈な安売りゲームの展開型を描け．それぞれに，ライバルより高値なら値引きして同じ値段にするチャンスがある．

d. クレイジー・エディとルーピー・ラリーの価格競争の均衡を求めよ．同じ価格が保証されることは顧客にとって良いことだろうか．同じ価格になるのは，競争が熾烈である証なのだろうか．

12. ジェンは夫のブラッドがアンジーと不倫しているのではないかと疑っていて，離婚を考えている．婚前の合意では，ジェンが離婚を申し立てれば6万ドル受け取れるが，不倫の確かな証拠を提示できれば，倍の12万ドルもらえる．ジェンの弁護士は，自分のポケットマネーで私立探偵を雇う場合にのみ証拠をつかめる．それなりの私立探偵を雇うには1万ドルかかる．悪徳弁護士なら，探偵を雇っていなくても雇ったとジェンに報告するだろう．

弁護士はジェンに2通りの弁護費用を提案した．A案は，結果にかかわらず，2万5,000ドルを支払う．B案は，最終的な慰謝料の3分の1を支払う．

a. ジェンと弁護士のゲームについて，考えられる結果と支払額をすべて書き出し，展開型を描け．

b. このゲームの均衡を求めよ．ジェンは定額支払いを選ぶだろうか．弁護士は探偵を雇うだろうか．

c. 各プレーヤーが直面するインセンティブと利得について，支払い方法がどう影響するか話し合ってみよう．この解釈を発展させて，ビジネスの世界で，従業員に年俸を支払うのが良いか，それとも生産した最終製品1個につき一定額を支払う「出来高払い」が良いか，話し合ってみよう．

13. 民主党大統領と共和党議会は，2つの法案で対立している．1つは社会保障法案，もう1つは農家向け補助金に関する法案である．議会は補助金法案を推し，社会保障法案には否定的だ．大統領は社会保障法案を推し，補助金法案には否定的だ．法案は議会が起草しなければならず，その後，大統領は拒否権を発動できる．大統領の拒否権を議会が覆すことはできない．

議会は，補助金法案を提出するか，社会保障法案を提出するか，あるいは1本化するのかを検討している．議会が得られる利得は，補助金法案が成立した場合に4点，一本化した法案が成立した場合3点，どの法案も成立しない場合は2点，社会保障法案が成立した場合は1点である．大統領の利得は，社会保障法案が成立した場合は4点，一本化した法案が成立した場合は3点，

どの法案も成立しない場合は2点，補助金法案が成立した場合は1点である．

a. 最初に議会が法案を提出し，次に大統領が承認のサインをするか，拒否権を発動することを念頭にこのゲームの展開型を描け．

b. このゲームの均衡を求めよ．

c. 大統領には条文を拒否できる権限があるとする．つまり，法案の一部を拒否し，他の部分を成立させることができる．変型したこのゲームの展開型を描き，均衡を求めよ．

d. 元のゲームと変型したゲームで，均衡は同じだろうか．その理由を述べよ．

e. このケースで，一部の拒否権を発動することは，大統領にとって有効だろうか．

14. ボニーとクライドは，典型的な囚人のジレンマに陥っている．警官に捕らえられ，別々に，こう告げられる．どちらも黙秘する場合，微罪で起訴する十分な証拠はあるので，どちらも3年の刑に処される．どちらか一方が，相手が主犯だと自白した場合，自白したほうは1年，自白しなかったほうは20年の刑に処される．互いに相手が主犯だと自白した場合，それぞれ10年の刑になる．下記の表に，このシナリオの利得をまとめた．

		クライド	
		自白する	自白しない
ボニー	自白する	10年, 10年	1年, 20年
	自白しない	20年, 1年	3年, 3年

a. この囚人のジレンマのゲームのナッシュ均衡はどうなるか．どちらか一方が得をすることになるか．

b. 警察署に連行されるまでの車中で，ボニーはクライドに「わたしを売ったら，仲間があんたの膝を潰しに行くからね」と言ったとする．クライドにとって，7年の刑期と膝を折られることが同等だとすれば，ボニーのこの戦略的行動を受けて，ゲームの利得はどう変わるか．

c. ボニーの戦略的な脅しによって，このゲームの結果はどう変わるか．説明せよ．

d. クライドはボニーがサディストであることを知っていて，クライドがどんな行動を取っても，クライドの膝を折るという楽しみのためなら，1年刑に服すことも厭わないと思っているとする．ボニーの脅しで，ゲームの結果は変わるだろうか．説明せよ．

第12章 ゲーム理論 311

*15. 乾燥した砂漠の町で，アントワネットとアウグストの2人だけが井戸を持っている．毎朝，井戸の水を汲み上げ，町の広場に運んで売るのが2人の日課だ．水を汲み上げるコストはほぼゼロだが，広場に行くには時間がかかるので，1日に1回しか行けない．そのため，毎朝，どれだけの量の水を汲み上げるか決めなければならない．

町民の水の需要をまとめたのが以下の表だ．

価格 (ドル)	12	11	10	9	8	7	6	5	4	3	2	1	0
量 (ガロン)	0	10	20	30	40	50	60	70	80	90	100	110	120

単純化のため，アントワネットとアウグストが1日に汲める量は，それぞれ20，30，40，50ガロンとする．

a. アントワネットとアウグストの利潤を示した，以下の利得表が正しいことを確認して，空欄を埋めよ．市場価格は総生産量によって決まるが，各生産者の利潤はそれぞれが選択する生産量によって決まる点に留意したい．

		アウグスト			
		20	30	40	50
アントワネット	20	160, 160	140, 210	120, 240	100, 250
	30	210, ?	180, 180	150, ?	120, ?
	40	240, 120	?, 150	160, 160	120, 150
	50	?, 100	200, 120	150, 120	?, ?

b. アントワネットとアウグストが共謀して，2人の利潤を最大化するため総生産量を抑制することで合意したとする．生産量と利潤は均等に分ける．上の利得表をもとにすると，2人は総生産量いくらで合意するか．総生産量のうち，それぞれの生産量はいくらになるか．それぞれの利潤はいくらになるか．

c. アントワネットには，この合意を裏切る動機があるか．アウグストはどうか．あるとすれば，裏切りはどのように表れるか．

d. このゲームのナッシュ均衡はどうなるか．ナッシュ均衡は，2人にとって理想的な結果だろうか．

e. アントワネットとアウグストのゲームは，囚人のジレンマのゲームにどの

312　第3部　市場と価格

程度似ているだろうか.

16. アパレルメーカーのランズエンドとL. L.ビーンは，通信販売のみ行っている．両社は基本的に同じコートを生産しており，コート1着の生産コストはちょうど100ドルだ．両社のコートは完全代替財なので，消費者は価格の安いほうで購入する．両社の価格が同じなら，顧客を分け合うことになる.

　単純化して，両社は，103ドル，102ドル，101ドルから価格を選択するとする．市場の需要は，103ドルで100着，102ドルで110着，101ドルで120着である．価格ごとの両社の利潤をまとめたのが，下の利得表だ.

		L. L.ビーン		
		103ドル	102ドル	101ドル
ランズエンド	103ドル	150, 150	0, 220	0, 120
	102ドル	220, 0	110, 110	0, 120
	101ドル	120, 0	120, 0	60, 60

a. このゲームの均衡はどうなるか.

b. ランズエンドとL. L.ビーンの共謀は長続きするだろうか.

c. 両社がドル単位ではなく，セント単位で価格を提示できるとすれば，このゲームの結果はどうなるだろうか.

d. 均衡を上回る価格になることを期待して，L. L.ビーンはコートの価格を初夏に発表することにした．この戦略的行動は，L. L.ビーンにとって吉と出るだろうか凶と出るだろうか．その理由を述べよ.

17. 海水浴客でにぎわうビーチに，ベンとジェリーという2つのアイスクリーム店がある．出店できる区域は決まっていて，5カ所から選ぶことができる．1区はビーチの北端，5区は南端，3区が真ん中，3区を挟んで，両隣との中間に2区と4区が位置している．各区には2店以上が出店できる．海水浴客はビーチ全体で1,000人（各区に200人）で，一番近い店でアイスクリームを買う.

a. ベンとジェリーの来店客数を反映して，次ページの利得表を埋めよ（たとえば，ベンが1区，ジェリーが4区に出店すれば，ベンの来店客数は，1区と2区の400人．ジェリーの来店客数は3，4，5区の600人になる）.

第12章　ゲーム理論　**313**

		ジェリー				
		1区	2区	3区	4区	5区
ベン	1区					
	2区					
	3区					
	4区					
	5区					

b. このゲームのナッシュ均衡を求めよ．ベンとジェリーはどこに出店するだろうか．

18.　OOEC（Organization of Otter Exporting Countries，カワウソの毛皮輸出国機構）は，毛皮の生産量を制限して独占的利潤を確保しようとするカルテルで，2カ国から成り，あなたの国もその一員だ．市場の需要を前提に，生産量に応じた利潤をまとめたのが下記の利得表である．

		他国	
		毛皮1,000枚	毛皮2,000枚
あなたの国	毛皮1,000枚	500, 500	250, 700
	毛皮2,000枚	750, 250	400, 400

a. 他国と共謀できた場合，各国は何枚の毛皮を生産し，それぞれの利潤はいくらになるか．

b. 1回限りのゲームだとすれば，このゲームの均衡はどうなるか．この均衡は，あなたの国にとって良いことだろうか．

*19. 問題18に関して，ゲームは無限に続くと考えるのは現実的ではないだろうか．カワウソの毛皮の需要は50年後も根強いはずだ．だが，時はカネなりなので，1年後の利潤1ドルは今日のdドルの価値しかなく（dは割引率），1ドルを下回る．

　あなたの国はトリガー戦略をとることにしたとする．他国が毛皮を1,000枚生産するかぎり1,000枚生産するが，他国が2,000枚生産するなら，こちらもこの先ずっと2,000枚生産する．あなたの国がこの戦略を告げると，相手もこの戦略に合意した．

a. 両国がトリガー戦略をとった場合，利潤はどう推移するか（将来の利潤は

dで割り引くこと）．合計で答えよ

b. 生産量を減らすという他国の公約につけこんで，あなたの国は初年度に生産量を拡大する．利潤はどう推移するか．割引率dを適用し，答えは合計で示すこと．

c. $d = 0.5$とする．得をするのは，合意を破った場合か，それとも合意を守った場合だろうか．$d = 0.99$の場合，$d = 0.01$の場合，答えはどう変わるだろうか．

d. 合意を破ることと，守ることに差がなくなるのは，dがいくらのときか．

20. 1960年代，タバコ・メーカーは熾烈なシェア争いを演じていた．最大の武器は広告だった．新規の顧客を獲得するのではなく，ライバル社の顧客を奪うためだ．次のシナリオを考えよう．フィリップとR. J.の2社が戦っており，どちらもテレビCMをするかどうか（費用は2,000万ドル）を選択することができる．CMを流す前の利潤は2社で1億ドルだ．両社が同じ選択をすれば，市場を均等に分け合う．1社がCMを選択し，もう1社が選択しなければ，CMを選択したほうが他社の顧客の半分を奪い，CM費用を差し引く前の利潤7,500万ドルを獲得する．他社の利潤は2,500万ドルになる．CM費用を差し引いたネットの利潤をまとめたのが下表である．

		R. J. 社	
		CMをする	CMをしない
フィリップ社	CMをする	30, 30	55, 25
	CMをしない	25, 55	50, 50

a. 表の利得が，説明文どおりか確かめよ．

b. このゲームのナッシュ均衡はどれか．この均衡はどちらかの得になるだろうか．

c. フィリップ社とR. J.社が互いに広告しないことで合意したとする．この合意は信用できるだろうか．理由も述べよ．

d. 1971年，米連邦政府は，タバコのテレビCMを禁止した．当初，タバコ・メーカーは激しく抗議した．上の表を参考に，タバコ・メーカーの抗議に真実味があるかどうか検討せよ．

第 **4** 部　基礎から応用へ

投資，時間，保険　第 **13** 章

2012年5月末，宇宙船ドラゴンC2は，国際宇宙ステーション（ISS）とのドッキングに成功し，歴史をつくった．政府機関ではなく一民間企業がロケットを打ち上げて宇宙船を軌道に乗せ，宇宙ステーションにドッキングさせたのは史上初めてのことだ．宇宙船ドラゴンと打ち上げロケット，ファルコン9の両方を製造したスペースX社は，この偉業を達成するため12億ドルを投じたといわれている．この成功を受けてNASAは，追加のミッションをスペースX社に10億ドルで発注した．当初のミッションは貨物のみの運搬だったが，今度は人間も運搬できる宇宙船を設計して，将来，飛行士を宇宙ステーションに送り届けるつもりだ．

　宇宙船と打ち上げロケットを設計・製造するというスペースX社の決定を経済学的に分析すると，これまで取り上げてこなかった興味深い特徴が2つ浮かび上がる．1つは時間の要素である．スペースX社の創業は2002年である．当初のミッションを達成する10年も前のことだ．投資資金の回収の見通しがまったく立たない段階で，巨額の開発資金を投じる必要があった．もう1つの特徴は不確実性である．2002年時点で，技術的あるいは財務的な観点から見て，ミッションがいずれ成功すると確信していた者は社内にいなかった（社外では，2012年初めになっても疑う者が多かった）．そうした状況で

316 第4部 基礎から応用へ

スペースX社の経営陣は会社を設立し，10年ものあいだ先行きに確信が持てないまま重大な意思決定を次々と迫られ，ようやくミッションを達成したのだ.

スペースX社が直面した意思決定と，それに伴う時間と不確実性という必然的な要素は，じつは企業や消費者が日々直面している意思決定によく似ている．本章ではとくに2つのタイプの意思決定——投資と保険が絡む意思決定に注目する.

投資（investment）とは，将来の利益獲得を目指して，現時点で資本を購入することである．小売企業が新店舗を出店するのも投資の一種である．新店舗の将来の売上げから継続的に利益を獲得するには，店舗の設計，建設，商品仕入れ，新人研修などの先行投資が必要であり，その費用が発生する.[1]異なる時点で発生する収益および費用を同じ基準で評価するにはどうすればいいのか，設備投資に伴い生じる将来の収益および費用に関連するリスクをどう評価するのか．それらを学んでいこう．また設備投資の決定を評価するうえで重要な役割を果たす利子率が，どのように決まるかもみていく.

保険（insurance）は，経済主体が経済的リスクを減らすために負担する費用と捉えることができる．消費者も企業も，リスクを軽減するためにさまざまなタイプの保険を購入している．なぜそうしようとするのか，リスクを軽減するために，どのくらい負担するつもりがあるのかもみていこう.

13.1 割引現在価値分析

行動や取引に関わる意思決定を評価する際，費用と収益が異なる時点で発

---

1) 「投資」や「投資する」という言葉は，個人や企業が銀行や証券会社などの金融機関を通じてマネーを貯蓄するという意味で，普段の会話でよく使われる．これは，経済学での一般的な定義とは異なる．経済学の定義では，将来の利益獲得を目指して，ある種の資本を購入することを指す．ただ，この章の後半でみるとおり，じつは貯蓄と（経済学の定義の）投資は関連している．この関連は，資本市場の機能に起因する．基本的に，投資家が資本を購入するための資金を提供しているのは貯蓄者である．投資家は投資収益の一部を還元することで，貯蓄者に報いているといえる.

第13章 投資，時間，保険　317

生する場合は，同時に発生する場合にくらべて評価がやや複雑になる．

　費用と収益が同時に発生するなら，比較は単純だ．ある行動の収益が費用を上回るのであれば，行動すべきである．だが現時点で1,000ドルの費用を負担し，5年後に1,200ドルの収益が期待できる設備投資の場合はどうか．この投資は良い投資だといえるだろうか．1,200ドルが明日あるいは来週手に入るのであれば，投資すべきなのはあきらかだ．だが，回収するまでに5年待たなければならないとすれば，あきらかに投資すべきだとはいえない．預金すればより高い収益が得られるかもしれないし，途中で何か別の案件が浮上して，その資金が必要になるかもしれない．支払う費用と，受け取る収益の額と時期が違っていれば，意思決定はさらに複雑になる．当初の費用が500ドル，さらに1年後と2年後に500ドルずつ費用が発生し，1年後，2年後，3年後，4年後に400ドルずつ収益が発生する投資について考えてみよう．この選択をどう評価すればいいだろうか．投資にはリスクがあるため，それら将来利益を確実に受け取れない可能性があるとすれば，どう評価すればいいのか．

　これまで分析してきた意思決定では，費用と収益はすべて同時に発生していた．費用と収益が長期にわたって発生する意思決定を評価するには，新たなツールが必要になる．この節で紹介する第1のツールが，**割引現在価値**（present discounted value, **PDV**）という概念である．この数学的概念を使うことで，消費者や生産者は，現在および将来の金融価値をすべて同列に置いて長期にわたる費用と収益を比較することができる．

利子率

　割引現在価値分析で重要な役割を果たすのが，利子率と収益率である．預金口座，自動車ローン，学生ローン，投資信託，株式口座など，この概念が関わっているものは身の回りに数多くあるので，耳にしたことがあると思うが，簡単におさらいしておこう．

　利子（interest）とは，利払いが伴う資産の価値に応じて，個人や企業が行う定期的な支払いである．資産の価値は**元本**（principal）と呼ばれる．**利子**

率（interest rate）とは，支払われる利子の額を元本で割ったものだ．利子率は，年や月，さらには日割の形で期間ごとに示される．つまり利払いは，時間の単位ごとに支払われる「フローの支払い」である．たとえば，預金口座に100ドルあり（元本），年間の利子率が4％だとすると，1年経過後に利子が4ドル支払われる．数式では，$I = A \times r$ と書ける．I は支払われる利子の額，A は元本（A は資産 assets の A），r は利子率である．

　ある期間に支払われた利子を元本にくわえると，次の期は，この総額に利子が適用される．これを**複式**（compounding）あるいは**複利**（compound interest）という．いま，預金の利子率が年4％の複利だとしよう．元本である当初の預金が100ドルなら，1年後に4ドルの利息が入る．この利息をそのまま口座に置いておくと，元本は104ドルになる．2期目の利子は，この104ドルに適用されるので，104ドル×0.04＝4.16ドルである．利子が1期目よりも少し多くなっている．これは，増えた元本に利子がつくからだ．3期目の利子は，108.16ドル×0.04＝4.33ドルで，元本は112.49ドルに増える．預金者が預金に手をつけなければ，このプロセスが続く．増え続ける元本に利子が適用されるので，元本の伸びは加速する．

　一般的な複利のプロセスはごく単純だ．当初の元本を A とする．利子率が r のとき，1期が終わった時点の元本は，$A + (A \times r) = A \times (1 + r)$ である（前述の例では，$A = 100$ ドル，$r = 0.04$）．2期目が終わった時点の元本は以下になる．

$$A \times (1 + r) \times (1 + r) = A \times (1 + r)^2$$

　3期目が終わった時点の元本は以下である．

$$A \times (1 + r)^2 \times (1 + r) = A \times (1 + r)^3$$

　こうした計算を繰り返していくと，t 期が終了した時点の預金口座の残高 V_t は以下になる．

$$V_t = A \times (1 + r)^t$$

　図13.1は，この公式を使って当初の元本の100ドルが30年間でどう増えるかをプロットしたものだ．図では3つのケースが示されている．一番下の線は，利子率が2％，真ん中の線は利子率が4％，一番上の線は利子率が6％のときの残高の推移を示している．利子率が高いほど残高の増え方も速

図13.1 複利

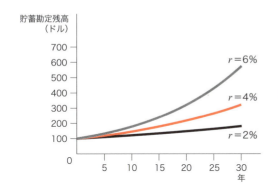

利子率が2%, 4%, 6%のとき, 当初の元本100ドルが30年でどれだけ増えるかをプロットするのに複利が用いられる. 利子率が高いほど増加率が大きくなる. それぞれの曲線の形状は基本的に同じだが, 時間が経つにつれて傾きはきつくなる.

い. これは意外ではない. どの線も基本的な形は同じであり, 時間が経過するほど傾きがきつくなっている. これこそが複利のプロセスであり, 今期の利子が前期の元本だけでなく利子にも適用されるため, 残高の伸びが加速されるのだ (利子率が低いケースでは, 傾きはわずかしかきつくなっていないが, きつくなっているのは確かだ).

複利のため, 利子率の差は同一でも, 長期間経た後の残高の差は拡大していく点に留意したい. たとえば30年後の残高で考えると, 利子率が2％のケースでは, 残高は, $100ドル \times (1.02)^{30} = 181.14$ ドルである. 利子率が4％のケースでは, $100ドル \times (1.04)^{30} = 324.34$ ドルで, 2％のときより143.20ドル多い. だが, 6％なら残高は $100ドル \times (1.06)^{30} = 574.35$ ドルで, 4％のケースよりも250.01ドル多い.

また, 複利のため, 残高が倍になる期間は, おそらく想像よりも短いはずだ. 利子率4％で, 当初の元本100ドルが200ドルに倍増するのにどのくらいかかるだろうか. こう尋ねると25年くらいという答えが返ってくるが, 実際はそれほどかからない. 18年目には200ドルになる. 複利で増えていくので, 年間4ドル以上の利子がつくからだ. 利子率が6％なら, 12年目に残高は200ドルを超える. 2％でも, 50年ではなく約35年で倍になる.

「72の法則」

任意の利子率で元本が2倍になるのにかかる期間が簡単にわかる便利な法則がある.「72の法則」と呼ばれ,単純に72を利子率で割れば,元本が2倍になるまでのおよその期間がわかる.[2]

年利4％で元本が2倍になるのに必要な年数は,$72 \div 4 = 18$で,前述の例で見たとおりだ.6％なら$72 \div 6 = 12$で12年,2％なら$72 \div 2 = 36$で,36年になる.前節の例でみた数値にきわめて近い.

割引現在価値（PDV）

この章の冒頭で論じたように,設備投資決定の評価では,費用を負担する時点と収益を獲得する時点が異なる点に基本的な特徴がある.一般に,投資では,将来,収益を獲得するために現時点で資金を投ずる必要がある.ある投資プロジェクトについて,発生時点を無視して収益を足し合わせて費用を差し引いていいなら簡単だが,それでは意味をなさない.この方法だと,今日1,000ドル投資して,50年後に1,001ドルの収益が入るプロジェクトでも価値があることになってしまう.そんな投資が割に合うと考える人がいるとは思えない.インフレで1,001ドルの実質的な価値が目減りするだけではな･い.インフレがないとしても採算に合わない.理由については,すぐ後で述べる.必要なのは,異なる時点で発生する費用と収益を調整して,同じ基準で比較できる方法である.割引現在価値（PDV）分析（単に「現在価値分析」と呼ばれる場合もある）は,先ほど論じた利子率と複利の概念を使うが,それを逆方向に使う.その方法を以下に示そう.

---

2) 「72の法則」ではなく「70の法則」を使う人もいるが,仕組みは同じだ.「70の法則」のほうが若干正確だが,便利さから「72の法則」が使われることが多い.72で割り切れる数字が多いからだ.数学ファンのために,「72の法則」（あるいは「70の法則」）が有効な理由を示そう.当初の資産Aが期間tにわたって,一定率rで増えると,$X = Ae^{rt}$になる.Xを$2A$で置き換え（当初の元本が2倍になったことを示すため）,等式の両辺の自然対数を取ると,$rt = \ln 2$になる.$\ln 2 \approx 0.70$なので,代入して解くと$t \approx 0.70/r$（だから,「70の法則」がやや正確だといえる）.

前小節では，複利を適用すれば元本が大きく膨らむことを見た．割引現在価値分析は，これを逆算する形で行う．現時点で元本がいくらあれば，任意の利子率で将来，ある金額に増えるかを計算するのだ．たとえば利子率が4％で，1年後の104ドルの現在価値を知りたいとする．利子率が4％なら，現時点の元本は100ドルでなければならない．利子率が4％なら，現時点の100ドルは1年後に104ドルになる．つまり，利子率が4％のとき，1年後の104ドルの現在価値，現時点の通貨単位で表した価値は100ドルである．現時点の100ドルは利子率4％で1年後に104ドルに増やすことができるので，1年後の104ドルは現在の100ドルの価値と同じ，ということになる．

割引は，1期以上後になって発生する資金を比較するのにも使える．たとえば，やはり利子率が4％のケースで，2年後108.16ドル（前小節で見た2年後の預金残高）の現在価値は100ドルである．利子率4％で，3年後112.49ドルの現在価値もやはり100ドルだ．

割引現在価値は，利子率と複利計算を使って異時点で生じる資金を比較する．将来の金額を近似的に割り引けば，現在の通貨価値に換算できる，という考え方だ．この考え方でいけば，いつ発生したかにかかわらず，投資の費用と収益を同じ土俵で比較できる．この分析をすれば，ある投資案件が優良かどうか，さまざまな投資案件から最良な案件はどれかを見極めることができる．

前述の例で，預金残高の増加ペースは利子率に依存していた点を思い出してもらいたい．利子率は当初の元本と将来の残高の相対額に影響するが，将来時点の金額の現在価値にも反対方向に影響を及ぼす．1年後に104ドルを受け取るケースを考えてみよう．利子率が4％の場合，この現在価値は100ドルであるのはすでにみた．では，利子率がたとえば6％だったらどうか．このケースの現在価値を計算するには，利子率6％で1年後にちょうど104ドルになるには元本がいくらかを計算しなければならない．前に紹介した公式を使えば簡単に計算できる．このケースでは，

$$A \times (1 + r) = A \times (1 + 0.06) = 104 \text{ドル}$$

$$A = \frac{104 \text{ドル}}{1.06} = 98.11 \text{ドル}$$

利子率が6％のとき，1年後の104ドルの現在価値は98.11ドルである，ということだ．利子率2％で同じ計算をすると，104ドルの現在価値は101.96ドルになる．

これらの例から重要な点を指摘しておきたい．将来の所与の金額の現在価値は，つねに利子率と逆相関の関係になる，ということだ．つまり，利子率が高いほど，将来ある金額に増やすために必要な元本は少なくて済む．ということは，利子率が高いほど，将来のある時点に発生する資金の現在価値は低い．

前述の例で現在価値を計算するには，複利のもとでの将来の残高の公式を逆にすればよかった．将来の残高に増やすために必要な当初の元本が求められた．それが現在価値である．前に見たとおり，元本Aが利子率rで期間tにわたって増えると，

$$V_t = A \times (1+r)^t$$

割引現在価値（PDV）は将来発生する資金（V_t）を現在価値で表したものと解釈すれば，当初元本（A）は，割引現在価値（PDV）にほかならない．つまり

$$PDV = \frac{V_t}{(1+r)^t}$$

この等式を使って，将来のt期に発生する資金V_tの現在価値を計算することができる．この章の肝といえるのが，この等式だ．割引現在価値の計算法は使い勝手のよいツールだ．車を買いにディーラーに行ったら，ある価格でいますぐ購入するか，頭金2,000ドル，月額500ドルでリースするか2通りの方法があると言われた．どちらが得か判断するには，支払額の割引現在価値を計算しなければならない．

割引現在価値の等式には，重要な意味合いがある．第1に，割引現在価値は割り引かれる将来の金額に比例する．V_tが2倍なら，その割引現在価値も2倍になる．

第2に，前にも述べたが，利子率が高いほど，所与のV_tとtの割引現在価値は低くなる．[3]

第3に，任意のV_tの割引現在価値は，V_tの発生時期が後になるほど小さ

くなるということだ．1年後の104ドルの割引現在価値は，2年後の104ドルの割引現在価値より大きく，2年後の104ドルの割引現在価値は，3年後の104ドルの割引現在価値よりも大きい．

継続的に発生する資金（キャッシュフロー）の割引現在価値　　前小節では，将来のある時点で発生する資金の割引現在価値を割り出す方法を見た．この方法を拡大して，継続的に発生する資金（キャッシュフロー）——異なる時点で発生する資金の合計——に適用するのは簡単だ．キャッシュフロー全体の割引現在価値を計算するには，各時点で発生する資金に割引現在価値の等式をあてはめ，それらを合計すればいい．

　いま，4回に分けて1,000ドルずつ奨学金が支給されるとしよう．初回は今日受け取り，2回目以降は，1年後，2年後，3年後に受け取る．奨学金の割引現在価値は，各回の割引現在価値の合計である．そのため，任意の年利がrで，奨学金の割引現在価値（PDV）は以下で表される．

$$PDV = 1{,}000 \text{ドル} + \frac{1{,}000 \text{ドル}}{(1+r)} + \frac{1{,}000 \text{ドル}}{(1+r)^2} + \frac{1{,}000 \text{ドル}}{(1+r)^3}$$

　最初の1,000ドルの支給は現時点で発生しているので，割り引かれていない．（これは，割引現在価値の公式が意味するものでもある．$t=0$であれば，つまり，支給が0期，現時点で発生していれば，割引現在価値の等式で最初の項の分母は1になる．）2回目の支給は$(1+r)$で割り引く．1年後に発生するので，この項では$t=1$が隠されている．2年後に発生する3回目の支給は，$(1+r)^2$で割り引く．3年後に発生する最後の支給は，3年間支給されないので$(1+r)^3$で割り引く．

　利子率は，1回限りの支給と同様に，継続的に発生する支給の割引現在価値にも影響を与える．たとえば利子率が4％，すなわち$r=0.04$の場合，奨学金の割引現在価値は以下になる．

---

3)　PDVを計算する際，利子率rと期間tを必ず一致させることが重要になる．つまり，tが年で表示されているなら，年利を使わなければならない．tが月であれば，月間の利子率を使わなければならない（必要とあれば，当初の表示された期間から変換する）．

$$PDV = 1,000 \text{ドル} + 961.54 \text{ドル} + 924.55 \text{ドル} + 889.00 \text{ドル}$$
$$= 3,775.09 \text{ドル}$$

割引があるため，単純に支給額を合計した4,000ドルよりも小さい．将来支給される額は，現時点で支給される同額と等価ではない．奨学金の割引現在価値は，利子率が6％，すなわち$r = 0.06$のときは3,673.01ドルで，4％のときより少なく，利子率が2％，すなわち$r = 0.02$のときは3,883.88ドルで，4％のときよりも多くなる．

割引現在価値の特殊なケース　　一般的なPDVの公式があてはまるキャッシュフローのパターンはいくつかあるので，覚えておくといい．1つは，一定期間に定額の資金（支払額）が継続するタイプである．たとえば自動車ローンで，毎月400ドルを60カ月にわたって支払う場合がこれにあたる．固定金利型の住宅ローンの支払いもこのタイプだ．毎月定額の支払額をMとする．定額MをT期にわたって支払った総額（現時点から1期後にスタートする）の割引現在価値（PDV）は以下になる．

$$PDV = \frac{M}{(1+r)} + \frac{M}{(1+r)^2} + \cdots + \frac{M}{(1+r)^T} = M \times \sum_{t=1}^{T} \frac{1}{(1+r)^t}$$

さまざまなtをとる一連の$1/(1+r)^t$を単純化すると以下になる．

$$PDV = \left(\frac{M}{r}\right) \times \left[1 - \left(\frac{1}{(1+r)^T}\right)\right]$$

この支払総額のPDVは，定額の支払額Mに比例する．これは，同じ条件で2倍借りれば（利子率や返済期間）で，定額の支払いが2倍になる，ということだ．支払総額のPDVは，利子率と逆相関の関係にあるが，比例関係にはない．具体的にいえば，利子率が低いとき，rの変化はPDVに最も大きな影響を及ぼす．利子率が高くなるにつれて，影響は小さくなる．最後に，支払総額のPDVはTと共に増加する．これは意外ではない．支払期間が長くなれば，支払総額は大きくなる．この公式は，多くの借り手が直面するトレードオフを示している．たとえば一定の金額（任意のPDV）を借りた場合，借り手は返済期間Tを延ばすことに合意すれば，毎月の支払額Mを減らすことができる．

この公式の特殊なケースは，Tが無限のとき，毎期の支払額Mが永遠に続くときに起きる（こうしたタイプの契約は，永久債と呼ばれる）．すなわち，

$$PDV = \frac{M}{(1+r)} + \frac{M}{(1+r)^2} + \frac{M}{(1+r)^3} + \cdots$$

これは無限大に見えるかもしれないが，そうではない．分母の $(1+r)^t$ の値が時間とともに十分に速く大きくなるので，遠い将来の支払額のPDVは基本的にはゼロになるからだ．大きなTの値をPDVの公式に代入してみれば，この性質が確かめられる．たとえば，最終の支払いが500年後に発生する場合，$(1+r)^{500}$で表される分母の値はきわめて大きくなる．利子率が4％のとき，500年後の支払額を3億2,500万強で割って現在価値を計算すると，事実上ゼロになる．

Tが無限になると，前述のPDVの公式は以下のように単純化できる．

$$PDV = \frac{M}{r}$$

これは，永久に発生する任意の定額払いのPDVは，支払額を利子率で割ったものに等しい，ということだ．利子率が5％なら，支払額Mの割引現在価値は，支払額Mの20倍になる $\left(\dfrac{M}{0.05} = 20 \times M\right)$．利子率が10％なら，支払額$M$の割引現在価値は$M$の10倍，利子率が2％なら，$M$の割引現在価値は$M$の50倍になる．

無限に支払いが続くと想定するのは非現実的だと思うかもしれないが，現実に永久に支払いが行われる投資選択や金融商品はいくつか存在する．有名なのが債券の一種で，英国政府が発行したコンソル債（Consols）だ．コンソル債は，誰であれ債券の保有者に一定の利子を永久に支払い続ける．この債券が金融市場で取引された際に無限の価格がつかなかったという事実は，支払いが無限の場合ですら，割引があるため現在価値は有限であることを示している．

英国債は別にして，永久債のPDVの公式は，手っ取り早くPDVの概算値を計算できる方法として使い勝手がいい．定額の支払いでも，暗算ではなかなかPDVが計算できないが，支払いが永遠に続くと想定すれば，近似値は簡単に計算できる．この近似値は上限である．T期で支払いが終わる，別の

タイプの支払総額は∞より小さいので，永久債のPDVの近似値は，つねに実際の値よりも大きくなる．

この例として，企業買収を検討中の友人との会話を考えてみよう．この企業からは当面，毎年10万ドルの利益が得られると友人は自信を持っている．企業の売却価格は120万ドルだ．利子率が10％のとき（これに近い水準で推移すると見込まれる場合），この会社を買収すべきだと友人に助言するだろうか．この価格では買ってはいけない．年10万ドルの利益を永久にもたらすとしても，この企業の割引現在価値は，以下にすぎないのである．

$$PDV = \frac{M}{r}$$

$$= \frac{100{,}000 \text{ドル}}{0.10}$$

$$= 100 \text{万ドル}$$

つまり，この企業の利益では，120万ドルの買収金額を正当化できない．一方，利子率が5％の場合，この企業の割引現在価値は，100,000ドル/0.05＝200万ドルになる．この場合は，買収金額の120万ドルは検討に値する．

応用　債券の割引現在価値

債券（bond）は，発行体（通常は政府か企業）が債券の買い手（債券保有者）に債務を負っていることを示す金融商品である．基本的には売買可能な借用証書（IOU）である．発行体が利子を支払う元本は，債券の**額面**（face value）と呼ばれる（**パー・バリュー**（par value）とも呼ぶ）．**クーポンレート**（coupon rate，表面利率）は，この元本に適用される利子率であり，**利払い**（coupon payments）は，満期までに定期的な支払いが予定される利子である．1回の利払額は，債券の額面にクーポンレート（表面利率）を掛けたものに等しい．[4] 債券の**満期**（maturity）とは，債券が発行された時点から，発行体が債券保有者に額面を払い戻すまでの期間を指す．この期間が終わると，債券は「満期になった」という言い方をする．満期は，債券の種類によって，数週間，数カ月の短期から数十年という長期（あるいは，コンソル

債の永久まで）大きな差がある．利払いは満期までの全期間にわたって行われる．そのため，満期によって利払いの回数が決まる．[5]

債券が取引される活発な金融市場が存在している（世界の債券残高の合計は数十兆ドルにのぼる）．こうした市場で債券価格は何によって決められているのだろうか．基本的に債券は，政府や企業といった発行体が，債券保有者に継続的な支払いを約束するものである．だとすれば，債券の利払額のPDVは，債券の市場価格と密接に関係する．これは，債券が発行されたときばかりでなく，発行体がすでに利払いを開始し，金融市場で取引されている際にもあてはまる．後者のケースでは，残存期間のPDVは債券価格と連動する（発行体に関するリスクなど，債券価格を決定する要因は他にもたくさんある．リスクについては，この章の後半で論じる）．

以下の属性を持つ架空の社債について考えることで，債券の割引現在価値がどう決まるかを見ていこう．すなわち，額面1,000ドル，年間クーポンレート（表面利率）10％，満期5年．

利払額は，額面に表面利率を掛けて求められる．したがって，1回の利払額は，1,000ドル×0.10＝100ドルである．利払いは，債券の満期までに毎年1回行われる（実際の債券では，年2回の利払いが一般的だが，単純化のために，毎年1回と想定している）．

債券保有者にとって債券の収益を決める要素には，利払い以外に，満期時に償還される額面がある．この社債の保有者は，発行から5年後に1,000ドルを受け取ることになる．これらを合わせると，この社債の発行時点のPDVは以下になる．

---

4) 「クーポン」(coupon) という語は，紙の債券の伝統的な形式に由来する．債券にクーポンの細片がついていて，利払いの時期が来ると，債券保有者はこれをはがして発行体に送り，利払いを受けた．

5) 利払いがまったくない債券，つまりクーポンレートがゼロの債券もある．ゼロクーポン債という名前に聞き覚えがあるかもしれない．ゼロクーポン債で債券保有者に支払われるのは，満期時の額面だけである．この支払いは将来時点で発生し，したがって割り引かれているので，ゼロクーポン債のPDVは額面を下回る．

$$PDV = \frac{100 \, \text{ドル}}{(1+r)} + \frac{100 \, \text{ドル}}{(1+r)^2} + \frac{100 \, \text{ドル}}{(1+r)^3} + \frac{100 \, \text{ドル}}{(1+r)^4}$$

$$+ \frac{100 \, \text{ドル}}{(1+r)^5} + \frac{1{,}000 \, \text{ドル}}{(1+r)^5}$$

最初の5項は利払いであり，最後の項は額面の償還分である．

このPDVも，すべてのPDVがそうであるように，利子率に依存する点に留意したい．利子率が高いということは，債券保有者に対する将来の支払額がそれだけ割り引かれるということなので，債券のPDVは利子率と逆相関の関係になる．さらに，PDVの計算に使われる利子率rは，金融市場の動向によって変動するため，満期まで固定されているクーポンレート（表面利率）とは等しくならない．ということは，他の条件がすべて不変ならば，rが上昇すると，債券価格——投資家がこの債券に関連して受け取る額のPDVに投資してもいいと考える金額——は下落することになる．

債券が金融市場で売買される価格が，いわゆる債券の**利回り**（yield，**満期利回り**（yield to maturity）と呼ばれることもある）を決定する．債券の利回りは，債券のPDVの等式を逆にして，「債券のPDVが市場価格と等しくなるには，利子率がいくらであればいいか」を問う．この問いは，債券を市場価格で購入してもらうために支払わなければならない暗黙の利子率を決定するものだと考えることができる．

先ほどの仮想の社債が，金融市場で963ドルで取引されているとしよう．債券利回りrは，以下を解けばいい．

$$963 \, \text{ドル} = \frac{100 \, \text{ドル}}{(1+r)} + \frac{100 \, \text{ドル}}{(1+r)^2} + \cdots + \frac{100 \, \text{ドル}}{(1+r)^5} + \frac{1{,}000 \, \text{ドル}}{(1+r)^5}$$

この等式のrを代数的に簡単に割り戻す方法はない．だが，スプレッドシート〔表計算ソフト〕を使えばrが求められる．$r = 0.11$である．つまり，債券利回りは11％である．市場価格が低く，たとえば894.48ドルだとすれば，債券利回りは13％になる．つまり，債券利回りも，債券の市場価格と逆相関関係にある．ありうる市場価格が利回りと1対1で対応しているので，利回りは債券価格を示す代替的な指標になる．このため，経済ニュースでは債券価格が利回りで報じられることが多い．

利回りには，もう１つ面白い点がある．市場価格が債券の額面（パーバリュー）とぴったり同じ1,000ドルだったとしよう．利回りを計算すると10％で，クーポンレート（表面利率）と等しくなる．これは偶然ではない．債券の市場価格が額面に等しい場合，債券利回りはクーポンレート（表面利率）に等しくなる．価格が額面に等しい債券（したがって利回りが表面利率に等しい債券）は，**アット・パー**（at par）と呼ばれる．額面を下回る価格で売られている債券は，**アンダー・パー**（below par）と呼ばれる．先の例で見たように，アンダー・パーで売られている債券の利回りは表面利率を上回っている．額面を上回る価格——**オーバー・パー**（above par）——で売られている債券の利回りは表面利率を下回る．■

13.1 解いてみよう

エミーは１年後の21歳の誕生日に，盛大なパーティを開きたいと思っている．パーティの予算は1,000ドルで，１年後にちょうど1,000ドル貯まるように，今日から貯金を始めるつもりだ．

a. 利子率が６％のとき，いくら貯金すればいいか．

b. 利子率が９％の場合，いくら貯金すればいいか．

c. 利子率が変わると，貯金すべき金額はどう変わるか．説明せよ．

解答:

a. １年後に残高が1,000ドルとなる必要額を計算するには，割引現在価値PDVの公式を使えばいい．利子率が６％のときは，以下のようになる．

$$PDV = \frac{V}{(1+r)} = \frac{1,000ドル}{(1+0.06)} = \frac{1,000ドル}{1.06} = 943.40ドル$$

b. 利子率が９％なら，以下のようになる．

$$PDV = \frac{V}{(1+r)} = \frac{1,000ドル}{(1+0.09)} = \frac{1,000ドル}{1.09} = 917.43ドル$$

c. 利子率が上昇すると，1,000ドルの現在価値は下落する．利子率が

高ければ，エミーが預けた貯金が速いペースで増えるからだ．そのため，パーティ用の資金を多くとっておく必要はない．

13.2 投資選択を評価する

ここまでで，割引現在価値分析の基本は押さえた．ここからは，この枠組みを使って投資選択を評価する方法を見ていこう．

純現在価値

前節では，すべての資金の符号は同じだった．個々の資金はキャッシュフローが発生する主体にとっての収益と見なしてきた．だが，収益になる資金もあれば，費用になる資金もある．たとえば投資プロジェクトは通常，先行費用が必要で，将来のある時点になるまで収益が見込めない．費用と収益は1つの割引現在価値に簡単に取り込むことができる．収益はプラスの記号，費用はマイナスの記号で，PDVの計算式に取り込めばいい．PDVの計算には各期のキャッシュフローを足し合わせることになるが，費用はマイナスなので，PDVは減ることになる．

いま，頻繁にコピーをする必要があり，コピー店まで行く手間を省くため，コピー機の購入を検討しているとしよう．1台500ドルのコピー機を見つけた．3年は使えると見込んでいる（単純化のために，用紙，トナー，電気代はタダだとする）．コピー店に行かずに節約できる手間ひまは年間200ドルに相当し，これは200ドルの収益（利得）を1年後，2年後，3年後の3回受け取るのと同じだと考えられる．コピー機を購入した場合の収益と費用をまとめたのが表13.1である．コピー機を買うべきだろうか．それとも引き続きコピー店を利用すべきだろうか．

まずは，コピー機への投資の割引現在価値を計算しなければならない．PDVの公式をあてはめると以下になる．

第13章 投資, 時間, 保険 **331**

表13.1 | **コピー機購入の収支構造**

期	費用（ドル）	収益（ドル）
0	500	0
1	0	200
2	0	200
3	0	200

$$PDV = -500 \text{ドル} + \frac{200 \text{ドル}}{(1+r)} + \frac{200 \text{ドル}}{(1+r)^2} + \frac{200 \text{ドル}}{(1+r)^3}$$

　第1項は, コピー機を購入する費用である. 現時点で発生するので割り引かれていない. 意思決定者にとっては収益ではなく費用なので, マイナスになる. その他の項はコピー機を購入することによる将来の収益である. 符号はプラスで, 将来の発生時点に応じて割り引かれる.

　これまでの例で見てきたように, この潜在的な投資のPDVも利子率に依存する. 利子率 $r = 4\%$ の場合, コピー機購入のPDVは以下の計算式から55.02ドルになる.

$$PDV = -500 \text{ドル} + \frac{200 \text{ドル}}{(1+r)} + \frac{200 \text{ドル}}{(1+r)^2} + \frac{200 \text{ドル}}{(1+r)^3}$$

$$= -500 \text{ドル} + \frac{200 \text{ドル}}{(1+0.04)} + \frac{200 \text{ドル}}{(1+0.04)^2} + \frac{200 \text{ドル}}{(1+0.04)^3}$$

$$= -500 \text{ドル} + 192.31 \text{ドル} + 184.91 \text{ドル} + 177.80 \text{ドル}$$

$$= 55.02 \text{ドル}$$

　PDVがプラスであるということは, 利子率が4％の場合, コピー機の将来の収益の現在価値が費用を上回っていることを意味する. したがって, コピー機の購入は得になる. 利子率が2％の場合, 純割引現在価値はさらに大きく76.78ドルで, コピー機を購入する強力な根拠になる. だが, r が4％よりも高い場合, PDVは55.02ドルを下回る. じつは, r が十分に高ければ, 純割引現在価値はマイナスになるのだ. たとえば, 利子率が10％の場合, PDVは−2.63ドルになる. これは, コピー機を購入すると現在価値で

図13.2 コピー機購入の割引現在価値（PDV）

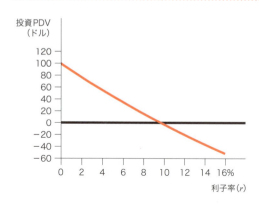

利子率rに対する，コピー機購入の割引現在価値（PDV）をプロットした．このケースでは，r=9.7％まで，コピー機投資の収益はプラスになる．rが9.7％より高い場合は，コピー機を買うのではなく，引き続き店でコピーすべきである．

2.63ドル損をする，ということだ．利子率が10％の場合，コピー機がもたらす将来の収益の現在価値では先行費用を賄えない．図13.2は，この投資のPDVとrの関係をプロットしたものだ．利子率が約10％，正確には9.7％を超えるとコピー機のPDVはマイナスになり，利子率がその水準から高くなるにつれてマイナス幅が大きくなることに気づくだろう．

コピー機の例で見たように，PDVを使って投資収益を評価する方法は，**純現在価値（NPV）分析**（net present value analysis）と呼ばれることがある．割引現在価値を使って，投資の費用と将来の収益のフローを同じ土俵に乗せ，同等に比較する方法である．収益のPDVが費用のPDVを上回る場合，プロジェクトの純現在価値NPV（PDVの合計）はプラスになり，投資する価値がある．費用のPDVが収益のPDVを上回る場合，プロジェクトのNPVはマイナスになり，投資に値しない．

もっと複雑な費用と収益の資金発生にもNPV分析法を適用することができる．現在ではなく将来発生する費用の符号はマイナスであり，他の支払いと同様に割り引かれる．同じ期に発生する費用と収益は同じだけ割り引かれるので，合算して各期の純収益として計上できる．費用が収益を上回る場合，純収益はマイナス，収益が費用を上回る場合，純収益はプラスになる．全期間の純収益のPDVが計算できれば，これらを合計して純現在価値が得

第13章 投資，時間，保険　　**333**

られる．

　この手順から，どんな投資プロジェクトについてもNPVを計算できる一般的な公式ができる．投資プロジェクトの継続期間を，現時点を0期，最終期をT期として，0，1，2，…，Tと表し，プロジェクトに関連して各期に発生する収益をB_0，B_1，…，B_T，費用をC_0，C_1，…，C_Tと表すと，NPVの公式は以下になる．

$$NPV = (B_0 - C_0) + \frac{(B_1 - C_1)}{(1+r)} + \frac{(B_2 - C_2)}{(1+r)^2} + \cdots + \frac{(B_T - C_T)}{(1+r)^T}$$

$B_T - C_T$は任意のt期の純収益である．先ほどのコピー機の例では，$T = 3$，$B_0 = 0$，$B_1 = B_2 = B_3 = 200$ドル，$C_0 = 500$ドル，$C_1 = C_2 = C_3 = 0$である．

$$NPV = (B_0 - C_0) + \frac{(B_1 - C_1)}{(1+r)} + \frac{(B_2 - C_2)}{(1+r)^2} + \cdots + \frac{(B_T - C_T)}{(1+r)^T}$$

$$= (0 - 500 \text{ドル}) + \frac{(200 \text{ドル} - 0)}{(1 + 0.04)} + \frac{(200 \text{ドル} - 0)}{(1 + 0.04)^2}$$

$$+ \frac{(200 \text{ドル} - 0)}{(1 + 0.04)^3}$$

$$= -500 \text{ドル} + 192.31 \text{ドル} + 184.91 \text{ドル} + 177.80 \text{ドル}$$

$$= 55.02 \text{ドル}$$

　NPVのこの公式は使い勝手がよく，収益や費用の発生時点に関係なくあらゆる投資プロジェクトを評価できる．

NPV評価での利子率の重要な役割

　キャッシュフローがプラスであれマイナスであれ，利子率rの値によって，純現在価値NPVがプラスになるかマイナスになるかが決まる．これは，利子率が，割引率という役割をとおして，将来の収益・費用と直近の収益・費用の相対的な重要性を決定するからだ．rが上昇すると，より遠い将来の収益の相対的な重要性は低下する．数学的に説明すると，これは分母の$(1 + r)^t$がtと共に膨らむからである．

　この特徴が意味しているのは，NPV評価では利子率が高いほど投資プロ

334 第4部 基礎から応用へ

ジェクトの魅力は薄れる，ということだ．一般の投資では，費用は先に負担し，後になって収益を受け取る．利子率が高いと，現在および先行費用に対する将来の収益の割引現在価値が低くなり，ひいては投資の純現在価値が減ることになる．

利子率は投資の機会費用だと考えられることに気づくと，この背景にある経済的な直観がよくわかる．家計または企業が，あるプロジェクトに資金を投じるべきか検討しているとしよう．みずからプロジェクトに投資して収益を得ることもできるが，金融市場で運用して他の経済主体のプロジェクト資金に回すこともできる．家計でいえば，自宅を増築するのではなく資金を投資信託に預ける．企業も金融市場を活用して，用途の決まっていない資金を他の経済主体に提供することができる（こうした取引が行われる資本市場については，次節で取り上げる）．家計または企業がみずからプロジェクトに投資する場合，金融市場を通じて他の経済主体に資金を融通することで得られる収益をあきらめていることになる．この収益とは何か．利子率の r である．だからこそ，r は投資の機会費用を捉えている．したがって，市場利子率が高ければ高いほど，家計または企業はそれだけ投資を断念することになる．NPV分析は，市場利子率を使ってすべての資金を共通の現在価値にすることで，暗黙のうちに機会費用を捉えている．利子率が高いほど投資の機会費用が高くなるから，「先に費用を負担し，後から収益を得る」のが一般的な投資プロジェクトでは，利子率が上昇するとNPVが低下するのだ．

応用 航空会社の機体の更新

1990年代半ば，ノースウエスト航空（2008年にデルタ航空が買収）は，約150機のDC9の更新を検討していた．DC9は同社の主力機で，路線網を飛び回っている．保有する機体で最も古い機種でもあった．[6]

経営陣には2つの選択肢があった．1つは，新型機を1機3,500万ドルで購入する案，もう1つは1機あたり700万ドルかけてDC9のキャビンを改修し，新型機の購入を12年先送りするという案だ．ただし，DC9を使い続ける場合にはトレードオフがある．燃料効率が悪いので，オペレーションコ

第13章 投資，時間，保険　335

表13.2 ノースウエスト航空の投資決定に関する費用データ

年	新型機を購入した場合の費用（100万ドル/機）	既存機を維持した場合（100万ドル/機）	新型機を購入した場合のネットの費用差（100万ドル/機）
0	-35	-7	-28
1	$-C$	$-(C+1.5)$	1.5
2	$-C$	$-(C+1.5)$	1.5
...	...	...	...
11	$-C$	$-(C+1.5)$	1.5
12	$-C$	$-(C+1.5+35)$	36.5
13	$-C$	$-C$	0
14	$-C$	$-C$	0
...	...	...	...

ストが高くなるのだ．具体的には，1機あたり年間150万ドル余計にかかる．経営陣はどうすべきか．

　分析するにはまず，関連して発生する資金の流れを書き出してみる．新型機を購入する場合，1機あたり3,500万ドルをただちに支払わなければならず，その後，年間Cのオペレーションコストがかかる．

　新型機を購入しない場合には，機体の改修費用として1機あたり700万ドルをただちに支払い，その後の12年間，年間C＋150万ドルのオペレーションコストを負担し続ける．12年目が終わる時点で新型機を購入しなくてはならないが，1機あたりの費用は3,500万ドルで変わらないと想定する．その後の支出はCで，ただちに機体を購入した場合と変わらない．古い機体に余計にかかっていた150万ドルを負担する必要がなくなるため，費

6）　この例は，当時，ノースウエスト航空が実際に直面した意思決定に基づいている．リアリティを持たせるために数値を置いたが，ノースウエストが実際に支払った金額はわからない．また，単純化のために，機体の更新の際に実際に起きる多くの問題を無視した．たとえば新型機では高い料金が容認されること，機体を選択する際の相互作用，組合との契約といった点は考慮していない．

用は C のみとなる.

ノースウエストは，どちらの費用の累計が少ないかを判断しなくてはならない．表13.2を見れば，対象期間の費用の差がわかる．

費用の差だけを見れば，あきらかに新型機を購入すべきということになる．先行費用がかかるが（購入費用は改修費用を2,800万ドル上回る），年間150万ドルのオペレーションコストと，DC9が引退する12年後の新型機の購入費用3,500万ドルが浮く．12年目以降は，追加のオペレーションコストはかからない．問題は，この投資がそれに見合うかどうかだ．

ここで利子率が8％とする．まず，表13.2の4列目に示された各年のネットのコスト差額のPDVを計算する．これらのPDVを表13.3の2列目に示した．これらの合計が，ただちに新型機を購入する場合の1機あたりのNPVになる．合計が280万ドルのマイナスになっているという事実は，新型機の購入はノースウエストにとって1機あたり280万ドルの純損失になることを示している．言い換えれば，ノースウエストが1機あたり700万ドルでDC9を改修するのではなく，1機3,500万ドルでただちに新型機を購入する追加的なコストは，安いオペレーションコストで浮く資金や，新型機の購入を12年先送りすることで浮く費用にくらべて高すぎる．したがって，ノースウエストは当面のあいだ現行のDC9を使い続けるべきである．さもなければ，1機あたり280万ドルの純損失を被ることになる．

実際，ノースウエストはこの分析どおりの選択をした．改修したDC9は，10年後もノースウエストの路線を飛んでいた．では，どんな状況であれば，新型機の購入が得になると考えられただろうか．2つのケースを考える．オペレーションコストが年10％ずつ上昇するケースと，利子率が低いケースだ．

燃料費やメンテナンス費用の上昇等で，DC9のオペレーションコストが年10％ずつ上昇すると想定しよう（つまり1年目は150万ドル，2年目は165万ドルになる）．このケースのNPV分析を表13.3の3列目に示した．オペレーションコストの差の現在価値が，時間が経つにつれて低下するのではなく，上昇していることに気づくはずだ．これは費用の上昇率の10％が，利子率の8％を上回っているからだ．オペレーションコストが上昇すると，現時点で新型機の購入費用の純現在価値が437万ドルのプラスとなり，ノー

第13章 投資，時間，保険　　337

表13.3 新型機購入の純現在価値（NPV）

年	新型機購入 （100万ドル）	費用が上昇する場合 （100万ドル）	利子率が低い場合 （100万ドル）
0	−28.0	−28.0	−28.0
1	1.39	1.39	1.44
2	1.29	1.41	1.39
3	1.19	1.44	1.33
4	1.10	1.47	1.28
5	1.02	1.49	1.23
6	0.95	1.52	1.19
7	0.88	1.55	1.14
8	0.81	1.58	1.10
9	0.75	1.61	1.05
10	0.69	1.64	1.01
11	0.64	1.67	0.97
12	14.49	15.60	22.80
13	0	0	0
…	…	…	…
NPV=	−2.80	4.37	7.94

スウエストはただちにDC9を新型機に更新すべき，ということになる．これは理に適っている．時間が経過するほどDC9の費用がかさむのであれば，早期に新型機に切り替える投資の収益率が上昇するのだ．

　最後に，オペレーションコストの差は年間150万ドルで変わらないが，利子率が4％と低いケースを考えよう．利子率が低いということは，節約できる将来の費用についても，新型機の購入を12年後に先送りすることで浮かせる費用についても，割引率が低くなることを意味する．いずれの要因も，ただちに新型機を購入する価値を高める．表13.3の4列目は，まさにそのとおりになっている．新型機1機をいま購入する費用の純現在価値は794万ドルである．投資判断を迫られたとき，どちらかの状況であれば，ノースウ

338 第4部 基礎から応用へ

エストはDC9をただちに新型機に切り替えていただろう. ■

純現在価値法 対 回収期間法

　初期費用が将来の収益で取り戻されるまでの期間――**回収期間**（payback period）で投資を評価する方法については耳にしたことがあるのではないだろうか. 前に取り上げたコピー機の例では, 回収期間は3年だった. 2年後の収益の合計は400ドル（200ドル＋200ドル）で, 初期費用の500ドルを下回っているが, 3年後の収益は合計600ドルで初期費用を上回っている.

　回収期間は簡単に計算できるのが利点だが. 将来発生する資金を利子率で割り引くという考え方が考慮されていないのが難点だ. 将来発生する資金と現在の資金は, 利子率がゼロでないかぎり名目価値が等しくなることはないが, それらを同等のものとして扱っている. たとえばコピー機の場合, 購入する人にとって3年という期間が受け入れられるのであれば, 回収期間法では投資する価値があると判断される. だが, 利子率が十分に高いと, コピー機の費用の純現在価値（NPV）はマイナスになる. コピー機を買わずに500ドルを別に投資に回して利子を得たほうが得になる. 利子率が高いときに, 回収期間法を標準的な評価法として使うと, 誤ってコピー機を買うことになりかねない. こうした理由から, 回収期間法は, 投資を検討する際には便利で「手っ取り早い」方法だが, 純現在価値法ほど優れているとはいえず, 誤った判断につながる可能性がある点に留意したい.

13.2 解いてみよう

　マーティは旅行会社を経営していて, タイムマシンの購入を検討している. タイムマシンがあれば, 時間旅行を販売して年間10万ドルの売上げが見込める. タイムマシンは, 3年は使うつもりで, 3年後に25万ドルで売れると踏んでいる.

a. タイムマシンの価格が47万5,000ドルで, 利子率が7％のとき, この投資の純現在価値を計算せよ.

第13章　投資，時間，保険　339

b.　マーティにとってこれは賢明な投資だろうか．説明せよ．

解答：

a.　純現在価値NPVは，収益の現在価値から各年の費用の現在価値を差し引いたものだ．計算には3つの要素を考慮に入れなければならない．マーティが当初タイムマシンを購入するための費用，3年間の毎年の売上高，3年後にタイムマシンを売却して受け取る代金である．したがって，NPVは以下のようになる．

$$NPV = -475{,}000 ドル + \frac{100{,}000 ドル}{1.07} + \frac{100{,}000 ドル}{(1.07)^2}$$

$$+ \frac{100{,}000 ドル}{(1.07)^3} + \frac{250{,}000 ドル}{(1.07)^3}$$

タイムマシンの購入費用47万5,000ドルは，現時点で発生しているので割り引いていない（また，符号はマイナスである）．一方，（年間の売上高と売却代金を合わせた）収益は将来発生するので割り引かねばならない．

計算すると以下のようになる．

$$NPV = -475{,}000 ドル + 93{,}457.94 ドル + 87{,}343.87 ドル$$

$$+ 81{,}629.79 ドル + 204{,}074.47 ドル = -8{,}493.93 ドル$$

b.　純現在価値がマイナスなので，マーティにとって賢明な投資とはいえない．

13.3　さまざまな利子率と資本市場

ここまではすべて，「たった1つの」利子率rについて語ってきた．だが，現実の金融市場には，さまざまな利子率がある．投資家が純現在価値を計算するのに，どの利子率を使うべきだろうか．

340　第4部　基礎から応用へ

名目利子率 対 実質利子率

　投資の費用と収益は異なる時点で発生するため，インフレが投資の純現在価値に影響を与える可能性があるが，これまではこの事実を無視してきた．時間の経過とともに価格が変化する場合，それ自体の割引効果が生まれる．つまり，将来の支出は，現在の同額の支出と同等の購買力は持たない．将来，物価が上昇してインフレになった場合，1,000ドルで購入できる財やサービスの量は，現在の1,000ドルで購入できる量よりも少なくなる．支出の時期が先であるほど，物価が上昇している可能性が高く，購買力の差は大きくなる．企業や家計が重視するのは実質の購買力なので，投資を評価する際には，この差を調整する必要がある．

　経済学では，こうした状況において，名目利子率と実質利子率を区別することでインフレを考慮に入れる．**名目利子率**（nominal interest rate）とは，実質的な購買力を考慮せずに，通貨価値だけで表した収益率である．**実質利子率**（real interest rate，インフレ調整後利子率ともいう）は，支出によって購入できる財やサービスの量，すなわち購買力で表した収益率である．インフレにより将来の1ドルで購入できる量が現在よりも減り，将来の支出の購買力が落ちるとすれば，実質利子率はそれを反映することになる．

　インフレ率が極端に高くないかぎり，基本的に実質利子率rは，名目利子率iからインフレ率πを差し引いたものにほぼ等しくなる．[7)]すなわち，

$$r \approx i - \pi$$

実質利子率を計算できたら，割引現在価値PDVや純現在価値NPVを計算

---

7)　これは，20世紀初頭のイエール大学の経済学者アーヴィング・フィッシャーに敬意を表して，フィッシャー・ルールと呼ばれるようになった．このルールは，名目利子率iを稼ぐ元本Aは，インフレ調整前で$A \times (1+i)$になるという事実から導出されている．この間のインフレ率がπなら，期初にAの価値の財を購入できる資金では，期末には$A/(1+\pi)$しか購入できない．したがって，期末の元本の実質価値は，$A \times (1+i)/(1+\pi)$である．実質利子率は，購買力のパーセント変化を当初の購買力で割ったものである．

$$r = [(A(1+i)/(1+\pi)) - A]/A = (1+i)/(1+\pi) - 1 = (i-\pi)/(1+\pi)$$

πが極端に高くなければ，これは$i - \pi$にほぼ等しくなる．

する際，利子率rとしてこれを使う．これによって，投資が継続されている間の物価の変動に伴う割引効果や，それ以外に将来発生する資金が割り引かれる理由を自動的に考慮に入れることができる．

その他の利子率による評価

投資判断にあたっては，実質利子率を使って純現在価値NPVを計算し，それをもとに判断すべきだということだった．そして，実質利子率は名目利子率とインフレ率の差であることがわかっている．だが，この計算で使うべき適切な名目利子率とは，どれだろうか．

この問いに答えるには，利子率が投資の機会費用を捉えたものであるという事実がヒントになる．なぜ機会費用なのか．投資にあてた資金は，預け入れて利子を稼ぐことはできないからだ．純現在価値分析（NPV分析）は，ある投資の将来の収益を，資金を預けた場合の利子収入と比較することで，投資の将来の収益が現在の費用に見合っているのかを分析する．NPV分析では，将来発生する資金を割り引くことで，預金で得られる利子収入と同じ条件で比較できる．

つまり，純現在価値を計算するのに使う利子率は，投資した場合に手放すことになる代替的な収益率でなければならない．たとえば，ある企業が新店舗の建設を検討している場合，実際には，新店舗を建設するか，その資金を金融市場に投じて市場利子率で利子を稼ぐかの選択になる．市場利子率を使って計算した純現在価値がプラスであれば，新店舗を建設するほうが，金融市場で利子を稼ぐよりも望ましいことになる．だが，純現在価値がマイナスであれば，新店舗の建設は見送り，金融市場に投資すべきである．（リスクのある投資につきものの不確実性を考慮するため，利子率をどう変形すべきかについては，この章の終わりで取り上げる．）

資本市場と市場利子率の決定要因

個々の経済主体は，割引現在価値分析で将来の収益を割り引く際に利子率

342 第4部 基礎から応用へ

を所与のものとして扱うとしても，利子率自体は資本市場で決まることに留意することが重要だ．他の市場の価格がそうであるように，利子率も需要量と供給量が一致するよう調整される．利子率で需要と供給の価格が決まる財は，資本である．したがって，利子率の変化には，資本の需要と供給の動きが反映されている．[8]

　資本を需要するのは，この章で論じてきたような投資決定を行う企業や家計である．検討した投資案件をいざ実行しようとすると，資本が必要になる．

　資本の需要曲線は，一般の需要曲線と同じく右下がりであり，利子率が上昇すれば資本の需要量は減少する．すでに見たように，利子率が上昇すると，先行費用に比べて将来収益の現在価値が下がるため，投資の純現在価値が低下するからだ．つまり，企業の事業拡大であれ，家計の教育投資や住宅リフォームであれ，利子率が低ければ純現在価値がプラスである投資も，利子率が高ければマイナスになってしまう場合がある．そのため，利子率が上昇すると，企業や家計の資本の需要量が減少する．

　資本を供給するのは，投資意欲のある企業や個人に資金を貸し出しても良いと考える企業や個人である．個人や企業が銀行に預金して，銀行が資金需要者に貸し出す場合もあれば，社債や国債を直接購入して，企業や政府に直接貸し付ける場合もある．利子率は，資本を借りるために借り手が支払う価格であり，貸し手が資本を貸し出す（供給する）ために受け取る価格である．資本の供給曲線は右上がりになる．利子率が高くなれば，貸出収益が増え，資本の供給量が増えるからだ．

　図13.3に，資本市場の需要曲線と供給曲線を示した．投資案件を抱える企業や家計の資本需要量と，直接投資するより金融市場での運用（資金の貸

---

8) この小節での「資本」は，2通りの解釈ができる．1つは金融資本である．企業や家計が投資するにあたり，調達できる，または使える資金である．もう1つは，生産の投入物であり，具体的には店舗や工場，トラクターなどの物理的資本や，教育や研修などの人的資本である．金融資本は，生産資本を購入するために使われるので，ここでの議論では両者は等価である．企業が製品を生産するために使用する資本に対する需要は，その生産資本を購入するのに必要な金融資本の需要と等しいのだ．

図13.3 資本市場の需要と供給

(a) 市場均衡

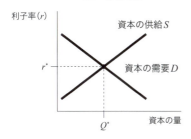

(a) ほかのすべての市場と同様, 資本市場でも均衡価格と均衡資本量が決まる.

均衡利子率 r^* と均衡資本量 Q^* は, 資本の供給曲線 S と需要曲線 D の交点にある.

(b) 新技術

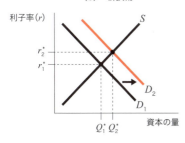

(b) 将来の期待収益を押し上げるような新技術が導入されるとき, 資本の需要は D_1 から D_2 へと外側にシフトする. その結果, 均衡利子率は r_1^* から r_2^* に上昇し, 均衡資本量は Q_1^* から Q_2^* に増加する.

(c) 低い貯蓄選好

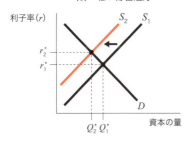

(c) 貯蓄選好が変化して, 家計の貯蓄率が低下すると, 資本の供給曲線は S_1 から S_2 へと内側にシフトする. この結果, 均衡利子率は r_1^* から r_2^* に上昇し, 均衡資本量は Q_1^* から Q_2^* に減少する.

付け) を望む企業や家計の資本供給量は, 均衡利子率で均衡する.

資本の需要量または供給量のシフトによって, 均衡利子率は変化する. たとえば新技術によって, 投資の将来収益の見通しが改善したとしよう. パネルbでは, この変化を受けて, 利子率の水準にかかわらず資本の需要が増

344 第4部 基礎から応用へ

え，資本の需要曲線はD_1からD_2にシフトしている．均衡利子率はr_2^*に上昇し，資本の供給量もQ_2^*に増加する．パネルcでは，中央銀行（米国では連邦準備制度理事会（FRB））による金融政策の引締めや，家計の選好が変化して貯蓄率が低下するなどして，資本の供給量が減り，供給曲線はS_1からS_2に内側にシフトしている．需要曲線が外側にシフトした場合と同様に，供給量の減少は利子率を押し上げる．しかしながら，このシナリオでは，資本の供給量は減っている．

資本市場で決まる利子率の変化は，投資選択にあたって純現在価値（NPV）分析で使われる利子率に影響を与え，ひいては経済全体に大きな影響を与える．

13.3 解いてみよう

資本の需要は$Q^D = 44 - 9r$，資本の供給は$Q^S = -20 + 7r$で与えられているとする．rは利子率（%），Qは資本量（100万ドル）である．

a. 均衡利子率と均衡資本量を求めよ．

b. 企業景況感が上昇し，工場の拡張を検討する企業が増えている．利子率と資本量はどう変わるか，図を使って説明せよ．

解答：

a. 資本の需要量と供給量が等しいとき，市場は均衡する．

$$Q^D = Q^S$$
$$44 - 9r = -20 + 7r$$
$$16r = 64$$
$$r^* = 4$$
$$Q^D = 44 - 9r = 44 - 9 \times 4 = 44 - 36 = 8$$
$$Q^S = -20 + 7r = -20 + 7 \times 4 = -20 + 28 = 8$$

均衡利子率は4%，均衡資本量は800万ドルである．

b. 企業景況感が上昇し，工場の拡張を検討する企業が増えているとすれば，資本の需要は増加する．次ページの図に示したように，これに

より均衡利子率は上昇し，均衡資本量は増加する．

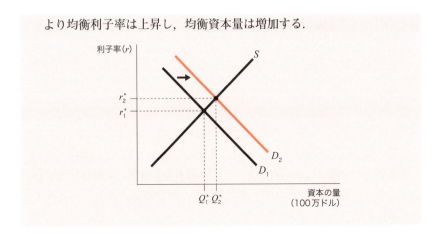

13.4 リスクのある投資を評価する

　純現在価値（NPV）分析を使って投資選択を評価する方法はわかった．NPV分析で使う利子率がどのように決まるかもみた．こうした分析と選択で，投資すべき案件とそうでない案件が明確にわかるように思える．だが，これらの決定に関して，ここまで取り上げてこなかった重要な点がある．期待どおり進まなかった場合，どうすればいいのか．毎期，プラスの収益が発生するわけではなく，一時期は収益がまったく発生しない案件，あるいは収益が一度も発生しない案件はどう評価すればいいのだろうか．現実の世界で企業や個人が投資判断を行う際には，不確実な要素がいくつもある．この節では，こうした不確実性を考慮しながら純現在価値を分析する方法を論じ，投資を決断する前により多くの情報を集める選択肢がある状況を見ていこう．

不確実性を考慮した純現在価値——期待価値

　純現在価値分析にリスクの概念を取り入れるには，期待価値としての純現在価値を計算するのが基本的な方法である．期待価値は，さまざまな収益に

346 第4部 基礎から応用へ

表13.4 リスクのある投資を分析する

収益（ドル）	発生確率
0	0.2
100万	0.6
200万	0.2

その発生確率を掛けて求められる．リスクのある不確実な収益は，発生しうるさまざまな収益と，その発生確率の2つの要素の組み合わせだと考えることができる．

1年後の収益が不確実な，リスクのある投資を考えよう．表13.4には，発生しうる収益とその発生確率を示してある．この表を見ると，投資が振るわず収益がまったく望めない確率が20%，投資がすこぶる好調で200万ドルの収益が見込める確率が20%，投資がそこそこうまくいき100万ドルの収益が見込める確率が最も高い60%となっている．[9]

こうした不確実な収益と他のリスクのある収益とを比較するには，なんらかの共通の概念が必要である．そこで使われるのが**期待価値**（expected value）という概念である．不確実な収益（プラスでもマイナスでも構わない）の期待価値は，想定される収益に発生確率を掛けたものの合計である（同じことだが，収益の確率加重平均である）．一般的に，N回支払われる可能性のある不確実な収益の期待価値は以下のように表せる．

---

9) 実際の投資選択では，こうした確率に影響を与える要因が数多く存在する．確率が客観的に規定され，正確さを確かめられる場合がある．一例がコイン投げの確率である．表か裏のどちら一方が出る確率は正確に50%である．もう1つの例が，発行枚数の10%の当たりを約束している公営くじだ．10枚に1枚が当たることがわかっている．だが，現実の投資シナリオでは，確率は客観的ではなく主観的なものだ．コインや公営くじの場合は裏か表かどちらかしないという事実や，会計事務所がくじの抽選の手順を監視するという事実で客観性が裏づけられているが，投資の場合は投資決定者の判断に委ねられている．確率を主観で決める場合，どの要因が結果に影響しやすいかを知っておくと判断しやすくなる．本書では2種類の確率をあえて区別しないが——あくまで単純化して，すべての確率は客観的に決まると想定しているが——現実には両者の違いを念頭に置いておくべきだ．

期待価値＝$(p_1 \times M_1) + (p_2 \times M_2) + \cdots + (p_N \times M_N)$

ここで，p_1，p_2，…はそれぞれ支払時期1，2，…の確率であり，M_1，M_2，…は支払額である．したがって，前述の投資の例での期待収益は以下になる．

期待収益＝$(0.2 \times 0$ドル$) + (0.6 \times 100$万ドル$) + (0.2 \times 200$万ドル$)$

＝0ドル＋60万ドル＋40万ドル

＝100万ドル

継続的な収益が保証されている場合，つまり不確実性がない場合，期待価値の計算はすこぶる簡単だ．支払いは確実にされるので，その発生確率は1（100％と言ってもいい）だと言える．したがって，期待価値は保証されている支払額のぴったり1倍，保証されている支払額そのものになる．たとえば，100万ドルの収益が保証されている投資では，期待収益はちょうど100万ドルになる．

期待価値を使っても，純現在価値の計算は従来どおり行うが，収益に確率を掛ける必要がある．

リスクと先送りオプション価値

期待価値を使った投資評価法は，純現在価値（NPV）の計算にリスクを当然のものとして取り込む．リスクは，投資を先送りしたり，より多くの情報を収集したりするインセンティブを生み出すことで投資判断に影響を与える．このインセンティブは，先送りのオプション価値として知られるが，判断を先送りすれば不確実性の一部が解決する場合に生じる．**先送りオプション価値**（option value of waiting）という名称は，投資家が判断を先送りするという選択肢が，概念上，金融オプションに近いことに由来する．金融オプションとは，ある商品の売買に関し，それを行使する義務ではなく権利を付与する契約のことである．

具体例を使って，先送りオプションの仕組みを見ていこう．時は2007年．高画質DVDプレーヤーを買おうと考えているとしよう．選択肢として，ブルーレイ方式かハードディスク（HD）方式がある．両者は経済学でいう「標

準化戦争」の真っ只中にある．いずれか一方が標準的なプラットフォームとして生き残り，もう一方は廃れると見られる．1年後の2008年には決着が着いているはずだ．つまり，選択を間違うと，1年もしないうちに再生できる映画のDVDソフトが出回らなくなるが，選択が正しければ万事うまくいく．

　この不確実性がプレーヤー購入の純現在価値とオプション価値にどう影響するのか，具体的な数値で確認してみよう．ここで，利子率は5％，ブルーレイの価格は1台450ドル，HDの価格は1台400ドルだとする．さらに，各プレーヤーが1年間に保有者にもたらす価値は，映画のDVDソフトがずっと手に入る場合は50ドル，（標準化戦争に負けて）DVDソフトが手に入らなくなった場合はゼロとする．この情報から，ブルーレイ1台の初年度の価値は，−450＋50＝−400ドルになる．その後，毎年，50ドルずつ便益が発生する．前述の公式を使うと，永久に続く50ドルの割引現在価値の合計は，50ドル/0.05＝1,000ドルになる．一方，HD方式のDVDプレーヤーの初年度の価値は，−400＋50＝−350ドルであり，その後，毎年50ドルずつ便益が発生する．永久に続く50ドルの割引現在価値は，やはり1,000ドルである．

　最後に，アナリストの評価によれば，標準化戦争で勝利する確率は，（当時，市場シェアで小幅リードしていた）ブルーレイが75％，HDが25％だという．

　これで，2007年にそれぞれのプレーヤーを購入した場合の純現在価値を計算するための材料はそろった．ブルーレイを購入する場合，初年度に発生する資金は，機器の購入費用（450ドル）とその年に得る便益50ドルの合算になる．2008年以降は，ブルーレイが標準化戦争で勝利する確率75％で，毎年50ドルの便益を獲得できることになる（割引現在価値＝1,000ドル）．一方，HD方式が勝利し，ブルーレイが無価値になる確率は25％である．したがって，2007年にブルーレイを購入する純現在価値は以下のようになる．

$$\text{ブルーレイ} NPV_{2007} = (-450\text{ドル} + 50\text{ドル}) + 0.75 \times (1{,}000\text{ドル}/1.05)$$
$$+ 0.25 \times (0\text{ドル}/1.05)$$
$$= -400\text{ドル} + 0.75 \times 952.38\text{ドル} + 0.25 \times 0\text{ドル}$$

$$=-400 \text{ドル}+714.29 \text{ドル}+0 \text{ドル}=314.29 \text{ドル}$$

この純現在価値は期待価値であり，費用と便益にそれぞれ発生確率を掛けて加重している点に留意したい．初年度の支払いは，プレーヤー1台の購入費用450ドルと，プレーヤーがもたらす便益50ドルで確定しているので，確率1を掛ければいい．将来の支払いについては，ブルーレイが勝利した場合に発生する継続的な収益の割引現在価値の1,000ドルに，ブルーレイが実際勝利する確率の75％を掛ける．同様に，ブルーレイが敗れる場合の便益の割引現在価値ゼロに確率25％を掛ける．将来の便益はいずれも，1年先に発生するので，これらの値を $1+r$，このケースでは1.05で割って割り引く必要がある．これらを総合すると，ブルーレイ1台を購入する純現在価値は314.29ドルになる．

HDプレーヤーを購入する場合の純現在価値についても，同様に計算できる．違いは，プレーヤーの購入費用が400ドルで済む点と，勝敗の確率が逆である点だ．HD方式が2008年に標準になり，将来の便益の割引現在価値1,000ドルを受け取れる確率は25％しかない．逆に標準化戦争に敗れ，将来の便益がゼロになる確率は75％である．

$$HD\ DVD\ NPV_{2007}=(-400 \text{ドル}+50 \text{ドル})+0.25 \times (1{,}000 \text{ドル}/1.05)$$
$$+0.75 \times (0 \text{ドル}/1.05)$$
$$=-350 \text{ドル}+0.25 \times 952.38 \text{ドル}+0.75 \times 0 \text{ドル}$$
$$=-350 \text{ドル}+238.10 \text{ドル}+0 \text{ドル}=-111.90 \text{ドル}$$

つまりHD DVDプレーヤーを購入する純現在価値は，-111.90ドルである．これに対して，ブルーレイ1台の純現在価値は314.29ドルだったので，2007年にどちらを選ばなければならないとすれば，ブルーレイを買うのが正解だ．

だが，購入を1年先送りできるとすればどうなるだろうか．どちらの方式が標準になるのか見極めたうえで機器を購入できれば，将来，確実に映画のDVDが手に入る（それにより1,000ドルの便益が得られる）．先送りの価値を割り出すには，2007年時点で先送りすることの純現在価値を計算しなければならない．この計画どおりなら，2007年中は何も購入しないのに，なぜ2007年を基準にするのか．その理由は，2008年まで先送りする計画の

純現在価値を，2007年に機器を購入する純現在価値と同じ基準で比較する
必要があるからだ．2008年まで先送りする計画の現在価値NPV_{o2008}（「o」は，
先送りのオプション価値（option value）の意）は以下になる．

$$NPV_{o2008} = 0.75 \times (-400 \text{ドル} / 1.05) + 0.75 \times (1,000 \text{ドル} / 1.05^2) + 0.25$$
$$\times (-350 \text{ドル} / 1.05) + 0.25 \times (1,000 \text{ドル} / 1.05^2)$$
$$= 0.75 \times (-380.95 \text{ドル}) + 0.75 \times (907.03 \text{ドル}) + 0.25$$
$$\times (-333.33 \text{ドル}) + 0.25 \times (907.03 \text{ドル})$$
$$= -285.71 \text{ドル} + 680.27 \text{ドル} - 83.33 \text{ドル} + 226.76 \text{ドル}$$
$$= 537.99 \text{ドル}$$

　購入を1年先送りすれば，常に規格化争いの勝者を選ぶことができる．
ブルーレイが勝つ確率は75％と高く，このときはブルーレイを購入する．
2008年の純収支はマイナス400ドル（450ドルの費用＋50ドルの収益）で，
これ以降，毎年50ドルの便益が発生する（$PDV = 1,000$ドル）．だが，2007
年時点から見ると，初年度の支払いは1年先に発生するので1.05で割り引
き，2年目の支払いは2年先に発生するので1.05^2で割り引かなければなら
ない．25％の確率でHDが勝利し，2008年にこれに適合した再生機を購入
した場合，初年度の純収支はマイナス350ドル，それ以降，1,000ドルの便
益が発生する．これらの費用と便益に発生確率を掛けてすべて足し合わせ
ると，2008年に先送りする計画の純現在価値は，537.99ドルになる．

　つまり，2007年にブルーレイを購入する投資の純現在価値はプラス
（314.29ドル）だが，購入を1年先送りした投資の純現在価値はさらに大き
くなる（537.99ドル）．この価値の増分はどこから来るのか．先送りするこ
とで，標準化戦争で敗れ，将来便益を生まない機器を購入する可能性が除外
される．サイコロを振って購入した機器が勝利するのを願うのではなく，
2008年まで購入を先送りすれば，将来便益の割引現在価値1,000ドルが確
実に手に入る．このように事態の成り行きを見極めたうえで選択できるので
あれば，先送りのオプション価値が生まれる．早く投資していれば起こりえ
た最悪の可能性を除外することができる．ただし，先送りには費用を伴う．
機器の購入で発生する便益を1年先送りすることになる（この点は完全に考
慮して計算している．というのは，2007年時点から見たNPV_{o2008}を計算し

第13章 投資，時間，保険　351

ており，それによって1年早く購入していれば得られた便益50ドルの逸失
を考慮しているからだ）．だが，このケースでは，少なくとも不確実性が十
分に大きいので，それが解消されるまで待つ価値がある．先送りのオプショ
ン価値は，2008年まで待つことのNPVと現時点でブルーレイを購入するこ
とのNPVの差，すなわち537.99ドル－314.29ドル＝233.70ドルになる．

　現実の投資決定には不確実な要素が多いので，先送りのオプション価値が
生じやすい．投資の選択肢を評価するうえで，先送りの価値を認識すること
がとくに重要だといえる．

13.4 解いてみよう

　アレックスは中古住宅の転売を手掛けている．割安感のある中古住宅
を買ってリノベーションした後，販売する．最近，ヴィクトリア朝の美
しい邸宅を見つけ，リノベーションを検討している．10％の赤字とな
る確率が2割，8％の黒字となる確率が7割，20％の黒字になる確率が
1割である．

a. このプロジェクトのアレックスの期待収益率を求めよ．

b. 別の地区でバンガローが同じ価格で売りに出ていた．3％の黒字と
　なる確率が3割，5.8％の黒字になる確率が5割，9％の黒字になる
　確率は2割だとする．このプロジェクトのアレックスの期待収益率
　を求めよ．

c. アレックスには，1軒を転売する資金しかない．期待収益率だけに
　基づけば，アレックスはどちらを手掛けたいと思うか．それが明らか
　でないとすれば，それ以外の決定要因があるだろうか．

解答：

a. 期待価値は以下で表される．

　　$(p_1 \times M_1) + (p_2 \times M_2) + (p_3 \times M_3)$

ヴィクトリア朝邸宅の数値を代入すると，以下になる．

　　期待収益率＝$(0.2 \times -10) + (0.7 \times 8) + (0.1 \times 20) = -2 + 5.6 + 2$

$$= 5.6\%$$

b. バンガローの数値を代入すると以下になる.

$$期待収益率 = (0.3 \times 3) + (0.5 \times 5.8) + (0.2 \times 9) = 0.9 + 2.9 + 1.8$$
$$= 5.6\%$$

c. 2つの投資物件の期待収益率は同じである. これだけを比較するのであれば, どちらが優れているかははっきりしない. だが, バンガローは赤字になる確率がゼロなのに対し, ヴィクトリア朝邸宅は10%の赤字になる確率が2割ある. 多くの投資家は (アレックスも含めて), バンガローのケースのように, 最悪の事態の損失が小さければ, より高い収益を獲得する少ない可能性を断念しようと考える. こうした選好がリスク回避の特徴であり, 以下で詳しく論じる.

13.5 不確実性, リスク, 保険

期待価値は, 投資にあたってリスクを判断する材料になる. だが, この節で見ていくように, 期待価値を使った分析では, 人々がリスクをさほど気にしていないという暗黙の想定をおいている. 期待価値では, 10%の確率で手に入る1,000万ドルと, 確実に手に入る100万ドルがまったく同じになってしまう. だが, 人々がリスクを嫌うとき何が起きるのか. リスクを嫌う人々にとっては保険が価値を持つが, それはなぜか. さらに, リスクによっていかに投資決定が変わるのか. そうした点を考えていこう.

期待収益, 期待効用, リスクプレミアム

リスクを嫌う人とは, 具体的にはどういう人なのか. 特定の個人アダムが自分の所得で買える財から得る効用を例に考えよう. 第4章では, 財の価格と本人の所得を所与として, 選択する財のバンドルを分析したが, どれだけリスクを嫌っているかを知るには, 消費バンドル内の財を正確に把握する

必要はない．必要なのは，任意の所得水準でアダムが享受する効用の総量である．

アダムの効用と所得の関係をプロットしたのが図13.4である．アダムの所得を横軸に，その所得水準で購入する財から得られる効用を縦軸で表している．所得が増えれば購入できる財が増えるので，所得とともに効用も上がっている．これは予想どおりだ．だが，所得が増えるにつれて曲線の傾きは緩やかになっている．つまり，アダムの所得の限界効用は逓減している．所得が100万ドルから100万5,000ドル増えたときよりも，1万ドルから1万5,000ドル増えたときのほうが，所得の伸びによる効用の増加が実感できる．限界効用逓減があてはまるなら，アダムはリスクに敏感になり，不確実性を除去ないし減らすために進んで対価を支払うのではないか．

リスクと限界効用逓減の関係をはっきりさせるため，具体例で考えてみよう．アダムは小売店経営で所得を得ており，唯一のリスクは，一夜にして店が火事で焼けてしまうことである．火事になれば在庫が灰になり，売り場も使えないので所得は大幅に減少する．

アダムが所得I（単位1,000ドル）で購入する財の効用Uは，以下の関数で表されるものとする．

$$U=\sqrt{I}$$

この効用関数をプロットした図13.4では，所得の限界効用逓減がはっきりと見て取れる．

アダムの年間所得は，火事がない場合10万ドル，火事が起きた場合は3万6,000ドルだとする．この所得に対応する効用水準が点Bと点Aである．所得が10万ドルのとき効用$U=\sqrt{100}=10$，所得が3万6,000ドルのとき効用$U=\sqrt{36}=6$である．

ここで不確実性の概念を導入し，火事が発生する確率を50％としよう．あり得ないほど高い確率だが，計算を簡単にするためだ．より現実的な確率に引き下げても，分析の基本的な考え方は変わらない．

期待価値の公式にしたがって，まずアダムの年間の期待所得を計算する．火事が発生して所得が3万6,000ドルになる確率は50％である．火事が起きずに所得が10万ドルである確率も50％である．これを公式にあてはめて期

図13.4 リスク回避的な人は，リスクを回避するため対価を支払う

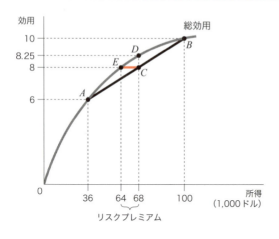

アダムの所得が10万ドルとなる確率が50%(点B)，3万6,000ドルになる確率が50%である(点A)．したがって，期待所得は6万8,000ドル，期待効用は8である(点C)．確実な所得6万4,000ドルでも効用は8になる(点E)．アダムはリスク回避的なので，不確実な所得ではなく，確実な所得6万4,000ドルを得るために，最大4,000ドルの期待所得(点Cと点Eの距離)をあきらめる用意がある．

待価値を計算すると，アダムの期待所得は6万8,000ドルになる．すなわち，

$$期待所得 = (0.5 \times 36,000 ドル) + (0.5 \times 100,000 ドル)$$
$$= 18,000 ドル + 50,000 ドル$$
$$= 68,000 ドル$$

同様にして，アダムの期待効用も計算できる．すなわち，

$$期待効用 = (0.5 \times 6) + (0.5 \times 10)$$
$$= 3 + 5$$
$$= 8$$

これらの期待所得と期待効用レベルをプロットしたのが点Cである．この点Cは，点Aと点Bを結んだ直線の中間にあることに気づいただろうか．これは偶然ではない．アダムの期待所得と期待効用は，火事の確率がいくらであっても，同一線上のどこかに位置する．直線上の正確な位置は，事象(火事が起きるか起きないか)の確率に依存する．火事の発生確率が高いほど，アダムの期待所得と期待効用は，火事が発生したときの所得と効用が交わる点Aに近づく(火事が起きる確率が100%なら，点Aが期待所得と期待効用

になる）．逆に火事の発生確率が低ければ，アダムの期待所得と期待効用は点Bに近づく．点Cで表された期待価値が，点Aと点Bを結んだ直線上の中間にあるのは，火事が発生する確率と発生しない確率がちょうど50％ずつだからだ．

点Cに関しては，もう1つ重要な点がある．期待効用水準は8で，同じ所得水準のアダムの効用関数を下回っている点だ．アダムの効用関数によれば，所得6万8,000ドルで得られる効用$U = \sqrt{68} = 8.25$で，図13.4の点Dである．これが意味するのは，期待所得が同じ6万8,000ドルでも，期待のもととなる所得のリスク度に応じて期待効用は変わる，ということだ．火事が発生する可能性があるためアダムの所得は不確実であり，6万8,000ドルという期待所得がもたらす効用は8にとどまる．だが，アダムの所得6万8,000ドルが保証されていれば，期待所得が6万8,000ドルで変わらなくても，期待効用は8.25になる．言い換えれば，アダムの所得が不確実であること自体が，期待効用を低下させるのだ．期待価値が同じなら，よりリスクのないほうを選ぶ人のことを**リスク回避的**（risk-averse）だという．アダムのようなリスク回避的な人の効用は，不確実性によって低下する．

不確実性によって期待効用がいかに低下するかを知る方法として，不確実な所得と期待効用が等しくなる確実な所得はいくらかを問う方法がある．**確実性等価**（certainty equivalent）とも呼ばれる同等の所得水準を，図13.4の点Eで示した．この例の確実性等価は，$U = \sqrt{64} = 8$なので，6万4,000ドルである．つまり，アダムは6万4,000ドルの所得が保証されているとき，所得3万6,000ドルの確率が50％，10万ドルの確率が50％のときと期待効用が等しくなる．別の言い方をすると，アダムは所得の不確実性を排除するのと引き換えに，4,000ドル（68,000ドル－64,000ドル）の期待所得をあきらめる用意がある，ということだ．この所得の差を**リスクプレミアム**（risk premium）といい，所得が保証されていないとき，保証されているときと同等の効用を得るために，アダムが受け取らなければならない追加的な期待所得（4,000ドル）である．

こうした関係——リスク回避的な人は，任意の期待所得の不確実性が高まると期待効用が低下し，不確実性を引き下げるのと引き換えに期待所得の低

下を容認するという関係——は，図を見てもわかるように，所得の限界効用逓減のもたらした結果だ．つまり，点 C（あるいは点 A，点 B を結ぶ直線上の任意の点）が所得効用曲線より下にあるという事実は，所得の限界効用逓減が存在することの直接的な結果なのである．限界効用逓減の法則から，所得が上昇すると効用曲線は湾曲する．したがって不確実な期待所得に基づく期待効用は，同等の確実な期待所得に基づく期待効用を下回ることになるのだ．

保険市場

　先行きが不透明でリスクを回避したい人が多い社会では，保険の需要が生まれる．日常生活のなかで保険の基本的な概念は理解されているが，経済学では，ある経済主体が自身の経済的リスクを減らすために，別の経済主体に対価を支払うことである，と具体的に定義している．保険とリスク回避の関係は重要なので詳しく見るつもりだが，基本的な考え方は単純である．リスクを回避したい人は，リスクを減らすために対価を支払う．これがまさに保険の仕組みだ．車が盗まれる，病気になって多額の医療費がかかる，といった不都合な事態（リスク）に対して，保険会社は契約者に保険金を支払ってリスクを緩和する．契約者は，不都合な事態から自身を守るために，平穏な時期に保険料を支払い，（保険料の分だけ）減った所得でやり繰りする．

保険の価値　　アダムの場合，所得が不確実であるために期待効用が低下するが，期待効用の低下を避けるために期待所得の一部をあきらめる意思がある．とすれば，アダムの得になる方法はある．個人または企業が，アダムの不確実性を減らすために保険契約を持ちかける．店が火事になった場合に保険金が支払われる契約だ．この契約で，火事という不都合な状況でのアダムの損失は軽減される．これと引き換えに，アダムは火事がないときに保険料を支払う．保険料の支払い分だけ平常時のアダムの所得は減る．火事はないが，保険料を除いた所得でやり繰りしなければならない．この保険契約は，アダムの不確実性を減らすことによって，任意の期待所得水準での期待効用

を高める．アダムの期待所得を引き上げることで，期待効用を高めているわけではない点に留意したい．逆に保険契約は，アダムの期待所得を減らす．にもかかわらず，不確実性が減ることが期待効用を高めることにつながるため，アダムにとってはプラスになるのだ．

　具体例を見れば，こうしたプラス効果がはっきりする．火事になればアダムに保険金3万2,000ドルが支払われるが，火事が起きなければアダムは3万2,000ドルの保険料を支払うという単純な保険契約を考える．この契約では，火事が起きても起きなくてもアダムの所得は6万8,000ドルになる．火事が起きた場合は，所得3万6,000ドルに支払われた保険金3万2,000ドルを足して6万8,000ドルである．火事が起きない場合は，所得10万ドルから支払った保険料3万2,000ドルを差し引いて6万8,000ドルだ．前にみたように，6万8,000ドルの所得が保証されている場合，アダムの期待効用は8.25であった．これは期待所得が同じ6万8,000ドルで，保険契約がない場合の期待効用8を上回っている．こうした保険契約は，**完全保険**（complete insurance または full insurance）と呼ばれる．アダムにとって不確実性が完全に除去されているからだ．いかなる事態が起きても（火事が起きても起きなくても），アダムの所得は変わらない．だが，完全保険ではなく部分保険も貴重だ．火事がない場合に2万ドルの保険料を支払い，火事が起きた場合に2万ドルの保険金が支払われる保険契約を考えてみよう．この契約では，アダムの所得は，火事が起きた場合，36,000ドル＋20,000ドル＝56,000ドルで5万6,000ドル，火事が起きない場合，100,000ドル－20,000ドル＝80,000ドルで8万ドルになる．この保険でもアダムの期待所得は6万8,000ドルで変わらないが（$0.5 \times 56{,}000$ドル＋$0.5 \times 80{,}000$ドル＝68,000ドル），期待効用は8.21になる（$0.5 \times \sqrt{56} + 0.5 \times \sqrt{80} = 3.74 + 4.47 = 8.21$）．これは6万8,000ドルの所得が保証されているときの期待効用8.25を下回っているが，保険契約がないときの期待効用8を上回っている．

　保険契約がアダムにとってはメリットがあることはわかった．では，保険会社にはどんなメリットがあるのだろうか．保険契約は基本的にアダムのリスクを保険会社に移す．保険会社には，この契約からいくら利益が得られるのか確実にはわからない．だが，一般にこうしたリスクの移転で，保険会社

が損失を被ることはない．アダムのような保険契約を多数抱えているからだ．すべての保険契約のリスクを合算することで，保険会社は自社の利益の不確実性を大幅に減らしているのだ．

それでは，リスクを合算することが，なぜ保険会社の助けになるのか．アダムと同じような人，数千人に保険を販売したとしよう．小売店経営で所得を得ているが，50%の確率で火事になるリスクがある．どの店が火事になるかは確実にはわからないが，保険契約を引き受けている数千店のうち，ある年にそのほぼ半分が火事になると予想できる．こう考えると，いくら保険金を支払うかについての不確実性は，高いというよりむしろ低くなる．保険会社は，半分の期間に多額の利益を獲得し，半分の期間に多額の損失を被るわけではない．ほぼ確実に半数の店に保険金を支払う一方，あとの半数の店から保険料を徴収できると認識しているのである．不確実な事象を組み合わせることでリスクを減らすこの手法は**分散**（diversification）と呼ばれ，保険市場の主要な機能の1つである．リスクを分散させるうえで重要なのは，合算するリスクの少なくとも一部は互いに無関係でなければならない，ということである．リスクの相関性がきわめて高い場合，たとえば，保険に加入している店舗が同じ地域に集中していて，1軒が火事になれば全部が燃える可能性が高い場合，保険会社はリスクを分散させることはできない．半分の期間は1軒も火事にならないが，あとの半分の期間は，すべての店舗が火事になる可能性がある．保険会社はアダムと同様に不確実なリスク，しかもより大きいリスクを抱え込むことになる．

保険会社は，契約者のリスクを除去する別の方法を提供して利益を得ることもできる．リスクを回避するとは，リスクを除去あるいは軽減するために対価を支払うということだった．保険会社は，こうした対価の一部を利益として取り込む保険を設計すればいい．前述の保険の例はどちらも，保険会社の期待利潤がゼロだった．火事が起きた場合にアダムに支払う保険金と，火事が起きない場合にアダムから受け取る保険料が同額で，どちらの発生確率も等しい（たとえば，$0.5 \times -32{,}000$ ドル $+ 0.5 \times 32{,}000$ ドル $= -16{,}000$ ドル $+ 16{,}000$ ドル $= 0$ ドル）．保険の期待純支払いがゼロのとき，つまり，期待保険料と期待保険金が同額のとき，保険は**保険数理的に公正**（actuarially fair) であるという.

だが, アダムのような消費者にとって保険の価値がいかに大きいかは先ほどみた. 保険会社は, こうした価値の一部を確保する保険を設計しようとする. そこで以下のような保険を検討しよう. 火事が起きた場合, アダムには2万ドルの保険金が支払われる. 火事が起きない場合, アダムは2万4,000ドルの保険料を支払う. この保険のもとでのアダムの期待効用は8.10である ($0.5 \times \sqrt{56} + 0.5 \times \sqrt{76} = 8.10$). 保険がない場合にくらべて, アダムの期待効用は高まる. この保険のもとでのアダムの期待所得は, ($0.5 \times 56,000$ ドル) + ($0.5 \times 76,000$ ドル) = 66,000 ドルで, 6万6,000ドルである. これは保険がない場合の期待所得の6万8,000ドルより2,000ドル低いが, 保険がない場合よりも期待効用が高いので, アダムはこの2,000ドルを進んで放棄する. じつは, すでに見たとおり, 所得の不確実性を完全に取り除くために, アダムには最大で4,000ドルの期待所得をあきらめる用意がある.

保険会社の立場からすれば, アダムの期待所得が減少した分の2,000ドルは, 保険会社の期待利潤になる. アダムに2万ドルの保険金を支払わなければならない確率が50%, 保険金を一切払わなくていい確率が50%だが, 保険料収入が2万4,000ドルあるので, 期待利潤は ($0.5 \times 24,000$ ドル) − ($0.5 \times 20,000$ ドル) = 2,000 ドルになる. 繰り返しになるが, アダムのこの保険契約が最終的にどんな結果になるのかはわからず, 不確実性はきわめて高い. だが, リスクが連動してない人たちに同様の保険を大量に販売すれば, 1保険あたり2,000ドル近い利益が得られると期待でき, 全体としての不確実性はさほど高いとはいえない.

アダムが保険加入で最大4,000ドルの期待所得を断念するつもりがあるのに, 保険会社が2,000ドルの期待利潤しかない保険を設計するのはなぜだろうか. もちろん, 状況が許せば保険料を4,000ドルに設定することは可能だ. 保険料を高くできるかどうかは, 保険市場がどれだけ競争的かに依存する. 保険市場が競争的であればあるほど, 契約条件は加入者に有利になり, 保険数理的に公正に近づく.

360 第4部 基礎から応用へ

◢◣ 理論とデータ

メディケアの保険価値

　米国の65歳以上の高齢者ほぼ全員が対象となる公的医療保険制度メディ
ケアが導入されたのは1965年である．20世紀で最大の医療保険の拡大だっ
た．経済学者のエイミー・フィンケルスタインとロビン・マックナイトは，
この制度の効果を長年にわたって追跡調査したが，それによれば，メディケ
アは高齢者の死亡率にはほぼ何の影響も及ぼしていない．[10] この制度の規模
の大きさを考えれば，高齢者の死亡率が改善していないという事実は，かな
り残念な結果だ．

　だが，死亡率が改善しなかったとはいえ，メディケアによって，重病の高
齢者の自己負担が大幅に減った，とフィンケルスタインとマックナイトは指
摘する．医療費が上位25％に入る高齢者の自己負担額は約40％も減ってい
る．フィンケルスタインとマックナイトは標準的な効用理論を使って初歩的
な計算を行い，多額の自己負担というマイナスのショックの回避が，リスク
回避的な個人にとってとくに重要であることを示した．2人の推計によれ
ば，個人のリスク軽減という意味でのメディケアの保険価値は，メディケア
全体のコストの5分の2に相当するという．人々がリスク回避的であると
き，保険の価値は大きくなりうるのだ．

リスク回避度

　所得の限界効用逓減とリスク回避度の関係を踏まえると，効用関数の湾曲
度が大きいほどリスク回避度が強いことがわかる．

　図13.5にはこの例を示した．図の2つのパネルは，リスク回避度が異な
る2人の消費者の効用関数の一部である．パネルaの消費者は，湾曲度が相
対的に小さく，所得の上昇に伴う限界効用の逓減のペースは緩やかである．

---

10) Amy Finkelstein and Robin McKnight, "What Did Medicare Do? The Initial Im-
pact of Medicare on Mortality and Out of Pocket Medical Spending," *Journal of
Public Economics* 92, no. 7 (2008): 1644–1688.

図13.5 効用関数とリスク回避度

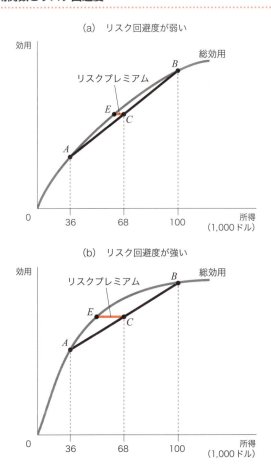

リスク回避度は,効用関数の湾曲に表れる.リスク回避姿勢が弱い人(パネルa)の効用関数は直線に近いが,リスク回避姿勢が強い人(パネルb)の効用関数はかなり湾曲している.リスク回避のために支払ってもいいと考えるリスクプレミアム(点Cと点E間の距離)は,リスク回避姿勢の度合によって異なる.リスク回避姿勢が強いほど,効用関数の湾曲がきつくなり,リスクプレミアムが大きくなる.

パネルbの消費者は,湾曲度が大きく,所得上昇に伴って限界効用は速いペースで逓減する.

この2人の消費者が,アダムと同様の状況に置かれているとする.つま

り，所得が3万6,000ドルとなる確率が50%，10万ドルとなる確率が50%である．これに対応する点A，点Bを両パネルに書き入れた．消費者の期待所得と期待効用が交わるのは，どちらのパネルでも，点Aと点Bを結んだ直線上の中間の点Cである．図では，消費者にとって確実性等価となる点Eも示してある．

各パネルの点Cと点Eの水平の距離，つまり，点Cの不確実な期待所得を点Eの確実な所得に置き換えるために消費者があきらめる期待所得が，それぞれの消費者のリスクプレミアムである．リスク回避姿勢の強いパネルbの消費者のほうが，パネルaの消費者よりもリスクプレミアムが高い．これは，消費者のリスク回避の度合が，効用関数の湾曲度（同じことだが，所得の上昇に伴う限界効用が逓減するペース）と連動している事実を反映している．効用関数の湾曲度が大きいほど，所得の不確実性は同じでも，期待効用の低下幅が大きくなる．湾曲度が大きい効用関数を持つ消費者は，リスクを軽減するために対価を支払う意欲が強い．

効用関数が湾曲しておらず，直線の場合，消費者はリスク中立的である，という．効用関数が右上がりの場合（起こりうる），この消費者はリスク愛好的であるという．リスク愛好者は，確実性等価ではなく，大当たりの可能性のある賭けのチャンスに対価を支払う．

リスク回避と投資判断

本章の前半で取り上げた企業の投資選択の分析では，不確実性を扱うにあたって期待価値を計算した．だが，この方法は，企業がリスク中立的であることを暗に想定している．こうした枠組みでは，リスク中立的な企業は，純利益がゼロの確率が50%，1,000万ドルの確率が50%である投資と，500万ドルの利益が確実に見込める投資の区別をしない．どちらの投資も期待純利益は500万ドルである．

だが，投資家がリスク回避的であるならば，将来の収益の不確実性から生じるリスクを調整して比較する必要がある．利子率自体にリスク調整を取り入れるのが1つの方法である．どんな状況でも収益が確実な投資について

は，無リスク利子率を使って純現在価値NPVを計算する．**無リスク利子率**（risk-free interest rate）は，収益が確定している資産にかかる利子率と定義される．だが，収益が不確実でリスクがあるプロジェクトでは，無リスク利子率より高い利子を支払わなければ，リスク回避的な投資家が投資する気にならない．消費者が所得の不確実性が高いシナリオを受け入れるには，より高い期待所得が必要なのと同じである．この追加的に必要な期待収益は，保険の議論で定義したリスクプレミアムに似ている．収益率・リスクプレミアムの大きさは，その投資に付随するリスクの大きさに依存する．リスク回避的な主体に投資する気にさせるには，リスクが中程度のプロジェクトは中程度のリスクプレミアムを，リスクの高いプロジェクトは高いリスクプレミアムを支払う必要がある．リスクのあるプロジェクトの純現在価値NPVを，リスクを正確に反映して割り引く方法は，ファイナンス研究の分析の柱であり，そちらに任せよう．ただ，計算は複雑になるとはいえ，その考え方はわかりやすいはずだ．

コラム ヤバい経済学

現代の黙示録──災害を予防するために，いくら支払うのか

津波がマンハッタンの通りに押し寄せる．猛吹雪でインドの住民が毛布やコートを求めて殺到する．竜巻がロサンゼルスを襲う．もちろん，こうした天変地異はあり得ないが，面白い映画にはなる．

近々，ロサンゼルスで竜巻に遭遇する可能性はないとしても，破滅の脅威はつねにすぐそばにある．こうしたおぞましいシナリオについて考える手立てとなるのが，経済学だ．破滅を回避するために，社会がいくら負担する価値があるか推計することができる．もっと個人に引き寄せて言えば，災害を予防するために，個人としていくら対価を支払うべきだろうか．

一例として，巨大な彗星が地球に衝突するといった具体的なシナリオについて考えてみよう．こうした事象は，アトランダムに1,000年に1度発生し，発生したときにあなたが死ぬ確率は1％あると仮定してみよ

う．つまり，1年あたりで死ぬ確率は10万分の1ということだ．

このようなリスクを完全に取り去るには，どれぐらいのコストがかかるだろうか．最近の論文で，経済学者のゲイリー・ベッカー，ケヴィン・マーフィー，ロバート・トペルは，その疑問に答えようとした．[11] 意外な結論になった．標準的な想定を使って計算した結果，こうした脅威を払拭するために，年間所得の4.5％を支払うべきだという．言っておくが，死ぬ確率は1,000年に1度，1％しかないのだ．年間所得の4.5％は，ありえないほど多額に思える．ところが，ベッカーらの計算では，仮に（1,000年に1度ではなく）100年に1度，1％の確率でこうした災害で死ぬ可能性があるなら，そうした脅威を完全に取り除くためには，年間所得の36％を支払うべきということになる．

金額がこれほど大きくなる理由はいくつかある．第1に，死んだらそれで終わりなので，現在，将来を問わず，効用にとっては最悪だ．第2に，人はリスク回避的であり，効用関数は凹型になる．これは，効用に対する大きなマイナスのショックはきわめて高くつくということだが，命を落とすこと以上に大きなマイナスのショックはない．第3に，所得は時間が経過するほど高くなると想定しているので，災害がなければ将来の効用は現在よりもさらに高くなる．将来，増え続ける所得を守るために，現在の所得のかなりの割合を支払わなければならない．

こうした計算が有効なのは，これほど大規模な災害が起こる場合だけである．だが，ハリウッド映画以外で，こうしたシナリオが現実になり得るだろうか．答えはイエスだ．少なくとも経済学者のマーティン・ワイツマンに従えば．[12] ワイツマンは，さまざまな気象モデルを使って，地球の平均気温が20％以上上昇する確率を1％と推計した．気温が20度以上も上昇すればどうなるかははっきりしないが，良いことではない．

---

11) Gary S. Becker, Kevin M. Murphy, and Robert H. Topel, "On the Economics of Climate Policy," *The B.E. Journal of Economic Analysis & Policy* 10, no. 2 (2010): article19.

12) Martin Weitzman, "On Modeling and Interpreting the Economics of Catastrophic Climate Change," *The Review of Economics and Statistics* 91, no. 1 (2009): 1–19.

ワイツマンは，少なくとも大量の種が絶滅する「超破局」と評している．

月への移住を検討し始める前に思い出してもらいたいが，科学者は気候変動を抑えるあらゆる手段を発見しつつあり，医療などほかの分野での進歩と相まって，不慮の死の確率は下がっている．[13] 将来の効用を最大化することにかけては，優秀な経済学者が頼りになる．経済学専攻の優秀な学生を知っているなら，科学も専攻するよう説得してもらいたい！

13.5 解いてみよう

ホテル・カリフォルニアには，火事で2億ドルの損失が発生する確率が2％ある．オーナーのドン・グレンの効用関数は$U = W^{0.5}$で，Wはホテルの時価で測った資産である．ホテルの当初資産は2億2,500万ドルだとする（$W = 225$）．

a. ドン・グレンの期待損失はいくらか．

b. ドン・グレンの期待効用はいくらか．

c. ドン・グレンのリスクプレミアムはいくらか．

解答：

a. 期待損失は，損失の発生確率に損失額を掛けて求められる．

期待損失＝0.02×2億ドル＝400万ドル

もう1つの計算方法として，ドンの期待資産を計算し，火事がない場合，当初資産から差し引く方法がある．

期待資産＝(0.98×2億2,500万ドル)＋(0.02×2,500万ドル)

＝2億2,050万ドル＋50万ドル＝2億2,100万ドル

したがってドンの期待損失は，2億2,500万ドル－2億2,100万ドル＝400万ドルとなる．

---

13) Steven D. Levitt and Stephen J. Dubner, *SuperFreakonomics*, New York: Harper Collins, 2009〔望月衛訳『超ヤバい経済学』東洋経済新報社，2010年〕．

b. 損失が発生しない場合のドンの資産は2億2,500万ドルである。損失が発生した場合は2億2,500万ドル−2億ドル＝2,500万ドルになる。損失が発生しない場合（$W = 225$）の効用Uは，$U = W^{0.5} = 225^{0.5} = 15$である。損失が発生した場合（$W = 25$）の効用$U$は，$U = W^{0.5} = 25^{0.5}$ = 5である。

　火事が発生する確率は2％なので，火事が発生しない確率は98％である。したがって，ドンの期待効用は以下になる。

　　　期待効用 $= 0.98 \times 15 + 0.02 \times 5 = 14.7 + 0.1 = 14.8$

c. 保険がなければ，ドンの期待効用は14.8である。だが，効用14.8を確実にもたらす確実な資産水準が存在する。この水準以上の資産が保障される保険があれば，ドン・グレンは喜んで保険に加入するだろう。したがって，まずドンに14.8の効用をもたらす確実な資産水準を求める必要がある。

　　　$U = W^{0.5} = 14.8$

　　　$W = 14.8^2 = 219.04$

　つまり2億1,904万ドルの資産が保障されれば，ドンには14.8の効用がもたらされる。

　aの答えから，保険がない場合のドンの期待効用は2億2,100万ドルである。だが，ドンは保険がない場合と同等の期待効用を確実に得るために，2億1,904万ドルの資産が保障されていなければならない。したがって，リスクプレミアムは，2億2,100万ドル−2億1,904万ドル＝196万ドルである。

13.6　結論

　どのような方法で投資するか，そもそも投資するかどうかの判断は，企業にとっても，また個人にとっても重要な問題である。こうした判断を合理的に行うには，将来の収益を現在の費用と比較する方法があるはずだ。比較に

第13章　投資，時間，保険　　367

は利子率を使って割り引く必要がある.

　投資にリスクがあるとき，複雑さは一段増し，リスクを定量化したうえで収益と費用を比較する方法が必要になる. ほとんどの人は所得を重視していることから，個人はとりわけリスクに敏感であり，この特性が保険市場の基礎になっている.

　こうした問題について，本書は表面をなぞったにすぎない. 興味が湧いた読者には，ファイナンスを学ぶことを勧める. ファイナンスは，時間と不確実性がさまざまな市場をどう形作っているかの研究に力を入れている.

まとめ

1. **複利**と**割引現在価値**（**PDV**）を使って将来収益を現在価値に換算することで，長期投資の費用と収益を一貫した方法で比較することができる. ［13.1節］

2. **純現在価値**（**NPV**）分析は，費用と収益両方に割引現在価値を取り入れることで，投資収益の代表的な尺度になっている. 投資の初期費用が将来の収益で回収されるまでの期間，すなわち**回収期間**という概念は，投資の純効果を判断する手段になる. 回収期間法の弱点は，NPV分析法と違って将来のキャッシュフローを割り引かない点である. ［13.2節］

3. **実質利子率**は，通貨価値で表される**名目利子率**とインフレ率の差を捉える. 財の価格がその財の需要量と供給量を一致させるのと同じで，均衡利子率は資本の需要量と供給量を一致させる. ［13.3節］

4. 投資には，リスクが高く不確実なものがある. **期待価値**――期待収益を使った投資評価は，リスクをNPV分析に取り入れる方法である. リスクのある投資には，**先送りオプション価値**，つまり不確実性がある程度除去されるまで投資を先送りする価値が生じやすい. ［13.4節］

5. **リスク回避的**な人は，不確実な所得よりも，期待所得が同じで確実な所得からより多くの効用を得る. **保険**は加入者のリスクを軽減することで，加入者の期待効用を高める. 保険会社も，リスクを**分散**させ，加入者の価値の一部を獲得する制度を設計するなどして，保険販売で利益を

368　第4部　基礎から応用へ

確保する．［13.5節］

復習問題

（解答は，以下のサイトで入手できる．https://store.toyokeizai.net/books/9784492315002）

1.　投資の具体例をあげよ．

2.　割引現在価値分析を使うメリットは何か．

3.　特定の資産に関する利子率は，どのように計算できるか．

4.　債券のキャッシュフローを構成する2つの要素を説明せよ．

5.　投資の純現在価値がプラスになるのはいつか．純現在価値がプラスになる場合，このプロジェクトに投資すべきか．

6.　投資評価法として，純現在価値分析法が回収期間法よりも有利な点は何か．

7.　投資の名目利子率と実質利子率の関係に近いのは何か．

8.　資本市場で均衡利子率はどう決まるか．資本の供給者は誰か．需要者は誰か．

9.　リスクのある投資を評価するのに，期待値はどのように使えるか．

10.　リスク回避的な消費者にとって，保険はどのような価値を持つか．

11.　分散を保険市場の主要な機能と捉えるのはなぜか．

12.　無リスク利子率の定義を述べよ．無リスク利子率は，リスクのある投資の金利とどう関連づけられるか．

演習問題

（＊をつけた問題の解答は，以下のサイトで入手できる．https://store.toyokeizai.net/books/9784492315002）

＊1.　あなたはうさぎの飼育家である．

　a.　当初は100羽だったが，飼育に成功して1年で20％ずつ増えていくとする．1年後には何羽になるか．

　b.　当初は120羽だったが，飼育に成功して1年で20％ずつ増えていくとする．1年後には何羽になるか．

　c.　当初のうさぎの数は100羽だったが，飼育に成功して1年で20％ずつ増えていく．2年後には何羽になっているか．

　d.　当初のうさぎの数は100羽だったが，飼育に成功して1年で20％ずつ増えていく．10年後には何羽になっているか．

第13章 投資，時間，保険　369

2. オフショアの銀行に不正に入手した100ドルを預けてある．税務署がうるさいので，退職する45年後まで口座に手につけないことにした．

   a. 年利が3％なら，退職時の残高はいくらになるか．

   b. 年利が6％なら，退職時の残高はいくらになるか．

   c. 利子率が2倍なら残高も2倍になるか．2倍よりも大きいか，小さいか．理由も述べよ．

3. 1歳のときに祖母から1ドル銀貨1枚をもらった．両親がこの銀貨を確定利回り9％の貯蓄口座に預けた後，早々に忘れてしまった．

   a. 「72の法則」を使って，65歳になったとき，残高は概算でいくらになっているか．

   b. 複利の公式を使って，残高を正確に計算せよ．

   c. aとbの答えは，どれだけ近かっただろうか．

4. 20歳の誕生日に優しい叔母から可愛いカードと，21歳の誕生日に支払いを約束する1,000ドルの借用証書（IOU）が送られてきた．人気アイドルグループの再結成ツアーに行くための資金がどうしても欲しかったので，叔母の借用証書を妹に売ろうとした．

   a. 利子率が6％なら，妹は最大いくら支払うと考えられるか．

   b. 利子率が9％なら，妹は最大いくら支払うと考えられるか．

   c. 金利が上がれば，叔母の借用証書の価値も上がるか．理由も説明せよ．

*5. 大河小説を執筆している最中で，世界的に有名な出版社と契約を結んだ．出版社は予定どおり進めるため，初稿が完成した段階で10万ドル，原稿の修正が終わった段階でさらに10万ドルのボーナスを支払うと言ってきた．自分では，初稿は1年で完成し，2年目の終わりには原稿の修正が終わっていると見込んでいる．

   a. 利子率が5％なら，出版社の将来の支払いの現在価値はいくらになるか．

   b. 出版社が提示したボーナスが，初稿が完成した段階で8万ドル，原稿の修正が終わった段階で12万5,000ドルに変わったとする．この提案は，あなたにとって当初の案より有利だろうか．

6. 州営くじが次のような発表をした．「フレデリック・カーバンクルに1億ドルが当たりました．フレデリックには今後10年にわたって毎年1,000万ドルずつお支払いします．」

   a. フレデリックは本当に1億ドル当たったと言えるのだろうか．説明せよ．

   b. 多くの州営くじでは，当選金の受け取り方法として，年1回の分割払いではなく，一括払いが選べるようになっている．宝くじの運営委員長はこう

いう．「年間支払額の現在価値をお支払いしましょう．私共は気前がいいので，現在価値の計算には高い利子率を使います．おめでとう，フレッド！」．この発言をどう解釈すればいいだろうか．

7. 定価2万ドルの起亜の乗用車を買ったばかりだ．ディーラーからは5年の均等分割払いを勧められた．支払いは1年後から始まる．
   a. 自動車ローンの金利が10%だとすれば，年間の返済額はいくらになるか．
   b. 2万ドルの起亜ではなく，4万ドルのトヨタのカムリを買うとすれば，返済額はいくらになるか．
   c. 5年ではなく10年の分割払いなら，返済額はいくらになるか．返済額は半分に減るか．それはなぜか．理由も述べよ．
   d. 購入時に1万ドルの頭金を支払うとすれば，返済額はいくら減るか．

8. 学生ローンの返済は永遠に終わらないのではないか，と感じている大学生は少なくない．政府が授業料を全額支払い，学生が毎年返済していく案が出されている．
   a. 政府は授業料がいくらでも毎年6,000ドルずつの返済を求めている．足元の利子率が4%の場合，返済額の現在価値はいくらになるか．
   b. 大学でそれなりに勉強すると，授業料は4年間で14万ドルかかる．政府の提案を受け入れるべきだろうか．授業料が16万ドルならどうか．

9. 自分へのお年玉代わりに，ルームメイトから1976年製のフォード車ピントを買うことにした．2通りの支払い方法を提案された．A案では，いますぐ500ドル支払い，来年から2年間，年初に500ドルずつ支払う．B案では，頭金なしで，来年から2年間，年初に800ドルずつ支払う．
   a. 金利が10%のとき，それぞれの案の現在価値を計算せよ．A案とB案，どちらを選ぶべきか．
   b. 金利が20%のとき，それぞれの案の現在価値を計算せよ．A案とB案，どちらを選ぶべきか．

*10. 1年後に1,000ドルが支払われる米国債と，30年後に1,000ドルが支払われるゼロクーポン債がある．
   a. 利子率が4%のとき，それぞれの現在価値を求めよ．
   b. 利子率が8%に上昇したとする．それぞれの債券の価格はどうなるか．
   c. 利子率が上昇すると予想されるとき，貯金をどちらの債券に投じるべきか．米国債かゼロクーポン債か．理由も述べよ．

11. ラルフはダチョウを購入しようと考えている．3年間，裏庭で放し飼いにして大きくなれば，2,000ドルで売れる．ダチョウの価格は1,500ドルだ．

第13章 投資, 時間, 保険　**371**

a. 利子率が8％のとき, ダチョウの投資の純現在価値NPVを求めよ. この値から, ラルフはダチョウを購入すべきだといえるだろうか.

b. ラルフはダチョウへの投資を見送り, 次善策として, 1,500ドルで8％の利付き国債を買うことにする. 3年後にはいくらになっているか. この結果は, ダチョウに投資したときよりも良いだろうか, それとも悪いだろうか.

c. 利子率が11％のとき, ダチョウの投資の純現在価値を求めよ. この値から, ラルフはダチョウに投資すべきだと言えるだろうか.

d. ラルフがダチョウへの投資を見送り, 11％の利付き国債を買うことにする. 3年後にいくらになっているか. これは, ダチョウに投資するより良いか, 悪いか.

e. bとdの答えをもとにすると, 純現在価値 (NPV) 法は, 機会費用をどの程度捉えているだろうか.

*12. 司書のマリアンの現在の年収は4万ドルで, 転職を考えている. いま3万ドルの費用をかければ花屋の免許が取得でき, フラワーアレンジメントができるようになる. 転職すれば年収は4万8,000ドルに上がる. 転職は5年後にするつもりだ (毎年年末に1年分の給与が支払われると想定するのが安全だ).

a. 利子率が10％のとき, 花屋になるための投資の純現在価値を求めよ.

b. 仕事の満足度では, 司書も花屋も変わらないとする. マリアンは転職すべきか.

c. 司書としての年収の現在価値と花屋の年収の現在価値を比較せよ. 3万ドルの投資を正当化できるほど, この差は大きいだろうか.

d. aの方法で求めた答えは, cで使った方法の答えと同じだろうか. 説明せよ.

13. いま乗っているオールズモビルのビュイックは, あと5年はもちそうだ. このところガソリン価格が1ガロン＝5ドルに上がっているので, ガソリンを食うビュイックから燃費のいいハイブリッド車のプリウスへの買い替えを検討している. ビュイックは中古では売れず, 1ガロンあたりの走行距離は15マイル, 新車のプリウスの価格は2万5,000ドルで1ガロンあたりの走行距離は45マイルだ. あなたは年間1万マイル走るつもりだ.

a. プリウスとビュイックの年間の燃料代はいくらか.

b. あと5年, ビュイックに乗り続けた場合の費用の現在価値を計算せよ. 5年目の終わりにプリウスを買うこととし, その時点の価格は2万5,000ド

372 第4部 基礎から応用へ

ルで変わらないものとする. 燃料代は毎年末に払うこととする（5年分だけ計算すればいい）.

c. いまプリウスを買った場合の費用の現在価値を計算せよ. ここでも5年分だけ計算すればいい.

d. bとcの答えに基づくと, プリウスをいま買うのがいいか, 5年待ったほうがいいか.

e. ビュイックの走行距離が15マイルではなく30マイルだとすれば, 答えは変わるだろうか.

14. 利子率が5.25％の貯蓄口座に832.66ドル預けている.

a. 20年間, 口座に手をつけなければ, いくらになるか.

b. 向こう20年のインフレ率は3.25％と予想されている. 実質利子率を使って, 20年後のインフレ調整後の残高を計算せよ.

c. bの答えはaの答えより少ない. どれだけ少ないか, それはなぜかを説明せよ.

15. メルはリスク中立的な投資家で, 将来のガソリン不足を心配している. 将来の値上がりに備え, いまガソリンを1ガロン買って10年備蓄しようと考えている.

a. 現在の1ガロンあたりの価格が4.00ドルで, 10年後に6.00ドルになるとすると, 備蓄は得になるだろうか. 利子率を4％とする.

b. 将来のガソリン価格がどうなるか, メルは確信が持てない. 4ドルのままの確率が10％, 5ドルの確率が40％, 6.8ドルの確率が50％だと見込んでいる. メルはいまガソリンを備蓄するべきだろうか. メルがリスク回避的な投資家だったとしても, 答えは変わらないだろうか.

16. あなたはクリスに好意を抱いているが, 経済クラブの会長としてのクリスと付き合いたいと思っている. 1年後に会長選があるが, ライバルはパットで, クリスが勝つ確率は60％と見られる. クリスに気に入られて, 関係を深めるには1,000ドルかかる. クリスが会長になれば2,200ドルに相当する利得が得られる（恋人になって1年後に受け取るとする）. クリスが会長選に敗れれば, 何ももらえない.

a. いまクリスと関係を築く費用の純現在価値を計算せよ. 費用は確定しているが, 利得が得られるかどうかは不確実である点に留意すること.

b. aの答えだけを考えた場合, いますぐクリスと関係を築くべきだろうか. あなたがリスク中立的だとして答えよ.

c. クリスとの関係構築を会長選が決着するまで先送りする場合, その純現在

価値を計算せよ. 関係を構築する費用も便益も現時点では不確定だが, 1
年後には確定している点に留意したい.

d. aとcの答えを踏まえると, クリスといま関係を深める努力をすべきだろ
うか. 会長選が終わるまで待つべきだろうか.

*17. 消防署の跡地を購入して, 屋内型の遊園地に転用しようと考えている. 跡地
の購入費用は20万ドルで, 遊園地の (建設費用を除いた) 生涯利益は70万ド
ルである (この利益はすべて開業1年後に実現すると想定する). だが, 市当
局がゾーニング規制を変更し, 遊園地が締め出される可能性が20%ある. 1
年以内に公聴会が予定されていて, 規制の対象になれば利益はゼロになる.
他に検討中の建物はないものとする.

a. いま遊園地を開業する純現在価値を計算せよ. 跡地の購入費用は確定して
いるが, 利益は不確定である点に留意すること.

b. ゾーニング規制がはっきりした1年後に遊園地を開業する場合の純現在価
値を計算せよ. 遊園地開業に伴う費用も利益も現時点では確定していない
が, 1年後には確定している点に留意すること.

c. aとbの答えを踏まえると, 遊園地はいま開業すべきだろうか. 規制の結
論が出るまで待つべきだろうか.

18. 以下の出来事が市場金利に与える影響について, 資本市場の図を使って説明
せよ.

a. 消費者の貯蓄率が上昇.

b. ナノテクノロジーの進歩で, 企業のコストが下がり, 将来の利益の増加が
見込まれる.

c. 議会で401kの貯蓄に対する税控除の廃止が決まった.

d. 連邦準備制度 〔米国の中央銀行〕 が銀行にニューマネーを注入する.

e. 銀行が貸出基準を厳格化した.

*19. スピーディ・スティーブは, みずからハンドルを握り, 営業に駆けずり回っ
ている. スティーブの効用関数は$U = I^{0.5}$で与えられている. ここでUは効
用, Iは所得である. スティーブの所得は毎週900ドルだが, スピード違反で
捕まると重い罰金が科される. 1週間のうちにスピード違反で捕まり, 500
ドルの罰金を支払う確率が50%だとする.

a. スティーブの期待所得と期待効用を計算せよ.

b. 上司から, スピード違反で捕まる心配のないオンライン営業への配置換え
を勧められた. 外回りの営業と同じ効用を得るには, 所得がいくらあれば
いいか.

374 第4部 基礎から応用へ

c. スピード違反の際の罰金が全額補償される保険に加入するチャンスがある。この保険に入るため，スティーブはいくらまで払うつもりがあるか．答えに至った過程も説明せよ．

d. 保険会社がcで答えた額を払ってくれるとすれば，保険会社は利益が出るか．利益はいくらになるか．

20. ダニエルは農家である．効用関数は$U = I^{0.5}$である．ここでUは効用，Iは所得である．天候に恵まれれば10万ドル稼げるが，嵐が来れば5万ドルしか稼げない．1年間に嵐が来る確率は30％である．

a. 保険に加入していない場合のダニエルの期待所得はいくらか．期待効用はいくらか．

b. 保険会社から次のような提案を受けた．嵐が来ない年はダニエルが保険料1万6,000ドルを支払い，嵐が来た年には3万4,000ドルの保険金を受け取る．ダニエルの期待所得はいくらか．期待効用はいくらか．

c. a，bの答えに対する以下の記述は正しいか．「bの保険契約では，ダニエルの期待所得は減る．したがって，ダニエルの不利になる」

d. 保険会社の提案内容が以下のように変わった．嵐が来ない年は保険料を1万ドル支払い，嵐が来た年には2万ドルの保険金を受け取る．ダニエルの期待所得と期待効用は，a，bと比べてどうか．

第**4**部 基礎から応用へ

一般均衡　第**14**章

21世紀初頭，中国，インドをはじめアジアの新興国が急成長しはじめたことを背景に，鉄鉱石や天然ガスなどあらゆるコモディティや原材料の需要が増加した．その恩恵を最も受けたのがオーストラリアだろう．オーストラリアは豊富な天然資源に恵まれ，採掘と輸出を行っている．アジアの成長でオーストラリアのコモディティ需要が盛り上がり，同国の利潤や所得は大幅に増加した．

　だが，コモディティ市場がめざましい拡大を続けるなか，オーストラリア経済には問題も起きていた．鉱業部門の企業や従業員は天然資源の輸出需要の増大で大いに潤ったが，それによって全国民の生計費が押し上げられたのだ．鉱業以外の製造業などの産業は，好況の煽りを受けた．従業員が鉱業部門に転出するのを防ぐためにやむを得ず賃金を引き上げたが，賃金の伸びは生産性の伸びに見合っていなかった．投入コストが上昇したことで，オーストラリア製品の価格は上昇し，輸出競争力を失った．

　天然資源ブームに沸いた国が，それに伴うコスト上昇で製造業部門の弱体化に陥る傾向は「オランダ病」と呼ばれる．1960年代にオランダで天然ガスが発見され，同国の賃金と通貨が上昇したことに由来する．

　オランダ病は，ある市場がまったく別の市場に影響を与えることを

示した典型例だ．本書ではこれまで独立した市場がどう機能しているかを検証してきた．それぞれの市場には，消費者の選好を反映した需要サイドと，生産者の投入コスト，生産技術，市場支配力によって動く供給サイドがあるが，これら両サイドが自己完結した形で結合して，もっぱら1つの市場だけで均衡価格と均衡数量が決まる，と考えた．

本書の基礎編では，代替財や補完財，需要の交差価格弾力性など，異なる財の市場の相互作用を伴うテーマも取り上げたが，他の市場からの間接的な影響はほとんど無視していた．だが，現実の市場は相互に連関している．オーストラリアで鉱業の好景気が製造業に影響を与えたように，ある市場の動向は別の市場の動向に影響を与える．市場間の波及効果が大きく，それを無視していては，全体像の重要な部分を見逃してしまう．

この章では，こうした市場をまたぐ影響を無視するのをやめて，ある市場の均衡プロセスが他の市場の均衡プロセスにどう影響するのかをしっかりと考えていこう．経済学では，こうした分析手法を**一般均衡分析** (general equilibrium anlysis) と呼ぶ．この手法は，あらゆる市場間の影響を考慮に入れて，すべての市場の需要と供給を同時に一致させる価格を導出する．

すべての市場が同時に均衡するときに，一般均衡は成り立つ．市場の波及効果を念頭に置きながら，各市場の機能を明示的に説明することが，一般均衡効果を理解するカギである．これまで論じてきたのは，いわゆる**部分均衡分析** (partial equilibrium analysis) であり，他の市場への波及効果はないものと想定して，1つの市場の均衡を決定した．一般均衡分析は，追跡すべき「動く部品」が多いため複雑になる．すべての市場が同時に均衡を達成することなどありえないと思うかもしれないが，適切な状況のもとでは，あらゆる市場が均衡する，というのがミクロ経済理論で証明された基本的な事実である．

一般均衡分析はまた，市場の財の配分は適切か否かという哲学的な問題も扱う．一般均衡における市場の状態が望ましいかどうかを問うのだ．ここで「望ましい」をどう定義するかは悩ましい問題だ．そこで経済学者は具体的に，市場がうまく機能しているかどうかの判断基準を明確にする．この章では，そうした基準とはどんなものか，基準を満たす市場にはどんな特性があ

るのかをみていこう.

14.1 一般均衡効果の実際

　一般均衡分析には，2つのアプローチがある．1つは，市場の相互作用の
メカニズムを解き明かし，さまざまな市場の特性が均衡効果の規模と方向に
どのような影響を与えているかに注目する．市場をありのままに捉えている
といえる．もう1つは，経済全体の市場均衡が効率的か公平かを問い，こ
れらの条件を定義するアプローチで，市場のあるべき姿に注目しているとい
える．市場のあるべき姿について人々の意見が完全に一致することはない
が，一般均衡分析は少なくとも市場がどう機能しうるかを説明する手立てと
なる.

　これら2つのアプローチは，若干異なる枠組みを使って一般均衡を捉え
ており，ある面ではそれぞれ独立している．第2のアプローチは次節でみ
ることにして，この節では第1のアプローチを取り上げ，一般均衡効果が
市場でどのようにはたらいているか，またこうしたメカニズムに影響を与え
ている市場の特性とは何か，をみていく.

一般均衡効果の概観

　米国の「2005年エネルギー政策法」は，エタノールなどバイオ燃料をはじ
めとする再生可能エネルギーの利用促進を義務づけ，目標基準を2006年40
億ガロン，2007年47億ガロン，2012年75億ガロンと定めた．これらの数
値目標は，いずれも自由市場に任せた場合に予想される使用量よりかなり高
いとみられた．さまざまな技術的・コスト的要因から，結局，目標のほぼ全
量が，トウモロコシ由来のエタノールで達成された．経済学的にいえば，法
律がトウモロコシの需要を押し上げ，トウモロコシの需要曲線を外側にシフ
トさせたのである.

　第8章の応用「トウモロコシの需要拡大」〔基礎編539-540ページ〕では，

378 第4部 基礎から応用へ

こうした需要の変化がトウモロコシ市場の均衡価格と均衡数量にどのような影響を与えたかを分析した．需要の増加は価格を押し上げ，生産拡大を誘発するはずである．トウモロコシ農家は作付面積を増やし，小麦，大豆，米の農家は農地の一部をトウモロコシ栽培に切り替える．需要の増加は，(生産拡大に伴い限界費用が上昇するので) 均衡点を供給曲線に沿って外側にシフトさせ，トウモロコシの均衡価格と均衡数量を押し上げる．理論からはこのように予想されたが，実際，そのとおりになった．2005年エネルギー政策法が成立した後，2005年から2010年にかけて，トウモロコシの生産量は10％以上増加し，価格は2倍以上になったのだ．[1]

ただ，この間に価格が大幅に上昇した一次産品はトウモロコシだけではない．小麦と米は60％以上値上がりし，大豆の価格は倍になった．トウモロコシ以外の作物はエネルギー政策法の数値目標に直接関係はないが，一般均衡分析は，これらの市場の価格上昇に関連性があることを示唆している．トウモロコシの価格が上昇すると，代替財である小麦や米，大豆の需要も増加するのだ．

こうした市場をまたがる効果は，それだけにとどまらない．トウモロコシの需要が増加すると，その生産に使用される投入物の需要も増加する．機械や肥料，農地といった投入物の供給曲線は右上がりなので，トウモロコシの需要が増加すると，機械や肥料，農地といった投入物の価格も押し上げられると考えられる．実際にもそうなった．2005年から2010年にかけて，肥料と1エーカーあたりの農地の平均価格は30％以上上昇した．[2] さらに，小麦などの代替財の需要の増加も，これらの生産に使用される投入物の価格押上げに寄与した．

他の市場への波及効果は，すべてトウモロコシ市場に跳ね返る．こうしたフィードバック効果をまとめたのが図14.1だ．パネルaはトウモロコシ市場である．目標基準が導入される前，市場は需要曲線D_{c1}と供給曲線S_{c1}の交点で均衡し，均衡数量はQ_{c1}，均衡価格はP_{c1}だった．目標基準の直接効果

---

[1] 生産統計は，米国農務省の『トウモロコシ年報』，『小麦年報』．トウモロコシや以下で取り上げる作物の価格はシカゴ商品取引所による．

[2] 農薬の価格データは米国労働統計局，農地の価格は米国農務省．

図14.1 トウモロコシ市場と小麦市場における一般均衡効果

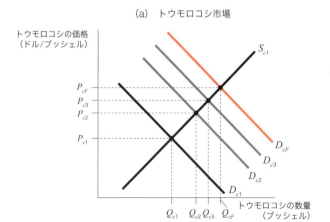

(a) トウモロコシ市場

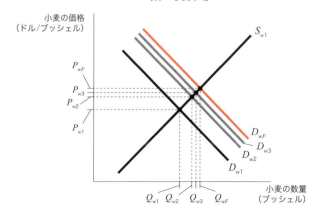

(b) 小麦市場

(a) 再生エネルギーの目標基準が導入される前は、トウモロコシ市場は需要曲線 D_{c1} と供給曲線 S_{c1} が交差する点 (Q_{c1}, P_{c1}) で均衡していた。基準導入の直接的影響で需要曲線は D_{c2} にシフトした。だが、基準の導入は小麦の価格も押し上げるので、トウモロコシの需要曲線は外側にシフトを続け、需要曲線 D_{cF} と供給曲線 S_{c1} が交差する一般均衡点 (Q_{cF}, P_{cF}) に達する。

(b) トウモロコシの代替財である小麦は当初、需要曲線 D_{w1} と供給曲線 S_{w1} が交差する点 (Q_{w1}, P_{w1}) で均衡する。再生エネルギー法の目標基準導入でトウモロコシの価格が上昇すると、代替財である小麦の需要が増加し、需要曲線は D_{w2} にシフトする。トウモロコシの価格上昇を受けて、小麦の需要曲線は外側にシフトを続け、需要曲線 D_{wF} と供給曲線 S_{w1} が交差する一般均衡点 (Q_{wF}, P_{wF}) に達する。

で，トウモロコシの需要が増え，需要曲線はD_{c1}からD_{c2}にシフトした．部分均衡分析なら，これによりトウモロコシの均衡数量はQ_{c2}に増加し，均衡価格はP_{c2}に上昇すると予想する．それで終わりだ．

　しかし，一般均衡分析では，小麦とトウモロコシは代替財なので，トウモロコシの需要の増加が小麦市場に影響を与えると考える．これを示したのがパネルbだ．目標基準が導入される前は，小麦の需要曲線はD_{w1}，供給曲線はS_{w1}で均衡していた．基準の導入でトウモロコシの価格が上がると，消費者が朝食をトウモロコシ主体のシリアルから小麦主体のシリアルに切り替えたりするので，小麦の需要がD_{w1}からD_{w2}に増加する．これを受けて均衡数量はQ_{w2}に増加し，均衡価格はP_{w2}に上昇する．

　小麦はトウモロコシの代替財なので，小麦の価格が上昇すれば，今度はトウモロコシの需要が増加する．トウモロコシの需要曲線はD_{c2}からD_{c3}へ外側に2度目のシフトをする．これによりトウモロコシの均衡数量はQ_{c3}に，均衡価格はP_{c3}に上昇する．トウモロコシの価格が上昇すると，ふたたび小麦の需要が増加し，需要曲線はD_{w2}からD_{w3}へ外側にシフトし，均衡数量はQ_{w3}に，均衡価格はP_{w3}に上昇する．

　こうしたフィードバックは，徐々にペースが落ちて，いずれ止まる．2度目のフィードバック効果は，D_{c1}からD_{c2}への最初のシフトより小さく，3度目のシフトは2度目のシフトより小さい．やがて市場は定常状態に落ち着く．図14.1で，フィードバック効果が一巡した後の最終的な需要曲線は，トウモロコシがD_{cF}，小麦はD_{wF}で示してある．

　つまり，トウモロコシ市場におけるエネルギー政策法の目標基準導入の一般均衡効果は，均衡数量をQ_{c1}からQ_{cF}に，均衡価格をP_{c1}からP_{cF}に押し上げる．これらの変化幅は，部分均衡分析でみたQ_{c2}，P_{c2}への変化幅よりもかなり大きい．トウモロコシと小麦のように結びつきが強い市場が存在するとき，トウモロコシ市場のみに注目した部分均衡分析と一般均衡分析の結果の違いは大きくなる．さらに，再生可能エネルギーの目標基準導入で小麦市場の均衡数量と均衡価格も，Q_{w1}とP_{w1}からQ_{wF}とP_{wF}に押し上げられたが，部分均衡分析では，この影響も完全に無視している．

　一般均衡分析では，2つの市場が共通の投入物を使用しているときに生じ

る波及効果など，供給サイド/投入の産業間の連関も分析できる（詳しくは，この後の定量分析の小節で取り上げる）．このケースでは，トウモロコシの需要の増加を受けて，農家が小麦からトウモロコシに生産を切り替えるため，小麦の供給が減少する．供給の減少で小麦の供給曲線は内側にシフトするが，小麦の需要は変わらないので（先ほど取り上げたばかりの需要の波及効果は無視して，供給サイドの連関だけに注目する），小麦の均衡数量は減少し，均衡価格は上昇する．これを示したのが図14.2である．

小麦の供給曲線がS_{w1}からS_{w2}に内側にシフトし，結果として小麦の価格が上昇すると，今度はその影響がトウモロコシ市場に跳ね返る．トウモロコシを生産するための投入物の価格が上昇するため，トウモロコシの供給曲線はS_{c1}からS_{c2}に内側にシフトする．

ここまで一般均衡のメカニズムの概略を見てきた．次の2つの小節では，前述の2つのケースに実際に数値を置いて，一般均衡効果の決定プロセスをさらに明確にしていこう．

数量的一般均衡──需要サイドでつながっているトウモロコシ市場と小麦市場の例

前述のプロセスに具体的な数値を置いて，一般均衡効果の分析とはどういうものかをつかんでもらおう．分析を単純化するために，小麦とトウモロコシの2財しか存在しない経済を考える．この経済の一般均衡は，小麦とトウモロコシ2つの市場の需要と供給を同時に均衡させる，それぞれの価格の組み合わせになる．

2つの例を検討する．この小節では，小麦市場とトウモロコシ市場にまたがる一般均衡効果をみていく．両市場は需要サイドでつながっている（消費者の小麦とトウモロコシに対する選好には関係がある）からだ．両市場の供給サイドのつながり（小麦とトウモロコシの生産の連関）がもたらす一般均衡効果については，次の小節で取り上げる．

小麦の供給量は$Q_w^s = P_w$で表される．Q_w^sは小麦の供給量（単位は100万ブッシェル），P_wは小麦1ブッシェルあたりの価格である（単位はドル）．

図14.2 産業間の供給サイドの投入連関

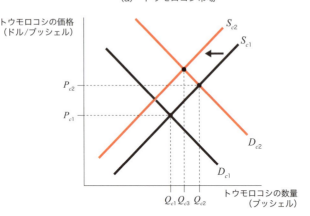

(a) トウモロコシ市場

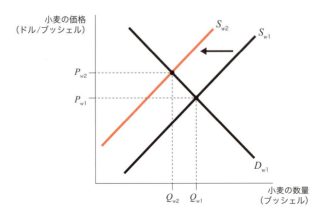

(b) 小麦市場

(a) トウモロコシの需要が増加して、需要曲線はD_{c1}からD_{c2}にシフトする。それを受けてトウモロコシの供給が増加し、供給量はQ_{c1}からQ_{c2}にシフトし、価格はP_{c1}からP_{c2}に上昇する。

(b) トウモロコシの需要の増加を受けて、小麦の生産農家は農地の一部をトウモロコシ生産に切り替える。その結果、小麦の供給曲線はS_{w1}からS_{w2}にシフトする。小麦の供給量はQ_{w1}からQ_{w2}に減少し、小麦の価格はP_{w1}からP_{w2}に上昇する。小麦価格の上昇はトウモロコシ市場に跳ね返り、投入物の価格が上昇するため、トウモロコシの供給が減り、供給曲線はS_{c1}からS_{c2}にシフトする。

この供給曲線は典型的な右上がりで，小麦の価格が上がれば小麦の供給量が増える．同様に，トウモロコシの供給量は$Q_c^s = P_c$で表される．Q_c^sはトウモロコシの供給量（単位は100万ブッシェル），P_cはトウモロコシ1ブッシェルあたりの価格である（単位はドル）．この供給曲線も右上がりであり，価格が上がれば供給量が増える．

一方，小麦の需要は$Q_w^d = 20 - P_w + P_c$で表される．標準的な需要曲線と同様，この等式から小麦も価格が上がれば，需要が減ることがわかる．だが，小麦の需要量は，トウモロコシの価格P_cにも影響を受ける点に留意したい．トウモロコシの価格が上昇すれば，小麦の需要量Q_w^dも増加する．この2つ目の効果は，小麦がトウモロコシの代替財であるという事実を反映している．代替財なので，トウモロコシの価格が上昇すれば，需要の一部が小麦に切り替わる．これにより，どの価格帯でも小麦の需要量は増加し，小麦の需要曲線は外側にシフトする．トウモロコシの需要量は$Q_c^d = 20 - P_c + P_w$で表されるとする．つまり，トウモロコシは小麦の代替財であり，小麦の価格が上がればトウモロコシの需要曲線は外側にシフトする．

この例で，一般均衡効果が生じるのは，小麦とトウモロコシが相互に代替財であるからだ．小麦の需要とトウモロコシの需要は，それ自体の価格のみの関数だと想定していれば（供給曲線は前述の例と同じだとする），両市場にまたがる効果は起こらない．小麦の価格が変化してもトウモロコシの需要曲線がシフトすることはないし，トウモロコシの価格が変化しても小麦の需要曲線がシフトすることはない．そのため，ある市場の価格が他の市場に及ぼす一般均衡効果は存在しない．

均衡価格を求める　　2財の市場から成るこの経済の一般均衡を求めるには，両市場の需要と供給を一致させる価格を見つけなければならない．前述の需要・供給曲線を，小麦の供給量と需要量が一致する部分均衡条件に代入すると以下になる．

$$Q_w^s = Q_w^d$$
$$P_w = 20 - P_w + P_c$$

この等式を変型して，小麦の均衡価格をトウモロコシの価格の関数として

表すことができる.

$$P_w = 10 + \frac{P_c}{2}$$

トウモロコシについても同じステップを繰り返す（トウモロコシの供給量と需要量が等しいと置いて，価格を解き，小麦価格の関数として表す）と以下になる.

$$P_c = 10 + \frac{P_w}{2}$$

2つの等式は似通っているが，これは，2つの市場の需要曲線と供給曲線の形状が同一になるような例を想定したからだ.

小麦とトウモロコシの2つの価格の等式から，各市場の均衡価格はもう一方の市場に依存するのはあきらかだ．これが一般均衡の本質である．

$P_c = 10 + \dfrac{P_w}{2}$ を $P_w = 10 + \dfrac{P_c}{2}$ に代入して P_w を解くと以下になる．

$$P_w = 10 + \frac{P_c}{2}$$

$$= 10 + \frac{\left(10 + \dfrac{P_w}{2}\right)}{2}$$

$$\frac{3P_w}{4} = 15$$

$$P_w = 20 \,\text{ドル}$$

小麦の一般均衡価格は，1ブッシェルあたり20ドルである.

一般均衡におけるトウモロコシの価格を求めるには，小麦の価格 $P_w = 20$ ドルをトウモロコシの価格の等式に代入する.

$$P_c = 10 + \frac{P_w}{2}$$

$$= 10 + \frac{20}{2} = 20 \,\text{ドル}$$

トウモロコシの価格も1ブッシェルあたり20ドルである．トウモロコシと小麦の価格が同じになるのは特殊なケースだ．繰り返しになるが，これは2つの市場の需要曲線，供給曲線の形状がまったく同じだと想定したからだ.

均衡数量を求める　均衡価格が1ブッシェルあたり20ドルだとわかったので，$P_w = 20$ドルを小麦の，$P_c = 20$ドルをトウモロコシの需要または供給曲線の等式に代入すれば，それぞれの均衡数量を計算できる．

	小麦	トウモロコシ
供給	$Q_w^s = P_w$	$Q_c^s = P_c$
	$Q_w^s = 20$	$Q_c^s = 20$
需要	$Q_w^d = 20 - P_w + P_c$	$Q_c^d = 20 - P_c + P_w$
	$Q_w^d = 20 - 20 + 20$	$Q_c^d = 20 - 20 + 20$
	$Q_w^d = 20$	$Q_c^d = 20$
均衡数量 Q	$Q_w^s = Q_w^d = Q_w = 20$	$Q_c^s = Q_c^d = Q_c = 20$

したがって，小麦とトウモロコシの均衡数量は，いずれも2,000万ブッシェルになる．

これが当初の一般均衡である（前小節の例での均衡価格と均衡数量 Q_{c1}，Q_{w1}，P_{c1}，P_{w1} に似ている）．

一般均衡効果　ここで，一方の市場における独立した変化が，いかにしてもう一方の市場に波及し一般均衡効果が生じるのかをみてみよう．再生可能エネルギーの目標基準導入で，トウモロコシと小麦がどの価格帯でも，トウモロコシの需要が1,200万ブッシェル増加するとしよう．トウモロコシの需要曲線は以下になる．

$$Q_c^d = 32 - P_c + P_w$$

これを図に反映したのが，図14.3の需要曲線 D_{c1} から D_{c2} へのシフトだ．

価格が変化させざるをえないのはあきらかだ．20ドルのままなら，需要が3,200万ドルに増えても，供給量は2,000万ブッシェルしかないからだ．トウモロコシ市場における新たな一般均衡価格を求めるには，トウモロコシの新たな需要曲線を使って，先ほどの手順を繰り返す必要がある．

小麦の需要曲線と供給曲線は，エネルギー政策法で直接変わるわけではないので，トウモロコシ価格の関数で表した小麦の価格の等式は，$P_w = 10 + \dfrac{P_c}{2}$ で変わらない．だが，トウモロコシの需要曲線はシフトしているので，

図14.3 再生エネルギー法の目標基準がトウモロコシ市場と小麦市場に与える影響

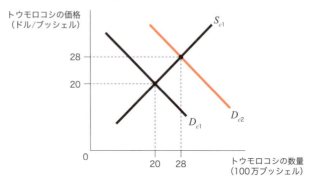

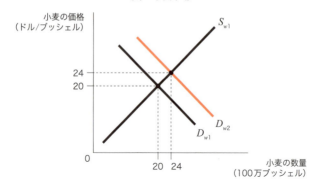

(a) 再生エネルギー法の目標基準の導入前は、トウモロコシの供給量は2,000万ブッシェル、価格は1ブッシェルあたり20ドルで、需要曲線D_{c1}と供給曲線S_{c1}が交差していた。トウモロコシの需要曲線がD_{c2}へと外側にシフトすると、価格は1ブッシェルあたり28ドルに上昇し、供給量は2,800万ブッシェルに増加する。

(b) トウモロコシの代替財である小麦は、当初の均衡数量は2,000万ブッシェル、価格は1ブッシェルあたり20ドルで、需要曲線D_{w1}と供給曲線S_{w1}が交差していた。再生エネルギー法の導入で、トウモロコシの価格が上昇すると、小麦の需要が増加し、需要曲線はD_{w2}にシフトする。新たな供給量は2,400万ブッシェル、価格は1ブッシェルあたり24ドルで、D_{w2}がS_{w1}と交差する。

トウモロコシの均衡価格の等式は，$P_c = 10 + \dfrac{P_w}{2}$ から変わる．$Q_c^s = Q_c^d$ と置くと，以下になる．

$$P_c = 32 - P_c + P_w$$

$$= 16 + \frac{P_w}{2}$$

小麦の一般均衡価格は，やはり1つの等式をもう一方の等式に代入して求めることができる．すなわち，

$$P_w = 10 + \frac{P_c}{2}$$

$$= 10 + \frac{\left(16 + \dfrac{P_w}{2}\right)}{2}$$

$$\frac{3}{4} P_w = 18$$

$$P_w = 24 \, \text{ドル}$$

小麦の価格は，1ブッシェルあたり24ドルになる．この価格をトウモロコシの新たな等式に代入すると，トウモロコシの新たな均衡価格が求められる．すなわち，$P_c = 16 + \dfrac{24}{2} = 28$ ドル/ブッシェル．これらの価格を需要曲線または供給曲線に代入すると，新たな一般均衡数量が求められる．

トウモロコシは，$Q_c^d = 32 - 28 + 24 = 2,800$ 万ブッシェル

小麦は，$Q_w^d = 20 - 24 + 28 = 2,400$ 万ブッシェル

まとめ　トウモロコシと小麦の2財から成る経済で，トウモロコシの需要が増加するとどうなるか．トウモロコシの均衡価格が上昇し，均衡数量が増加するのは，トウモロコシ市場だけに注目した部分均衡分析から予想されたとおりだが，それだけでなく，小麦の価格も上昇し，数量が増加した．意外ではないが，価格の上昇率はトウモロコシが小麦を上回っている（1ブッシェルあたりの価格の上昇幅は，トウモロコシは8ドルで，率にして40％，小麦は4ドルで，率にして20％）．注目したいのは，トウモロコシの需要の増加という当初の変化は，小麦の需要曲線および供給曲線に直接影響を与えるわけではないにもかかわらず，小麦の価格が上昇している点である．代替財の価格を通じて一般均衡効果がはたらいているからだ．これはこれまでの

388 第4部 基礎から応用へ

市場の分析では取り上げていなかった点である.

14.1 解いてみよう

ウィスキーとライ麦は代替財である. ウィスキーの需要は$Q_w = 20 - P_w + 0.5P_r$, ライ麦の需要は$Q_r = 20 - P_r + 0.5P_w$で表される. ここで, Q_w, Q_rの単位は100万バレル, P_w, P_rは1バレルあたりの価格である. ウィスキーの供給は$Q_w = P_w$, ライ麦の供給は$Q_r = P_r$で表される.

a. ウィスキーとライ麦の一般均衡価格を求めよ. 次に均衡数量を求めよ.

b. ウィスキーの需要がどの価格帯でも5単位減少し, 需要関数は$Q_w = 15 - P_w + 0.5P_r$に変わった. ウィスキーとライ麦の新たな一般均衡価格と数量を求めよ.

解答:

a. まず, ウィスキー市場で需要量と供給量が等しいと置いて, ライ麦の価格の関数としてのウィスキーの価格を解く必要がある.

$$20 - P_w + 0.5P_r = P_w$$

$$2P_w = 20 + 0.5P_r$$

$$P_w = 10 + 0.25P_r$$

次に, 同じステップで, ウィスキーの価格の関数として表されたライ麦の価格を解く.

$$20 - P_r + 0.5P_w = P_r$$

$$2P_r = 20 + 0.5P_w$$

$$P_r = 10 + 0.25P_w$$

P_wを解くには, 今求めたP_rの等式を代入すればいい. すなわち,

$$P_w = 10 + 0.25P_r = 10 + 0.25(10 + 0.25P_w)$$

$$= 10 + 2.5 + 0.0625P_w$$

$$0.9375P_w = 12.5$$

$$P_w = 13.33 \text{ドル}$$

これは，P_r が以下であることを示す.

$P_r = 10 + 0.25P_w = 10 + 0.25 \times 13.33 = 10 + 3.33 = 13.33$ ドル

$Q_w = P_w$ かつ $Q_r = P_r$ なので，$Q_w = 1,333$ 万バレル，$Q_r = 1,333$ 万バレルとなる.

b. ウィスキーの需要が減少すると，ウィスキー市場もライ麦市場も影響を受ける. aと同じステップにしたがって，新たな均衡価格と数量を求めなくてはならない.

まず，ライ麦価格の関数としてのウィスキー価格を解く.

$15 - P_w + 0.5P_r = P_w$

$2P_w = 15 + 0.5P_r$

$P_w = 7.5 + 0.25P_r$

当初，ライ麦の需要と供給は影響を受けないので，aから以下であることがわかっている.

$P_r = 10 + 0.25P_w$

したがって，P_r を P_w の等式に代入できる.

$P_w = 7.5 + 0.25P_r = 7.5 + 0.25 \times (10 + 0.25P_w)$

$\qquad = 7.5 + 2.5 + 0.0625P_w$

$0.9375P_w = 10$

$P_w = 10.67$ ドル

P_w に代入し，P_r を解くと以下になる.

$P_r = 10 + 0.25P_w = 10 + 0.25 \times 10.67 = 10 + 2.67 = 12.67$ ドル

$Q_w = P_w$ かつ $Q_r = P_r$ なので，$Q_w = 1,067$ 万バレル，$Q_r = 1,267$ 万バレル，となる.

▐▋ 理論とデータ

カーマゲドンの一般均衡

2011年7月，ロサンゼルス市の住民は災害に備えた. 住民は週末に買い物に出かけなくてもすむように食料を備蓄し，病院は緊急体制を敷いて十分

390　第4部　基礎から応用へ

なスタッフを確保した．地元のテレビ局は中継を計画した．

　大洪水や軍事攻撃に備えたわけではない．週末に予定されている建設工事に伴い，ロサンゼルスと郊外を結ぶ主要高速道路405号線が閉鎖されるのに備えたのだ．これは，サバイバルゲームになぞらえ「カーマゲドン」と名づけられた．

　ロサンゼルス市当局のねらいは，つねに渋滞していると評判の悪いロサンゼルスの高速道路の混雑緩和と通勤時間の短縮にあった．そのため車線（レーン）を増やして，通勤時の相乗りを奨励するカープール・レーンを設ける計画だ．こうした対策は，どれだけ効果をあげたのだろうか．大々的な工事を伴うカーマゲドンは，その成果があったのだろうか．

　工事がすべて終わっているわけではないので，ロサンゼルス住民に伝えるには早すぎるが，経済学者のジレス・デュラントンとマシュー・ターナーの最近の論文によれば，一般均衡効果によって通勤者にはたいした恩恵はないということだ．[3]

　米国では，過去20年，大都市圏の道路網が拡張するにつれて，平均車両台数は2倍近く増加した．この事実を踏まえて，デュラントンとターナーは，高速道路や幹線道路の拡張が都市部の交通量に及ぼす影響を詳細に検証した．具体的には，ある地域の道路の車線延長距離が，車両走行延長に与える影響に注目した．車線延長は，道路の延長距離に車線数を掛けたもので，その道路の総通行容量がわかる．車両走行延長は，道路を走行する車両数に1台あたりの走行距離を掛けたものである．

　ロサンゼルスの住民は，その結果にショックを受けるだろう．車両走行延長と車線延長の弾力性は，約1.03だった．つまり，道路の通行容量が増強されるたびに，それと同じだけ走行距離が延びているのだ．たとえば，405号線で通行容量が10％増強されると，この路線を走る車両台数も10％増えると予想できる．ということは，混雑緩和策として道路が建設されたとしても，車で通勤する人々にとって状況は一向に改善されないということだ．[4]

---

3)　Gilles Duranton and Matthew A. Turner, "The Fundamental Law of Road Congestion: Evidence from US Cities," *American Economic Review* 101, no. 6（October 2011）: 2616-2652.

では、なぜ、道路の数が増えても、その道路を走行する車両の密度は変わらないのか．ロサンゼルス市当局は交通量の緩和を目的に高速道路を建設するにあたり、部分均衡分析に頼っている．だが残念ながら、この問題には一般均衡効果がある．ある地域の道路の拡張は、部分均衡分析で予想される以上の影響を及ぼすのだ．デュラントンとターナーの研究では、ある地域における道路の供給拡大は、その地域への人や企業の流入と中心部からの流出を促すとしている．結果的に、この地域の交通量が「自然な」定常状態に達するまで、ドライバーが求める道路の需要が増加し続けるのだ．

これらの研究結果からは、ロサンゼルスの交通渋滞は、高速道路の延長では改善されそうにないことを示している．だが、カーマゲドンには思いがけないプラス面が1つあった．その週末、ほとんどの人が自宅から出なかったことから、あえて車に乗った人は、スイスイ走れたのだ．

数量的一般均衡——供給サイドでつながっているトウモロコシ市場と小麦市場の例

先ほどは需要サイドに注目して、トウモロコシ市場と小麦市場の連関を見た．2財は代替財なので、ある財の価格変化が、もう1つの財の需要に影響を及ぼす．供給サイドの市場の連関でも、一般均衡効果は生じる．たとえば、トウモロコシも小麦も、生産には、肥料や土地、作業員など共通の投入物を使って生産する．

需要サイドと同じく、まずは単純な需要曲線、供給曲線に具体的な数値を入れてみよう．小麦の需要曲線は$Q_w^d = 20 - P_w$、トウモロコシの需要曲線は$Q_c^d = 20 - P_c$だとする．先ほどと違って、2つの市場の需要サイドの連関はない点に留意したい．財の需要量に影響を与えるのは、その財の価格だけである．ここで注目するのは、市場間の需要サイドの相互作用がなく、供給サイドの相互作用のみが存在する状況である．

---

4) 別の渋滞対策については、応用の「自動車税の引上げは、ドライバーを喜ばせたのか」（第16章、533ページ）を参照．

392 第4部 基礎から応用へ

　小麦の供給曲線は，$Q_w^s = 2P_w - P_c$，トウモロコシの供給曲線は$Q_c^s = 2P_c - P_w$である．両市場の供給曲線には連関があることがわかるはずだ．どちらの財も，その財自体の価格が上昇すれば供給が増加し，他の財の価格が上昇すれば供給が減少する．この関係が捉えているのは，ある財の価格が上昇するとき，生産がその財にシフトし，希少な投入物が他の財から振り向けられる（小麦からトウモロコシへの転作が進む）という考え方である．

　需要サイドの連関分析と同じ手順を使って，一般均衡価格と一般均衡数量を求めることができる（こうしたタイプの計算は前にもやったので，詳細は割愛）．$Q_w^s = Q_w^d$と置いて，小麦の価格をトウモロコシの価格で表すと以下になる．

$$P_w = \frac{20}{3} + \frac{P_c}{3}$$

トウモロコシについても同様に，$Q_c^s = Q_c^d$と置いて，価格を小麦の価格で表すと以下になる．

$$P_c = \frac{20}{3} + \frac{P_w}{3}$$

これらの等式を解くと，$P_w = 10$ドル，$P_c = 10$ドルとなり，1ブッシェルあたりの価格はいずれも10ドルになる．この価格を需要曲線，供給曲線に代入すると，均衡数量はいずれも1,000万ブッシェルであることがわかる．

　ここでふたたび，エネルギー政策法の施行で，どの価格帯でもトウモロコシの需要量が1,200万ブッシェル増加するとしよう．トウモロコシの需要曲線は以下になる．

$$Q_c^d = 32 - P_c$$

　小麦の需要曲線，供給曲線は直接的な影響を受けないので，小麦価格をトウモロコシ価格の関数として表した等式は前と変わらず，$P_w = \frac{20}{3} + \frac{P_c}{3}$である．だが，トウモロコシの価格は以下に変わる．$P_c = \frac{32}{3} + \frac{P_w}{3}$．この等式を解き，上の小麦の価格を解くと，$P_w = 11.50$ドル，$P_c = 14.50$ドルとなり，1ブッシェルあたりの価格は，小麦11.50ドル，トウモロコシは14.50ドルになる．これらの価格を需要曲線または供給曲線に代入すると，小麦の

均衡数量は850万ブッシェル，トウモロコシの均衡数量は1,750万ブッシェルになる．

まとめ　　トウモロコシの需要が増加すると，一般均衡効果によってトウモロコシと小麦両方の価格が上昇する．これは，両市場の連関が供給サイドの場合でも，前の例の需要サイドの場合でもあてはまる．

　このケースでは，両市場にまたがる効果を主導しているのは，供給サイドの市場の連関である．トウモロコシの価格が上昇すると，小麦からトウモロコシへの生産シフトが進んで，どの価格帯でも小麦の供給量が減少し，小麦の供給曲線が内側にシフトする．小麦の需要曲線は変わらないので，小麦の価格が上昇する．また，需要サイドの連関のケースと同様に，価格の上昇幅は，直接需要がシフトする財（トウモロコシ）が大きい．

　しかしながら，このように類似性があるからといって，需要サイドの市場の連関が，供給サイドの連関と同じ一般均衡効果を生むわけではない点に留意したい．いずれのケースでも，すべての財の価格は上昇するが，数量への影響は異なる．前述の需要サイドの連関のケースでは，トウモロコシの需要曲線のシフトに応じて，両方の財の一般均衡数量が上昇する．だが，先ほど見たとおり，供給サイドでは，トウモロコシの均衡数量は増加したが，小麦の均衡数量は減少した．

　結果的に均衡数量が異なるのは，2財の市場を需要サイドの市場の連関から見た場合，トウモロコシの需要が増えると小麦の需要も増えるからだ．両市場の供給曲線は固定されているので，需要の増加は均衡数量の増加につながる．だが，供給サイドの市場の連関から見た場合，トウモロコシの需要の増加が，小麦の供給減少につながり，均衡数量が減少する．小麦市場の均衡数量の変化について相反する結果が予想されるが，トウモロコシと小麦の一般均衡価格の上昇を引き起こした要因が，需要サイド・供給サイドのいずれなのかを確かめることができる．2財が代替財の場合，つまり，需要サイドに連関がある場合，トウモロコシの需要の増加に応じて，小麦の数量も増加するが，一方，小麦の数量が減少する場合，供給サイドの連関がより重要であることになる．[5]

良い教師はどこに消えたのか

　平均的に見て,教師は昔ほど偉大ではないようだ.K-12(幼稚園から高校3年まで)のすばらしい教師は,いまでも大勢いるし,読者にも思い浮かぶ恩師が何人かいるかもしれない.だが,1960年と2010年の平均的な教師を比べると,多くの点で1960年の教師に軍配があがる.いろいろな意味で生徒の出来も昔のほうが良かったようだ.*

　なぜ教師の質は下がったのか.1960年から現在までに何が変わり,学生は迷惑をこうむっているのか.じつは,最も可能性が高いのが産児制限のピルだ.

　経口避妊薬には教師の質を低下させるような副作用はない(もし副作用があるなら,食品医薬品局(FDA:Food and Drag Administration)が報告書を発行するだろう).そうではなく,ピルの導入には一般均衡効果があり,避妊市場を越えて広がったのだ.最も基礎的なレベルでは,ピルによって結婚市場が変化し,女性のキャリアの幅を広げたことで雇用市場に影響を与えた.

　経口ピルの服用によって,女性は,そして男性も妊娠をコントロールできるようになった.女性にとっては,望まぬ妊娠で学習が中断されることを前ほど心配しなくてもよくなったので,教育に多大な投資をすることが理に適うようになった.その結果,大学院や専門課程に進んで,医学や法律,ビジネスの知識を身につける女性が増加した.1970年には女性の内科医の割合は9.1%にすぎなかった.†だが,いまや,内科医と外科医の32.3%が女性であり,医学部では半数以上を女子学生が占め

---

5) 完全な分析では,小麦とトウモロコシの生産量に対する他の影響をコントロールしながら,ありうる2つの可能性をテストするが,具体的な数字に注目するとわかりやすい.2005年から2010年にかけて,トウモロコシの作付面積は8%増加したが,同じ期間に小麦の作付面積は約6%減少した.これは,需要サイドの波及効果よりも供給サイドに起因する小麦価格の上昇が大きかったことによっても裏づけられる.

る.[‡] 同様に法曹界でも，1970年には弁護士と裁判官の女性比率は5.1％にすぎなかったが，2010年には弁護士の30％強，法学部学生の過半数を女性が占めている.

こうした統計が，教師の質の低下とどう関係しているのか．ピルの一般均衡効果を推定するには，現在，医学，法学，ビジネスで学ぶ大多数の女性が，1960年以前ならどうしていたかを考えるのがいい．第1に，若いうちに，おそらくは大学卒業後すぐに結婚することを予想しており，最高でも4年制大学で資格がとれるキャリアを選んだ可能性が高い．第2に，産休を取りやすい職業（少なくとも，妊娠する段になって辞めやすい職業）を求めただろう．そして第3に，知的職業を求める．これら3つの基準を満たす職業は何か．教師だ．事実，1960年に30代前半だった大卒女性の就業者のうち，50％近くが教師だった.[§]

教師の質が下がったのは悪いことなのか．良い教師も欲しいが，良い医師も欲しい．そして，教師よりも法律や医学を選択した女性は，おそらく良かったと思っている．結局のところ，教師の道を選ぶこともできたが，あえてそうしなかったのだ．それでも良い教師が必要だというなら，教師の質の問題に関してミクロ経済学はごく簡単な解決策を教えてくれる．賃金を上げればいいのだ．そうすれば，裁判所よりも教室のキャリアを選ぶ人が増えるだろう.

---

[*]　John H. Bishop, "Is the Test Score Decline Responsible for the Productivity Growth Decline?" *American Economic Review* 79, no. 1 (March 1989): 178–197.

[†]　Claudia Goldin and Lawrence F. Katz, "The Power of the Pill: Oral Contraceptives and Women's Career and Marriage Decisions," *Journal of Political Economy* 110, no. 4 (August 2002): 730–770.

[‡]　Bureau of Labor Statistics, *Household Data Annual Averages*, 2010.

[§]　Claudia Goldin, Lawrence F. Katz, and Iliana Kuziemko, "The Homecoming of American College Women: The Reversal of the College Gender Gap," *Journal of Economic Perspectives* 20, no. 4 (Fall 2006): 133–156.

396　第4部　基礎から応用へ

応用　都市における住宅市場と労働市場の一般均衡効果

　これまでの例で見たのは，ある市場の価格変化が，一般均衡効果によって別の市場の需要曲線ないし供給曲線をシフトさせるということだった．だが，一般均衡効果は，需要曲線や供給曲線の傾きに影響を与えることもある．

　経済学者のレイヴァン・サックスは，最近の研究でこうした例を取り上げている．[6] サックスは，主要都市において，都市内の企業の労働需要が増加したとき，労働市場がどう反応しているかに注目した（労働需要曲線が外側へシフトする典型的な要因としては，都市内で操業する企業の製品に対する需要の増加があげられる）．まず，都市の労働需要曲線がシフトしたときの部分均衡分析を行う．短期的に，自社の製品需要が増加した企業は，追加的な労働力が必要になり，労働の需要曲線はDL_1からDL_2へ外側にシフトする（図14.4a）．短期の労働供給曲線SL_{SR}は右上がりであることから，労働需要曲線が外側にシフトすると，雇用が増加して賃金も上昇し，均衡点はAからBにシフトする．

　短期的な労働供給曲線が右上がりなのは，都市内の労働力を引きつけるために賃金が上昇しなければならないからだ．だが，長期的には，この都市の賃金が上昇すると，他の都市から労働者が流入してくる．賃金の変化に応じて労働者が都市間を移動できるという事実は，短期の労働供給曲線よりも長期の労働供給曲線の弾力性が高い（傾きが緩やか）ことを意味する．この長期供給曲線を示したのが，パネルaのSL_{LR}である．（ここで流入の規模はかなり大きく，長期供給曲線は完全弾力的だと想定しているため供給曲線は水平だが，すぐ後で見るように一般均衡ではあてはまらない．）

　長期的に労働力が流入することにより，新たな労働需要曲線の均衡点は点Bから点Cに押し下げられる．雇用がさらに増えて賃金は当初の水準に戻る．賃金が当初の水準に戻ると，労働者の新規流入は止まり，雇用の伸びも

---

6)　Raven E. Saks, "Job Creation and Housing Construction: Constraints on Metropolitan Area Employment Growth," *Journal of Urban Economics* 64, no. 1 (July 2008): 178-195.

図14.4 労働市場と住宅市場の相互作用

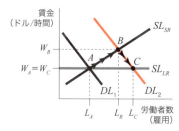

(a) 労働市場（部分均衡）

(a) 地元企業の労働需要の増加で，需要曲線はDL_1からDL_2にシフトし，短期の雇用はL_AからL_Bに増加し，賃金はW_AからW_Bに上昇する．長期的には他の都市から労働者が流入するため，長期的な労働の供給曲線SL_{LR}は比較的弾力的である．労働の供給量はL_Cに増加し，賃金は押し下げられて，元の水準に戻る．$W_C=W_A$．

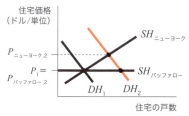

(b) 住宅市場（部分均衡）

(b) 労働者の流入による一般均衡効果は，労働市場以外にも及ぶ．労働者の流入で，住宅需要が増加し，住宅の需要曲線はDH_1からDH_2に外側にシフトする．住宅供給（$SH_{バッファロー}$）が相対的に弾力的なバッファローのような都市では，住宅価格は変わらず，$P_1=P_{バッファロー,2}$である．住宅供給（$SH_{ニューヨーク}$）が相対的に非弾力的なニューヨークのような都市では，住宅価格が$P_{ニューヨーク,2}$に上昇する．

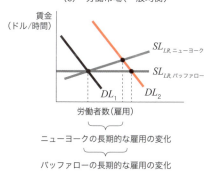

(c) 労働市場（一般均衡）

(c) ニューヨークの長期の労働供給曲線（$SL_{LR,ニューヨーク}$）の傾きが相対的にきついのは，パネルbで見た住宅価格の上昇を反映している．これに対してバッファローの長期の労働供給曲線（$SL_{LR,バッファロー}$）は，パネルbのフラットな供給曲線に似ている．住宅市場が労働市場に与える影響を反映して，バッファローではニューヨークにくらべ雇用の伸びが大きく，賃金の伸びが小さい．

止まり，長期の労働市場は点Cで均衡する．したがって，労働需要曲線のシフトに対する長期的な労働市場の反応は，L_AからL_Cへの労働需要の増加として表される．

だが，現実はもっと複雑であることをサックスの研究は示している．労働市場と住宅市場の連関による一般均衡効果も，長期的な雇用動向の規模を左右する．労働需要の増加を受けて労働者が都市に流入することで，この都市の住宅需要も増加するからだ．この需要の変化を示したのが図14.4のパネルbで，住宅の需要曲線はDH_1からDH_2にシフトしている．ニューヨーク市（NYC）のように住宅の供給が非弾力的で供給曲線の傾きがきつい都市では（都市の住宅供給曲線の傾きの決定要因については後述する），労働者の流入は住宅価格を押し上げる．この価格の上昇はパネルbでも確認できる．需要曲線がシフトするとき，市場は供給曲線$SH_{ニューヨーク}$に沿って上昇し，価格はP_1から$P_{ニューヨーク, 2}$に上昇する．これに対して，住宅供給が弾力的で，供給曲線の傾きが緩いバッファローのような都市では，住宅価格はさほど上昇せず，まったく上昇しない可能性もある．パネルbで，バッファローの住宅供給曲線は$SH_{バッファロー}$で示してあるが，需要曲線がシフトしても均衡価格は変わらず，$P_1＝P_{バッファロー, 2}$である．

逆に，住宅市場の価格変化が，労働市場に与える効果もある．住宅価格の上昇は，労働需要の増加に伴う賃金上昇を打ち消す方向にはたらく．だとすれば，一定の労働力の流入を加速させるには，住宅の供給曲線の傾きがきつい都市のほうが，賃金の上昇幅が大きくなければならないことになる．都市に流入する労働者にとって，住宅価格の上昇分を賃金の上昇分で穴埋めしなければならないからだ．つまり，長期の住宅供給曲線の傾きがきついニューヨークのような都市では，長期の労働供給曲線の傾きもきつい，ということだ．逆に，住宅の供給曲線の傾きが緩やかなバッファローのような都市では，長期の労働供給曲線の傾きも緩やかである．こうした長期的な反応は，地元住宅市場と労働市場で相互作用する一般均衡効果を反映したものだ．つまり，バッファローの長期の労働供給曲線は図14.4のパネルaのSL_{LR}のように傾きが緩やかなのに対して，ニューヨーク市の長期の労働供給曲線は傾きがきつい．図14.4のパネルcは，こうした2都市の労働供給曲線と，当初の労働需要曲線のシフトを重ねたものだ．バッファローのように住宅供給の弾力性が高い都市よりも，ニューヨークのように住宅供給の弾力性が低い都市のほうが，長期の労働力の増加幅が小さいことがわかる．

第14章　一般均衡　**399**

　サックスは，ある都市の労働需要曲線のシフトが総雇用に及ぼす一般均衡効果は，その都市の住宅供給曲線の傾きに依存する，という仮説を検証した．住宅供給の弾力性が異なる都市間で，労働需要曲線のシフトに対する労働市場の変化を比較した．住宅供給曲線を直接測ることはできなかったが，建築規制の厳しさを1つの目安にした．それによれば，建築規制が厳しい大都市（住宅の供給量を増やそうとしても，規制によりコストがかさむため，住宅供給曲線の傾きがきつくなる都市）は，労働需要曲線のシフトの幅は同じでも，長期的な雇用の変化が小さかった．建築規制がほとんどないテネシー州ナッシュビルやイリノイ州ブルーミントン-ノーマルのような都市では，労働需要曲線が1％外側にシフトすると（どの賃金帯でも企業の労働需要が1％増加すると），長期の雇用も約1％増加していた．だが，ニューヨークやサンフランシスコなど規制が厳しい都市では，労働需要が1％増加しても，長期の雇用の増加率は0.7％弱にとどまった．■

14.2　一般均衡——公平と効率性

　一般均衡分析の第2のアプローチは，市場がどの程度うまく財を配分するのか，という哲学的ともいえる概念上の問題を扱う．つまり，一般均衡における市場の状態が何らかの意味で望ましいかどうかを問うのだ．だが，「望ましい」の定義は一筋縄ではいかないので，経済学ではもう少し具体的に，市場がよく機能しているかの判断基準について考える．この節では，こうした基準を取り上げ，市場が基準を満たしているのかをみていこう．

市場のパフォーマンスの測定基準——社会的厚生関数

　市場が全体として望ましい状態にあるかどうかを考えようとするとき，経済学でよく使われるのが**社会的厚生関数**（social welfare function）である．個々人の効用の総和がその社会全体の効用だと考え，経済のパフォーマンスを測定する数学的関数である．この関数を使えば，（経済におけるすべての

個人の効用分布など）さまざまな市場の状態を比較することができる．社会的厚生関数では，より値が高いほうが望ましいと考えられる．

さまざまな市場の状態の順位づけは，そもそもそれを評価するために選択した社会的厚生関数の形式に依存する．たとえば，個人の効用水準の格差をあきらかにペナルティとする関数と，平均効用水準のみに基づいて順位づけする関数では，同じ市場の評価がかなり違ったものになる．そのため，どの社会的厚生関数を選択するかは，やや哲学的な問題であり，そもそもどのような状態が望ましいと考えるかにかかってくる．したがって社会的厚生関数は，望ましい特性（問題は，格差の大きさなのか，集団ごとの効用の差なのか）をあらかじめ決めたうえで，経済状態を順位づけする手段だと考えることができる．そもそも格差は良くないことなのか，良くないとすればどの程度良くないのか，といったことを決めるには役立たない．社会的厚生関数はこうした見方を具体化したものだが，その見方がどれだけ正しいか，あるいは正しくないかを明らかにするものではないのだ．

社会的厚生関数の選択が主観的であることから，関数がどのような形式を取るべきか，確固としたルールが決まっているわけではない．だが，使い勝手が良いとか，個人間の効用分布の望ましさについて，さまざまな考え方を包括しているなどの理由から，よく使われている関数が存在する．

功利主義型の社会的厚生関数　　一般的な社会的厚生関数の1つが，社会のすべての構成員の効用水準uを，全員が等価として足し合わせるタイプがある．

$$W = u_1 + u_2 + \cdots + u_N$$

ここで，Wは，社会的厚生関数の値，すなわち，ある社会における効用の総和である．下付きの数値は個人を表し，この社会の構成員はN人である．これは**功利主義型の社会的厚生関数**（utilitarian social welfare function）と呼ばれるが，社会全体の厚生は個々人の厚生の総和である，と考える．これなら簡単で使えそうだ．だが，功利主義的な社会は，個々人の効用の格差にはほとんど目を向けない点に注意しなければならない．ある人がすでに豊かであっても，その人の効用を一定量押し上げれば，社会全体の効用は高ま

る．じつは，功利主義型の社会的厚生関数では，効用が0に低下する人がいても，他の誰かの効用が同じだけ高まれば問題ではない．効用の高まった人間が社会のなかで最も豊かな人間だとしても一向に差し支えないのだ．

ロールズ型，平等主義型の社会的厚生関数　功利主義型の社会的厚生関数では，効用の不平等が考慮されていないとして，別のタイプの関数が提案されている．

　そのうちの1つは，社会的厚生が，社会で最も貧しい構成員の厚生によって決まると考える．最も貧しい人の効用を最大化するのが社会的な正義だと論じた政治哲学者のジョン・ロールズにちなんで，**ロールズ型社会的厚生関数**（Rawlsian social welfare function）と呼ばれる．数式では，以下のように表される．

$$W = \min \{u_1, \ u_2, \ \cdots, \ u_N\}$$

　言葉で説明すると，社会の厚生 W は，社会全体の最低限の効用である，といえる．重要なのは最も貧しい人の効用であり，それ以外の人々の効用水準については問題にしない．ロールズ型効用関数は，**平等主義型の厚生関数**（egalitarian welfare function）の極端な例だといえる．理想的な平等社会では，すべての個人が等しく豊かで，社会全体の平等から多少でも遠ざかると，社会の厚生を高めることはできない，と考えるのだ．

社会的厚生関数の欠点　社会的厚生関数は有用だが，市場の状態を評価する実際的な尺度としては使いにくい．望ましい状態に導く要因をどう考えるかが，関数によって大きく異なるのがその理由だ．たとえば，富裕層への課税を強化して貧困層にまわす政策について，功利主義型の社会と平等主義型の社会とでは，反応が大きく異なる．すでに述べたように，政策の成果をどう評価するかは，そもそも格差の解消にどれだけ価値があるのか，という主観的判断に依存する．

　さらに，どのタイプの社会的厚生関数を使うか全員が合意できたとしても，個人の効用水準を数学的に足し合わせることは——社会的厚生関数のポイントだが——第4章で論じたように，概念的には難がある．同じ社会的

402 第4部　基礎から応用へ

効用関数を使っても，個人が選択する個々の効用関数次第で，消費バンドル
に対する効用水準は変わってくる．そのため，社会全体の状態を比較するこ
とがさらにむずかしくなるのだ．

14.2 解いてみよう

　アーノルド，ブルース，シルベスターは，ペルーの小さなコミュニ
ティで暮らしている．現在の効用水準は，アーノルド $U_A = 55$，ブルー
ス $U_B = 35$，シルベスター $U_S = 10$ である．コミュニティの寛大な長ア
ンジェリーナは，アーノルドの効用を10高め，シルベスターの効用を
5下げる政策の導入を検討している．

a.　アンジェリーナが想定する社会的厚生関数が $W = U_A + U_B + U_S$ だと
　　すれば，政策を導入すべきだろうか．

b.　アンジェリーナが想定する社会的厚生関数が $W = \min\{U_A,\ U_B,\ U_S\}$ だとすれば，政策を導入すべきだろうか．

c.　アンジェリーナが想定する社会的厚生関数が $W = U_A \times U_B \times U_S$ だと
　　すれば，政策を導入すべきだろうか．

解答：

a.　アンジェリーナが政策を導入すべきか否かを決めるには，政策を実
　　施した前後の社会的厚生を計算しなければならない．

　　　　前：$W = U_A + U_B + U_S = 55 + 35 + 10 = 100$

　　　　後：$W = U_A + U_B + U_S = 65 + 35 + 5 = 105$

　　政策の導入後，厚生が高まることから，政策を導入すべきである．

b.　　前：$\min\{U_A,\ U_B,\ U_S\} = \min\{55, 35, 10\} = 10$

　　　後：$\min\{U_A,\ U_B,\ U_S\} = \min\{65, 35, 5\} = 5$

　　政策導入後，厚生が低下することから，政策を導入すべきでない．

c.　　前：$W = U_A \times U_B \times U_S = 55 \times 35 \times 10 = 19{,}250$

　　　後：$W = U_A \times U_B \times U_S = 65 \times 35 \times 5 = 11{,}375$

　政策導入後，厚生が低下することから，政策を導入すべきでない．

第14章 一般均衡 **403**

市場パフォーマンスの尺度──パレート効率性

社会的厚生関数を使って市場の機能を評価するのは簡単ではないことから、経済学では、誰もが理解し賛同できる別の尺度が使われるようになった。パレート効率性である。

他の誰かの効用を低下させることなく、効用を高められる人が存在しない経済は、**パレート効率的**（Pareto efficient）であるという。具体例で説明しよう。3人から成る小さな経済を考える。ラリーがノートパソコンを、モエはテレビを、カーリーはオールズモービルの中古車を持っている。3人のあいだで財を交換して、誰も貧しくすることなく、少なくとも1人を豊かにする方法がなければ、この経済はパレート効率的だといえる。財を交換して、誰も貧しくすることなく、1人以上が豊かになるとすれば、この経済はパレート効率的とはいえない。たとえば、仮にラリーが喜んで自分のノートパソコンをカーリーの中古車と交換し、カーリーもそれを喜ぶとすれば、当初の財の配分はパレート効率的ではなかったことになる。パレート効率的であれば、どちらか1人は参加しようとしないので、こうした交換は成立しない。パレート効率性のもとでは、単純な2人のあいだの2財の交換であれ、もっと複雑な交換であれ、財を交換し直すと、効用が低下する人が誰か出てくる。[7]

一般均衡にとってこれは何を意味するのか。パレート効率的な経済は、対価なしに多くのものを手に入れられない、ということだ。経済学でいう「フリーランチ」あるいは、（たとえとしても、文字どおりの意味でも）「道端に20ドル札が落ちている」ことはないのだ。こう考えると、パレート効率性とは、直観的に理解しやすい概念だといえる。

パレート効率性には、もう1つ重要な性格がある。公正である必要も平等である必要もなく、社会的厚生関数を最大化する必要もない。パレート効率的な配分では、個人の効用水準に大きな違いが出る可能性がある。じつ

---

7) パレート効率的な配分の財を再交換することで、1人の効用も高まらない、というわけではない。じつは、1人または1集団の効用は高まる可能性があるが、誰かの犠牲のうえに達成される。

は，ある経済において，限界効用がプラスであるかぎり，1人にすべての財を与え，それ以外の人々に何も与えなくてもパレート効率的になるのだ！この配分から財を再配分するには，すべての財を所有する人から一部を取り上げる必要がある．限界効用はプラスなので，取り上げられた人の効用は低下し，パレート効率の状態が崩れることになる．

したがってパレート効率性は市場の基準としては弱い，と認識することが重要だ．パレート均衡とも呼ばれるパレート効率的な状態は，平等の観点から見れば感心できない．それでも，市場の自発的な取引によって，資源の当初の配分に存在しうるフリーランチを排除できるかどうか，という点から見ると，パレート効率性は有用な基準だといえる．

市場のパレート効率性を見つける

パレート効率性は，市場の状態を評価する標準的な尺度となることがわかった．では，実際の市場の状態とどう比較すればいいのか．多数の人々に膨大な財を配分する方法として，最も一般的なのが市場である．うまい言葉が見つからないが，市場はそれが得意なのだろうか．この問いに答えるには，市場の均衡状態をなんらかの基準と比べる必要がある．その基準としてパレート効率性を使う．

結論を先に述べよう．市場環境に関するある前提のもとでは，市場はパレート効率的である．およそ経済学が生まれてからというもの，経済学者はパレート効率的な可能性について考えてきた．アダム・スミスが提唱した有名な概念「見えざる手」（市場参加者は自らの利益になるようふるまうだけだが，目に見えない市場の力がはたらき，社会全体の利益になる結果を生み出す）は，事実上，市場は効率的な状態になりうると主張する．だが，パレート効率的な結果が数学的に証明されたのは，20世紀半ばになってからだ（高度な手法を使った証明なので，本章では扱わないが，背後にある経済的な考え方については後半で取り上げる）．

経済学者が市場を好意的に見る傾向があるのは，結果的な市場の効率性に大きな理由がある．ある前提のもとでは，市場は自然に効率的な状態に至る

傾向があるのだ（完全競争，供給者，需要者のあいだの価格受容行動など，いくつかの前提についてはすでに学んだので記憶にあるだろう）．だが，現実の市場は，こうした前提すべてがあてはまる可能性は低く，完全にパレート効率的ではない．

現実の市場が完全に効率的ではないにもかかわらず，経済学者は，政府による解決よりも市場による解決をはるかに望んでいるのはなぜだろうか．市場の効率性の証明では，市場が効率的であるための条件が正確に示されているからだ．つまり，市場を機能させるもの，あるいは失敗させるものは，神秘的なものではない．その仕組みを阻害するものはわかっていて，どのような政策によって，そうした阻害要因が取り除かれるかも示唆されている．

したがって，政治志向の強い経済学者ほど，市場は最大多数の最大幸福を生み出す潜在能力があると考える傾向がある．こうした人たちは，市場を円滑に機能させるためにどれだけの介入が必要かといった議論には，異論を唱える傾向がある．

市場の効率性──3つの条件

市場が効率的に機能するには何が必要なのか．詳しくみていこう．効率的な市場が満たすべき基本的な条件は3つある．

1. **交換の効率性**（exchange efficiency）　交換の効率性が成り立つには，財の配分がパレート効率的でなければならない．誰かの効用を低下させることなく，効用を高められる消費者は存在しない．交換という用語が使われているのは，どんな財が生産されるか，どのように生産されるか，誰が購入するかは問題にしないからだ．あたかも，さまざまな財を人々に配分し，自由に取引（交換）できるものとして考える．

2. **投入の効率性**（input efficiency）　投入の効率性が成り立つには，ある財の生産量を増やせば，少なくとも他の1つの財の生産量が少なくなるように，投入物が配分されているはずである．

3. **産出の効率性**（output efficiency）　最初の2つの条件は，生産される財を所与として，その後，消費者（交換の効率性），生産者（投入の効率

406　第4部　基礎から応用へ

性) の配分がどの程度，効率的かを評価する．産出の効率性は，どの財をどれだけの量，生産するかを扱う．産出の効率性が成り立つと，一部の消費者や生産者の効用を下げることなく，生産される財の構成や財の量を変えることはできない．

　以下では，こうした条件について1つ1つ詳しくみていこう．そのうえで，効率的な一般均衡で，それらにどのような相関性があるのかをみていく．

14.3　市場の効率性——交換の効率性

　交換の効率性を取り上げ，効率的一般均衡のさまざまな側面を検証する前に，まず市場の効率性を測る手軽な分析ツール，**エッジワース・ボックス**（Edgeworth Box）を紹介しておこう．これはアイルランド人の経済学者フランシス・エッジワースにちなんで名づけられたもので，2人の消費者，2つの財から成る経済を考える（2人の生産者，2つの投入物を考えてもいい）．設定は単純だが，市場の効率性を理解するのに必要な概念はほぼすべて網羅されている．

エッジワース・ボックス

　シリアルとパンケーキの2財の選好度が異なる2人の消費者ジェリーとエレインがいる．10杯のシリアルと8枚のパンケーキを2人で分け合うが，パレート効率的に分ける方法を知りたい．

　ここでエッジワース・ボックスを使う．エッジワース・ボックスは，所与の数量の財を2人で分けるとき，1人の数量を1単位増やすと，必然的にもう1人は1単位減るという事実を活用する．この例では，エレインがシリアルを1杯多くもらえば，ジェリーは1杯少なくなる．エッジワース・ボックス内と外枠上の点は，（ジェリーとエレインなど）2人のあいだの（シ

図14.5 消費のエッジワース・ボックス

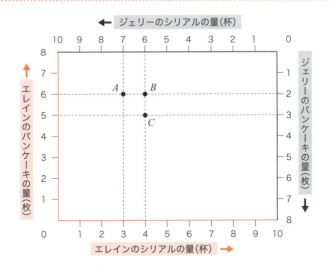

このエッジワース・ボックスは，エレインとジェリーの2人のあいだでのシリアル（合計10杯，横辺）とパンケーキ（合計8枚，縦辺）の配分をプロットしている．ジェリーがシリアル7杯，パンケーキを2枚消費すると，エレンはシリアル3杯，パンケーキを6枚消費することになる（点 A）．ジェリーが消費するシリアルが1杯減れば，エレインのシリアルが1杯増えて4杯になる（点 B）．点 C は，ジェリーのパンケーキが1枚増え，エレインのパンケーキが1枚減って5枚になっている．

リアルとパンケーキなど）2財の配分の組み合わせを示している．

図14.5を見ると，エッジワース・ボックスの具体的な仕組みがわかる．ボックスの横の辺は10杯のシリアル，縦の辺は8枚のパンケーキを示す．左下の角は，1人（ここではエレインを例に取るが，ジェリーでも変わらない）が2財とも手に入れられない状態である．エレインのシリアルを1杯増やす場合，エレインの位置を右に1単位動かす．エレインのパンケーキを1枚増やす場合は，エレインの位置を上に1単位動かす．

ボックスの右上の角は，ジェリーが2財とも受け取れない場合である．10杯のシリアルと8枚のパンケーキをエレインが独り占めする．ジェリーのシリアルを1杯増やすと，ジェリーの位置は左に1単位移動する（エレインのシリアルが1杯減る）．ジェリーのパンケーキを1枚増やす場合，下に

1単位移動する（エレインのパンケーキが1枚減る）．

エッジワース・ボックスの使い方に慣れるために，いくつか簡単な例を
やってみよう．当初の配分は，図14.5の点Aとする．点Aで，エレインは
シリアル3杯，パンケーキ6枚，ジェリーはシリアル7杯，パンケーキ2
枚を持っている．ジェリーからシリアル1杯を取り上げ，エレインに与え
ると，点Bに移動し，エレインはシリアル4杯とパンケーキ6枚，ジェ
リーはシリアル6杯とパンケーキ2枚になる．エレインからパンケーキを
1枚取り上げ，ジェリーに与えると点Cに移動し，エレインはシリアル4杯
とパンケーキ5枚，ジェリーはシリアル6杯とパンケーキ3枚になる．1
人をある方向に動かす変化は，もう1人を同じ量だけ，反対方向に動かす
ことになる．このため，エッジワース・ボックスは，2財の分配を変更した
ときの2人に対する影響を同時に観察できる．

エッジワース・ボックスにおける取引の利得

配分が効率的かどうかを分析するには，消費者の選好を把握する必要があ
る．第4章では，無差別曲線が消費者の選好を表すことを学んだ．エッジ
ワース・ボックスにエレインとジェリーの無差別曲線を書き入れて，取引か
ら利得を得られるかどうかを確認する（図14.6）．

エレインのシリアルとパンケーキの選好度は，無差別曲線U_{E1}，U_{E2}，
U_{E3}…で表している．各曲線は，エレインの効用が等しくなるシリアルとパ
ンケーキの組み合わせを示している．エレインの原点から遠い無差別曲線ほ
ど，各財の量が多く，したがって効用水準が高い．ジェリーの選好を表した
無差別曲線は，U_{J1}，U_{J2}，U_{J3}…である．原点に対し凹型で奇妙に思える
かもしれないが，ジェリーの原点は右上角であることを思い出せば，それに対
して凸型であり，通常の無差別曲線と変わらない．ジェリーの原点から遠い
無差別曲線ほど，効用水準は高い．

これでエレインとジェリーの選好はわかったが，これらを使って2財の
効率的な配分を決めるにはどうすればいいのだろうか．適当に選んだ点Aか
ら始め，誰が何をどれだけ取れば，2人の効用がともに高まるかを考えれば

図14.6 2人の無差別曲線とエッジワース・ボックス

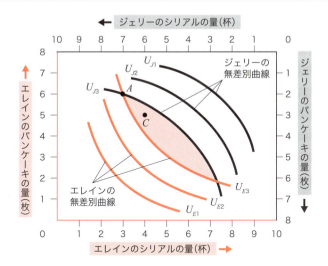

エレインとジェリーの無差別曲線を書き込むことで、シリアルとパンケーキの効率的な配分を決定できる。点Aは効率的な配分ではない。点Cを含めた影をつけた部分の点のほうが、エレイン、ジェリーともに効用が高いからだ。

いい（パレート効率性の定義を思い出してもらいたい。少なくとも1人の効用を低下させることなく、財の配分を変える方法はないのがパレート効率的だ）。点Aでは、少なくとも1人の効用を低下させることなく、財の配分を変えることができる。なぜなのか見ていこう。

エレインとジェリーはそれぞれ、点Aを通る無差別曲線U_{E3}とU_{J3}上にある。基礎編の第4章の分析から、U_{E3}の右上にある点の組み合わせであれば、エレインの効用は高まることがわかっている。同様に、U_{J3}の左下の点であれば、ジェリーの効用が高まる。これを踏まえ、エレインとジェリー両方の効用を高める配分、あるいは少なくとも1人の効用を低下させることなく、もう1人の効用を高めることができる組み合わせの点を見つけることができる。そうした組み合わせは、図14.6の影をつけた部分にある。この部分にある点は、どの組み合わせの点も、エレインとジェリー両方にとっ

410 第4部 基礎から応用へ

てより高い効用水準に対応した無差別曲線上にあるはずだ.

点Aから影をつけた部分のどの点に移しても, エレインとジェリーの効用はいずれも高まる. たとえば, ジェリーのシリアル1杯をエレインに与え, エレインのパンケーキ1枚をジェリーに与えると影をつけた部分の点Cに移動するが, 2人とも, 当初の点Aよりも効用水準が高くなる.

繰り返しになるが, パレート効率的な配分は, なんらかの変更をくわえると少なくとも1人の効用は低下する. エレインとジェリーの効用がともに高まる組み合わせの配分 (影をつけた部分) が他に存在するのだから, 点Aはパレート効率的ではありえない (1人の効用も低下させることなく, 少なくとも1人の効用を高めるような財の再配分を, パレート改善的な再配分, あるいは単にパレート改善という). 点Aを出発点とすると, エレインはジェリーにパンケーキ1枚渡す代わりに, シリアルを1杯もらうという形で交換すればいい.[8]

図14.6のように影をつけた部分が存在するとすれば, 配分はパレート効率的ではない. では, 影をつけた部分が存在しない配分だけがパレート効率的なのか. 正解だ. そうした配分は, 正確にはどのような形状になるのだろうか. それを知るために, 影の中の他の配分の組み合わせ点Cについて考えよう.

点Cの効用水準は, エレイン, ジェリーとも, 点Aより高いが, 2人の効用をさらに高める組み合わせはまだある. それらは図14.7に見てとれる. たとえばU_{E4}はエレインの, U_{J4}はジェリーの無差別曲線であり, 点Cを通っている. U_{E4}とU_{J4}に囲まれた部分が, 点Cよりもエレインとジェリーの効用が高い組み合わせの点である. したがって点Cもパレート効率的ではありえない. だが, この部分の面積は, 点Aに対応する面積よりも狭いことに気づいただろうか. パレート効率的な状態に近づいているようだ.

パレート効率的な配分を見つけるには, エレインとジェリーの無差別曲線に隙間がない点を見つけなければならない. それが成り立つのはいつか. エ

---

8) 図14.6では, 2人で2財を分けるケースしか描いていないが, この考え方は, いくつの財を何人かで分ける場合にも拡大できる. 4次元以上の超空間に描く方法はまだ見つかっていない. ただし研究中なので, 幸運を祈ってもらいたい.

図14.7 エレインとジェリーのパレート効率性に近づく

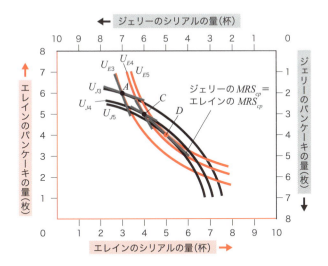

パンケーキとシリアルのパレート効率的な配分は,エレインとジェリーの無差別曲線の接点に存在し,この点でジェリーの限界代替率 MRS_{cp} がエレインの限界代替率 MRS_{cp} と等しくなる.このケースでは,パレート効率的な配分は点 D で,エレインの無差別曲線 U_{E5} がジェリーの無差別曲線 U_{J5} と接している.この点で,エレインとジェリーはそれぞれシリアル5杯とパンケーキ4枚を消費する.

レインとジェリーの無差別曲線が1点で一致するとき,図14.7の点 D である.この点 D を通るエレインとジェリーの無差別曲線 U_{E5} と U_{J5} は,互いに接していることに気づいただろうか.この点を少しでも動かし,U_{E5} の左下や U_{J5} の右上に行くと,どちらかの効用を下げることになる.したがって点 D が,パレート効率的な配分の組み合わせになる.

交換の効率性は,2人の消費者の無差別曲線が接するときに達成されることがわかった.交換で互いに利得が得られないのは,この接点だけである.こうした接点条件から,交換の効率性が成立するための条件がわかる.第4章を思い出してもらいたいが,任意の点での無差別曲線の傾きは,その点における財同士の限界代替率 (MRS) を表していた.だとすると,点 D のような共通の接点では,エレインとジェリーの無差別曲線の傾きは等しくなる(ある点における曲線の傾きは,その点で曲線に接する接線の傾きと等し

かった）．したがって点Dでは，エレインとジェリーのシリアルとパンケーキの限界代替率が等しくなる．パレート効率的でない点では，2者の財の限界代替率は等しくならない．図14.7の点Aや点Cでは，エレインとジェリーの無差別曲線の傾きはあきらかに違っている．

　限界代替率が等しくなければならないのはなぜかを理解するために，限界代替率が等しくないとはどういうことかを考えてみよう．消費者の1人は，ある財を消費することで得る限界効用が，もう1人よりも高い．別の財については，2人の限界効用は逆になる．2人のあいだで同一財の限界効用が違うとき，限界効用が低い財1単位を交換すればいい．自分にとって限界効用が低い財を手放す代わりに限界効用の高い財を受け取る．2人の限界効用が等しくなるとき，つまり交換の効率性が達成されるときのみ，交換による相互の利得は存在しない．

　図14.7の点Aでは，エレインはパンケーキ3枚をシリアル1杯と喜んで交換するだろう．つまり，エレインの（シリアルとパンケーキの限界代替率）MRS_{cp}と，エレインの無差別曲線の傾きの絶対値は3である．ジェリーはシリアル3杯をパンケーキ1枚と交換する．あるいは同じことだが，パンケーキ3分の1枚をシリアル1杯と交換する．つまり，ジェリーのシリアルとパンケーキの限界代替率$MRS_{cp}=1/3$である．したがってエレインは，点Aでは，シリアルの限界効用が相対的に高いので，パンケーキ3枚を手放し，シリアル1杯を手に入れる意欲がある．ジェリーは逆で，もう1枚パンケーキがあればうれしいので，喜んで3杯のシリアルを手放す．この点では，交換によって2人とも効用が高まるのはあきらかだ．ジェリーは，シリアル1杯をエレインに渡す代わりに，好きなパンケーキを1枚もらう．エレインにとってこの交換は大歓迎で，点Cになる．エレインとジェリーの効用は点Aよりも高いことはわかっている．じつは，ジェリーがエレインにシリアル1杯を渡す代わりに，パンケーキを1/3枚から3枚のあいだをもらえば，2人とも効用が高まる．このように2人とも効用が高まる交換を，点Dに達するまで続けることができる．この点で限界代替率が等しくなるので，どちらも交換したいとは思わない．これ以上交換すると，どちらかの効用が，限界代替率が等しい点Dを下回ることになる．

価格と財の配分　ここまで，あたかも魔法使いの経済学者が，消費者に財を再配分するかのように話を進めてきた．現実に市場で財がどう分配されるかを決めるのは価格である．消費者は価格を所与として，各財をどれだけ消費するかを選択する．第4章で，個人が効用を最大化するときの消費バンドルは，各財の限界代替率MRSと各財の価格の比が等しいことを学んだ（最適消費バンドルは，無差別曲線と予算線の接点に位置する）．

そうだとすると，エレインとジェリーのケースでは，2人とも$MRS_{cp} = P_c/P_p$となる量を消費することになる．また，エレインとジェリーのMRS_{cp}はパレート効率的で等しくなることを見たばかりだ．したがって市場のパレート効率性は以下のようになる．

$$\text{エレインの } MRS_{cp} = \text{ジェリーの } MRS_{cp} = \frac{P_c}{P_p}$$

言い換えれば，効率的市場では，財の価格比は消費者の限界代替率と等しくなる．

当初の配分が効率的でなければ，消費者は自分にとって限界効用が市場価格を下回る手元の財を売りたいと考える．それによって得た資金で，より限界効用が高い財を購入できる．これらの財の限界効用が逆で，喜んで売買に応じる取引相手が存在する．こうした方法なら，消費者間で財を交換し，すべての消費者の限界代替率を等しくするのに魔法使いの経済学者は必要ない．消費者をそのように誘導するのが価格である．

消費契約曲線　交換の効率性の条件——消費者の限界代替率が等しくなる，つまり消費者の無差別曲線が互いに接する点は，エッジワース・ボックスでは1点にとどまらない．図14.8に，エレインとジェリーの無差別曲線をいくつか描き，接点を示してある．これらの接点とそのあいだの点をすべて結んでいくと（ボックス内のすべての点を無差別曲線が通っている），この線上のすべての点がパレート効率的である．限界代替率が等しいという条件を，線上のすべての点が満たしている．これは**消費契約曲線**（consumption contract curve）と呼ばれ，2人の消費者が2財を購入するときのパレート効率的な配分をすべて網羅している．

図14.8 消費契約曲線

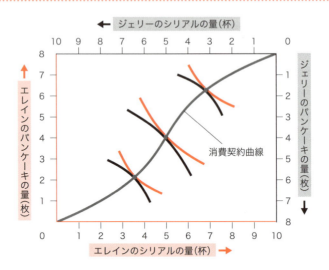

消費契約曲線は，シリアルとパンケーキに関するエレインとジェリーの無差別曲線の接点をすべて網羅したものだ．消費契約曲線上の各点が，エレインとジェリーのあいだのシリアルとパンケーキのパレート効率的な配分を示している．

契約曲線に注目すると，効率性と，先に述べた公平性の違いが浮き彫りになる．契約曲線上のすべての点は効率的だが，ジェリーとエレインそれぞれの効用水準にとっての意味はかなり違う．エッジワース・ボックスの左下の角に近い点は，エレインの効用は低く，ジェリーの効用は高い．一方，右上角に近い点は，エレインの効用が高く，ジェリーの効用は低い．[9]

---

9) じつは，エッジワース・ボックスの左下，右上は，両者にとっての原点であり，契約曲線上にある．どちらかの原点で，エレインかジェリーのどちらかがすべての財を消費し，もう一方は何も消費できない．ある財のエレインとジェリーの限界効用がつねにプラスであれば，すべてを消費している人の効用を下げることなく，財を取り上げ，もう1人に渡せる方法は存在しない．1人がすべてを受け取り，もう1人が何も得られない配分が，パレート効率的になりうる．

14.3 解いてみよう

下のエッジワース・ボックス（図A）は，テルマとルーの2人の消費者が手に入れることのできるソーダとピザの2財の量を示してある．

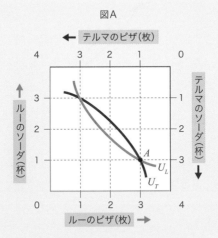

図A

a. テルマとルーの当初の配分は点Aだとする．それぞれピザとソーダをいくら持っているか．
b. テルマとルーの子どもテッドが，ルーのピザ2枚をテルマに渡し，テルマのソーダ2杯をルーに渡した．新たな配分を点Bとして，エッジワース・ボックスに書き入れよ．これはパレート改善だろうか．理由も説明せよ．
c. テッドは，ルーのピザ1枚をテルマに渡し，テルマのソーダ1杯をルーに渡すとする．これはパレート改善だろうか．無差別曲線を描き入れて説明せよ．

解答:

a. 点Aで，テルマはソーダ3杯，ピザ1枚，ルーはソーダ1杯，ピザ3枚持っている．
b. テッドがルーのピザ2枚をテルマに渡すと，ルーのピザは1枚，テルマは3枚になる．テッドがテルマのソーダ2杯をルーに渡すと，

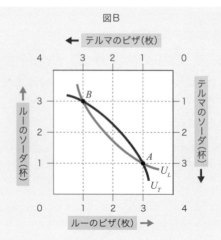

図B

テルマのソーダは1杯,ルーは3杯になる.この配分は図Bの点Bである.パレート改善は,1人の効用も下げることなく,少なくとも1人の効用を高めるときに起きる.点Bは点Aと同じ無差別曲線上にあり,どちらの効用も高まらない.したがって点Bはパレート改善ではない.

c. テッドがルーのピザ1枚をテルマに渡すと,2人とも,2枚ずつになる.テッドがテルマのソーダ1杯をルーに渡すと,2人とも,ソーダは2杯ずつになる.この配分は,図Cの点Cで表される.パレート改善は,1人の効用も損なうことなく,少なくとも1人の効用を高められるときに起きる.このケースで点Cは,2人とも,無差別曲線上のより高い点であり,効用が高まっている.したがって,点Cはパレート改善である.しかも,図Cに示したように,点Cの配分はパレート最適でもある.

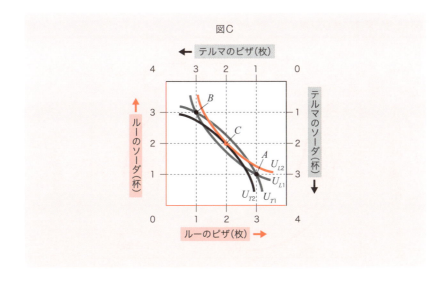

図C

14.4 市場の効率性——投入の効率性

　交換の効率性は，市場が効率的であるために需要サイドで満たすべき条件を示していた．効率性は供給サイドでも重要であり，とくにさまざまな財やサービスのあいだで投入物をどう配分するのかという投入の効率性が重要である．投入物をいずれかの財の生産に使えるが，同時に使うことはできない．では，どちらに使うべきか．つまり，どのくらいの量の鉄鋼を，スマートフォン（あるいはテレビや手術器具）ではなく自動車生産に使うべきか，何人の従業員を各製品に割り当てるべきか，といった問いにどう答えればいいのだろうか．こうした問いは，一般均衡の第2の市場効率性——投入の効率性の核心を突いている．

　じつは，交換の効率性を分析するのに使ったツールの多くが，投入の効率性を分析するのにも使える．交換の効率性では，2人の消費者の無差別曲線の接点で効率性が成り立つことをみた．同様に，投入の効率性では，投入物の配分の組み合わせが，生産者の等生産量曲線の接点上にあることが必要になる．理由は，交換の効率性の場合と似ている．2人の生産者の等生産量曲

図14.9 生産のエッジワース・ボックス

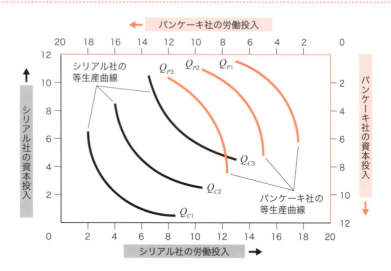

エッジワース・ボックスを使って，2社間の効率的な投入物の配分を決定することができる．このケースでは，シリアル社とパンケーキ社の労働投入を横の辺で，資本投入を縦の辺で表している．Q_{C1}，Q_{C2}，Q_{C3} はシリアル社の等生産量曲線の一例であり，Q_{P1}，Q_{P2}，Q_{P3} はパンケーキ社の等生産量曲線の一例である．

線の接点では，生産者はみずからの生産物を減らすことなく，投入物を別の生産者に移すことはできない．

2つの問題は似ているので，エッジワース・ボックスを使おう．2人の消費者ではなく2つの生産者である点以外は，エレインとジェリーの例で使ったものと似ている．消費者間での2財の配分ではなく，生産者間での2つの投入物の配分に注目する．

20単位の労働（横の辺）と12単位の資本（縦の辺）を，シリアル社（CI）とパンケーキ社（PI）でどう配分するかを示したのが図14.9だ．労働も資本も使わないCI社の原点は，ボックスの左下角である．CI社が使用する投入物の増加は，右方向（労働）と上方向（資本）への動きで表される．CI社の等生産量曲線，Q_{C1}，Q_{C2}，Q_{C3}…は，一定量の生産に必要な労働と資本の組み合わせを網羅している．PI社の労働と資本の投入量が0である原点は，

ボックスの右上角である。PI社が使用する投入物の増加は、左方向（労働）と下方向（資本）への動きで表される。PI社の等生産量曲線Q_{P1}, Q_{P2}, Q_{P3}…は、一定量の生産に必要な労働と資本の組み合わせを網羅している。

エレインとジェリーの消費バンドルの分析と、シリアル社とパンケーキ社の投入物の分析には、直接的な関係がある。CI社の等生産量曲線は「一般的」な等生産量曲線に見える。PI社の等生産量曲線も、右上の原点から見れば「一般的」である。図14.10で、2社の配分の組み合わせの任意の点、点Fから見ていこう。この点Fで、CI社は労働を14単位、資本を4単位使用している。PI社は労働6単位、資本を8単位使っていることになる。CI社の等生産量曲線Q_{C1}とPI社の等生産量曲線Q_{P1}は、点Fを通り、この部分を囲む形になっている。もし両社が、この囲まれた面積内の点の投入物の組み合わせを使って生産すれば、両社とも点Fの投入物の組み合わせを使うよりも生産量が多くなる。両社が合計では同じ量の投入物を使って、より多く生産できるのだから、点Fはパレート効率的な配分ではありえない。

CI社の等生産量曲線Q_{C2}とPI社の等生産量曲線Q_{P2}の接点Gでは、2社間で労働と資本の配分を変えて、他社の生産量を減らすことなく、少なくとも1社の生産量を増やす方法は存在しない。したがって、点Gがパレート効率的な配分になる。この接点条件は、両社が投入物を交換しても互いに利得はないことも示している。

投入の効率性と交換の効率性には、他にも似た点がある。交換の効率性は、2人の消費者の限界代替率——2人の無差別曲線の傾き——が等しいことを示している。投入の効率性は、2社の等生産量曲線の傾きが等しいことを示している。第6章を思い出してもらいたいが、この傾きは技術的限界代替率（$MRTS$）と呼ばれ、投入物の限界生産物の比である。たとえば、労働と資本の$MRTS$は、資本の限界生産物に対する労働の限界生産物の比率であり、$MRTS_{LK} = \dfrac{MP_L}{MP_K}$ である。CI社とPI社の例では、投入の効率性は以下を満たさなければならない。

$$\text{CI社の } MRTS_{LK} = \text{PI社の } MRTS_{LK} = \frac{MP_L^{CI}}{MP_K^{CI}} = \frac{MP_L^{PI}}{MP_K^{PI}}$$

図14.10 2社の等生産量曲線とエッジワース・ボックス

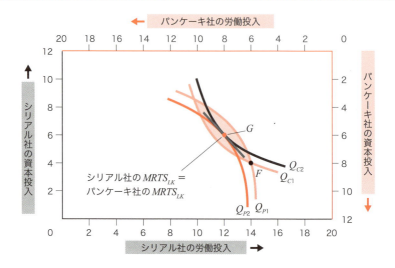

資本投入と労働投入のパレート効率的な配分は，シリアル社とパンケーキ社の等生産量曲線の接点上に存在し，この点でシリアル社の技術的限界代替率（$MRTS_{LK}$）とパンケーキ社の技術的限界代替率（$MRTS_{LK}$）が等しくなる．点Fは，シリアル社とパンケーキ社のあいだの資本と労働の配分の組み合わせとしてありうる点であるが，シリアル社の等生産量曲線Q_{C1}とパンケーキ社の等生産量曲線Q_{P1}の交点であり，接点ではないので，非効率な配分である．点GはQ_{C2}とQ_{P2}の接点であり，パレート効率的な配分である．

この共通の$MRTS_{LK}$の傾きは，図14.10で確認できる．

第6章では，企業が費用を最小化するとき，$MRTS$と投入物の価格比（労働と資本のケースでは，賃金と資本のレンタル料）に等しいことも学んだ．以上をまとめると，投入の効率性は，以下のように書ける．

$$\text{CI社の}MRTS_{LK} = \text{PI社の}MRTS_{LK} = \frac{MP_L^{CI}}{MP_K^{CI}} = \frac{MP_L^{PI}}{MP_K^{PI}} = \frac{W}{R}$$

ここで，Wは賃金，Rは資本のレンタル料である．

最後に，効率的な配分という点でも，投入の効率性と交換の効率性には似た点が存在する．交換の効率性のケースでは，財の効率的な配分を網羅した契約曲線は，2人の消費者の無差別曲線の接点をすべて結んだものであっ

図14.11 生産契約曲線

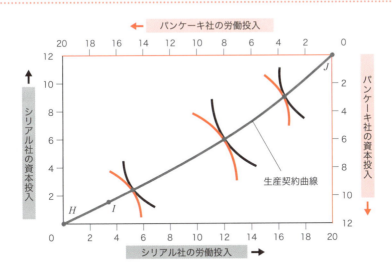

生産契約曲線は，資本と労働の組み合わせによるパンケーキ社とシリアル社の等生産量曲線の接点をすべて結んだものだ．生産契約曲線上の各点は，パレート最適な投入物の配分の組み合わせを示している．点 H，点 I ではシリアルの生産量が0か少ないが，パンケーキの生産量は多い．点 J ではパンケーキの生産量は0だが，シリアル社の生産量は入手可能な投入物を使って生産できる最大量である．

た．2社の等生産量曲線の接点をすべて結んだものが**生産契約曲線**（production contract curve）で，生産者間の効率的な投入物の配分の組み合わせをすべて網羅している（図14.11）．

消費契約曲線上の異なる点で，エレインとジェリーの効用水準がかなり違ったように，生産契約曲線上の異なる点でも，シリアル社とパンケーキ社の生産量は大きく異なる．左下では，シリアル社は少ない投入物で生産を行うので，シリアル社の生産量が少なく，パンケーキ社は多い．右上では逆に，シリアル社の生産量が多く，パンケーキ社はほとんど生産されない．

生産可能性フロンティア

生産契約曲線から有用なアイデアが生まれる．2社間のさまざまな投入物

422 第4部 基礎から応用へ

の配分は，財の生産量のトレードオフに関して，どんなことを意味している
のだろうか．図14.11で左下角から右上角に生産契約曲線を上がっていった
ときの各点の意味を考えてみよう．ただし，投入物の観点ではなく，シリア
ル社とパンケーキ社の生産量という観点から，各点が何を意味しているかを
考える．

　左下の角では，シリアル社には投入物が使われず，シリアルの生産量は0
だが，パンケーキ社の生産量は最大になる．この組み合わせを図14.12に点
Hで記した（比較のために，図14.11の投入物の組み合わせと対応させた）．
パンケーキの生産量はプラスだが，シリアルの生産量は0である．

　図14.11で生産契約曲線に沿って点Iまで右上に上がる．この動きで，投
入物はパンケーキからシリアルに移される．これに対応した生産量の動き
は，図14.12で点Hから点Iの動きになる．シリアルの生産量が増える一方，
パンケーキの生産量は減っている．生産契約曲線に沿って同じ方向に移動す
ると，シリアルの生産量がさらに増加し，パンケーキの生産量はさらに減
る．エッジワース・ボックスの右上角に到達したとき，シリアルの生産量は
最大になり，パンケーキの生産量は0になる（点J）．

　生産者間で投入物の配分が効率的なときに生産できるシリアルとパンケー
キの生産量の組み合わせを，すべてトレースしたわけだ．任意の財の生産水
準は，どれだけ多くの投入物をその生産にあてられるかに依存する．だが，
水準がどうであれ，投入物の配分が生産契約線上にあるかぎり，効率性の観
点から，最初の財の生産量を減らすことなく，もう1つの財の生産量を増
やすことはできない，といえる．こうした生産可能な組み合わせの点を結ん
だ曲線，図14.12の曲線HJは，**生産可能性フロンティア**（PPF：production
possibilities frontier）と呼ばれる．繰り返しになるが，効率的だからといっ
て公平なわけではない．生産可能性フロンティア上のどこに位置するかに
よって，効率的に生産される2財の比率は大きく変わる．

　投入の配分が非効率的なとき，シリアルとパンケーキの生産量は，PPFの
内側に位置する．たとえば，図14.10の非効率的な投入物の組み合わせ点F
に対応する生産量の組み合わせは，図14.12の点Fかもしれない．点Fで
は，投入物の総量を変えずに，2財ともより多くの生産が可能だ．点Fより

図14.12 生産可能性フロンティア

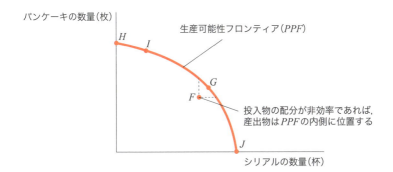

生産可能性フロンティア(PPF)は,投入物を効率的に配分した場合に生産できる,シリアルとパンケーキの産出量の組み合わせを網羅したものである.点H,点I,点G,点Jはいずれも効率的な生産につながる.点Fは生産可能性フロンティアの内側に存在しており,生産者間での投入物の配分が効率的でないことを示している.

も改善する生産可能な投入物の組み合わせ(かつ,入手可能な投入物の総量から達成可能な生産量)は,図14.12のくさび型の部分に存在する.この部分の生産物は,図14.10のQ_{C1}からQ_{P1}の間の影をつけた部分の投入物の組み合わせで生産される.PPF曲線の内側ではなく線上の点は,生産契約線上の効率的な投入物の組み合わせで生産される生産物に対応する.たとえば,図14.12の点Gで示された生産量は,図14.10の効率的な投入物の配分Gに対応する.

14.4 解いてみよう

資本が10単位,労働が20単位の小さな経済を考えてみよう.これらの投入物を使って,食品と衣料品を生産する.

a. 衣料品業界の$MRTS_{LK}$は4,食品業界の$MRTS_{LK}$は3である.この経済は生産効率的だろうか.理由も説明せよ.
b. aの答えが生産効率的でなければ,労働と資本の配分をどう変えれ

424 第4部 基礎から応用へ

ばパレート改善につながるか.

解答:

a. 投入の効率性が成立するには,労働と資本の技術的限界代替率 $MRTS$ が産業間で等しくなければならない.衣料品業界のほうが食品業界よりも大きいので,生産効率的とは言えない.

b. $MRTS$ が等しくなるには,衣料品業界の $MRTS_{LK}$ が下がり,食品業界の $MRTS_{LK}$ は上がらなければならない.つまり,衣料品業界は労働を増やし,資本を減らす一方,食品業界は労働を減らし,資本を増やさなければならない.衣料品業界が労働を増やし,資本を減らすと MP_L が低下し,MP_K が上昇し,$MRTS_{LK}$ を押し下げる.同様に,食品業界が労働を減らし,資本を増やせば,MP_L が上昇し,MP_K が低下して,$MRTS_{LK}$ を押し上げる.このパレート改善で,経済は投入の効率性に近づく.

14.5 市場の効率性——産出の効率性

　交換の効率性,投入の効率性の条件を述べてきたが,共通の接点や消費者契約曲線と生産契約曲線など,多くの類似点があることがわかった.だが,類似点は見てきたが,2つの効率性に直接的な関係はあるのだろうか.

　少し考えれば,関係があるはずだと気づく.結局のところ,投入物は消費される財を生産するのに使われるのだから.投入物を効率的に配分してさまざまな財を生産し,できた財を消費者に効率的に配分するという関連性があるはずだ.この産出の効率性には,経済全体でそれぞれの財を何単位生産するかという選択も含まれる.産出の効率性の条件を理解するには,さまざまな財を生産する際につきもののトレードオフを把握する必要がある.まず,このトレードオフについて説明し,そのうえでトレードオフによって,3つの効率性の条件がどう結びついているかをみていこう.

限界変形率

生産可能性フロンティアは，生産契約曲線とも関連するが，ある財をもう1単位手に入れるために，別の財をどのくらいあきらめなければならないかを示したものだ．このトレードオフは**限界変形率**（**MRT**：marginal rate of transformation）と呼ばれる．

たとえば，シリアルに対するパンケーキの*MRT*は，図14.12の生産可能性フロンティアの傾きである．点*H*ではフロンティアの傾きが緩やかであり，*MRT*は小さい．言い換えれば，シリアル1杯を生産するために，あきらめなければならないパンケーキは少ない．これが正しいのは，投入物が限界生産物逓減だと現実的な想定をしているからだ．すべての投入物がパンケーキの生産に使われるとき，投入物の限界生産物は，パンケーキは相対的に小さいが，シリアルは相対的に大きい．この点で，投入物をパンケーキからシリアルにほんの少し移せば，パンケーキの生産全体に与える影響は小さいが，シリアルの生産に与える影響は大きくなる．

点*J*の近くでは逆になる．投入物の限界生産物は，パンケーキは大きく，シリアルは小さい．したがってシリアルに対するパンケーキの限界変形率はきわめて高い．中間の*MRT*は，点*G*など，生産可能性フロンティアの真ん中付近に存在する．

この論理は，限界変形率が投入物の限界生産物とどう関係しているかを示している．以下の思考実験で，この関係を詳しくみていこう．いま，シリアルの生産を増やしたい．そのために，パンケーキ社から労働力1単位，つまりパンケーキをつくっている人を引き抜き，シリアル社で働いてもらう．この労働のシフトで，パンケーキの生産量をいくらあきらめただろうか．パンケーキ社の労働の限界生産物はMP_L^{PI}である．これでシリアルの生産量がいくら増えただろうか．シリアル社の労働の限界生産物はMP_L^{CI}である．これら2つの値の比率——シリアルを1単位増やすために，あきらめなければならないパンケーキの量——こそ，限界変形率*MRT*の定義である．したがって，

$$MRT_{PC} = \frac{MP_L^{PI}}{MP_L^{CI}}$$

つまり，シリアルに対するパンケーキの限界変形率は，「シリアル社の労働の限界生産物」に対する「パンケーキ社の労働の限界生産物」の比率に等しい．

同様に，パンケーキ社からシリアル社に資本を1単位移すときも，MRTは2社における資本の限界生産物の比になる．すなわち，

$$MRT_{PC} = \frac{MP_K^{PI}}{MP_K^{CI}}$$

この等式については別の見方もできる．まず，前に述べた2つの事実を思い出してもらいたい．生産契約曲線は技術的限界代替率が等しいすべての点を結んだものであり，生産契約曲線上のすべての点は生産可能性フロンティア上の各点に対応している．したがって，2社の技術的限界代替率$MRTS$は，生産可能性フロンティアPPF上のどの点でも等しくなるはずだ．次に，$MRTS$は，投入物の限界生産物の比だから，PPF上のすべての点で

$$\frac{MP_L^{PI}}{MP_K^{PI}} = \frac{MP_L^{CI}}{MP_K^{CI}}$$

が成り立つ．この等式は，PPF上で次のように書き換えられる．

$$\frac{MP_L^{PI}}{MP_L^{CI}} = \frac{MP_K^{PI}}{MP_K^{CI}}$$

すなわち，2社間の投入物の限界生産物の比は，PPF上のすべての点で同じであり，それは，PPF上の限界変形率MRTが投入物の限界生産物の比に等しい，といっているのと同じだ．

以上，限界変形率MRTを定義し，それが投入物の限界生産物と関係していることをみた．MRTはこれらの限界生産物を通して，企業の技術的限界代替率とも関係していることになる．これらの等式は，交換の効率性と投入の効率性を結びつけるのに，どのような役割を果たしているのだろうか．

市場の消費者サイドと生産者サイドが，それぞれ独立して効率的な配分に達したとしよう．具体例として，エレインとジェリーが契約曲線上の交換の効率性が成立する点に到達したとする．この点では，パンケーキとシリアル

の限界代替率は1.5である．それぞれシリアル1杯増やすために，1.5枚の
パンケーキをあきらめるつもりがある．（同じことだが，シリアル1杯分を
手放すには，パンケーキを1.5枚もらう必要がある．）

　生産サイドでも，生産可能性フロンティア上で投入の効率性が成立する点
に到達したとする．この点でシリアルに対するパンケーキの限界変形率は1
である．つまり，シリアルの生産を1杯増やすには，パンケーキの生産を1
枚減らさなければならない．

　結果的に，消費者が他の財に切り替える意欲と，生産者が他の財の生産に
切り替える能力にはズレがある．エレインもジェリーも，シリアルの消費を
1杯増やすために，パンケーキを1.5枚あきらめる用意があるが，シリアル
1杯の生産を増やすには，パンケーキを1枚減らすだけでいい．つまり，こ
の経済では，生産サイドと消費サイドのトレードオフにズレがあるわけだ．
エレインとジェリーの相対的なシリアルの選好度は，シリアルの相対的な生
産費用よりも強いので，追加的な投入物はシリアル生産に配分することにな
る．この例は，交換の効率性と投入の効率性はそれぞれ存在するが，経済全
体が完全に効率的であるためには，「ミッシングリンク（失われた環）」があ
るということを示している．

　こうした消費サイドの効率性と生産サイドの効率性のあいだの「ミッシン
グリンク」が，産出の効率性である．消費サイドのトレードオフと生産サイ
ドのトレードオフが等しいとき，産出の効率性が成立する．消費サイドのト
レードオフは限界代替率である．生産サイドのトレードオフは限界変形率で
ある．したがって，産出の効率性が成立するには，限界代替率と限界変形率
が等しくなければならない（$MRS = MRT$）．先ほどの例では，エレインと
ジェリーの配分が効率的で（交換の効率性），共通のMRSがMRTと等しい
とき，産出の効率性が存在する．

　図14.13は，図14.12の生産可能性フロンティアに消費者の無差別曲線を
プロットしたものだ．エレインとジェリーのどちらの無差別曲線かは問題で
はない．というのは，交換の効率性が成立しているので，2人のMRSは同
じであり，2人の無差別曲線は，すべての効率的な配分の点で，同じ傾きに
なるからだ．

図14.13 産出の効率性を達成する

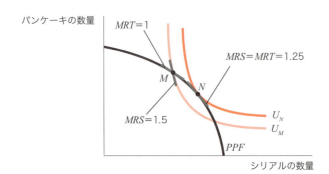

産出の効率性は，消費者の無差別曲線と生産可能性フロンティアの接点に存在し，この点で限界代替率と限界変形率が等しくなる．点 M は，パンケーキとシリアルの生産量の組み合わせとしてありうる．だが，PPF と無差別曲線 U_M の交点に位置しており，接点ではないので，最も効率的な組み合わせではない．点 N は，生産可能フロンティア PPF と無差別曲線 U_N の接点に位置し，限界代替率と限界変形率が $MRS=MRT=1.25$ で等しいので，効率的な生産量の組み合わせだといえる．

　先ほどの例で，エレインとジェリーの MRS が1.5で，MRT が 1 の点を M で表している．エレインとジェリーの MRS が等しいので，この点で交換の効率性は成立している．また，産出物の組み合わせが生産可能性フロンティア上にあるので，投入の効率性も成立している．だが，産出の効率性は成り立っていない．産出物の組み合わせ M を通る無差別曲線 U_M が生産可能性フロンティアの内側に入っているからだ．この図は，2つの重要な事実を示している．第1に，無差別曲線 U_M の上で右側の生産量の組み合わせは，U_M 上の組み合わせよりも好ましい．第2に，生産可能性フロンティア PPF 上か内側の産出の組み合わせは，実現可能である．つまり，入手できる投入物で生産することができる．すなわち，無差別曲線 U_M と生産可能性フロンティア PPF に囲まれた部分は，(1) M より好ましく，(2) 生産可能な産出の組み合わせであり，より多くの投入物を使うことなくエレインとジェリーの効用を高められる．したがって効率的な生産とはいえない．

　それでは，どうすれば効率的な生産が実現するのか．産出の組み合わせが点 N に到達するまで，生産の一部をパンケーキからシリアルにシフトするこ

とで達成できる．この組み合わせで，無差別曲線 U_N は生産可能性フロンティア PPF に接している．したがって，$MRS = MRT$ であり（図ではどちらも 1.25 と想定），産出の効率性が成立している．効率的な産出の組み合わせだといえるのは，エレインとジェリーの効用を高めることができる実現可能な産出の組み合わせは，他に存在しないからだ．なお，産出の効率性は，接点条件でも確認できる．

$MRT = MRS$ の条件は，限界収入が限界費用に等しいという，経済の最適化の古典的な原則の表れとして考えることもできる．前に述べたように，財の MRS は財の価格比に等しい．第8章で見たように，完全競争下で利潤を最大化する企業は，限界費用が財の価格と等しくなる量を生産する．シリアルとパンケーキの例で完全な効率性が成り立つには，限界代替率が，財の価格比だけでなく，財の生産の限界費用の比と等しくなければならない．すなわち，

$$MRS_{CP} = \frac{P_{CI}}{P_{PI}} = \frac{MC_{CI}}{MC_{PI}}$$

生産の限界費用は，投入物の価格をその投入物の限界生産物で割ったものに等しいので（生産量を1単位増やすのに，投入物がいくら必要か），

$$MC_{CI} = \frac{W}{MP_L^{CI}} \text{ かつ } MC_{PI} = \frac{W}{MP_L^{PI}}, \text{ したがって } \frac{MC_{CI}}{MC_{PI}} = \frac{MP_L^{PI}}{MP_L^{CI}}$$

この労働の限界生産物も MRT に等しいことは，前に示した（資本の限界生産物を使っても，比率は同じなので，答えは同じになる）．産出の効率性が成り立つには，$MRT = MRS$ でなければならないというのは，ある財に対する消費者の限界効用と，その財の生産の限界費用が等しいと言っているのと同じである．

14.5 解いてみよう

エコランドでは，テレビと時計を生産している．現在の生産水準では，時計生産の限界費用は50ドル，テレビ生産の限界費用は150ドルである．

a. エコランドはテレビを1台増やしたいとき，時計を何個減らそうとするか．

b. エコランドでテレビに対する時計の限界変形率はいくらか．

c. 現在の生産水準で，消費者はテレビを1台増やすためなら，時計を2個手放してもいいと思っている．エコランドは産出の効率性を達成しているだろうか．説明せよ．

解答:

a. 限界生産費用はテレビが時計の3倍なので，テレビ1台増やすには，時計3個を減らさなければならない．

b. 限界変形率（MRT）は，1つの財を1単位増やすために，もう一方の財をいくら減らさなければならないかを示している．したがって，テレビに対する時計のMRTは3である．

c. 消費者はテレビを1台手に入れるために，時計を2個しか手放したくないので，限界変形率は2である．だが，産出の効率性が成り立つためには，$MRS = MRT$でなければならない．したがって，エコランドは産出効率的とはいえない．

14.6 市場，効率性，厚生経済学の定理

限界変形率と限界代替率，投入価格と産出価格をつなぐ環が，市場が効率的な状態を生み出せるかどうかのカギを握る．

交換の効率性，投入の効率性，産出の効率性の議論では，単純な介入で投入物と産出物の配分を簡単に変えられるかのように扱ってきた．だが，例として取り上げたのは，投入物2種，産出物2財，生産者2社，消費者2人という極端に単純化した経済である．また，例を組み立てる性格上，企業の生産関数と消費者の効用関数が完全にわかっているという前提に立っていた．

第14章 一般均衡 **431**

現実の経済は，これよりすべての面ではるかに複雑である．一元的な管理のもとで，投入物を最適に配分して生産を行い，完成した消費バンドルを消費者に最適に配分するのは，桁外れのむずかしさだ．20世紀の共産主義経済がそうだが，大規模な中央集権経済の試みは見事に失敗した．

複雑な経済を前にしたこうした厳しい現実は，これまで論じてきたパレート効率的な状態が理論上にしか存在しない幻想だということだろうか．おそらく，そうではない．交換の効率性と効用を最大化する行動の関係についての議論で示唆したように，全知全能で完全無欠の経済の支配者がいなくても，市場と価格は効率性を実現できる可能性がある．

交換の効率性の節では，消費者が（財の価格を所与として）効用を最大化すれば，限界代替率が同じになることをみた．市場もこの方法で，交換の効率性の要件を満たすことができる．

生産サイドでは，投入物の価格を所与とすると，利潤を最大化する企業は，投入物の技術的限界代替率（*MRTS*）と投入物の価格比が等しくなるような投入物の組み合わせを選択する．この状態は，企業の*MRTS*の水準と等しく，これは投入の効率性の条件である．

価格は，3つの効率性のうち2つの条件を実現するが，最後の環——産出の効率性がこれら2つの条件を結びつける．産出の効率性を達成する*MRS*＝*MRT*という条件を考えるには，2財の価格比が2財の限界費用の比に等しいとおくのが1つの方法だ．完全競争産業で財が生産されている場合，価格は限界費用に等しい．したがって，価格と費用の比は等しく，投入の効率性と交換の効率性を維持しながら，産出の効率性を満足する．分散化された競争的な市場は3つの効率性の要件すべてを満たすことができる．

これは，効率性の議論の冒頭で述べた結論だった．介入や強制的な配分がなくても，価格に任せておくことで，市場は効率的な状態を生み出すことができる．投入物の価格は，生産の技術的限界代替率と等しく，産出物の価格は，生産者に最適な産出物の構成を促し，消費者には限界代替率が等しくなるように促す．結果として，一般均衡状態の完全競争市場で，資源がパレート効率的に配分されることは，**厚生経済学の第一定理**（First Welfare Theorm）と呼ばれる．「見えざる手」というアダム・スミスが提唱した概念

432　第4部　基礎から応用へ

を理論化したものだ.

　厚生経済学の第一定理には,多くの条件がついている.とくに大きい条件が,企業や消費者は,すべての財や投入物の価格を所与として受け容れるというものだ.言い換えれば,市場支配力は存在しない.市場支配力は,市場が効率的な状態に到達するのを阻害する.生産物の価格の比率が所与ではなく生産者が決定することになるので,限界費用の比率と等しくなる必要はないからだ.企業や個人が財の購入に市場支配力を持つ場合も同様で,非効率性を生じる.

　第一定理の前提となる他の条件も無視できない.情報の非対称性,外部性,公共財が存在しない,といった条件がある.これらの定義やなぜそれが市場の失敗につながるかは,第15章と第16章でみていく.

応用　インドの製造業の産出の効率性

　生産効率的な製品構成は,費用(限界変形率)と需要(限界代替率)の両方の要素を反映していること,市場が機能していれば企業はそうした最適な生産を行うことを学んだ.現実には,費用や需要の要因はつねに変化している.こうした変化が起きると,競争市場ではそれに応じて価格が変化し,企業は生産を切り替えて新たに最適な製品構成で生産する.

　経済学では,企業が生産品目の選択にあたって,市場のシグナルに反応していることを示す証拠を積み上げてきた.だが,ある経済学者グループが発表した2010年の研究は,インドは他国にくらべて,こうした製品構成への対応が遅く,頻繁でもないことを明らかにした.[10] 結果的に,インドは産出の効率性で諸外国に遅れを取っているといえるかもしれない.

　調査では,インドの製造業企業4,000社以上の製品に注目し,約2,000品目の生産動向を追跡した(鉄鋼業界で取り上げた品目が,溶接鋼管柱,撚り線,可鍛鋳鉄鋳物といえば,どれだけ細かい調査かわかってもらえるだろ

---

10)　Pinelopi K. Goldberg, Amit K. Khandelwal, Nina Pavcnik, and Petia Topalova, "Multiproduct Firms and Product Turnover in the Developing World: Evidence from India," *Review of Economics and Statistics* 92, no. 4 (November 2010): 1042-1049.

う）．単品しか生産していない企業もあるが，多くの企業は複数の品目を生産している．

　調査の結果，対照的で興味深い事実が判明した．ある面で，インド企業の生産選択は先進国企業のそれにかなり似ている．たとえば，平均して大企業ほど生産品目が多様である．また，企業の成長は，品目を増やすことで達成されている場合が多い．だがインドでは，全体的な製品回転率——企業が新製品を投入したり，既存品を廃止したりする頻度——が諸外国にくらべて大幅に低かった．「製品回転率」は，比較可能な米国のスピードの3分の2未満だった．とくに興味深いのは，この回転率の低さは，インド企業が新製品の導入に消極的だから起きているわけではない，ということだ．むしろ既存品を廃止しようとしないことによる．

　この結果から，インドの産出の効率性について何がいえるだろうか．費用や嗜好が変化すると，生産効率的な数量が増える製品もあれば，減る製品もある．市場が機能していれば，費用や嗜好の変化を反映して価格が変化し，企業はそれに応じて生産品目を変えるはずだ．市場が拡大している製品については，生産を開始する企業が増える．市場が縮小している製品については，既存企業は操業を停止したり，生産を縮小したりする．こうした生産シフトによって，寿命が終わりつつある製品から人気の製品へと投入物が振り向けられる．（あるいは，製品自体の寿命は尽きなくても，費用の変化で以前ほど生産できない企業が出てくる．この場合，こうした企業が生産ラインを停止し，費用の上昇に耐えられる企業が，その分の生産を奪うことになる．）

　インドでは，消費水準（したがって収益性）が低下しつつある品目の生産の中止に消極的なようだ．限界効用の低い財の生産に多くの資源が浪費されることで，*MRT* = *MRS*の条件が崩され，生産の効率性が損なわれている．

　インドの市場はなぜ産出効率的でないのか．調査にあたった経済学者らは，製品の需要が縮小しても，生産能力に見合わなくなっても，厳格な規制によって雇用の水準や配置の変更が機動的に行えず，既存のラインの停止にコストがかかることが要因ではないかとみている（広範に張りめぐらされたインドの規制は，「許認可王国」と言われることが多いが，この規制もその

一部である）．その結果，製品構成は，効率的とはほど遠いものになり，た
いして人気のない品目がつくり続けられるのである．■

　一般均衡の効率性の分析を終えるにあたり，改めて念を押しておきたい．
効率性は，公平を意味するものではないし，誰かの公正の概念に合致してい
る必要もない．効率的な市場が，不公平な状態を生み出すこともありうる
し，実際，生み出している．これは，公平に近づこうとすると，効率性を損
なうということなのだろうか．理論的にはノーである．だが，現実には，イ
エスである場合が多い．

　理論的には，効率的な状態を追求しながら，市場の公平度を変えることは
可能だとされる．そう予想しているのが，**厚生経済学の第二定理**（Second
Welfare Theorem）である．第二定理は（第一定理と同じ前提のもとで），当
初の財の配分を適切にすることで，パレート最適な均衡が達成されるとい
う．これはどういうことか．効率的で，かつ公平な結果を求めるのであれば
（公平をどう判断するかはともかく），当初の財の配分や投入物の配分を慎重
に行えば達成できる，ということだ．たとえば，契約曲線上の財の配分を，
望ましくない不公平な点から，最も公平だと感じる点にシフトさせるとす
る．これによって，効率性を保ちつつ，より公平だと思える配分に変えるこ
とができる．[11] 投入物の市場でも，生産可能性フロンティアの曲線上の点を
同様にシフトさせることで，全体の効率性を保ちながら，求める状態を実現
できる．

　この目標を達成するのは容易ではない．第1に，何をシフトすべきかの
判断材料として，選好や生産技術に関する情報をどうやって収集できるの
か，という実際的な問題がある．第2に，必要な再配分は，いわゆる一括
移転にならざるをえない．**一括移転**（lump-sum transfer）とは，その規模が
個人の選択によって影響を受けない形で行われる移転である．前の議論でも

---

11) この正確な位置決めすら必要ではない．必要なのは，公平で効率的な点で消費者の
　　無差別曲線に接する線上のどこかに配分することだ．（限界率が低い財を限界率が高
　　い財と交換するように）市場価格で交換することで，この線上の当初の配分は効率的
　　な点に移動する．

第14章 一般均衡　　**435**

登場したが，こうした再配分では，経済学者が魔法のように移転を行うことを想定している．現実には，一括移転はほとんど活用されない（「ほとんど」という修飾語も外してもいいくらいだ）．というのは，人々の行動にまったく関係ない税金や補助金を制度化するのはむずかしいからだ.[12]

　現実に，政府が公平を図る手段は，個人の行動に基づいた移転（税金や補助金）である．所得税や給与税はどれだけ働くか，売上税（消費税）はどれだけ消費するか，固定資産税は住宅にどれだけ価値があるかで決まる．社会保障給付は（過去と現在にどれだけ働いたか），メディケアはどれだけ医療サービスを消費するかで決まる．問題は，こうした類いの移転は，課税や補助金が対象とする行動や財の相対価格を変える，ということだ．これによって，財やサービスの費用と，課税後の価格または補助金を差し引いた価格に差が生まれ，効率性が損なわれる（市場支配力の場合と同じだ）．

　だからといって，より公平な結果を求めるのが間違っているというわけではない．公平を実現しようとすると，多少は非効率になる可能性があると言っているにすぎない．

14.7 結論

　この章では，すべての市場が相互につながっていることをみてきた．ある市場で何かが起きると，その影響は他の多くの市場に波及する．チョコレート・チップ・アイスクリームを買いに店に行くという単純な場面を思い浮かべてみよう．1個のアイスクリームを手にするまでには，ウィスコンシン州の酪農家が乳牛の乳を搾り，ブラジルのサトウキビが砂糖に加工され，カカ

---

12)　一括税は政治家にとっても酷なものだ．一括税は極端に嫌われている．税負担を軽減するためにできることは何もないと納税者が感じるからだ（それは正しい）．行動や地位に関係なく，各人に課せられる人頭税（頭割り税ともいわれる）は，合衆国憲法で禁止されている．マーガレット・サッチャーが英国首相の座を追われたのは，所属する保守党が地方税に一括税を取り入れようとしたことに対する国民の反発が大きかったからである．

436 第4部 基礎から応用へ

オが収穫される. アイスクリームの製造に欠かせない原材料の市場は, この3つにとどまらない. 他にも容器など多くの市場が関係している. これらの個々の市場を合わせて1つのアイスクリームという財が生産されている. これらが一体となって相互にどう影響して合っているか. それを考えるのが一般均衡だ.

　一般均衡を使うと, 部分均衡では扱えないさまざまな概念を検討することができる. 交換の効率性, 投入の効率性, 産出の効率性を成立させる条件を使って, 経済の望ましい状態を検討できる. 一定の条件を満たせば, 自由市場は何の介入もなしに効率的な状態になる. だが, 現実には, これらの要件が満たされることはほとんどない. すでに第9章から第11章で, こうした条件から外れた市場支配力について広範に議論してきた. 第15章と第16章では, 市場の失敗が非効率な状態につながる経路をさらにみていこう.

まとめ

1. この章では, 市場を独立したものとして捉えるアプローチではなく, 各市場がどう関連し合っているかをみた. 市場の相互の関連性を認識し, その影響を明らかにするのが**一般均衡分析**である. その主眼は, すべての市場が同時に均衡するために必要な条件と, 均衡状態で何が起きるかを明らかにすることにある. [14.1節]

2. 一般均衡分析を使えば, 市場の状態が望ましいかどうかという基本的な問いを検討することができる. 社会的厚生関数(社会の構成員の効用水準を表す関数)は, その判断によく使われる経済学的なツールだが, いくつか欠点がある. 代わって重視されているのが, パレート効率性である. 少なくとも1人の効用を低下させることなく, 資源を再配分できないのであれば, 市場は**パレート効率的**だといえる. 経済全体が効率的であるためには, 個々の市場が3つのタイプの効率性を満たさなければならない. **交換の効率性, 投入の効率性, 産出の効率性**である. [14.2節]

3. **エッジワース・ボックス**は, 2人の消費者と2財から単純な経済モデル

を表したもので，交換の効率性の分析ができる．パレート効率的な配分は，2人の消費者の無差別曲線の接点で成立する．**消費契約曲線**は，2人の消費者間の2財の消費のパレート効率的な配分の点をすべて網羅している．[14.3節]

4. 投入の効率性は，経済の生産サイドを考える．投入の効率性は，2社の等生産量曲線の接点または2社の技術的限界代替率が等しい点で成立する．**生産契約曲線**は，2社間の効率的な投入物の配分の組み合わせをすべて網羅している．これに対して**生産可能性フロンティア**（**PPF**）は，効率的な生産を前提に実現可能な2財の生産量の組み合わせに注目する．[14.4節]

5. 産出の効率性は，交換の効率性と投入の効率性をつなぐ概念であり，消費サイドのトレードオフと生産サイドのトレードオフが等しくなったとき成立する．任意の2財の生産のトレードオフは，**限界変形率**（**MRT**）であり，生産可能性フロンティアの傾きに等しい．限界変形率が（消費のトレードオフを示す）限界代替率と等しいとき，市場は産出の効率性を達成する．[14.5節]

6. ある一定の条件下では，市場は必ずしも介入を必要とせず効率的な状態に達する．**厚生経済学の第一定理**は，市場がいかに財の配分のパレート効率性を達成できるかを示す．**厚生経済学の第二定理**は，パレート効率的な配分はすべて，当初の財の配分が適正であれば一般均衡状態になる，とする．

　市場の効率性の条件は，現実の世界では必ずしもあてはまらない．だが，市場の効率性は，市場の効率とは何か，市場の失敗とは何かを理解するうえで，重要な発見である．[14.6節]

復習問題

（解答は以下のサイトで入手できる．https://store.toyokeizai.net/books/9784492315002）

1. 一般均衡分析の2つのアプローチについて説明せよ．
2. 社会的厚生関数は，社会のすべての構成員の効用水準を1つの指数にまとめ

たものだ．3種類の社会的厚生関数をあげて，それぞれの定義を述べよ．

3. 経済学では一般に，市場の効率性をどのように定義しているか．

4. 効率的な市場の条件を3つあげよ．

5. エッジワース・ボックスを使って何が検証できるか．エッジワース・ボックスには何がプロットされているか．

6. 効率的な市場における消費者の限界代替率と財の価格の関係について述べよ．この関係は，エッジワース・ボックスにどのように表れるか．

7. 消費契約曲線は，パレート効率性とどう関係しているか．

8. 技術的限界代替率と投入価格の関係について，投入の効率性はどんな意味を持っているか．この関係は，エッジワース・ボックスにどのように表れるか．

9. 生産契約曲線はパレート効率性とどう関係しているか．

10. 生産可能性フロンティアは，限界変形率とどう関係しているか．

11. 厚生経済学の第一定理が成り立つために必要な条件とは何か．

12. 厚生経済学の第二定理は，どんなことを予想しているか．

演習問題

（＊をつけた問題の解答は，以下のサイトで入手できる．https://store.toyokeizai.net/books/9784492315002）

1. ピーナッツバターは栄養満点のおいしい食べ物との評判が定着していたが，米国食品医薬品局（FDA）が食品欠陥ガイドラインで，すべての瓶に「げっ歯類（ネズミ）の糞」の最大許容量を発表して状況が変わった（なんと許容量は0ではない！）．発表を受けて，ピーナッツバターの需要は減少した．

   a. 直接的な影響で，ピーナッツバターの価格と消費量はどう変化するか．

   b. ピーナッツバターとジェリーは補完財である．ジェリーの価格にどう影響するか．

   c. bで示したジェリーの価格の変化は，ピーナッツバターの需要にどんな影響を及ぼすか．

   d. cで示した需要効果は，ピーナッツバターの価格と消費量を当初の水準に戻すか，当初の水準から遠ざけるか．

＊2. 2005年エネルギー政策法の目標基準導入を受けて，エタノールの主要原料であるイエローコーンの価格が急騰した．

   a. 需要の増大がイエローコーンの価格と数量に与えた直接的な影響を説明せよ．

b. イエローコーンと（トルティーヤの主原料である）ホワイトコーンは生産の代替財である．イエローコーンへの生産転換で，ホワイトコーンの供給はどうなるか．

c. ホワイトコーンの供給の変化は，その価格にどのような影響を与えるか．

d. ホワイトコーンの価格の変化は，イエローコーンの供給にどのような影響を与えるか．価格と生産量，両方への影響について述べよ．

e. ホワイトコーンの価格変化は，イエローコーンの価格と数量を元の水準に戻すのか，当初の水準から遠ざけるか．

*3. 以下は，チーズとワインの市場の需給状態について，それぞれ述べたものだ．

・チーズの需要は以下で表される．$Q_c^d = 30 - P_e - P_w$．ここに Q_c^d は1週間あたりのチーズの需要量で単位はオンス，P_e はチーズ1ポンドの価格，P_w はワイン1本の価格である．

・ワインの需要は以下である．$Q_w^d = 30 - P_e - P_w$

・チーズの供給は以下である．$Q_c^s = P_c$

・ワインの供給は以下である．$Q_w^s = P_w$

a. ワインとチーズは，供給サイドで連関しているか，需要サイドで連関しているか．

b. チーズの供給と需要が等しいとおいて，チーズの価格をワインの価格の関数として書き直せ．

c. ワインの需要と供給が等しいと置いて，ワインの価格をチーズの価格の関数として書き直せ．

d. cの答えをbの等式に代入して，チーズの価格を求めよ．

e. dの答えをcの等式に代入して，ワインの価格を求めよ．

f. dとeで求めたチーズとワインの価格をワインとチーズの需要関数または供給関数に代入し，ワインとチーズの均衡数量を求めよ．

4. 3.のワインとチーズの問題をもう一度考えてみよう．ワインの需要が変化し，どの価格帯でも需要量が10本減ったとする．

a. チーズの価格は不変として，ワインの需要の変化に伴う部分均衡効果を求めよ．価格はどうなるか．数量はどうなるか．

b. ワインの新たな価格をチーズの需要関数に代入せよ．ワイン市場のショックで，チーズの需要は増えるだろうか，減るだろうか．

c. チーズの需要の変化が，チーズの価格と販売量に与える影響を計算せよ．

d. チーズの新たな価格をワインの需要関数に代入せよ．ワインの需要は増えるだろうか，減るだろうか．ワイン市場は当初の均衡から遠ざかるだろう

か，近づくだろうか．ワイン市場のこの変化は，チーズ市場にどのように
フィードバックされるだろうか．

e. 新たなチーズの需要関数を使って，3. のステップに沿って，ワインとチー
ズの新たな一般均衡価格と数量を求めよ．

f. e で求めたワインの最終的な一般均衡価格と数量を，a で求めた部分均衡価
格と数量と比較せよ．

5. レタスとトマトは需要サイドで連関があり，いずれも均衡状態にある．
ジョージとジャネットは，トマトの需要増に伴う影響を調べている．ジョー
ジは部分均衡モデルを使い，ジャネットは一般均衡モデルを使っている．以
下の記述の正誤を判断せよ．理由も説明せよ．

a. ジョージはジャネットよりもトマトの価格上昇幅を大きくなるとみてい
る．

b. ジョージはジャネットよりもトマトの販売量の増加幅を大きくみている．

c. a と b の答えは，レタスとトマトが補完財か代替財かに依存する．

6. 米国の中部では，見渡すかぎりトウモロコシ畑と大豆畑が広がっている．大
豆の供給が $Q_b^s = 2P_b - P_c$，トウモロコシの供給が $Q_c^s = 2P_c - P_b$，大豆の需
要は $Q_b^d = 30 - P_b$，トウモロコシの需要は $Q_c^d = 30 - P_c$ で与えられている．
単位は 100 万ブッシェル．

a. 大豆とトウモロコシの一般均衡価格と数量を求めよ．（このステップがむ
ずかしいなら，3. で示された手順に沿って解いてみるといい．）

b. 大豆の需要が変化し，どの価格帯でも需要量が 800 万ブッシェル増加し
た．大豆の新たな需要は $Q_b^d = 38 - P_b$ と書ける．大豆とトウモロコシの新
たな均衡価格と数量を求めよ．

c. 大豆の需要が増加したことで，大豆の価格と販売量はどうなるか．

d. 大豆の需要が増加したことで，トウモロコシの価格と販売量はどう変わる
か．

7. あなたは米国食品医薬品局（FDA）の豚肉のアナリストであり，「その他ホワ
イトミート」市場の動向調査の責任者である．最近，牛肉の需要が減少した．

a. 需要サイドで豚肉と牛肉にはどんな連関があるか．説明せよ．

b. 供給サイドで豚肉と牛肉にはどんな連関があるか．説明せよ．

c. 数カ月もたたないうちに，豚肉の販売量が増加したことに気づいた．これ
は豚肉と牛肉の需要サイドの連関と一致しているか，それとも供給サイド
の連関と一致しているか．

8. ボブ，キャロル，テッドは，ペルー特有の小さなコミューンで暮らしている．

現在の効用水準は，ボブが $U_b = 55$，キャロルは $U_c = 35$，テッドは $U_t = 10$ である．コミューンの長で寛大なアリスは，2人を選んで効用を1対1で交換させ，再配分する方法を思いついた．

a. アリスが想定する社会的厚生関数は，$W = \min \{U_b, U_c, U_t\}$ だとする．
  i. 実現可能で，社会的厚生を改善する移転はどのようなものか．
  ii. 3人合わせた達成可能な厚生の最高水準はいくらか．ボブ，キャロル，テッドのあいだで，どのように分けるべきか．

b. アリスが想定する社会的厚生関数は，$W = U_b + U_c + U_t$ だとする．
  i. 実現可能で，社会的厚生を改善する移転はどのようなものか．
  ii. 3人合わせた達成可能な厚生の最高水準はいくらか．ボブ，キャロル，テッドのあいだで，どのように分けるべきか．

c. アリスが想定する社会的厚生関数は，$W = U_b \times U_c \times U_t$ だとする．
  i. 実現可能で，社会的厚生を改善する移転はどのようなものか．
  ii. 3人合わせた達成可能な厚生の最高水準はいくらか．ボブ，キャロル，テッドのあいだで，どのように分けるべきか．

9. 1,000ドルを見つけたアルは，子どものバドとケリーに分けることにした．
  a. 全員に同額を配るのが公平だとアルが考えた場合，バドとケリーにいくら配るべきか．
  b. バドは裕福で，ケリーは貧乏だとする．豊かであるほど，1ドルをもらうことによる限界効用は逓減する．2人の子どもの効用の合計を最大化したいと考えた場合，現金をどう分けるべきか．
  c. バドは裕福で，ケリーは貧乏だとする．豊かであるほど，1ドルをもらうことによる限界効用は逓減する．バドとケリーに同等の効用をもたらしたいと考えた場合，現金をどう分けるべきか．
  d. 公正の概念で見ると，a，b，c はどのような順番になるか．

10. アベル，ベイカー，チャーリーは，一卵性の三つ子で，嗜好もまったく同じである．ベーコン，卵，チーズの消費から得られる効用を以下の表にまとめた．

消費単位	ベーコンの効用	卵の効用	チーズの効用
1	100	60	80
2	155	110	135
3	175	150	183
4	190	180	210
5	200	200	225

表からわかるように，アベルがベーコン4枚，卵3個を消費するとき，総効用は190＋150＝340である．

a. 当初，アベルはベーコン5枚，ベイカーは卵5個，チャーリーはチーズ5個を持っているとする．これらのベーコン，卵，チーズを1対1で交換するとすれば，全員の効用の合計を高めるパレート改善的な交換はどんなものか．

b. パレート最適に達したとき，どのような配分になっているか．

c. パレート最適に達したとき，アベルとベイカーの財を交換させようとすると，どちらも効用を高めることはできず，少なくとも1人の効用は低下することを示せ．

*11. 下図のエッジワース・ボックスは，ビリー・ジョーとボビー・スーの冷蔵庫内にあるモモとクリームの量を表している（クリームの単位はパイント）．

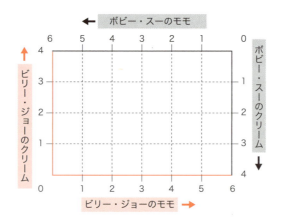

a. 冷蔵庫にはモモが何個あるか．

b. 冷蔵庫にはクリームがいくらかあるか．

c. ビリー・ジョーがモモ5個，クリーム1パイントを冷蔵庫から取り出し，「残りは全部やるよ」とボビー・スーに言った．この配分を点Aとしてエッジワース・ボックスに書き入れよ．

d. 残りのモモとクリームを取り出したボビー・スーは，「クリームがちょっと多くて，モモが少ないな．クリームを1パイントやる代わりに，モモを2個くれよ」と言ったとする．再配分した結果を点Bとしてエッジワース・ボックスに書き入れよ．

e. 昨夜の夕食用に取っておいたモモが2個残っているのに気づいたビリー・

ジョーが,「見つけた者勝ちだ!」と得意になっている. ビリー・ジョーがモモを見つけたことで, エッジワース・ボックスはどう変わるか. ボビー・スーは「見つけた者勝ちだ!」というルールを尊重するとする.

12. 下図のエッジワース・ボックスは, イライザとヘンリーが手に入れられる紅茶とクランペット〔マフィンに似たパン〕の量を表している.

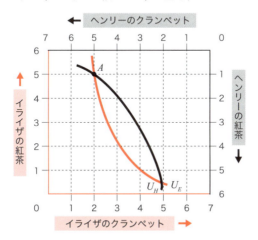

a. イライザとヘンリーの現時点の配分は点Aである. それぞれの紅茶とクランペットの量はいくらか

b. イライザがトイレに行っているあいだに, ヘンリーはイライザの紅茶4杯分を取った. 後ろめたくなって, 出かける前に自分のクランペット2個をイライザの夜食用に残した. この再配分がパレート改善的であることを示せ.

c. ヘンリーが残したクランペットが1個だったなら, パレート改善的ではなかったことを示せ.

13. ジョニーとジューンは離婚することになり, 音楽CDのコレクションを分けることにした. CDはカントリーミュージックとフォークソングがある. 仲裁者が当初の配分を提案した. 当初の配分でのフォークとカントリーのMRSは, ジョニーが3, ジューンは1になる.

a. エッジワース・ボックスを使って, 当初の配分が非効率的であることを示せ. ジョニーとジューンそれぞれの無差別曲線を描いて, 当初の配分でのそれぞれの限界代替率を示すこと.

b. 2人とも, 効用が高まるような一般的な再配分の例をあげよ. フォークを

手放すのはどちらで，カントリーを手放すのはどちらか．
c. 配分をし直して，ジョニーとジューンの MRS は等しくなった．この配分がパレート効率的であることを示せ．

14. 下図のエッジワース・ボックスは，エドとペギーのフィッシュ・アンド・チップスの選好を示してある．

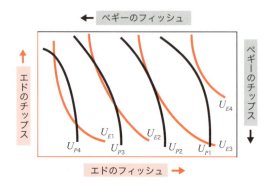

これらの選好に対応する消費契約曲線を書き入れよ．（ヒント：無差別曲線を書き込むといい．）

*15. クリスとパットの好物は，ビールとピザだ．クリスにとって，ビールとピザは1対1の完全代替財である．パットにとっては，常に1対1で消費する完全補完財だ．
   a. クリスとパットのエッジワース・ボックスを描け．
   b. クリスとパットの契約曲線を描け．どんな形状をしているか．

16. ビルとテッドの好物は，りんごとオレンジだ．ビルは常に，りんごとオレンジを1対1で交換できる．テッドは，オレンジ2個もらえるなら，りんご1個と交換してもいい．
   a. りんご10個，オレンジ10個を2人で分けるとする．適当な大きさのエッジワース・ボックスを描け．
   b. エッジワース・ボックスに，ビルとテッドの無差別曲線を書き入れよ．ビルを太線，テッドを細線にすること．（ヒント：ビルもテッドも，りんごとオレンジを完全代替財と見なしている！）
   c. それぞれがりんごとオレンジをいくつか持っている当初の配分は，パレート非効率的であることを示せ．
   d. パレート効率的な配分をいくつかあげよ．消費契約曲線に影をつけること．（ヒント：cで示したように，2人ともりんごとオレンジを持つ配分

は，効率的ではない！）

*17. 下図のエッジワース・ボックスは，トムとハンクが食品と衣服の2財の生産に，労働と資本をどう配分するかを示している．

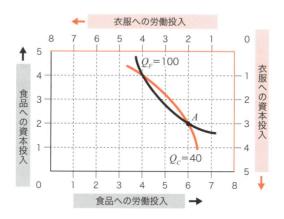

現在の経済は点Aの状態にある．

a. 各財の生産に，労働と資本が何単位ずつ使われているか．
b. 食品の生産量は何単位か．衣服の生産量は何単位か．
c. 食品と衣服の生産に割り当てる労働と資本の配分を変えて，食品と衣服の生産量を増やしたい．単純な再配分の例をあげよ．

18. 熱帯の小さな島では，2社が労働と資本を分け合っている．企業1は漁業で，労働の限界生産物は8，資本の限界生産物は5である．企業2はココナッツの販売会社で，労働の限界生産物は64，資本の限界生産物は32である．

a. 2つの業界間の労働と資本の配分は非効率であることを示せ．
b. 投入物の量を増やすことなく，労働と資本の配分を変えて，魚とココナッツの生産量を増やしたい．再配分の例をあげよ．

*19. 次ページの図の生産契約曲線は，銃とバラの2財を生産する際の労働と資本の効率的な配分を示してある．

a. 生産契約曲線の情報を使って，銃とバラの生産可能性フロンティアを描け．バラは横の辺，銃は縦の辺にすること．すべての資源を銃に投入した場合，100丁の銃が生産できる．すべての資源をバラに投入した場合，3,000本のバラを育てることができるとする．
b. エッジワース・ボックスに点Xを書き入れよ．生産可能性フロンティア上で対応する点Xを書き入れよ．できるだけ正確にすること．

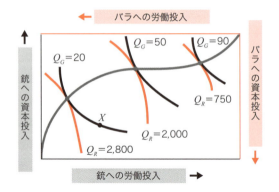

20. 下図の生産可能性フロンティアは，すべての資源を効率的に使ったときに生産できる銃とバラの生産量の組み合わせを示したものである．

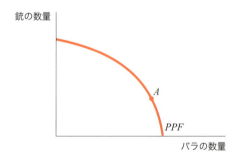

a. 点AのMRTが2.0で，銃生産の労働の限界生産物は12である．バラ生産の労働の限界生産物はいくらになるか．
b. 点Aで銃生産の資本の限界生産物が6の場合，バラ生産の資本の限界生産物はいくらになるか．

^第4^部 基礎から応用へ

情報の非対称性 ^第15^章

読者のなかには，中古車を買ったことのある人が多いのではないだろうか（もし，まだだとしても，すぐに機会が訪れるだろう！）．米国で１年間に販売される中古の乗用車・小型トラックは3,500万台で，新車の1,200万台にくらべて圧倒的に多い．[1] だが，中古車を買おうとすると，品質が心配になるのではないだろうか．気がかりな点はいくつもある．個人から買う場合，どうして売る気になったのか．もしかすると，すぐに故障するのではないか．パッと見ではわからない問題に売り主は気づいているのではないか．ディーラーから買う場合は，車の来歴が気になる．レンタカーとして利用されていたら，乱暴に扱われてきたかもしれない．自分のものではないからといって，時速100キロで線路上を走ったりしていないか．あるいはローンが払えなくなった人が手放したのか．そんなことなら，ろくにメンテナンスもされてないだろう．あとで不具合が見つかったら，ディーラーは補償してくれるだろうか．

　これまでみてきた分析法では，こうした状況を経済学的には捉えられない．というのは，経済的な意思決定の主体は市場に関するすべての情報を把握している，と想定していたからだ．モデルで想定する消費者は，自分が購入する商品やサービスの特性を把握し，どのくらいの頻度で利用するかもわかっていた．同様に企業は，従業

員がどれだけ勤勉で，担当する作業にどれだけ習熟しているかがわかっていた．つまり，完全情報の市場を前提に話を進めていた．**完全情報**（complete information）とは，市場の参加者が経済決定に関わる重要な情報をすべて把握している，ということだ．

しかし，現実の世界では，情報はタダではないし，取引の関係者全員が共有しているわけでもない．こうした状況で起きる出来事を理解するには新たなツールが必要だ．それを本章でみていこう．具体的には，取引する商品やサービスについて，一方の当事者が，もう一方の当事者よりも情報を持っている市場をみていく．経済学では，このような情報格差を**情報の非対称性**（asymmetric information）という．[2]

情報の非対称性は，市場に重大な影響——社会的な見地からかなりマイナスの影響を与えかねない．実際，理論的には，情報の格差が十分に大きい場合，取引が成立すれば全員が得をするときですら，市場が完全に機能不全に陥ってしまうことが起こりうる．市場の失敗（market failure）といえるわけだが，興味深いのは，情報を持たない人ばかりでなく，情報を持っている人も不利益を被っている点だ．その理由を以下で説明しよう．情報の非対称性によって，市場で発生する消費者余剰や生産者余剰の大きな利得が損なわれるとすれば，そうした損失を軽減するために，さまざまな制度が導入されるのも不思議ではない．こうした制度についても，この章でみていこう．

15.1 レモンの問題と逆淘汰（逆選択）

市場における情報の非対称性の象徴が，**レモンの問題**（lemons problem）である．レモンの問題は，売り手が買い手よりも財の性質についてよく知っている場合に生じる．冒頭の中古車の例も，そうしたケースの1つだ．じ

---

1) 米国運輸省『全米輸送統計　2012』．
2) 情報が対称的な経済状況とは，取引の参加者全員が同じ情報を共有している状況を指す．全員が完全情報を共有しているケースだけでなく，完全情報は共有しておらず，同じ程度に無知であるケースも含む．

つは，レモンの問題という名称は，品質の悪い車が「レモン」と呼ばれることに由来する．1970年にこの問題を最初に理論化したのが，経済学者のジョージ・アカロフである．[3]

レモンの問題がいかに市場を損なうかを理解するために，次のような例を考えよう．（かなり単純化した例だが，それによって，どんな影響を及ぼすのか，どのような仕組みなのか，問題を引き起こす原因は何かが，わかりやすくなる．）いま，2種類の中古車があるとする．一方は品質がよく（「プラム」と呼ぶ），もう一方は品質が悪い（「レモン」と呼ぶ）．中古車市場の半分はプラムで，もう半分はレモンだ．購入を検討している買い手にとって，プラムは1万ドルの価値があるが，レモンには価値がない．一方，売り手はプラムの価値を8,000ドル，レモンは買い手と同じく価値がないとみている．

品質がわかる場合

まず，売り手（現在の持ち主）にも買い手にも車の品質がわかる市場について考えよう．プラムの価値を，売り手は8,000ドル，買い手は1万ドルと見積もっているので，中古車市場の半数を占めるプラムは8,000ドルから1万ドルのあいだで売れる（この範囲内なら，いくらでもいい）．売り手も買い手も売買で得をする．買い手は現在の持ち主である売り手よりも価値を見いだしており，買い手も売り手も，売買が成立しなかった場合よりもましな価格で車は売れる（少なくとも，どちらか1人が得を・し・な・け・れ・ば売買の意味はない）．レモンは，売り手にとっても買い手にとっても価値がない．したがって，レモンが売られることはないので，得する人も損する人も出ない．

このように，品質が誰の目にもあきらかなとき，市場の買い手と売り手

---

3) George Akerlof, "The Market for 'Lemons': Quality Uncertainty and the Market Mechanism," *The Quarterly Journal of Economics* 84, no. 3（August 1970）: 488-500. アカロフはこの問題を最初に理論化した功績によって命名の権利を獲得し，実際には「レモンの原理」と名づけた．アカロフが（自身の名前をつけるのではなく），平凡な名称を選んだのは幸いだ．"Akerlof"（アカロフ）よりも "lemons" のほうが正しいスペルを覚えやすいのだから．

450　第４部　基礎から応用へ

は，中古車売買で少なくとも損はせず，多くの場合，得をする．機能的な市場は，こうして市場参加者の厚生を高める．

品質がわからない場合

今度は，情報の非対称性が存在する場合，何が起きるかをみてみよう．車がプラムなのかレモンなのか，売り手はよく知っているが，買い手は知らない状況である．（持ち主が自分の車の状態を買い手よりも知っているのは当然だろう．直接動かし，不具合を一通り経験しているのだから．）買い手が知っていることといえば，中古車市場の半分はプラムで，半分はレモンだ，ということだけだ．つまり，適当に選んだ中古車がプラムである確率は50％だと認識している．

買い手は中古車に最大でいくら払うつもりがあるだろうか．買い手はプラムなら１万ドルの価値があるが，レモンなら価値は０とみており，どちらかの確率は50％である．したがって（10,000ドル×0.50）＋（0ドル×0.50）＝5,000ドルから，買い手が中古車に支払ってもいいと考える価格は5,000ドルである．これ以上の価格では，買い手の期待効用は低下する．どの車も期待価値は5,000ドルしかない．

今度は，プラムを売るべきかどうか考えている持ち主について考えよう．売り手は自分の車の価値を8,000ドルと見積もっている．だが，プラムかどうかは買い手にはわからないので，5,000ドル以上では売れないことを認識している．だから，品質の高い自分の車を売りには出さない．いうまでもないが，レモンの持ち主は，タダ同然だと思っている自分の車が5,000ドル以上で売れたら万々歳だ．だが，ここに問題がある．目端のきいた買い手なら，プラムの売り手が5,000ドルでは手放す気がないことを知っている．とすれば，市場に出回る中古車はレモンしかない，ということになる．買い手はレモンに価値は認めていないので，売り値がいくらであっても中古車を買おうとは思わない．

ようやくレモンの問題の悲劇があきらかになってきた．買い手と売り手が同じ情報を持っていれば，大量の中古車が売買され，効用を増やすことがで

きる（買い手は元の持ち主よりプラムに価値を見いだしているため）．だが，情報の非対称性が存在するとき，売買は行われない．市場は存在しない．一方が他方よりも情報を多く持っているがために，交換による利得がすべて損なわれてしまうのだ．

逆淘汰

　この例から，情報の非対称性とレモンの問題に関して重要な2つのポイントが浮き彫りになる．第1に，品質の差自体が問題を引き起こしているのではない．完全な情報があり，品質を誰でも知っていれば，高品質の財はより高く，低品質の財はより安い価格になるはずだ．（中古車の例では，プラムは8,000ドルから1万ドル，レモンは0ドル．）品質重視の消費者はプレミアムを支払って高品質の財を手に入れ，品質をさほど気にしない消費者には，本人さえ望めば（金額的にも比喩的にも）安物を手に入れることができる．この場合，不必要に取引が減らされることはない．売り手にとっての価値以上の金額を支払う意欲のある買い手は，誰でも財を手に入れることができる．言い換えれば，市場は効率的に財を配分している．

　レモンの問題は，売り手と買い手が品質に関して同じ情報を持っていないときに生じる．こうした情報の非対称性は，市場に出回る財を低品質に偏らせることで市場を破壊する．つまり，市場に出回る財の平均的な品質は，市場に出回らないものも含めた財全体の平均的な品質を下回ることになる．これがまさに，先ほどの単純な中古車の例で起きていたことだ．買い手にとっての中古車の平均的価値は5,000ドルだったが，実際に市場に出回った中古車はレモンばかりで，価値は0だった．売り手と買い手双方に情報が均等に行き渡っていれば成立していたはずの取引がこれによって妨げられる．

　取引に「良い」タイプの財よりも「悪い」タイプの財を含めるインセンティブが強い場合を，経済学では**逆淘汰**〔あるいは**逆選択**〕（adverse selection）という（悪い品質に偏る形で，市場で財の淘汰が進んでしまうことに由来する）．中古車の例では，レモンが「悪い」タイプだ．買い手にはレモンとプラムの区別がつかないことから，市場に出回る中古車がレモンに偏ることにな

る．品質がわからない中古車に買い手が支払ってもいいと考える価格は，品質の高いプラムの持ち主が売ってもいいと考える価格にくらべて低すぎる．この価格で売ってもいいと考える売り手は，レモンの保有者に違いない．（買い手の側の逆淘汰も問題だ．この点については，保険市場の議論で取り上げる．）

　第2の重要なポイントは，情報の非対称性は，情報を持っていない人だけでなく，情報をより多く持っている人にも不利益をもたらすということだ．売り手と買い手双方が得をしたはずの取引が行われないために，双方が損をするのだ．中古車の例では，品質の良いことを双方が知っていれば成立したはずの取引が成立しないことで，品質の良いプラムの売り手と買い手が割を食う．皮肉にも，売り手にとって情報を握っていることが有利になるのではなく，不利になるのだ．

　売り手が買い手に，これはプラムですといって品質の良さをアピールすれば，この問題を避けられるのだろうか．それで情報の非対称性が解消され，取引のメリットが得られるのだろうか．残念ながらそうではない．問題は，レモンの売り手に品質を偽るインセンティブが存在するということだ．これはプラムだと言い張るだろう（正直に言っても車の価値は上がらないが，嘘を言えば取引が成立する）．売り手には嘘をつく動機があるということを買い手が認識しているとすれば，単に「これはプラムです」というだけでは，本当の品質についての情報とはいえない．追加の情報がなければ，買い手は自分でプラムとレモンを見分けることができないし，プラムの売り手とレモンの売り手を見分けることもできない．どちらも「これはプラムです」というのだから．だが，プラムの売り手には，確かにプラムであるという情報を信頼できる形で買い手に伝える方法がある．以下で取り上げよう．

　繰り返しになるが，中古車の例はあえて極端に単純化してある．レモンの問題は，完全に市場を破壊するわけではない．現実には多くの中古車が売買されている．ただし，逆淘汰によって，取引が経済的に効率的な水準未満に抑えられる可能性がある．品質がわからないことが悪循環を招く．買い手が支払ってもいいと考える金額が下がり，それゆえ市場にはレモンばかりが出回る．これによって買い手の支払い意欲は一段と低下し，逆淘汰がさらに強

まるのだ．単純な中古車の例では，このフィードバックのプロセスが強すぎ
て，市場に出回る車はレモンに違いないので，買い手はどの車も買おうとし
なくなる．だが，現実の世界では，市場が完全に閉鎖される前に，逆淘汰の
フィードバックを減速させる要因がはたらく．

たとえば，現実の中古車市場の流通ルートは，例にあげたような個人と
ディーラーの2種に限定されるわけではなく，さまざまなルートが存在す
る．また，売り手と買い手は，それぞれのタイプに同じ価値をつけているわ
けではない．こうした要因によって，情報の非対称性の悪影響は軽減され
る．市場には「悪い」品質の中古車が多く出回り，売買水準は効率的な水準
をなおも下回るが，それでも車は売買される．

この章の冒頭でみたように，中古車の購入を検討する際に品質が心配にな
るのは，逆淘汰があるからだ．買い手は，購入を検討している起亜自動車の
旧型モデルが，起亜の旧型モデルの平均よりも品質が低いことがわかってい
る．というのは，持ち主がいま乗っている起亜の車に満足しているなら，売
りに出そうとしないからだ．買い手がこうした車への購買意欲を低下させる
と，良い車の持ち主は余計に売ろうとしなくなるだろう．

その他のレモンの問題の例

レモンの問題はいたるところに存在する．中古車というわかりやすい例を
取り上げたが，買い手よりも売り手が品質をよく知っている市場なら，どん
な市場にも「レモン」は存在しうる．わかりやすい例が，車以外の中古品の
ケースだ．とくにネット販売はレモンの問題に弱い．顔が見えない取引で，
買い手は事前に商品を手に取って品質を確かめることができない．

逆淘汰は，サービス市場や要素（投入）市場でもよくある．たとえば自宅
のリフォームを検討している人は，レモンの問題にぶつかることが多い．営
業担当者を見ても，現場の作業員の質はわからない．こうした懸念があるた
め，家主は請負業者に十分な報酬を払おうとはしない．だが，そうなると，
質は良いが，高額な請負業者が請け負う可能性が減り，出来の悪い請負業者
が安い報酬で引き受けることになる．

454　第4部　基礎から応用へ

　投入市場でレモンの問題が起こりやすいのが，中古の資本財の販売だ．ト
ラックや機械ばかりかビルも売買されているが，売り手のほうが品質をよく
知っている．労働市場には，この市場特有の逆淘汰問題がある．労働者は，
働く意欲や正直さ，業務上必要な知識などの自分の「質」を自覚していると
考えられる．雇用主がそうした質を簡単に見極められるのであれば，本人の
限界生産物を支払えばいいので（質の高い労働者には，高い報酬を支払うこ
とになる），何の問題もない．だが，良い労働者と悪い労働者を見分けられ
なければ，雇用主はさまざまな労働者の限界生産物の平均の額しか賃金とし
て支払おうとしない．良い労働者は志望しなくなり，悪い労働者ばかりが残
る逆淘汰が起きるのだ．

レモンの問題を軽減する制度

　レモンの問題は，有益な取引を妨げることで経済的価値を大きく損なうた
め，現実の市場ではさまざまな制度が導入されており，情報の非対称性は完
全に解消されないまでも，ある程度緩和されている．ふたたび中古車を例に
取るが，ここから引き出される教訓はかなり一般的なものだ．中古車市場で
逆淘汰を減らすためのメカニズムは，他の多くの市場で同じように機能す
る．後で具体例を2, 3あげよう．

　中古車市場で情報の非対称性の緩和を目的に導入された制度や市場メカニ
ズムは，基本的に3通りある．1つめは，情報の非対称性の問題を直接解消
しようとする方法で，売買の前に中古車の質を買い手が確認できるようにす
る．2つめは，質が悪いと知っていながら，質が良いと偽って売ろうとする
売り手を罰する制度である．3つめは，市場に出回る質の高い中古車の数を
増やして，逆淘汰を減らす方法である．2番目と3番目の制度は，買い手が
中古車の質を直接確認できるわけではない点に留意したい．売買前に質を確
認できないとしても，売り手が正直に申告するインセンティブ（誘因）をつ
くる．3つめの方法は，質の高い中古車を売りに出すインセンティブをつく
ることで，市場に出回る中古車の平均的な質を高める．この小節では，それ
ぞれのタイプの具体例をみていこう．

情報の非対称性を直接軽減する　買い手が中古車の質を知る方法はいくつかある．たとえば，売り手とは無関係の信頼できる整備士に，購入前にチェックしてもらってもいい．売り手は，車の所有者であることを証明する書類やメンテナンスの記録を開示する．（質について情報を持っていて有利なはずの売り手が，なぜ積極的に情報格差を埋めようとするのかは，前の議論を思い出してもらいたい．一方が情報を持っていたとしても，レモンの問題で双方が得になる交換が行われないと，双方が損をする．）

　情報の非対称性を解消するビジネス・モデルをつくり出した企業もある．オートチェック社やカーファックス社は，中古車に関する情報提供を専門にしている．ウェブサイトに1台ごとにつけられた番号を顧客が入力すると，たちどころに車の持ち主の履歴や時にはメンテナンスの記録が表示される．買い手にとって貴重な情報だが，売り手もまたこのサービスの恩恵を受けている．じつは，両社の検索費用の大半は，買い手でなく，ディーラーが負担している．ディーラーが検索サイトの会員になって，その顧客が購入を検討中の中古車の履歴が調べられる仕組みだ．

品質を正直に申告するインセンティブ　レモン問題の第2の解決法は，品質を偽る売り手のコストを重くすることだ．こうしたメカニズムは，売り手が知っている情報すべてを買い手に与えなくても機能する．

　この種のメカニズムの古典的な例が，売り手に対する買い手の評価——評判だ．質の高い車を販売するか，質の低い車を販売するときはその旨をはっきり伝えるなど，誠実なビジネスをしていれば，そうした評判は定着していく．すると，そこで買いたいと思う消費者が増えていく．逆に不誠実なディーラーは，そのやり方が噂になると商売できなくなる．もちろん評判には限界がある．映画やテレビに登場する中古車のセールスマンといえば，決まってチェックのブレザーを着て，いかにも胡散臭いが，故のないことではないだろう．ビジネスが長く続くと期待されるとき，評判のインセンティブは効果を発揮する．将来，ビジネスが発展すれば，良い評判は元が取れるのだから．他方，「いい加減な」売り手は，悪い評判が問題になる前に商売替えするつもりなので，嘘をついて手っ取り早く稼ぐ．

保証をつけて，逆淘汰を軽減することもできる．高品質の車の売り手は，一定期間内に故障した場合は修理代を無料にするとか，買い手が満足しなければ返金に応じるといった保証をつけて品質の良さを訴えるのだ．評判の場合と同様，保証は情報の非対称性を解消してレモンの問題を解決するわけではない．売り手が品質を正直に開示するようなインセンティブを与えるのだ．売り手がレモンと知っていて保証をつけるのは高くつく．諺にあるとおり「口約束だけでなく実際におカネを出す」のだ．これを認識したうえで，保証がつくことがわかれば，買い手は良い車だと思う．保証なしの車は質が低い可能性が高い．（価格が低い品質に見合っていれば，問題はない．）4)

制度や規制を入念に設計し，逆淘汰を軽減することができる．全米のほとんどの州に「レモン法」がある．名称からわかるとおり，この法律は自動車販売で順守すべき条件を定めている．一定の年数を経過し，一定の走行距離を超える中古車の販売には短期保証をつけなければならない．その履行コストはディーラーには負担となるが，保証をつけることで，低品質車は，レモン法でカバーされる市場の一部から締め出される．低品質車を全面的に市場から追い出すのは得策ではない点に留意したい．予算や好みから，価格が適正でありさえすれば，低品質車を求める人はいる．繰り返しになるが，重要なのは，低品質車を市場から締め出すことではない．購入を検討している人がみな，低品質車であると認識できることが重要なのだ．

市場に出回る中古車の平均的な質を上げる　何らかの方法で逆淘汰を減らせば，レモンの問題は緩和できる．1台ごとの質はわからないとしても，質の高いプラムが市場に多く出回るようにすればいい．中古車の平均的な質が上がれば，中古車を買ってもいいと考える人が増えてくる．需要が増加すれば，質の高い中古車を売ろうとする持ち主も増える．結局，市場の取引量が増え，買い手も売り手も得をする．

---

4)　悪い車ではなく良い車なら，保証は高くつかないという事実，それゆえ買い手が品質を見分ける効果的な手段になるという事実は，保証が経済学でいうシグナルのはたらきをするということだ．シグナルは，情報の非対称性の問題の解決法の一種であり，本章の後半で詳しく取り上げる．

第15章　情報の非対称性　**457**

　これを実現する方法の1つが，リース制度だ．リース制度では，買い手または「リース賃借人」が一定期間，所有権を譲り受け，契約満了時に売り手（「リース賃貸人」）に返還するかどうかを選択する．品質にかかわらず，返却日を決めておくことで，中古車市場で質の高い車が増え，逆淘汰を減らすことができる．

中古車を超えて　これらの例からわかるのは，レモンの問題が，市場を大きく損なうものである反面，その影響を抑える行動を個人や企業に促す強力なインセンティブを提供するということだ．取り上げた例はすべて中古車がらみだが，情報の非対称性が存在する他の市場でも，類似した構造のメカニズムはすぐに見つかる．

　たとえば，前に取り上げた住宅リフォームや労働市場でも，似たような制度が導入されている．住宅リフォーム市場では，インターネットの照会サイトで，契約前に請負業者の実績や専門性が確認できる．アンジーズ・リスト社の会員向けサイトでは，請負業者に対する顧客の評価が閲覧でき，評価を見て請負業者を決めることができる．（評価を閲覧できる同社の会員数が50万人以上という事実から，こうした情報の価値がいかに大きいかがわかる．）アンジーズ・リスト社やベター・ビジネス・ビューロー〔BBB：米国商事改善協会〕などの評価機関の存在は，高評価を維持している請負業者のプラスにもなる．

　照会と評判は，労働市場でもモノをいう．通常，履歴書には照会先を記す．企業は照会先や前の雇用主に，志望者のパフォーマンスを問い合わせる．学校や業界団体なども，第三者として，さまざまな業務の能力にお墨付きを与える．労働市場にも「保証」らしきものがある．人材の採用にあたって，企業は通常より給与の低い臨時社員や，一定期間解雇が容易な試用社員として採用することが少なくない．こうしたタイプの契約によって，企業は長期の契約を結ぶ前に，比較的低コストで人材を「お試し」できる．

　これらの例は良いニュースだ．レモンの問題は大きな損失の原因だが，その影響を抑えるべくさまざまな仕組みを生み出してきた．こうした仕組みが効果的で，情報の非対称性が多くの取引に与える影響が完全に除去される場

458   第4部　基礎から応用へ

合もある．だからといって，レモンの問題が，市場やその参加者に影響を与えないというわけではない．購入を検討している中古車の品質は，相変わらず心配だ．購入する前に，中古車の品質を見分けるセンスを身につけられるようになるにすぎないのである．

15.1 解いてみよう

　消費者は中古パソコンの価値を，高品質なら400ドル，低品質なら100ドルとみている．供給曲線は，高品質が $Q_H = P_H - 100$，低品質が $Q_L = 2P_L - 50$ で表される．購入の際には，品質を見分けることはできない．

a. 買い手は，購入するパソコンが高品質である確率を50％だとみている．買い手が中古パソコンに支払ってもいいと考える価格はいくらか．

b. aで求めた価格を中古パソコン市場で提示した場合，何台の高品質のパソコン，何台の低品質のパソコンが出まわるか．買い手は高品質が出まわる確率を50％と見込んでいたが，この確率は修正されるか．理由も述べよ．

c. 高品質の中古パソコンが出まわる本当の確率があきらかになると，何が起きるか．説明せよ．

解答：

a. 買い手が高品質の中古パソコンが手に入る確率を50％と予想している場合（残りの50％は低品質になる），パソコンの期待価値は以下になる．

　　　0.5 × 400ドル＋0.5 × 100ドル＝200ドル＋50ドル＝250ドル
　　したがって，買い手が中古パソコンに支払ってもいいと考える最大値は250ドルである．

b. 中古パソコンの価格が250ドルだとすれば，高品質のパソコンの供給量は以下である．$Q_H = P_H - 100 = 250 - 100 = 150$．低品質の中古パソコンの供給量は $Q_L = 2P_L - 50 = 2 \times 250 - 50 = 500 - 50 =$

450, となる.

したがって, 市場には600台の中古パソコンが出まわることになる (高品質150台+低品質450台). 高品質が出まわる確率は50%ではなく, 150/600=0.25で25%になる. 情報の非対称性から, 買い手は中古パソコンに高いおカネを払いたくない. そのため高品質のパソコンの持ち主は売るのを躊躇する反面, 低品質のパソコンの持ち主は積極的に売ろうとする. これにより市場に出まわるパソコンの比率が変わる.

c. 時間が経つにつれて, 買い手は中古パソコンの期待価値を修正していく. それによって, 買い手が支払ってもいいと思える価格はさらに下がる. 高品質中古パソコンの持ち主は, いっそう売りたくなくなるので, 高品質の中古パソコンが出まわる割合が一段と低下する. 最終的に, 低品質のものしか出まわらない可能性もある.

応用　収集品販売の評判

レモンの問題と切っても切り離せないのが, コインや切手, 骨董品などの収集品の売買だ. 素人目には似たようなものでも, 専門家から見れば, ほんのわずかな違いが品質や価格の大きな差となる. 品質の決め手になる微妙な差を熟知している専門業者は, 買い手の知識の乏しさにつけこむことができる. こうした収集品市場で, 評判のメカニズムがいかに情報の非対称性の問題を軽減するかに注目した最近の研究がある.

ルイ・カブラルとアリ・ホルタシュは, ネットオークションのイーベイ (eBay) 上の評判のメカニズム, フィードバック・スコアを調査した.[5] イーベイの買い手と売り手は, 自身の売買についてコメントと評価 (プラス, マイナス, どちらでもない) をつけることができる. 評価の履歴から,

---

5) Luís Cabral and Ali Hortaçsu, "The Dynamics of Seller Reputation: Evidence from eBay," *Journal of Industrial Economics* 58, no. 1 (March 2010): 54–78.

買い手と売り手は，相手が満足し（それを書き込む）取引を積み重ねることで，誠実な対応をしているという評判を築くことができる．商品の品質を偽るなどの不誠実な行為は評価に反映されて，そうした常習犯との取引は敬遠されるようになる．

　カブラルとホルタシュは，サンプルを抽出して，売り手の評価の影響を調べた．売り手の評価がその後の売上げに及ぼした影響を計測したところ，顕著な影響がみられ，評判のコストが多大であることを裏づける結果となった．たとえば，初めてマイナス評価がついたことをきっかけに，売上げが「急減」していた．その前の週は平均7％で伸びていた売上げが，翌週は7％減になっていた．それ以降のマイナス評価が売上げに及ぼす影響は小さくなっているが，売り手には慰めにはならない．最初のマイナス評価以降，マイナスがつく頻度も上がっていたのだ．

　マイナス評価は，市場の退出とも関連している．売り手が撤退する前には，たいていマイナス評価が相次いでいる．ここでどちらが原因で，どちらが結果なのかははっきりしない．評価の落ちた売り手は，利益を出せるほどの売上げを確保できないのかもしれない．一方で，撤退を決めている売り手は，評判を維持しようというインセンティブを持たないため，怪しい取引で目先の利益を稼ごうとするだろう．（最初にマイナス評価がついてから，マイナス評価が頻発する理由も，同じように説明できるのではないか．）因果関係はどうであれ，市場に長くいる売り手ほど，高評価を得る傾向にあるのは間違いない．

　別の研究でジョン・リストは，第三者の専門家のお墨付きがあると，評判はさらに威力を発揮して，レモンの問題を軽減することを示した．[6] リストは，スポーツ関連グッズの展示会で実験を繰り返した．リサーチ・アシスタントが買い手としてディーラーに接触し，特定の野球選手のカードを買いたいと適当な金額を提示する．カードは，角の尖り具合や光沢，印刷のズレなど，品質が微妙に違う．これで価値が3倍から4倍違ってくるが，素人目

---

6)　John List, "The Behavioralist Meets the Market: Measuring Social Preferences and Reputation Effects in Actual Transactions," *Journal of Political Economy* 114, no. 1 (February 2006): 1–37.

にはわからない.

被験者である売り手（ディーラー）が提示したカードは，専門の評価会社が鑑定したものではない．売り手には品質を良く見せる余地がある．買い手に微妙な差を見分ける力はないと判断すれば，本来の市場価値よりも高い価格を吹っかけるかもしれない．（ディーラーが実験だと知らないのも好都合だった．）

カードを購入した後，本来の価値がいくらか専門家に鑑定してもらう．ディーラーにとって評判が大事であれば，買い手から高い金額を提示されたら質の高いカードを渡すはずだ．それをしないで，買い手が後になって質が良くなかったと気づくと（おそらく，再度，売りに出そうとしたときに気づく），売り手の評価が下がり，その後の商売に差し支える．一方，ディーラーにとって評判が重要でないなら，買い手が提示する価格に関係なく，手持ちで最低のカードを渡すはずだ．

結果は見事に分かれた．実験終了後の調査で，地元在住か，実験が行われた展示会に頻繁に出店していると判明したディーラーは，高値を提示した買い手に質の高いカードを渡していた．一方，地元ではなく出店頻度も高くないディーラーは，そろって質の低いカードを渡していた．これは理解できる．評判を築くには，将来の利益と引き換えに，目先の利益を犠牲にしなければいけないことがある．買い手の無知につけこんで手っ取り早く稼ぐのではなく，誠実なディーラーとして地位を確立してビジネスを拡大するのだ．常連客をつかまえたい売り手にとっては，目先の利益を犠牲にすることは意味がある．一方，評判を「おカネに変える」までその場所にいるつもりのない売り手には，そもそも評判を築こうというインセンティブがない．

鑑定機関が評価を始めたばかりの商品の質を見ると，第三者の評価認証がいかに大事かがわかった．鑑定結果が公表される前の展示会では，地元の・・・ディーラーを含めて，すべてのディーラーが質の低い商品を出してきた．だが，認証が始まると，地元のディーラーは，高値を提示した買い手には質の高い商品を渡すようになった．ただ，他のケースでもそうだが，外部のディーラーは相変わらず質の悪い商品を売り続けた．

つまり，認証と評判がセットになってレモンの問題の解決に動く．これは

直観的にもよくわかる．吹っかけられていることがわからなければ，売り手の評判を下げようがない．今後，フリーマーケットに行くときは，このことを覚えておくといい．そして地元のディーラーを探すことだ．■

買い手の情報が多いときの逆淘汰──保険市場

ここまで論じてきたレモン問題はすべて，買い手よりも売り手のほうが財やサービスに関する情報を持っていた．だが，買い手が多くの情報を持っている場合も問題は起こる．この点で重要なのが保険市場だ．

保険市場で売り手より買い手が多く持っているのは，どんな情報だろうか．保険金請求が必要になるリスクについては，買い手のほうがよく知っている．そもそも保険とはどんなものだろうか．特定の事象が起きたときに，加入者に保険金が支払われる商品である．特定の事象には，病気，自動車事故，倒木による家屋損壊，死亡などがあり，それによってさまざまなタイプの商品が販売されている．こうした出来事に遭遇しやすいと思えば，高額の保険に入るだろう．たとえば，高額の歯列矯正治療が必要だとわかっていれば，その治療費を補填するための高額の歯科医療保険に入ろうとする．

これは，保険市場では買い手が逆淘汰されている，ということだ．保険会社から見れば，保険金を請求する確率にばらつきがあるから，潜在的な顧客は「質」に違いがある．（保険金の予想請求額にも差があるからだ．）無謀な運転をする人や運転が下手な人は，自動車保険の保険金を請求する可能性が高いし，不健康な人は医療保険の保険金を請求する可能性が高い．

前に論じた「売り手」のレモン問題と同様に，単なる質のばらつき自体が問題なのではない．保険会社が加入申請者の持つ固有のリスクを簡単に把握できれば，そうしたリスクを補償するプレミアムを上乗せすればいい．頻繁に保険金を請求したり，多額の保険金を請求したりしそうな加入者には，高い保険料を課す．そこでは，経済の効率性が損なわれることはない．リスクの高い顧客はあきらかに低い保険料を好むが，少なくともリスクに見合った保険を見つけることができる．高い保険料は，保険会社が支払わなければならないと予想される多額の保険料を穴埋めすることになる．

逆淘汰の問題が起きるのは，予想される保険請求について，加入者が保険会社よりもよく知っている場合だ．保険会社は認識しているが，リスクの高い顧客はリスクの低い顧客よりも保険に入ろうとし，しかも高額保険に加入する傾向がある．結局のところ，こうした人たちは保険加入のメリットを最大限に活かすのだ．保険会社がリスクの低い顧客（頻繁な保険請求をしない顧客）を見分けられなければ，リスクの高い顧客の大多数に高い保険料を課さざるをえない．

これでふたたび悪循環に陥る．リスクの低い顧客の一部は，高い保険料を敬遠して保険をかけなくなる．リスクの低い顧客は，自分にとって必要性が少ないと思われる保険に，そんなに高い保険料を支払いたくはない．そうなると，保険を求める顧客に占めるリスクの高い人の割合が一段と高まり，保険会社は保険料をさらに引き上げなければならなくなる．前述の中古車の例のように，最悪のケースでは市場が崩壊しかねない．

つまり，買い手サイドの逆淘汰も，売り手サイドの逆淘汰に負けず劣らず弊害が大きいということだ．そして，例でみたとおり，情報を持っている側も，情報を持たない側と同じように痛手を被る．とくに，リスクの低い顧客が，自分がそういう客であることを保険会社に納得させられなければ，保険に加入できなくなる可能性がある．同時に，保険会社も逆淘汰の犠牲になる．仮に全員の本当のリスクのタイプを知ることができる場合，保険好きのリスクの高い層の保険を引き受けるのが一層むずかしくなるからだ．（保険市場では，保険会社が加入者の全行動を把握できないことで，別の情報の非対称性の問題が生じる．特定の事象に対する保険をかけると，そうした事象が起きるのを防ぐ行動を取ろうとしなくなると考えられる．たとえば，自動車保険に加入した人は，保険に入っていないときほど慎重に運転しなくなる．こうした問題はモラルハザード（moral hazard）と呼ばれる．モラルハザードの問題については，この後で詳しく論じる．）

保険市場の逆淘汰を軽減する

売り手サイドのレモンの問題でみたのと同様に，保険市場における逆淘汰

を軽減するため，多くの仕組みが導入されている．

団体保険　一例が団体保険の引受けである．これは，企業の従業員など，特定の団体の構成員向けの一般保険だ．たとえば，医療保険は，勤務先の団体保険の形で加入している人が多い．団体保険が逆淘汰の対抗策になるのは，なぜだろうか．保険会社は，保険を従業員の地位と結びつけることによって，リスクの高い人ほど保険に加入しようとする関係性を断ち切る．つまり，幅広いリスクのタイプをまとめるわけだ．悪いリスクに良いリスクをくわえることで，医療保険に加入しようとする人々と，そうした人々が病気になる確率の相関性を引き下げる．これは，多くの点で，中古車市場でリース制度を導入し，品質と転売の関係性を断ち切ることで，レモンの問題を解決するのと似ている．（保険会社から見ると，不健康な人が雇用される可能性が低いこともプラスになり，これによっても逆淘汰は軽減される．）

スクリーニング　逆淘汰を減らす第2の方法は，スクリーニング（screening）である．保険会社は，できるだけ多くのリスク・ファクターを把握することで，潜在顧客の保険請求の可能性を審査している．たとえば生命保険に加入する場合，健康状態に関する質問に答え，血液検査や尿検査を受け，場合によっては精密検査を受けなければならない．リスク・ファクターがあるからといって，必ずしも保険に加入できないわけではない．保険には加入できるが，リスクに見合った高い保険料を支払う必要がある．たとえば，喫煙者，糖尿病や高血圧などの持病のある人の生命保険料は高い．リスク・ファクターのスクリーニングは，予想請求件数に直接影響を与えるだけにとどまらない．学生が自動車保険に加入する場合，運転の頻度に関する質問に答え，交通違反や事故の記録をチェックされるほか，優秀な学生を対象にした割引を受けるために，成績表を提出するよう求められるかもしれない．学業成績は運転とは直接関係はないが，成績優秀な人は事故率が低いことを示す長期データは存在する．保険会社は把握可能なリスク・ファクターはできるだけ把握し，それに応じて保険料を調整したい．（もちろん，把握可能なリスク・ファクターと実際の保険請求の関係はすべて，平均についてあては

まることであり，個人ベースではない．）

補償の拒否　保険会社は，特定のリスク・ファクターを持つ個人に対し，加入を拒否することで逆淘汰を断ち切ることもできる．医療保険は，加入時点で罹患している病気については保険金支払いの対象にならない．病気になった後で保険に入れるなら，病気になる前に保険に入ろうとする人はいなくなる．保険会社は保険料収入がほとんど入らないのに，多額の保険金を支払わなければならない．十分な保険料収入がなければ，健康な人も病気の人も保険金支払いを受けられない．

　この問題をみれば，「医療費負担適正化法」（オバマケア）の運用規則や，同法の基となった「マサチューセッツ医療保険法」が制定された背後にある経済学がよくわかる．どちらも保険加入の拒否を禁じているが，全員の保険加入を義務づけてもいる．議論は分かれるが，義務づけることで，極端な逆淘汰になりかねない問題の解決に役立っている．義務づけは，前に論じた団体保険の政府主導版ともいえる．全員の保険加入の義務づけは，逆淘汰を完全に排除することによって，逆淘汰問題を解決する．皆保険の下では，平均的な加入者の保険リスクは平均的であるはずだ．各州が運転免許保有者に自動車保険の加入を義務づけている理由もここにある．

まとめ　以上のようなメカニズムが，保険市場における逆淘汰を軽減している．メカニズムが存在する理由は，前に論じた売り手のメカニズムと同じである．こうしたメカニズムが存在しなければ，市場の両サイドの情報の非対称性によって，取引が成立すれば得られたはずの多大なメリットが損なわれる．財産保険や損害保険（住宅保険や自動車保険など）から，生命保険や障害保険まで，保険市場はこうしたメカニズムによって円滑に機能してきた．だが，医療保険市場でもうまくいっていたかどうかについては，本格的な政策論争の的になっている．ここでは，この問題を深掘りしない．この点だけをテーマにした講座（コース）がある．本書の議論をとおして基本的な問題をよく理解し，個人で議論に参加できるだけの知識を身につけてもらいたい．

466 第4部 基礎から応用へ

> **応用** 逆淘汰と強制保険

　エイミー・フィンケルステインとジェイムズ・ポターバは，英国の養老年金保険市場における逆淘汰を計測した.[7] 養老年金とは，一括して保険料を払い込む代わりに，一定期間，たとえば月1回のペースで定額の年金が受け取れる保険商品である. この期間は購入時に決められるが，数年から死亡時までといった具合にさまざまだ. 一例として，65歳の男性が保険料5万ポンドを一括して支払い，亡くなるまで月額400ポンドの年金を受け取る場合を考えよう.

　養老保険の逆淘汰は，契約満了前でも，被保険者が亡くなれば，保険会社の支払い義務は終わるという事実に起因する. 加入者が，余命についての情報を保険会社よりも持っていれば（自分自身の健康に関する情報を持っているはずなので，その可能性は大いにある），長生きで健康な人が，最大の保証額で，最長の保証期間の保険に加入する割合が高まるだろう.

　英国の養老年金市場で興味深いのは，強制加入の市場と任意加入の市場が共存している点だ. 強制加入の市場が生まれたのは，特定の退職金口座の保有者は，法律で退職時に退職金の一部で年金保険に加入することが義務づけられているからである. 任意の市場は，付加年金を求める人々が加入できる. フィンケルステインとポターバは，これら2つのグループを比較して，強制保険でこの市場の逆淘汰が減るかどうかを検証した.

　その結果，どちらの市場にも逆淘汰が存在する証拠が見つかった. 強制保険市場にすら逆淘汰が存在するのは，法律で義務づけられた退職金の一部を年金化すると，退職金口座から追加の資金を年金口座に移すことを選択できるからだ. そして，予想されるとおり，健康な人ほど，退職金を年金化する割合が高い. 同様のパターンは，任意加入の年金市場でも見られた.

　前の議論から，逆淘汰は強制市場よりも任意市場でひどくなるはずだと考えられる. 実際，データはそうなっている. 任意保険の加入者は，強制保険

---

7)　Amy Finkelstein and James Poterba, "Selection Effects in the United Kingdom Individual Annuities Market," *Economic Journal* 112, no. 476 (January 2002): 28–50.

第15章 情報の非対称性　**467**

の加入者にくらべて平均余命が長い．たとえば，65歳男性が82歳まで生きる割合は，強制保険では48％だが，任意保険だと56％である．強制市場は，余命が長いとみられる人だけでなく，全員に保険加入を義務づけることで，逆淘汰の機会の一部を奪っているのだ．■

15.2 モラルハザード

　保険市場で問題を引き起こす情報の非対称性には，モラルハザードもある．この節では，モラルハザードが保険市場をはじめ，さまざまな市場に与える影響についてみていこう．

　モラルハザード (moral hazard) が起きるのは，経済取引の一方の当事者が，もう一方の当事者の行動を確認できず，情報の格差が存在するときだ．ポイントは，「行動」(behavior) という言葉にある．モラルハザードは，経済的関係が生じたとき，たとえば保険に加入したり，契約にサインしたり，従業員として雇用されたりした後，当事者がどう行動するかに関わる問題である．

　モラルハザードの最たる例は，完全な詐欺だ．自動車整備士に修理を依頼し，代金を前払いする．整備士は，修理はせず，気づかれないことを祈りながら代金を着服する．行動が見えないからこそ，こうした詐欺が行われる．エンジン・バルブを交換したかどうかは，物理的に見えないという面もあるし，車に関する知識が乏しく，見ても違いがわからないということもあるだろう．車を動かしただけでは，修理がうまくいったのか，そもそも修理がされたのかもわからない．車の性能が向上しないのは，修理されなかったせいかもしれないが，指示どおりに修理しても性能が上がらない場合もある．

　詐欺はともかく，それほど明確な悪意があるわけでなくても，モラルハザードが起きる状況は多々あり，市場の機能を阻害している．多くの例を提供してくれるのは，またしても保険市場だ．保険市場の逆淘汰に関する議論では，保険加入希望者の見えないリスクを取り上げた．したがって，保険会社にとって，逆淘汰は契約を引き受ける前の懸念材料だった．モラルハザー

ドはこれとは違う．モラルハザードは，補償内容が加入者の行動に与える影響と関係がある．具体的には，すでに保険に加入していると，保険金請求を避ける努力をしなくなるのだ．つまりモラルハザードは，保険会社が保険を引き受けた後の問題だ．

極端なモラルハザードの例

　具体例で考えると，この点がはっきりする．（重要な点を強調するために，例の内容はばかげているが，保険のモラルハザードに共通する多くの特徴を備えている．）映画の興行収入が一定水準に届かなかった場合，収入が補償される「興行収入保険」があるとしよう．高い保険料を支払えば，最低収入補償額を引き上げることができる．

　映画の興行収入は変動が激しく，予測がむずかしいため，こうした保険は経済的にきわめて貴重だ．プロデューサーの立場からすると，映画を企画するのには確実な収入が見込めるほうがいい．保険会社にとっても，こうした保険は魅力的だ．何本もの映画にリスクを分散すれば，保険金を支払う必要のないヒット作で確保した保険料収入で，期待はずれの映画に保険金を支払い，かつ利潤を確保することができる．

　ここでも逆淘汰が問題になる可能性はある．駄作をつくるプロデューサーほど，こうした保険に加入したがるのだ．だが，とりあえず，その点は無視しよう．逆淘汰が問題ではないとしても，モラルハザードは問題になる．なぜだろうか．こうした保険に加入した後のプロデューサーの意思決定について考えてみよう．保険に加入した時点で，まだ映画は撮っていない．この段階で，観客が喜ぶ映画を撮るというインセンティブがあるだろうか．どんな映画を撮ろうと，グロスの収入は保証されている．だとすれば，プロデューサーにとって最適な選択は，できるだけ低予算の映画をつくることになる．テストパターン（画質評価のための基準映像）をコピーして，単館で一晩だけ上映すればいい．映画制作にはほとんどおカネをかけなくても，保証された収入が手に入るのだ．撮影を開始してから保険に加入した場合でさえ，プロデューサーには費用をかけて映画を制作するインセンティブは存在しな

図15.1 保険市場のモラルハザード

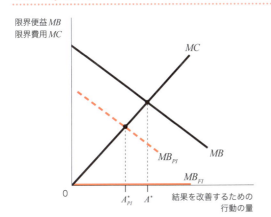

保険のない市場では，保険加入を検討している人は A^* まで結果を改善するための行動を取る．A^* で，さらなる行動を取ることによる限界便益 MB は，限界費用 MC と等しくなる．これに対して完全保険が提供されると，MB は MB_{FI} にシフトし，保険加入者は結果を改善するための行動をまったくとらない．部分保険が提供されると，MB は MB_{PI} にシフトし，保険加入者は A^*_{PI} の水準の行動を取る．

い．

　繰り返しになるが，これはばかげた例である．だが，映画にかぎらず多くの市場で，こうした力がはたらいている．図15.1に，モラルハザードの一般的な仕組みの考え方を示した．図には，保険加入を検討している人が良い結果の確率を上げるよう行動することで発生する限界費用と，それによって得られる限界便益をプロットしてある．

　「良い」結果の意味は状況によって違う．たとえば，映画がヒットすること，ドライバーが事故に遭わないこと，病気にならないことは，良い結果といえる．重要なのは，こうした良い結果が起こる確率を上げる行動にはコストがかかる，ということだ．映画なら，それなりのキャストやスタッフをそろえ，綿密なマーケティング・プランを立てなければならない．それにはおカネが必要だ．自動車事故に遭わないためには，慎重に運転するとか運転中にスマートフォンの操作をしない，病気にならないためには，食事に気をつけ，定期的に運動するなど，本人の努力も必要だ．こうしたおカネと努力という行動のコストを，図15.1では限界費用 MC で表してある．すでに取っている行動の量が増えるにつれて，この限界費用も増加すると想定している．この想定は現実的だ．というのは，それなりの映画を撮る，慎重に運転

するといった当初の努力は，さほどむずかしくなく，さほどコストはかからない．しかし，その後で，さらに結果を改善する行動を取るのは，骨が折れるし，コストがかかる．

こうした行動の見返りとして良い結果が起きたとき，保険加入者は便益を獲得する．つまり，行動の限界便益とは，さらなる行動を取ることで良い結果（ないし結果の確率）が徐々に増えることである．こうした限界便益を，図15.1ではMBとして表してある．行動の量が増えるにつれて限界便益は逓減すると想定している．映画がヒットする，自動車事故が起こらない，病気にならないといった良い結果を実現するのに，最初の行動はかなり成果をあげるが，結果を確実にするためにその後取られる行動の成果は落ちていくからだ．

保険のない市場では，保険加入を検討している人は点A^*まで行動する．この点で，さらなる行動で得られる限界便益は，その行動に伴う限界費用とちょうど等しくなる．行動がこの水準以上でも以下でも，純便益は低下するだけだ．A^*を下回れば，節減できるコスト以上に期待便益が減る．A^*を上回れば，それに見合った便益以上にコストがかかる．

ここで，悪い結果に備えて保険に加入するとしよう．映画がヒットしなかったとき，自動車事故に遭ったとき，あるいは病気で治療が必要になったとき，保険金が支払われる．完全保険であれば，つまり，良い結果が起きたときと同じ所得水準になる保険金が支払われるのであれば，良い結果が起こる確率を上げる行動を起こすことで得られる限界便益は存在しない．被保険者の所得水準は，結果のいかんにかかわらず変わらない．このケースの限界便益曲線は，図15.1のMB_{FI}（完全保険）にシフトする．完全保険では，良い結果をもたらす行動の限界便益は増えないので，限界費用曲線は横軸と重なる．このケースは最も単純で基本的だが，結果を良くするようなほとんどの行動は，限界費用が限界便益を上回るので，保険加入者にとって最適な選択は，良い結果になる確率を上げる行動を取らないことになる．保険会社にとって，これは由々しき事態だ．保険金を支払わなければならない確率が上がるのだから．

完全保険でなくても，悪い結果が起きた場合に保険金が支払われる保険が

あると，保険加入者が良い結果の確率を上げる行動を取る限界便益は減少する．保険金がいくらであっても，悪い結果は保険がないときほど悪くはならない．部分保険の場合，限界便益曲線は，図15.1のMB_{Pl}のようにシフトするかもしれない．このケースでは，保険加入者は良い結果の確率を上げる行動を取るには取るが，保険がない場合ほどは取らない．具体的にいえば，低下した限界便益と限界費用が等しくなる水準A^*_{Pl}の行動を取る．このため，保険に入らなかった場合にくらべて，悪い結果が起きやすくなる．

　以上が，保険市場におけるモラルハザードの問題の具体例である．悪い結果に備えて保険に加入すると，加入者はかえって悪い結果の確率を高めるような行動を取ってしまう，あるいは行動を取らないことで，悪い結果の確率を高めてしまう，ということだ．たとえば，映画がヒットしなくても興行収入が保証される保険に加入すると，駄作をつくらないという動機はなくなる．車の修理代が一部でも補償されるとわかっていれば，慎重に運転しなくなるかもしれない．加入者のこうした行動によって，保険会社が保険金の支払いを迫られる可能性が高くなる．

　モラルハザードの問題に，情報の非対称性はどう関係するのだろうか．問題の原因は，保険会社が加入者の行動を観察し確認できない点にある．保険会社が加入者に特定の行動を取るよう指示し，それを実行しているか観察できれば，モラルハザードはさほど問題ではなくなる（この点については，次節で詳しく論じる）．たとえば，映画の興行収入を補償する場合，キャストやスタッフの人選，最低予算額，上映期間，マーケティング費用など，制作に関する取決めをしておくことが考えられる．だが，実際問題として，映画の興行収入に影響を与えるプロデューサーの行動を逐一把握することなどできない．そのため，つねになんらかのモラルハザード問題が持ち上がる．プロデューサーの行動の大部分は確認などできないのだから，映画の収入補償保険の市場を崩壊させかねないほど，モラルハザードの問題は深刻だ．

472　第4部　基礎から応用へ

15.2 解いてみよう

　アナスタシアとキャサリンは共同でカフェを経営している．キッチン
が狭く，火事で店が焼失するリスクがある．このリスクは，消火器を購
入する，従業員の防火意識を高めるといった対策で軽減することができ
る．こうした防火対策の限界費用は，$MC = 80 + 8A$で表されるとす
る．ここで，Aは火事のリスクを引き下げるための行動を表す．同様
に，防火対策の限界利益は以下である．$MB = 100 - 2A$.

a. カフェが保険に入っていないとすれば，アナスタシアとキャサリン
　 が取るべき防火対策の最適水準はいくらになるか．

b. カフェが保険に入っていて，防火対策による限界利益が$MB = 90 -$
　 $4A$に低下するとする．防火対策の最適な水準はいくらになるか．理
　 由も説明せよ．

解答：

a. 保険に入っていないので，防火対策の最適水準では，$MB = MC$に
　 なる．

$$100 - 2A = 80 + 8A$$
$$10A = 20$$
$$A = 2$$

b. 保険に入ると，防火対策の限界利益は$MB = 90 - 4A$に代わる．
　 防火対策の最適水準も低下する．すなわち，

$$MB = MC$$
$$90 - 4A = 80 + 8A$$
$$12A = 10$$
$$A = 0.83$$

　保険があるとき，防火対策の最適水準は低下する．火事が起きても
保険で補償されるので，経営者の損失は少なくてすむ．そのため，損
失を減らそうとする経営者のインセンティブが減退する．

保険市場におけるモラルハザードの例

　市場が崩壊するかどうかはともかく，既存の保険市場でもモラルハザードは問題である．危険なほど水際に近い土地に住宅が建てられる（時には建て替えられる）のは，「全米洪水保険制度」(National Flood Insurance Program) があるからだ，とする見方が少なくない．これは連邦政府が運営する保険で，民間保険では滅多に補償されない洪水による住宅被害が補償される．だが，この制度では，リスクに見合った保険料が設定されていない．以前に多額の保険金を請求した保険加入者でさえ，比較的安い保険料で補償が受けられる．予想されるとおり，海岸沿いの家が嵐の被害に遭っても，保険で完全に補償されるとわかっていれば，嵐の通り道に躊躇せずに家を建ててしまう．複数回嵐の被害に遭い，保険金を受け取ってはそのたびに家を建て直す，といったケースが見受けられる．米国会計検査院（GAO：Government Accountability Office）の2010年の報告によれば，同保険でカバーされる物件の1％で繰り返し被害が発生しており，保険金支払総額の25 ～ 30％を占めているという．[8]

　自動車保険では，把握できていないドライバーの運転習慣がつねに保険会社の懸念材料になっている．保険料はたいてい運転の頻度ではなく期間（6カ月ごと）によって決められている．保険料が走行距離で調整されることもあるが，実際の走行距離ではなく，ドライバーの自己申告による「一般的な」数字だ．さらに，急発進や急停止，前方車両への接近といった，事故の確率を高める危険行為で保険料は調整されていない．いったん保険に加入してしまえば，申告以上の距離を走行し，危険な運転行為をしても，限界費用を丸々負担するわけではなく，保険会社に負担させる．そのため，事故の確率を上げる行為を避けようとするインセンティブはほとんどはたらかない（しかしながら，自動車保険の標準的な仕組みは変わりつつある．この節の後半，応用の「利用実績に基づく自動車保険」を参照）．

---

8) Government Accountability Office, "National Flood Insurance Program: Actions to Address Repetitive Loss Properties," Statement of William O. Jenkins Jr., March 2004.

失業保険は，在職時の賃金の一部を支給することで，失業者を経済的に支援するが，それによって新たな就職活動の意欲を失わせる面がある．給付を受けるには，積極的に就職活動をすることが前提となっているが，真剣度を当局が完全に把握することはできない．どれだけ熱心に職を探しているか，面接で真面目に答えているかはわからないのだ．

保険市場以外のモラルハザード

モラルハザードの問題は，保険市場にかぎらない．金融市場の貸し手と借り手のあいだにも起こる．貸し手は使途を限定して融資する場合が多い．借り手は設備投資資金として融資を申し込んだとする．だが，融資を受けた後，もっと魅力的な使い道を見つける．アンティーク家具つきの立派なオフィスに惹かれる．借りた資金で安物の中古家具を買い，残りを豪華なオフィスに使うとしても，貸付金がどう使われているか貸し手は把握できない．ここにモラルハザードの問題が存在する．貸付金の一部を非生産的な豪華オフィスにまわし，生産的な資本への支出を減らすことで，借り手は返済の確率を下げている．貸し手にとって悪いニュースだが，借り手が資金を何に使うのか，貸し手が正確に把握できないことに原因がある．

最近の世界的な金融危機後の政策対応について，モラルハザードが問題視された．金融システムの崩壊を回避するため，世界各国の政府が銀行などの金融機関を救済した．だが，こうした政策は，将来リスクが高い行動を銀行に促すことになり逆効果だとの懸念がある．こうした批判の根底にあるのが，モラルハザードの議論だ．救済によって，急激かつ杜撰な融資で危機に陥った金融機関は，みずからの判断の誤りのコストを丸々負担することはなくなる．金融危機が再来しても，同じように救済されると見越した金融機関は（自分たちは「大きすぎてつぶせない」と踏んでいるので），ふたたび過度なリスク行動に走りかねない．このシナリオは，保険市場の外で起きているが，保険会社が直面するモラルハザードの問題と似た点が少なくない．この議論で，保険会社にあたるのは納税者だ．経営が行き詰まれば政府が救済してくれると金融機関がわかっているとすれば，そうした事態に備えて保険を

かけているのと同じになる．その結果，リスクを軽減するといった，最悪の事態を回避する行動を取らなくなってしまう．

把握できない行動は，労働市場でも重要な役割を果たしている．雇用主は従業員の行動を逐一把握できない．勤務時間中にパソコン・ゲームやネット・サーフィンに興じ，週末のスポーツ観戦の感想を言い合うなど，会社の利益にならない娯楽に精を出すかもしれない．従業員の行動を把握できなくとも，仕事に専念させるにはどうすればいいのか．こうした雇う側と雇われる側との関係は，現場の管理者とラインの従業員から，株主と経営最高責任者（CEO）に至るまで，管理する側とされる側の関係すべてにあてはまる．じつは，こうした問題を専門に扱う経済分析は，プリンシパル–エージェント関係と呼ばれる．重要なので，この後で別個に取り上げよう．

モラルハザードを軽減する

逆淘汰やレモンの問題の場合と同様，モラルハザードを減らすために，多くの市場メカニズムが導入されてきた．前に少しふれたが，保険市場では，補償の条件として加入者が取るべき行動を保険会社が定めている場合がある．こうしたケースでは，実際に行動が取られたかどうかを保険会社が確認している．たとえば，商業用不動産を対象にした保険では，煙探知器や防火設備の設置と維持管理義務が定められていることが多いが，保険会社は調査員を派遣して，実際に規則が守られているかを確認する．自動車保険では，自家用車の業務目的の使用は，補償の対象からはずす場合がある（被保険者の家族以外の人が，頻繁に運転するとみられているからだ）．生命保険では，加入後2年以内に被保険者が自殺した場合，保険金支払いの対象にならない場合が多い．

これらは，被保険者の具体的な行動を観察することで，モラルハザードの問題を直接解決しようとするアプローチだ．つまり，被保険者の行動を完全に観察できないことは認識しつつも，保険金支払いに大きな影響を与える主要な行動については，契約で具体的に明示する（保険会社が被保険者の行動を引き続き観察，確認できるようにする）．

これに関連してアメを増やしムチを減らしたアプローチがある．リスクを減らす行動を被保険者が取るようなインセンティブを契約に盛り込む方法で，一般に普及している．住宅保険では，煙探知器や安全錠を取り付けたり，電気設備を更新したりすると保険料が安くなる．生命保険では，禁煙者には保険料を下げている．自動車保険では，無事故のドライバーの保険料を割り引く．被保険者のインセンティブと保険会社のそれの足並みをそろえる形で契約を設計することで，モラルハザードを軽減できる．そこでは，被保険者みずからに「関与させる」のがミソだ．すなわち，被保険者の負担と保険会社の負担を直接連動させる仕組みだ．具体的な方法はいくつかある．免責（deductibles），自己負担（copayments），共同負担（coinsurance）は，どれも一般的で，聞きおぼえがあるのではないだろうか．

免責は，保険請求額に占める加入者の自己負担の割合である．免責が500ドルの自動車保険の加入者が事故を起こし，修理代が5,000ドルになった場合，保険会社からは4,500ドルしか受け取れない．請求額の一部を被保険者本人に負担させることで，保険会社は，保険金請求の確率を下げる行動をとるインセンティブを与えている．自己負担も同様の効果を持つ．医療保険では一般的で，保険金を請求する際，加入者がつねに一定額を負担しなければならない．たとえば薬の処方箋を受け取るたびに5ドル支払うといった形をとる．共同負担とは，一定期間に，保険加入者と保険会社が請求の責任を分担する．たとえば，従来型の医療保険では，サービスのコストの80％を保険会社が負担する．残りの20％は加入者が負担しなくてはならない．

こうした仕組みは，モラルハザードが保険市場に与える影響を軽減し，かなりの経済的損失を防いでいる．だが，こうした仕組みによって軽減できたとしても，モラルハザードは市場のファクターの1つとして，市場構造に大きな影響を与えることを忘れてはならない．

応用　利用実績に基づく自動車保険

前に述べたように，一般的な自動車保険はモラルハザードを生みやすい仕組になっている．保険料は契約期間によって決まり，補償期間中の運転の

頻度や危険運転行為との関係は（あったとしても）希薄である．そのため保険契約者は，走行距離が長い場合や危険運転行為を行った場合，保険会社が負う追加リスクをまったく負担しない．結果として，リスクを減らす行動を取るインセンティブがほとんど存在しない．

この問題の解決策は，理屈のうえでははっきりしている．すなわち保険会社は，加入者の実際の運転行動を把握し，それに基づいて保険料を調整する．走行距離が極端に長い場合や危険運転が見られた場合は，保険料を高くすべきだ．

だが，加入者の運転習慣をモニタリングするのは現実にはむずかしいため，この対策は一般化していない．保険会社の担当者が車の後部座席に乗り込んで，運転中に記録を取ろうとするとおそろしく高くつく．

しかし，状況は変わりつつある．技術進歩でこうしたモニタリングの障害がなくなってきたのだ．車に搭載されたコンピュータと直接つながった小型電子機器で，走行距離や加速・減速率，1日あたりのタイヤの回転数などのデータを収集できる．自動車保険会社では，こうした機器を使った実験を始めている．たとえば英国の保険会社ノーウィッチ・ユニオンは「走行距離に応じた保険」（Pay As You Drive）を提供している．この保険では，保険料が実際の走行距離と運転する時間帯によって調整される．（想像されるとおり，深夜から早朝にかけてが一番危険な時間帯で，保険料が最も高い．）米国の保険会社プログレッシブ保険も同様の仕組みをオプションとして「スナップショット」®で提供し始めた．特定の時間帯の走行距離が短いか，急発進や急停止の数が少なければ，標準的な保険料から割引が受けられる．

こうした利用実績ベースの保険（UBI：usage-based insurance）は，現時点ではオプションにとどまる．加入者はモニタリングを受けなければならないわけではなく，標準的な契約のままでかまわない．じつは，利用実績ベースの保険がオプションであるという事実によって，標準的な保険に逆淘汰の問題が生じる．走行距離が長い人や，危険運転行為をよくすると自覚している人は，そろって利用実績ベース保険を回避するだろう．そうなると，標準型を選択する契約者全体のリスクが上がり，利用実績ベースの保険が一般化するにつれて，標準型の保険が大幅に値上がりするという事態になる．する

478　第4部　基礎から応用へ

と安全な運転者が，さらに利用実績ベース保険を選択するようになり，逆淘汰の問題が深刻化するのである．■

15.3　プリンシパル–エージェント関係における情報の非対称性

プリンシパル–エージェント関係 (principal-agent relationship) は，情報の非対称性を含んだ経済取引の一般的な形態である．当事者 (プリンシパル) がもう一方の当事者 (エージェント) を雇用してなんらかの仕事を依頼し，かつエージェントの行動 (あるいは，ときに，エージェントが保有する情報) を完全に把握できないため情報の非対称性が存在するとき，プリンシパル–エージェント関係が存在する．情報の非対称性と，プリンシパルおよびエージェントの個々の利害が必ずしも完全に一致しないという事実が合わさると，話は俄然面白くなる．

プリンシパル–エージェント関係の例は，枚挙にいとまがない．とりわけ一般的で，この節で注目するのが，雇用主と従業員の関係である．雇用主は従業員に決まった仕事をしてもらいたい．従業員は労働の対価はもらいたいが，雇用主の期待ほど仕事に熱心ではないか，他の仕事がやりたいと思っている．

雇用主 (イボンヌとしよう) と従業員 (ジーンとする) の優先順位の違いは，それ自体が問題なのではない．所定の仕事を完了する，あるいはイボンヌが指示した情報を伝えるといった条件に応じてジーンに賃金を支払う労働契約を結ぶことができる．こうすれば，ジーンにはイボンヌの希望に応える強いインセンティブが生まれるし，イボンヌも要望どおりに仕事をこなしてもらうために十分な報酬を与えなければならない．問題は，情報の非対称性が存在するため，プリンシパル (イボンヌ) は，エージェント (ジーン) が要求どおりに仕事をしたかどうか知りようがない点にある．イボンヌは，ジーンの仕事ぶりに関する不完全な情報を使って，ジーンの対応が十分だったかどうか推し量るしかない．たとえばイボンヌは，ジーンがどれだけ熱心に営

業に励んでいるかを，その場で観察することはできない．ジーンは手を抜いているが，何らかの他の要因で売上げが上がっているのかもしれない．あるいはジーンは熱心に営業しているが，他の要因で売上げが落ちているのかもしれない．イボンヌにははっきりわからない．売上げはジーンの営業努力と関係はあるが，他の要因にも左右される．そのため売上げは，ジーンの実際の働きぶりを評価する完全な尺度にはならない．

　この論理は，他のタイプのプリンシパル-エージェント関係にもあてはまる．企業の株主（プリンシパル）は，CEOら経営幹部（エージェント）が株式の時価総額を最大にする行動を取ることを望んでいる．だが，経営陣は会社のおカネで社内に豪華なダイニングルームをつくったり，不要なコーポレートジェット機を購入したり，個人旅行で散財したりするかもしれない．豪華なダイニングルームが大型商談成立の後押しになり，コーポレートジェット機は時間を節約できるのかもしれないが，支出の正当性が確認できないと経営陣が株主の利益に適う行動を取っているかどうか確信が持てない．

　保険会社と加入者が直面するモラルハザードの問題も，プリンシパル-エージェントの関係と捉えることができる．保険会社（プリンシパル）は加入者（エージェント）にリスクを抑える行動を取ってもらいたい．保険会社は加入者の行動を逐一観察することはできないため，プリンシパル-エージェント問題が存在する．

　こうした状況で，プリンシパルは何ができるだろうか．エージェントにどう行動してもらいたいかはわかっている．問題なのは，エージェントの実際の行動を完全に把握できないことだ．もし行動を把握できるのであれば，ただ望ましい行動を取ることを条件にエージェントに利得を与えればいい．行動を完全に把握することができないモラルハザードの状況では，プリンシパルの望む行動が，エージェント自身の利益に適うように，何らかのインセンティブを設けなければならない．

プリンシパル-エージェントとモラルハザードの具体例

　単純な例を考えてみよう．地元のショッピングモールに携帯電話を販売す

るキオスクがある. 従業員のジョーは真面目に働けば, 1日の利潤が増える. (単純化のために, 従業員はジョーだけとする.) ジョーが熱心に販売すれば, キオスクの1日の利潤が1,000ドルになる確率は80％, 500ドルになる確率は20％である. (後者は, 何らかの理由で, モール全体の通行量が減る場合.) 逆にジョーが, 通行人をただ眺めるだけだったり, 友人とメールしたりして仕事を怠けると, 1日の利潤が1,000ドルになる確率が20％, 500ドルになる確率が80％になり, 確率が逆転する. ジョーは真面目に働くのは好きではない. 少なくとも150ドルもらわなければ, 働く気はしない. もらえなければ, 1日中, 友人とメールしている.

キオスクの経営者セレナ (プリンシパル) は, ジョー (エージェント) の報酬体系をどのように決めるべきか. 繰り返しになるが, プリンシパル–エージェント問題の根幹には, 経営者が従業員の行動を完全に把握できないという事実がある. セレナがキオスクを1日中監視するのはコストがかかりすぎるし, ジョーはセレナに簡単にわからない販売努力をしているかもしれない. セレナは単純に真面目に働くよう求め, それを条件に150ドルを払うことにしてもいい. ジョーとしては労働の対価を十分にもらうことになるので, この条件を喜んで受け入れるだろう. セレナもこの条件なら受け入れられる. というのは, ジョーが真面目に働くことで, 期待利潤は600ドル $(0.2 \times 1,000$ドル $+ 0.8 \times 500$ドル$)$ から900ドル $(0.8 \times 1,000$ドル $+ 0.2 \times 500$ドル$)$ に300ドル増加するが, コストはジョーの賃金分の150ドルで済むからだ.

しかしながら, ジョーの販売努力を把握できない場合, 勤務態度をもとに賃金を支払うことはできない. また, 単純に150ドルの固定給を支払うことも解決策にならない. 販売努力にはコストがかかるが, 努力しようがしまいが150ドルはもらえるとすれば, 怠けることを選ぶだろう. セレナにとって望ましくないのは言うまでもない. 150ドルの賃金を支払って, 900ドルではなく600ドルの期待利潤しか獲得できないのだから. したがって, 勤務態度を把握できない場合, 販売努力の対価として十分な金額を支払うだけでは, ジョーが真面目に働くことにはならない.

だが, ジョーの報酬を, ジョーの販売努力と関係があり, セレナが把握で

きる何か，具体的にはキオスクの利潤と連動させて歩合制にすることはでき
る．ジョーは真面目に働くことで利潤（ひいては自分の賃金）が高くなる確
率を変えることができるので，これは努力するインセンティブになる．もち
ろん，真面目に働くことでもらえる歩合部分は，追加的な努力に見合うだけ
十分に高くなければならない．

　そこで，セレナが次のような契約を持ちかけるとしよう．ジョーの追加的
な報酬を，キオスクの利潤が高い場合（1,000ドル）は250ドル，利潤が低い
場合（500ドル）は0とする．この契約から，どんな行動が予想されるだろ
うか．ジョーのトレードオフについて考える．真面目にはたらいた場合，
250ドルもらえる確率が80％，何ももらえない確率が20％だ．期待収入は
（0.8×250＋0.2×0）で200ドルになる．だが，真面目にはたらくコスト
が150ドルかかっているので，純収入は50ドルである．手を抜いた場合，
報酬0の確率が80％，250ドルもらえる確率が20％なので期待収入は50ド
ルである．怠けることでジョーにはコストがかかっていないので，純収入も
50ドルである．だとすると，この報酬体系では，真面目に働くことと怠け
ることの差がない．そのため，キオスクの利潤が多かった場合のジョーの報
酬を若干増して255ドルにすれば，ジョーは真面目に働くことを選ぶことに
なる．

　セレナもこの新しいプランを気に入るだろうか．ジョーが真面目に働け
ば，キオスクの期待利潤が300ドル増えることは前にみた．ジョーが真面目
に働いた場合，セレナが支払う報酬は204ドルになる見込みだ（0.8×255
＋0.2×0）．つまり，ジョーに真面目に働くインセンティブを与える新た
な報酬体系では，報酬を差し引いたセレナのネットの期待利潤が96ドル
（300－204）増えるのだから，セレナにとっても価値がある．

　じつは，セレナ（プリンシパル）は，ジョー（エージェント）に真面目に働
くインセンティブを与えることができる．（真面目に働くという）把握でき
ない努力の見返りとして，把握できる事象が起きたとき（売上げが上がった
とき）に報酬を増やすのがポイントだ．プリンシパルは，エージェントの報
酬を自分が望む結果と連動させることで，エージェントの儲けに関するイン
センティブをみずからのそれと合わせることができる．

ゲームとしてのプリンシパル－エージェント関係

　一般的なプリンシパル－エージェント問題もそうだが，この例は，第12章でみた交互手番ゲームと捉えることもできる．プリンシパル－エージェントのゲームで，最初に動くのはプリンシパルであり，プリンシパルの選択した戦略が，エージェントの報酬体系である．プリンシパルが選択した報酬体系を前提に，エージェントがみずからの戦略を選択する．この場合，戦略は販売努力，もっと一般的にはプリンシパルの利得を改善する行動だといえる．だが，この行動はエージェントにとってコストがかかるかもしれないし，プリンシパルはそれを直接観察することができない．双方にもたらされる利得は，エージェントが選択した行動によって決まることになる．

　図15.2は，キオスクの経営者セレナと従業員ジョーの相互の行動をゲームツリーにしたものだ．セレナが最初に動く．選択肢は，キオスクの利潤に関係なくジョーに固定給150ドルを支払う案か，キオスクの利潤に連動した報酬を支払う案があり，後者では利潤が多ければ報酬は255ドル，利潤が少なければ0である．報酬体系が決まれば，ジョーが一生懸命売る努力をするか，手を抜くかを決める．この選択を前提に，セレナとジョーはそれぞれの期待利得を得ることになる．

　交互手番ゲームなので，後ろ向き帰納法を使って均衡を求めることができる．セレナが150ドルの固定給を選ぶとしよう．ジョーが熱心に働けば，セレナの期待利得は（キオスクの利潤900ドルから，ジョーへの報酬150ドルを引いた）750ドルになるが，ジョーの利得は0である（150ドルの固定給マイナス150ドルの販売努力のコスト）．ジョーが怠けた場合，セレナの期待利得は450ドル（キオスクの利潤600ドルマイナスジョーへの固定給150ドル）だが，ジョーの利得は150ドルである（販売努力がないので，固定給だけになる）．セレナはジョーに熱心に働いてもらいたいが，ジョーの利得は怠けたほうが大きい．そのため，この報酬制度のもとでは，ジョーは怠けることを選択する．

　今度はジョーの報酬をキオスクの利潤と連動させる案を，セレナが選択する．ジョーの報酬は，利潤が多いとき255ドル，少ないときは0である．

図15.2 交互手番ゲームとしてのプリンシパル-エージェント問題

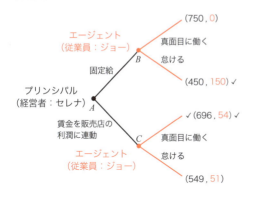

携帯電話販売店の経営者セレナと従業員ジョーのゲームでは，セレナが最初に動く．セレナが150ドルの固定給を選択すると，ジョーとセレナの利害は一致しない．ジョーは怠けることで利得が大きくなる（真面目に働くと費用が150ドルかかるが，怠ければ費用は0）．セレナの利得は，ジョーが怠けた場合450ドル，真面目に働いた場合は750ドルなので，真面目に働いてもらいたい．セレナがジョーの賃金を販売店の利潤と連動させれば，2人の利害が一致する．これでジョーは真面目に働くことを選び，利得は54ドルとなり，セレナの利得は696ドルになる．したがって，セレナはジョーの賃金を販売店の利潤と連動させるほうを選ぶ．

　ジョーが熱心に働く場合，セレナの期待利得は696ドル（キオスクの期待利潤900ドルマイナス予想されるジョーへの報酬204ドル）となり，ジョーの期待利得は54ドル（期待報酬204ドルマイナス販売努力のコスト150ドル）になる．ジョーが怠けることを選択した場合，セレナの期待利得は549ドル（キオスクの期待利潤600ドルマイナス報酬51ドル）で，ジョーの期待利得は51ドルである．このシナリオでは，ジョーは真面目にはたらくほうが，期待利得が高いので，ジョーは販売努力をしてキオスクの期待利潤を上げる．

　ゲームの最終段階を解いたので，第1段階におけるセレナの均衡行動を計算できる．セレナが150ドルの固定給を選択した場合，ジョーは怠けるので，セレナの期待利得は450ドルである．これに対して，ジョーの報酬をキオスクの業績と連動させる方式を選んだ場合（利潤が多いとき255ドル，少ないとき0ドル），ジョーは熱心に働き，セレナの期待利得は696ドルになる．したがって，第1段階におけるセレナの最適な選択は，業績に連動した報酬制度を選ぶことになる．

　これが，このプリンシパル-エージェント・ゲームの均衡である．セレナ

は，ジョーの報酬をキオスクの利潤と連動させる報酬制度を選択する．キオスクの利潤は，目に見える結果であり，目に見えないジョーの販売努力と関係している．この選択に対して，ジョーはセレナの望む販売努力をする．

繰り返しになるが，セレナが本当に望んでいるのは，ジョーが販売する姿を直接監視し，雇用の条件として熱心にはたらくよう求め，固定給の150ドルを支払うことである．このケースでのセレナの期待利潤は750ドルで，前述の均衡水準を上回っている．だが，ジョーの勤務態度を常時監視できないのだから，この選択はできない．そのため，このプリンシパル－エージェント問題でセレナには，期待利得が696ドルになる次善の策が残されたのである．

俺ら海賊──全員公平な扱い？

17世紀から18世紀の海賊は，ならず者集団だった．女性や子どもを襲い，目隠しした敵を舷側に突き出した板の上を歩かせて海に落とし，指を切り落として金の指輪を奪い取った．無法者とは彼らのことだ．

少なくとも海賊たちは，そういうイメージで見られたいと思っていた．

じつは，海賊たちは凶悪なイメージを定着させようとしていた．それを嬉々として広めたのが，多くのジャーナリスト，小説家，現代の映画製作者なのだ．人殺しもいとわない無法者としてのイメージを喧伝することで，海賊はさほど暴力に訴えなくても略奪ができた．たとえば映画『パイレーツ・オブ・カリビアン』に登場する海賊船長ブラックビアードの場合，ただ金の指輪が欲しいがために，歯向かった乗客の指を切り落としたという悪評が広がった．それ以降，ブラックビアードと手下は，暴力そのものではなく，暴力的な逸話を使って欲しいものを略奪できたのだ．

経済学者のピーター・T・リーソン[9]が示したように，海のテロリス

---

9) Peter T. Leeson, "*An-arggh-chy*: The Law and Economics of Pirate Organization," *Journal of Political Economy* 115, no. 6 (2007): 1049–1094.

トは意外なルールを船に持ち込んでいた．女遊び，飲酒，喧嘩，賭博は禁止だ．戦利品の分配方法までルールできっちり決めていた．そして，信じられないかもしれないが，船長を民主的な選挙で選んでいた．

皮肉なことに，海賊船のほうが，襲撃相手の民間商船よりもずっと平和的だったのだ．これには，れっきとした経済的理由がある．商船のオーナーは船には乗っていない．何カ月も厳しい船上生活に耐えるより，ヨーロッパの自宅でくつろいでいるほうがいいのだ．全権が与えられた船長が，専制的に船員を支配し，武器も使って命令に従わせた．船長の報酬は，迅速かつ安全に積荷が戻ってくるかどうかで決まる．船主にとって，船員の幸せなどどうでもいい．船員が反乱しかねない雰囲気がつねにあった．

民間商船と違って，海賊の組織には，プリンシパル‐エージェント問題はなかった．関係者全員が船に乗り込んでおり，情報の非対称性はなかった．戦闘の際は選挙で船長を選び，権力を濫用すれば解任もした．船長が全員を公平に扱うように，乗組員全員に物資を配り，略奪品を分配する係も置いていた．細かく決めた報酬体系も有効だった．通常の報酬のほか，大工仕事をした場合や四肢を失った場合などに報酬が支払われた．要するに，海賊は民主的な組織で，チェック・アンド・バランスのシステムで動いていたのだ．

では，なぜ，映画の脚本家や監督は，海賊の生活をあるがままに描かなかったのか．この質問の答えは，それほどむずかしくない．ジョニー・デップがおとなしく椅子に腰かけ，モラルの高い仲間と海賊の掟をつくっている映画など，おカネを払って見ようという人がどれだけいるだろうか．経済学者だって家にいたほうがましだと思うだろう．

一般的なプリンシパル‐エージェント関係

セレナとジョーの例は単純だった．結果は 2 つ（利潤が多いか少ないか）しかなく，エージェントの選択肢も 2 つ（真面目か怠けるか）しかない．だ

が，これまでみてきたことは，いくつもの結果やエージェントの選択肢を含んだ一般的な例にもあてはまる．最適な報酬体系では，エージェントの限界的インセンティブとプリンシパルの限界的インセンティブとが完全に合致している．言い換えれば，プリンシパルは，エージェントの選択肢を用意する場合，エージェントが直面するインセンティブが，プリンシパルが直面するインセンティブと同じになる報酬体系をつくりたいと考える．そうならないとき，プリンシパルとエージェントのインセンティブにはズレが生じ，非効率な結果に至る．

とくに労使関係でプリンシパル-エージェント関係がそれほどよくある問題だとしたら，パフォーマンス連動型の報酬（より正確には，業績連動型の報酬）が一般的でないのは不思議ではないだろうか．確かに営業職では，歩合という形で報酬が直接業績，結果に連動している場合が多い．他にも，縫ったドレスの枚数など，一定の仕事量をこなして，それに応じた報酬を受け取っている人もいる．だが，多くの労働者は，時間あたり賃金や年俸といった形で報酬を受け取っている．こうした仕事には，プリンシパル-エージェントの力学が存在しないということだろうか．たしかに，さほど問題にならないかもしれないが，仕事の出来を報酬と連動させる，それ以外の「梃子」が存在する．ボーナス，昇進，ストックオプション，繰延報酬（年金の掛金など），解雇の脅しなどがすべて，雇用主が求めるパフォーマンスを従業員に発揮させる手段の役割を果たしている．プリンシパル-エージェント関係の証拠を探すなら，プリンシパルにとって最善の結果をもたらすようエージェントの（把握できない）行動を誘導するための，ありとあらゆる手段を考え抜くことだ．

理論とデータ

住宅用不動産取引におけるプリンシパル-エージェント問題

住宅の売却で不動産エージェントを雇う際，情報の非対称性にぶつかる．不動産エージェントは，売主よりも住宅市場についてよく知っている．だからこそ，売主はエージェントを雇いたがるともいえる．

第15章 情報の非対称性　487

　この情報格差にくわえ，業界の一般的な契約形態のために，エージェント
が住宅を最高値で売却する限界的なインセンティブは弱くなっている．ほと
んどのエージェントは，住宅の売却額のごく一部を手数料として受け取って
いる．一般に売却額に対する手数料の合計は売却額の6％前後だが，買い手
側のエージェントや，雇い主であるブローカーの取り分を除くと，売り手側
のエージェントの取り分は売却額の1.5％前後にすぎない．

　報酬を売主が望む結果（高値での売却）と連動させれば，最適なプリンシ
パル–エージェントの報酬体系になると思うかもしれないが，それにも限度
がある．問題は，クライアント（売主）のために少しでも売値を高くすると
いうエージェントのインセンティブが，売主よりもはるかに小さいことだ．
売値を1,000ドル上げたとしても，エージェントの取り分は15ドルしか増え
ないが，売主には940ドルが余分に入る．売主の限界的なインセンティブ
は，エージェントのそれの60倍以上大きいのだ．

　本書の2人の著者（スティーヴン・レヴィットとチャド・サイヴァーソ
ン）が不動産取引の研究で指摘しているが，[10] 情報格差とインセンティブの
ズレが重なって，不動産取引に歪みが生じる．住宅売却にあたって，オープ
ンハウスの実施，販売広告，内見希望者の案内など，エージェントはコスト
のかなりの部分を負担するが，売値を上げることで得られる報酬は少ない．
むしろエージェントには，価格は低くても早く売却したほうがいいと売主を
説得するインセンティブが存在する．たとえば，ほとんどの売主はあと1万
ドル高く売れるなら（売主の取り分は9,400ドル増加），2週間待ってもいい
と思うだろうが，エージェントは手数料収入をわずか150ドル増やすため
に，2週間分の費用をかける価値があるとは思わない．さらに売主は，今後
どんな購入希望額が提示されそうか，エージェントほどはよくわからない
ので，早めに低い価格で手を打ったほうがいいと勧められれば，それに乗り
やすい．

　この理論を検証するため，前述の典型的なプリンシパル–エージェント関

---

10)　Steven D. Levitt and Chad Syverson, "Market Distortions When Agents Are
　　Better Informed: The Value of Information in Real Estate Transactions," *Review of
　　Economics and Statistics* 90, no. 4 (November 2008): 599–611.

係にある住宅売却の結果を，家主自身が不動産エージェントである場合の住宅売却価格と比較した．後者は，プリンシパルとエージェントが同一人物なので，プリンシパル−エージェント問題は存在しない．レヴィットとサイヴァーソンは，2つの結果を比較することで，売主と不動産エージェントのあいだの情報の非対称性とインセンティブのズレが引き起こした歪みを計測した．

予想を裏づける結果になった．不動産エージェントが自宅を売却する際は，他の人の住宅を売却する際よりも，市場での公開期間が長く，売却価格も高かった（具体的には，取り分は売却価格の平均3.7％多く，公開期間は10日長かった）．この結果から，エージェントは，自分自身の物件なら見送る購入希望価格でも，早めに手を打つようプリンシパルを説得できることがうかがえる．さらに，エージェントと売主の情報格差が小さいとき——したがって，プリンシパル−エージェントの歪みが少ないと予想されるとき——は，エージェントの自宅の売却額と，一般住宅の売却額の差は小さかった．同じ区画にある，似たような住宅で比べても，売却額や市場の公開期間の差は小さかった．似通った住宅ばかりの区画では，だいたいの相場をみな知っているが，タイプや様式が異なる住宅が建ち並んだ区画では，エージェントと家主の情報格差が大きくなり，より多くの情報を持ったエージェントが，その地域では有利になるのだ．

15.3 解いてみよう

迷える芸術家のパブロは，ドナルドからアパートの一室を借りたいと思っている．パブロは絵となると見境いがなくなり，壁だろうがおかまいなしに描いてしまう．アパートの壁に絵を描ければ，パブロの効用は300ドル増える．一方，ドナルドはパブロに，壁をきれいにして痕跡を残さずアパートから出ていってほしいと思っている．パブロが壁に絵を描いた場合，元通りにするのにドナルドは500ドルかかる．そのためドナルドは，預託金としてパブロから500ドルもらおうと考えている．

a. この状況はプリンシパル−エージェント問題と捉えることができる．

なぜか．どちらがプリンシパルで，どちらがエージェントか．
b. このプリンシパル-エージェント問題の展開図を描き，後ろ向き帰納法を使ってナッシュ均衡を求めよ．

解答：

a. ドナルドがプリンシパルで，パブロがエージェントである．ドナルドはパブロに自分と同じようにアパートを使ってほしいと思っている．だが，ドナルドは常時パブロのアパートで行動を監視することはできない．そのためプリンシパル-エージェント問題が存在する．ドナルドとパブロの利害は一致していない．

b. このプリンシパル-エージェント問題の展開図を以下に描いた．後ろ向き帰納法を使ってゲームを解くことができる．損害預託金が課されなければ，効用300ドル＞0ドルなので，パブロは絵を描く．損害預託金が課されれば，0ドル＞－200ドルなので，パブロは絵を描かない．この情報をもとに，ドナルドは損害預託金500ドルを課すことがわかる．(0ドル＞－500ドル)．したがって，ドナルドが500ドルの預託金を課し，パブロが壁に絵を描かないのがナッシュ均衡になる．

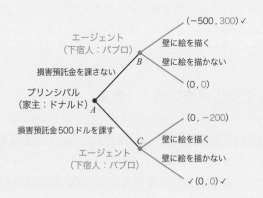

490　第4部　基礎から応用へ

15.4　情報の非対称性問題を解決するシグナリング

　この章の前半で，売り手が品物の良さを買い手に納得させる方法について取り上げた．1つは保証をつけることだった．質が悪ければ，故障が頻発するおそれがあるので保証は高くつき，売り手が保証をつけること自体が，質の良い商品を販売しようとしている証しというわけだ．

　じつは，こうした基本的な考え方は多くの経済状況にあてはまるため，特別な名前がつけられている．**シグナリング**（signaling）である．シグナリングは，取引の一方の当事者が，もう一方の当事者にすぐにはわからないメッセージを伝える．市場において情報の非対称性を解決する方法の1つだ．

　シグナリングは，経済学者マイケル・スペンスによって1970年代初頭に，初めて理論化された．[11] 基本的な考え方はこうだ．なんらかの行動「シグナル」によって，発信者に関する未知の情報を伝える．実際に受信者が発信者について新たな情報を把握できることで，シグナルは意味のあるものになる．シグナルを送る経済的な純便益は，発信者の「タイプ」によって違っているはずだ．保証の例では，保証をつけるというシグナルを送るコストは，低品質の財よりも高品質の財の生産者のほうがかからない．このコスト差から，保証がつけられるのは高品質の財である可能性が高い．消費者は購入時に商品の質の差がわからなくても，保証がついているのだから良い商品だろうと類推できる．

シグナリングの古典的な例──教育

　シグナリングの効果は，意外なほど強力だ．シグナルそのものに価値はないとしても──つまり，行動そのものはシグナルとしてしか経済的効果がないとしても──シグナルが伝える情報によって，均衡価格や均衡数量が決

---

11)　Michael Spence, "Job Market Signaling," *Quarterly Journal of Economis* 87, no. 3（1973): 355–374.

まってしまう．どうして，そんなことが可能なのか．その理由を探るため，シグナリングの古典的な例，学歴と賃金の相関性について考えてみよう．大卒者は高卒者にくらべて平均賃金が高いことは，さまざまなデータで示されている．この点をみていこう．

大学に進学したからといって，仕事の生産性が向上するわけではないと想定する．（この問題について研究している労働経済学者がそう考えているわけではないが，シグナリングの効果をみるには良い想定である．）生産性は，個人の自覚，忍耐力，集中力，呑み込みの速さの関数だとしよう．雇用主は，こうした資質を備えた人材を採用したい．生産性の高い人材には，高い給与を払う用意がある．だが，情報の非対称性の問題が邪魔をする．短時間の面接や履歴書だけでは，志望者がこうした資質を備えているかどうか簡単に判断できない．

生産性の高い人材は，採用してもらえれば良い仕事ができると雇用主を納得させたい．だが，どうすればいいのか．「わたしは仕事ができます」と言っても説得力がない．できない人間だって同じことを言う．できる人間には，なんらかの「コストのかかるシグナル」(expensive talk) が必要だ．それを提供するのが学歴だ．なぜか．大学はコストがかかる．そして，学生間でコストにばらつきがある点が重要だ．ここでのコストとは，金銭面だけでなく，もっと幅広い意味でのコストだ．学位を取得するには努力が必要だ．そして，一定の資質がなければ，必要な努力は続けられない．自覚があって，忍耐強く物事に取り組む姿勢，目の前のことに集中できる能力，それに呑み込みの速さも必要だ．

仕事で高い生産性を実現できる資質があれば，大学でもうまくいく．大学の勉強はハードだが，資質のない人にはおそろしくハードだ．つまり，生産性の高さを雇用主に示すには，大学の学位取得が適切な手段になる．目に見えにくい自分の資質に関する何かを示した，コストのかかる選択をしたからだ．つまり，**シグナル** (signal) を送ったのだ．ここでのシグナルの目的は，生産性の高さを雇用主に示すことにある．

この例で，生産性の低い人材も大卒の学位を持っているとすれば，シグナルは無意味になる．雇用主は学位取得の有無で，生産性の高い人材と低い人

材を見分けることはできない．だからこそ，生産性の低い人材が（大学を卒業して）シグナルを送るのは，より多くのコストがかかることが重要なのだ．コストの差が十分に大きいなら（どれだけの差が必要かは，すぐ後で述べる），生産性が低い人材は学位を取得しようとはしないだろう．

生産性の高い人材が大卒で，生産性の低い人材がそうでないなら，雇用主には両者の違いが簡単にわかる．大卒者は生産性が高いのだから，そうした人材には賃金を多く支払う用意がある．結論として前に述べた実証的な事実に戻る．大卒者の平均賃金は高いのだ．

この例の最初の想定を思い出してほしい．大学そのものが，生産性の水準に影響を及ぼすわけではない．にもかかわらず，大卒者の賃金は高くなっている．それは，大卒という学歴がシグナルとしての役割を果たすことで，雇用主が生産性の高い人材とそうでない人材を見分けているからだ．

シグナリング——数式によるアプローチ　具体的な数字を使って，この結果を明確にしよう．生産性の高い人材と低い人材の2種類がいると想定する．生産性の高い人材が大学で学ぶ年間のコストは2万5,000ドルである．これには，授業に出席する，課題を提出する，試験勉強をする等に相当する金銭的コストなどが含まれる．一方，生産性の低い人材は，余計に努力が必要なので，コストは5万ドルである．大学でのコストは，以下のように書くことができる．

$$C_H = 25{,}000y \text{ ドル}$$
$$C_L = 50{,}000y \text{ ドル}$$

ここで，yは大学の在籍年数，C_Hは生産性の高い人材の大学進学コスト，C_Lは生産性の低い人材の大学進学コストである．

それぞれの人材が在職中に雇用主にもたらす価値は，生産性の高い人材が25万ドル，生産性の低い人材は12万5,000ドルだとしよう．この付加価値があるため，雇用主は生産性の高い人材の賃金を12万5,000ドルまで余分に増やすつもりがある．[12]

だが，生産性の高い人材に高い賃金を支払うには，生産性の低い人材と区別できなければならない．その方法として，大卒の資格を使うとしよう．つ

まり，y が 4 以上の人に，在職中に 12 万 5,000 ドル余計に支払う．この報酬制度を使うには，生産性の高い人材だけが大卒でなければならない．さもなければ，高い賃金を正当化できるほどの付加価値を生まない人材に余計に賃金を支払うことになる．

生産性の高い人材だけが，大卒なのだろうか．両タイプの人材が 4 年間大学で学ぶ費用と便益について考えてみよう．生産性の高い人材は，大学を卒業しているので，最低でも $y = 4$ 年の高等教育を受けており，その費用は 10 万ドルである．

$$C_H = 25,000y \text{ ドル} = 25,000 \text{ ドル} \times 4 = 100,000 \text{ ドル}$$

生産性の低い人材は，大学卒業までにもっと費用がかかり，20 万ドルである．

$$C_L = 50,000y \text{ ドル} = 50,000 \text{ ドル} \times 4 = 200,000 \text{ ドル}$$

雇用主が大卒者に対して上乗せする賃金の総額は一律 $B = 125,000$ ドルで，どちらの人材も便益は同じである．思い出してほしいが，従業員の生産性を雇用主が直接把握することはできず，大卒資格と関連づけて考えようとしている．

したがって，生産性が高い大卒者の純便益 (*NB*) は以下になる．

$$NB_H = B - C_H = 125,000 - 100,000 = 25,000 \text{ ドル}$$

一方，生産性が低い大卒者の純便益は以下である．

$$NB_L = B - C_L = 125,000 - 200,000 = -75,000 \text{ ドル}$$

生産性の高い人材の純便益は，大学を卒業すれば 2 万 5,000 ドルのプラスになり，実際そのように行動する．生産性の低い人材は，大学を卒業するまでのコストが高く純便益はマイナスになるので，大学を卒業しないことを選択するだろう．（実際に，$y < 4$ では，賃金の上乗せがないので，大学には行かない．生産性の低い人材は，多少大学で勉強したぐらいでは，コストばかりかかって間尺に合わない．）

---

12) 人材をめぐって企業間で十分な競争があれば，賃金はぴったり 12 万 5,000 ドル増になるだろう．単純化のために，ここではこの結果のままと仮定するが，シグナリングをはたらかせることは必要ではない．

494　第4部　基礎から応用へ

シグナリング――グラフによるアプローチ　この例では，雇用主の戦略は理に適っていることを示した．雇用主は，従業員の生産性を直接観察することはできないが，生産性の高い従業員になってくれることを期待して，大卒者には賃金を上乗せする．じつは，この期待は正しい．というのは，生産性の低い人材は，大学を終えるのに余計なコストを支払う意欲がないからだ．

この結果は図15.3で確認できる．労働者にとって大学で学ぶ費用と便益を，大学での在籍年数の関数として表している．生産性の低い労働者の費用は，曲線C_Lであり，毎年5万ドルずつ増えている．生産性の高い労働者の費用は，曲線C_Hで表した．C_Lを下回っているが，年間で2万5,000ドルしかコストがかからないためである．大卒資格による賃金の上乗せ分（プレミアム）は，両タイプとも同じで，曲線Bで表している．大学の在籍年数が4年未満の労働者には，賃金の上乗せがない．だが，4年以上勉学を続けた者は，12万5,000ドル上乗せされる．そのためグラフでは，$y = 4$で，賃金上乗せ分が0から12万5,000ドルに跳ね上がっている．

生産性の低い労働者にとって，大学に何年行っても純便益はプラスにならない．4年未満では，賃金は上乗せされず，コストだけがかかる．4年在籍した場合は，賃金に12万5,000ドル上乗せされるが，20万ドルの費用には見合わない．4年以上になれば，賃金のさらなる上乗せがなく，純便益を悪化させるだけだ．だが，生産性が高い労働者は，大学での4年間の勉学は理に適っている．4年間の費用は10万ドルだが，賃金の上乗せ分が12万5,000ドルあるので，純便益は2万5,000ドルになる．じつは，この例で，生産性の高い労働者には，ただ大学を卒業すればいいというわけではなく，ちょうど4年で大学を卒業するインセンティブを持つ．それ以上学業を続けてもコストがかかるだけで，さらに賃金が上乗せされるわけではないからだ．

この例は，シグナリングの潜在的な力を示している．（教育で労働者の生産性が上昇するわけではないと想定しているため）大学を卒業することが社会に実際の便益をもたらすわけではないが，それが各労働者の賃金決定に使われているのだ．生産的な労働者は授業料を払って大学で学ぶが，それによって社会に経済的な恩恵がもたらされるわけではない．こうした人たち

図15.3 就職市場のシグナルとしての学歴

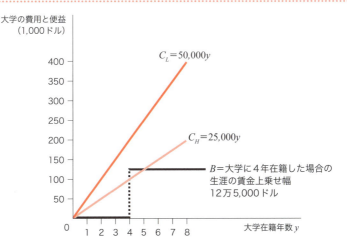

就職市場におけるシグナルとしての学歴の便益を，生産性の低い労働者と生産性の高い労働者にとっての大卒の相対的な費用と便益で示してある．生産性の低い労働者にとっての大学の費用は，C_Lで示したように，1年につき5万ドルずつ増加する．生産性の高い労働者にとっての大学の費用は，C_Hで示したように，1年につき2万5,000ドルの増加にとどまる．大学で4年間を過ごすと，賃金の上乗せ幅は0ドルから12万5,000ドルに跳ね上がる．この市場では，生産性の高い労働者はちょうど4年間大学に通う．大学へ行くことで得られる便益が費用を上回っているからである．生産性の低い労働者は大学には進学しない．大学で学ぶ費用が，得られる便益を上回っているからである．

は，大学の学位を取得して生産性が高まったわけではなく，大学に進学する前から生産性は高かったのだ．ただ，雇用主に対して自らの生産性の高さを示すシグナルとして学位を使うことで，上乗せした賃金をもらった．だが，単なるシグナルとしては，大学4年間のコストは高い！　もっと安価な手段を見つけられたら，社会にはプラスだろう．

シグナルを送る目的で資源が浪費されることを，経済学ではしばしば「おカネを燃やす」という．じつは，文字どおりカネを燃やすことがシグナルになる場合がある．（全財産を一度に見せたり，資産価値をわかってもらったりするのはむずかしいので）富のすべては見せられないが，自分がいかに豊かであるかシグナルを送りたい大金持ちがいる．おカネを燃やせばいい．おカネを燃やすのはコストがかかるが，大金持ちにとって大したコストではな

い．そのため，実際におカネに火をつけることで金持ちであることを示せる，というわけだ．

教育と生産性　前に述べたように，経済学では，大学教育（さらには，高等教育一般）が職場の生産性にプラスの効果をもたらしていることを示す証拠が数多く見つかっている．学生は，ただ良き従業員になれることを示すためだけに，授業料を払って，努力しているわけではない．だが，学歴別の賃金格差の一部は，シグナリング効果によるものであることを示す研究もある．たとえば，「学位効果」(sheepskin effect) と呼ばれるものがある．大学4年間の課程を終え，学位を取得した人のほうが，同じく4年の課程は終えたが，卒業の要件を満たさず学位のない人にくらべて賃金が高いことがあきらかになっている．大学の在籍期間に労働力として有用なスキルを身につけ，このスキルをもとに賃金が支払われるとすれば，学位を持っていることが賃金に影響すべきではない．だが現実は，学位が賃金に影響を与えており，シグナリング効果がはたらいていると考えられる．雇用主は，学位そのものに頼って賃金を決めているフシがある．

　この「学位効果」が，大学にかかる費用と，それに関連して高等教育の生産性への寄与が過大評価されているかどうかという最近の議論を巻き起こしている．結局のところ，大学が学生の生産性を高めているからではなく，学生が自分の能力のシグナルとして授業料の高い有名大学に進学しようとするために授業料の水準が2倍になっているとすれば，学生同士が「軍拡競争」を繰り広げている状況だといえる．これは，実際の順位は変わらないが，競争相手より一歩抜きんでようとする状況だ．（「軍拡競争」とは軍事用語で，各国が軍事面で優位に立とうと，兵器の製造や購入がエスカレートしていく競争のことをいう．）この例では，学生は前と同じシグナルを送っているので就職市場の見通しは変化しないが，多額の資源を消費していて，それがいまや割高になっている．さらに，教育支出の増加は，生産性の高い労働者を増やすという形での追加的な便益を社会にもたらしていない．

　だが，一流大学卒業というシグナリング効果は，採用時に最も大きく，ほどなく失われてしまうことを示唆する証拠もある．これは意外ではない．就

職してしばらくすると，雇用主は直接，実際の生産性を確認することができる．それに応じて賃金が支払われる．生産性の高い労働者は，大卒かどうかは関係なく，高い賃金が得られるし，逆に生産性の低い労働者は，同じく大卒かどうかに関係なく，低い賃金しかもらえない．従業員のパフォーマンスを見れば生産性がわかるので，シグナルは必要ないのだ．

まとめよう．高等教育が重要視され，賃金を押し上げる要因は2つある．1つは生産性を向上させるからであり，2つめは，生産性が高いというシグナルとしてはたらくからだ．所得と学歴の関係でより重要なのは前者である．

他のシグナル

取り上げた例以外にも，ありとあらゆる経済状況でシグナリングが見られる．前に述べたように，保証は，その財の品質が高いことを示すシグナルだ．

フィアンセに婚約指輪を買うのも，結婚の意志を示すシグナルだ．たまにあることだが，女性は万が一結婚が取り消されたときのために婚約指輪を取っておくので，ほぼ確実に結婚すると思った男性だけが指輪を贈る．男性の気持ちは（完全にはわからないので），ただ結婚しようと言うだけなら「安いもの」(cheap talk)だが，指輪を渡すことで，大学の学位取得や保証をつけるのと同じように，「コストのかかるシグナル」(expensive talk)になるのだ．

どんな商品を選ぶのか，どんな暮らし方をするのかもシグナルになる．自分がどんな人間なのかは伝えにくいが，その一端を品物や暮らし方をとおして，家族や友人，さらには見知らぬ人に伝えることになる．僧侶が清貧を誓うのは，神への忠誠を示すシグナルでもある．（他の人々へ向けてのシグナルなのか，神へのシグナルなのかははっきりしない．）きちんとした服装で仕事に行くのは，仕事に真剣に取り組むというシグナルかもしれない．消費パターンも，付き合いのある人たちに所得や資産を示すシグナルとして使える．

これらの例は，社会で起きているさまざまなシグナリングの表面をなぞっ

ただけにすぎない．ただ，経済の相互作用のなかで，情報の非対称性が頻繁に起きていること，シグナリングがそうした情報の非対称性を軽減する力を持っていることを教えてくれる．

応用　品質のシグナルとしての広告

　企業は広告を利用して自社商品に関するさまざまなメッセージを伝えている．いかに新しいか，いかに安いか，いかにカッコイイかを広告が伝える．だが，商品に関するメッセージは，広告の中にあるわけではなく，そもそも広告が存在することにある，とみる経済学者が多い．

　広告はシグナルだとする論理は，次のようなものだ．広告にはコストがかかるが，儲かっていない企業にとってはとてつもない負担だ．なぜ，その会社はうまく行っていないのか．消費者が見向きもしない商品をつくっているからだ．コストをかけて広告できる企業だけが，消費者が買いたくなる商品をつくっている．企業は広告をとおして消費者にこう訴えているのも同然だ．「当社の商品はすばらしく，かなり儲かりますので，それを広告費にあてることができます．お粗末な商品をつくっている会社は，こうはいきません」．このシグナリングが効果を発揮するために必要なのは，広告におカネをかけることだけだ．商品に関する具体的な情報を入れる必要はないのだ．

　「シグナルだけで情報なし」の広告の最たるものが，2000年のスーパーボウルでのE*TRADEの広告だろう．スーパーボウルのCM料は，テレビ業界で最も高い．E*TRADEのCMは冒頭，奇妙な服装の2人の男性が，屋根なしガレージの椅子に座っている．2人のあいだでE*TRADEのTシャツを着たチンパンジーがバケツの上に立ち，「ラ・クカラチャ」の曲に合わせて踊っている．2人の男性はビートに合わせて手を叩（こうとする）．25秒後，画面は暗くなり，メッセージが表示される．「200万ドルを無駄に使ってしまいました．みなさんは，自分のおカネで何をしますか？」

　このCMは成功した，というのが大方の見方だ．「スーパーボウルのCMにあれだけかけられるなら，すごい証券会社に違いない」．シグナルが送られ，シグナルは伝わったのだ．■

第15章 情報の非対称性 **499**

15.4 解いてみよう

中古車販売の「ユーズドカーザラス」は昨年の販売台数が少なく，多額の損失を出した．経営者のジェフリーは，高品質の中古車だけを扱っているというシグナルを送ることで，売上げを伸ばす戦略を2通り考えた．

・社名を「高品質ユーズドカーザラス」に変更する．
・1台ごとに60日間保証をつける．

2つの戦略のうち，高品質であることを示す最善のシグナルはどちらか．

解答：

品質のシグナルとして優れているためには，シグナルが高品質の生産者にとって安く，低品質の生産者にとって高くなければならない．したがって，優れたシグナルは，60日間保証である．「ユーズドカーザラス」が高品質車だけを販売していれば，保証は高くつかない．一方，低品質車ばかり販売していれば，保証は高くつき，売上げの伸びが帳消しになる．そのため消費者は，保証をつける販売店は高品質車を扱っていると確信できる．

社名の変更は，ゲームの利得には影響を与えない「チープトーク」(cheap talk)にすぎない．誰でも社名は変更ができ，高品質車の販売店も低品質車の販売店も，そのコストは変わらない．

15.5 結論

この章では，情報の非対称性が存在する市場について学んできた．情報の非対称性とは，取引される財やサービスに関して，一方の当事者がもう一方の当事者よりもよく知っていることを指す．情報の非対称性は，市場の機能に大きな影響を与える．完全情報下の市場では，売り手と買い手は相互に便

500　第4部　基礎から応用へ

益をもたらす取引を行い，それによって生まれた経済余剰を分け合う．だが，情報の非対称性が存在する市場では，売り手と買い手が損をするのではないかと怖がって，取引そのものが成立せず，市場が完全に凍結される極端なケースがある．それは，情報を持たない当事者だけでなく，情報を持っている当事者にとっても不利益となる．こうした不利益ゆえに情報の非対称性の影響を軽減するような，さまざまな仕組みが導入されている．

　市場では，情報の非対称性がさまざまな形で表れる．逆淘汰，モラルハザード，プリンシパル–エージェント問題を取り上げた．これらの影響を軽減するために，企業や消費者が取ろうとしている手段についても学んだ．幅広く論じたが，表面をなぞったにすぎない．情報の非対称性の問題は奥が深く，興味が尽きない．

　基礎編で学んだ標準的な市場では，社会的に最適な結果を実現できないケースが他にもある．次章でそれらを取り上げよう．具体的には，外部性と公共財の役割をみていく．

・・

まとめ

1. **レモンの問題**．中古車市場などによくみられる特徴で，商品やサービスの質について，売り手が買い手よりよく知っている場合に生じる．市場にレモンが存在すると，**逆淘汰**が起きる．購入前に買い手には質の見分けができないため，低品質の財が高品質の財よりも市場に多く出回る．同じタイプの逆淘汰は，買い手が売り手よりも情報を持っている保険市場のような市場でも起こりうる．[15.1 節]

2. 経済取引において，一方の当事者がもう一方の当事者の行動を把握できないとき，**モラルハザード**が起こる．モラルハザードが目立つのが保険市場である．悪い事態に備えていったん保険に加入すると，被保険者が悪い事態の確率を高めるような行動を取りやすい．モラルハザードを軽減するため，被保険者の行動を定めた条項が設計されている．[15.2 節]

3. 職場などでの情報の非対称性は，**プリンシパル–エージェント問題**につ

第15章　情報の非対称性　**501**

ながる可能性がある．職場では，プリンシパルは雇用者で，エージェントは従業員だが，雇用者は従業員の行動を完全に把握することはできない．プリンシパルの利益に適うような行動をエージェントに促すには，両者の利害が一致するようなインセンティブの仕組みをつくらなければならない．[15.3節]

4. 情報の非対称性を解消する方法の１つが，**シグナリング**である．取引の一方の当事者が，すぐには把握できない情報を伝達する．よくあるシグナリングの例が学歴であり，生産性の高い労働者と低い労働者を見分けるのに使われる．[15.4節]

復習問題

（解答は以下のサイトで入手できる．https://store.toyokeizai.net/books/9784492315002）

1. 完全情報市場と非対称情報の市場を比較せよ．完全情報の市場の例をあげよ．
2. レモン問題を生む市場の特徴を挙げよ．
3. 逆淘汰とは何か．レモン問題はなぜ逆淘汰につながるのか．
4. 保証をつけることでレモンの問題を減らせるのはなぜか．
5. 保険会社が逆淘汰の問題を緩和するには，どのような方法があるか．
6. モラルハザードとは何か．保険市場のモラルハザードの例をあげよ．
7. どうして保険会社は，インセンティブを活用してモラルハザードを軽減できるか．
8. プリンシパル-エージェント問題を生み出す市場の特性とは何か．
9. どうしてプリンシパルはプリンシパル-エージェント関係の問題を軽減できるか．
10. どうしてシグナリングを使って情報の非対称性を軽減することができるか．
11. どうして就職市場で学歴をシグナルとして活用できるのか．
12. 学歴以外のシグナルの例を２つあげよ．それらの例は，どのように情報の非対称性を軽減できるのか．

演習問題

（＊をつけた問題の解答は，以下のサイトで入手できる．https://store.toyokeizai.net/books/9784492315002）

1. 以下ページの図に示された中古車市場について考えよう．パネルaは低品質の車（レモン）の市場を，パネルbは高品質の車（プラム）の市場を表している．市場に出回っている中古車の品質について，買い手も売り手も完全な情報を持っているとすれば，レモンは8,000ドル，プラムは1万6,000ドルで売れる．

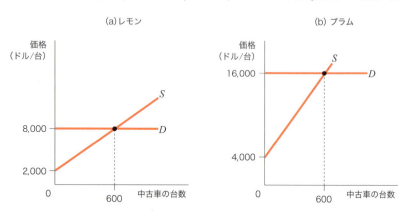

   a. 買い手はレモンをつかむ確率が50％だと認識しているが，レモンとプラムを見分けることはできない．買い手にとって中古車の期待価値はいくらか．
   b. 市場で期待価値が価格に反映されるとすれば，aで求めた期待価値では，プラムは何台出まわるか．レモンは何台出まわるか．販売市場全体に占めるレモンの割合はいくらになるか．
   c. 完全情報市場とくらべて，プラム市場では不完全な情報によってどのような死荷重が生じるか．レモン市場にも死荷重は存在するか．
2. 問題1では，中古車の品質に関する情報が不完全なために，販売市場ではプラムが減り，レモンが増えることがわかった．以下のステップで考えていこう．
   a. 売り手による期待値の修正は，レモンとプラムの比率にどんな影響を与えるか．
   b. レモンとプラムの比率の変化は，買い手の購買意欲にどんな影響を与えるか．
   c. 市場価格の変化（買い手が支払ってもいいと考える価格の変化）は，プラムの数量とレモンの数量にどんな影響を与えるか．
   d. このフィードバック・プロセスから論理的に導かれる結論を簡潔に述べ

第15章 情報の非対称性 **503**

よ.

*3. 周囲から隔絶した町で, 低品質車と高品質車が販売されている. 買い手は, 高品質車には最大で1万2,000ドル, 低品質車に最大で8,000ドル支払う意欲がある. 高品質車は100台あり, 売り手は1万1,000ドル以上でなければ売るつもりはない. 低品質車も同じく100台で, 5,000ドル以上でなければ売るつもりはない. この留保価格を下回れば, 中古車はまったく供給されない (完全非弾力的).

a. 完全情報があれば, 高品質車, 低品質車はそれぞれ何台売れるか.

b. 中古車の品質を売り手はわかっているが, 買い手はわかっていないとする. 買い手が低品質車をつかむ確率を50%に修正したとすれば, 市場価格はどう動くか. この価格で, 高品質車の販売台数はどうなるか.

c. 売り手もすべてを調整すると, 均衡価格はいくらになるか. 高品質車の割合はいくらになるか.

d. 1万1,000ドルではなく9,000ドル以上なら, 売り手は高品質車を売るつもりだとすれば, a, b, cの答えはどう変わるか.

4. 1960年代, イェール大学は学生ローンに代わる奨学金制度を導入した. 学生は所得の一定比率を長期にわたって納める条件で, 授業に出席できる. 大学は長期データをもとに制度が赤字にならないよう比率を決定した. 高所得者の多額の納入分で, 低所得者の納入分を穴埋めする仕組みだ.

a. ウォール街の金融マンになるつもりの場合, 学生ローンを借りるか, 大学の奨学金制度を利用するか. 理由も述べよ.

b. 将来, 宣教師になるつもりの場合, 学生ローンを借りるか, 大学の奨学金制度を利用するか. 理由も述べよ.

c. この奨学金制度によって, イェール大学の財政基盤は悪化した. aとbの答えから, その理由がわかるだろうか. 説明せよ.

d. イェール大学の奨学金制度には, どのような情報の問題があったか.

5. トヨタは頻繁に新型モデルを投入する. 厳しい検査を重ねて不具合を修正し, 長期保証をつけて販売する. これらの仕組みが, 逆淘汰に対処するためにどのように役立っているだろうか.

*6. 数年前, 新たなネット保険会社が誕生した. www.ticketfree.orgでは, スピード違反の罰金が500ドルまで補償される.

a. この保険契約で, 貴重な情報を持っているのはどちらか. 加入者か保険会社か.

b. スピード違反の保険市場で, 情報の非対称性が存在すると逆淘汰が生まれ

504 第4部 基礎から応用へ

るのはなぜか．説明せよ．

    c. スピード違反保険に加入すると，ドライバーの行動はどう変わるか．スピードを出していたドライバーはどうか．スピードを出していなかったドライバーはどうか．こうした類いの問題は何と呼ばれるか．

    d. ticketfree.orgはすでに営業していない．bとcの答えを使って，理由を説明せよ．

7. すべての人に十分かつ負担可能な医療を提供するため，連邦政府は健康状態に関係なくすべての人に医療保険を提供することを保険会社に義務づけている．保険会社はすでに病気に罹患している人の加入を拒否しないかもしれない．

    a. この義務だけでは，逆淘汰の問題が生じる可能性が大きい．その理由を説明せよ．

    b. 最近の医療保険改革の第2弾では，すべての人に勤務先または民間市場を通じて保険に加入することを義務づけている．この義務は (i) 一般的な逆淘汰の問題を減らし，(ii) とくにaで述べた逆淘汰を減らす．その理由を説明せよ．

8. 多くの医療保険や損害保険では，保険会社が支払いを開始する前に，加入者本人に「免責金額 (deductible)」と呼ばれる自己負担を求めている．

    a. 免責があることで，モラルハザードの問題は減る．その理由を説明せよ．

    b. たいていの場合，免責額を小さくするか，免責額が大きい代わりに保険料を安くするかは，加入者本人の選択に委ねられる．保険会社にとって，この2段階システムは，逆淘汰の問題への対応に役立っている．その理由を説明せよ．

9. 大学教授は，6年の試用期間に教育，研究，公務にあたり，基準を満たすと，終身の地位が与えられる．終身教授となれば安泰だ．

    a. 終身制度はモラルハザードの問題を生みやすい．なぜか．

    b. 終身制度によって引き起こされるモラルハザードの問題は，逆淘汰の問題よりも大きくなりやすい．なぜか．

10. 逆淘汰の問題に対処するため，新たに連邦レモン法ですべての中古車ディーラーは，全車に1年間の品質保証をつけることを求めるとしよう．逆淘汰を減らすのが目的のこの新法は，モラルハザードを引き起こす恐れがある．なぜか．

*11. ハリーはサリーと付き合っている．内心，捨てられるかもしれないとびくびくしていて，彼女に気に入られるよう，髪型に気を使い，社交ダンスを習い，

ジムで身体を鍛えている．ハリーの努力の限界費用は，以下のグラフに MC で表している．ハリーが努力から得る限界便益（捨てられる確率が下がる）は MB で表している．

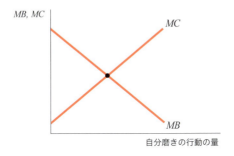

自分磨きの行動の量

a. グラフ上で，サリーに気に入られるためのハリーの最適な行動量を決定せよ．
b. ハリーはサリーと結婚する．結婚の契約で関係を解消するコストは上がる．そのためハリーの支出がどの水準でも，サリーから捨てられる確率は下がる．結婚の契約の効果をグラフに書き込め．適切な曲線を適切な方向に動かすこと．
c. 結婚してからというものハリーはすっかりだらしなくなった．よくゲップするし，髭はめったに剃らないし，ゴミ出しは一切しない．ありがちな話だが，b で書いたグラフと一致するだろうか．
d. これは逆淘汰だろうか，モラルハザードだろうか．
e. 「契約結婚」は一定期間，解消することができない．契約結婚の効果をグラフに書き込め．契約結婚によって 2 人の関係はどうなるか．グラフから予想されることを述べよ．

12. 空き巣防止の費用と便益を次ページのグラフに描いた．防犯装置を増やすにつれて限界費用は逓増する．頑丈な錠前をつけるだけなら安くてすむが，目に見えないレーザーの侵入探知装置をつけるのは簡単ではない．防犯装置を増やすにつれ限界便益は逓減していく．すでに電気フェンスを設置し，すべてのドアや窓に 30 個の錠前をつけているとすれば，番犬を増やしても大した抑止力にはならない．

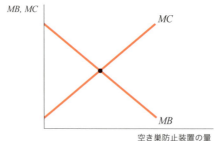

a. 盗難保険に入れない場合，空き巣防止装置の最適な量を求めよ．

b. 被害額の半分が補償される盗難保険に加入できるとする．限界便益曲線は家主の被害額を表しているとする．限界便益曲線を適当に動かして，空き巣防止装置の最適量がどう変化するかを決定せよ．

c. 保険会社は免責を導入することにした．被害額のうち家主がまず1,000ドルを負担し，残りの被害額を家主と保険会社で折半する．限界便益曲線を適当にシフトさせよ（適切な距離をシフトさせること）．免責は，家主の盗難防止策にどのような影響を与えるか．

*13. 遊び人の夫と離婚することにした．夫の不実を証明できれば，慰謝料50万ドルがもらえる．証明できなければ25万ドルだ．担当の弁護士から報酬の支払い方法として，10万ドルの固定か，慰謝料の3分の1かを選択するよう迫られている．弁護士は夫の不実を証明するため，弁護士自身が負担して私立探偵を雇うと言っているが（費用は2万5,000ドル），この言葉を信用していいのかどうかわからない．探偵は雇われれば，確実に不倫の証拠をつかむだろう．

a. 妻は固定費用プランに同意するとしよう．弁護士が探偵を雇うとすれば，妻はいくらもらえるか．探偵を雇わなければどうなるか．それぞれのケースで，弁護士はいくらもらえるか．この件に関するプリンシパル－エージェント問題について説明せよ．誰がプリンシパルで，誰がエージェントか．

b. 慰謝料の3分の1を弁護士報酬として支払う場合，妻と，探偵を雇った弁護士が受け取る金額を求めよ．妻がこのプランを選択した場合，プリンシパル－エージェント問題はどうなるか．

14. ある大企業の取締役会は，新しい最高経営責任者（CEO）の報酬体系を検討している．第1案は，年間100万ドルの固定とする．第2案は，基本報酬20

万ドル＋利潤の10％の利潤連動型とする．CEOが最大限努力した場合，会社に1,000万ドルの利潤をもたらし，そこそこ努力した場合は700万ドルの利潤をもたらすと見込まれる．CEOの費用は，最大限努力する場合が50万ドル，そこそこ努力する場合が30万ドルである．

a. 取締役会とCEOでプレーされる展開型ゲームのゲームツリーを描け．取締役会が先に動き，報酬プランを選択する．CEOは2番目に動き，努力の水準を選択すると想定する．取締役会（および取締役会が代理を務める株主）とCEOの利得を計算すること．

b. このゲームの均衡はどうなるか．取締役会はどんな契約を提示するべきか．CEOはどちらの努力水準を選択すべきか．

15. 問題14の取締役会とCEOが直面した問題について考えよう．CEOがそこそこ努力する場合の費用は同じく30万ドルだが，最大限努力する場合の費用は75万ドルになるとする．

a. このゲームの展開型を描き，均衡を求めよ．最大限努力する場合の費用が増えたことで，結果は変わるだろうか．説明せよ．

b. 取締役会は利潤分配型の基本報酬を変えても結果を改善できないことを示せ．

c. CEOが最大限努力する気になるには，利潤の分配率を最低いくらにすればいいか．

16. 汗を吸収するスケートボード用ウェアをつくることにした．デザインは得意だが，縫うのが苦手なので，ルームメイトに縫製を頼むことにした．報酬を時間あたりで支払うのがいいか，1着いくらで支払うのがいいか．説明せよ．

17. 可愛い「キンポウゲ姫」〔かわい子ちゃんの意〕には言い寄ってくる男が大勢いる．結婚を真剣に考えている「脈あり」グループと，姫が手近でかわいく金持ちだから言い寄ってくる「脈なし」グループに分けたい．2つに分けるため，求婚者はドラゴンを退治してからでないと城には来られないことにした．

・決められた数のドラゴン退治に成功した者Dは，城を訪れ姫に会える．

・決められた数のドラゴン退治ができなかった者にも，醜い義姉のドクダミ姫のお伴だけは許される．

・どちらのグループのメンバーにとっても，キンポウゲ姫のお伴をする便益は1,000ドルである．

・どちらのグループのメンバーにとっても，ドクダミ姫のお伴をする便益は64ドルである．

・飽くなき情熱でゴールを目指す「脈あり」グループにとって，姫のテスト

に合格するコストはD_2で表され，Dは退治したドラゴンの数である．

- 中途半端にゴールを目指す「脈なし」グループにとって，姫のテストに合格するコストはD_3で表され，Dは退治したドラゴンの数である．

a. キンポウゲ姫は，「脈あり」グループと「脈なし」グループを区別したい．そのために，求婚者にドラゴンを最低何匹退治せよと，命じればいいか．（整数に丸めよ）

b. キンポウゲ姫は，aで求めた答えよりも3匹少ない数のドラゴンを退治せよと求婚者に命じたとする．これでは「脈なし」グループを見分けることはできない．なぜか．

c. 2つのグループに分けるには，最大何匹のドラゴンを退治せよと命じることができるか（整数に丸めよ）．

d. キンポウゲ姫はcで求めた答えよりも3匹多いドラゴンを退治せよと命じたとする．これでは「脈なし」グループを見分けることができない．なぜか．

e. キンポウゲ姫は適当な数のドラゴン退治を命じ，「脈なし」グループを除外することができた．「脈あり」グループから王子様を選びたい．王子に本当に愛があるか，財産狙いなのかを知りたい．現代の米国の法制度を使って振り分けるとすれば，どんな制度を使えばいいか．

*18. 世の中には2種類の労働者がいる．生産性の高いチャーリー・ハッスル・タイプと，生産性の低いレイジー・スーザン・タイプだ．雇用市場でのチャーリー・ハッスル・タイプの価値は7万ドル（以下，すべて現在価値）だが，レイジー・スーザン・タイプは2万ドルしかない．問題は，志望者がどちらのタイプか見分けられないことだ．大卒を条件にするのが見分ける方法の1つになる．チャーリーなら簡単に学位が取れるが，（学位の取得までに4年，総費用は4万ドル），レイジー・スーザンはむずかしい（学位の取得に6年かかり，総費用は6万ドル）．学位を取ったからといって，どちらの生産性も変わらないものとする．

a. 企業が大卒を条件にせず，すべての従業員に平均賃金4万5,000ドルを支払うとすれば，どんな志望者が集まるか．

b. 企業が大卒者の賃金は7万ドル，大卒資格のない者は2万ドルとする．チャーリーにとって，大学教育の純便益はいくらか．スーザンにとっての純便益はいくらか．大卒資格によって，企業は生産性の低い志望者を振り分けられるか．

c. 連邦政府の新たな補助金制度で，生産性の低い人の大卒資格の取得コスト

が4万6,000ドルに低下したとする. チャーリーにとって大学教育のネットの便益はいくらか. スーザンにとってはいくらか. 大卒資格によって, 企業は生産性の低い志望者を振り分けられるか.

d. bとcの答えをふまえて, 以下の文章が正しいかどうか議論せよ. 「シグナリングが効果を発揮するには, シグナルにコストを伴わなくてはならない. ただし, 生産性が低い志望者のほうが, コストが高くなければならない」

e. 短大や大学は成績を水増ししていると批判されている. 事実, 一部の短大では不合格にあたる「F」はつけないことにしている. dの答えをふまえ, こうした慣行が学位のシグナリング効果に与える影響について議論せよ. この慣行は学生のためになるか. その答えは, 学生の質によるだろうか. 説明せよ.

*19. 美しい尾のクジャクが, ジャングルで暮らしている. ジャングルでは, 尾っぽは邪魔でしかない. 飛ぶスピードは遅くなり, 密猟者が捕まえるのにうってつけだ. だが, 雄は雌を惹きつけるため尾っぽを発達させつづける. 立派なほどいい.

a. 強い鳥にとってシグナルはコストがかかるが, 弱い鳥にとってはさらにコストがかかるという一般原則に注目しながら, シグナルとしての長い尾っぽの価値について説明せよ.

b. すべての雄のクジャクが尾っぽを半分に切れば, 雌のクジャクは同じ情報を受け取ることになる. この真実を踏まえて, シグナルの社会的コストが重い理由を説明せよ.

c. すべての雄のクジャクが尾っぽを半分に切ることに同意したとする. こうした合意は続かないが, その理由を述べよ. また合意が崩れることで, すべてのクジャクが損をするのはなぜか, その理由も述べよ.

20. 1800年代後半, 簡単に免許を取得でき, 規制されない「山猫銀行」(wildcat banks) が, 米国の西部に乱立した. 簡素な木造建築の銀行もあれば, 凝った彫刻の石造りの銀行もあった.

a. さまざまな建物のタイプは, モラルハザードの一因ともいえる. なぜか.

b. 1800年代後半, バンカーが建てた銀行のビルは, シグナリングに付き物の無駄の象徴ともいえる. なぜか.

第**4**部 基礎から応用へ

外部性と公共財 第**16**章

米国の大都市に暮らす人々にとって，大気汚染はごく身近な問題だ．大気中のオゾン，微粒子，その他の「不純物質」は，車を運転し，発電所を稼働させ，工場を操業するといった経済活動の結果である．汚染された大気は，大都市に住まざるをえない人々の健康を害す．健康被害のコストは年間1,000億ドル以上にのぼるとの推計もある．[1]

　米国では，自動車や工場が排出する有害物質の量を規制するなど，40年以上前から大気汚染対策に力を入れてきた．だが，ここ最近，西海岸の汚染度の基準レベル（国内の汚染源がない場合に存在する汚染）が大幅に上昇している．専門家によれば，中国をはじめアジアの火力発電所で石炭が燃やされ，有害物質が偏西風に乗って太平洋を越えて運ばれてきたのが原因だという．

　郊外に暮らす住民は，別のタイプの公害に遭遇している．たとえば，隣人が芝生の手入れを依頼したとしよう（雑草を刈り取り，落ち葉も掃いてもらう）．困ったことに，作業員は土曜の朝7時にやって来て，心地よい眠りが破られる．

　2つの例は，いずれも二者間で取引が行われていて（発電所と顧客，芝刈りサービスと隣人），両者はそれぞれ取引から何がしか（おカネ，電力，美しい芝）を得ている．だが，取引の影響を受けてい

512　第4部　基礎から応用へ

るのは当事者だけではない．西海岸の住民は大気を汚され，あなたは朝の心地よい眠りが失われたのだ．

　大気が汚染され，心地よい眠りが破られるのは，ただの不便や不運ではない．市場の失敗 (market failure) の証拠である．基礎編の第3章で学んだように，社会に便益をもたらすような取引がすべて行われるとき，市場は効率的だといえる．取引に直接関係する当事者だけでなく，社会全体の厚生を高めるのがこの状態であり，発電や芝刈りサービスの取引は，この条件を満たしているとはいえない．発電所や芝刈りサービスは，自分たちのコストをみて，基礎編の生産と費用の章で学んだステップに従って価格を設定する．電力を利用し，芝刈りサービスを受けようとする企業や顧客は，自分たちの費用と便益を勘案する．ここで考慮されていないのが，西海岸の住民や郊外の隣人に押しつけられたコストである．効率的な市場ならこうしたコストも考慮に入れるが，西海岸の住民や郊外の隣人は取引の当事者ではないので，企業のコスト計算や生産決定に入ってこないのだ．

　第15章では，取引の当事者間の情報の格差が，いかに市場を非効率にし（財の生産や消費が多すぎたり，少なすぎたりして），消費者余剰や生産者余剰を減らすことによって社会の厚生を損なうかを学んだ．情報の非対称性は，市場の失敗の一因であるが，この章では，市場の失敗を招く他の2つの要因を取り上げる．外部性（大気汚染や騒音）と公共財（この章で詳述する）である．外部性と公共財の存在が，なぜ，いかにして市場の失敗を招くかにくわえて，さまざまな財について余剰を最大化する生産を促し，それによって市場の失敗を解決しようとする政府の対策についてもみていこう．

16.1　外部性

冒頭でみたように，取引が直接の当事者だけでなく，第三者に影響を与え

---

1)　Nicholas Z. Muller, Robert Mendelsohn, and William Nordhaus, "Environmental Accounting for Pollution in the United States Economy," *American Economic Review* 101, no. 5 (August 2011): 1649–1675.

るとき，つねに**外部性**（externality）が存在する．**負の外部性**（negative externality，西海岸の大気汚染や朝の騒音）は，当事者でない個人や企業にコストを押しつける．**正の外部性**（positive externality）は，取引の直接の当事者ではない第三者に便益をもたらす．正の外部性の古典的な例がミツバチだ．養蜂家が育てたミツバチは，販売用の蜜をつくるだけなく，近隣の作物や花の受粉を手伝うが，恩恵を受けている近隣住民はたいてい対価を支払っていない．

　自由市場で外部性が存在するとき，財の最適量が生産されることはない．市場に任せておくと，負の外部性を伴う財が過剰に生産される一方，正の外部性を伴う財は十分に生産されないのだ．

なぜ，うまくいかないのか──外部性による経済の非効率性

　外部性が市場を非効率にするのは，ある取引に関わる消費者や生産者の私的な便益・費用と，その取引が社会全体にもたらす便益・費用が異なるからである．私的な便益・費用は，市場を分析する際に通常考慮に入れる変数である．**外部限界費用**（external marginal cost）は，財が追加的に 1 単位生産ないし消費される際に，第三者に課される費用であり，**外部限界便益**（external marginal benefit）は財を追加的に 1 単位生産ないし消費する際に，第三者にもたらされる便益である．

　市場に外部性が存在しないとき，社会的費用・便益と私的費用・便益は一致し，外部限界費用や外部限界便益は存在しない．市場に外部性が存在するとき，**社会的費用**（social cost，社会全体にとっての費用）は私的費用と外部費用の合計になり，**社会的便益**（social benefit，社会全体にとっての便益）は私的便益と外部便益の合計になる．次節でみるように，社会的費用と社会的便益を取り込むと，最適数量や最適価格を含めた市場の状態の分析は違ったものになる．

図16.1 競争的な電力市場の負の外部性

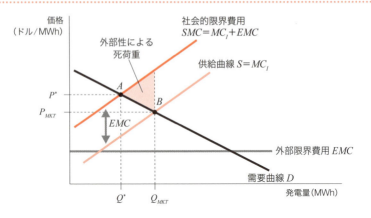

電力の社会的限界費用(SMC)は,電力産業の私的限界費用(MC_I)と外部限界費用(EMC)の合計である.社会的に最適な発電量Q^*は,社会的限界費用曲線SMCと需要曲線Dの交点Aになる.しかし,競争的な市場での電力量は,私的限界費用MC_I=供給曲線Sと需要曲線Dが重なる点$B(Q_{MKT}, P_{MKT})$になる.電力産業は外部限界費用(EMC)を考慮しないため,社会的に最適な発電量(Q^*)を上回る量Q_{MKT}を生産する.これによって影をつけた三角形の死荷重が生まれる.

負の外部性——悪い財が多すぎる

　負の外部性について学ぶにあたり,化石燃料の発電所が引き起こす大気汚染に注目しよう(図16.1).競争産業では,基礎編の第8章で示した基本的な方法にしたがって発電量(MWh)が決まる.最適な発電量は,価格P(限界収入と等しく,競争市場では需要曲線で表される)と産業の限界費用(MC_I)[2]が等しくなる点になる.ただし,この限界費用は私的な限界費用である点に留意したい.産業の発電量が第三者に課す外部費用は一切含んでい

---

[2] もちろん,発電所は完全競争市場で生産を行うわけではない.通常の独占のルールに基づき,限界収入が限界費用と等しくなる水準に生産量を設定する.市場支配力を持った企業1社について,この分析ができる.ここでは,外部限界費用も企業の生産決定で考慮されないため,非効率な生産水準になる.ただ,競争産業を想定することで分析が単純になるため,この例を使うことにする.

ないため，社会的限界費用ではない．産業全体の発電量はQ_{MKT}MWh，1MWhあたりの均衡市場価格はP_{MKT}になる．

ここで，産業全体でQ_{MKT}MWhを発電する際に，健康や環境に有害なオゾンなどの汚染物質も排出するとしよう．単純化のために，汚染物質1単位あたりの外部限界費用はEMCで不変だとする．[3] 外部限界費用は図16.1でEMCとして集約されている．

社会的限界費用を求めるには，MC_IとEMCを足し合わせればよく，曲線SMCになる．こうして外部費用を考慮に入れると，社会全体の発電の限界費用は産業の限界費用よりも高いことがわかる（SMC曲線はMC_Iを上回っている）．すべての費用を完全に考慮すると，総余剰は，Q^*とP^*の交点，価格（需要）が社会的限界費用と等しくなる点で最大になる．外部費用を含めているので，価格は市場均衡価格を上回る一方，発電量は市場均衡量よりも少なくなる．ある財を生産する際に負の外部性が発生し，生産者がその費用を無視する場合，市場では社会的に最適な水準を上回る生産が行われる．

大気汚染という外部性と，それに伴う市場の失敗が起こるのは，電力会社が汚染の費用を負担しないからだ．負担しているのは，燃料代，人件費，設備費用などの私的な生産費用だけである．電力会社は，みずからが引き起こしている大気汚染のため，社会が負担しなければならない外部費用を完全に無視している．（現実には，電力会社にこうした外部費用の負担を義務づけることができる．具体的にどのような方法を取るかは，この章の後半で扱う．）

結果として，市場の発電量は，負の外部性が存在する場合の効率的な水準を上回ることになる．発電に伴う本当の意味での完全な限界費用は，電力会社の私的な限界費用と電力会社が発生させた大気汚染の外部限界費用を足し合わせたものである．電力会社がこれら2つの費用を負担しなければならないとすれば，少ない発電量を選択するだろう．

正確には非効率性はどこから来るのだろうか．点Aでは，電力を購入する消費者全員が，少なくとも（汚染の費用も含めて）発電に伴い社会が負担す

---

3) 現実には，生産量が増加するにつれて外部限界費用は増えることも減ることもある．分析は同じである．

る費用と同じだけの価値を見いだしている。だが、電力業界は点Bで生産し、需要曲線の点Aから点Bのあいだの消費者が、電力を買ってもいいと考える価格は、社会的費用を下回っている。電力を購入するのは、市場価格がかなり低いからにすぎない。価格が真の生産費用を反映していれば、こうした消費者は電力を購入しないだろう。

非効率性の規模は、価格が真の社会的費用を反映している場合に、電力を購入しないと考えられる消費者がどれだけいるかに依存する。これは、Q^*とQ_{MKT}の差として表れる。非効率性の規模はまた、ある財の生産に伴い社会が負担する費用と、その財から消費者が得る便益の差にも依存する。図では、社会的限界費用曲線SMCと需要曲線Dの垂直の差として表れる。この差が大きければ大きいほど、市場の状態は社会的に最適な状態からかけ離れている。

これらの生産量の差と、費用と便益の差を合わせると、外部性に起因する非効率性の正確な規模がわかる。SMCと需要曲線DおよびQ^*とQ_{MKT}で囲まれた三角形の部分は、電力の過剰生産に伴う社会的費用（SMC曲線）が、過剰生産分を購入することによる消費者の便益（D曲線）をどれだけ上回っているかを示している。三角形は、社会的費用が消費者の便益を上回っている1単位あたりの損失の合計である。

この三角形は、前にみた死荷重の三角形に似ているが、それもそのはずで、まさに死荷重なのだ。死荷重は、費用が便益を上回る財の生産に資源が使用されることによって、社会的厚生が損なわれることを指す。

世の中には負の外部性の例は数多く存在する。芝刈りサービスの騒音といった日常の些細な苛立ちのタネから、アジア発の大気汚染といった企業や政府が関わる大きな問題までさまざまだ。

■　ブリティッシュ・ペトロリアム（BP）がリスクを冒す決断をしてメキシコ湾に石油掘削施設を設置した際、安全を軽視して、私的費用の一部を節約したが、事故が起きて原油が漏れ出した場合に環境や他の産業に及ぼす損害を考慮していなかった。2010年、現実に事故は起きた。

■　米国で、小型のプライベートジェット機は大型の民間航空機にくらべて

大幅に安い着陸料しか払っていないが，その利用が増えて空が混雑し，他の旅客機の遅延を招いている．プライベートジェットは，空の混雑による費用を押し上げるなどトータルのコストを負担する必要がないので，これは負の外部性といえる．

■ 個人がはしかのワクチンを打たない（子どもにワクチンを打たせない）と決めた場合，本人と子どもははしかのキャリアになって，他の人にうつしてしまう恐れがある．医師が患者に抗生物質を過剰に処方すると，耐性菌ができて薬が効かなくなる．どちらの行為も第三者にコストを押し付けているので，負の外部性だといえる．

■ 野球観戦に行ったら，前の席の女性が大きな帽子をかぶっていてよく見えなかった．この女性は，帽子をかぶるという決断に外部限界費用を含めていないといえる．

改めて念を押しておきたいが，外部費用を生産決定に取り込まなければ，企業は負の外部性を持つ財を過剰に生産し，安すぎる価格で販売することになる．

16.1 解いてみよう

ノート用の紙が完全競争市場で販売されている．短期供給曲線（限界費用曲線）は$P = MC = 2Q$で，Qは年間の販売量，単位は100万連（1連＝500枚），逆需要曲線は$P = 40 - 8Q$で表される．

a. 市場均衡価格と均衡販売量を求めよ．

b. 製紙会社は生産工程で，工場廃液を近くの小川に排出している．外部限界費用は，1連につき0.5ドルと推計される．社会的に最適な生産量と価格を計算せよ．

解答

a. まず，逆供給曲線と逆需要曲線の等式に書き換え，供給量と需要量の等式にする．

$$P = 2Q \qquad\qquad P = 40 - 8Q$$
$$Q^S = 0.5P \qquad\quad 8Q = 40 - P$$
$$Q^D = 5 - 0.125P$$

市場が均衡するのは，需要量と供給量が等しい点なので，$Q^D = Q^S$．したがって

$$0.5P = 5 - 0.125P$$
$$0.625P = 5$$
$$P = 8 \text{ドル}$$

$P = 8$ ドルのとき，

$$Q^S = 0.5P = 0.5 \times 8 = 4$$
$$Q^D = 5 - 0.125P = 5 - 0.125 \times 8 = 5 - 1 = 4$$

したがって紙の価格は1連8ドルで，年間の販売量は400万連である．

b. 社会的限界費用 SMC は，産業の限界費用 MC と外部限界費用 EMC の和に等しい．すなわち

$$SMC = MC + EMC$$
$$\qquad\quad = 2Q + 0.50$$

社会的に最適な価格と数量を求めるには，社会的限界費用が逆需要曲線と等しいとおく．

$$2Q + 0.50 = 40 - 8Q$$
$$10Q = 39.50$$
$$Q^* = 3.95$$

したがって社会的に最適な生産量は，年間395万連である．

社会的に最適な価格は，最適生産量を社会的限界費用曲線か逆需要曲線のいずれかに代入して求めることができる．すなわち，

$$P^* = 2Q + 0.50 = 2 \times 3.95 + 0.50 = 7.90 + 0.50 = 8.40 \text{ドル}$$
$$\quad = 40 - 8Q = 40 - 8 \times 3.95 = 40 - 31.60 = 8.40 \text{ドル}$$

したがって，社会的に最適な価格は，1連あたり8.40ドルである．

正の外部性——良い財が十分に供給されない

経済活動に直接関与していない第三者も便益を享受するとき，正の外部性が存在する．負の外部性が私的限界費用と社会的限界費用（外部限界費用に等しい）の差を生み出したように，正の外部性は，（需要曲線に集約される）私的便益と社会的便益の差を生み出す．社会的便益は社会的需要曲線によって表されるが，これは買い手の私的便益（需要曲線）と外部限界便益の合計である．

教育を何年受けるかの決定に注目することで，正の外部性を詳しくみていこう．より長く教育を受けることには便益が存在するが，これを需要曲線に表した．だが，学生である期間が延びれば，コストがかかる（時に莫大なコストになる！）．授業料や書籍代，文具代ばかりではない．就職していればもらえた給与（たいてい授業料より高い）という機会費用もある．だが，ある都市や国で長く教育を受ける人が多いほど，その地域に住む他の人の給与や昇進の見通しも上がることを示す証拠がある．相関性の1つの説明として，より長く教育を受けた人ほど，みずから起業し，他の人を雇用する可能性が高くなることが考えられる．これが正しいとすれば，教育期間が長いほど私的便益よりも社会的便益が大きいのだから，教育を受ける期間を延ばすという決断には正の外部性が存在することになる．こうした状況がある一方で，自由市場に任せておくと，人は社会的に最適な年数を下回る期間の教育しか受けないのは不思議ではない．なぜか．

その理由を探るため，図16.2に示した大学の学位の市場について考えてみよう．この分析では，すべての大学の学位を等価とし，分析を単純にするため完全競争市場を想定している．[4]

大学の学位を取得する学生の数は，（需要曲線で表される）学位の私的限界便益が，学位を取得する限界費用と等しくなる点（点B）になる．自由市場に任せておくと，均衡点では，Q_{MKT}の学位が生産および消費され，価格

---

[4]　個別の市場に注目し，市場支配力を足し合わせても結果に大差はない．ただ，市場支配力のある生産者の限界収入曲線と，異なるタイプの教育に対する需要の交差価格弾力性を把握しなければならないので，分析が複雑になるだけである．

図16.2 大学の学位の市場における正の外部性

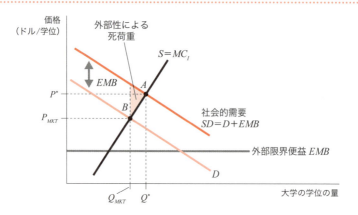

大学の学位の社会的需要(SD)は、私的限界便益Dと外部限界便益EMBの和に等しい。社会的に最適な大学の学位の量Q^*は、供給曲線$S=$限界費用曲線MC_1が社会的需要曲線SDと交差する点Aになる。規制のない市場での供給量は、$D=S=MC_1$となる点$B(Q_{MKT}, P_{MKT})$になる。市場は外部限界便益(EMB)を考慮に入れないため、供給量Q_{MKT}が社会的に最適な量Q^*を下回り、影をつけた三角形の死荷重が生まれる。

はP_{MKT}になる（完全競争市場では、$MC=P=MR$）。

各人が学位取得で享受する外部限界便益EMBは、EMB曲線で表している。[5] 社会的需要曲線SDは、私的限界便益（需要曲線D）と外部限界便益EMBとを合わせたものである。社会的需要曲線SDは、学生本人だけでなく、社会全体にとっての大学の学位の限界便益を表していて、図16.2では$SD=D+EMD$である。

社会的に最適な大学単位の数は、限界費用曲線と社会的需要曲線SDの交点Aになる。この点で、Q^*の数量の学位が価格P^*で授与される。だが、自由市場では（点B）、学位の供給量Q_{MKT}は少なすぎて、図16.2で影をつけた三角形に等しい死荷重を発生させる。Q_{MKT}からQ^*までの潜在的な供給量で

---

[5] ここでも利便性から、EMBは不変——学位1単位が増えても外部限界便益は変わらない——と想定しているが、学位の量によって外部限界便益は増える場合も減る場合もあり、それで分析が大きく変わることはないこともありうる。

は，社会的需要曲線が限界費用曲線を上回っているが，私的需要曲線は限界費用を下回っている．その結果，社会全体としては望んでいるのに，学位取得を選択しない人が出てくる．こうした人たちは，学位を取得する場合の外部限界便益を考慮しない．というのも，本人にとって学位取得の私的便益が十分に大きくないので，価値があるとは思えないからだ．社会的観点からは，学位取得が社会的便益を最適化させるのに，である．結論として，ある財が正の外部性を持つとき，自由市場では外部限界便益が無視されるため，その財は十分に供給されない可能性が高い．

後ほど，正の外部性を持つ市場で，政府がいかに生産や消費を促進するかを詳しくみていくが，とりあえずここでは，州や国は大学教育に補助金を支給し，本人の選択に任せた場合以上に大学進学を奨励する傾向がある，という指摘にとどめおこう．

正の外部性の古典的な例には，さまざまな産業で企業が行う研究開発（R&D）がある．企業は多額の資金を投じて研究開発を行い，新製品を開発・改良するが，その過程での発見が他の企業の製品向上や新たなアイデアにつながることが多い．アップルが独自にiPhoneやiPad向けにiOSを開発すると，それをもとにさまざまな企業がアプリを開発して販売した．たとえば，フィンランドのゲームソフト会社ロヴィオ・モバイルが開発したアングリー・バードは10億回以上ダウンロードされている．アップルの研究開発がなければ，ロヴィオ社がこれほど儲けることはできなかっただろう．

アップルは研究開発を行う際，社会的需要曲線を完全に考慮していないため，研究開発の量は社会が求めるよりも少なくなりがちだ．同じことは，多くの科学研究，とりわけ基礎科学研究についてあてはまる．企業は，研究開発の社会的便益を完全に回収・捕捉することができなければ，十分な研究開発投資を行おうとしない．

正の外部性は，第三者の安全をサポートしたり，第三者の財産価値を向上させたりすることもある．サイバーセキュリティ対策に投資する企業は，すべての人にとってインターネットをより安全なものにしているし，自宅の外観におカネをかけて美しくする人は，近隣住宅の資産価値を向上させているのだ．

522　第4部　基礎から応用へ

▐▪▖ 理論とデータ

自動車盗難防止装置 (ロジャック) の正の外部性

　ロジャック (LoJack) とは自動車内に搭載する無線送信機で, これがあれ
ば, 車が盗まれても簡単に取り戻すことができる. どの車に装置が取り付け
てあるかは見た目ではわからないので, 直接盗難を防止するわけではない.
だが, ある都市でロジャックを装着した車が増えると, 盗んでも捕まる確率
が高くなるため, その都市の盗難件数は減少する.

　ロジャックを装着する社会的便益は, このように私的便益にくらべて大き
いと考えられる. 盗難防止の効果は, ロジャックを装着した車だけでなく,
すべての車に及ぶのだ. じつは, ロジャックの買い手にとって最も大きい私
的便益は, 盗難の防止ではない. 車が盗まれても, 損害を最小限に抑え, 迅
速に取り戻せる点にある.

　盗難抑止というロジャックの特性には正の外部性があるが, 車の持ち主は
自分の車にロジャックを取り付けることで, この社会的便益を享受できるわ
けではない. その結果, 民間市場での実際のロジャックの装着件数は, 最適
水準を下回るとみられる.

　イアン・エアーズとスティーヴン・レヴィットは, 共同研究でロジャック
の外部性の規模を計測した.[6] 1台が盗まれる確率に, ロジャックで迅速に
取り戻すことによる損失の軽減額をかけた. 私的便益は150ドル前後になる
と推計した. これは, ロジャックの市場を示した図16.3の均衡価格である.
自由市場に任せた場合の装着台数は, 調査時点の自動車総台数の約5%しか
なかった点に留意したい.

　社会的便益ははるかに大きいと見込まれた. エアーズとレヴィットは, 都
市内および都市間のロジャックの装着状況や自動車の盗難パターンを調べた
結果を踏まえ, ロジャックを装着した車が市場であと1%増えれば, 盗難件
数は20%も下がると推計した. (面白いことに, ロジャックの装着率が高い

---

6)　Ian Ayres and Steven D. Levitt, "Measuring Positive Externalities from Unobserv-
　able Victim Precaution: An Empirical Analysis of Lojack," *Quarterly Journal of Eco-
　nomics* 113, no. 1 (February 1998): 43–77.

図16.3 ロジャック(自動車盗難防止装置)市場における正の外部便益

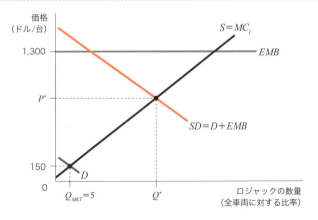

ロジャック市場では，ロジャックの私的便益は1台あたり約150ドルだが，外部限界便益は1台あたり1,300ドルを超えている．社会的に最適な生産水準(Q^*, P^*)は，社会的需要曲線(SD)と供給曲線S=限界費用曲線MC_Iの交点になるが，これは自由市場の生産水準(Q_{MKT}=全車両の5%，150ドル)をはるかに上回る．

市場では，古い車が盗まれるようになった，という証拠がある．ロジャックが装着されているのは，ほとんどが新しい車だからだ．)エアーズとレヴィットの調査結果は，ロジャックの装着車が3台増えるごとに，盗難車が1台減ることを意味している．

「全米犯罪被害調査」の報告書によれば，取り戻した盗難車の修理や買い替えで持ち主や保険会社が負担する損害額の平均は4,000ドルであった．エアーズとレヴィットは，これをもとにロジャックの外部便益は，1,300ドル以上(＝4,000ドル/3)と推計した．これは，図16.3にEMBで表している．

つまり，正の外部性を踏まえると，自分の車にロジャックを装着した人が享受する私的限界便益は，外部限界便益の10分の1程度にすぎない(150ドル対1,300ドル)．したがって，社会的需要曲線SDで表されるロジャックの社会的価値は，需要曲線Dで表される私的便益を大幅に上回っている．ロジャックを購入して装着しても，それに伴う便益をすべて享受できるわけではないので，購入者は社会的に望ましい水準よりはるかに少なく，均衡数量

524　第4部　基礎から応用へ

は社会的に最適な水準 Q^* を大幅に下回ることになる.

16.2　外部性を是正する

　自由市場に任せておくと, 負の外部性を持つ財は, 厚生を最大化する最適量を上回る水準が供給される一方, 正の外部性を持つ財は, 厚生を最大化する最適量を下回る水準しか供給されない. そのため, 財が正または負の外部性を持つ市場では, 死荷重が発生する.

　こうした非効率性とともに生きるしかないのだろうか. そうではない. 第15章でみたように, 情報の非対称性によって厚生が損なわれる場合, それを是正する仕組みが生み出されたが, 同じことは外部性においても可能である. 政府や取引に関与する経済主体が, 外部性が生み出す非効率性を軽減する市場介入を行うのだ.

　外部性の解決法は, 基本的に2つのタイプに分けられる. 価格にはたらきかけるタイプと, 数量にはたらきかけるタイプだ. どちらも市場を, (私的限界費用および便益しか考慮されない) 非効率な状態から, (社会的限界費用および便益が考慮された) より効率的な状態に転換することを目指す. 価格アプローチは, 真の社会的費用や便益が価格に反映されるようにし, 数量アプローチは数量を均衡水準に近づける.

　現実には汚染の悪影響の解消を目指した対策が多いため, この節ではとくに負の外部性に注目する.

汚染の効率的水準

　外部性の解決法について検討する前に, 政府が外部性の効率的水準をどのように選択するかを考える必要がある. 効率的な水準で容認できる汚染の総量を設定するのが目的である. **汚染の効率的水準** (efficient level of pollution) とは, 外部性と関連する財の効率的な生産をするのに必要な排出水準である. したがって, 容認できる排出総量は, それと関連する財の生産量が

図16.4 汚染の効率的水準

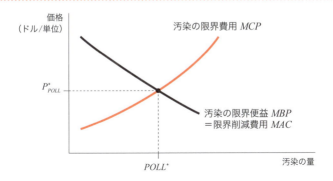

汚染の効率的水準($POLL^*$)は、汚染の限界費用MCPが汚染の限界便益または限界削減費用と等しくなる点になる($MBP=MAC=P^*_{POLL}$)。

需要と社会的限界費用と等しくなる水準になるように設定される。

効率的な汚染量（あるいは負の外部性）は、汚染の費用と便益を均衡させる水準と考えることもできる。汚染の費用は、健康への悪影響などを考えるとわかりやすい。汚染の便益については、汚染は必要な副産物であり、それがあるからこそ多くの財が生産されていると考えることができる。汚染を全面的に禁止すれば、さまざまな財の生産も禁止しなければならない。これは社会にとってあきらかな損失だ。汚染の便益は、こうした財の便益を反映している。（市場の効率性が、負の外部性の水準をゼロに引き下げなければならないことを意味するわけではないのは、こうした理由からである。）

汚染の効率的な水準がどう決まるのかを、図16.4に示した。現実には、汚染の限界費用（MCP）は汚染の水準とともに上昇する可能性が高い。汚染水準が低いとき、ほんの少し汚染が増えることの追加的な損失は比較的少ないが、汚染が増えれば、損失の種類や深刻度が増していく。これは図16.4の曲線MCPの形状に表れている。

一方、汚染の限界便益（MBP）は、汚染水準が低いときに高くなるとみられる。ある程度の汚染は、多くの財の生産に必要だからだ。だが、汚染（そして財の生産）が増えるにつれて、限界便益は低下する傾向がある。汚染

（および財）の生産量が高水準になると，生産技術が進歩して，大量生産でも汚染量を減らせる場合がある．また，需要曲線の傾きが下がると，販売可能な産出量の単位あたり価格が低下し，それによって限界部分での汚染の価値が下がる．こうした要素は，図16.4で曲線 MBP に反映されている．

限界便益曲線 MBP については，別の考え方もできる．企業がみずから生み出した汚染度を引き下げるコストはいくらかと考えてもいい．MBP 曲線は，汚染の限界便益を表しているが，裏返せば，汚染を削減する限界費用を反映しているともいえる．結局のところ，ある生産者が汚染を1単位減らすごとに，1単位の限界便益が失われる．追加的な1単位の汚染を使って生産できたはずの追加的な生産物の売上げが失われる．汚染の削減量を増やせば（つまり，図の横軸を右から左に動けば），汚染を削減する限界費用は上昇する．したがって，MBP 曲線は汚染を削減する限界費用も反映しており，経済学ではこれを**限界削減費用**（marginal abatement cost, MAC）とも呼ぶ．これは図16.4では，MBP が MAC と等しいとして表されており，この曲線はどちらからも見ることもできる．

汚染の効率的水準は，当然ながら，限界便益が限界費用と等しくなる点となり，図16.4では $POLL^*$ で表されている．この論理は，前にみたのと同じである．ある財の限界便益がその限界費用を上回っているのであれば，その財の生産量を増やすべきである．逆に，ある財の限界費用が限界便益を上回っているのであれば，その財の生産量を減らすべきである．ネットの便益が最大化するのは，追加1単位の限界費用と限界便益が等しくなるときである．

限界便益曲線を限界削減費用曲線として考えたければ，汚染の最適量を排出削減量と解釈することもできる．排出量の削減に伴う限界費用（MAC 曲線に表される）が削減される排出量（MCP で表される）を下回る場合は，つねに排出量を削減すべきである．これは，$POLL^*$ を上回る汚染水準すべてにあてはまる．一方，限界削減費用（MAC）が汚染の限界費用を上回っている場合は——これは汚染水準が $POLL^*$ を下回っているケースだが——汚染の削減規模を縮小すべきだ．両者が均衡するのが最適な汚染水準 $POLL^*$ である．

第16章　外部性と公共財　**527**

　汚染の最適「価格」P^*_{POLL}は，図16.4の汚染の最適量P^*_{POLL}で，汚染の限界費用（および限界便益）と等しい．汚染が売買可能であれば（これについては，売買可能であることを後でみる），汚染の価格がP^*_{POLL}なら汚染の排出主体は，$POLL^*$まで汚染する権利を進んで購入するだろう．というのは，$POLL^*$未満の汚染水準では，価格P^*_{POLL}は，汚染を増やせることによる価値（汚染の限界便益で測る）を下回っているからだ．同時に，汚染で被害を受けている主体も，$POLL^*$まで汚染の権利を販売することを望むと考えられる．この価格なら，損失よりも補償が上回っているからだ（$P^*_{POLL} > MCP$）．

　原則として，汚染の効率的水準は，価格メカニズムによっても数量メカニズムによっても同じように実現できる．たとえば規制当局が社会的最適価格を課すことができれば，（財であれ外部性であれ）この価格での数量も最適な水準になる．同様に，規制当局が，社会的な最適量を特定できれば，この量での価格は最適価格になる．だが現実には，外部性の性格や規制当局が入手できる情報によって，どちらか一方のアプローチが運用しやすい場合が多い．

価格を使って外部性を是正する

　外部性を自由市場の失敗と考えるのは，市場参加者が意思決定を下す際に，社会全体の正しい費用と便益を勘案していないからである．私的費用が社会的費用と一致するように，あるいは私的便益が社会的便益と一致するように，価格を調整できるのであれば，生産者や消費者は「正しい」選択，つまり厚生を最大化する価格と数量になる選択をするだろう．

　負の外部性を持つ財については，追加的な費用に価格メカニズムを適用し，その財の生産者や消費者に，追加的な1単位ごとに追加的な費用を負担させればよい．そうすれば，生産や消費が削減されるため，市場均衡が効率的水準に低下する．

　正の外部性を持つ財については，追加的な1単位の財を生産する企業あるいは購入する消費者に補助金を支給することで，需要を追加することができる．これは，事実上，生産者が直面する需要曲線を押し上げ，生産量を増

やす，ということだ．そのため，販売価格と生産量が効率的水準になる．

ピグー税　負の外部性の是正策として一般的に活用される価格政策が，**ピグー税**（Pigouvian tax）である．[7] この税は，1920年に最初に提唱した英国の経済学者アーサー・ピグーにちなんで名づけられたが，負の外部性によって課された外部限界費用を考慮して，財の価格を引き上げるものだ．[8]

ピグー税の仕組みをみていこう．いま，石炭を燃料とする火力発電所が排出する有害物質で大気が汚染され，近隣住民の健康被害が引き起こされている．これらの発電所でつくられる電力にピグー税を課すことで，電力市場の均衡数量と均衡価格は最適な水準にシフトする（図16.5）．

電力業界の私的限界費用MC_Iは，社会的限界費用SMCと一致しないので，過剰な生産が行われる．最適な生産量がQ^*のとき，実際の生産量はQ_{MKT}となる．

ここで政府は，電力量1MWhにつき，外部限界費用EMCと等しい税金Tを課すことができる．これによる発電の私的限界費用は上昇し，MC_IはMC_I+Tにシフトする．$T＝EMC$なので，産業の限界費用曲線は，社会的限界費用曲線SMCと等しくなる．元の限界費用曲線MC_Iは，価格P_{MKT}で需要曲線Dと交わっていた．この価格で，産業の生産量はQ_{MKT}だった．税金を含めた限界費用曲線MC_I+Tが効率的な価格P^*で需要曲線と交差するように，課税規模を選択すれば，産業の生産量は効率的な水準Q^*に低下する．

ピグー税は，電力業界の限界費用を，生産が引き起こす外部費用と同じだけ押し上げる．これはまさに，電力業界の私的インセンティブを，社会のインセンティブにそろえるということだ．ピグー税は，事実上，汚染の外部性を「内部化」しているのだ．つまり，電力業界が発電量を決定する際に，生産に伴う外部費用を考慮にいれるよう強制している．このプロセスによって，効率的な生産が実現する．

現実には，さまざまなタイプのピグー税が存在する．タバコや酒，最近で

---

7)　政府はあらゆるレベルでさまざまなタイプの税金や補助金を活用している．外部性への対応を目的にしたものに限り，ピグー税，ピグー補助金と呼ばれる．

8)　Arthur C. Pigou, *The Economics of Welfare*, London: Macmillan, 1920.

図16.5 ピグー税は負の外部性を是正する

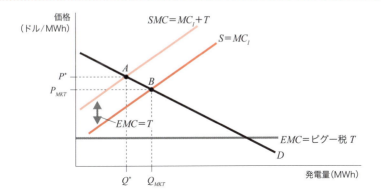

規制のない市場では，価格P_{MKT}で過大な生産Q_{MKT}が行われる（点B）．外部限界費用EMCと等しいピグー税（T）を導入すると，供給曲線Sは限界費用曲線MC_Iから社会的限界費用曲線SMCにシフトする．産業全体の発電量はSMCと需要曲線Dの交点Aとなり，価格P^*で社会的に効率的な量Q^*が生産される．

は炭酸飲料に課税すべきだというのは，これらの財の消費者が負担していない（副流煙や飲酒運転，肥満，医療費などの）外部費用が存在することが根拠になっている．

ピグー税のその他の例に，ヨーロッパ連合（EU：European Union）がある．2012年，EUは，国際航空の運航に炭素排出税を課すことによって、温室効果ガス汚染とグローバルな温暖化を抑制しようとした。これは、巨大な民間航空機が温室効果ガスを多く排出していることに対して航空会社に課税しようというものである。しかしながら、インドと中国を含むいくつかの国が航空会社にこの税を支払わせることを拒否したため、効果は小さかった。

応用　スパムメールを減らす

世界中で送信されている電子メールのうち80％近くは，迷惑なスパムメールだ．[9]　スパムメールは経済的に悪い財——消費を減らしたい財であり，これに付随してさまざまな負の外部性が存在する．スパムメールによっ

530 第4部　基礎から応用へ

て時間が浪費され，メールの受信箱はいっぱいになり，貴重なネットワーク
が占領され，インターネットの速度が遅くなる．スパムメールの送信者は，
受信者や他のインターネット利用者にかかるコストなど考えていない．

　一般市民や米国の議員は，何年も前からスパムメール対策に取り組んでき
た．全国的な反スパムのレジストリを立ち上げ，スパム規制に違反した企業
に罰則を科し，効果的なフィルタリング・プログラムが作成される仕組みを
つくり，不要メールに対する受信者の意識向上に取り組んできた．

　スパムには負の外部性があるので，電子メールにピグー税を課すのが対策
の1つになる．実際，国連は1999年，電子メール1通につき100分の1セ
ントの課税を提案した．一般的な使い方をする個人や企業では，これだけ少
額ならタダ同然で，電子メールの送受信に支障は出ない．だが，1日に数百
万通のスパムメールを頻繁に送信するスパムメール業者にとっては，税金は
かなりの負担になる．1日の送信数が10通なら，税負担は1セントの10分
の1で済むが，1,000万通ではそうはいかない．スパムメールの業者は，以
前はタダ同然だったものに，1,000ドルを支払うことになる．こうして，ス
パム業者に対して提案された課税はピグー税として機能し，スパムの負の外
部性を内部化させる．

　経済的に理に適った案だったが，スパム税構想はたちまち頓挫した．人々
は世界政府が何かを強制するという考え方に反対だったし，仮にそれを実施
するにしても，スパムメールの送信者を特定し，納税させることなどできな
いのではないかと疑問視したからだ．

　スパムメールへの課税は，いずれにせよ，いまでは少々時代遅れになっ
た．スパムメールはあまりに当たり前になり，ダイエット薬のお勧めメール
がまた来ても，ほとんど意識しないで「削除」をクリックする．フィルター
の性能も向上した．いまでは，かなりのスパムは自動的にごみ箱に振り分け
られる．だが，スパム業者もビジネスチャンスを逃してはならないと，別の
安価な技術を利用しはじめている．とくにスパムのテキスト・メッセージ

---

9)　Symantec, Message Labs Intelligence Report, 2011. http://www.symantec.com/
　　about/news/release/article.jsp?prid=20110426-01

は，米国宛ての件数が2009年の22億件から，2011年には45億件へと2倍以上に急増している[10]という．

スパム業者はフェイスブックも狙っている．だが，フェイスブックのようなソーシャル・ネットワークに頼り過ぎてはいけない．フェイスブックは自前のネットワークを保有しており，政府よりもはるかに簡単に，税金や手数料の形でスパムの外部性を内部化できるのだから．■

ピグー補助金　正の外部性がある場合には，**ピグー補助金**（Pigouvian subsidy）を使って（買い手が支払う）財の価格を下げ，外部限界便益を取り込むことができる．補助金は生産者の財を販売する実効価格（市場価格＋補助金）を引き上げるため利潤最大化につながり，生産量を社会的に最適な水準に増やすことになる．大学の学位の市場では（図16.6に再掲），民間市場に任せておくと，Q_{MKT}しか学位が供給されない．しかし，政府が学生1人あたりSubの補助金（EMBとちょうど同じ）制度を設ければ，需要は$D+Sub$に増え，それが社会的需要曲線になる．市場の生産量は，社会的に最適な水準であるQ^*に増加する．

少なくともピグーの原理に基づいていると思われる実際の補助金には，さまざまなタイプがある．教育費の税額控除，ハイブリッドカーや省エネ家電を購入する際の税額控除は，ピグー補助金である．

ピグー税やピグー補助金の実際的な問題は，適正な規模をどう見極めるかである．現実には，二酸化炭素排出量の外部限界費用，大学の学位を増やすことの外部限界便益を正確に推計することはむずかしいので，ピグー税やピグー補助金の規模を決めるのも容易ではない．政府が決めたピグー税やピグー補助金が不適切なら，市場価格や数量の非効率性は解消されない．この問題については，以下で詳しくみていこう．

---

10) Will Oremus, "Hell Phone: Is There Any Way to Stop the Scourge of Text Message Spam?" *Slate*, April 13, 2012.

図16.6 ピグー補助金は正の外部性を是正する

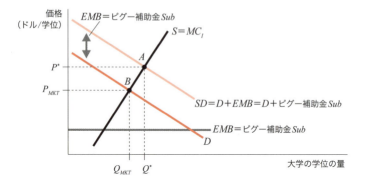

規制のない市場では,大学は価格P_{MKT}で数量(Q_{MKT})の学位を供給するが,社会的に見て不足している(点B).外部限界便益(EMB)と等しいピグー補助金(Sub)を導入すると,需要曲線Dは外側にシフトし,社会的需要曲線SDとなる.そうなると,供給曲線Sと社会的需要曲線SDが交差する点Aで,社会的に効率的な学位の量Q^*が価格P^*で供給されることになる.

16.2 解いてみよう

517ページの「16.1 解いてみよう」と同じ設定で,政府が1連につき0.50ドル課税することになった.
a. 買い手はいくら支払い,売り手はいくら受け取るか(税金を除く).
b. 販売量は何連になるか.

解答

a. この問題を解くには,基礎編の第3章で学んだ方法が使える.買い手が支払う金額P^Bは,売り手が受け取る金額P^Sと税金の和だと考えられる.すなわち,$P^B = P^S + T$.したがって,$P^B = P^S + 0.50$.「16.1 解いてみよう」から,需要曲線と供給曲線(産業の限界費用曲線)は

$$Q^D = 5 - 0.125 P^B \qquad Q^S = 0.5 P^S$$

$P^B = P^S + 0.50$なので,この等式を需要曲線に代入してP^Bを求めることができる.

$$Q^D = 5 - 0.125 P^B = 5 - 0.125 \, (P^S + 0.50)$$
$$= 5 - 0.125 P^S - 0.0625 = 4.9375 - 0.125 P^S$$

需要も供給も P^S の関数として書けたので，$Q^D = Q^S$ を解けばいい．

$$4.9375 - 0.125 P^S = 0.5 P^S$$
$$0.625 P^S = 4.9375$$
$$P^S = 7.90 \, \text{ドル}$$
$$P^B = P^S + 0.50 = 7.90 + 0.50 = 8.40 \, \text{ドル}$$

これは「16.1 解いてみよう」でみた社会的最適価格であることに留意したい．

b. 販売量を求めるには，買い手の価格（$P^B = 8.40$ ドル）を需要曲線に代入するか，売り手の価格（$P^S = 7.90$ ドル）を供給曲線に代入すればいい．

$$Q^D = 5 - 0.125 P^B = 5 - 0.125 \times 8.4 = 5 - 1.05 = 3.95$$
$$Q^S = 0.5 P^S = 0.5 \times 7.9 = 3.95$$

これが社会的に最適な販売量である．

応用　自動車税の引上げは，ドライバーを喜ばせたのか

　道路を走っているのは自分だけだとしよう．スピードを出して，信号も標識も無視して，対向車も気にせず左折できる．他の車との衝突を心配しなくていい．しかし実際には，他にもドライバーがいることで，膨大な負の外部性が生まれている．2011年，タイム誌は，米国で道路の渋滞が引き起こす費用は，燃料費がかさんだり生産性が低下したりするなどで，年間900億ドル近くにのぼると報じた．[11] これには，他の車との接触事故などは考慮されていない．ドライバーがよくやる車線の強引な変更や信号無視も，他の車がいれば衝突を免れないところだが．

---

11)　Mike Billips, "Congestion Pricing To Skip Traffic, Atlanta Says Pay Up," *TIME Magazine*, January 23, 2011.

534　第4部　基礎から応用へ

　2003年，ロンドン市長のケン・リヴィングストンは，市内の車の運転に
関連する外部性に注目し，それが大きすぎると結論づけた．朝のラッシュの
ピーク時だけで，市の中心部に通勤してくる人は100万人を超えていた．市
当局が公共交通を勧めても，利用者は少なかった．そのため，自動車，バ
ス，自転車を含めた一般道路の通勤はおそろしく時間がかかるうえに，危険
だった．

　経済学を活用してこの問題の解決に乗り出した市長は，自動車通勤者にピ
グー税を課すことにした．2003年以降，ロンドン市の中心部に車で入ると，
5ポンドの通行料がかかる．制度導入前の推計では，ロンドンっ子が負担す
る通行料は2億8,600万ポンドにのぼるが，通勤時間の短縮や運転しないこ
とで節約できる費用は3億3,100万ポンドになるとされた．初年度は，渋滞
が約30％緩和された．運転速度は，1960年代以来の速さに回復した．課税
前の時速8マイルから課税後は11マイルになった．ロンドンっ子は，いず
れ大気汚染も解消されるのではないかと期待している．

　意外にも，通行車両が減ったことによる最大の便益は，渋滞の緩和でも大
気汚染の解消でもない．じつは，経済学者のアーロン・エドリンとピナー・
カラカ-マンディックの計算によると，通行税を課す最大の理由は，通行車
両が減れば衝突事故が減ることだという．[12] 通行車両が1台増えるごとに，
他のドライバーが負担する費用は，自動車保険の保険料の上昇などで2,000
ドルにのぼると推計している．言い換えれば，運転することで，他のドライ
バーに2,000ドルの外部性を押しつけている，ということだ．通行料の導入
後，ロンドン市内の衝突事故は約25％減少した．

　このように通行料は自動車の外部性の解消策の1つだが，ガソリン税も
外部性の解消に貢献している．ガソリン税を引き上げると，ガソリン価格が
上昇し，運転の頻度が減る．エドリンとカラカ-マンディックの推計によれ
ば，衝突事故という自動車の外部性を取り除くのに必要なガソリン税は，少
なくとも1ガロンあたり1ドルだという．道路が安全になるうえ，年間

---

12)　Aaron Edlin and Pinar Karaca-Mandic, "The Accident Externality from Driving,"
Journal of Political Economy 114, no. 5 (2006): 931-955.

第16章 外部性と公共財 **535**

2,200億ドル前後の税収が見込める. ■

外部性を是正するための数量メカニズム

数量ベースの介入メカニズムも, 価格ベースのそれと目指すものは同じである. 外部性が存在する市場を効率的な状態に近づけるのである. ただ使う手段が違う.

数量割当　数量ベースの介入の最も単純な形が, **数量割当**(quota)である. 負の外部性を持つ財については生産量や消費量を制限し, 正の外部性を持つ財の場合は, 一定の生産量や消費量を義務づける. 生産量を規制することによって, 生産に伴って生じる外部性の量も規制する. 負の外部性が存在するとき, 生産量を, 自由市場の均衡数量を下回る水準に規制する必要がある(前にもみたように, 自由市場に任せると過大になる). 最適な数量規制は, 自由市場の均衡数量より下の効率的な水準に設定しなければならない. 数量は, 当局が一定の活動(生産および消費)を許可するライセンス制度によっても管理できる.

図16.7では, もう一度, 発電市場を取り上げるが, 汚染の外部性はQ_{MKT}の過大な生産につながり, 市場が非効率になることがわかる. ここで政府が発電量を最大Q^*に制限する法律を施行するとしよう. この法律が施行されると, 私的限界費用曲線MC_Iは, Q^*で垂直になる. MC_Iは需要曲線Dと点Aで交差することになり, 社会的に最適な生産量Q^*が生産される.

実際の数量割当規制の例としては, 工場が排出する汚染物質の量や, 住宅街での騒音規制などがある. また, 狩猟や漁業の認可制は, 1人あたりの狩猟数や漁獲量を制限して, 乱獲が現在および将来にもたらす負の外部性を軽減している.

正の外部性については現実の数量規制の例は少ないが, 自由市場の均衡数量を上回る水準の生産や消費を義務づける. たとえば, 米国のほとんどの州では, 16歳まで教育を受けることが法律で定められている. 感染症のワクチン接種や自動車の自賠責保険の加入も, たいてい法律で義務づけられてい

図16.7 負の外部性を持つ市場に対する数量割当の効果

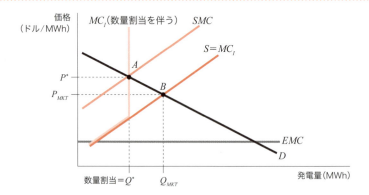

規制のない市場では，価格 P_{MKT} で過剰な発電 Q_{MKT} が行われる（点 B）．政府が発電量を Q^* に制限すると，私的限界費用曲線 MC_1 は Q^* で垂直になり，社会的限界費用曲線 SMC，需要曲線 D と点 A で交差する．この点で発電量は社会的に最適な水準 Q^* になり，価格は P^* になる．

る．これらはいずれも，数量ベースで，正の外部性を持つ活動を奨励する方法だ．

だが，実際に数量割当を運用するのは簡単ではない．第1に，ピグー税の場合と同じく，そもそも社会的に最適な数量を決定するのがむずかしい．

第2に，政府は産業全体の外部性の総量を規制したがるが，数量は企業ごとに決めるしかない．たとえば，発電の二酸化炭素排出量削減の場合，古い発電所ではかなりコストがかかるが，新しい発電所ならばかなりの低コストで実現できる．こうした状況で，各発電所に一律に目標達成を求めるのは，排出量削減という最終目標を達成するうえで，最もコスト効率がいい方法とはいえない．（次の小節では，排出許可証を発行し，許可証の売買によってこの難題を解決する方法を取り上げる．）

第3に，費用と便益に関する疑問がある．たとえばピグー税は，政府の税収になり，補助金は政府が費用を負担する．ところが数量割当や規制の場合，便益や費用は市場参加者に委ねられる．許認可制では，政府にある程度税収が発生する一方，市場参加者は費用を一部負担するが，便益の一部も享

第16章　外部性と公共財　　**537**

受する.

政府による財の供給　　正の外部性のケースで活用される数量調整には, 政府が財を直接供給する方法もある. 基礎科学研究は莫大な正の外部性を持つが, 民間の支援はほとんどないため, 連邦政府が税額控除や研究費の助成などの形で補助金を支給している. 政府自体が研究を行う場合があり, 国立衛生研究所 (NIH：National Institute of Health) や各地の連邦研究所で基礎研究が行われている.

価格ベース 対 数量ベースの介入と不確実性

　ここまでは, 原則として, 数量メカニズムも価格メカニズムも外部性の是正策として等しく効果的だと考えてきた. だが, 現実には, 状況によってどちらか一方のアプローチが選択されることになる.

　一方のアプローチが選択される状況でとくに重要なのは, 外部性の最適水準が完全に把握できない場合である. 外部性に対処する際の不確実性の重要性を最初に指摘したのは, 米国の経済学者マーティン・ワイツマンで1974年のことだ.[13]

　不確実性は, 現実的な問題だ. 汚染の限界便益および限界費用は計測がむずかしく, 技術進歩や投入コストの変化, 汚染による健康被害に関する新発見などで変化する場合が多い. その結果, 外部性を持つ市場への介入は一般に正確さを欠き, ピグー税や数量規制が適切に運用されるとは言い難い.「間違いなく正しいわけではない」ということでなければ, その分コストがかかることになるが, 不適切な介入が行われれば, コストはなおさら高くなる.

　図16.8は, 農業排水に含まれた肥料が引き起こす水質汚染 (ppmまたは水1リットルあたりのミリグラムで測定) の限界費用と限界便益を描いたも

---

13)　Martin Weitzman, "Prices vs. Quantities," *The Review of Economic Studies* 41, no. 4 (1974): 477-491.

図16.8 数量メカニズムが価格メカニズムよりも選好される場合

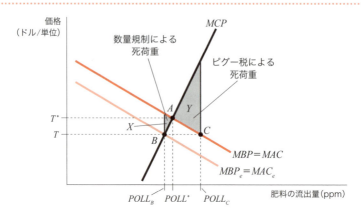

図は，農家が肥料を使用することによる水質汚染の限界便益 MBP（＝限界削減費用 MAC）と，限界費用 MCP を表す．効率的な水質汚染水準は $POLL^*$ の肥料流出量である．政府が農家の限界削減費用 MAC を実際より小さく見積もった場合（$MAC_e < MAC$），数量メカニズムの介入では，汚染量が $POLL^*$ を下回る水準，$POLL_B$ に削減されるが（$POLL_B < POLL^*$），ピグー税による価格メカニズムの介入では汚染量が最適水準を上回る（$POLL_C > POLL^*$）．限界削減費用 MAC の傾きが限界費用曲線 MCP よりも緩やかなので，価格メカニズムよりも数量メカニズムが選好される．これは，それぞれの介入方法の死荷重を比較してもわかる（$X < Y$）．

のである．水質汚染の限界費用は MCP 曲線，汚染の限界便益は MBP 曲線，汚染の削減費用は MAC 曲線で表されており，$MBP = MAC$ である．図16.8 では，水質汚染の効率的な数量 $POLL^*$ は，汚染の限界便益が汚染の限界費用とちょうど等しくなる点 A にある．

不確実性があるため規制によって市場を汚染の効率的水準にシフトさせるのがいかにむずかしいかをみる前に，汚染が効率的水準にないときに発生する死荷重の計算方法をおさらいしておこう．死荷重は，汚染の限界便益（あるいは限界削減費用）と汚染の限界費用の差を底辺に，汚染の最適水準と現行水準の差を高さとする三角形の面積に等しい．

汚染水準が高すぎる場合（$POLL^*$ の右側），社会にとっての汚染の費用（MCP 曲線）は，汚染の便益（汚染を生み出した生産量で測った MBP 曲線）を上回る．逆に，汚染量が最適水準を下回っている場合（$POLL^*$ の左側），

汚染の便益が費用を上回る.

　ここで規制当局は，農家の限界削減費用を正確に知らないとしよう．これは，水質汚染の本当の限界便益を知らないことを意味する．規制当局は，数量メカニズムまたは価格メカニズムを選択して，汚染を効率的水準に削減することで事態が改善するといえるだろうか.

　たとえば，規制当局が農家の限界削減費用を実際より低く見積もっていたとする．図16.8では，$MBP_e = MAC_e$で表してある．これが真の削減費用であれば，汚染の限界費用と汚染の限界便益の推計値は点Bで等しくなるので，汚染の最適水準は$POLL_B$になるはずだ．規制当局が$POLL_B$を実現する方法は2通りある．肥料の使用量に上限を設け，水質汚染を$POLL_B$に抑える方法か，価格Tで排水に課税する方法である.

　規制当局が数量メカニズムを活用すれば，汚染の量は$POLL_B$に抑えることができるが，これは社会的最適水準$POLL^*$を下回っている．このケースで，不適切な数量規制に伴う死荷重は，図16.8の三角形Xになる．この面積は，社会にとっての真の限界便益が限界費用を上回っている汚染を反映している．だが，不適切な水準で数量が規制されているため，この汚染は起こらない.

　規制当局が数量規制ではなく，Tに等しいピグー税を課す場合，農家はTが本来の限界削減費用（MAC）と等しくなる水準（点C）まで，肥料の使用量（流出量）を増やす．この点を超える汚染（肥料）の削減は，得られるはずの生産量を失うという意味で，単純に税金を支払う場合よりも割高になるからだ．つまり，（限界削減費用の推計の誤りによって）不適切な税が課されたことで，農家は最適な水準をはるかに上回る汚染$POLL_C$を出すことになった，ということだ．この規制の誤りによる死荷重は，面積Yにあたる．不適切な価格設定による死荷重Yと，不適切な数量設定による死荷重Xを比較すると，どちらも絶対値では最適水準からそれほどかけ離れているわけではないが，不適切な課税の死荷重はるかに大きいのは一目瞭然だ．最適な課税水準はT^*であり，これを課せば汚染水準は効率的な$POLL^*$になることに留意したい.

　価格メカニズムのほうが大きな死荷重を生む，というこの結果は，規制当

局が削減費用を実際より低く見積もったからではない．逆に削減費用を実際より高く見積もっていたとしても，同じ結果になる．（ただし，このケースでは，数量メカニズムでは汚染量が最適水準を上回り，価格メカニズムのピグー税では汚染量が最適水準を下回る．）

価格メカニズムの死荷重がこれほど大きくなるのは，例の設定の仕方による．限界削減費用曲線MACの傾きを緩やかに，限界費用曲線MCPの傾きをきつく描いていた．緩やかなMAC曲線は，農家の選択が削減の価格（税金）に大きく左右されることを意味しており，ピグー税の設定をほんの少し間違えるだけで，農家の排出量は大きく変動することになる．こうした排出量の大きな変動は，大きな死荷重を生む．なぜなら，（MCP曲線の傾きのきつさに表れているように）汚染の限界費用は汚染量に対する感応度が高いからだ．したがって，農家の選択が課税に敏感で，汚染の限界費用が汚染量とともに急激に増加する場合，規制当局は数量メカニズムによる規制を導入すべきである．そうすることで，市場で必要な微調整を間違っても，損失は限定的なものになる．

この結果を踏まえると，状況が逆で，限界削減費用曲線の傾きがきつく，汚染の限界費用曲線の傾きが緩やかであれば，価格メカニズムのほうが，数量メカニズムよりも非効率による損失が小さくなるのではないかと思うかもしれない．それは正しい．このケースを示したのが図16.9だ．

図16.9では，肥料流出による汚染の効率的水準は，汚染の限界費用が汚染の限界便益（限界削減費用）と等しくなる水準である．これが点Aで，汚染の効率的な水準はPOLL*である．ここでもう一度，規制当局が農家の削減費用を実際よりも低く見積もっていると想定する．$MBP_e = MAC_e$で表している．規制当局が数量メカニズムを活用する場合，数量を$POLL_B$に設定するので，汚染水準はPOLL*ではなく$POLL_B$になり，非効率による死荷重は面積Xになる．規制当局が数量メカニズムでなく，ピグー税を活用する場合，Tに設定する．農家が排出する汚染量は$POLL_c$になり，非効率による死荷重は面積Yになる．

図16.9からあきらかなように，限界削減費用曲線の傾きが限界費用曲線にくらべてきつい場合，ピグー税の設定の誤りは，数量設定の誤りよりもコ

図16.9 価格メカニズムが数量メカニズムよりも選好される場合

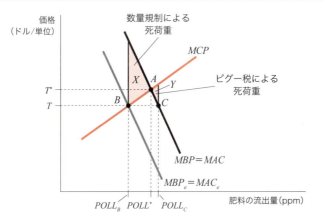

政府が農家の限界削減費用 MAC を実際より小さく見積もった場合($MAC_e < MAC$),数量メカニズムの介入では,汚染量が $POLL^*$ を下回る水準,$POLL_B$ に削減されるが($POLL_B < POLL^*$),ピグー税による価格メカニズムの介入では汚染量が効率的水準を上回る($POLL_C > POLL^*$).限界削減費用曲線 MAC の傾きが限界費用曲線 MCP よりもきついので,数量メカニズムよりも価格メカニズムが選好される.これは,それぞれの介入方法による死荷重を比較してもわかる($X > Y$).

ストが小さくなる.課税水準に対する削減の感応度が低いということは,課税が最適水準から多少ずれていても,実際の汚染水準に与える影響はたいして大きくないということである.だが,数量設定を間違えた場合のコストはかなり大きくなる.生産者に最適量を上回る削減を強いる規制では,規制によって節約できる限界費用よりも限界削減費用が高くつく.同様に,削減量が小さすぎる数量規制も,費用をはるかに上回る便益を持つ汚染削減の一部が行われないことになる.

したがって,規制当局が外部性の最適水準について確信が持てないとき,価格メカニズムと数量メカニズムのどちらを選択するかは,規制当局が推計した汚染の限界費用と限界削減費用(汚染の限界便益)の相対的な感応度に応じて決めるべきだといえる.現実には,汚染の限界削減費用は,削減の水準に関係なく一定の比率で増加するわけではない.削減量が少ないときは(低コストで多くの量を削減できるため),限界削減費用曲線の傾きは緩やか

だが，削減量が多くなるにしたがって限界削減費用曲線の傾きはかなりきつくなる．ここから，規制の水準が低いときは，数量メカニズムが望ましい．これに対して，簡単でコストの低い削減方法がすでに取られていて，限界削減費用曲線がきつい場合は，課税による価格メカニズムのほうが望ましいといえる．

極端なケースでは，どちらのメカニズムを使うべきかははっきりしている．たとえば放射線量が一定水準（たとえば$\overline{POLL}$）を超えれば人類が滅亡することになるのであれば，数量への影響が不確かな課税に頼るよりも，数量規制を課して$POLL$の水準に達するのを防ぐほうが，はるかにましである．

市場志向型アプローチで外部性を是正する ──排出許可証制度の市場（排出権取引市場）

各企業に対する数量規制や適切な課税による外部性の是正策は，一筋縄ではいかない．悪いことに，設定を間違えれば高くつく．生産水準を変更するコストが各社で異なる場合，コストの低い企業が，必要な削減分のかなりの割合を分担するのが最も望ましい．しかし，規制当局が各社の費用を把握して，適切な数量規制や課税を行うのはきわめて困難だ．

こうしたケースでは，外部性を効率的水準に引き下げる最善な方法を企業に共同で決定させればよい．汚染物質の**排出許可証制度**（tradable permits）なら，それができる．これは，政府が企業に許可証を発行し，汚染物質の一定量の排出を容認する制度である．各社に配布された許可証は，企業間で売買することが可能で，一部の企業は他の企業よりも多く排出できるようになる．要するに，排出権市場ができるのだ．こうしたシステムは，「キャップ・アンド・トレード」（cap-and-trade）制度とも呼ばれる．これは，政府が汚染物質の排出枠（キャップ）を設け，この枠に等しい排出許可証を発行し，この許可証を企業間で取引（トレード）するからだ．たとえば米国は，この制度を使って二酸化硫黄（SO_2）の排出を規制している．

排出量削減の企業コスト　　電力業界にはAcme社とBest社の2社しかないとする．規制がないときの汚染物質の排出量は，各社40トン，業界全体で80トンである．業界全体の汚染の効率的水準は50トンだとみられる．

効率的な水準を達成するには，2社合計で30トンを削減しなければならない．合計で30トン削減できるなら，どんなスキームでも構わない．だが，両社の排出量の削減費用が異なる場合，どのスキームでも同じ結果になるわけではない．なぜか．

Best社の設備はAcme社のそれよりも新しく，柔軟な変更が可能だとする．このためBest社は，より低いコストで，汚染物質の排出が少ない投入物に切り替えることができる．つまり，Best社の限界削減費用——追加的な排出量1単位を削減する追加費用は小さい．そこでAcme社の限界削減費用は$MAC_A = 2e_A$とする．e_AはAcme社が削減する排出量で，単位はトンである．一方，先進的な設備を持つBest社は，限界削減費用は$MAC_B = e_B$で，e_BはBest社が削減する排出量である．両社とも，削減量が多くなるほど，追加的な削減費用は高くなると想定している点に留意したい．これは理に適っているように思える．当初は，生産プロセスを微調整するだけで，簡単に削減できる場合が多いからだ．だが，削減量を増やすには，もっと複雑でコストのかかる調整が必要になる．

社会全体で30トンの排出物を削減するのに最もコストが低くなるのは，2社の限界削減費用が等しくなるように削減量を配分した場合だ．なぜか．限界削減費用が等しくなければ，Acme社が排出量を増やす便益が，Best社が排出量を同量減らす費用を上回るからだ．両社が排出量を変えても，合計の排出量は50トンで変わらないが，コストは節減できる．したがって，30トンの排出量を削減する最も安価な方法は，確実に$MAC_A = MAC_B$あるいは$2e_A = e_B$にすることである．削減量の合計を30トン，$e_A + e_B = 30$にしなければならないので，e_Aとe_Bを解けばいい．

$$2e_A = e_B$$
$$2e_A = 30 - e_A$$
$$3e_A = 30$$
$$e_A = 10$$

544 第4部 基礎から応用へ

$$e_B = 2e_A = 20$$

つまり，Acme社は10トン，Best社は20トン，排出量を削減すべきである．この水準で，各社が追加的な排出量1トンを削減する限界削減費用は20ドルで等しくなる．

費用最小化の方法が，限界削減費用が小さいBest社がより多く削減することであるのは当然だ．だが，現実には，各社の削減費用がどれだけ高いかを知るのは容易ではない．（聞いたところで，本当のことは教えてくれないだろう．企業は，競争相手に排出量削減のコストを負担させるために，限界削減費用を実際より高く見せたがる．）これは企業ごとに排出量を割り当てる場合の問題だ．企業の限界削減費用が完全にわからない場合，企業ごとに削減量を定めると，運に恵まれないかぎり，最小費用での削減はできない．設定の間違いは，不必要にコストのかかる排出量削減につながる．

排出権取引市場

排出権取引市場は，最小コストの排出量削減を可能にするだけでなく，排出権を企業間で適切に配分するという難題から規制当局を解放する．規制当局は，1枚につき1トンを排出できる許可証を産業全体に対して50枚発行すれば，効率的な総排出量水準を達成できる．だが，許可証の取引市場はなぜ最小コストで最適水準を達成できるのだろうか．

たとえば，当初，両社に1トンの排出許可証が25枚ずつ配分されたとしよう．先の例で，市場の均衡状態では両社が40トンずつ排出しており，総排出量は30トン（80トンから50トンに）削減しなくてはならない，ということだった．そのため，許可証が取引できない場合，各社が15トンずつ削減しなくてはならない．だが，もっとうまい方法がある．（削減費用が高い）Acme社が15トンではなく14トンだけ削減すればいいとすれば，15トン目を削減する限界費用，$MAC_A = 2e_A = 2 \times 15$ドル$= 30$ドルを節約できる．一方，Best社が削減量を16トンに増やしても，追加的な費用は$MAC_B = e_B = 16$ドルしか増えない．Best社は16ドルから30ドルのあいだの価格ならいくらでもAcme社に許可証を売ることができ，Acme社もこれを受け入れる．取引後，Acme社は排出を若干増やし，Best社は若干減らすことで，両社の便益は共に高まる．

この論理を続け，1回につき1枚の許可証を取引するとき，(1) 両社の限界削減費用に差があり，(2) 許可証の価格がこの差の範囲内であるかぎり，Acme社はBest社から排出権許可証を買い続けるだろう．両社の限界削減費用が等しくなるとき，排出権取引は止まる．前にみたとおり，この状態になるのは，Acme社が排出量を10トン削減し（30トン排出），Best社が20トン削減（20トン排出）するときである．排出許可証の均衡価格——この許可証の配分をもたらす価格——は20ドルで，この水準で両社の限界削減費用が等しくなる．許可証がこの価格で，排出権がこの水準にあるとき，いずれもこれ以上，許可証を売買したいとは思わない．

この例では，当初の排出権の配分を25トンずつと想定したが，配分が違っても結果は変わらない．50枚（50トン）の排出権をすべてAcme社に配分するとしよう．許可証の取引市場がなかったとしても，Acme社の排出量は40トンだけなので，少なくとも10トンはBest社に売却することができる．価格がBest社の限界削減費用を下回っているかぎり，Best社は許可証を購入するだろう．これはBest社が最初の許可証を40ドル未満ならいくらでも購入し（許可証がまったくなければ，通常排出する40トンすべてを削減しなくてはならない），10枚目の許可証を31ドルまでの価格で購入する用意がある（これだけ許可証があれば，31トン目の削減はしなくてもよい）．だが，Acme社は，さらに許可証をBest社に販売することで得をする．11枚目の許可証を販売する場合，Acme社は排出量を39トンまで削減したうえで，最初の1トンを削減するための費用を追加で $2 \times (1\,ドル) = 2$ ドルを支払わなければならないが，Best社は30ドルまでなら，その許可証を購入する用意がある．この論理を繰り返していけば，Acme社が30枚，Best社が20枚の許可証を取得し，許可証の市場均衡価格が20ドルになるまで，売買が続くことがわかる．したがって，どの配分でもそうだが，50枚すべてをAcme社に配分する場合でも，最初の答えと同じになる．

企業に排出権売買を許可することによって，最小費用で排出総量を最適水準まで削減できる．この方式だと，どの企業がいくら削減するかを当局が決める必要はない．これが機能するのは，許可証の売買で，削減費用の低い企業に，より多くの排出量削減を負わせることができ，その一方で追加的な削

546　第4部　基礎から応用へ

減費用を穴埋めする方法が仕組まれているからだ．削減費用が高い企業が許可証の購入を選好するのは，排出量を直接削減するよりコストが安いからだ．

16.3 解いてみよう

　　小さな地方空港を使用している貨物航空会社は，グローバル・パッケージ・サービス (GPS) 社とメール＆パーセル・サービス (MAPS) 社だけである．残念ながら，両社が使っているジェット機は周辺の騒音基準に抵触している．現在の運航水準では，1日あたりGPS社が600デシベル時，MAPS社が750デシベル時の騒音を発生している．政府は近隣地区で両社合わせた騒音レベルを最適な水準の1,000デシベル時に引き下げたい．GPS社の総削減費用は$TAC_G = 20d_G + 2d_G^2$である．ここで，限界削減費用は$MAC_G = 20 + 4d_G$である．ここで，d_GはGPS社が削減する騒音の量で，デシベル時である．MAPS社が使用している機体設備は古いので，同社の総削減費用と限界削減費用はGPS社よりも大きい．すなわち，$TAC_M = 40d_M + 3d_M^2$，$MAC_M = 40 + 6d_M$である．ここで，d_MはMAPS社が削減する騒音の量で，デシベル時である．

a. 規制当局は数量規制を実施し，最適な騒音量を両社で均等に分け，各社500デシベル時とする．それぞれ，どれだけ騒音量を削減しなくてはならないか．

b. aで求めた量を削減する費用は各社いくらになるか．騒音量を最適水準に引き下げるための総費用はいくらか．

c. 規制当局は1,000デシベル時の排出許可証を発行し，2社で均等に分け，売買を認めることにした．MAPS社は騒音量をいくら削減するか．GPS社はいくら削減するか．騒音権の価格はいくらか．

d. 排出権許可証制度のもとで，騒音を最適水準に引き下げるための総費用はいくらになるか．bで求めた数量規制の場合とくらべて多いか，少ないか．

解答：

a. 規制当局が各社に騒音を500デシベル時に引き下げるよう求めると，GPS社は100デシベル時（＝600－500），MAPS社は250デシベル時（＝750－500）削減しなくてはならない．

b. GPS社の総削減費用は，$TAC_G = 20d_G + 2d_G^2$．$d_G = 100$なので，

$$TAC_G = 20 \times 100 + 2 \times 100^2 = 2,000 + 20,000 = 22,000 ドル$$

である．

一方，MAPS社の総削減費用は，$TAC_M = 40d_M + 3d_M^2$．$d_M = 250$なので，

$$TAC_M = 40 \times 250 + 3 \times 250^2 = 10,000 + 187,500 = 197,500 ドル$$

したがって規制の総費用は，$22,000 + 197,500 = 219,500$ドル，となる．

c. 排出許可証制度のもとでは，GPS社とMAPS社は騒音の削減量を最も効率的な形で配分することになる．これが実現するのは$MAC_G = MAC_M$のとき，または，$20 + 4d_G = 40 + 6d_M$のときである．

したがってd_Gとd_Mを解く必要があるが，$d_G + d_M = 350$でなければならない（規制で求められる総削減量）．したがって$d_G = 350 - d_M$．上の等式に代入すると，

$$20 + 4d_G = 40 + 6d_M$$
$$20 + 4 \times (350 - d_M) = 40 + 6d_M$$
$$20 + 1,400 - 4d_M = 40 + 6d_M$$
$$10d_M = 1,380$$
$$d_M = 138$$

したがって$d_G = 350 - 138 = 212$となる．

GPS社は騒音を212デシベル時引き下げ，388デシベル時にする（＝600－212）．一方，MAPS社は138デシベル時引き下げ，612デシベル時にする（＝750－138）．騒音の総量は1,000デシベルで最適となるだろう（＝388＋612）．各社は当初，500デシベル時・枚の排出許可証を付与されているとすれば，GPS社はMAPS社に112枚（＝500－388）を売却することになる．

許可証 1 枚の価格は $MAC_G = MAC_M$ と等しい.

$$価格 = 20 + 4 \times 212 = 40 + 6 \times 138 = 868 \text{ ドル}$$

したがって許可証 1 枚の価格は 868 ドルである.

d. 排出許可証制度のもとでは,GPS 社の総削減費用は $TAC_G = 20d_G + 2d_G^2$ である.$d_G = 212$ なので

$$TAC_G = 20 \times 212 + 2 \times 212^2 = 4{,}240 + 89{,}888 = 94{,}128 \text{ ドル}$$

MAPS 社の総削減費用は $TAC_M = 40d_M + 3d_M^2$ である.$d_M = 138$ なので,

$$TAC_M = 40 \times 138 + 3 \times 138^2 = 5{,}520 + 57{,}132 = 62{,}652 \text{ ドル}$$

したがって,規制の総費用は $94{,}128 + 62{,}652 = 156{,}780$ ドル,となる.これは数量規制の場合の費用 219,500 ドルにくらべてかなり少ない.

両社とも得をする点に留意したい.GPS 社は排出許可証の販売で儲ける.許可証の販売による総収入は,(許可証の数)×(1 枚あたりの価格)なので,$112 \times 868 = 97{,}216$ ドルである.これは,GPS 社の削減費用よりも大きいので,3,088 ドルの余剰が出る($= 97{,}216 - 94{,}128$).一方,MAPS 社は許可証の購入費用 97,216 ドルにくわえ,62,652 ドルの削減費用がかかるので,総費用は 159,868 ドルである.これは b で求めた数量規制のもとでの削減費用 197,500 ドルより大幅に低い.

16.3 外部性に関するトピックとその対策

この節では,外部性に関する 2 つのトピックを取り上げる.第 1 は**共有地の悲劇**(tragedy of the commons)と呼ばれる負の外部性の古典的な例で,多くの人々が資源を共有する際に起こる問題である.第 2 に,共有地の悲劇をはじめとする外部性が,政府の介入なしに,(外部性に影響を受ける第三者も含めた)市場参加者自身によって解決される場合があることをみてい

く．こうしたタイプの解決が可能なのは，財産権が明確で，取引の当事者が互いに自由に交渉できる場合である．

共有地の悲劇

特殊な外部性で，損失が大きくなりがちなのが共有地の悲劇であり，誰もが無制限に共有資源を利用できるときに起こりうる．**共有資源** (common resource) とは，それを利用したいと考えるすべての個人が自由にアクセスできるが，どの人にとっても，その価値が利用人数に影響される資源を指す．「悲劇」という概念は，共有資源が生み出すジレンマに由来する．誰もが自由にアクセスできるため，私的財産の場合よりも濫用されやすい．そのため，すべての人にとって資源の価値が低下するのである．

水源，漁場，公有林，公共の電波，そして公衆トイレですら，共有資源だといえる．ポイントは，誰もが共有資源を利用することができ，利用する人を簡単に監視できない点にある．この「誰でもアクセスできる」という共有資源を特徴づける性質は，経済学では**排除不可能性** (nonexcludability) という．個人が消費することを阻止できないからだ．共有資源は，すべての人に共有されているので，共同利用資源 (common-pool resources) や共同財産資源 (common-property resources) ともいう．

共有資源の問題は，自分が利用することで他の人に課している負の外部性を誰ひとり考慮することがないため，誰もが資源を濫用してしまう点にある．共有資源で外部性が発生するのは，アクセスが自由であり，その結果，利用による資源の枯渇が起きるからである．共有資源をいくら消費するか決めるとき，考えているのは自分の利用に伴う費用だけだ．自分の消費によって他の人に課すことになる費用を考慮しないため，資源を利用しすぎてしまう．そして，資源にアクセスする人全員がこの同じ外部性を生み出すため，社会的に最適な水準以上に資源が濫用されることになる．この結果は，前に取り上げた負の外部性の例で，市場に任せた場合，数量が効率的な水準を上回ったのと似ている．規制しなければ，水源の水が際限なく汲みだされ，漁場では乱獲が起き，公有林の伐採が行きすぎ，過剰な通信機器が電波障害を

引き起こす.

アリゾナ州の化石の森国立公園では,石と化した古木があちこちに転がる幻想的な光景が広がっている.誰もが楽しめる共有地だが,お土産として石と化した木を持ち帰る人が絶えない.公園の運営者の推計では,年間に約12トンが窃盗で失われているという.持ち帰った人はみな「ほんの小さなかけらだから.……大勢に影響はない」と考え,1個を持ち帰ることが,他の人にとっての公園の価値を下げることになるなどとは考えもしない.公園のレンジャー・パトロールや重い罰金や罰則などで規制しなければ,たちまち資源は枯渇してしまう.まさに,それが起きたのが,マサチューセッツ州のプリマス・ロックだ.ここは1620年にメイフラワー号の移民が降り立った地とされるが,あまりに多くの人が記念に岩を削って持ち帰ったため,1835年には元の大きさの半分以下になり,完全になくなるのを防ぐためにはフェンスで覆うしかなかった.

こうした濫用が重大な事態を招くケースがある.魚の乱獲がまさにそうで,維持存続すべき資源を守ろうとせず,乱獲すれば,たちまち魚は絶滅の危機に瀕する.漁師は自分たちの獲物の絶滅を望むどころか,安定的に手に入れることを望んでいるのだが,漁場には外部性が存在し,資源に自由にアクセスできるため乱獲が起きるのだ.

共有地の悲劇の対策　　共有地の悲劇は,負の外部性の特殊な形態なので,前の節でみた対策を活用することができ,実際に多くの場面で活用されている.たとえば政府は,共有地に外部損失を与える個人に対しピグー税を課したり,共有地1単位あたりの料金を利用者から徴収したりするなど(国立公園の入場料),価格メカニズムを活用している.また,漁業や狩猟,森林伐採など共有地からの資源採取には上限を設けるなど,数量メカニズムを活用する場合もある.こうした介入は,政府や公的機関,あるいは民間規制機関が行う.じつは,後でみるように,共有資源の利用者には,利用の自主規制を共同で行うインセンティブがある.

共有地の悲劇を解決するもう1つの方法として,財産権を規定し,資源を共有する当事者間の交渉を促進する方法がある.たとえば電波では,政府

が周波数帯のオークションを実施し，その周波数帯を購入した事業体だけが唯一放送を許される．資源の一部の管理を1事業体に認めることで，負の外部性は排除される．管理責任者はその資源を活用するすべての便益を享受し，すべての費用を負担するので，資源を濫用するインセンティブは持たない．

コースの定理──外部性の是正を自由市場に委ねる

政府が課税や補助金，数量割当などで介入して消費者や生産者に強制しなくても，外部性の問題が解決し，効率的な市場価格と数量が実現する場合がある．じつは，一定の状況下では，個人がみずから外部性に対処し，解決することができる．それが可能なのは，根幹にコースの定理の考え方があるからだ．**コースの定理**（Coase theorem）とは，財産権の所在に関係なく，当事者がコストをかけずに交渉できれば，外部性の効率的水準を実現できる，というものだ．コースの定理は，ノーベル賞を受賞した経済学者ロナルド・コースによって1960年に提唱された．[14]

個人はいかにしてみずから外部性を解決できるのか．例として，インターネットのドメイン名を取り上げよう．インターネットの黎明期，米国では，ドメイン名は自動的に商標に含められるわけではなかった．たとえばマドンナは，自分の名前を商標登録していて，他人がマドンナと名乗ることや，マドンナの名でアルバムを発表すること，「マドンナ」のロゴをつけた商品を販売することを禁じている．だが，マドンナの名の商標が自動的にインターネットのドメイン名に付与され，www.Madonna.comになるわけではなかった．そこに目をつけた実業家のドン・パリシは1998年に2万ドルでドメイン名を購入して不当に占拠し，ポルノ画像と広告を貼りつけた．第三者を傷つける形でドメイン名を買い上げて利用するのは，古典的な負の外部性である．マドンナはその名の権利をパリシと争ったが，2000年，世界知的

---

14) Ronald Coase, "The Problem of Social Cost," *Journal of Law and Economics* 3 (1960): 1-44.

所有権機関（World Intellectual Property Organization：WIPO）はマドンナ勝利の裁定を下した．いまでもフェイスブックやツイッター，タンブラー上の名前をめぐり，同様の混乱や論争が起きている．

一見すると，ならず者が有名人の名前を買うかどうかは，個人または企業が法的権利を行使してドメイン名やツイッターのハンドルネームを商標にするかどうかにかかっているように思える．言い換えれば，ドメイン名の不当占拠を防ぐ法律がなければ，不当占拠が増えると考えられる．だが，コースの定理によれば，誰に法的権利を付与するかは関係ない場合が多い．当初の権利の所在に関係なく，市場参加者が交渉によって取引をまとめ，適切な結果を生み出せるはずだという．

その理由と，どのような状況下でそうした交渉が行われるかを探るため，2000年代初頭のドメイン名をめぐるもう１つの争いをみてみよう．1970年代，英国のプログレッシブ・ロック・バンド，ジェスロ・タルは，アルバムを6,000万枚以上売り上げた（レコード売上げトップ100に十分入る）．初期のドメイン名不当占拠紛争で，フロリダ州ミネオラのデニー・ハマートンなる人物が，ドメイン名www.JethroTull.comを購入し，バンドに１万3,000ドルで売ると持ちかけた．

コースの定理によれば，ジェスロ・タルが自分たちのドメイン名を管理できるかどうか決めるのは，法律でバンドが自分たちの名をURLにつける権利を自動的に保有すると明記されているかどうかではない．決定する要素は，第三者がドメイン名を保有することの外部費用を，バンドが負うかどうかである（言い換えれば，バンドがドメイン名を保有する価値が，不当占拠者が保有する価値より大きいかどうかだ）．バンドがより高い価値を置いているなら，ドメイン名の権利を取得するため，誰よりも高い価格を支払うはずだ．たとえば，ジェスロ・タルがドメイン名を管理する価値を１万4,000ドルとみていたとすれば，ハマートン氏に要求された１万3,000ドルを支払って，ドメイン名を取得する．これが効率的な結果だ．ジェスロ・タルのほうがハマートン氏よりも資源（このケースでは，ドメイン名）に高い価値を置いているので，ドメイン名は利用価値が高いジェスロ・タルが所有することになる．この結果を達成するのに，法律でジェスロ・タルに財産権を認

める必要はない．関係者が交渉するだけで十分なのだ．

ハマートン氏がドメイン名を保有することでジェスロ・タルが被る負の外部性は，1万ドルだとしよう（ジェスロ・タルは，ドメイン名の価値を1万ドルとみている）．この場合，ドメイン名は引き続きハマートン氏が所有する．ハマートン氏のほうがジェスロ・タルよりもドメインに高い価値を置いているのだから，これが効率的な結果になる．ここでも，法律でドメイン名の財産権を割り当てなくても，当事者同士で効率的な結果に達する．必要なのは交渉だけだ．

これらの例からわかるのは，負の外部性が存在するとき，外部費用を被っている第三者は，外部性を生んでいる主体にそれを止めてもらうため対価を支払う用意がある，ということだ．（言うまでもないが，これが起きるのは，第三者が被っている外部費用が，外部費用を発生させている主体にとっての外部便益を上回っているときのみである．）同様に，外部性を生み出している主体は，外部性の費用を第三者に負担させる権利の対価を支払うかもしれない．こうした支払いによって，交渉をとおして効率的な結果が実現する．

コースの定理によれば，そもそも財産権は問題なのだろうか．そのとおり，問題である．効率的な結果に達するために，誰が誰に支払うかに影響する．もう一度，ジェスロ・タルはドメイン名の価値を1万4,000ドル，ハマートン氏は1万3,000ドルとみているとする．この値から，当初，どちらが財産権を保有しているかにかかわらず，ジェスロ・タルがドメイン名を保有するのが効率的であることがわかる．だが，実際にジェスロ・タルがドメイン名に対価を支払わなければならないかどうかは，財産権がどのように割り当てられているかに依存する．法律でジェスロ・タルの商標がそのままドメイン名にも適用されるべきだと決まっていれば，ジェスロ・タルがドメイン名を所有し，対価を支払う必要はない．だが，商標権が適用されないのであれば，ジェスロ・タルがハマートン氏に1万3,000ドルから1万4,000ドルを支払うことになる．どちらでも，効率的な結果に至るが，前者のケースではジェスロ・タルはハマートン氏に何も支払う必要ないが，後者のケースでは現金を支払わなければならない．

この例に多少の変更をくわえ，逆にハマートン氏がジェスロ・タルに対価

を支払って，ドメイン名を取得する結果にすることもできる．たとえば，ジェスロ・タルはドメイン名に1万ドルの価値しか見いだしておらず，商標はドメイン名にも及び，ジェスロ・タルの所有であることが財産権で規定されているとする．この場合，ハマートン氏のほうがドメイン名に高い価値をつけているのだから，同氏が所有するのが効率的な結果になる．したがって，ハマートン氏は1万ドルから1万3,000ドルのあいだの金額をジェスロ・タルに支払って，ドメイン名を買い取る．ここでも，交渉によって効率的な結果に到達しており，当初，財産権がどこにあったかは関係ない．財産権の影響を受けるのは，支払いの方向だけである．

　ジェスロ・タルとハマートン氏の争いはどう決着したのか．2000年，世界知的所有権機関（WIPO）は，ジェスロ・タルがドメイン名の権利を有するという裁定を下した．ハマートン氏はジェスロ・タルからドメイン名を買い戻す交渉をしなかったので，ジェスロ・タルのほうがドメイン名の価値を高く見積もっていたと推定できる．

　この交渉プロセスを単純化しすぎないように注意してほしい．コースの定理タイプの交渉で外部性の問題は解決できると信頼するあまり，財産権の所在への関心をおろそかにしてはいけない．当事者（外部性を生み出している主体と，その損害を被っている主体）がコストをかけずに交渉できると想定している点が，決定的に重要である．交渉にコストがかかるのであれば，たとえば，交渉に弁護士が関与するとなれば，コースの定理はあてはまらない．また，関係する当事者が複数の場合に交渉を組織するのも簡単ではない．たとえば，中国の工場に石炭を燃やすのをやめてもらうために金銭を支払う契約に，米国の西海岸の住民数百万人から同意を取り付けるのは至難の業だ．コースの定理では，法律で工場に好きなだけ汚染物資を排出する権利を付与するか，石炭を燃やす前に大気を吸う人全員の許可を得ることを求めるかどうかは重要ではない，とされる．だが，交渉のコストが莫大にかかるとき，コースの定理ではうまくいかず，外部性を是正するには，政府または法律の関与が唯一の方法になるのである．[15]

第16章　外部性と公共財　555

16.4 解いてみよう

　　グリーン・エーカーズ肥料会社の近所には，バーニーのドライクリーニング店がある．肥料の生産工程で出るアンモニア臭は，クリーニング中の衣服に吸着する．このためバーニーの店から多くの顧客が離れていった．バーニーは，損害額は年間1万ドルにのぼると推計している．グリーン・エーカーズ社は生産工程を変更すれば臭いを除去できるが，その費用は年間1万2,000ドルである．

a.　グリーン・エーカーズ社には臭いを排出する権利があるとすれば，社会的に最適な水準はいくらか．どのように達成するか．金銭売買があるか．

b.　バーニーに無臭の空気を求める権利があるとすれば，社会的に最適な水準はいくらか．どのように達成するか．金銭売買があるか．

解答：

a.　社会的に最適な結果は，グリーン・エーカーズ社が臭いを排出するときに起こる．臭いを除去する費用（年間1万2,000ドル）は，臭いの外部費用（年間1万ドル）より大きい．グリーン・エーカーズ社に臭いを排出する権利があるなら，引き続きそうする．バーニーにとっての臭いのない空気の価値は，グリーン・エーカーズ社から排出権を購入するほど大きくないので，金銭売買は行われない．

b.　社会的に最適な水準は，やはりグリーン・エーカーズ社が臭いを排出するときになる．最適な水準は，グリーン・エーカーズ社とバーニー社が資源（空気）におく相対的価値によって決まる．グリーン・エーカーズ社のほうが資源をより高く見積もっているので，資源を

---

15)　情報の非対称性も，コースの定理で予想される問題を引き起こす原因になる．交渉当事者が，外部性の価値（あるいは価値がないこと）に関する私的な情報を持っている場合，交渉相手と共有したいとは思わない．第15章でみたように，完全情報のもとでは合意することが効率的であっても，情報の非対称性が極端な場合，交渉は頓挫する．

使って臭いを排出すべきである．だが，バーニーには臭いのない空気を求める権利があるので，グリーン・エーカーズ社はバーニーから排出権を購入しなくてはならない．この取引が安価であれば，グリーン・エーカーズ社は1万ドルから1万2,000ドルのあいだの金額をバーニーに支払って権利を買い取らなければならない．

応用　テキサスの油田で，共有地の悲劇がコースの定理と出会う

ゲーリー・リベカップとスティーヴン・ウィギンズは，現実の世界で交渉コストが十分に低いなら，コースの定理が予想するように，共有資源の利用者はみずから共有地の悲劇を解決できると論じている．[16] 交渉コストが高くなりすぎると，予想されるとおり，交渉は決裂することも示している．

この研究で注目したのは，1920年代のテキサス州の油田掘削業者だ．当時，新たに発見された油田から原油を掘削しようと，業者が殺到した．石油鉱床は共有資源であり，たいてい多くの地主が保有する広大な土地にまたがっている．1つの掘削会社が，油井の周囲の土地を所有していたとしても，他の業者の貯留層へのアクセスを制限するのはむずかしい．そのため，単独の所有者が石油鉱床を完全に管理していたわけではなかった．

掘削業者は共通の鉱床から原油を抽出するので，1社が掘削すると，周りの業者が抽出できる埋蔵量は減る．共有地の悲劇がすべてそうであるように，こうした状況では，各業者に多すぎる油井を掘削し，できるだけ速く原油を抽出するインセンティブが生まれ，その過程で，すべての業者にとって石油鉱床の価値が低下する．原油を抽出するペースが速すぎれば，さらに抽出するにはコストがかかり，まったく掘れなくなる場合もある．速いペースでの抽出は，すべての業者の操業費用を押し上げる．各社の能力には限度があるので，ペースが速すぎると，故障や事故が増えるし，抽出した原油を貯

---

16) Gary D. Libecap and Steven N. Wiggins, "Contractual Responses to the Common Pool: Prorationing of Crude Oil Production," *American Economic Review* 74, no. 1 (March 1984): 87–98.

蔵する設備も建設する必要があるからだ.

コースの定理では, 共有地にアクセスする企業は, 交渉をつうじて, これらの問題を解決できるはずだと予想する. 理論上は, 全体の抽出率を引き下げ, 石油鉱床の共同価値を最大化し, 関係者間で分配することで合意できる. (どの企業が, 最大の割合を受け取るかは, 相対的な交渉的地位に依存し, それは法的な財産権などの影響を受ける.) だが, 現実には, こうした交渉は困難をきわめる. 10社以上が採掘権を持つ油田もある. こうしたケースで, 相互に受け入れ可能な合意を交渉で形成するのは, おそろしくコストがかかる.

リベカップとウィギンスの研究結果は, コースの定理の予想を裏づけていた. ごく少数の企業が採掘権の大半を所有する油田——したがって交渉が容易な油田では, 各社は抽出率を規制する契約に短期間で同意した. 規模の大きい業者ほど, 油田全体の価値を保全するメリットが大きかった. 収益のかなりの割合を獲得するのだから.

だが, 保有者が多く, バラバラな油田では, 私的な契約に合意できないことが多かった. 抽出を制限する契約に合意したとしても, 規模の小さい掘削業者ほど, 合意を反故にしがちだった. これは意外ではない. 小規模事業者は, 合意を順守しても得られるものは少ないが, 合意を破ることで得られるものがはるかに大きいのだから. ■

コースの定理と排出権取引市場

コースの定理が現実の世界に影響を与えた分野の1つが, 政府による環境汚染対策の設計だ. 前節で示したように, 排出許可証制度は, 負の外部性を持つ市場を社会的に最適な水準に誘導することができ, 数量割当などの数量メカニズムよりもコストが低く済む場合が多い.

コースの定理によれば, 許可証の自由な売買が許され, 交渉コストが低ければ, 排出権を誰が取得するか (排出量の割当など) は問題にならない. このため, 政府は許可証の取引市場を創設することで, 排出量の効率的水準を達成することができる.

558　第4部　基礎から応用へ

　許可証の取引が可能になれば，排出権取引市場では，排出量の削減を効率的に達成しつつ，各社に排出枠を割り当てるという難題から政府は解放される．政府は，業界全体に最適な数の許可証を発行することで全体として効率的な排出水準が達成され，さらに企業間での許可証の売買を容認することで最適な結果が得られる．削減費用の低い企業は，より多く排出量を削減する．許可証の売却をとおして，追加的な削減費用の補填に充当しているのだ．同時に，削減費用の高い企業は，排出量を直接削減するよりも許可証を購入したほうが安上がりなので，許可証の購入を選択する．

　不適切な外部性は，市場を非効率にする．だが，排出権取引市場は，外部性そのものに新たな市場をつくることになる．外部性とは基本的に，市場の取引に連動した価格がつかない余計な「生産物」である．汚染源の企業は，その費用を負担する必要がないため，排出に伴う外部費用を考慮しない．だが，汚染の市場を創設することによって，排出権取引市場で汚染そのものに価格がつけられることになる．汚染源の企業は，排出権取引市場でこの価格に直面し，自分たちの生産活動が社会に与える影響を考えざるをえなくなる．外部性を是正するために活用されるピグー税などの価格メカニズムも，目指すものは同じである．通常は価格がつかない外部性に価格をつけることで，市場参加者に外部性の影響を認識させるのだ．

　したがって外部性は，市場が存在しないことによる結果だと捉えることができる．根本的な問題は，介入がなければ，一般の財について市場が果たす機能を外部性に提供する方法がない，ということだ．価格メカニズムをとおして，社会にとっての外部性の費用と便益を金銭に換算するのである．コースの定理が基本的に示唆しているのは，外部性の市場を創設することができれば，市場の需給メカニズムによって効率的な結果が導かれる，ということだといえる．

16.4　公共財

　ここまでこの章では，外部性や財産権の所在が不明瞭なせいで市場が非効

率的な水準になる，いわゆる市場の失敗をみてきた．市場では社会的に最適な生産水準が達成できない財はほかにもある．**公共財**（public good）がそれで，国防や花火の打上げ，きれいな空気などが例としてあげられる．公共財は，それを消費したい人全員がアクセスでき，ほかの人が消費しても価値が変わらない財である．たとえば，花火の打上げを自宅の裏庭で見物するとき，見ているのが自分ひとりでも，近所の人全員が見ていても，花火の価値が変わるわけではない．花火を打ち上げる側は，たとえそれを望んだとしても，見るのをやめてもらうことはできない．そのため公共財は，市場によって効率的な水準を達成するのがむずかしいという特性を持つ．公共財は，民間市場に任せると供給が少なすぎるか，まったく供給されないため，政府が供給することが多いが，必ずしも政府が供給しなければならないわけではない．

公共財はある意味で正の外部性に似ている．それを購入しない人にも外部便益をもたらす．たとえば，花火を打ち上げる場合，隣人も花火が見られるという便益を享受することなど考えないで花火を購入している．花火見物のすべての便益が考慮されるわけではないので，花火の打上げ量は社会的に最適な水準を下回ることになる．単純に言えば，真の社会的便益が考慮されれば，もっと多くの（そして，おそらくもっと凝った）花火が打ち上がるだろう．

共有地の悲劇の議論では，一部の財には排除不可能性があること，つまり，その財を利用したい人全員がアクセスでき，利用を制限できないことを学んだ．これは公共財にもあてはまる．だが，公共財は排除不可能なだけではなく，**非競合的**（nonrival）でもある．非競合的とは，ひとりがその財を消費しても，他の人が同じ財を消費できないわけではない，ということだ．（他の消費者に財を提供する限界費用がゼロだと考えることもできる．）

たとえば，テレビの天気予報は，ひとりの視聴者にとっての価値が，同じ番組を見ている視聴者の数に左右されるわけではないので，非競合財だといえる．隣人が同じ予報を見ている（あるいはラジオで聴いたり，新聞やネットで見たりしている）という事実によって，その予報から得られる効用が小さくなったり，なくなったりするわけではない．枯渇させたり，価値を落と

560 第4部 基礎から応用へ

表16.1　特性別の財の分類と具体例

	排除可能性： 個人の消費を排除できる	排除不可能性： 個人の消費を排除できない
競合性 1人の消費が他の人の消費に 影響を与える	私的財： タコス，ガソリン，紙	共有資源： 共有地，漁場， 州間幹線道路
非競合性 1人の消費が他の人の消費に 影響を与えない	クラブ財： 衛星放送，私有庭園，映画	公共財： 花火の打上げ， 蚊の駆除，国防

したりすることなく，多くの人たちが独立して消費できる財が，非競合財である．これに対して，競合財（一般の財）は，ひとりが購入すると，他の誰かが同じ財を購入することができない．たとえば，あなたがメキシコ料理のタコスを食べていたら，ほかの人が同じタコスを食べることはできない．タコスは，ほかの人に消費させないことができるので，排除可能であり，**私的財**（private good）でもある．表16.1に，財のタイプを競合性と排除可能性で分類し，まとめてある．

- 1ガロンのガソリンは，競合財でかつ排除可能財である．ガソリンが競合財なのは，あなたが購入したガソリンをほかの人が消費することができず，あなたが消費すれば，ほかの誰も消費できなくなるからだ．排除可能財であるのは，購入しない人の消費を生産者が妨げることができるからだ．

- カスピ海のチョウザメ（貴重なキャビアの供給源でもある）は，競合財でかつ排除不可能財である．競合財なのは，誰かが釣ったチョウザメを，ほかの人が釣ることはできないからだ．だが，排除不可能財であるのは，誰かが釣るのをやめさせることはできないからだ．

- アメフトの衛星テレビ放送は，非競合財でかつ排除可能財である．非競合財なのは，ほかの人の視聴を邪魔することなく，誰でも衛星の信号を受信できるからだ．だが，排除可能財であるのは，暗号化されていない

信号を受信するには，契約料を支払わなければならないからだ．非競合財でかつ排除可能な財は，**クラブ財**（club good）と呼ばれることもある．

■ 蚊の駆除には水たまりに殺虫剤を散布する場合が多いが，非競合財でかつ排除不可能財である．非競合財なのは，蚊のいない環境をひとりで満喫しようとしても，ほかの人が満喫できなくなるわけではないからだ．排除不可能財なのは，費用を誰が負担したかに関係なく，蚊の駆除は誰にとっても助かるからだ．

公共財の最適な水準

　公共財の場合，市場に任せると非効率的な水準しか供給されないのはなぜかを理解する前に，そもそも，こうしたタイプの財の効率的な生産水準をどう定義すればいいのだろうか．これは，前に論じた効率性の条件とは若干異なる．

　一般に効率性が成り立つのは，財を生産する限界費用が，社会が享受する限界便益とちょうど等しくなる数量が生産されるときである．外部性のない競争市場では，供給量と需要量が一致する点がこの量にあたる．だが，この章の前半でみたように，外部性の存在する市場で効率的な生産量を決定するには，すべての外部費用と外部便益を考慮しなければならない．このため，こうした市場で効率性が成り立つのは，社会的限界便益を測る社会的需要が社会的限界費用と等しくなる量が生産されるときだといえる．

　公共財の場合，2人以上が同時に消費することが可能なので，財の限界便益は1消費者の便益ではない．公共財は非競合財なので，財の価値を求めるには，その財を消費する全員の限界便益を足し合わせなければならない．別の言い方をすれば，公共財の**総限界便益**（total marginal benefit）曲線は，すべての消費者の限界便益曲線を垂直に足し合わせたものになる．この総限界便益（MB_T）は，公共財が最適な水準で供給されたときの限界費用に等しい．等式では，以下のように書ける．

$$MB_T = \sum MB_i$$

合計を表す記号のΣは，財の限界便益が，その財のすべての消費者（iで表している）について足し合わされていることを示している．

「限界費用を足し合わせる」という条件はない．というのは，公共財の生産費用は，他の財の生産費用となんら変わらないからだ．公共財は同時に消費されるが，同時に生産されるという考え方は，そこにはない．生産者が個人であれ企業であれ政府であれ，ある財の限界費用は，公共財でも標準的な私的財でも変わらない．

図16.10に，消費者は2人という単純な例で，公共財の効率性の条件を示した．各人の限界便益曲線をMB_1，MB_2で示してある．MB_Tで示した公共財の総限界便益曲線は，個々の限界便益曲線を垂直に足し合わせたものである．MCは，財の生産の限界費用である．

効率性が成り立つには，公共財が$MB_T＝MC$となる点Aで，Q^*_{Pub}生産されなければならない．これは，2人が共に消費する量である点に留意したい．公共財は非競合財なので，Q^*_{Pub}を2人で分け合う必要はない．2人はQ^*_{Pub}の量の公共財を同時に消費するのである．

こうした効率性の条件が民間市場で達成されないのはなぜだろうか．外部性の市場でみたのと同じ理由から，自由市場では公共財を適切な量，供給するのがむずかしいのだ．市場は，財の私的限界費用が個々の私的便益と等しくなるまで，私的な交換を促す．だが，これは，複数の消費者の限界便益の合計が，財の限界費用と等しくなる生産量ではない．個人が公共財を限界費用で購入できるとすれば，各人は自分の限界便益が財の限界費用と等しくなる数量を購入するだろう．もう一度図16.10を見ると，消費者1は$MB_1＝MC$となる数量Q_1を購入する．同様に消費者2はQ_2を購入する．

したがって，両者とも，公共財の数量の一部については対価を支払う意思はあるが，どちらも1人では効率的な量の対価を支払うつもりはない．個々の限界便益が2人合わせた限界便益を下回っているからだ．正の外部性で非効率性が生じたのと似た形で，非効率性が生じる．つまり，私的に公共財の対価を支払う個人は，他の人がその財から得る便益を考慮しない．これが，民間市場で公共財が最適量生産されない理由の1つである．国防や蚊の駆除，きれいな空気，花火の打上げは，民間市場に任せておくと十分な

図16.10 公共財の市場の効率性

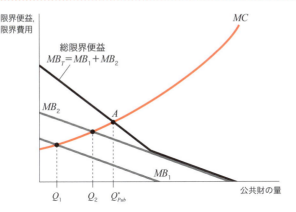

消費者2人の公共財の限界便益曲線は，MB_1とMB_2である．効率的な点では，両者がともにQ^*_{Pub}を消費し，2人合わせた総限界便益曲線（MB_T）が限界費用曲線（MC）と交差する．2人がそれぞれ公共財を購入する場合，各自の消費量は，限界便益曲線MB_1，MB_2が限界費用曲線MCと交差する点Q_1，Q_2になり，最適な水準Q^*_{Pub}を下回る．

量が供給されないのだ．

　財の総限界便益が考慮されず，したがって社会的に最適な水準を下回る量しか供給されないことにくわえ，公共財の市場で非効率性が生まれるもう1つの理由が，**フリーライダー（ただ乗り）問題**（free-rider problem）である．フリーライダーとは，対価を支払わずに財やサービスを享受する主体のことである．たとえば，家電メーカーや靴メーカー，自動車メーカーは，自社製品を試してもらったうえで購入してもらいたいと考えており，そうしたサービスを提供する販売店がある．だが，そうしたお試しサービスなどを提供する必要のないネットショップは，実店舗を大幅に下回る価格で商品を提供できる．ネットショップは，実店舗が提供するサービスにただ乗りしているのだ．これが問題なのは，実店舗で商品を試したうえで，実際にはネットショップで安く買う人が多くなると，実店舗がお試しサービスをやめてしまうからだ．お試しサービスの情報は，消費者にも生産者にも便益をもたらす公共財になっているので，自由市場では十分に供給されない，ということに

564   第4部　基礎から応用へ

なる.

16.5 解いてみよう

　デールとケーシーは，農村地帯で隣り合わせに暮らしている．2人は近くの共有地に共同で大型の噴水を設置することを考えている．そうすれば景観も楽しめるし，土地の価値も上がる．噴水から得られるデールの限界便益は，$MB_D = 70 - Q$で表される．ここで，Qは噴水の直径で，単位はフィートである．一方，ケーシーの限界便益は，$MB_C = 40 - 2Q$で表される．噴水を設置する限界費用は一定で，直径1フィートあたり80ドルである．

a. 噴水の総限界便益は，どんな等式で表されるか．

b. 社会的に最適な噴水の大きさを求めよ．

c. デールかケーシーのどちらかが1人で噴水を設置しなければならない場合，最も小さい噴水ですら設置に値しないことを示せ．

解答:

a. 総限界便益は，デールの限界便益曲線とケーシーの限界便益曲線を垂直に足し合わせればいい．すなわち，

$$MB_T = MB_D + MB_C = (70 - Q) + (40 - 2Q) = 110 - 3Q$$

b. 社会的に最適な噴水の大きさは，総限界便益MB_Tが噴水の生産限界費用と等しいときである．すなわち，

$$MB_T = MC$$
$$110 - 3Q = 80$$
$$3Q = 30$$
$$Q = 10$$

したがって噴水の最適な大きさは，直径10フィートである．

c. デールの限界便益は$MB_D = 70 - Q$である．最小の噴水の直径がゼロだとすると $(Q = 0)$，デールの限界便益はわずか70ドルだが，限界費用は80ドルである．したがって，デールは最小の噴水でも費用

第16章　外部性と公共財　**565**

に見合わないと考える．同様に，ケーシーにとっての最小の噴水の限界便益は，$MB_C = 40 - 2Q = 40$ドルで，やはり限界費用80ドルを下回っている．

フリーライダー問題を解決する

　花火やネットショップのケース，より一般的には公共財の支払いに共通するフリーライダー問題の解決法は，政府や生産者が，税金や販売手数料などの形で，受益に応じた対価を支払うよう強制する方法である．だからこそ，国防や裁判制度，警察サービスなど「法の支配」に関わる財，全国的な交通インフラなど，最もコストがかかり守備範囲の広い公共財——フリーライドの問題が最も深刻な財の費用は，課税によって賄われているのだ．[17]

　ほかにも解決法はある．公共財の受益者が組織をつくり，受益に応じて公共財の費用を負担するようメンバーに求めるのだ．この状況で厄介なのは，もともと支払うつもりのなかった対価の支払いを強制する組織を，自発的につくるよう説得することだ．たとえば，コンドミニアムの所有者は組合をつくってプールなど共有エリアを維持・管理するための費用を支払っているが，そうしなければ，所有者のあいだでフリーライダー問題が持ち上がるからだ．

　経済学者のマンカー・オルソンが1965年に指摘したように，公共財のフリーライダー問題の解決の可能性は，財を利用するグループの潜在的メンバー1人あたりの便益の規模に依存する．[18] 潜在的なメンバー各人が協力す

---

17)　政府は課税によって公共財に必要な税収を確保するからといって，必ずしもみずから公共財を生産して効率性を達成しなければいけないわけではない．理論上，政府は税収から民間企業に費用を支払い，公共財を供給してもらうことができる．たとえば米国の州間幹線道路は公的資金で賄われているが，建設したのは民間企業である．とはいえ，規模の効率性などの理由から，政府が資金を負担しつつ，直接公共財を供給する場合も少なくない．

18)　Mancur Olson, *The Logic of Collective Action: Public Goods and the Theory of Groups*, Cambridge, MA: Harvard University Press, 1965.

ることによる便益——公共財が効率的な量手に入ることによる便益——が大きければ，協力的なグループは形成される．潜在メンバー1人あたりの便益が小さければ，グループの形成はうまくいかないだろう．グループの各メンバーは公共財から多少の便益を得るだけなので，ただ乗りすることで失われるものも少ない．ただ乗りのインセンティブによって，グループの結束がむずかしくなっている．（これは第11章で論じたカルテルの論理にかなり似ている．企業数が少ないほうが，多いよりも安定的なカルテルを形成しやすい．）

　念を押しておきたいのは，公共財の1人あたりの便益は，便益の合計と密接に結びついているわけではない，ということだ．全体では莫大な便益をもたらす公共財が，グループの規模も大きく，1人あたりの平均便益が小さすぎて，フリーライドの問題を克服できず，結局供給されないということがありうる．逆に，特定グループだけに便益をもたらし，メンバー1人あたりの便益が大きい場合，全体としての便益が小さい公共財でも供給される場合がある．特定の利益団体が，団体に属さない人たちにかなり大きな費用負担を強いるにもかかわらず，メンバーに便益をもたらす制度をロビイ活動で成立させられるのは，おそらくこうしたことがあるからだろう．特定の利益団体の各メンバーは，ロビイストに対価を支払って団体が望む制度の成立に賛成票を投じるよう議員にはたらきかける．ロビイ活動は，利益団体のメンバーにとって公共財と考えられる．制度の成立は，団体に属さないすべての人に多大な費用を課すが，1人が負担する費用は小さすぎて，法制化を止めようとする人は出てこないのである．

　たとえば，米国内に大手鉄鋼メーカーが4社あり，いずれも破綻の危機に瀕しているとしよう．そのうちの1社の最高経営責任者（CEO）が，破綻を回避するために政府に金融支援を要請する案を思いつき，他社も同調するよう説得する．4社は足並みをそろえてロビイストを雇い，要請を議員に持ちかけてもらう．ロビイストは，連邦政府の支援がなければ鉄鋼メーカーは破綻するしかなく，そうなれば米国経済に深刻な打撃を与えると主張する．議会では鉄鋼業界に8億ドル（各社2億ドルずつ）支援する案が可決される．

協力することによる1社あたりの便益が大きいと，利益団体のメンバーが，ただ乗りすることなく集団で動く確率は高まる．特定の利益団体のための制度が，利益団体に所属しない人々全員に課す費用が莫大で，利益団体にもたらす便益よりかなり大きい場合であっても，負担する人々の数が多く費用が分散されれば，反対は起こらないかもしれない．鉄鋼メーカーの例でいえば，8億ドルを負担するのは米国の納税者数億人なので，1人あたりでみれば4ドルから6ドルにすぎない．費用を負担する納税者にとって，この制度に反対するのは，全体を足し合わせた便益としては大きいはずだが，個々人が負担するコストが小さい場合，結局，ほかの人の努力にあえて反対しないことを選択するだろう．誰もがこうした選択をすると，特定の利益への反対は弱くなる．特定の団体を利する制度に反対することが大きな利得になるにもかかわらず，である．

コラム
ヤバい経済学

消防活動は公共財か

2010年9月，テネシー州サウスフルトンの郊外で，小さなゴミの火が1軒の家に燃え移った．消防士は現場に急行したが，消火活動は行わず，焼け落ちるのを見守っていた．*

なぜ，何もしなかったのか．その理由を理解するには，まず，サウスフルトンの消防署の成り立ちを知る必要がある．サウスフルトン市の住民が税金を支払って消防署が設立されているので，市全域は消防署の管轄である．だが，郊外の農村地帯は管轄外だ．郊外の住民が自前で消防署を持つのは非効率なので，サウスフルトン消防署は，1軒あたり年間75ドルを支払えば管轄に入れると提案した．市当局は，郊外の住民に支払いを強制することはできない．75ドルを支払うかどうかは，郊外の住民の自主的な判断に委ねられた．予想されるとおり，多くの住民は

---

* "No Pay, No Spray: Firefighters Let Home Burn," October 6, 2010, msnbc.com and "Firefighters Let Home Burn over \$75 fee——Again," April 20, 2012, msnbc.com.

支払わなかった．住民はこう考えたのだ．「自宅が火事に遭うことなど滅多にあるものではない．万が一，火事になったとして，消防署が何もしてくれないということはないだろう．そんなことはあり得ない．」

だが，サウスフルトンの消防署長デヴィッド・ウィルズは経済学者のように考えた．経済学者でなければ，郊外の家が火事になった場合，負担に関係なく消火にあたるのが近隣のよしみだと思うかもしれない．だが，消防署長は重要な事実に気づいていた．強制的な年会費がなければ，消火活動は排除不可能財になる．つまり，ただの1人，あるいは1軒も消化活動から排除することはできない．消防署は火事を防止し，火事が起きた場合は消火活動にあたり，火事がないときは見回りをするのに時間や労力を費やしているが，それは自宅が火事になってもならなくても，地域の住民全員に便益をもたらしている．

住民はこうした排除不可能財の便益を享受したいが，自宅が火事になった場合のみ料金を支払いたい．（これは，第15章で論じた逆選択の問題とも関係している．）だが，こうした費用負担の方式では，消防署の活動に十分な予算が確保できない．そのため消防署では，郊外の住民全員に，出動要請に応えてほしいのであれば，管轄に入るための年会費を支払うよう求めていたのだ．

これで消防士が消火にあたらなかった理由がわかった．これは公共財の問題なのだ．だが，なぜわざわざ現場に急行したのか．この答えには，消火活動という公共財の性格が関係している．消防士は，年会費を支払った隣の住民に対する義務を負っていた．だから現場に出動し，火事になった家が焼け落ちるのを見守りながらも，隣の庭に燃え移るのに備えたのだ．じつは，火事になった家が焼け落ちるのを無視しながらも，隣に燃え移るのはしっかり防いでいた．

この消防署を支えた経済的根拠は強力だが，かなりの勇気がいる決断だった．火事になった家を放置したことで，ウィルズ消防署長は全米の注目を浴び，メディアからは決断の背景にある経済的論理を非難された．こうした世論の批判に対して，ウィルズは政治的圧力に負け，方針を放棄するのが唯一取るべき道だっただろう．そう思うのであれば，

第16章 外部性と公共財 **569**

ウィルズを見くびっている．わずか1年後，消火活動をせずにもう1軒の家を全焼させ，ヤバい経済学の殿堂入りを確実にしたのだ．

16.5 結論

基礎編，発展編を通して，本書では，自由で競争的な市場が，生産者と消費者にとって最適な経済を実現することをみてきた．生産物の限界便益が生産物の限界費用と等しくなる水準まで，企業は生産を行い，消費者は生産物を購入する．だが，外部性や公共財が存在しているとき，このプロセスは機能しない．

ある経済主体の購入決定や生産決定が，取引に関係しない他の経済主体に費用を課したり，便益をもたらしたりする．こうした強いられた費用や便益を，意思決定の主体は考慮しないため，自由市場に任せておくと経済は最適な水準からかけ離れた状態に至る．負の外部性を持つ財が多すぎ，正の外部性を持つ財は少なすぎることになる．共有資源と公共財は，外部性とは若干異なるが，その市場には多くの類似の問題点がみられる．共有資源は過剰に消費され，公共財は供給が不足する．

市場の失敗に関連する問題を軽減し，場合によっては解消する方法は数多くある．外部性を持つ市場については，政府がピグー税を課したり，ピグー補助金を支給したりするなどして，私的費用・便益を社会にとっての真の費用・便益にあわせることができる．共有資源や公共財の問題については，政府は数量規制や強制命令を行う．政府自身が財を提供することもできる．だが，こうした市場の失敗を是正できるのは，政府だけではない．コースの定理は，交渉のコストが十分に低いのであれば，民間部門だけでほぼ最適な解決策を見いだせることを示している．

この章のポイントは，一部の市場が，標準的な経済モデルで予想されるほど効率的に機能しないのはなぜか，その理由を理解することにあった．最後の章では，経済主体（消費者と生産者）が，本書全体を通してモデル化して

きた，合理的で効用と利潤を最大化する主体として行動しないようにみえる状況を検証しよう．

まとめ

1. **外部性**は，取引に直接関与しない第三者に費用を押しつけたり（**負の外部性**），便益をもたらしたりする（**正の外部性**）．介入しなければ，負の外部性も正の外部性も，市場に非効率な状態をもたらす．効率的な市場では，企業は，市場の需要と社会的限界費用が等しくなる水準で生産を行う．[16.1節]

2. 規制当局は，数量メカニズムや価格メカニズムによる介入を行って外部性を是正し，市場の均衡状態を効率的な水準に近づけることができる．**ピグー税**（または**ピグー補助金**）は，財の生産や消費にかかる税金（または補助金）である．数量ベースの介入の最も単純な形態が，**数量割当**である．ピグー税のような価格ベースの介入と，数量割当のような数量ベースの介入のどちらを活用すべきかは，**限界削減費用曲線**と**外部限界費用曲線**の相対的な傾きに依存する．[16.2節]

3. **共有地の悲劇**は，共有資源に影響を与える．共有資源は，利用者が共同歩調を取らない場合に濫用される．**コースの定理**は，取引費用がかからない場合，誰が財産権を保有しているかにかかわらず，当事者間の交渉が効率的な結果につながると予想する．この定理は，環境汚染対策の有力な手段である**排出許可証**（排出権取引）制度活用の根拠になっている．[16.3節]

4. すべての**公共財**に共通する特徴が2つある．第1は**非競合性**であり，1人が公共財を消費しても，他の人の効用が逓減するわけではない．第2は**排除不可能性**であり，いったん公共財が市場に投入されれば，その消費を阻止することはできない．こうした2つの特徴から，公共財には**フリーライダー問題**がつきまとう．消費者が対価を支払わずに公共財を利用したり，他の人が供給した公共財にただ乗りしたりしようとする問題である．[16.4節]

第16章 外部性と公共財　571

復習問題

（解答は以下のサイトで入手できる．https://store.toyokeizai.net/books/9784492315002）

1. 負の外部性と正の外部性を対比し，それぞれの具体例をあげよ．
2. 規制のない市場では，負の外部性を持つ財が過剰に生産されるのはなぜか．
3. 外部限界便益曲線と外部限界費用曲線を使って，外部性の効率的な水準を見つける方法を説明せよ．
4. 汚染の限界便益と限界削減費用が等価と考えられるのはなぜか．
5. 規制当局は，ピグー税をどのように活用して効率的な状態を実現するか．
6. 排出許可証制度を活用した環境汚染対策について説明せよ．
7. ピグー税と，数量メカニズムによる外部性の是正策を比較し，対比せよ．それぞれの利点と弱点を述べよ．
8. 共有地の悲劇は，どのようなタイプの対策で解決できるか．
9. コースの定理の主旨を説明せよ．
10. 公共財の特徴を2つあげよ．
11. 公共財の効率的な生産が行われるのは，どんなときか．
12. フリーライダー問題が起こるのはなぜか．

演習問題

（＊をつけた演習問題の解答は，以下のサイトで入手できる．https://store.toyokeizai.net/books/9784492315002）

*1. カンザスシティはバーベキューが有名だ．だが，おいしいバーベキューにはコストがかかる．バーベキューを仕切るピットマスターは，プルドポークや，牛の胸肉をじっくり焼き上げる費用を負担しなくてはならない．外部コストもある．ピットマスターは，リブをラック1段分焼くたびに，近くの動物愛護家の神経を逆なでしている．競争的なバーベキュー産業における典型的なピットマスターを示した，次ページの図について考えよう．

　a. バーベキューの市場価格はいくらか．
　b. 肉がラック1段焼き上げられるごとに，動物愛護家が被る精神的打撃（外部費用）はいくらか．
　c. ピットマスターが私的費用のみを負担する場合，何段の肉を焼くか．動物愛護家が被る損失はいくらになるか．
　d. ピットマスターが動物愛護家の心情を思いやり，それを踏まえて何段焼く

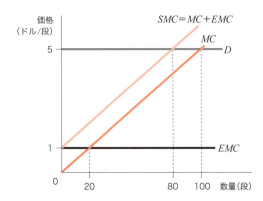

かを決めるとすれば，何段の肉を焼くか．
e. 動物愛護家の心情を考慮した決定で，リブ市場の取引で被る損失は解消されたのだろうか．
f. 生産量をdで求めた水準未満に削減すると，動物愛護家の得になるのはあきらかだ．この判断で損を被るのは誰か．こうした生産量の削減はパレート効率的にならない．つまり1人も不幸にすることなく，誰かを幸せにできる配分はほかにある．その理由を述べよ．

2. ジルは裏庭で育てた花でブーケをつくって販売している．ジルのブーケづくりの限界費用は $MC = 0.25Q$ で表され，ここで Q はジルがつくるブーケの数である．ジルが望めば，地元のファーマーズ・マーケットで，ブーケを1個6ドルで売ることができる．ところが不幸にも，ジルが育てた花で，隣人のクーパーのアレルギーが悪化してしまった．ブーケ1個分の花を育てるたびに，クーパーは50セント相当のくしゃみをする．
a. ジルは利潤を最大化したい．利潤を最大化するブーケの量を求めよ．
b. ジルはaで求めた量のブーケをつくるとしよう．ジルにとって最後の1個のブーケの費用と，そのブーケがクーパーに課す費用を足し合わせ，買い手にとっての価値（販売価格）の6ドルと比較せよ．最後の1個のブーケは，社会にとってプラスだろうか．
c. 社会的な観点からみて，ジルの生産量は多すぎるか，少なすぎるか．
d. ジルがクーパーと結婚するとしよう．ブーケ1個につきクーパーが負担する50セントの費用を，ジルの私的限界費用に足して，社会的限界費用を求めよ．答えは等式で示すこと．
e. ジルは新郎のクーパーに負担させる費用を考慮したうえで，ブーケをどれだけつくるべきか．クーパーがただの隣人の場合とジルの夫の場合では，

最適な生産量が違うのはなぜか. 説明せよ.

3. マーチングバンドの演奏の逆需要曲線が, $P = 1{,}000$ ドル $- Q$ で与えられている. 世界中のマーチングバンドが質の高い演奏をすると費用は逓増するので, 産業の限界費用は $MC = 0.75Q$ で表される. だが, 残念ながら, マーチングバンドの演奏は真空で行われるわけではない. 近隣の人々は, マーチングバンドの演奏を耳にするたびに不愉快な思いをしている. マーチングバンド業界全体では, 外部限界費用は $EMC = 0.25Q$ で表される.

a. 需要曲線, 限界費用曲線, 外部限界費用曲線をグラフにせよ.

b. マーチングバンドが外部限界費用をまったく意に介さないとすれば, 何曲演奏するか.

 ⅰ. 総消費者余剰を計算せよ.

 ⅱ. 総生産者余剰を計算せよ.

 ⅲ. 市場参加者にとっての総余剰を計算せよ.

 ⅳ. 迷惑を被る人にとっての総費用を計算せよ. (ヒント：被害は外部限界費用曲線よりも下の部分の面積になる. なぜかは自分で考えよう！)

 ⅴ. 市場参加者にとっての総余剰から, 迷惑を被る人にとっての総費用を差し引き, マーチングバンドの演奏の社会にとってのネットの価値を求めよ.

c. 社会的限界費用を求めよ.

d. 外部限界費用を考慮しなければならない場合, マーチングバンドは何曲を演奏するか.

e. 外部限界費用を考慮しなければならない場合, マーチングバンドの演奏の価格はどうなるか.

f. bで消費者余剰, 生産者余剰, 総費用を求めたが (生産者余剰は, 私的限界費用と価格のあいだの面積), bの答えと比べて

 ⅰ. 外部限界費用を考慮した場合, 市場参加者が受け取る総余剰はどうなるか.

 ⅱ. マーチングバンドの演奏が生み出す損失はどうなるか.

 ⅲ. マーチングバンドの演奏が生み出すネットの価値はどうなるか.

*4. ガソリンは買い手に多くの便益をもたらすが, ガソリンを燃焼させることで外部費用も生み出す. 次ページの図には, ガソリンの需要, ガソリン生産の私的限界費用, ガソリン生産の社会的限界費用を示してある.

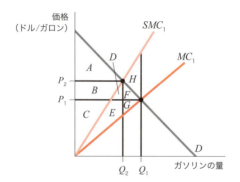

a. ガソリンの買い手も生産者も、他の人に押しつけている外部限界費用を考慮していないものとする。均衡数量と均衡価格を求めよ。つぎに、図から読み取れることを使って、下の表の空欄を埋めよ。

	外部限界費用を考慮しない場合	外部限界費用を考慮する場合
消費者余剰		
生産者余剰		
外部費用（−）		
社会にとってのネットの価値		

b. 良心的な生産者が、まったくの善意から外部限界費用を考慮して生産決定を行うことにした。新たな均衡数量と均衡価格を求めよ。（ヒント：社会的限界費用曲線を使うこと。）次に、図から読みとれることを使って、先ほどの表の空欄を埋めよ（生産者余剰は、私的限界費用より上で価格より下で、関連する数量までの部分）。

c. 生産者が善意から生産を行うことは滅多になく、私的限界費用だけを考えがちである。2つのケースの総余剰を比較し、外部限界費用を考慮しない場合の外部性の死荷重を求めよ。

5. 大型駐車場で車に乗ったまま映画を鑑賞できるドライブイン・シアターの映画の民間需要は $P = 20 - 0.1Q$、産業の限界費用は $MC = 0.1Q$ である。

　a. 民間需要と限界費用曲線をグラフに描き、上映される映画の価格と数量を求めよ。

　b. 完全ではないが、駐車場のフェンスの外からでも映画を見ることはでき

る．こうした観客の外部限界便益は$EMB = 2 - 0.01Q$である．外部限界便益曲線をグラフに描き，その情報を使って，社会的需要曲線を描け．

c. ドライブイン・シアターは国有化され，公共財とみなされている．どこから見るかに関係なく，すべての観客にとって費用を差し引いた便益が最大になるように，映画王が価格と数量を選択する．最適な価格と数量を求めよ．

d. グラフで正の外部性が生み出す死荷重を示し，値を計算せよ．（ヒント：ドライブイン・シアターが民間で経営されたときに，最後の1単位が生み出した外部限界便益を求める必要がある．）

e. 正の外部性が存在するとき，国有化されることで市場は改善するだろうか．

6. 花を育てることには，近隣住民が花をめでられるという正の外部性と，近隣住民のアレルギーを悪化させるという負の外部性がある．

a. 以下の記述は，正しいか間違っているか（図を使って答えよ）．花の生産量が多すぎるのは確実である．

b. 以下の記述は，正しいか間違っているか（図を使って答えよ）．花の市場価格が高すぎる．

*7. 革の逆需要曲線が$P = 50 - 0.5Q$で与えられている．産業の供給量は，限界費用によって決まる．$MC = 0.45Q$．残念なことに，革の生産では，有害な化学物質が地下水に流れ込む．生産量が増えるにつれて，こうした残存物質の外部限界費用も増え，$EMC = 0.05Q$で表される．

a. 政府は数量規制（割当）を課して，外部性を効率的な水準に引き下げようとしている．革の生産量の上限をいくらに設定すべきか．この数量規制を実施した場合，市場価格はいくらになるか．

b. 政府は皮革業者に課税して，外部性を効率的な水準に引き下げようとしている．税金はいくらに設定する必要があるか．課税が実施された場合，買い手が支払う純価格はいくらになるか．課税が実施された場合，どのくらいの量の革が売買されるか．

8. のどかな山あいの町に，ピンクスライムの生産者，XL社とIPSP社がある．両社とも，年間30トンずつ水酸化アンモニウムを大気中に放出している．当局は，排出量を合計で50トンに削減したい意向だ．

a. アルフレッド・B・パッカーが乗り出し，次のような提案をした．「それぞれ5トンずつ削減すればいい．それが公平というものだ」．この案に賛成だろうか．理由も述べよ．

576　第4部　基礎から応用へ

b. XL社もIPSP社も排出量を5トン削減することはできるが，コストが異なる．XL社は50ドル，IPSP社は100ドルかかる．この情報を踏まえ，パッカーが主張する公平性についてコメントせよ．

c. 「世界の王」として最小費用で水酸化アンモニウムを削減するとすれば，削減量をXL社とIPSP社でどう配分するか．

d. 当局は排出許可証制度を活用して，水酸化アンモニウムの削減に取り組むことにした．許可証を50枚発行し，1枚につき1トンを排出する権利を付与する．XL社，IPSP社に25枚ずつ許可証を配分し，自由に売買するよう促す．

   i. 許可証を売買する場合，どちらが買い手で，どちらが売り手になるか．理由も述べよ．

   ii. 許可証を売買する場合，最低価格はいくらと予想されるか．

   iii. 許可証を売買する場合，最高価格はいくらかと予想されるか．

   iv. 取引完了時点で，何枚の許可証が売買されているか．

   v. この制度のもとで，XL社が削減すべき排出量はいくらになるか．cの答えと比べて多いか少ないか．

9. ペン・プロダクト社とテラー社は，パーフルオロカーボン（炭素・フッ素化合物を含む有機物）を30トンずつ大気中に排出している．当局は両社合計で排出量を40トンとする目標に掲げ，排出許可証制度でこれを実現したいと考えている．ペン社の限界削減費用は，$MAC_P = 5e_P$で与えられており，e_Pはペン社が削減する排出量である．つまり，最初の1トンの削減費用は5ドル，2トン目の削減費用は10ドルである．テラー社の限界削減費用は$MAC_T = 7.5e_T$で与えられており，e_Tはテラー社が削減する排出量である．

a. 最小費用で排出量を削減できるのは，両社の限界削減費用が等しいときである．ペン社とテラー社の限界削減費用が等しいとおいて，e_Pをe_Tの関数として解け．テラー社が1トン削減するとき，ペン社はいくら削減すべきか．

b. 合計で20トン削減しなければならないので，$e_P + e_T = 20$であることはわかっている．aの答えを使って，e_Tを求めよ．効率的に削減する場合，テラー社は何トン削減すべきか．ペン社は何トン削減すべきか．

c. テラー社の削減費用を計算せよ．ペン社の削減費用を計算し，20トン削減する場合の総費用を求めよ．

d. テラー社の削減量が1トン少なく，ペン社の削減量が1トン多いとする．cの答えが効率的だとすれば，総費用を計算し直せ．逆のケース，つまり

テラー社の削減量が1トン多く，ペン社の削減量が1トン少ない場合の費用を計算して，再確認せよ．
e. 政府が両社に1枚1トンの排出許可証を20枚ずつ付与し，売買を許可した場合，何枚の許可証が売買され，1枚の価格はいくらになるか．

10. 下図の精錬されたクリプトナイトの市場について考えてみよう．副産物として，有毒な煙を放出する．排出される有毒ガスが1トン増えるごとに，近隣住民の医療コストが上昇する．有毒ガスに関連した外部限界費用は EMC で示している．

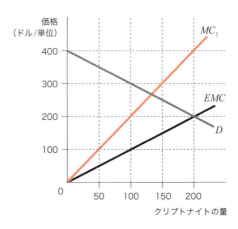

a. グラフに，クリプトナイト産業に関連する社会的限界費用曲線を慎重に書き入れよ．正確さが重要だ！
b. 環境規制がない場合，クリプトナイトの生産量はいくらになるか．
c. 社会的観点から最適なクリプトナイトの生産量はいくらか．
d. 規制当局は，クリプトナイトの生産者に課税することによって，効率的な生産量を達成できる．税金はいくらにすべきか．
e. dで求めた税金を反映した産業の供給曲線を書き入れよ．民間企業が課税により外部性を内部化することで，社会的に最適な量を生産することを示せ．
f. クリプトナイトの買い手に課税することで，同じ結果を達成できるだろうか．できるとすれば，税金はいくらにすべきか．

*11. パリでは多くの小さなパン屋が限界費用 $MC = 2 + 0.1Q$ でパンを生産，販売している．パンの逆需要曲線は $P = 10 - 0.1Q$ であり，P はパン1斤あたりの価格，単位はユーロ，Q は1時間あたりの生産量である．パンの生産には，

正の外部性がある．焼きたてのパンの匂いは格別だ．旅行者や住民が享受する外部限界便益は，$EMB = 2 - 0.02Q$で表される．

a. 政府の介入がない場合，パリのパンの生産量はいくらか．
b. 政府は価格メカニズムに基づく介入によって，社会的に最適な生産量を達成できる．目標を達成するのに，理想的な政策はどのような政策か．政策のタイプと規模を決定せよ．

12. 下図には，発電所が排出する窒素酸化物の外部限界費用と，排出を削減する外部限界費用を示してある．

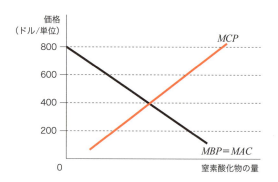

a. 限界削減費用（または，汚染の限界便益）曲線が右下がりなのはなぜか．理由を説明せよ．
b. 汚染の効率的な水準を求め，グラフに示せ．
c. 遠く離れた住民のことなど念頭にない電力会社には，汚染量を最適化するインセンティブがない．排出量1トンあたり400ドルの税金をかければ，電力会社は排出量を社会的に最適な水準にまで削減するインセンティブが生まれる．なぜか．
d. 排出量1トンあたりの課税額は，600ドルでは高すぎ，200ドルでは低すぎる．なぜか．

13. 硫黄は妖精の粉を生産する際にできる腐食性の副産物である．硫黄を吸い込むことの外部限界費用を次ページの図にMCPで表した．妖精の粉の生産者の限界削減費用（$MBP = MAC$）も図に示してある．規制当局が硫黄の害を過大評価しており，MCP_eと見積もっているとする．

a. 規制当局が，自分たちが考える効率的な硫黄の量を達成しようとする場合，硫黄の量を制限するか，税金を課すかは関係がないことを，グラフで示せ．

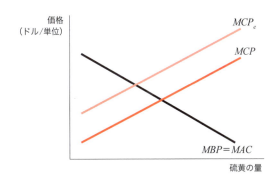

b. 汚染の限界削減費用と限界費用の弾力性は，数量規制か価格規制かの選択に関係がないことをグラフで示せ．
c. 規制当局が，硫黄が引き起こす限界費用を過小評価している場合も，a，bで示した結果は変わらないことを示せ．

*14. アルは自宅裏のウッドデッキで，みずから率いるスターランド・ポルカ・バンドと，頻繁にアコーディオンを練習している．練習スタジオを借りなくて済むので，年間500ドル節約できる．だが，夜に裏庭で練習されると，隣のマーシーは眠れない．マーシーの失われた睡眠の価値は，年間600ドルに相当する．
 a. アルにとって裏庭で練習するのは効率的か．理由も説明せよ．
 b. アルが裏庭で練習するのは違法だとされた場合も，アルは裏庭で練習するだろうか．マーシーは，アルに練習をやめさせるため，どんな手段を取るか．
 c. アルが裏庭で練習するのは合法だとされたとしよう．
  ⅰ．アルに練習をやめさせるのに，マーシーはいくら支払うつもりがあるか．
  ⅱ．アルは最低いくらもらえば，練習をやめるだろうか．
  ⅲ．可能であれば，アルが練習をやめることになる取引を考えよ．この取引が可能なら，両者とも，得をすることを示せ．
 d. bとcの答えを踏まえた場合，2人の争いの結果は法律次第で変わるのだろうか．結果は，aの答えと両立するだろうか．
 e. アルは隣人1人に600ドルの損害を与えているのではなく，隣人600人に1ドルずつ損害を与えているとする．この600人はマーシーと同じように簡単にアルを説得して練習をやめさせることができるだろうか．説明せ

580 第4部 基礎から応用へ

よ.

15. 地球温暖化は現実的な問題で, 人間が引き起こしていることに異論はないものとする. コースの定理に基づく取引では, 二酸化炭素の排出量の問題を解決できない主な理由を2つあげよ.

*16. 2人の酪農家, ベンとジェリーは, 牧草地を共有している. どちらも牛を1頭飼うか2頭飼うか選択できる. 合わせて2頭を放牧する場合, 1頭から年間1,000ガロンの乳が搾れ, 地元の市場で1ガロン＝1ドルで販売できる. 3頭を放牧する場合, 牧草は痩せるので, 1頭からとれる乳の量が750ガロンに減る. 4頭を放牧する場合, 牧草はさらに痩せるので, 1頭あたりの乳の量は400ガロンになる.

  a. 共有の牧草地で放牧するのに効率的な牛の数はいくらか. 2頭か3頭か4頭か. 理由も説明せよ.
  b. ジェリーが1頭飼うとすれば, ベンは何頭飼うべきか (ベンは, 市場での売上げにしか興味がないものとする).
  c. ジェリーが2頭飼うとすれば, ベンは何頭飼うべきか.
  d. ジェリーについて分析を繰り返す. 放牧される牛は2頭か3頭か4頭か.
  e. 共有地の牧草が痩せ細るのを防ぐには, どんな戦略が有効か.

17. 非競合性, 排除不可能性, 私的財, 公共財, 共有資源, という用語を使って, 以下の財を分類せよ.

  a. ハンバーガー
  b. 灯台
  c. 洪水対策
  d. スイミングプール
  e. 公園
  f. テレビ放映
  g. 携帯電話サービス
  h. コンピュータ・ソフトウエア

18. 聴取者の寄付頼みの公共ラジオ局は, つねに経営危機に瀕しているのはなぜか, 適切な用語を使って説明せよ.

19. 野球チームのホームグラウンドでの勝利は, 地元愛をかき立てるという意味で, 非競合財でもあり, 排除不可能財でもあり, 地元住民に便益をもたらす. 次ページのグラフは, (小さな町の住民) ベアトリス, エドワード, シャーロットが, 地元チームの勝利で享受する限界便益を示したものである. 図には, 1回勝利するための限界費用も示してある.

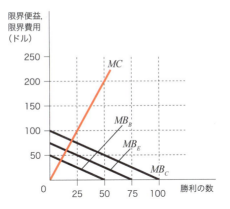

a. 地元住民が享受する限界便益の合計を示せ．グラフに慎重に書き入れること．
b. 社会的に最適な勝利の数を求めよ．グラフに書き入れよ．

20. 公共財である蚊の駆除の恩恵を得る消費者が2人いる．ダッシュの便益は $MB_D = 100 - Q$，リリーの便益は $MB_L = 60 - Q$ で表され，Q は駆除される蚊の量である．
  a. 限界便益の合計，MB_T を求めよ．
  b. 蚊の駆除の限界費用は，$MC = 2Q$ だとする．蚊の駆除の最適量はいくらか．
  c. 蚊の駆除の最適水準で，ダッシュとリリーが享受する便益はいくらか．（ダッシュとリリーは個人的に費用を負担する必要はなく，政府は受益者に直接費用を負担させることなく蚊の駆除を実施すると想定する．）

第**4**部 基礎から応用へ

行動経済学と実験経済学

第**17**章

あなたはジョージア州アトランタにある疾病管理予防センター（CDC：Centers for Disease Control and Prevention）の責任者である．同センターは，保健福祉省所管の感染症対策の総合研究所で，米国の安全を守ることを使命としている．フロリダ州で突然，インフルエンザに似た奇病が発生した．優秀な部下によると，政府が対策を講じなければ600人が死亡するという．この危機に対して，2つのプログラムが考えられる．

■ プログラム1では，2通りの対策があり，どちらもコストは変わらない．予算や人員の制約から，1つしか選べない．対策Aは200人の命を救える．対策Bはリスクがあり，600人全員を救える確率が3分の1だが，1人も救えない確率が3分の2である．どちらの対策を取るか．

■ プログラム2では，2通りの対策があり，どちらもコストは変わらない．やはり1つしか選べない．対策Cでは，400人が確実に死ぬ．対策Dでは，1人も死なない確率は3分の1だが，全員が死ぬ確率が3分の2ある．どちらの対策を取るか．

　プログラム1では対策Aを，プログラム2では対策Cを選んだだ

584 第4部 基礎から応用へ

ろうか. 選んだはずだ. 2つは同じ対策で, 説明の仕方を変えただけだから
だ. どちらも200人が生き残り, 400人が確実に死ぬ. 同様に, 対策Bと対
策Dも同じで, 言い方を変えただけだ. どちらも全員を救える確率が3分
の1で, 1人も救えない確率が3分の2である.

　どちらの対策を取るか尋ねた, 有名な調査がある.[1] プログラム1では,
回答者の72％が対策Aを選択した. 200人を確実に助けられるほうが, 助
かる人数は多いが, 1人も救えないリスクがある対策Bよりましだと考えら
れた. だが, プログラム2では, 同じ回答者の78％が対策Dを選択した.
全員を救える可能性があるときに, 400人が確実に死ぬ対策Cなど取れな
い, という理屈だ. だが, 思い出してほしいが, 対策Aと対策Cは同じで
ある. 対策Aは200人が確実に助かる (つまり400人は確実に死ぬ), 対策C
は400人が確実に死ぬ (200人は確実に生き残る). 調査を行ったエイモス・
トヴェルスキーと (ノーベル賞を受賞した) ダニエル・カーネマンは, 説明
の枠組み (フレーミング) を変えることによって, 同じ内容の選択肢を劇的
に変えたのだ.

　こうした結果は, 標準的な経済モデルでは起こりえない. 前章までみてき
たとおり, 効用関数, 費用, リスクなどについて考える際, 意思決定は選択
肢の記述の仕方には左右されなかった. 1つのバンドルは, もう1つのバン
ドルよりも好まれるか, 好まれないかのどちらかしかない. ある生産水準の
費用は, 生産量がいくらであっても同じ方法で計算できる.「命が救われる」
か「命を落とす」か, 説明の枠組み (フレーミング) がなぜ重要なのか, 経済
モデルでは説明できない. また, 企業が商品に99セントの価格を付けるの
はなぜなのか, ナイキのシャツが25ドルなら1枚しか買わないのに, 50ド
ルから50％引きになっていたら3枚買うのはなぜかも簡単に説明できない.
モデルの構築にあたって経済学者は, つねに経済主体は合理的に行動し, そ
れゆえ, 疾病管理予防センターの例では, 対策Aと対策Cは200人の命が助
かるので内容は同じだと認識し, シャツの例では, どちらも価格は1枚25

---

1)　Amos Tversky and Daniel Kahneman, "The Framing of Decisions and the Psychol-
ogy of Choice," *Science* 211, no. 4481 (1981): 453-458.

ドルで変わらないと考える，と想定する．

　近年，経済学では，標準的な経済モデルは世の中の仕組みを説明するうえで大いに役立つのはたしかだが，意思決定に人間の心理が絡んでくるとき，モデルはひどく間違うことがある，という事実が受け入れられるようになってきた．

　重要なのは，こうしたモデルの間違いの特性である．個人や企業は間違いを犯し，これまでの分析で想定してきた完全に合理的で利己的な主体とは異なる行動を取ることもあるが，そうした間違いはランダムに起きる（間違いに予想できるパターンがない）とすれば，標準的な経済モデルには欠点があるかもしれないが，今あるもののなかでは最善である．だが，モデルの間違いが系統だったもので，つまり，人々が予想される形で，モデルとは異なる行動を繰り返しているとすれば，欠陥ははるかに深刻だ．経済行動モデルに心理学の知見を取り入れた**行動経済学**（behavioral economics）が存在感を増しているのは，こうした合理的な経済上の意思決定からの系統だった乖離が背景にある．

　行動経済学自体もそうだが，この章は，これまでの16の章で提示してきた伝統的なミクロ経済学とは毛色がやや異なる．特定のモデルを示してその解法と応用方法を説明するのではなく，現実の行動をよりよく説明しようと努めるなかで，経済学者や心理学者が伝統的な経済モデルをどのように拡張してきたのかを検証する．この章の前半では，行動経済学の研究から浮き彫りになった主要な心理的バイアスや間違いの概略を示し，これらが従来モデルにとってなぜ問題なのかをあきらかにする．さらに，機能的な市場では，完全に合理的で利己的な市場参加者が，こうしたバイアスを利用できることを学ぶ．バイアスの具体例として，フレーミングの影響（疾病管理予防センターの例でみたバイアス），過信，現在を過度に重視する傾向，サンクコストへのこだわり，その他を取り上げる．

　さらに，計量経済学など従来の統計手法ではなく，実際に実験を行ってモデルを検証する実験経済学の新たな手法を取り上げる．そして，行動経済学が将来のミクロ経済学にとってどんな意味を持つかを論じて，本章，さらには本書全体を締めくくるつもりである．最終的に，経済の意思決定者の役割

586 第4部 基礎から応用へ

とその行動，またミクロ経済学の強み（そして弱み）について，バランスの取れた見方ができるようになるはずだ．

17.1 経済モデルの予想どおりに行動できないとき

　本書でみてきた経済モデルを信奉する主体にとって，気になることはただ1つである．いかに自分の取り分を最大化するか——企業なら利潤を最大化し，消費者なら効用を最大化するかだ．そのために複雑な選択肢を検討し，かなりの計算を行い，合理的なトレードオフを行う．

　「通常の」経済モデルに批判的な人たちは，「ホモ・エコノミカス」という言葉を使って，経済的な世界に生息する人種をバカにする．「ホモ・エコノミカス」は，ふつうの人間（ホモ・サピエンス）と見た目はおなじだが，どんなに複雑な経済の問題も解決でき，何がほしいか，どうすれば手に入れられるかを正確に知っていて，間違えるはずがないと思っている．言い換えれば，ホモ・エコノミカスはホモ・サピエンスと似ても似つかないというわけだ．

　この節では，ホモ・エコノミカスがホモ・サピエンスと違っている点のうち，行動経済学がとくに重要だと考える点を5つ取り上げる．[2]

系統的なバイアス1——過信

　生身の人間に付き物だと行動経済学が指摘する心理学上のバイアスの1つが，**過信**（overconfidence）である．合理的経済モデルでは，人は現実的な予想をして，事実に基づいて厳格に判断すると想定しているため，自分のスキルや判断力を過信しているとき，あるいは都合の良い結果が起きる確率

---

2)　行動経済学に興味が湧いたら，リチャード・セイラーとキャス・サンスティーンの『実践　行動経済学』（日経BP社，遠藤真美訳）やダニエル・カーネマンの『ファスト＆スロー』（早川書房，村井章子訳）を読むといい．この分野の概略をつかむことができる．

を不当に高く見込んでいるとき，人は系統的な間違いを犯すことになる．

アンケート調査を行うと，典型的な成人は平均より運転がうまいと答える．米国の大学生では，そう答える割合が93％にのぼる．車の運転にかぎらず，多くの点で他人より優れていると自負している人がほとんどだ．自分の知性やユーモアのセンスなども過大評価している人が多い，という調査結果もある．インターネットのある出会い系サイトでは，自分の肉体的魅力が「非常にある」または「平均を上回る」と回答した人が，登録者の77％にものぼった（男女比はほぼおなじ）．公平を期すために言えば，彼らも自分が魅力的だと本気で思っているわけではなく，最初のデートの約束を取り付けるためにそう答えただけで，あとは知性とユーモアでハートを射止めようと思っているのだろう．

過信が重要な役割を果たしているのが，株式市場と先物市場である．この市場で誰かが売買するとき——たとえば，グーグル株を100株売る，あるいは原油を1,000バレル売るとき——，反対側にはグーグル株を100株，あるいは原油を1,000バレル買う人が必ず存在する．買い手は価格が上がると思うから買い，売り手は上がらないと思うからこそ売ろうとするはずだ．どちらかが間違っている．自分より情報を握っていそうな相手や，判断力が上だと思う相手とは取引しようとは思わない．だが，自分は誰よりも優れていると思うのであれば，もっと取引しようと思う．

同様に，自分の能力を信じている企業経営者も，失敗するわけがないと過信して，過大な投資を行い，過大なリスクを取る傾向がある．

自信過剰な人たちに対するマーケティング　　心理的なバイアスのある人は，より合理的な人や企業に利用されやすい．たとえばスポーツジムは過信のバイアスを熟知していて，そうしたバイアスを持つ人たちを巧みに取り込んでいる．スポーツジムに申し込む際，たいていの人は目標達成を甘く考えている．平均の利用回数は，当初自分が想定したよりずっと少ないものだ．スポーツジムはそれを知っていて，そうした楽観的な見通しを利用した入会案内を提案する．頻繁に利用するつもりの人は，月会費を100ドル支払ってもいいと思うが，それほど頻繁に通わない人は，せいぜい20ドルくらいだ

588　第4部　基礎から応用へ

と思う．だが，今年こそ引き締まった身体を手に入れようと年始に誓いを立てると，ジムに行く回数を過大に見積もってしまう．なかには新年の誓いをまっとうする人もいるが，たいていはせっせと通うのはほんの数カ月で，後はやめてしまうものだ．

　これを踏まえて，合理的なスポーツジムの経営者は，事業戦略を立案する．スポーツジムもそうしようと思えば，一般の財――1ガロンの牛乳や映画のチケット1枚と同じように価格を付けることができるが，そうはしない．たとえばジムを1回利用すれば10ドル，といった価格設定はしない．ごく短い無料体験期間の後，かなりの金額の前払いが必要な長期契約を結ばせようとするのが一般的だ．

　1週間通って自分は頻繁に利用するはずだと過信した人は，1,200ドルの年会費を払って，1年間無制限に利用できる会員になってくれる．こうしたタイプの契約なら，1回ごとに課金するより，自信過剰の顧客から多額の会費収入を引き出すことができる．最終的にどのくらいの頻度で利用するかわからないのだから，高くても1回ごとの料金を支払ったほうが得になる可能性があるにもかかわらず，多額の年会費を前金で支払ってくれるのだ．まさに，こうしたスポーツジム業界の実態が，行動経済学研究者によってあきらかにされている．[3]

系統的なバイアス2――自己管理の問題と双曲割引

　行動経済学が重視するもう1つの心理的なバイアスが，「たった今」ほしがるということ，そしてそれを自制することのむずかしさだ．純現在価値について学んだ第13章と，第12章の繰り返しゲームで，将来の割引を取り上げた．これらの議論では，割引率を年10％とするなど（1年後に支払われる1ドルの現在価値は0.90ドル），毎期，決まった率を割り引く単純な枠組みを使った．これに対して行動経済学では，遠い将来についてはこうした枠組

---

[3]　Stefano Della Vigna and Ulrike Malmendier, "Paying Not to Go to the Gym," *American Economic Review* 96, no. 3（2006）: 694-719.

みで考えるとしても,「たった今」については, 割引率が示唆するよりはるかに重視する傾向があると主張する. 将来の利得がはるかに大きいとしても, 目の前の利得を優先するこうした行動は, **双曲割引** (hyperbolic discounting) と呼ばれる.

これを理解するのにうってつけの例として, テレビショッピングでジューサーを購入する人を思い浮かべるといい. 支払い方法は2通りあり, 一括で300ドル支払うか, 毎月90ドルを4カ月支払うかだ. どちらを選んでも, 購入した時点でジューサーは顧客のもとに届く. 分割払いを選んだとしても, 品物の到着が遅れることはない. 完全に合理的な消費者(経済モデルで想定されている合理性にしたがう人)なら, 割引率をたとえば月5%として純現在価値を計算するだろう(5%はかなり高いが, わかりやすくするためである). 一括で購入する場合, ジューサーは300ドルだった. 毎月90ドルで4回の分割払いなら, 支払額の合計は360ドルだが, その純現在価値は, $90/(1.05) + 90/(1.05)^2 + 90/(1.05)^3 + 90/(1.05)^4 = 319.13$ ドルになる. 4回の支払額の合計の純現在価値(319.13ドル)は, 一括払いの300ドルを上回っているので, 一括払いで購入すべきである.

だが, 双曲割引は, たった今起きることを重視するので, 近い将来の割引率すらかなり大きくする. 言い方を変えれば, たった今の満足を先延ばしするには, かなり高い金利を稼がなくてはならないのだ. 先の例で, 最初の1カ月の双曲割引率を25%, 残り3カ月の割引率を5%とすると, 支払い額の純現在価値は, $90/(1.25) + 90/(1.25)(1.05) + 90/(1.25)(1.05)^2 + 90/(1.25) \cdot (1.05)^3 = 268.08$ ドルとなり, 一括払いの300ドルを下回る. そのため, どうしても今ジューサーを手に入れたい人のなかには, ジューサーも手に入り, 手元におカネも残るので, 分割払いを選ぶ人が出てくる. 双曲割引の1期目の割引率がきわめて高いのは, ジューサー以外のものもすぐに手に入れられるおカネも残しておきたいので, 300ドルを一括で払うのが苦しいからだ.

双曲割引の消費者が, 貯蓄・投資選択など消費者の意思決定の標準的な経済モデルに持ち込む問題の1つが, 意思決定の**一貫性** (time-consistent) のなさだ. つまり, たった今, 今年, 来年, 再来年の行動を決めるとしても,

いざ翌年（2年目）になると，その行動を取ろうとはしないのである．1年後のことなら，さらに1日待つことなど大したことではないと思えるが，実際に1年経ってみると，その同じ1日を待つということが，より高いコストに感じられる．2年後にこうすると考えていることと，実際の行動は同じにはならない．たとえ2年後の世の中が，予想どおりであったとしても，だ．

　一貫性がない人間の行動を分析するのは，とてつもなくむずかしい．今日の自分が明日の自分とは違っていて，違う人間2人のゲーム理論の戦いに，自己管理の問題が入ってくるのだから．「今日の自分」は来年こそしっかり貯金しようと思っているが，「来年の自分」は，貯金は翌年に延ばして使おうと思う．自分がそういう人間だとわかっていれば，（来年になれば，使ってしまうと思う）将来の自分に確実に貯金させる行動を，（来年こそ貯金しようと思っている）「今の自分」に取らせればいい．たとえば，来年になったら，給与の一部を自動的に退職金に繰り入れるよう勤務先と契約を結ぶ．あるいは，好きではない組織宛てに小切手を書いて，自分が計画どおりに貯金しない場合，その組織に小切手を送るよう友人に頼んでおく（計画どおり貯金すれば，友人に小切手を破ってもらう）．こうした類いの極端でない仕掛けは，常時活用されている．将来の自分が誘惑に負けないように禁煙を目指す人はタバコを捨て，ダイエットに励む人はアイスクリームを捨てている．

自己管理に問題がある人に対するマーケティング　　双曲割引の主体は現在に重きを置きすぎるので，長い目でみれば後悔することになる選択をしてしまう．経済学の最終試験に備えてしっかり勉強せず，避妊せずにセックスしてしまい，将来に備えて十分な貯金をしない，といった行動を取ってしまうわけだ．

　賢明な企業は，衝動を抑えられない人間の特性を巧みについたマーケティングを行う．家具店はふかふかの布団を試させ，「前金なし」だが，結局高くつく分割での購入を勧める．2000年代の住宅バブルの時期には，多くの人が住宅ローンを借り換えたが，住宅を担保に多額の資金が借りられるヒモ付き融資だったため，住宅の時価と同じになるまで債務が膨らんだ．なかに

は，住宅保有者が「債務超過（アンダーウォーター）」になるほど貸し込む銀行もあった．住宅価格が上がり続けることを期待し，あるいは想定して，住宅の時価を上回るほど借入れを増やしてしまったわけだ．双曲割引のマーケティングを得意としているのがクレジットカード会社だ．最初の1カ月は金利0％を謳い，毎月の支払額を最低額に設定し，「無料」での他のカードからの借換えを促す．いずれのケースでも，消費者が将来，高いコストを支払うのと引き換えに，たった今，おカネを手に入れたり，借入れコストを引き下げたりすることを可能にしている．

　想像できると思うが，現状を過大に重視する双曲割引の主体と，「通常」の率で割り引く合理的な主体がいる経済モデルでは，合理的な主体が（忍耐強く，毎年貯蓄を続けるので）すべてのおカネを手にする一方，「いまほしい」双曲割引派は（何でもすぐにほしがり，毎年手元のおカネを使ってしまうので）いずれ破綻することになる．自分が衝動的で双曲割引的な行動を取ってしまうという自覚があるなら，注意したほうがいい．自分が立てた計画どおりに行動し，誘惑に負けない方法を見つけることだ．

系統的なバイアス3──フレーミングの餌食になる

　意思決定における，もう1つの系統的なバイアスは，問題をどのような枠組み──フレーミングで捉えるかに左右されて，両立しがたい（したがって非合理な）決定をしてしまうことだ．この章の冒頭で取り上げた疾病対策が典型例だが，フレーミングのバイアスには，さまざまなタイプがある．

　その1つが**保有効果**（endowment effect）であり，すでに持っているものを手放すときの痛みのほうが，同じものを手に入れた喜びよりも大きい場合に生じる．具体例で考えればわかりやすい．教授が受講生全員に贈り物をすると決めたとしよう．半数の受講者にはコーヒーのマグカップを，残りの半数にはキャンディを贈る．平均価値は変わらない．適当に配るので，キャンディがほしい学生がマグを受け取り，マグがほしい学生がキャンディを受け取る場合もある．伝統的な経済モデルでは，自由市場での交換を認めることで，学生全体の厚生が高まる（この点については，第14章で論じた）．価値

が等しい贈り物が同数あり，適当に配られているので，学生の半数は贈り物の交換を望むはずだと考えられる（学生の半数はキャンディをほしがり，残りの半数はマグをほしがっていると想定しているので）．

だが，このシナリオや類似のシナリオを試した実験では，予想どおりにはならなかった．行動経済学者のリチャード・セイラーが，まさにここにあるとおりの実験を行ったところ，最初に配られたものが何かには関係なく，もらったものを積極的に交換しようという学生は（理論で予想される50％前後ではなく），15％しかいなかった．マグであれキャンディであれ，もらった途端に，より価値を感じるようになったのだ．実際，小売価格でマグを買い戻そうと持ちかけても，多くの学生は拒否した．贈り物としてもらう前は，店でそのマグを買う選択などありえなかったにもかかわらず，である．（結局のところ，店頭でマグの購入を見送ったということは，小売価格を下回る価値しか認めていなかった，ということだ．）要するに，マグを贈られたことによって，マグから得られる効用の認識が変わったのだ．これが保有効果である．

保有効果は，**損失回避**（loss aversion）と呼ばれる，より幅広い行動パターンの特殊なケースである．損失を回避する人には，心のなかに特別な参照点（reference point）がある．その参照点を選んだ理由は，いろいろあるだろう．前回買ったとき支払った値段かもしれないし，隣人の稼いでいると思われる所得かもしれないし，昨日のバスケットボールの試合の得点かもしれない．参照点が何に基づいているにしろ，損失回避においては，参照点を上回ること（利得として認識）の気分の良さより，参照点を下回ること（損失として認識）による痛みをより強く感じる．このため，たとえば，レストランで前回に支払った価格が参照点である場合，今回値下げがあって得をしたと感じるよりも，同額を値上げされた場合に損をしたと思う気持ちのほうが強く，効用が大きく低下したと感じるわけだ．

これは，本書で扱ってきたモデルの消費者にはあてはまらない．モデルの消費者は，自分が購入できる財のバンドルにしか興味がない．わずかな価格上昇がもたらす効用の低下幅は，わずかな価格低下がもたらす効用の上昇幅と，基本的な価値が同じである．損失回避が伝統的なモデルと異なるのは，

消費者の選択が出発点に依存している点である．損失回避傾向の人が参照点をわずかに上回っていると，まさしくリスク回避的な行動を取るだろう．だが，参照点をわずかに下回っている場合，参照点に復帰するために，極端にリスク愛好的な行動を取る可能性がある．

次の小節では，住宅市場におけるこうした行動の最たる例を取り上げるが，住宅保有者が売却をしようとするときは，最初に購入した価格を参照点にする傾向があるようだ．その場合，サンクコストの誤謬に陥る可能性がある．

フレーミングのバイアスのもう1つの例が，**アンカリング**（anchoring）である．人は与えられた情報の断片をもとに，意思決定を行う傾向がある．たとえば，国連加盟国の中でアフリカ諸国の割合は何パーセントか尋ねるとき，「65％より多いか」ではなく「10％より多いか」と聞くと，平均的な答えは小さくなる．[4] 市場の取引では，たとえば，カヤックを購入する場合，最初にいくつか高いものを見ると，それがアンカーとなって，カヤックに支払ってもいいと考える価格が上がる現象がある．これがアンカリングのバイアスである．このように商品や価格の見せ方が消費者の選択に影響を与えるわけだが，従来の需要理論では，消費者が支払ってもいいと考える価格はあくまで消費者の選好によって決まると考える．フレーミングやラベリング（labeling）が重要だとはみなされていない．

フレーミングのバイアスの最後の形が，**メンタル・アカウンティング**（mental accounting, **心の会計**）であり，現在および将来の資産を一体として捉えるのではなく，小分けにして，その狭い枠（フレーム）の中でしか考えられないときに起こる．従来の消費者行動理論では，消費者は，貯蓄あるいは購入の決定を，所得や価格などから成る効用関数をもとに行う．こうした合理的な消費者と違って，人はメンタル・アカウンティングで資金や支出を分けて考える，と行動経済学者は主張する．たとえば，「貯蓄」という大きなカテゴリーで考えるのでなく，大学用の資金，休暇用の資金，退職後の

---

4) Amos Tversky and Daniel Kahneman, "Judgment under Uncertainty: Heuristics and Biases," *Science* 185, no. 4157 (1974): 1124-1130.

594 第4部 基礎から応用へ

資金といった会計が頭のなかにあり，項目間の資金移動がむずかしいか，不可能であるかのように行動をする．毎月の支出では，「消費支出」という1つの項目ではなく，ガソリン代，洋服代，食費，といった項目に分けて考える，ということだ．

　メンタル・アカウンティングは，異なる所得の源泉についてあてはめることもできる．拾った20ドルは棚ボタだと思ってすぐに使うが，仕事でもらった20ドルのチップはほとんどを貯金に回すとすれば，メンタル・アカウンティングで考えていることになる．落ちていたのを拾ったか，客から感謝されてもらったかは，関係ないのだが．

フレーミングのバイアスを持つ人に対するマーケティング　フレーミングのバイアスを利用したマーケティングで利益をあげる方法は無限にある．そのノウハウを身に着けることこそ，賢いマーケティングの定義そのものだと皮肉る人がいるほどだ．

　保有効果バイアスを持つ人には，企業は返金保証を提案する．商品を買う前なら，実際に気に入るかどうかはわからないので，合理的な消費者は返金保証が付いていればありがたいと考える．保証があれば，買って試してみようという気にもなる．だが，保有効果バイアスのある消費者は，いったん商品を買ってしまうと，過大な価値を感じてしまい，完全に満足してなくとも返品しておカネを返してもらおうとは思わなくなるのだ．[5]

　アンカリング・バイアスを持つ消費者を取り込むには，定価をわざと高くしておいて，「50％オフ」セールの広告を打つ手がある．当初の吊り上げた価格に見合う価値があるとアンカリングすることで，「50％オフ」はお買い得だと思わせるわけだ．元々，「50％オフ」の価格で販売しているにもかか

---

5) 生産者が返金保証を付ける理由として，行動経済学にまったく依拠しない別の説明があることに留意したい．情報の非対称性があるとき（第15章），高品質の製品をつくっている生産者は，製品が高品質であるシグナルとして返金保証を利用することができる．低品質の製品を生産している企業には，返品される可能性が高く，返金保証は最も高くつくので，最初に返金保証をつけることは，製品の良さを示すサインとして信頼できる．行動経済学をめぐる活発な議論の核心には，経済行動に関するこうした対照的な見方がある．

わらず，である．

　メンタル・アカウンティングで考える消費者は，自動車販売の営業マンがよく使う「ご予算はおいくらですか」という言葉に気をつけたほうがいい．いったんメンタル・アカウントに金額を入れれば，賢明な営業マンは確実にそれを取り払う方法を見つけるだろうから．

系統的なバイアス4——サンクコストに注意する

　経済的な意思決定でとくに重要なテーマの1つが，決断する際にサンクコストは関係ない，ということだ．すでに支払いは終わっており，取り戻すことはできないのだから，それで意思決定が左右されるべきではない．合理的な意思決定者が考えるのは，せいぜい機会費用だけである．（基礎編の第7章を読んで復習しよう．）

　だが，現実には，何かを決める際にサンクコストに大いに左右されている，と行動経済学者は主張する．**サンクコストの誤謬**（sunk cost fallacy）の古典的な例に，1985年に心理学者のハル・アークスとキャサリーン・ブラマーが発表した実験がある．[6] 1985年，オハイオ大学内の劇場窓口を訪れた人に，10回分のシーズン・チケットの購入を持ちかける実験を行った．その際，3つのグループに分け，料金を適当に割り当てた．第1グループは1回15ドルの定額料金，第2のグループは1回13ドル，第3グループは1回わずか8ドルとした．

　公演日の朝には手元にチケットがあるのだから，チケット代をいくら支払ったかは，公演を鑑賞することで得られる限界便益とは関係ないと想定できる．チケット代はサンクコストであり，公演を鑑賞する限界費用は，公演時間の価値だけである．チケット代にいくら支払っていても，機会費用は同じであり，追加費用がかかるわけではない．にもかかわらず，シーズン前半の期間中，定額料金を支払った第1グループは，割引を受けたグループよ

---

6)　Hal R. Arkes and Catherine Blumer, "The Psychology of Sunk Cost," *Orgaizational Behavior and Human Decision Processes* 35, no. 1（1985）: 124-140.

596　第４部　基礎から応用へ

りも，実際に公演を見た回数が約25％多かった．高い料金を支払ったグループは，元を取るために見に行かなければならないと義務感を感じるからだ，と行動経済学者は主張する．この結果から，人は合理的にそうすべきであっても，サンクコストを単純に無視できないことがうかがえる．[7]

　企業や政府も，似たようなサンクコストの間違いを犯す．その一例が，英国政府とフランス政府が共同で開発した超音速旅客機のコンコルドだ．かなり楽観的な見通しのもと，1960年代初めに共同開発が始まった．だが，計画はたちまち行き詰る．最終的に開発費用は，当初計画の6倍にのぼったが，コストの超過ははるか前に予想されていた．誰に聞いても計画の中止が正しい選択だっただろう．だが，アラン・テーゲルが1980年の著書で評したように「やめるには投資しすぎていたため」，政府は無理やり計画を推し進めた．[8] 結局，製造されたのは20機のみで，2003年を最後に運航は停止された．

応用　サンクコストのバイアスと住宅市場の崩壊

　ほとんどの人にとって，住宅購入は人生最大の投資である．多額のおカネを投じるわけなので，あらゆる意思決定のなかでも，合理的な判断が行われると予想されるのではないだろうか．

　だが，経済学者のデヴィッド・ジェネソフとクリストファー・メイヤーの研究結果から，住宅購入の意思決定でも，サンクコストの誤謬に陥りやすいことがうかがえる．[9] とくに住宅を売る際に，買ったときよりも安い価格で

---

7)　シーズン後半の観客の行動については，標準的な経済モデルの予想の精度が前半よりも高かった点を明記しておかねばならない．シーズン後半では，支払った価格による行動の差はなく，サンクコストの誤謬はなくなっていた．3つのグループすべてで，そもそも公演にはそれほど興味がなかったことを悟ったのだ．シーズン後半は，支払った料金に関係なく，劇場に足を運んだ回数は2回に減っていた．

8)　Allan I. Teger, *Too Much Invested to Quit*, Oxford: Pergamon Press, 1980.

9)　David Genesove and Christopher Mayer, "Loss Aversion and Seller Behavior: Evidence from the Housing Market," *Quarterly Journal of Economics* 116, no. 4 (November 2001): 1233-1260.

図17.1 住宅市場の超過供給

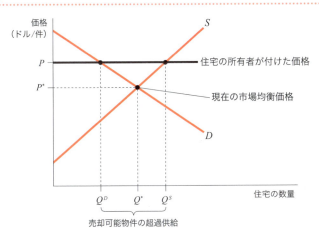

1990年代のボストンで売却を希望する住宅所有者は、サンクコストの誤謬に陥った。所有者が付けた価格Pは均衡価格P^*を上回っていた（$P>P^*$）。そのため、売却件数はQ^Dにとどまり、均衡価格で売れたはずのQ^*を大きく下回った。その結果、Q^S-Q^Dの超過供給が発生した。

売るのを避けようとする傾向が強く、損失回避とサンクコストの誤謬の両方の傾向が見受けられる。

　所有者が住宅をいくらで買ったかは、その住宅をいくらで売るべきかとは関係ない。住宅価格は、その時点の市場の動向――住宅の需要と供給で決まる。10年前に誰かがその住宅に支払った価格など、市場は意に介さない。

　売り手がサンクコストの誤謬に陥って、住宅市場が不調であるにもかかわらず、名目で損が出ることを嫌がったら何が起きるだろうか。売り手は、その時点で妥当な市場価格を上回る価格を付けることになる。基礎編の第2章で学んだように（さらに、図17.1で示すように）、市場均衡価格を上回る価格では、売れる量（需要量）Q^Dは均衡数量を下回り、Q^S-Q^Dの分だけ、供給がだぶつくことになる。

　1990年代のボストン中心部では、まさにこのとおりのことが起きた。1990年代初頭の不況で、コンドミニアムの価格は40％も下落したが、これほどの安値で売ろうとする持ち主はほとんどいなかった。実際に、希望売却

価格の平均は，予想市場価格を35％も上回っていた．この差がサンクコストの誤謬によって引き起こされたことを示す何よりの証拠は，他の条件を一定とすると，買ったときにくらべ損失額が大きい所有者ほど，希望売却価格を高くしていたことだ．[10]

予想されることだが，市場を上回る価格にこだわる場合，売り主は市場で取り残されるだけだ．180日以内に売れたのは，売却希望物件の3分の1に満たなかった．年間の売却件数は，通常の半分にとどまった．住宅所有者は，自分が支払った価格よりも安い価格で売りたくはない．名目で損をするくらいなら引越しなどしないほうがましだと家に引きこもってしまったのだ．こうした態度こそ，所有者にとってのコストとなる．（家族の人数が変わったり，勤務地が変わったり，所得が変動したりするなどして），引越ししたいのに，そうできないのだから．

以上はかなり前の出来事だが，2007-2008年頃の住宅バブルの崩壊を受けて，同じ問題がもっと大規模に持ち上がった．自宅の価格が，自分が支払った金額を下回る人が続出したのである．■

サンクコストにこだわる損失回避的な人に対するマーケティング　ごく基本的なレベルでは，サンクコストの誤謬に陥った人の損失とコストを，市場は放置する．住宅市場で痛手を負うのは，含み損を抱え，頑として売値を変えようとしない売り主だ．相場を上回る価格では買い手がつかないので，売り主は身動きが取れない．サンクコストのバイアスに惑わされない市場参加者は，サンクコストの誤謬に陥った人のおかげで，最終的に得をする．再度，住宅市場の例で考えると，バイアスのある売り主が相場より高値で売ろうとするおかげで，合理的な売り手はふつうに価格を付けただけで，割り引いたようにみえるのだ．

---

10)　これは，住宅価格が大幅に下落して，住宅ローン残高が住宅価格を上回る「アンダーウォーター」の保有者だけでなく，すべての売り手にあてはまる．アンダーウォーターの場合は，住宅ローンを返済するには追加で現金が必要になる．

系統的なバイアス5——寛大さと利他心

　経済モデルでは，消費者や企業が自己の利益を求めて合理的に行動すると想定している．この想定に対する最も基本的な疑問は，人は寛大さや無私の心，**利他の精神**（altruism）で行動し，他人の幸せが一番である場合が少なくない，という事実である．たとえば，親は子どものためなら犠牲になり，ボランティアは長時間汗を流し，軍人は祖国のために戦う．さまざまな大義のために苦労をいとわない．経済学者は，寛大さの要素（「相手を助けることで感じる温かみ」）を効用関数に加味することで，あるいは親の効用が本人の消費だけでなく子どもの消費にも依存すると考えることで，標準的なモデルにこうした利他的行動を取り入れようとしてきた．消費者行動をモデル化するにあたり，寛大さのバイアスを取り入れる方法はいくつかある．だが，こうした方法は，人は何の見返りもなく他人を助けている場合が多く，つねに合理的な経済主体として行動しているように見えない，という根本的な疑問に答えるものではない．

　興味深いことに（あるいは見方によっては悲しいことに），寛大さや無私の行動を説明する議論では，まったく私心がないとみなされる寄付などの行為に，利己的な匂いを嗅ぎつけ，従来の経済理論で説明できると主張する経済学者は少なくない．

　たとえば，米国の大学卒業生による寄付について考えてみよう．多くの大学では，予算のかなりの額が卒業生の寄付で賄われている「教育支援団体」（Council for Aid to Education）の報告によれば，2011年の寄付総額は300億ドルを超えていた．卒業生は在籍時に受けた恩を返すため，感謝のしるしとして寄付をしているのだとふつうは思う．だが，経済学者のジョナサン・ミアとハーヴェイ・ローゼンが，あるマンモス私立大学の寄付を調べたところ，当初考えていたほど私心がないわけではないように思われた．[11] 子どものいる卒業生は，そうでない卒業生にくらべて寄付する割合がかなり高かっ

11）　Jonathan Meer and Harvey Rosen, "Altruism and the Child Cycle of Alumni Donations," *American Economic Journal: Economic Policy* 1, no. 1（2009）: 258-286.

600 第4部 基礎から応用へ

たのだ．子どもが14歳になったときに寄付が大きく増えはじめ，大学に進学するまで増え続けていた．子どもが18歳か19歳になった時点で，母校への進学を許された卒業生の寄付総額は，子どものいない卒業生の10倍以上に達していた．子どもが母校に進学できなかったある卒業生は，寄付を大きく減らし，寄付総額は子どものいない卒業生と変わらなくなっていた．つまり，非営利の大学に寄付するという私心がないようにみえる行為が，子どもをいい大学に入れるという利己的な動機の影響を直接受けていたわけだ．

寛大さに注目したジョン・リスト，ステファノ・デラヴィーニャとウルリク・マルメンディアの研究を見てみよう．[12] 彼らは，ボランティアに戸別訪問させ，寄付を募る実験を行った．寄付をした住人は多く，利他精神があると思われた．だが，実験の途中から，訪問予定の家庭の玄関先に，「翌日の何時に寄付のお願いに参ります」と書いたチラシを置いてくるよう，ボランティアに指示した．住人に本当の利他の精神があるなら，指定された時間には自宅にいるよう努力するのではないだろうか．予想に反する結果になった．寄付のお願いに来ると知らされた住人の多くは，その時間に家にいないか，ドアを開けることを拒んだのだ．予告なしで訪問されたら，寄付をしたのではなかろうか．この実験結果をみると，人が寄付をするのは利他の精神によるものではなく，少額の寄付をお願いされたときに利己的だと思われたくないという社会的なプレッシャーと関係がありそうだ．

経済モデルは，合理的な主体が利己心に基づいて意思決定をすると想定しているので，寄付や寛大さといったテーマは，標準的な経済モデルの構築に難題を投げかけている．だが，以上の例から，人間の行動にはやはり利己心が大きな役割を果たしている場面が多いといえそうだ．

---

12) John List, Stefano Della Vigna, and Ulrike Malmendier, "Testing for Altruism and Social Pressure in Charitable Giving," *Quarterly Journal of Economics* 121, no. 1 (2012): 1–56.

17.2 行動経済学は，これまで学んできたことがすべて無駄だと言っているのか

　ここまで読んで，基礎編から発展編をつうじて16章分も経済モデルについて学んできたのに，人間はモデルが予想したとおりの行動はとらないと行動経済学で主張されていることを知り，愕然としたのではないだろうか．それなら，役に立たない小難しいモデルや理論は避けて，行動経済学に関する本を読めばよかったと思ったかもしれない．

　こうした疑問はもっともだが，間違っている．何よりも，この章で論じてきた行動が理論からはずれているからといって，これまで学んだ経済モデルが無効になるわけではない．行動経済学があきらかにしているのは，ある状況下では，基本的なモデルでは捉えられない行動をする人がいる，ということである．しかし，経済が多くの場合，どのような仕組みで動いているかを説明するには，これまで学んできた基本的なモデルがきわめて有用である．ただ，人間の行動のような複雑なものを記述するには，さらなる工夫・改善が必要だ．

　第2に，行動経済学が異なる解答を示しているように思える分野でも，基本的な経済モデルにちょっとした調整をくわえるだけで，それを使って見事に説明できる場合が少なくない．たとえば，人はなぜ喫煙という身体に悪い習慣にはまるのか，といった合理的な消費者の基本的な意思決定モデルでは説明がむずかしい現象について考えてみよう．ノーベル経済学賞受賞者のゲイリー・ベッカーは，従来の経済モデルを発展させて，こうした一見，不合理に見える行動を説明している．ケヴィン・マーフィーと共同で開発した「合理的中毒」（rational addiction）モデルは，基礎編の第4章と第5章で学んだ消費行動理論をほんの少し変型したものである．[13] このモデルでは，消費者は，いまタバコを吸いはじめると将来やめるのがむずかしくなるのを知

---

13)　Gary S. Becker and Kevin M. Murphy, "A Theory of Rational Addiction," *Journal of Political Economy* 96, no. 4（August 1988）: 675-700.

りつつ，ニコチン中毒になる生涯コストと，喫煙から得られる効用のバランスを考える．この理論は，たとえば，なぜニコチン中毒になる割合が価格の動きに反応するか，その理由について，単に自制心がないから中毒になるのだという行動経済学的アプローチよりも，うまく説明できる．

ベッカーとマーフィーは差別（discrimination）に関する理論も構築している．この理論では，差別主義者の効用関数に「憎しみ」を投入することで，他の財を手に入れるのに対価を支払うのと同じように，偏見に対価を支払う．たとえば，ある企業の経営者は，有能で適性のあるマイノリティではなく，能力と適性の劣った従業員を採用したがために，利益が減り，売上げが減るという形で対価を支払っていると考える．

第3に，前節で強調したように，市場では，系統的なバイアスを持つ人や企業は，そうでない人や企業に敗れる傾向がある．市場は系統的なバイアスを排除することができる．繰り返し市場に参加する経済主体は，みずからの行動のバイアスに気づいて修正するか，単純に市場から退出するかのどちらかだ．バイアスを持つ主体がいなくなれば，残った市場参加者が示す行動は，無作為の調査で示唆されるよりも不合理ではなくなる．

経済学者や企業にとって重要なのは，人がどれほど徹底した行動を取れるかを試すことである．消費者や顧客，取引先，生産者の行動への理解を深めたいという，この欲求から生まれたのが，経済学のもう1つの分野，実験経済学である．

17.3 経済理論をデータで検証する──実験経済学

近年の行動経済学研究で従来の理論にあてはまらない結果が示されたことを受けて，どの経済モデルが正しいのか，どのように検証するかがますます重要視されるようになっている．需要曲線が右下がりの需要理論から予想される結果などはごく基本的なものであり，現実の世界で検証するのは簡単だと思えるかもしれない．だが，モデルのごく基本的な予想を検証する場合でも，現実の世界の複雑さが立ちはだかる．たとえば，さまざまな都市のチキ

第17章 行動経済学と実験経済学 **603**

ンナゲットの価格と数量のデータがそろっていたとしても，需要・供給理論から価格が高い市場は需要量が少なくなると予想できる，とはいえない．理論で予想しているのは，他のすべての条件が一定の場合，ある財の価格が高くなると，その財の需要が減る，ということである．2つの市場を比較するとき，「もし2市場間で，他のすべての条件が一定ならば」という点にのみ光があたっているが，現実の世界では，この「もし」こそが大問題だ．

現実の世界の複雑さの問題に対処するため，経済学者は膨大なデータや統計的・分析的手法を蓄積し，経済理論の検証に役立ててきた．分析手法には，供給曲線のシフトによって，需要曲線との均衡点がどう動くかを統計的にトレースする，などがある．こうした手法は，**計量経済学**（econometrics）の一部である．計量経済学は，数式や統計を使って，主要な経済変数間の数量的な関係を記述する経済学である．最善の計量手法も，ほとんどのデータにつきものの複雑さはいうまでもなく，現実の世界の潜在的な複雑さを扱うにあたり，いくつかの強力な想定に依拠している．

計量経済学などの実証データを使う手法では満足できず，実験経済学に目を向ける経済学者もいる．**実験経済学**（experimental economics）では，明示的な実験を行うことにより，他のすべての条件を一定として，仮説を直接検証することができる．

ラボ実験

ラボ実験（lab experiment）では，実験のあらゆる面をコントロールして，何がなされたかを正確に説明することができる．典型的なラボ実験は，複数のグループの被験者に同じ行動を取らせるが，その際，1つのグループには行動の一部を変えるように仕向ける，というものだ．たとえば，需要曲線が右下がりかどうかを検証する場合，学生を研究室に集め，各自に30ドル渡し，適当に3つのグループに分ける．各グループには，大学のマスコットが描かれたマグカップを購入するチャンスを与える．ただし，マグカップ1個の価格を変え，第1グループには3ドル，第2グループは5ドル，第3グループは10ドルにする．この実験で，価格以外の条件は同じなので，各

604 第4部 基礎から応用へ

グループの購入量を比較し，トレースして1本の需要曲線にすることで，需要曲線が右下がりかどうかを検証できる（経済学にとって幸運なことに，この実験の検証結果は明白だ）．

被験者を適当にグループに振り分けたランダム化実験（randomized experiment）なら，この章の前半で取り上げたメンタル・アカウンティングの間違いや過信，保有効果などさまざまなバイアスの影響を検証できる．

経済のラボ実験は役立つが，欠点や異論がないわけではない．経済実験には，実験手法を科学的に応用した場合にはほとんどみられない重大な弱点がある．第1に，化合物や実験用マウスと違って，実験に参加する人間は，自分の行動が観察されていることを知っている．そのため当然ながら，経済実験の参加者にはいつもと違う行動を取る傾向がある，との批判がつきまとう．被験者の行動が歪められるのは，実験者や他の被験者を満足させ，印象に残る行動を取ろうとする傾向が強いことが一因である．たとえば大学生は，実験となると，社会的に望ましく，協力的で，道徳上「適切な」行動を繰り返し選択し，利己的に見える行動や，個人の利得が最大になるような選択を避ける傾向がある．こうした歪みから，現実の市場での人間の行動がラボ実験で本当にわかるのか，ラボ実験は個人が意思決定の際に系統的な間違いを犯すことを示しているだけではないのか，といった疑問が湧いてくる．

典型的なラボ実験の第2の問題は，実験での「賭け金」が，実生活のそれとはかけ離れている場合が多い，ということだ．学部の学生に実験に参加してもらうのに，たいしたおカネはかからない．研究予算は少ないので，これは幸いだが，その結果，典型的なラボ実験の賭け金のリスクが小さくなるのだ．賭け金が小さいと，自己の利益に反する行動を取っても，被験者にはたいしたデメリットにならない．さらに，ラボ実験では，少額の謝礼をもらっただけでは割に合わない複雑な作業や面倒な作業をしなくてはならない場合がある．現実の世界で，面倒な計算をやり遂げたら100万ドルもらえると聞けば，張り切って最後までやるだろう．

ラボ実験の第3の問題は，学生にはまるで馴染みのない行動を取るよう求められる場合が多い，ということだ．たとえば，ランダム化オークションに参加するよう求められる．その際のルールは，入札額の上位2人が支払

うが，競り落とせるのは最高額を付けた者のみ，という奇妙なものだ．こうしたオークションを研究し，練習を積んだ専門家はもちろん，オークションの効果的な入札法をネットで学んだ人や，オークションに詳しい友人から助言を受けた人とくらべても，学生は不慣れで，まごつくことが予想される．

最後の問題は，実験自体はコントロールできるとしても，被験者が持ち込む個人的な背景までコントロールすることはできない，という点である．経済実験では，被験者が直接的な利得のみを勘案して選択し，将来のことが影響しないように，1回限りの実験を設計する場合が多い．だが，現実の生活では，被験者の文化的規範を切り離して考えることはできない．以下の「ヤバい経済学」では，同じラボ実験でも，文化によって被験者の行動がいかに違うかを取り上げ，他の条件をすべて一定にすることのむずかしさを浮き彫りにしている．

以上のように，ラボ実験には落とし穴が隠れてはいるとはいえ，経済学のツールとして役立つのは間違いない．結局のところ，実験によらないデータの分析にも多くの欠点がある．だが，実験で起きたことが現実の市場でも起きると考えるのは早計だ．ラボ実験のデータを扱う際は，これまで取り上げたさまざまなバイアスを念頭において，ラボの結果の解釈をどう歪めているかを注意深く観察することが重要である．

コラム
ヤバい経済学

（文字通り）世界の果てに，経済理論を検証しに行く

経済学のラボ実験の大多数は，学生を被験者に行われる．これは，経済学の原理が有効であることを示す格好の例だともいえる．つまり，学生は大勢いて，低い報酬でも参加してくれるので，低予算で手軽に実験を行うことができ，数多くの実験が行われているのだ．経営者やプロのサッカー選手，フリーマーケットの出店者など，学生以外の被験者でも，学生から得られた結果と概ね似たような結果になった．また，米国人と欧州人は，多くのラボ実験で似たような選択をしていた．

ラボ実験の結果がさまざまな被験者グループにあてはまる確かなもの

606 第4部 基礎から応用へ

だというのであれば，ある実験で得られた結果を他の設定でも一般化できるということなので，ラボ実験にとっては朗報である．研究者は学生を使って実験を行い，専業主婦や映画スターを使って実験を再現しても，似たような結果になると適度に自信を持つことができる．

だが，実験に参加したほぼすべての被験者に共通する特性が1つある．文化である．学生であれ，経営者であれ，プロのスポーツ選手であれ，米国人であれば，共通の文化のなかで育っている．欧州の文化は米国のそれとは違うが，非西欧文化にくらべれば近い．経済行動に関するラボ実験を，他の文化圏の人たちを対象にした場合も似たような結果になるのだろうか．

この疑問に答えるべく，経済学者と文化人類学者がチームを組んだ．*世界各地で生活し，土着文化を研究した文化人類学者が集められた．研究対象は，タンザニアの狩猟民，モンゴルの遊牧民，インドネシアの鯨漁師たち——いわば現代文明と接触のない社会の縮図である．文化人類学者は実験のゲームのやり方を学び，世界各地に散らばって現地の住民を相手に実験を行う．さまざまなグループから得られた結果を，世界地図に描き入れていく．西欧人よりもホモエコノミカスらしい行動を取ったグループもあれば，米国の大学生よりも経済モデルから乖離した行動を取ったグループもあった．驚くほど利他的な姿勢を示した文化もあれば，利己的そのものの文化もあった．

ただ，この寄せ集めの大雑把な結果から，単純だが奥深いパターンが浮かび上がった．こうした実験のゲームでどうプレーするかは，プレーヤーが所属する文化の規範と系統だった関係があったのだ．たとえば，東インドネシアのラマレラ村の人々は，鯨漁で生計を立てているが，鯨漁は，大勢がかなり密に協力しないとうまくいかない．当然ながら，ラマレラ村の人々は互いに協力的にゲームをプレーし，他のプレーヤーに

---

* Joseph Henrich, Robert Boyd, Samuel Bowls, Colin Camerer, Ernst Fehr, Herbert Gintis, and Richard McElreath, "In Search of Homo Economicus: Behavioral Experiments in 15 Small-Scale Societies," *American Economic Review: Papers and Proceedings* 91, no. 2 (2001): 73-78.

第 17 章　行動経済学と実験経済学　　607

打撃を与えることで自分たちが得をする機会は見送る場合が多かった.

これに対して, タンザニアの狩猟採集民族ハッザ族は, かなり利己的で, 互いに非協力的な態度を取った. ハッザ族が伝統的な衣服を捨てて, 西欧式のブルージーンズを履くようになったのは, ジーンズに深いポケットがついていて, 獲物や採集物を隣人の目に触れないよう隠しておけるからだといわれている. ラボ実験でも, 互いに協力するわけではなく, 牽制し合っていた.

ラボ実験の結果が文化に規定されることを示した最たる例が, パプアニューギニアのアウ族とグナウ族だろう. パイを他のプレーヤーと分け合うゲームをしたところ, たいてい大きな一切れを対戦相手にすすめ (米国の学生ではまず起こらない), 相手は大きい一切れを受け取るのを拒否した (これも, 米国の学生ではありえない). 彼らの社会には, 贈り物を競い合う文化があり, 今日贈り物をもらうと, 大きな借りをつくることになり, 将来, もっと大きな贈り物をしなくてはならなくなる. この文化においては, 贈り物は良い面と悪い面があるのだ. ラボ実験は, 1回限りのゲームであることが明確にされていて, 匿名で行われていたので, 大きな一切れを受け取った人が, お返しをする機会はなかったにもかかわらず, 彼らは, あたかも現実生活の典型的な贈り物の交換であるかのように, 強力な文化の規範を実験に持ち込んだようだ.

これらの実験は, ラボ実験に関する重要な教訓を教えてくれている. 実験者がプレーされるゲームや実験の環境を選択しているようにみえるが, 被験者はみずからの文化的背景をラボに持ち込む. とくに, その社会で期待されることや現実の世界で役立つ鉄則など, 生活のなかで学んだ教訓を捨てることはできないのだ.

自然実験とフィールド実験

ラボ実験に対する批判に応え, 研究室ではなく現実の世界での実験を理論の検証に活用しはじめた経済学者がいる. コントロールできるラボ実験の側

面と，実際の市場環境や利害関係を融合するのが狙いだ．

現実の世界での実験の1つのタイプが，**自然実験**（natural experiment）である．自然実験では，偶然起こることから，経済的な関心事について学ぶことができる．たとえば，米国が大気浄化法とその修正条項を成立させたとき，郡を対象に汚染基準を定めた．この基準を上回る郡は，厳格な汚染対策を求められた．わずかでも基準を下回った郡には，汚染対策が適用されない．基準をわずかに上回った郡と，わずかに下回った郡にとって，大気浄化法は環境規制の影響の自然実験を提供することになり，汚染や産業活動，健康や乳幼児死亡率などの影響が実証された．自然実験の難点は見つけるのがむずかしいことである．第2の弱点は，個別の自然実験をそのまま一般化して，他の経済利害が絡む状況にあてはめることができない点だ．

現実の世界での実験には，**フィールド実験**（field experiment）もある．フィールド実験は，ラボと同じようにランダム化の手法を用いるが，現実の世界で実験を行い，被験者が実験の一部と自覚せずに，日常生活の一環として意思決定を行う様子を観察するのが望ましい．ラボという不自然な環境で結果が歪められることを懸念することなく，フィールド実験の行動から強力な推論をすることが可能だ．前節で取り上げた，ボランティアに戸別訪問させて寄付を募る実験は，古典的なタイプのフィールド実験である．

賢い企業は昔からフィールド実験を活用しているので，読者は自覚がないまま，生まれてからずっと実験対象にされてきたのかもしれない．カタログやメールでクレジットカードの勧誘を受けたとき，じつは企業はフィールド実験を行っている．顧客によって商品を提示する順番を変えたり，商品の説明を変えてどれが売行きがよいかを見たり，価格を変えたりしている．経済学者は，良い成績をあげた高校生に報奨金を出すことが良い結果につながるか，減量を成功させる最善の方法は何か，どの映画がヒットしそうか，といったじつに多様な問題に，フィールド実験を使って答えようとしている．

17.4 結論，そしてミクロ経済学の未来

　この章では，行動経済学としてまとめられるテーマを取り上げてきた．行動経済学の主張や予想は，これまでの章で学んできた経済モデルの結果と矛盾する場合が少なくない．行動経済学では，企業や消費者，政府といった経済決定を行う主体が，心理的なバイアスに基づいて系統的で根本的な間違いを犯すと主張する．心理的なバイアスには，過信する傾向，メンタル・アカウンティング，フレーミングの影響，サンクコストの誤謬といったものがある．行動経済学で予想される行動によると，バイアスを持つ主体は，合理的な経済主体に利用されやすい．この点は本章で強調したとおりだ．だが，ある面で，本章で学んだ行動経済学の考え方は，16章までで概略を示した伝統的なミクロ経済学の批判になっているともいえる．

　こうした批判を踏まえ，理論をどう検証するかに新たに力点が置かれるようになった．データを使って経済理論を検証するのは計量経済学の領域であり，計量経済学の手法をすべて取り上げることはできなかった．だが，計量経済学の外側で，ラボ実験やフィールド実験を活用して経済理論を検証する新たな方法の一部を紹介した．こうした実験から，行動経済学の批判の重要性をうかがわせる結果が得られる場合もあれば，これまで学んだ主流の経済モデルの有効性を確認する結果が得られる場合もある．

　われわれ著者は，ミクロ経済学はきわめて重要であると考えており，その知見を信頼している．伝統的なモデルは堅固ではあるものの，完全にはほど遠いことは認識している．すべての経済学者の最終目標は，現実の経済行動を理解することであるはずだ．それがこの学問の限界を見極めることを意味するのだとすれば，なんとしてもその限界を見極めなければならない．

　突き詰めれば，ミクロ経済学は，人間が創造した学問のなかで，とくに有用でとくに重要なものであることは間違いない．本書で学んだことは，その気になれば人生の良き指針として活用できるはずだ．[14] 世の中の人の持つミクロ経済学の知識が，このミクロ経済学を学び終えた読者と同じくらいであれば，はるかに良い社会になるのにと思わずにはいられない．

610 第4部 基礎から応用へ

　大学の使命は，教えること，書くことを通じて知識を伝えることにある．読者は，自らの行動で，学んだ知識を広めることができる．楽しみながら学んでくれたはずだと思うが，学んだことを，是非，今後の人生に活かしてもらいたい．

まとめ

1. 前章までで学んだ伝統的な経済モデルでは，企業や消費者などの経済主体は完全に合理的で，利己的で，自身の効用を最大化するよう行動し，系統的な間違いを犯すことはないと想定していた．**行動経済学**は，従来のモデルでは人間行動の心理的なバイアスが考慮されておらず，こうした系統的なバイアスが経済取引の当事者の意思決定に影響を与えていると主張する．バイアスには，**過信**，**時間的な一貫性の欠如**，フレーミングの影響，サンクコストへのこだわり，**利他的な行動**といったものがあげられる．[17.1節]

2. 系統的な心理的バイアスの存在を受け入れるとしても，前章までで学んだ基本的なミクロ経済学はすこぶる役に立ち，現実の世界に即した学問である．市場は，心理的バイアスを持つ人々を利用し，市場から追い出したり，おカネを巻き上げたりする傾向がある．[17.2節]

3. 経済学は純粋な計量経済のデータ分析ではなく，**ラボ実験やフィールド実験**を活用することで経済理論を検証するという，新たな領域に入っている．実験することによって，他のすべての条件を一定として，関心のある経済理論のみを検証することができる．[17.3節]

4. ミクロ経済学は，今後の人生で最も重要で最も役立つ学問である．[17.4節]

---

14) そのため，将来，折にふれて参考にするために本書を手元に置いておくようお勧めする！　もちろん，読者はこの助言を経済分析のスキルを使って分析し，利害関係者全員のインセンティブを考えなくてはならない．

第17章　行動経済学と実験経済学　　**611**

復習問題

(以下のサイトで入手できる．https://store.toyokeizai.net/books/9784492315002)

1. ホモ・エコノミカスの特徴をあげよ．ふつうの人間とどう違うか．
2. 過信とはどういうことか，定義せよ．
3. 双曲割引で消費者は何を重視するか．
4. 経済モデルにおいて，時間的な一貫性が重要なのはなぜか．
5. 保有効果は，従来の経済理論とどのような面で矛盾するか．
6. 損失回避での参照点の重要性とは何か．
7. アンカリングの具体例をあげよ．
8. メンタル・アカウンティングは，個人の消費決定にどんな影響を与えているか．
9. 経済学者は，経済モデルにおいて利他的行為をどう説明しようとしているか．
10. 市場システムにおいて，不合理な主体あるいはバイアスのある主体にはどんなことが起きやすいか．
11. ラボ実験では，他の変数はすべて一定として経済理論を検証することができる．ラボ実験の弱点は何か．
12. 自然実験とフィールド実験を比較して，それぞれの利点をあげよ．

演習問題

(＊をつけた演習問題の解答は，以下のサイトで入手できる．https://store.toyokeizai.net/books/9784492315002)

1. AJは「20世紀版のバットマン」を映画館で見ようと，定額料金を払って入場した．だが，わずか3分で「最悪だ，これなら家で何か見たほうがましだ」と後悔する．それでも9ドル支払ったのだからと，最後まで見た．AJはどのような行動バイアスに陥ったのか．説明せよ．
2. コノーとマリーは恋人同士だが，喧嘩が絶えず，互いに不信感を持っている．友人から「コノーのようにヒドイ奴は捨てたほうがいい」と言われたマリーはこう答えた．「バカなこと言わないで．9年も一緒にいたのよ．この9年を簡単に捨てられるわけがないでしょう！」．マリーがサンクコストのバイアスに陥っていることを説明せよ．
3. 年初に高い会費を支払ってスポーツジムに入会したものの，結局，数回しか通わない人は少なくない．これはサンクコストのバイアスを支持する証拠だ

612 第4部 基礎から応用へ

ろうか, それともサンクコストのバイアスに反する証拠だろうか. 理由を説明せよ.

*4. 最近のある調査で, 回答者の3分の2が退職後に十分な備えをしていないことがわかった. 自覚しながら将来の生活水準を維持する資金が確保できない理由を, どんな行動バイアスで説明できるか.

*5. 経済学者のディーン・カーランは, 非営利のサイトstickk.comを開設した. 「公約ストア」と称し, 減量や禁煙, 日記を書くなど, 目標を掲げる人が登録し, 目標を達成できなかった場合 (第三者が認定), あらかじめ決められた罰金をstickk.comに支払う仕組みだ.

a. どんな行動バイアスを克服することを目的に, stickk.comは設計されているか.

b. 目標を達成できなかった場合, 罰金を寄付する先を, 自分が支持する慈善団体にするか, 嫌いな団体にするか選ぶことができる. 登録者が支持する慈善団体に罰金をそのまま寄付することを認めてしまうと, 目標達成の意欲が鈍るのはなぜか.

6. ヘッジファンドのマネジャーになって, 顧客の資産管理の手数料で生計を立てるとしよう. 手数料のスキームを2通り考えている. 1つは「ノーロード型」で, 年間手数料として, 顧客の預かり資産に比較的高いパーセントをかけるもの, もう1つは「フロントロード型」で, 預け入れ時に比較的高額の1回限りの手数料を課し, 年間の手数料は少額とする.

a. 顧客があなたの能力を過大評価し, あり得ないほど高いリターンが期待できると思っている場合, あなたが高い利益を確保できる可能性があるのは, どちらのスキームか. 理由も述べよ.

b. 顧客が保守的で悲観的な人ばかりの場合, あなたが高い利益を確保できる可能性があるのは, どちらのスキームか. 理由も述べよ.

*7. あなたはボールベアリング工場の人事部長である. 好況期に従業員のモチベーションをあげるスキームを2通り考えている. スキームAでは, 「生産量を10%増やしたら, 月末にボーナス500ドルを支給する」と従業員に伝える. スキームBでは, 「ボーナスを500ドル支給しよう. だが, 生産量が10%増やせなければ, 月末にその500ドルを返してもらおう」と伝える.

a. 従業員が完全に合理的な場合, A, Bどちらのスキームでやる気になるだろうか. どちらも変わらないか.

b. 従業員が保有効果に影響されている場合, A, Bどちらのスキームでやる気になるだろうか. 理由も説明せよ.

第17章　行動経済学と実験経済学　　613

   c. この問題に内包されている保有効果とフレーミングのバイアスの相互作用を説明せよ.

8. 人種差別が目立つのは, 競争の激しい金融業界だろうか, それとも4社で市場の99%を独占するタバコ業界だろうか. 第8章, 第9章, 第11章で学んだ市場構造の知識をもとに, 説明せよ.

9. 「一番心に響くのは, 名前のない贈り物です」. 行動特性を説明する効用関数の知識をもとに, この一文の意味を解釈せよ.

10. 経済学のラボ実験でよく行われる, 2人のゲーム「最後通牒ゲーム」について考えよう. 1人が決まった金額を渡され, そのうちの適当な額をもう1人に渡すよう指示される. 2人目は受け取ってもいいし, 拒否してもいい. 2人目が拒否すれば, どちらも何も受け取ることはできない.

   a. 個人は利己的で, 効用を最大化すると想定する伝統的な経済理論に従うとすれば, 1人目は, 2人目にどんな提案をすべきか. (いくらを提示すべきか?)

   b. 伝統的な経済理論では, 2人目が進んで応じるべき提案 (金額) はいくらか.

   c. 実験では, 1人目が2人目に提示する金額は, 当初の金額の約50%であることが多い. この結果は理論と一致しているだろうか. この変則的な結果を, 人間が持つ公正の感覚以外のもののせいにすることができるだろうか.

11. 経済学のラボ実験でよく行われる2人のゲーム「独裁者ゲーム」について考えよう. 独裁者ゲームでは, 1人目 (独裁者) が決まった金額を渡され, そのうちの適当な額を, もう1人に渡すよう指示される. 1人目が提示した額がいくらであっても, 2人目は受け取らなければならない.

   a. 伝統的な経済理論に従うとすれば, 1人目は2人目にいくらを提示すべきか.

   b. 実験では, 1人目が2人目に提示した額は, 平均で当初の金額の約30%である. こうした提案が, 人間が本来持つ公正の感覚に基づくものではないことを説明せよ.

用語集*

*　基礎編，発展編共用．本文該当箇所の記述と異なっている場合は，原著用語集の記述を採用．

【ア　行】

悪しき財　→バッズ

アット・パー（額面どおり）（at par）　価格が額面に等しいか，利回りがクーポンレートに等しい債券．

アンカリング（anchoring）　フレーミングのバイアスの一種で，与えられた特定の情報に意思決定が左右されること．

アンダー・パー（額面以下）（below par）　価格が額面を下回るか，利回りがクーポンレートを上回っている債券．

一括移転（lump-sum transfer）　個人の選択に左右されない額の個人への移転または個人からの移転．

一般均衡分析（general equilibrium analysis）　市場行動に関する研究で，すべての市場が同時に均衡したときの市場間の影響と状態を説明．

移転（transfer）　価格規制の結果生じる，生産者から消費者，または消費者から生産者への余剰の移転．

後ろ向き帰納法（backward induction）　マルチステップ・ゲームで，まず最終ステップを解いた後，後ろから解いていくプロセス．

営業収入（operating revenue）　生産物を販売することにより得られる収入．

営業費用（operating cost）　生産物を生産・販売するのに伴って発生する費用．

XのYに対する限界代替率（MRS_{XY}）（marginal rate of substitution of X for Y （MRS_{XY}））　消費者がある財（X軸の財）を，他の財（Y軸の財）と交換する意欲があり，なおかつ交換によって効用が変わらない率．

エッジワース・ボックス（Edgeworth box）　2つの経済主体と2つの財から成る経済のグラフで，市場の効率性を分析するために使われる．

エンゲル曲線（Engel curve）　消費者の所得と財の消費量の関係を表した曲線．

オーバー・パー（額面以上）（above par）　額面価格を上回るか，利回りがクーポンレートを下回っている債券．

【カ　行】

会計上の費用（accounting cost）　原材料費など，事業に関わる直接的な費用．

会計上の利潤（accounting profit）　企業の総収入から会計上の費用を差し引いた値．

回収期間（payback period）　将来のキャッシュフローを割り引くことなく，グロスの将来の利益で投資の初期費用が回収できるまでの期間．

外部経済　→正の外部性

外部限界費用（external marginal cost）

財が追加的に1単位生産ないし消費される際に，第三者が被る費用．

外部限界便益（external marginal benefit）　財が追加的に1単位生産ないし消費される際に，第三者にもたらされる便益．

外部性（externality）　経済取引に直接関与しない第三者に影響を与える費用または利益．

外部不経済　→負の外部性

価格差別（price discrimination）　市場支配力を持つ企業が，顧客の支払い意欲に応じて同じ財の価格を変える戦略．

価格支持　→下限価格

価格戦略（pricing strategy）　市場の特性に基づいて自社製品の価格を決定する方法．

下級財（劣等財）（inferior good）　所得が増えると需要量が減る財．

確実性等価（certainty equivalent）　個人が受け取る不確実な収入の期待効用と同等の確実な収入の水準．

学習効果（learning by doing）　生産量が増えるにつれて生産効率が上がるプロセス．

額面（face value or par value）　債券の発行体が利子を支払うもとになる元本．

額面以下　→アンダー・パー

額面以上　→オーバー・パー

額面どおり　→アット・パー

下限価格（価格支持）（price floor（price support））　ある財やサービスについて，法的に下限価格を定める価格規制．

過信（overconfidence）　スキルや判断力が実際よりも優れていると思うこと，あるいは，実際の確率以上に良い結果が起きると考えること．

寡占（oligopoly）　少数の企業が競合する市場構造．

可変費用（variable cost）　生産量に応じて変動する投入物にかかる費用．

カルテルまたは共謀（cartel or collusion）　寡占モデルの一種で，複数の企業が協調して独占企業のようにふるまい，独占的利潤を得る行動．

間接の価格差別（第2種価格差別）（indirect price discrimination（second-degree price discrimination））　企業が提示するさまざまな選択肢のなかから顧客に価格を選択させる戦略．

完全価格差別（第1種価格差別）（perfect price discrimination（first-degree price discrimination））　直接の価格差別の一種で，企業が各顧客の支払い意欲に等しい価格を課す戦略．

完全競争（perfect competition）　多くの企業が同一財を生産し，参入障壁がない市場．

完全情報（complete information）　経済取引において，すべての当事者が関連する情報を把握している状況．

完全代替財（perfect substitute）　ある財と他の財を一定の比率で交換することで，同水準の効用が得られる財．

完全弾力的（perfectly elastic）　価格弾力性が無限大．価格が少しでも変化すると，需要量または供給量が無限に変化する．

完全非弾力的（perfectly inelastic）　価格弾力性がゼロ．価格がどう変化しても，需要量または供給量は変化しない．

完全補完財（perfect complement）　効用水準が他の財の一定比率の使用量に依存する財．ある財から得られる効用が，他の財と一定比率で使用される量に依存するときの2つの財．

完全保険（complete insurance or full insurance) どのような結果になっても,すべての被保険者に同額の所得を保証している保険証券.

元本 (principal) 利払いの対象となる資産の額.

機会費用 (opportunity cost) ある投入物を使用することで生産者があきらめた価値.

技術的限界代替率 ($MRTS_{XY}$) (marginal rate of technical substitution ($MRTS_{XY}$)) 生産量を一定とした場合の,投入物Xと投入物Yの交換比率.

技術変化 →全要素生産性の上昇

期待値 (expected value) 確率加重平均した配当.

ギッフェン財 (Giffen good) 価格と需要量が正の関係にある財.

規模に関して収穫一定 (constant returns to scale) すべての投入物を同じ比率で変化させると,生産量が同じ比率で変化する生産関数.

規模に関して収穫逓減 (decreasing returns to scale) すべての投入物を同じ比率で変化させると,生産量がそれを下回る比率で変化する生産関数.

規模に関して収穫逓増 (increasing returns to scale) すべての投入物を同じ比率で変化させると,生産量がそれを上回る比率で変化する生産関数.

規模に関する経済一定 (constant economies of scale) 総費用が生産量と同じペースで増加する.

規模に関する収穫 (returns to scale) すべての投入物を同じ比率で増減させたときの生産量の変化.

規模の経済 (economies of scale) 総費用が生産量を下回るペースでしか増加しない.

規模の不経済 (diseconomies of scale) 総費用が生産量を上回るペースで増加する.

逆供給曲線 (inverse supply curve) 価格を供給量の関数の形で表した供給曲線.

逆需要曲線 (inverse demand curve) 価格を需要量の関数の形で表した需要曲線.

逆淘汰 (逆選択) (adverse selection) 市場の特性から,高品質の財が淘汰され,低品質の財が増える状況.

供給 (supply) ある市場において,すべての生産者が販売したいと考える財の総計.

供給曲線 (supply curve) 他の要因が一定として,ある財の供給量と価格との関係を表した曲線.

供給消滅価格 (supply choke price) 生産しようとする企業が存在せず,供給量がゼロとなる価格.逆供給曲線の縦軸切片.

供給の変化 (change in suppy) 価格以外の供給決定要因の変化によって生じる,供給曲線そのもののシフト.

供給量の変化 (change in quantity supplied) 財の価格が変化した結果生じる,供給曲線上の (供給曲線に沿った) 動き.

共有資源 (common resource) すべての個人が自由に利用でき,他の人の利用が増えるにつれて個々人にとっての価値が低下する財.

共有地の悲劇 (tragedy of the commons) 私有の資源よりも共有の資源が濫用される現象.

均衡価格 (equilibrium price) 需要量と供給量が一致する唯一の価格.

クーポンレート (coupon rate)　一定期間毎に債券保有者に支払われる利子の大きさ.

クールノー競争 (Cournot competition)　寡占モデルの一種で, 各社が自社製品の生産量を決定する競争.

クラウディングアウト (crowding out)　市場で政府のプレゼンスが高まることによる民間活動の低下.

クラブ財 (club good)　競合しないが排除可能な財.

繰り返しゲーム (repeated games)　同じ経済主体のあいだで何度も繰り返される同時ゲーム.

経済的費用 (economic cost)　生産者の会計上の費用と機会費用の合計.

経済的利潤 (economic profit)　企業の総収入から経済的費用を差し引いた値.

経済的レント (economic rent)　企業が特定の投入物に対して支払う対価を上回るリターン.

計量経済学 (econometrics)　数学的手法および統計的手法を開発・活用して経済理論を検証する分野.

ゲーム理論 (game theory)　2つまたはそれ以上の経済主体の戦略的相互作用を研究する学問.

限界効用 (marginal utility)　ある財やサービスを追加的に1単位消費することで消費者が得られる追加的な効用.

限界削減費用 (marginal abatement cost (MAC))　排出量を1単位削減する費用.

限界収入 (marginal revenue)　生産物の販売を1単位増やすことで得られる追加的な収入.

限界生産物 (marginal product)　ある投入物を追加的に1単位増やすことにより (他の投入物の量は一定) 得られる追加的な生産物.

限界生産物逓減 (diminishing marginal product)　ある投入物を増やすにつれて, その限界生産物が減少していく, という生産関数の特徴.

限界費用 (marginal cost)　生産量を1単位増やすのに必要な追加的な費用.

限界変形率 (marginal rate of transformation (MRT))　市場における任意の財の生産のトレードオフ.

交換の効率性 (exchange efficiency)　消費者間の財のパレート効率的な配分.

公共財 (public good)　消費意欲を持つ人は誰でも利用可能で, 他の人が消費しても有用性が変わらない財.

交互手番ゲーム (sequential games)　まず1人のプレーヤーが動き, 他のプレーヤーはその動きを見ながら自分の行動を決めるゲーム.

厚生経済学 (welfare economics)　社会全体としての経済的幸福を研究対象とする経済学の領域.

厚生経済学の第一基本定理 (First Welfare Theorem)　一般均衡状態にある完全競争市場において, 資源の配分はパレート効率的になる, という定理.

厚生経済学の第二基本定理 (Second Welfare Theorem)　完全競争市場における任意のパレート効率的な資源配分は, 当初の配分の一般均衡の結果である, という定理.

行動経済学 (behavioral economics)　人間心理に関する知見を経済行動モデルに取り入れた経済学の一分野.

購入可能なバンドル (feasible bundle)　ある消費者が購入可能なバンドル. その解は, 消費者の予算制約線上か下に位置

用語集　619

する.

購入不可能なバンドル(infeasible bundle)　ある消費者が購入不可能なバンドル. その解は, 予算制約線の右上に位置する.

効用(utility)　消費者の満足度を測る尺度.

効用関数(utility function)　実際の消費量と消費者の満足度の関係を表した数学的関数.

功利主義型社会的厚生関数(utilitarian social welfare function)　社会全体の厚生を個人の厚生の合計として計算する数学的関数.

効率的な汚染水準(efficient level of pollution)　外部性と関連する財が効率的な量だけ生産される排出水準.

コースの定理(Coase theorem)　誰が所有権を持っているかにかかわらず, 費用のかからない市場参加者同士の交渉によって, 効率的な生産量が実現されるという定理.

コーナー解(端点解)(corner solution)　ある消費者が2財のうち1財しか買えない, 予算制約線上の「コーナー(端点)」に存在する効用最大化バンドル.

心の会計　→メンタル・アカウンティング

固定費用(fixed cost)　生産量のいかんにかかわらず変化しない投入物の費用.

コモディティ(commodities)　市場で取引されている財で, 消費者にとって種類による違いがほとんどなく, 替えが効く財.

混合セット販売(mixed bundling)　セット販売の一種で, 2つ以上の製品を個別に購入するかセットで購入するかの選択を, 顧客に同時に提供する価格戦略.

混合戦略(mixed strategy)　プレーヤーがランダムな行動をとる戦略.

【サ 行】

債券(bond)　発行体が購入者に債務を負っていることを示す金融証書.

最終財(final good)　消費者が購入する財.

裁定取引(arbitrage)　当初の販売価格よりも高い価格で転売する行為.

最適戦略(optimal strategy)　最大の利得が期待できる行動.

先送りオプション価値(option value of waiting)　投資収益に関する不確実性が完全にまたは部分的に解消されるまで投資判断を先送りできる場合に生み出される価値.

差別化製品市場(differentiated product market)　一般的な製品で, さまざまな種類から選択できる市場.

サンクコスト(sunk cost)　いったん支払うと取り戻すことができない費用.

サンクコストの誤謬(sunk cost fallacy)　サンクコストが, 将来に関する意思決定に影響してしまう過ち.

産出の効率性(output efficiency)　交換の効率性と投入の効率性を同時に実現する, 生産物の組み合わせ.

参入障壁(barriers to entry)　巨額の生産者余剰が存在する市場への参入を阻む要因.

残余限界収入曲線(residual marginal revenue curve)　残余需要曲線に対応する限界収入曲線.

残余需要曲線(residual demand curve)　クールノー競争において, 競争相手の生産量決定を前提にした場合, 自社に残された生産量に対する需要曲線.

死荷重(deadweight loss (DWL))　市場の非効率に起因する総余剰の減少.

時間的一貫性（time-consistent）　経済取引が遠い先か，たった今かにかかわらず，消費者の選好に一貫性があること．

シグナリング（signaling）　情報の非対称性の問題の解決策．情報を保有する側が，保有しない側に情報を開示し，観察できない財の性質への注意を促す．

シグナル（signal）　経済主体が費用をかけて観察のむずかしい事柄をあきらかにする行為．

市場均衡点（market equilibrium）　需要量と供給量がちょうど一致する（均衡する）点．

市場構造（market structure）　企業が事業を行ううえでの競争環境．

市場支配力（market power）　企業が自社製品の市場価格に影響を与える力．

自然実験（natural experiment）　偶然によって生じたランダム化あるいは疑似ランダム化．

自然独占（natural monopoly）　1社がその産業全体の生産を一手に担うことが効率的である市場．

実験経済学（experimental economics）　実験によって経済行動を解き明かす経済学の分野．

実効性のない下限価格（nonbinding price floor）　均衡価格を下回る水準に設定された下限価格．

実効性のない上限価格（nonbinding price ceiling）　均衡価格を上回る水準に設定された上限価格．

実質利子率（real interest rate）　購買力で表した収益率．

実証的（empirical）　データ分析や実験を活用して現象を解明する．

しっぺ返し戦略（オウム返し戦略）（tit-for-tat）　プレーヤーが毎回，直前の相手の行動をまねる戦略．たとえば，直前に相手がウソをつけばウソをつき，協力的であれば協力する．

私的財（private good）　競合性があり，1人の消費が他の人の消費に影響を及ぼし，排除可能で，個人の消費を阻止できる財．

支配戦略（dominant strategy）　他のプレーヤーがどんな戦略を選ぶかに関係なく，勝てる戦略．

社会的厚生関数（social welfare function）　個人の効用水準を，社会全体の効用水準を表す単一の尺度に結びつける数学的関数．

社会的費用（social cost）　経済取引によって社会全体が被る費用．私的費用と外部費用の合計．

社会的便益（social benefit）　経済取引が社会全体にもたらす便益．私的便益と外部便益の合計．

奢侈財　→贅沢財

自由参入（free entry）　法的または技術的な障壁にぶつかることなく，企業がある産業に参入できること．

囚人のジレンマ（prisoner's dilemma）　すべての参加者にとって，ナッシュ均衡の結果が，その均衡以外の（不安定な）結果よりも悪くなる状況．

自由退出（free exit）　法的または技術的な障壁にぶつかることなく，企業がある産業から退出できること

シュタッケルベルク競争（Stackelberg competition）　寡占モデルの一種で，各企業が順次，生産量を決定することで競争する．

需要（demand）　ある市場において，すべての消費者が購入したいと考える財の総計．

需要曲線 (demand curve)　他の要因が一定として，ある財の需要量と価格の関係を表した曲線.

需要消滅価格 (demand choke price)　ある財を買おうとする消費者が存在せず，需要量がゼロとなる価格. 逆需要曲線の縦軸切片.

需要の価格弾力性 (price elasticity of demand)　価格が1％変化したときの需要量の変化率 (％).

需要の交差価格弾力性 (cross-price elasticity of demand)　他の財の価格が1％変化したときのある財の需要量の変化率 (％).

需要の自己価格弾力性 (own-price elasticities of demand)　ある財の価格が1％変化したときの，その財の需要量の変化率 (％)〔単に価格弾力性という場合は，自己価格弾力性のことを意味する〕.

需要の所得弾力性 (income elasticity of demand)　所得が1％変化したときの需要量の変化率 (％).

需要の変化 (change in demand)　価格以外の需要決定要因の変化によって生じる，需要曲線そのもののシフト.

需要量の変化 (change in quantity demanded)　財の価格が変化した結果生じる，需要曲線上の (需要曲線に沿った) 動き.

純現在価値 (NPV) 分析 (net present value (NPV) analysis)　割引現在価値を使った，長期の予想投資収益率の計算.

純粋セット販売 (pure bundling)　セット販売の一種で，セット商品のみを提供する価格戦略.

純粋戦略 (pure strategy)　プレーヤーが確実に特定の行動をとる戦略.

上限価格規制 (price ceiling)　ある財やサービスについて，法的に上限価格を定める価格規制.

消費契約曲線 (consumption contract curve)　消費者のあいだのパレート効率的な財の配分を網羅した曲線.

消費者余剰 (consumer surplus)　ある財やサービスについて，消費者が買いたい価格と実際に支払わなければならない価格〔市場価格〕の差.

消費バンドル (consumption bundle)　消費者が購入を検討している財・サービスの組み合わせ.

所得効果 (income effect)　消費者の所得の購買力が変化した結果生じる，消費者の消費選択の変化.

所得消費曲線 (income expansion path)　各所得水準の消費者の最適バンドルを網羅した曲線.

所得弾力性 (income elasticity)　所得が1％変化したときの財の消費量の変化率 (％).

信憑性のあるコミットメント (credible commitment)　ある状態が発生した場合，プレーヤーが特定の行動をとることを保証する選択, ないし選択の制限.

信憑性のない脅し (noncredible threat)　ゲームで使われる脅しで，深追いする根拠のないもの. 空脅し.

数量割当　→割当制

数量割引 (quantity discount)　間接の価格差別の一種で，大量に購入する顧客に対して，単価を安くする戦略.

生産 (production)　個人や企業, 政府あるいは非営利組織が，投入物を使って他の人たちが代金を支払ってくれるような財やサービスをつくり出すプロセス.

生産拡張経路 (expansion path)　生産量に応じて変化する最適な投入物の組み合わせを網羅した曲線.

622　用語集

生産可能性フロンティア（production possibilities frontier（PPF））　2財の効率的な生産の組み合わせを網羅した曲線.

生産関数（production function）　投入物のさまざまな組み合わせと, それからつくられる生産量の関係を表した数式.

生産技術（production technology）　ある財の生産, 流通, 販売に使われるプロセス.

生産契約曲線（production contract curve）　生産者のあいだのパレート効率的な投入の配分を網羅した曲線.

生産者余剰（producer surplus）　ある財やサービスについて, 生産者が売りたい価格と実際に受け取る価格〔市場価格〕の差.

正常財（normal good）　所得が増えると需要量が増える財.

贅沢財（奢侈財）（luxury good）　所得弾力性が1より大きい財.

正の外部性（外部経済）（positive externality）　経済取引に直接関与しない第三者にもたらされる利益.

製品差別化（product differentiation）　完全には代替できないよう製品間に差異を設ける行為.

税負担　→租税帰着

セグメント化（第3種価格差別）（segmenting（third-degree price discrimination））　直接の価格差別の一種で, 異なる顧客グループに異なる価格を課す.

セット販売（bundling）　企業が2つ以上の自社製品をセットにして1つの価格で販売する価格戦略.

先行者利得（first-mover advantage）　シュタッケルベルク競争において, 最初に生産量を決定する企業が得る優位性.

全要素生産性の上昇（技術変化）（total factor productivity growth（or technological change））　技術変化によって生産関数が変わり, 同じ投入量でより多く生産できるようになる現象.

戦略（strategy）　経済ゲームでプレーヤーがとる行動プラン.

戦略的決定（strategic decision）　他者の行動を予想して決定される行動.

戦略的行動（布石）（strategic move）　ゲームの早い段階でとられ, 最終的な結果を有利に導く行動.

双曲割引（hyperbolic discounting）　近い将来ですらなく, たった今を重視して経済決定を行う傾向.

総限界便益（total marginal benefit）　ある公共財のすべての消費者の限界便益の縦軸の合計.

総効果（total effect）　財の価格が変化した結果生じる, 消費者の最適バンドルの総変化（代替効果と所得効果の合計）.

総費用（total cost）　企業の固定費用と可変費用の合計.

総費用曲線（total cost curve）　生産量に応じて変化する企業の生産費用を表した曲線.

租税帰着（税負担）（tax incidence）　実際に税金を負担する主体.

損失回避（loss aversion）　フレーミングのバイアスの一種で, 失うことへの恐怖が得ることによる喜びを上回る参照点を消費者が選択すること.

【タ　行】

第1種価格差別　→完全価格差別
第2種価格差別　→間接の価格差別
第3種価格差別　→セグメント化

耐久財（durable good）　長期にわたって使用される財.

代替効果（substituion effect）　2財の相対価格が変化した結果生じる，消費者の消費選択の変化．

代替財（substitute）　他の財の代わりに消費される財．

単位弾力的（unit elastic）　価格弾力性の絶対値が1である．

短期総費用曲線（short-run total cost curve）　一定の資本水準における生産量ごとの総費用を数学的に表したもの．

端点解　→コーナー解

弾力性（elasticity）　ある変数の変化率と，別の変数の変化率の比．

弾力的（elastic）　価格弾力性の絶対値が1より大きい．

中間財（intermediate good）　他の財の生産に使用される財．

超過供給（excess supply）　市場価格が均衡価格より高いとき，需要量を上回る供給量．

超過需要（excess demand）　市場価格が均衡価格より低いとき，供給量を上回る需要量．

長期の競争的均衡（long-run competitive equilibrium）　市場価格が最小平均総費用に等しく，企業が市場に参入しても利益が得られない均衡点．

直接の価格差別（direct price discrimination）　観察可能な顧客の特性に基づいて，顧客ごとに異なる価格を課す価格戦略．

展開型またはゲームツリー（extensive form or decision tree）　交互手番ゲームにおけるプレーヤーの行動の選択とタイミングを示した図表．

投資（investment）　将来，利益を享受することを目的に，現時点で資本を購入すること．

同時手番ゲーム（simultaneous game）　プレーヤーが対戦相手の戦略を知らずに同時に戦略を決定するゲーム．

等生産量曲線（isoquant）　決まった生産量を生産するための投入物の組み合わせをすべて網羅した曲線．

投入の効率性（input efficiency）　生産者間の投入のパレート効率な配分．

等費用曲線（isocost line）　同じ費用となる投入物の組み合わせをすべて網羅した曲線．

独占（monopoly）　1社だけが支配する市場．

独占企業（monopolist）　市場に存在するある財の唯一の供給者であり価格決定者．

独占的競争（monopolistic competition）　多数の企業が差別化された製品を販売し，参入障壁が存在しない市場構造．各企業がある程度の市場支配力を持つが，長期的に経済的利潤はゼロになる．

特定資本（specific capital）　当初の用途以外に転用できない資本．

トリガー戦略（死神戦略）（grim trigger strategy (or grim reaper strategy)）　1人のプレーヤーが裏切ると，協力的なプレーヤーが一切とられなくなる戦略．

【ナ　行】

内点解（interior solution）　2財がいずれも正の量である効用最大化バンドル．

ナッシュ均衡（Nash equilibrium）　競争相手の行動を前提に，各企業が最善の行動をとったときに実現する均衡．

2部料金制（two-part tariff）　料金が固定料金と単位あたりの価格の2部で構成される価格戦略．

ネットワーク財（network good）　消費

者の数が増えるにつれて, 各消費者にとって価値が増していく財.

【ハ 行】

バージョニング(versioning)　異なるタイプの顧客を惹きつけるために, 異なる製品オプションを提供する価格戦略.

排出許可証(tradable permit)　生産時に一定量の汚染物質の排出を企業に認める政府発行の許可証で, 他企業に売却できる.

排除不可能性(nonexcludability)　共有資源を特徴づける性質. 個人の消費を阻止することはできない.

バッズ（悪しき財）(bads)　消費者にマイナスの効用をもたらす財やサービス.

パレート効率性(Pareto efficiency)　財を再配分すると, 必ず少なくとも1人の効用を低下させることになる資源配分の状態.

範囲の経済(economies of scope)　複数の生産物をばらばらに生産するより, 同時に生産するほうが費用が安くて済むこと.

範囲の不経済(diseconomies of scope)　複数の生産物を同時に生産すると, かえって費用が高くつくこと.

反トラスト法(antitrust law)　競争を制限する行動を企業に禁止することにより, 競争的市場の促進を目指した法.

反応曲線(reaction curve)　競争相手がとりうる行動に対して, 自社の最善の反応を示した関数. クールノー競争においては, 競争相手がとりうる生産量決定を前提にした場合, 自社の最善の反応を示した生産量決定の関数.

非競合性(nonrival)　公共財を特徴づける性質であり, 1人が消費しても他の人の効用が逓減するわけではない.

ピグー税(Pigouvian tax)　負の外部性を発生させる活動に課される税.

ピグー補助金(Pigouvian subsidy)　正の外部性を発生させる活動に支給される補助金.

被支配戦略(dominated strategy)　他のプレーヤーがどんな戦略を選ぶかに関係なく, 負ける戦略.

非対称情報(asymmetric information)　経済取引において, 当事者間に情報の不均衡が存在する状況.

非弾力的(inelastic)　価格弾力性の絶対値が1より小さいこと.

必需財(necessity good)　所得弾力性が0と1のあいだの正常財.

費用一定産業(constant-cost industry)　企業の総費用が産業の総生産量に合わせて変化しない産業.

費用曲線(cost curve)　企業の生産費用と生産量の関係を数学的に表したもの.

費用最小化(cost minimization)　決まった生産量を最小費用で生産するという企業目標.

標準型(normal form)　経済ゲームの共通体系であり, 利得表にプレーヤー, 戦略, 利得をあてはめていく.

費用逓減産業(decreasing-cost industry)　企業の総費用が産業の総生産量とともに減少する産業.

費用逓増産業(increasing-cost industry)　企業の総費用が産業の総生産量とともに増加する産業.

平等主義(egalitarian)　個人が等しく豊かな社会が理想であるとする考え方.

フィールド実験(field experiment)　現実の世界でランダム化を行う研究手法.

不完全競争(imperfect competition)　完

全競争と独占の中間の特性を持つ市場構造.

複利 (compounding or compound interest) 経過期間の利子を元本に繰り入れ, その合計額をもとに利子を計算.

布石 →戦略的行動

負の外部性 (外部不経済) (negative externality) 経済取引に直接関与しない第三者が被る費用.

部分均衡分析 (partial equilibrium analysis) 他市場へのスピルオーバーがないと想定される特定市場の均衡の決定.

フリーライダー問題 (free-rider problem) 個人が対価を支払わずに公共財や公共サービスを消費することにより生じる非効率.

プリンシパル‐エージェント関係 (principal-agent relationships) プリンシパル (依頼人) とプリンシパルが起用したエージェント (代理人) のあいだに情報の非対称性が存在する経済取引で, プリンシパルはエージェントの行為を完全に把握することはできない.

プレーヤー (player) 経済ゲームの参加者. 他の参加者の行動を前提に, 自身の行動を決定する.

分散 (diversification) 不確実な結果を組み合わせて, リスクを軽減する戦略.

ペイオフ →利得

平均可変費用 (average variable cost) 生産量1単位あたりの可変費用.

平均固定費用 (average fixed cost) 生産量1単位あたりの固定費用.

平均生産物 (average product) 投入物1単位あたりの生産量.

平均総費用 (average total cost) 生産量1単位あたりの総費用.

別払い →利得の譲渡

ベルトラン競争 (Bertrand competition) 寡占モデルの一種で, 各社が自社製品の価格を決定する競争.

補完財 (complement) 他の財と併せて購入され利用される財.

保険 (insurance) ある経済主体が直面するリスクを軽減する目的で, 別の経済主体に対価を支払うこと.

保険数理的に公正 (actuarially fair) 予想純支払い額がゼロに等しい保険の説明.

補助金 (subsidy) ある財やサービスの買い手または売り手に対する政府からの金銭支払い.

保有効果 (endowment effect) 単にある財を保有しているだけで, その財の価値が高まる現象. 保有者は, 最初の購入額を上回る金額を支払ってもらわなければ手放すことができない.

【マ 行】

マークアップ (markup) ある企業の価格が限界費用をどれだけ上回っているかを示す比率.

マキシミン戦略 (maximin strategy) プレーヤーが失敗しても, 自身の持ち分の損失を最小化する戦略.

まとめ売り価格 (block pricing) 顧客がまとめ買いをする場合, その製品の単価を安くする戦略.

満期 (maturity) 債券の有効期限.

ミクロ経済学 (microeconomics) 消費者や生産者の選択について学ぶ経済学の一分野.

無差別 (indifferent) 2財以上の消費バンドルそれぞれから得られる効用が同水準である特殊なケース.

無差別曲線 (indifference curve) ある消

費者に同一の効用をもたらす, すべての
消費バンドルを網羅した曲線.

無リスク利子率 (risk-free interest rate)
利回りが保証された資産の投資収益率.

名目利子率 (nominal interest rate)　通貨
価値で表した収益率.

メンタル・アカウンティング (心の会計)
(mental accounting)　フレーミングの
バイアスの1種で, 現在および将来の資
産を一体と考えて購入を決定するのでは
なく, 切り離して譲渡不可能な部分に分
けること.

モラルハザード (moral hazard)　経済取
引において, 一方の当事者が相手方の行
動を把握できないときに生じる状況.

【ヤ　行】

誘因両立性 (incentive compatability)
間接の価格差別戦略のもとで, 各消費者
グループに提示された価格が, そのとお
りグループに選択されるための要件.

予算制約線 (budget constraint)　ある消
費者が所得の全額を使えるとき, 購入で
きる消費バンドルを網羅した曲線.

【ラ～ワ行】

ラーナー指数 (Lerner index)　ある企業
の価格に占めるマークアップの比率, あ
るいは市場支配力の水準を示す尺度.

ラボ実験 (lab experiment)　実験室にお
ける経済理論の検証.

利子 (interest)　借りた資産あるいは貸
した資産の額に応じた, 定期的な支払い.

利潤 (profit)　企業の総収入と総費用の
差.

利子率 (interest rate)　元本に対する利
子の比率.

リスク回避 (risk-averse)　不確実性に起

因する期待効用の低下に甘んじること.
同じことだが, そうしたリスクを軽減する
ために進んで対価を支払うこと.

リスクプレミアム (risk premium)　個人が
期待効用の低下に甘んじることなく, リ
スクに耐えるために必要とする対価.

利他主義 (altruism)　他者の厚生への配
慮を主な動機とする行為.

利得 (ペイオフ) (payoff)　プレーヤーが
ゲームを戦うことで受け取る報酬.

利得の譲渡 (別払い) (side payment)　戦
略的ゲームの結果に影響を与える賄賂の
一種.

利得表 (payoff matrix)　経済ゲームに
おけるプレーヤー, 戦略, 利得の組み合わ
せを示した表.

利払い (coupon payments)　債券の満期
までの期間を通して予定されている利子
の支払い.

利回りまたは最終利回り (yield or yield to
maturity)　債券の割引現在価値を時
価と等しくする利子率.

理論とモデル (theories and models)　社
会の仕組みを理解し, 経済主体がどう行
動するか, なぜそのように行動するかを
予想するのに役立つ説明.

劣等財　→下級財

レモンの問題 (lemons problem)　売り
手が売ろうとする財の品質について, 買
い手よりもよく知っているときに生じる
情報の非対称性の問題.

レント・シーキング (rent-seeking)　あ
る企業が, 政府が認める独占力を獲得し,
ひいては生産者余剰を増やそうとする試
み.

ロールズ型社会的厚生関数 (Rawlsian so-
cial welfare function)　最も貧しい個
人の効用を社会的効用として計算する数

学的関数.

割当制（数量割当）（quota）　（負の外部
性の場合）財の生産または消費を一定量
に制限する規制.（正の外部性の場合）財
の生産または消費を一定量義務づける規
制.

割引現在価値（present discounted value
(PDV)）　現在価値に換算した将来の
支払い額.

索引

【ア 行】

アークス（Arkes, Hal R.）　595
iPad　3, 12, 26, 28, 38, 41, 45, 46, 237, 292, 521
iPhone　204, 521
アカロフ（Akerlof, George）　449
アセモグル（Acemoglu, Daron）　63
アット・パー　329
アップル（社）　3, 12, 14, 26, 45, 46, 237, 292, 299, 521
アマゾン　8, 35, 62, 237, 292, 299
アメリカン・エクスプレス　56
アンカリング　593, 594
アンジージ・リスト社　457
アンダー・パー　329
アンダーアーマー（社）　132
ESPN　132-134, 137
E*TRADE社　117, 119, 120, 498
イーベイ（eBay）　8, 459
意思決定の一貫性　589
1次導関数　76
一括移転　434
一括税　435n
一般均衡　384, 403
一般均衡価格　384, 392
一般均衡効果　377, 385, 396
一般均衡数量　392
一般均衡分析　376, 399, 436
イノベーション　57, 59, 66
イラン　188, 192, 202
医療保険市場　465
インセンティブ（誘因）　120, 454, 455, 487
インテュイット社　130
インテル社　56, 115
インフレ　340
　　──率　365
インフレ調整後利子率　340
ウィギンス（Wiggins, Steven N.）　556
ヴィクトリアズ・シークレット社　112
VISA　56
ウィッカム（Wickham, Henry）　10
ヴェンカティシュ（Venkatesh, Sudhir）　13
ヴェンター（Venter, Craig）　62
ウォルマート　142, 182, 206
後ろ向き帰納法　264, 276, 302
エアーズ（Ayres, Ian）　522
永久債　325
ASUS　299
HP（ヒューレット・パッカード）　299
エージェント　478
枝刈り　277
エッジワース（Edgeworth, Francis Y.）　406
エッジワース・ボックス　406, 407, 436
　消費の──　407
　生産の──　418
エドリン（Edlin, Aaron）　534
MTV　132
エリソン, グレン（Ellison, Glen）　185, 215
エリソン, サラ（Ellison, Sara Fisher）　185, 215
オウム返し　269
オーストラリア　375
オーバー・パー　329
汚染の限界便益　525

汚染の効率的水準　524, 540
汚染物質　535
オバマケア（医療費負担適正化法）　465
OPEC　174, 178, 188
オランダ病　375
オルソン（Olsom, Mancur）　565
オレムス（Oremus, Will）　531n
温室効果ガス汚染　529
温暖化　529

【カ　行】

カーネマン（Kahneman, Daniel）　584, 593n
カーマゲドン　390
回収期間　365
　——法　338
外部限界費用　513, 515, 519
　——曲線　570
外部限界便益　513, 520
外部性　432, 512, 513, 558, 570
　——の解決法　524
　——の是正　542, 551
　正の——　513, 519, 522, 531, 559, 570
　負の——　513, 514, 548, 551, 553, 570
価格感応度　40, 113, 128
価格規制　66
価格差　109
価格差別　20, 86, 88, 109
　——戦略　149
価格受容者　4
価格戦略　86, 87, 141, 150
価格弾力性　35
価格メカニズム　538, 541
学位効果　496
確実性等価　355
額面　326
学歴　495
過信　586, 610
寡占　14, 197
寡占企業　163, 164, 169
寡占市場　164, 165, 217
ガソリン税　534
カッツ（Katz, Lawrence F.）　395n
株式市場　587

カブラル（Cabral, Luís）　459
カムリ（トヨタ）　128
カメラー（Camerer, Colin）　606n
カラカーマンディック（Karaca-Mandic, Pinar）　534
カルテル　169, 177, 234
　——の企業数　173
　——の不安定性　171, 172
間接の価格差別　87, 117, 131, 151
完全価格差別　88, 90, 92, 93, 96, 150
完全競争　4
完全競争企業　81
完全競争市場　40, 163, 164, 431
完全情報　448
完全代替財　205
完全保険　357, 470
寛大さ　599
元本　317
希少医薬品法　64
期待価値　345, 346, 365
期待効用　354
期待収益率　351
期待所得　353
逆需要曲線　23, 78, 93, 104, 124, 188, 189, 194
逆淘汰（逆選択）　451, 453, 462, 466, 468, 500
キャッシュフロー　323
キューブリック（Kubrick, Stanley）　290
教育　496, 519
供給曲線　36
供給制約　187
競合性　560
競争法　56
競争モデル　181
共同財産資源　549
共同負担　476
共同利用資源　549
共謀　169, 197, 234
共有地の悲劇　548-550, 556, 570
協力ゲーム　239
許認可　57
均衡　165
均衡価格　383

均衡数量　385
均衡利子率　343
ギンティス (Gintis, Herbert)　606n
キンドル (Kindle)　237
キンドルファイア (Kindle Fire)　292
金融市場　474
グーグル　587
クーポン　131, 327n
クーポンレート　326
グールズビー (Goolsbee, Austan)　295
クールノー (Cournot, Augustin)　187
クールノー・モデル　201
クールノー競争　187, 189, 192, 194,
　197, 199, 234
クールノー均衡　193
クジームコ (Kuziemko, Iliana)　395n
クラブ財　561
繰り返しゲーム　238
繰り返し同時手番ゲーム　302
クレプス (Kreps, David M.)　199
クレンペラー (Klemperer, Paul)　180
グロセクロス (Groseclose, Tim)　258
経済的利潤　217, 220
経済モデル　586
計量経済学　603
ゲーム　240
ゲームツリー　273, 277
ゲーム理論　165, 238, 301, 302
限界効用逓減　353
限界削減費用　526, 539
　――曲線　570
限界収入　12, 16-21, 25, 29, 65, 77,
　124, 195, 203
　――曲線　27, 28, 38, 104, 124, 189,
　218
限界代替率 (MRS)　412, 419
限界費用　25, 29, 38, 77, 124, 195, 203
　――曲線　93, 218
　――の変化　38
限界変形率 (MRT)　425, 437
研究開発 (R&D)　63, 521
現在価値分析　320
交換の効率性　405, 406, 436
公共財　432, 512, 561, 565, 568, 570

広告　498
交互手番ゲーム　239, 273, 276-278,
　303, 482
厚生経済学の第一定理　431, 437
厚生経済学の第二定理　434, 437
行動経済学　259, 585, 601, 609, 610
効用関数　361, 362, 364
功利主義型社会的厚生関数　400
効率性の条件　562
合理的経済モデル　586
合理的中毒モデル　601
コース (Coase, Ronald)　551
コースの定理　551-553, 557, 570
ゴールドバーグ (Goldberg, Pinelopi K.)
　116
コカ・コーラ　35, 109, 163
国立衛生研究所 (NIH)　537
心の会計　→メンタル・アカウンティング
コミットメント　286
コモディティ市場　375
ゴルディン (Goldin, Claudia)　395n
ゴルフ (VW)　116
コンクリート・カルテル　178
混合セット販売　134, 151
混合戦略　255, 257, 302
　ランダムな――　258
コンコルド　596
コンソル債　325

【サ　行】

サイヴァーソン (Syverson, Chad)　295,
　487
債券　326
裁定取引　87
最適戦略　241
サウジアラビア　175, 188, 192, 202
サウスウエスト航空　48, 295, 297
詐欺　467
先送りオプション価値　347, 365
先物市場　587
サックス (Saks, Raven E.)　396
サッチャー (Thatcher, Margaret)　435n
差別　602
差別化された財　207

差別化製品市場　205
サルコジ（Sarkozy, Nicolas）　301
サンクコスト　595, 598, 610
サンクコストの誤謬　595, 597
産出の効率性　406, 424, 427, 432, 436
　　インドの――　433
参入障壁　5, 11, 65
参入阻止　303
参入の脅威　297
残余限界収入曲線　190
残余需要曲線　190, 220
ジェネソフ（Genesove, David）　596
シェリング（Schelling, Thomas）　276,
　　291
死荷重　49, 91, 93, 516, 539
時間　315
時間的一貫性　589, 610
シグナリング　490, 492, 494, 501
　　――効果　496
シグナル　490, 491
自己管理　590
自己負担　476
市場参入ゲーム　293
市場志向型アプローチ　542
市場支配力　4, 5, 12, 15, 24, 26, 27, 33,
　　36, 37, 45, 47, 49, 65, 78, 86, 87, 93,
　　116, 132, 141, 149, 150, 163, 217, 432
市場の効率性　405
市場の失敗　448, 512, 559, 569
自然実験　608
自然独占　5, 6, 54, 55, 65
失業保険　474
実験経済学　585, 603
実質利子率　340, 365
疾病管理予防センター（CDC）　583, 584
しっぺ返し　269
私的限界費用　519
私的限界便益　520
私的財　560
自動車保険　473, 476
死神戦略　269
支配戦略　241, 243, 249, 302
資本市場　341, 343
資本の供給曲線　342

資本の需要曲線　342
シャインクマン（Scheinkman, José）　199
社会的限界費用　515, 519
社会的厚生関数　399, 401
社会的需要曲線　520, 523
社会的費用　513
社会的便益　513, 522
借用証書（IOU）　326
シャポーリ（Chiappori, Pierre-Andre）
　　258
収益率　317
囚人のジレンマ　168, 242, 264, 265
住宅バブルの崩壊　598
シュタッケルベルク（Stakelberg, Heinrich
　　F. von）　201
シュタッケルベルク競争　201, 202, 234
需要曲線　14, 22, 27, 28, 38, 88, 91, 217
　　線形――　23
需要の価格弾力性　107
需要変化への反応　39
純現在価値（NPV）　330, 365
　　――分析　332, 338
純粋セット販売　134
純粋戦略　255
純便益　493
消費契約曲線　414, 437
消費者余剰　45, 47, 87, 91, 93, 120, 129
情報格差　487
情報の非対称性　432, 448, 452, 455,
　　471, 486, 490, 499
新規参入　219
　　――の脅威　295
シングル-エージェント問題　241
信憑性　292
　　――のあるコミットメント　287, 303
　　――のない脅し　287
水質汚染　537
スイッチングコスト　7, 65
数量的一般均衡　381, 391
数量メカニズム　538, 541
数量割当　535, 536, 570
数量割引　88, 117, 125
スクリーニング　464
スズキ　270

スパムメール　529
スペースX社　315
スペンス（Spence, Michael）　490
スミス（Smith, Adam）　170, 404, 431
生産可能性フロンティア（PPF）　422, 437
生産契約曲線　421, 437
生産者余剰　5, 11, 45, 47, 51, 85, 91, 93, 150
正の外部性　513, 519, 522, 531, 559, 570
製品差別化　9, 65, 215
政府規制　6, 11, 55, 57
生命保険　476
制約条件なしの最適化問題　75
セイラー（Thaler, Richard）　592
世界知的所有権機関（WIPO）　551, 554
世界的金融危機　474
石油統制　174
セグメント化　99, 100, 104, 111, 151
　　購入時期による――　113
　　購買行動による――　113
　　顧客の属性による――　111
　　地域による――　113
絶対的優位　9
セット販売　87, 132
セレラ・ジェノクス社　62
ゼロクーポン債　327n
先行者利得　201, 202, 234
宣伝による競争　167
全米洪水保険制度　473
戦略　240, 302
戦略的意思決定　238
戦略的行動　279
戦略的思考　301
騒音　513
　　――規制　535
双曲割引　589
総限界便益　561, 562
送電事業　6
送電市場　54
ソニー　163, 182, 206
ソープ（SOAP）ネット　133, 134, 137
ソレンセン（Sorensen, Alan）　60
損失回避　592

【タ　行】

ダーキーモーアー社　16
ターゲット社　182, 206
ターナー（Turner, Matthew A.）　390
第1種価格差別　88, 90, 92, 150
第2種価格差別　117, 151
第3種価格差別　88, 99, 151
大学の学位市場　520
大気汚染　513, 514
　　――対策　511
代替財　380, 388
ただ乗り問題　→フリーライダー問題
タバコ・メーカー　179, 299
団体保険　464
チェック法　247, 262, 271
チェンバレン（Chamberlin, E.H.）　99n
知的財産権法　61
直接的価格規制　52
直接の価格差別　86, 90, 99, 150
著作権　57
著作権法　60
ツイッター　552
ディズニー（社）　133, 165, 242, 264, 273
テーゲル（Teger, Allan I.）　596
デュポン社　11
デュラントン（Duranton, Gilles）　390
デラヴィーニャ（Della Vigna, Stefano）　600
デルタ航空　298, 334
展開型ゲーム　273, 277
天然資源ブーム　375
転売　87, 132, 141, 146, 149
同一財のベルトラン競争　198
トヴェルスキー（Tversky, Amos）　584, 593n
投資　316
　　――の機会費用　334, 341
投資選択　330
同時手番ゲーム　238, 302
投資評価法　347
等生産量曲線　417
投入の効率性　405, 417, 436
独占　4, 65

独占企業　4
独占禁止法　56
独占市場　163, 164
独占的競争　14, 164, 217, 234
　——市場　164, 217, 219, 221
独占力　15
ドクター・ブラウン社　35
特許権　57
トペル (Topel, Robert H.)　364
トヨタ　128
ドリームワークス (社)　165, 241, 264, 273
トリガー戦略　269

【ナ 行】

ナイキ　132, 584
NASA　315
ナッシュ (Nash, John F.)　165, 291
ナッシュ均衡　165, 183, 184, 192, 194, 207, 208, 223, 238, 244, 247, 249, 253, 257
70の法則　320n
72の法則　320
2 次導関数　76
2005年エネルギー政策法　377
2 部料金制　87, 144, 146, 151
認証　461
任天堂　163
ネットワーク財　8
ノースウエスト航空　334

【ハ 行】

パー・バリュー　326
バージョニング　88, 127, 128, 151
バイアス　586, 588, 591
排出許可証制度　542, 557, 570
排出権取引市場　544, 558
排除可能性　560, 568
排除不可能性　549, 559, 560, 570
パレート改善 (的な再配分)　410
パレート効率性 (的)　403, 404, 411, 431, 436
バロウ (Bulow, Jeremy)　180
反トラスト政策　57

反トラスト法　56, 66
反応関数　203, 192, 193, 220
BMW　12, 14, 115
非競合性 (的)　559, 560, 570
非協力ゲーム　239
ピグー (Pigou, Arthur C.)　528
ピグー税　528, 534, 570
ピグー補助金　531, 532, 570
非効率性　515
非支配戦略　241, 243, 249, 302
ビショップ (Bishop, John H.)　395n
非対称情報ゲーム　239
標準型ゲーム　245
標準的経済モデル　584, 600
平等主義型社会的厚生関数　401
評判　298, 303, 455, 460, 461
　収集品販売の——　459
表面利率　326
ビリップス (Billips, Mike)　533n
品質のシグナル　498
ファイザー社　62, 63
ファイナンス　365
フィールド実験　608, 610
フィリップ・モリス　179
フィンケルスタイン (Finkelstein, Amy)　360, 466
フェイスブック　8, 531, 552
フェール (Fehr, Ernst)　606n
フェルボーフェン (Verboven, Frank)　116
フォーク定理　272
フォード (Ford, Henry)　10
フォードランディア　10
フォルクス・ワーゲン (VW)　115
フォン・ノイマン (von Neumann, John)　291
不確実性　315, 353, 537
不完全競争　163
不完全競争企業　238
不完全競争市場　217, 223
複式　318
複数均衡　254, 272
複利　318, 319, 365
負の外部性　513, 514, 548, 551, 553, 570
部分均衡分析　376, 387

部分保険　357, 471
プライスライン社　97
ブラウン＆ウィリアムソン　179
ブラマー（Blumer, Catherine）　595
フリーライダー問題　563, 565, 570
ブリティッシュ・ペトロリアム（BP）　516
プリンシパル　478
プリンシパル－エージェント関係　475,
　　478, 486, 500
プレイステーション（ソニー）　182, 206
フレーミング　584, 591, 594, 610
プレーヤー　240, 302
プログレッシブ保険　8
分散　358, 365
ペイオフ　240
米国会計検査院（GAO）　473
米国食品医薬品局（FDA）　289, 394
ベゾス（Bezos, Jeff）　35
ベター・ビジネス・ビューロー　457
ベッカー（Becker, Gary S.）　364, 601
ペプシ　142, 163
ベルトラン（Bertrand, Joseph）　181
ベルトラン・モデル　186
ベルトラン競争　181, 183, 197, 199,
　　205, 207, 212, 215, 234
　同一財の──　198
ベルトラン市場　208
ヘンリック（Henrich, Joseph）　606n
ボイド（Boyd, Robert）　606n
ボウルズ（Bowls, Samuel）　606n
保険　316, 365
　──の価値　356
保険市場　356, 358, 462, 467
　──のモラルハザード　469
保険数理的に公正　358
補助金　58
ポターバ（Poterba, James）　466
ポドルニー（Podolny, Joel M.）　263
ホモ・エコノミカス　586, 606
保有効果　591, 592
ホルタシュ（Holtaçsu, Ali）　459
ホンダ　270

【マ　行】

マークアップ　32, 66, 107
マーフィー（Murphy, Kevin M.）　364,
　　601
マイクロソフト社　8, 113, 144, 163
マキシミン戦略　259, 261, 302
マクドナルド　134
マスターカード　56, 62
マックナイト（McKnight, Robin）　360
マッケルリース（McElreath, Richard）
　　606n
まとめ売り価格　142, 151
マルメンディア（Malmendier, Ulrike）
　　600
満期　326
満期利回り　328
ミア（Meer, Jonathan）　599
見えざる手　404, 431
ミクロ経済学　609
無限回繰り返しゲーム　266, 272
無差別曲線　408, 419
名目利子率　340, 365
メイヤー（Mayer, Christopher）　596
目くらまし戦法　215
メディケア　360
免責　476
メンタル・アカウンティング（心の会計）
　　593
モートン（Morton, Fiona M. Scott）　263
モティマー（Mortimer, Juli H.）　60
モニタリング　477
モラルハザード　463, 467, 468, 471,
　　474, 479, 500

【ヤ～ワ行】

誘因両立性　120, 121, 127, 129, 137, 151
USエア　298
有限回繰り返しゲーム　264
養老年金　466
ヨーロッパ連合（EU）　529
ラーナー（Lerner, Abba）　33
ラーナー指数　33, 34, 66, 107
ラボ実験　603–605, 607, 610

ランダム化実験　604
リース制度　457
リヴィングストン（Livingstone, Ken）
　534
利子　317
利潤　47
　——最大化　24, 25, 27-29, 38, 65,
　75, 76, 86, 189
利子率　317, 334, 342
リスク　347, 353, 356
　——のある投資　346
リスク愛好的　362
リスク回避（的）　355, 361, 365
リスク回避度　360
リスク中立的　362
リスクプレミアム　355
リスト（List, John）　460, 600
利他的な行動　610
利他の精神　599
利得　240, 241, 268, 302
利得の譲渡　279, 284, 303
利得表　242

利払い　326
リベカップ（Libecap, Gary D.）　556
利回り　328
リン（Linn, Joshua）　63
レイノルズ社　179
レヴィット（Levitt, Stephen）　13, 258,
　487, 522
レクサスES350（トヨタ）　128
レモンの問題　448, 453, 454, 500
レモン法　456
レント・シーキング　62
ロヴィオ・モバイル社　521
労使関係　486
労働市場　475
ローゼン（Rosen, Harvey）　599
ロールズ型社会的厚生関数　401
ロジャック（自動車盗難防止装置）　522
ロリラード（社）　180
ワイツマン（Weitzman, Martin）　364,
　537
割引現在価値（PDV）　317, 322, 324, 365
　——分析　320

著者紹介

スティーヴン・レヴィット（Steven Levitt）

シカゴ大学経済学部ウィリアム・オグデン特別功労教授．シカゴ価格理論ベッカー・センター理事．ハーヴァード大学で学士号を，マサチューセッツ工科大学（MIT）で博士号を取得．1997年以来，シカゴ大学で教鞭をとる．2004年，40歳以下の優秀なアメリカ人経済学者に贈られるジョン・ベイツ・クラーク賞を受賞．2006年には，タイム誌の「世界で最も影響力がある100人」の1人に選ばれる．共著に『ヤバい経済学』『超ヤバい経済学』があり，人気ブログ"Freakonomics"（ヤバい経済学）を共同で執筆している．

オースタン・グールズビー（Austan Goolsbee）

シカゴ大学ブース・ビジネススクール，ロバート・P・グウィン経済学教授．イェール大学で経済学の学士号，修士号を，マサチューセッツ工科大学（MIT）で博士号を取得．ニュー・エコノミー，政策，税制，技術を主な研究テーマとしている．2010年に大統領経済諮問委員会（CEA）委員長に指名され，2011年8月にシカゴ大学に復帰．国勢調査諮問委員会委員やアメリカ法曹財団のリサーチフェローとしても活動している．

チャド・サイヴァーソン（Chad Syverson）

シカゴ大学ブース・ビジネススクール経済学教授．研究テーマは多岐にわたるが，とくに企業構造，市場構造，生産性の相互作用に注目している．全米科学財団（NSF）から複数回の受賞歴あり．いくつかの経済学・経営学の専門誌で編集委員を務め，全米経済研究所（NBER）の研究員でもある．ノースダコタ大学で経済学と機械工学の学士号を，メリーランド大学で経済学の博士号を取得．2001年よりシカゴ大学で教鞭をとる．

【監訳者紹介】
安田洋祐（やすだ　ようすけ）
大阪大学大学院経済学研究科准教授。1980 年生まれ。2002 年東京大学経済学部卒業。2007 年プリンストン大学より Ph.D. 取得（経済学）。政策研究大学院大学助教授を経て、2014 年 4 月から現職。専門は戦略的な状況を分析するゲーム理論。主な研究テーマは、現実の市場や制度を設計するマーケットデザイン。編著に『改訂版 経済学で出る数学　高校数学からきちんと攻める』（日本評論社）、『学校選択制のデザイン　ゲーム理論アプローチ』（NTT 出版）。

【訳者紹介】
高遠裕子（たかとお　ゆうこ）
東京大学教養学部卒業。銀行系シンクタンク勤務を経て翻訳業。主な訳書に、バーナンキ『21 世紀の金融政策』（日経 BP 社）、リスト『そのビジネス、経済学でスケールできます。』（東洋経済新報社）などがある。

レヴィット　ミクロ経済学　発展編
2018 年 2 月 8 日　第 1 刷発行
2024 年 11 月 4 日　第 2 刷発行

著　者──スティーヴン・レヴィット／オースタン・グールズビー／
　　　　　チャド・サイヴァーソン
監訳者──安田洋祐
訳　者──高遠裕子
発行者──田北浩章
発行所──東洋経済新報社
　　　　　〒103-8345　東京都中央区日本橋本石町 1-2-1
　　　　　電話＝東洋経済コールセンター　03(6386)1040
　　　　　https://toyokeizai.net/
ＤＴＰ…………アイランドコレクション
カバー写真……James Meyer/Getty Images
装　丁…………重原　隆
印刷・製本……丸井工文社
編集担当………矢作知子
Printed in Japan　　ISBN 978-4-492-31500-2

　本書のコピー、スキャン、デジタル化等の無断複製は、著作権法上での例外である私的利用を除き禁じられています。本書を代行業者等の第三者に依頼してコピー、スキャンやデジタル化することは、たとえ個人や家庭内での利用であっても一切認められておりません。
　落丁・乱丁本はお取替えいたします。